改變歷史的 風雲人物

風雷一聲響，憾山千仞崗，氣蓋山河，風雲因而變色，寰宇為之改變！

旭日海中升，朝霞滿山林，雲淡風清，社會因而祥和，人類為之燦爛！

或叱吒風雲如希特勒，或教化人類如釋迦牟尼。**不同的抱負，各異的實踐**；各擅專長，成就了功業，改變了歷史。

難免的，滿懷熱情改革、堅持奉獻者有之；**夾雜權力和野心，亦不乏其人**。且留後人評斷。

經由風雲人物的真實故事，瞭解其人行為背後原因、動機，詮釋其人的經歷和遭遇，甚至生命的意義。讓我們快速穿透一位前賢的行誼；甚至於別人知道他有多麼偉大，而你卻知道他在別的一面沒那麼偉大！**看清一生的過程與真實**，讓他的生命在我們的時空多活一次，**助解我們自己的問題**。

閱讀吧！「**今人不見古時月，今夜曾經照古人**」，「傳記」給你！

改變歷史的
風雲人物009

Hitler★
Eine Biographie
希特勒（下）

著｜約阿希姆・費斯特（Joachim Fest）
譯｜鄭玉英

總目次

【上】
第一卷　迷茫歲月
第二卷　踏入政壇
第三卷　蟄伏
第四卷　戰鬥的時刻
【下】
第五卷　取得政權
第六卷　準備的年分
第七卷　戰勝者和戰敗者
第八卷　滅亡

目次

第五卷　取得政權　9
第一章　合法的革命　11
第二章　建立元首之國的過程　63
第三章　羅姆事件　119
第六卷　準備的年分　173
第一章　贏回的外交　175
第二章　細看一個非人　219
第三章　「最偉大的德國人」　271
第四章　戰爭展開　329
階段小結：失誤的戰爭　377

第七卷　戰勝者和戰敗者 405
第一章　統帥 407
第二章　第「三次」世界大戰 447
第三章　失去現實感 479
第八卷　滅亡 527
第一章　抵抗運動 529
第二章　諸神的黃昏 573
最後總結：沒有存活的能力 621

第五卷　取得政權

第一章　合法的革命

「那不是勝利，因爲根本沒有對手。」

斯賓格勒（Oswald Spengler），一九三三年

在一個只持續了短短幾個月的風暴過程中，希特勒不僅奪得政權，還貫徹了其廣泛革命主張的一部分。他上任時許多批評都相當輕視他，且不認爲他有機會在位很久，[1]只要他們不將他視爲胡根貝格的「俘虜」的話——但這正是從中間黨派到社民黨，以及共產黨員們以一種奇怪的方式不約而同形成的錯覺。抱著懷疑態度的人則預言，他必定會因爲種種原因而失敗——保守派執政聯盟夥伴的勢力、興登堡、國家防衛軍、群衆的反對、尤其是各個左翼政黨和工會的反對，嚴重又爲數衆多的經濟問題，還有來自外國的干預，或他自己遮遮掩掩的半吊子水準等等。但結果，這些預言到最後都以令人瞠目結舌的方式，被一個幾乎史無前例奪取政權的過程反駁了。雖然事件發生的過程並沒有經過極爲詳細的事先規劃，就像在回顧歷史時偶爾所顯示的那樣；但在那一刻，希特勒就已經有了明確的目標：希望到八十五歲的總統去世時，就已經將所有權力握在自己手中。而且他也知道該採取什麼樣的策略：即利用這些恐懼和不安的感覺所裝飾的合法性操作。這是他過去這些年來已經試驗過且非常成功的手法。一股幾乎突襲式的動能成了他的工具，

一棒又一棒不斷擊破對手的新據點，不讓那些嘗試反抗他、嘗試讓他氣餒的勢力有機會形成自己的隊伍，反而親手將各種偶發事件、機會，以及他所宣稱的天命這件外衣的一角，不自覺地不斷送到他手中，而他也以越來越沉著果斷的態度學著去抓住這些東西。

在二月二日的內閣會議上，希特勒就已經將目標大多投注在準備國會重選這件事上。這是他在一月三十日宣誓就職之前不久，從反對此事的胡根貝格手中贏得的機會。接著又透過假意與中央黨協商但又迅速使其失敗，因而以僞裝的方式獲得了正當的理由。獲得動用國家補助資源的權力，不僅提供他一個機會去修正去年十一月那次失敗，同時也讓他有機會逃脫德國國家人民黨開始要控制他的嘗試。雖然弗里克（Wilhem Frick）建議國家出資一百萬馬克作爲競選經費遭財政部長科洛里克（v. Schwerin-Krosigk）的抗議而被駁回；但有了國家權力在背後支撐，希特勒不再需要這類的臨時接濟來提供戈培爾在一篇日記裡所預言的「煽動宣傳的傑作」。[2]

號召德意志民族

就像希特勒偏好每次只專注於一點一樣，在同一時刻開始，這次規模龐大競選活動裡的每一個考量、每一步戰略，都是針對預定於三月五日所舉行的國會重選這件事上。他親自用一篇〈號召德意志民族〉的演講發出開始的訊號，並於二月一日晚間透過廣播朗讀這篇文章。他非常快就讓自己套上這個新角色以及這個角色所要求的行爲舉止。雖然在他朗讀這篇文章時，當時在場的沙赫特（Hjalmar Schacht）觀察到希特勒心情極爲激動，在讀到很多地方時甚至「全身發抖」。[3]可是當這篇文章在國會上呈給內閣以便全體通過時，希特勒卻以政治家的適當語調把它朗讀出來。這篇文章的內容結合了對過去的批判、拒絕，以及鏗鏘有力地聲明忠於國家、保守和基督宗教價值。他是這樣開始的：自一九一八年十一月的背叛之日起，「全能的上主就已經取消了對我們民族的祝福」。政黨之間的衝突、仇恨和混亂，將這個國家的統一化為「一場由政治和自私這兩極所形成的紛亂局面」，德國給世人看到的是「令人心碎的分裂畫面」。用一種以偏蓋全的判決，他悲嘆過去這些年來國內的衰落、貧困、飢餓、喪失尊嚴和各種災禍，甚至詛咒，由於共產主義廣泛的「意志與暴力衝擊」，兩千年的文化終歸滅亡：

「從家庭開始，到所有的信念，包括榮譽和忠誠、民族與祖國、文化與經濟，甚至我們的道德和我們的信仰之永久基礎，所有這些信念將無一倖免於這種只顧否定、毀滅一切的思想。十四年的馬克思主義已經毀了德國。一年的布爾什維克主義將使德國滅亡。如今世界上最豐富、最美麗的文化地區將會變成一場混亂和一堆瓦礫。甚至過去一個半世紀的苦難都無法與之相比，毀滅的紅旗將在歐洲的心臟拉開，這將是一個悲慘的歐洲。」

他指出，新政府的任務在於重建「我們民族統一的精神與意願」；他承諾保護「基督宗教作為我們整體道德的基礎，家庭作為我們民族和國家的嫩芽」，克服階級鬥爭，並使各種傳統重新獲得尊崇。經濟的重建將參考馬克思主義這個對手，透過兩個大型四年計畫達成；至於外國，一方面以某種語調暗示德國的生存權，另一方面同時用願意和解的溫和詞藻去安撫他們。最後，他總結說，「四年之後」，他的政府將嘗試「償還過去十四年的債」。但在以敬畏的態度請求上主的祝福之前，他明確指出，這個政府將不理會所有根據憲法的控制權限：「它不能將允許重建的工作命令交給造成目前這種崩潰局面的那些人。這些馬克思主義的政黨與其支持者已經有十四年的時間去證明他們的能力。結果就是一堆瓦礫……。」

除了弦外之音與帶著威脅的革命相反，整體而言，這份號召文裡還帶有一種策略性的保守態度。但兩天之後，當希特勒在國家防衛軍總司令馮．哈姆斯坦將軍（Kurt v. Hammerstein）的官邸對軍方的司令官們說話時，他就完全拋下了這種保守態度。無視於無數落在他身上的緊迫任務，他仍然匆促尋求與這些將領會面的機會。之所以做法如此明顯，不僅是因爲在他獲取政權的理念裡，軍方擁有關鍵的地位；更多是因爲情緒高昂地陶醉於最近這些日子的成就，迫使他想爲自己偉大的願景尋求知音，即使他有各種自我隱藏的需求。沒有任何事情比這件事更能明確顯示，希特勒迫不急待地渴望向這些司令官們呈現自己最內在的中心思想。[4]

其中一位參與者如此描述這次會面，馮．哈姆斯坦「帶著些許『善意』以上對下的態度介紹了『總理先生』，而將軍陣營則給予有禮貌卻冷淡的回應。希特勒到處向人謙卑笨拙地鞠躬，一直維持著一副困窘的模樣，直到餐後才在餐桌上獲得一段較長的說話時間」。他向軍方保證，作爲唯一的武裝單位，他們可以享有平靜的發展。在這場幾乎爲時兩個小時的說話裡，就像在杜塞爾多福的工業界俱樂部裡的那次談話一樣，一開始他就祭出鞏固內政是至高無上的目標這個想法：新政府最迫切的目標是透過「完全扭轉國內目前的政治局面」，以達到再度獲得政治權力之目標；藉由冷酷無情地澈底消滅馬克思主義與和平主義；以及藉由「最嚴格的獨裁式國家領導」，建立起廣泛的戰鬥和防衛意願。他指出，只有這個政府能提供這種保證，首先透過謹愼操作的外交政策擔起對抗《凡爾賽條約》的戰鬥，以便接下來能以聚集的力量過渡到「在東方占領新的生存空間並不顧一切地對之進行日耳曼化」。近來他不再只以軍事地理和糧食政策等論點作爲支撐擴張國土的理由，甚至還提到經濟危機；並認爲其原因和解決方法都在於生存空間。他指出，在檢視目前的局勢時，在他看來，唯一的問題只是隱瞞政治和軍事重建的這幾年；因爲在這段時間就可以看出法國是否有政治家，「如果有的話，它不會讓我們有時間復原，反而會襲擊我們（很可能利用東邊的衛星國）」，其中一位在場參與者如此認定。

這次談話的重要性是，它不僅揭露出希特勒以暴力方式結合其思想結構的新面向：每次上臺說話，他只採用長久以來已固定的想法作爲附加的論點，即使他對這些論點之本質的理解簡直錯得離譜，比如，這裡所提到的經濟危機。而且他所能夠理解的唯一解決方法始終都是武力。同時，希特勒的種種表現亦顯示他的思想結構是有延續性的，並反駁了認爲責任感對希特勒有溫和影響的各種理論。這些理論指出，到後期時希特勒的本性已改變，大多指的是一九三八年的希特勒；這時候他已經又退回原本具攻擊性的仇恨情結中；或者根據另一種說法，陷入一種新式的妄想症裡。

奪取政權的概念

希特勒奪取政權的概念，屬於他崛起過程當中少數眞正特有、創新的元素，儘管他借用了各種試驗過的布爾什維克主義做法，特別是法西斯主義的政變做法；但從過程來看，仍然是在國內利用極權主義手法征服民主制度的經典模式，即藉助國家的權力而不是與之對抗。憑著相當豐富的主意和從來沒有用錯的手段，他重拾過去幾個月裡用過的各種方法並將之配合到新的情況裡。在與褐衫軍周詳規劃過的合作之下，一再有革命式突襲事件與法律制裁行動配合，使得衆人的目光從合法性這個後臺移到執政當局的違法性這個焦點上。雖然個別事件經常受到質疑，但整體而言卻相當有說服力。與此策略一致的是，在使原有制度外表大多維持不變的情況下，在其暗處毫不受阻地推動各種事務的深度變革。直到最後，當代人對於判斷該體制什麼是合法、什麼是不合法、什麼是忠誠、什麼是背叛感到無望地厭煩爲止。如此一來，合法的革命這個似是而非的概念就遠遠「不只是一種宣傳的技倆而已」，並且對於希特勒獲取政權的過程而言，其重要性完全不能被高估。[5]事後，希特勒本人解釋，當時的德國過於渴望秩序，使得他必須放棄所有公開使用暴力的手段。在最後那些日子的懷疑氣氛裡，在清算自己過去所犯的錯誤和錯失的機會時，他將所有不堅決的態度、妥協的做法，以及災難性地放棄了流血突襲行動，歸咎於德國人的秩序觀、法律癖和反對混亂的強烈傾向。這些因素已經使得一九一八年的革命帶著猶豫不決的特質，也使得他在啤酒館政變中失敗：「否則的話，當時就有幾千個人被清除掉……事後我們才後悔，那時候我們怎麼這麼善良。」[6]

在這一刻，用合法美化過且突如其來展開的革命策略已證明是極其成功的。二月還沒結束，基本上所有的事就已經透過三份法令事先決定了。希特勒這邊的公民擔保人、興登堡的簽名，以及伴隨著出現在全國的口號形成的煙霧彈，似乎都在爲這些法令的合法性做擔保。二月四日就已經頒布《保護德國民族令》（*Zum Schutz des deutschen Volkes*），賜予政府沒有特定理由即可禁止競爭對手政黨的各種政治活動、報紙和印刷品。緊接著的猛烈干預手段則針對其他各個方向持不同政見的人。甚至左派知識分子和藝術家在柏林科羅爾歌劇院的集會，才開始不久就因爲發表所謂的無神論言論而被迫中斷。兩天後，在嘗試透過議會解散普魯士邦議會失敗之後，另一份緊急命令，以一種二次政變的方式宣布解散普魯士邦議會。又兩天後，希特勒向德國首席記者們解釋頒布二月四日那份緊急命令的理由。他指出，報界對華格納的判斷是錯誤的，並解釋此法令是「爲了防止現在的新聞界發生類似的錯誤」。同時，他威脅將以嚴厲的措施對付那些「意圖刻意傷害德國的人」。[7]在安排了各種有效的威脅和暴力行動之下，在各種令人疑惑的新聞裡，仍不缺乏少許暗示希特勒人性化一面的新聞。二月五日，納粹黨帝國新聞處發布消息說，希特勒「由於個人非常眷戀慕尼黑」而保留了他在那裡的公寓，此外還放棄了他身爲德國總理的薪資。

同時，納粹黨員也深入擠進各個行政機構中。在合法革命的角色計畫中，戈林獲得了肆無忌憚迅猛抓人的任務，而他肥胖的體型使得暴力帶上一絲歡樂的特質。雖然新法令將普魯士所有的政府權限轉移給巴本，但眞正的權力卻握在戈林手中。當巴本這位副總理還把希望放在「內閣裡的教育工作」[8]時，戈林——這位希特勒追隨者——就已經將許多所謂的名譽專員塞進普魯士的內政部裡，比如納粹親衛隊上級領袖達呂格（Kurt Daluege）。這批人便立即占據了德國的最大行政機構，鳩占鵲巢地對人事進行一波又一波大規模的解僱和重新任命。一份當代的報導指出，「體制裡的高官成批地被丟出去。從一邦的上級首長到門房都遭到肆無忌憚的清洗」。[9]

戈林特別把注意力放在警察總局上，並在短時間內就大規模地以衝鋒隊高階領袖占領這個機構。在二月十七日，他透過一份公告命令警方，要與「國家的組織（衝鋒隊、親衛隊和鋼盔聯盟）建立最融洽的關係」，然而，對於左派分子，「需要的時候，就嚴酷無情地使用武器」。在稍後的一次講話裡，他特地確認這個命令：「現在從警方手槍所發出的每一顆子彈，都是我的子彈。如果人們稱此爲謀殺，那就是我執行了謀殺，這一切都是我下的命令，我承擔所有的責任。」在柏林警察總局一個負責監視違憲活動的不起眼的附屬部門裡，他開始建立祕密國家警察這個部門。四年之後，此部門的預算就增加了四十倍，僅僅在柏林就有四千個公務員。[10]爲了「在特殊情況下免除正規警察的職務」，他在二月二十二日成立了一個由大約五萬名輔助警察組成的強大隊伍，其中成員大多來自衝鋒隊和親衛隊。這個做法雖然有利於進行與納粹黨相關的恐怖行動，卻公然揭開了警方假中立這層面紗。身上所配戴的白色臂章、塑膠短棍和手槍賦予這些黨軍將來可以進行蠻橫的逮捕和入侵行動，而且這是爲了服務國家的合法行動。在那段時間裡，戈林在一次聽起來極度興奮的暴力宣言中保證說：「我的種種措施不會因爲任何司法考量而被削弱。我的種種措施不會因爲任何官僚制度而被削弱。我要行使的不是正義，我要做的只是毀滅和殺光他們，不是任何其他事。」[11]

對左派宣戰

這一番宣戰的話主要是針對共產黨員而說的，他們不僅是原則上的對手，而且在即將重選的國會中是決定誰能獲得席次多數比例的因素。內閣才組成之後的第三天，在德國共產黨號召全國大罷工和示威之後，戈林就已經禁止普魯士境內共產黨員的所有集會。無聲的內戰仍然繼續進行，僅僅在二月初，就已經有十五人在衝突中喪命，受傷人數約十倍之多。二月二十四日，在一次轟動全國的行動中，警方衝入在柏林碧樓街（Bülowstraße）的卡爾．李卜克內西大樓（Karl-Liebknecht-Haus）內的德國共產黨中央黨部，其實共產黨領導們早就已經遺棄這個地方了。但隔天，報紙和收音機就發布煽動性的消息說，在該處發現了「幾百公斤的謀逆材料」，這是納粹選舉宣傳的抹黑手法，營造出共產黨革命的恐怖畫面。然而，這些材料從來都沒有被公開過：「謀殺行動，而且是針對民族和國家某些領導人的謀殺行動，攻擊生產生活必需品的工廠或公共建築，以毒藥攻擊成群特別受人敬畏的人物，綁架人質和名人的妻子及孩子等行動將使全國人民陷入恐懼和驚慌。」警方報導中如此記載著。儘管如此，他們卻不願完全解散共產黨，以免將其選民趕到社民黨的懷抱裡。

在這段期間，納粹黨在宣傳上的支出不斷增加，使這次競選活動成爲那些年裡最喧鬧、最沒有節制的一次宣傳活動。希特勒本人又是發出最強廣告效果的因素，他親自在柏林的體育宮以一次盛大的演講開啓這次競選活動。在演說中，他一再以豐富的詞藻重複過去十四年的恥辱和不幸、對抗「十一月犯罪者」（譯註：納粹用以辱罵一九一八年革命代表人物固定用語）和體制政黨（譯註：在納粹用語中，System 帶著貶意，指威瑪共和時期的一切）的敵意，以及那些老套的挽救說法，而且這一切聽起來像是用燦爛的諷刺文體去改寫〈主禱文〉：他大聲疾呼說，他懷著「如岩石般堅定的信念，有一天這個時刻會來到。到那一天，今天仇恨我們的那幾百萬人，將會站在我們身後並跟我們一起歡迎我們所共同創造、辛苦奮鬥、艱苦得來的新德意志帝國，願偉大、榮譽、力量、光榮和正義都歸於它。阿們！」[12]在國家的威望和支持之下，所有技術性的媒體都被徵用。遍布全國的各種號召、口號、舉著旗子的軍隊遊行同時爆發高潮。希特勒又開始搭乘飛機到全國各地。戈培爾所擬定的計畫包含了盡可能全面地使用廣播，「使我們的對手根本不知道從何開始」對付這些可能性，這位宣傳部長這麼寫道：「所以我們更應該學會如何面對它」。戈培爾認爲，希特勒應該在所有城市裡透過電臺說話：「我們將電臺廣播移到全民中間，並讓聽衆對我們的集會中所發生的一切形成印象深刻的畫面。我將親自在元首的每一次演講時說引言，並想辦法藉此將我們的群衆集會之魔力和氣氛傳達給聽衆。」[13]

「各位先生，現在請掏腰包吧！」

這次競選活動相當大部分的支出是透過一次活動得來的。二月二十日，戈林邀請企業界一些代表性人物到國會主席官邸。大約有二十五位參與者出席，其中包括沙赫特，布倫（譯註：

Krupp v. Bohlen，Krupp，鋼鐵集團負責人）、聯合鋼鐵（譯註：Verrinigten Stahlwerken，在一九三〇年代是歐洲最大、世界第二大的鋼鐵企業，現今 thyssenkrupp AG 之前身）的弗格勒（Albert Vögler）、IG-Farben 集團（譯註：於一九二五年合併八家化學、化工、製藥企業而成立）的史尼策勒（Georg v. Schnitzler），馮．施洛德（譯註：Kurt von Schröder，銀行家），以及重工業、礦業和銀行業之代表等。在講話中，希特勒再度突顯極權主義式企業意識形態與民主式企業意識形態之對立性，並嘲笑後者爲弱者和墮落的政治組織。他稱讚具有世界觀且簡明籌劃的預算是對抗共產主義威脅的唯一機會，並支持個別偉大人物的權利。接著他說，他已經拒絕了讓中央黨容忍自己，胡根貝格和德國國家人民黨只會阻礙他向前，他必須先獲得全部的政權，才能將對手澈底擊垮。他這次的措詞也完全放下了合法性這個假象，並要求聽衆們提供財務資助：「我們正面臨最後一次選舉。無論結果如何，我們都不再有回頭路……不管怎樣，如果選舉無法決定，就必須以另一種方法做出決定。」接著戈林說明，希望大家捐錢的請求「對企業而言將更爲容易，如果你們知道三月五日的選舉無疑將是往後十年內，甚至預估是往後百年內最後一次選舉的話」。接著沙赫特轉向在場的衆人說：「各位先生，現在請掏腰包吧！」他還建議成立一個「選舉帳戶」，隨即他便向這些具代表性的企業家募集到三百萬馬克，事實上很可能更多。[14]

在其他競選演說中，希特勒也相當大程度放下保留的態度。在卡塞爾演說時，他大聲宣告：「國際間說廢話，承諾各民族和解的時刻已經過去了，取而代之的是德國民族共同體的出現。」在司徒加特，他承諾「燒光所有腐化的現象並清掉毒素」，他已下定決心「無論在任何情況下，都不讓德國又落回過去的統治中」。他謹慎地避開所有綱領性的宣告（「我們不願撒謊，而且我們也不願欺騙……不願給予隨便的承諾」），而是明確地表達出這個企圖，「絕不，絕不……遠離從德國土地上滅絕馬克思主義以及其伴隨的各種現象的這個職責」。他的計畫的「第一點」是要求對手：「丟掉所有的幻想！」他指出，四年後，站在德國人民面前的是他，而不是那些崩壞的政黨；到時候，德國人民將會做出判決——在最後他大聲強調這種褻瀆的想法，這段時間裡他自認爲是救世主這種自我感覺經常引誘他產生這樣的想法——沒有人可以審判別人，但德國人民「可以把我釘在十字架上，如果他們認爲我沒有盡到我自己的義務的話」。[15]

合法革命的概念

合法的革命這個概念裡，包括不可公開使用恐怖和禁止手段以暴力征服對手，而是一再挑釁對手做出暴力行動，如此一來，對手便會創造以合法的手段去鎮壓他自己的藉口和正當理由。在一月三十一日的日記中，戈培爾便已經用以下的句子描寫這些策略手法：「目前我們不打算用直接的對抗手段（對付共產黨員）。布爾什維克必須先燃起革命的嘗試。然後我們再於適當的時機打擊它。」[16]這是希特勒舊有的革命理想局勢：在共產黨嘗試推翻政府的高潮時，在衆人感到絕望當中，作爲他們所渴望的最後一位救星出場，被召喚來拯救衆人，並在一場戲劇化的衝突中消滅這個大敵，清除混亂，並作爲受歡呼包圍的執法機構贏得合法性和群衆的尊敬。所以，在一月三十日的第一次內閣會議上，胡根貝格要求乾脆禁止共產黨存在，將他們的國會席次搶過來並以這種方式確保自己這一方占國會的大多數，如此一來，國會重選就變得多餘了。但希特勒卻拒絕了這種做法。

可是他仍然擔心，那些共產黨徒完全沒有能力發起一次大規模、強而有力的號召行動。他已在不同的場合上表達懷疑他們的革命能量。此外，這看法和戈培爾的觀點一樣，戈培爾在一九三二年初就已經認爲共產黨員不具任何威脅了。[17]事實上，納粹需要付出相當大的宣傳努力才能將共產黨描繪成一隻惡鬼——而這是他們由於自己的出身想要避免的角色。提及在共產黨中央黨部發現有幾百斤的革命材料，以及二月中許多關於希特勒將面臨刺殺的謠言——顯然是納粹黨自己捏造的——都是爲了達到抹黑共黨產的目的。蘿沙．盧森堡（Rosa Luxemburg）於一九一八年提出的問題：「德國的無產階級在哪裡？」到現在仍然沒有答案。雖然在二月的前兩個星期發生了一些街頭戰役，但那只是地方上一些無名小卒之間的衝突而已。可是如此蒼白的證據無法引起由中央所操控、以發展出挑起恐懼情結的大型起義。原因不僅是工人階級已陷入低潮，其能量已經支離破碎——由於共產黨的本質，他們受到的打擊是最嚴重的。此外，最主要的原因是共產黨領導階層對歷史局面判斷錯誤而產生的荒謬感。無視於自己黨員受到各種迫害和酷刑，許多同志逃亡以及黨員人數急遽減少等事實，共產黨上層仍然堅信，他們眞正的對手是社會民主黨，人們無法分辨法西斯和國會民主之間的差別，希特勒只不過是一個傀儡而已，如果他上臺，只會使共產黨更加有機會獲得權力；而在這個階段，保持耐心是最高的革命美德。

這些策略性的錯誤顯然在演示一場深層的權力轉移過程。這是希特勒取得政權過程中的奇怪現象之一。納粹黨如此長時間在心理上認定了這個對手，藉由這個對手，它獲得了如此重要的啓發並成長壯大，但在對決的這一刻，這個對手卻沒有出現。在前一刻還是一個有強大作用的威脅，是全民驚恐的對象，結果上百萬名共產黨支持者完全沒有一絲反抗的跡象，沒有任何行動，沒有發出任何訊號，就逃之夭夭了。有人說若不談資本主義和共產主義就無法談法西斯主義，[18]如果我們認爲這種說法是正確的話，那麼在這一刻，從歷史來看它們之間的關係都結束了。從現在開始，法西斯主義既不是工具、也不是反面教材或是鏡子裡的影像。在希特勒取得政權的這段期間，它彷彿因爲自己本身的權利而被利用。一直到結束爲止，共產黨不再作爲挑釁的敵對力量出現。

國會縱火案

就這些背景看來，從一九三三年二月二十七日的國會戲劇性起火事件中，就已經可以看出希特勒獲取權力已是必然的發展。這次火災的作案者到底是誰，也一直是多年來的爭論話題。共產黨一直極力否認與縱火案有任何關係。實際上，他們也沒有動機；因爲他們那殘破不堪的自我主張意志無法發出任何進攻的訊號。相反地，認爲這是納粹黨的手段這種說法之所以如此有說服力，是因爲這太符合希特勒對革命沒有耐心的這幅畫面。長期以來，對於納粹犯下這樁罪行的論點幾乎沒有任何爭議，即使有一些問題仍然沒有得到澄清，沒有被看出來，但關於僱用證人或僞造文件的爭議已有了結果。伴隨這次縱火案出現的其他犯罪事件，也爲具有野心的編年史學家的想像力提供了一個著手點而讓他們心懷感激。這使得整個過程很快就充滿了部分表面、部分厚顏無恥的目的性謊言，而且許多無可爭辯的觀點都顯示它是一個造假事件。

托比亞斯（Fritz Tobias）在一九六〇年代初所發表的知名研究，其最主要的意義和功勞在於以個別詳細的分析揭露出，納粹黨許多粗糙的發明只是該黨或充滿想像力的傳奇塑造者之手筆。他提出，國會縱火案的作案者不是納粹黨人，而是在火場被捕時，半裸著身子、滿身大汗、以勝利地姿態結結巴巴地說出「抗議！抗議！」的荷蘭人盧貝（Marinus van der Lubbe），他才是唯一作案者。雖然這個額外的論點比到目前爲止任何其他版本都有更精確、更有說服力的理由，但仍有相當多的疑點存在，並點燃了多年來的激烈爭論。[19]其贊同和反對意見，論點的分量，在這裡都不重要，因爲關於縱火人身分這個問題是一個犯罪偵查學之野心的問題，對於從歷史的角度去理解希特勒取得政權而言不太重要。無論如何，納粹黨已將此犯罪事件據爲己有並透過閃電的手法利用這個事件來完成其獨裁計畫。這揭露出它在這其中的共謀角色有某種意義，但爭辯犯罪手法特徵和犯案人之身分這些問題已跟這層意義無關。在紐倫堡大審中，戈林承認，他們原本就打算執行各種逮捕和迫害的措施，國會縱火案只不過加速了其步調而已。[20]

第一步就在案發地點踏出。當天晚上，當漢夫史丹格（Ernst Hanfstaengls）打電話來說國會起火時，希特勒正在戈培爾位於首相廣場的公寓裡過夜。由於戈培爾起初認爲這是「很棒的假想消息」，所以沒有告知希特勒。但過一會兒新聞肯定這個消息時，他才告知希特勒這件事。接著希特勒激動地大喊：「我終於逮到這個機會了！」這已經指出，他一直在想著該如何有策略和煽動性地利用這個事件。緊接著，他們兩人「以一百公里的時速沿著夏洛特堡大道衝到國會大廈」，最後，跨過粗大的消防水管，走上大型的長廊。在這裡，他們見到了第一個來到現場的戈林，他「極度興奮」，並已拿出共產黨在這附近組織政治活動的標語。從現在開始，這個標語影響著政治界、新聞界和刑事調查的輿論。戈林當時的一位同事，即後來成爲蓋世太保首領的狄爾斯（Rudolf Diels），從現場報導說：

「我到達的時候，戈林向我走過來。因爲這個決定命運的戲劇性時刻，他的聲音極爲激昂：『這是共產黨起義的開始，他們現在就開始出擊！一分鐘都不可以耽誤！』戈林講不下去了。希特勒轉過來面對聚集的眾人。在這一刻，我看到他的臉部因爲激動和圓形屋頂下所聚集的熱氣而變得像火一般的通紅。他彷彿要爆炸一樣，以無法控制的聲音大喊——這是我從來沒有在他身上看到過的——『現在不再有任何慈悲；誰擋在我們的路上，就會被幹掉。德意志民族不再認識任何的溫和。每一個共產黨幹部，無論他在哪裡被發現，就會被射殺。那些共產黨議員在今晚就要被吊起來。所有跟共產黨員有關係的都要被關到牢裡。而且也不可以再放過社民黨徒和其他黨徒！』」[21]

同一時間，戈林命令所有警察進入最高警戒狀態。當天晚上就有大約四千個人被補，主要是德國共產黨幹部，其他則是一些不受歡迎的作家、醫師和律師等，其中包括奧西茨基（譯註：Carl v. Ossietzky，記者、作家、和平主義者）、雷恩（譯註：Ludwig Renn，作家）、米薩姆（譯註：Erich Mühsam，作家、詩人、無政府主義者、和平主義者與反法西斯主義者）、基施（譯註：Egon Erwin Kisch，左翼作家、記者）。社會民主黨的多個黨部和報社被占領。「如果有人反抗的話，」戈培爾威脅說：「就爲衝鋒隊清空街道。」[22]雖然大部分人被捕時都是在床上時被捉起來的，但最初被指控的德國共產黨黨團主席托格勒（Ernst Torgler）卻是自己向警方自首的，以抗議這項指控毫無根據。官方在二月二十七日當夜所發布的第一則消息呈現的卻是：

「國會火災事件（應該）是血腥暴力和內戰的烽火訊號。星期二凌晨四點在柏林就已經開始有大型掠劫事件。可以確知的是，這一天在全德國開始了侵犯某些名人、私人財產以及和平人民的身體與生命的恐怖行動，並挑起了全面的內戰……。

官方已對兩位領導級共產黨國會議員發出緊急逮捕令。其餘共產黨議員和幹部則將列入保護性監禁。接下來四個星期內，全普魯士將禁止所有的共產黨報紙、雜誌、傳單和宣傳海報出現。社會民主黨的所有報紙、雜誌、傳單和宣傳海報則面臨十四天的禁令……。」[23]

隔天上午，希特勒就已經和巴本出現在總統府。在將事件的過程戲劇性地加油添醋呈現之後，他向興登堡提出一份準備好的緊急命令。這份緊急命令確確實實地以各種方法利用這個事件，因爲它廢止了所有的基本權利，將運用死刑的範圍大大擴張，並對各邦祭出多種控制手段。「人們簡直好像被麻醉了一樣」，一位經歷當時情況的人如此敘述，[24]人們之前從來都沒有感覺過共產黨的威脅是如此的嚴重，如今社區居民因害怕被掠劫而組織守衛；因爲害怕水源被下毒，農夫在水井和水泉設崗守衛。藉由所有宣傳手段充分利用這一刻的恐懼，使得希特勒以前所未有的機智與果斷在這段極短的時間內變得無所不能。雖然這依然讓人難以理解，但巴本與其打算馴服希特勒的保守陣營居然樂見這份奪走他們所有控制權，並爲納粹黨革命排除掉所有障礙的命令。最重要的是，沒有任何跡象顯示會有「人身保護令」出現。這個「可怕的漏洞」使得從今以後，國家基本上可以無限度地介入。警方可以隨意「逮捕並讓監禁時間無限延長。他們可以不對被捕者的親人提供任何逮捕的理由，不讓其親人知道被捕者往後的命運如何。警方可以阻止律師或其他人探望被捕者或查閱其檔案……可以讓他做勞苦的工作，不給他足夠的食物或讓他住在狀況不好的牢房裡，可以強迫他重複大喊令人厭惡的口號或唱歌，可以用酷刑折磨他……沒有任何一個法庭會在檔案中找到這個案子。即使法官私底下知道有這種情況，也沒有任何法庭有權介入。」[25]

《保護民族與國家令》（*Zum Schutze von Volk und Staat*）這份緊急命令，加上同一天所發布的另一份命令——《對抗背叛德意志民族和謀逆陰謀活動令》（*gegen Verrat am Deutschen*

Volke und hochverräterische Umtriebe），這是納粹統治系統中最重要的法律基礎，毫無疑問，也是第三帝國最重要的法律：它用永久緊急狀態取代法治國家。有人非常正確地指出，納粹政權最根本的法律基礎是這份法令，而不是幾個星期後才通過的《授權法》（*Ermächtigungsgesetz*）。直到一九四五年，這份法令一直有效，並且爲所有的極權恐怖手段，以及一直持續到一九四四年七月二十日的鎮壓德國境內的各種反抗活動，創造了一種僞合法的基礎。[26]同時，它使得納粹黨人無法再撤回共產黨是國會縱火案之肇事者這個論點，並將之後的法庭審判視爲嚴重的失敗，因爲這次審判只把罪歸到盧貝一個人身上。從這個觀點，而不是刑事調查的細節，可以看出國會縱火案具有決定性的歷史分量。當英國《每日快報》（*Daily Express*）的特派員狄爾默（**Sefton Delmer**）在這個時候問希特勒，他們將對國內政治對手展開大屠殺的謠言是否是眞的時，希特勒嘲諷地回應：「我親愛的狄爾默，我不需要任何聖巴托羅繆節之夜（譯註：Bartholomäusnacht，一五七二年法國宗教戰爭期間，天主教於聖巴托羅繆節前夕對新教徒進行的大屠殺，致使數千新教徒喪命）。憑著這份《保護民族與國家令》，我們設立了特別法庭，它將起訴並合法審判所有的國家敵人。」據估計，從二月二十八日頒布法令至三月中爲止，僅僅在普魯士境內，根據這份緊急命令被逮捕的人就超過一萬。戈培爾對於取得政權所獲得的進展極爲開心地表示：「現在，生活又有樂趣了！」[27]

在執行這些恐嚇的手段之前，選舉前的最後一個星期裡，納粹不斷全面展開越來越多的宣傳手法。戈培爾宣布三月五日是「民族覺醒日」，接下來，所有的群眾集會、鑼鼓喧天的遊行、所有懸掛的旗幟、暴力行動、歡呼的場面以及希特勒的「雄辯術神奇成就」，都是針對這個目的進行。這些活動的激昂熱情橫掃全國，尤其還將德國國家人民黨這個夥伴幾乎完全擠下舞臺。其他政黨則遭受各種阻礙，而警方保持沉默袖手旁觀。到選舉的那一天，納粹的對手已有五十一個人死亡，幾百個人受傷，而納粹這邊只有十八個人死亡。因此，《人民觀察家報》將納粹黨的煽動手段比爲「鐵錘的猛力重擊」，[28]這種說法並非不合理。選舉前夕以柯尼斯堡（Königsberg）的一場奢侈華麗秀開始。「現在，再度驕傲地抬起你的頭來！如今，你不再受奴役，不再不自由；因著上主仁慈的協助……如今你又自由了……。」當希特勒結束對德國人民這番令人狂喜的說話之後，現場響起了《荷蘭感恩禱詞》（譯註：Niederländische Dankgebet，創作於一五九七年，以紀念荷蘭軍隊在蒂倫豪特戰役戰勝西班牙軍隊；在第三帝國期間常被詠唱）這首讚美詩，且最後一段歌詞的聲音被柯尼斯堡大教堂的鐘聲蓋過去。所有的廣播電臺都接到指示，要實況轉播這個活動。在一份黨內指示令裡甚至規定，每一個電臺「只要有機會這麼做，都要將總理的聲音傳播到街上」。在廣播結束之後，衝鋒隊到處列隊遊行。同時在山上和沿著邊境燃起了一堆堆所謂的自由之火。活動主辦單位開心地說：「這將是一場非常大的勝利。」[29]

所以，當三月五日傍晚選舉結果出爐時，失望的情緒就更加嚴重。在接近百分之八十九的參選率下，納粹黨獲得二百八十八個席次，它的政治聯盟，即黑白紅戰鬥前線（譯註：指德國國家人民黨，其黨旗顏色爲黑白紅三色）獲得五十二個席次。中央黨獲得七十三個席次，社會民主黨也因其得票率而有一百二十位議員；甚至共產黨到目前爲止的一百個席次也只丟了十九席。只有在南部的符騰堡和巴伐利亞這兩個邦，納粹黨才取得真正的勝利，因爲他們原本在這兩邦的得票率都是平均以下。由於納粹黨只獲得百分之四十三點九的得票率，所於還缺四十個席次才能過半而達到多數。因此，希特勒必須繼續依賴巴本和胡根貝格的支持，才能在官方數字上至少獲得百分之五十一點九，達到只過半些許的多數。當晚他在戈林的住處等待選舉結束，在知道結果之後，他惱火地表示，只要興登堡還活著，他們就沒辦法擺脫「這幫傢伙」——指的是德國國家人民黨這個政治聯盟夥伴。[30]相反地，戈培爾說：「現在數字還有什麼意義？我們是全國和普魯士的主人。」在他所辦的《攻擊》（*Der Angriff*）這份報紙上，他對國會提出這個令人驚訝的要求：「不可讓政府……有任何困難並讓事情順利進行。」

抱持絕對勝利的思維，即使遭到最慘痛的失敗，也要違反所有表面印象，把它當作勝利來慶祝——這屬於希特勒獲取政權的蠻橫作風，甚至屬於民族社會主義的根本心理。因此，儘管感到失望，納粹黨仍然將選舉結果宣布為獲得壓倒性的成功，並從中導出一個歷史性的任務，「執行人民對馬克思主義所下的判決」。選舉一結束，在各個公共建築物就升起了納粹的鉤十字黨旗。當中央黨對此提出抗議時，戈林霸道地說：「『大部分的德國人民』已在三月五日認同我們的鉤十字旗，我有責任遵守大多數德國民眾的意志，而不是一個顯然還沒明白這個時代徵兆的小團體的意志。」在三月七日的內閣會議上，希特勒毫不猶豫地將這選舉結果宣布為「革命」。[31]

大選之後四天內，他就以迅雷不及掩耳的方式，將各邦的權力奪過來。衝鋒隊澈底扮演了無法再有力控制自己的民憤這個歷史上的古老誇張配角，他們示威性地在街上遊行，包圍官方建築物，要求市長、警長下臺，最後甚至要求當地政府下臺。在漢堡、不萊梅、呂貝克（Lübeck）等城市，在黑森（Hessen）、巴登（Baden）、符騰堡、薩克森（Sachsen）等邦，政府都是按照同樣的方式被迫下臺，並因此為「國家的」內閣清空道路。有時候，甚至小心豎立的合法外牆也倒下，並讓人毫無阻礙地看到一個無法無天、革命性的權力主張：「政府將用所有粗暴的方式擊倒每一個反對它的人，」符騰堡的納粹地方黨部主任穆爾（Wihelm Murr）在操縱選舉過程而當上了該邦的總理之後這麼說，「我們不說：以牙還牙，以眼還眼。不，誰把我們的一隻眼睛打下來，我們將把他的頭打下來。誰把我們的一顆牙齒打下來，我們將把他的下顎敲碎。」[32]在巴伐利亞，納粹地方黨部主任阿道夫．華格納（Adolf Wagner）在三月九日聯合羅姆與希姆萊強迫該邦的總理赫爾特（Heinrich Held）下臺，接著占領政府大樓。幾天前在慕尼黑，為了抵抗一體化的威脅，人們還在考慮擁立王儲魯普雷希特（Rupprecht）復辟君主制，並威脅將在邊界逮捕每一位嘗試闖過梅茵線（譯註：Mainlinie，從歷史上看，是劃分南北德兩大勢力範圍的界線）的國務委員。結果現在卻發現，他早就已經進到邦裡，而且其聲望高出邦裡所有在職的部長。三月九日晚間，政府權限被移交給馮．艾普將軍（Franz Ritter v. Epp），這位將軍在一九一九年擊敗了在巴伐利亞境內類似蘇維埃的委員會共和國政府（Räteherrschaft）。三天後，希特勒便已來到慕尼黑。當天上午，他在紀念全民哀悼日的廣播談話中宣布，威瑪共和的紅黑金國旗將被廢止；將來，黑白紅和納粹鉤十字旗將成為國旗；同時還命令為了「慶祝」國家力量的「勝利」，要懸掛國旗三天。在這一刻他宣布，他的戰鬥的「第一部分已結束」並補充說：「以國家的意志將各邦的政治意志一體化（譯註：Gleichschaltung，納粹術語，指納粹政權將整個公眾和私人的社會和政治生活一體化，協調並絕對控制的進程）這個任務已經完成。」[33]

一體化與衝鋒隊的恐怖行動

事實上，一體化才是民族社會主義完成其革命的特有形式。在過去幾年，希特勒一再反對那些過時且多愁善感的革命家，在革命中他們讓人看到那是一齣為「群衆上演的鬧劇」。他解釋說：「我們不是假革命家，把希望寄託在那些穿得破破爛爛的無產階級身上。」[34]根據他的想法，革命不是暴動，而是經由操控製造混亂，不是專橫獨斷和沒有法律的無政府狀態，而是用有秩序的暴力獲得勝利。因此，對於選舉之後馬上就開始的震耳欲聾的勝利口號以及衝鋒隊升溫的恐怖行動，他表示明顯的不悅，不是因爲它太暴力，而是因爲它雜亂無章、沒有秩序。納粹的反對者、背叛者和知道致命祕密的那些人，成了不受約束的報復狂怒之受害者。在肯尼茲（Chemnitz）這個行政區，兩天之內就有五位共產黨員被謀殺，社會民主黨一家報社的主編被槍殺；在格萊維茨（Gleiwitz）一位中央黨議員的住處，衝鋒隊從窗戶丟進去一顆手榴彈。武裝的衝鋒隊員闖進杜塞爾多福市長雷爾博士（Dr. Lehr）的會議上並用皮鞭狠狠鞭打一位在場人士。在德勒斯登，衝鋒隊強迫指揮家布施（Fritz Busch）中斷一齣歌劇的演出。在基爾（Kiel），他們謀殺了一位社民黨的律師。他們抵制猶太人的生意，釋放該納粹黨正在獄中的囚犯，占領銀行，強迫政治上不受歡迎的官員下臺。除此之外，還進行一系列闖入住宅、掠奪和搶劫行動。有些衝鋒隊員用一種蠻橫的人頭生意來驅動這場風暴——他們綁架政敵並要求對方償付高額的贖金。將所有情況考量進去，估計在納粹黨獲得政權之後一個月內，死亡人數有五百至六百人，被關進弗里克於三月九日所設置的集中營之人數高達五萬人，或甚至更多。在分析民族社會主義綜合的行爲方式時，一向可以看出各種糾纏不清的因素混合在一起：有出於政治動機，有爲了滿足個人慾望，還有冷酷無情的清算。從這個階段一些受害者的名字就可以清楚看出這個事實：除了無政府主義詩人米薩姆之外，被謀殺的人裡還包括戲劇導演羅特（Alfred Rotter）及其妻子，將〈波斯海姆文件〉（*Boxheimer Dokumente*）交給官方的前納粹議員薛弗（Wilhem Schäfer），靈媒哈努森（Erik Jan Hanussen），以及於巴伐利亞少校警官洪林格（Franz Hunglinger），他曾於一九二三年在慕尼黑啤酒館政變中反對希特勒；此外還有前納粹親衛隊領袖海登（Erhard Heiden），以及謀殺威塞爾（譯註：Horst Wessel，原納粹活躍分子，曾任衝鋒隊團領導）之凶手賀勒（譯註：Ali Höhler，活躍共產黨員）。當其他中產階級政治夥件抱怨街頭事件越演越烈時，希特勒覺得自己被羞辱而給予生硬的反駁；他向巴本解釋，他驚嘆於納粹衝鋒隊和親衛隊員有「前所未聞的紀律」，並擔心「也許我們自己就已經受不了那些中產階級的軟弱和懦弱，但在這個歷史性的時刻，如果我們仍然只以精皮手套，而不是以鐵拳頭對付敵人，將來我們逃不過歷史審判的譴責」；並指出，他絕對不讓任何人阻止他完全根除馬克思主義這個使命，並因此發出「最強烈的請求，今後不要再提出這類抱怨」。儘管如此，在三月十日他就已經警告衝鋒隊和親衛隊「要小心，不可讓歷史將一九三三年的國家革命與一九一八年毫無準備的斯巴達克同盟起義比較」。[35]

衝鋒隊當然對這樣的警告感到深深失望。他們一向將奪取政權理解爲公開使用暴力，並且不需要任何理由說明，他們追捕、以酷刑折磨、謀殺人們，不僅是爲了賦予革命其眞正的特質，而且也不願意現在突然將長年以來的承諾——在獲勝之後，德國便屬於他們——詮釋爲沒有約束力的比喻，而是將承諾與具體的要求——獲得軍官職位證書、邦議會裡的職位、薪水、社會保障等——綁在一起。在希特勒奪取政權的概念裡，至少在第一階段裡面，只計畫以善意的壓力去交換關鍵的職位。但對政治夥件裡的許多專家，則要透過假象和威脅來使他們合作。因此，希特勒嘗試用一般的解釋去安撫其衝鋒隊員。在二月初他就已經對他們誇口說：「擊垮（共產黨）的時刻到了！」[36]

然而，讓衝鋒隊感到失望的事卻讓市民燃起希望。市民期待的是重建秩序，而不是這些穿褐衫的御林軍進行的各種攻擊和謀殺事件，或者建立大量的集中營。所以，當他們看到衝鋒隊被要求遵守秩序，拿著募款箱執行和平的功能，甚至參加不對外開放的教堂活動而越發不能進行其革命活動時，就更加感到滿意。因此，市民認為希特勒是一位有節制的人，是維護法律秩序的人，他只不過在這些摩擦衝突事件中受到其激進追隨者的牽連。這種誤導的想法，就是源自這段時間的經驗。

「國家復興」這個魔法詞

直到希特勒用來運作的「第二個魔法詞」[37]——「國家復興」（National Erhebung）——出現，「合法的革命」這個策略才算完整並獲得勢如破竹的效果。它不僅把革命當作部分不受控制、部分人為操縱的眾多暴力行動的正當理由，還為在他的民族自我意識裡仍在遭受苦難的國家提供一個暗示性的口號，並用它來掩飾納粹政權企圖獲得更大範圍的權力的目的。令人恐懼的暴力結合激情的口號，像狂風一樣襲捲一切並提升了暴力的強度，對廣大的群眾——從在內閣裡想要馴服希特勒的那些人到大範圍的中產階級民眾——造成非比尋常的麻痺效果。這使得納粹肆無忌憚所推行的鞏固政權行動不僅沒有遇到任何阻礙，人們甚至還高興地表示歡迎，認為這是一種跨越黨派的「國家重新出發」。

宣傳部長戈培爾

這是一種思想和感覺模式，根據這個模式，如今全國都一致受其控制並以之為準則。這個模式的中心人物是以各種方式、甚至有時以荒誕的方式呈現的「全民總理」，他遠離黨派之間的爭執和心胸狹隘的私人利益，而只為法律和國家福祉服務。現在，戈培爾接過這個任務，以國家的全部力道去強調，用更加大聲的宣傳去發展這個想法。三月十三日，興登堡簽署了任命令，透過這份命令，戈培爾被賦予「帝國人民教育宣傳部部長」一職。這是原本就計畫好的事，只不過因爲顧及到執政聯盟的其他夥伴而推遲了。希特勒首度完全拋開之前所做的保證——內閣的組成不可改變。這位新部長將其同事廣泛的職權範圍奪過來，但同時又做出一副他沒有強迫希特勒承諾讓他上臺的樣子，這是很聰明的，因爲這不同於大多數褐衫軍領導人物因爲勝利而樂昏頭的「打耳光語氣」。在第一次綱領性地對新聞界說話時，他說明：「政府成立這個新部門的目的，是不再對人民不管不顧。這個政府是一個全民政府……這個新部門將對人民解釋政府的各種意圖，以達到人民與政府在政治上一體化的目的。」[38]

在內閣裡，希特勒用各種可以想得到的一般性任務當作設置這個新部門的理由，甚至用一些很諷刺的理由，比如，要準備好民衆去解決油和脂肪的問題。然而，沒有任何部長提出反問或要求解釋。這不僅證明希特勒很有技巧地節制自己運用制定政策的權力，也證明他蠱惑人心的功力。在幾個星期內，所有保守派就已經忘記了他們要馴服希特勒的企圖。巴本謹愼地卑躬屈膝地迎合他；勃洛姆堡熱情地臣服於希特勒捕獵者的魅力之下；胡根貝格只有偶爾偷偷表示自己的不滿；其他人就根本不算數。戈培爾實際上且毫不猶豫接手的任務是，準備這個新國家第一次華麗的自我呈現，同時爲計畫中的《授權法》排除所有的心理障礙。雖然爲了通過《授權法》——原本被設想成是對付議會議制的「致命打擊」——希特勒可以引用國會縱火案法令再度使用暴力手段，盡可能逮捕多位左派政黨的議員，直到納粹黨獲得三分之二的多數爲止。事實上，弗里克也計算各種案例向內閣報告過這個可能性，而且內閣也對之進行討論過；[39]但希特勒也可以選擇走一條合乎規定又實際的路，即嘗試贏得中間黨派的支持。這絕對不是一個偶然推斷出來的證據，而是希特勒整個獲取政權策略風格中的典型做法，即雙管齊下。

在共產黨和社民黨的議員面對大量威脅並受到嚇阻，部分甚至被捕的同時，希特勒卻以最明顯的方式去討好中產階級的黨派，當然同時也不忘威脅他們，二月二十八日的國會縱火案法令已賦予他無限擴張的權力。那段時間裡，誇大的裝腔作勢、引用基督宗教的道德、嚴肅尊崇傳統的姿態，尤其是他出現在衆人面前時所展現的文明、有節制的政治家風範，都是爲了達到這個目的。最燦爛的高潮，充滿奢華和納粹特有的魔法般氣氛出現在「波茨坦之日」（Tag von Potsdam）希特勒爭取市民階級的支持時。

波茨坦之日

這同時是新任宣傳部長戈培爾第一次面臨考驗，而他也以高超的技能成功通過了它。就像他將三月五日稱爲「國家覺醒日」一樣，他宣布把三月二十一日，即第三帝國國會第一天開幕的日子，稱爲「國家復興日」（Tag der nationalen Erhebung）。在波茨坦的加尼森教堂（Garnisonkirche）裡——腓特烈大帝的石棺就位於此教堂的地下墓穴裡——隆重的國家慶典要爲這一天揭開序幕。不僅波茨坦這個普魯士首都的優雅嚴肅氣氛爲民族社會主義的國家復興這項需求，提供許多連結點，甚至此慶典的日期——三月二十一日——不僅是立春的日子，還是俾斯麥在一八七一年開啓了第一個德國國會並因此蓋下歷史轉彎印記的日子。戈培爾將典禮的每一個階段、每一個動作都列入一份導演計畫書中，並經由希特勒鑑定。達到的動人心弦和感人的元素——遊行隊伍的精確秩序、站在路邊拿著花束的兒童、禮炮的鳴放、看到從一八六四年、一八六六年和一八七一年等戰役生還且鬍子花白的退伍軍人、軍隊展示武器遊行和管風琴的聲音，再結合上精準的節奏以挑起人們的情緒——都表現出這是冷靜精確規劃所達到的效果。

「在這類大型國家慶典上，」戈培爾在一次事前視察完場地之後說：「一切都取決於最小的細節上。」[40]

以充滿象徵的方式，在教堂裡的莊嚴禮拜揭開了這一天的序幕。十點一過，從柏林來的第一個車隊到達，在人山人海的街道上擠出一條路。在車上的是興登堡、戈林、巴本、弗里克、眾多國會議員、衝鋒隊的領袖和將軍們；舊德國和新德國同臺登場。為了這個華麗妝點的和解慶典，許多屋子的正面掛滿各種彩帶和色彩繽紛的掛毯，黑白紅旗和納粹鉤十字旗交替飄揚在無數的窗戶前。興登堡身著他老舊的統帥制服——由於這套制服標誌著往後退，如今他已更經常穿文明的黑色小禮服取代之——踏進新教的聖尼古拉教堂（Nikolaikirche），接著他坐在車上繞城一周。諷刺的是，在聖伯多祿和聖保祿教堂（St. Peter und Paul）舉行的天主教彌撒中，中央黨國會議員只獲得從側門進入的許可，希特勒和戈培爾則「由於天主教主教們的敵意態度」而沒有出席。在這次「國家統一的全民大慶典」上，缺席的還包括沒有獲得邀請的共產黨員和社民黨員。弗里克在三月九日已公開說明，他們部分「因集中營裡……緊迫且更有用的工作」而受阻。[41]快十二點的時候，興登堡和希特勒一起踏上加尼森教堂前的階梯，互相握手。這個畫面隨著幾百萬張明信片和海報傳到各地，象徵國家內部對和解的渴望。「這位老先生給出他的祝福」，根據希特勒自己的話，若沒有這份祝福，他不可能獲得政權。[42]教堂的合唱團席和廊道上，坐滿了皇帝軍隊和國家防衛軍的將軍們、各國外交官和眾多達官顯貴。政府官員則坐在教堂中殿，在他們的後面是穿著褐衫的納粹黨國會議員，兩邊是中間黨派的國會代表。傳統上皇帝所坐的位子一直是空的，但在那後面坐著身穿晚會制服的王儲。當興登堡以僵硬的腳步走向自己在教堂內部的座位時，他的視線短暫停留在皇帝的座位上並舉起統帥指揮捧致敬。希特勒則身著黑色燕尾服，充滿敬意並帶著新人的拘謹態度跟在這位讓人懷舊而憂傷的老人後面。在他們的後面穿著各種制服的團體如波浪般起伏；接著響起管風琴音樂和〈呂騰讚美詩〉（譯註：der Choral von Leuthen，一部一九三三年的歷史電影之歌曲，紀念一七五七年的呂騰戰役中，普魯士國王腓特烈二世大勝奧地利軍隊，納粹期間常被詠唱）：如今我們所有人都感謝上主……。

興登堡的致詞很簡短。他提到他自己以及最近人民也已經給予這個新政府的信任，這「為政府的工作奠定了一個合乎憲法的基礎」。他呼籲國會議員們支持政府的沉重工作並召喚「這個光榮場所的古老精神」以對抗「自私和黨派之爭……以為一個統一、自由、驕傲的德國謀福利」。希特勒的致詞同樣帶著適當的莊重語氣。他先回顧了這個國家的偉大和慘敗，接著承認其生命的「永恆根基」，其歷史與文化傳統。在以感人的方式對興登堡表示效忠之後，因為興登堡「慷慨的決定」，使得「古老的偉大和年輕的力量這兩個象徵」得以結合。最後，他懇求這項天命賜給他「勇氣和不屈不撓的精神，在這個為每一個德國人而言的神聖空間裡，我們都能感受到這樣的勇氣和不屈不撓的精神，並在偉大國王的棺架前，以人的身分為整個民族的自由和偉大而奮鬥」。

「在結束的時候所有人都深受感動，」戈培爾寫道：「我坐在興登堡的附近，看到他眼中充滿了淚水。所有的人從座位上站起來，對這位老邁的統帥和這位年輕的總理伸出自己的手，發出尊敬的歡呼。這是歷史性的一刻。德國光榮的盾牌又再度被清洗乾淨。我們的老鷹旗高高升起。興登堡在偉大的普魯士國王墓前放下月桂冠花環。外面響起大炮的聲音。在這一刻，小號聲響起。興登堡這位總統站在加高的看臺上，手中拿著統帥指揮棒，向在他面前列隊經過的國

家防衛軍、衝鋒隊、親衛隊和鋼盔聯盟致意。他一直站在那裡致意……。」【43】

這些畫面對所有的參與者——包括國會議員、軍方人士、外交人員、外國觀察者——和廣大的群眾造成了不尋常的效果，使得波茨坦之日名符其實成爲轉捩點之日。雖然巴本之前所說的話——他將在短短幾個月之內就會把希特勒逼到角落裡，「使他發出吱吱的叫聲」【44】——早就被公開反駁了，但這齣「波茨坦感人喜劇」似乎顯示，這位難以馴服的納粹首領最後還是落入國家主義保守派的網裡，如今這個網的中心，是被奪去了其精神和偉大的普魯士國王的所在地，以及興登堡這個忠誠的代理人。就情況看來，希特勒這位年輕、虔誠和心中充滿敬畏的人彷彿已經向傳統低頭。只有少數人沒有陷入這齣戲的暗示性效果裡。此外，許多在三月五日投反對票給希特勒的人，如今對自己的判斷明顯地感到不安。今天，我們仍沉重地承認，許多原本行爲極爲保守——只要他們的論點算數的話——傾向國家主義，中產階級出身的公務員、官員、司法人員，在納粹政府讓他們嘗到國家主義感人氣氛的這一天，放下了自己的不信任。中產階級的一份右派報紙這麼報導：「昨天，國家主義的熱情像一陣狂風一樣襲捲了整個德國。」而且「我們希望，它溢出了某些政黨爲對抗他們所築構的水壩，並衝破某些到目前爲止一直頑固緊閉的大門」。【45】最後，長長的火把遊行隊伍穿過柏林的街道，《紐倫堡的名歌手》（譯註：Die Meistersinger von Nürnberg，華格納的歌劇）盛大的演出，結束了這一天的慶典節目。

《授權法》

兩天之後，納粹政權和希特勒本人以另一個樣子出現。三月二十三日下午兩點左右，在充當臨時國會的科羅爾歌劇院裡，國會開始其會期，而波茨坦之日就是這個會期的戲劇性序曲。整個會場明顯充滿著納粹的色彩和象徵。在這一天首次在更大場合出現的親衛隊各單位在臨時國會外面負責封鎖此建築物的任務。會場裡面，穿著褐衫制服的衝鋒隊員列隊站著，形成一道道具威脅性的人牆。內閣成員和國會議長坐在舞臺上，舞臺的背景是一面巨大的納粹鉤十字旗。戈林的開幕致詞也以非常粗暴的方式忽略國會跨黨派的特質，而直接對「同志們」進行了根本與此場合無關的紀念艾卡特（Dietrich Eckart）演講。

接著希特勒也穿著褐衫制服，站到講臺上；在過去幾個星期裡，他在大多數場合都穿平民便服，今天爲了在國會第一次講話而穿褐衫。保持著一向的雄辯模式，他開始再次提到自從一九一八年十一月以來的晦暗全景，國家已陷人各種困境和衰敗的危險中，接著大多以開放的措詞用一幅整體畫面描繪出此政府的各種目的和任務，這多多少少符合過去兩星期來的各種說法。接著他說：

「爲了讓政府能夠完成屬於一般範圍的任務，透過納粹黨和德國國家人民黨，國會提出此份《授權法》……如果政府爲了執行其措施還得偶爾用交易的方法或懇求國會的允許的話，這便違背了國家復興與其原本打算的目的。政府這麼做不是爲了廢除國會。相反地，政府保留將來告知國會其各種措施的權力……政府打算，只有在施行對生活而言必須的措施時才動用這份法案。國會和上議院的存在都不會因它而受到任何威脅。總統的地位和權力亦毫不受影響……各邦的存在亦不會被消除……。」

儘管有這些安撫的保證，《授權法》五項條款裡的每一項，都將「德國憲法的重要內容擊得粉碎」。[46]根據《授權法》第一條，立法的權限從國會移到帝國政府身上。第二條擴大了政府修改憲法的權限。第三條將制定法律的權力從總統移至總理手中。第四條將此法的範圍擴大到與外國訂立某些契約上。最後一條將此法的有效期限設為四年，並與目前政府的任期綁在一起。最後希特勒又以他特有的風格轉換語氣，並以宣戰結束他的發言：

「由於政府已占國會大多數，所以國會因其本身需要而動用這項法案的案件數目是有限的。正因為如此，復興國家的政府更堅持通過這項法案。政府堅持在所有情況中都要有明確的決定。政府提供國會中的各政黨可以平靜發展的機會並為將來的和解鋪路。但政府同樣下定決心並準備好面對任何拒絕的聲音和反對的表示。各位議員先生，現在請你們自己下決定，要和平還是要戰爭。」[47]

希特勒結束發言後，國會以特有的方式提前演示了它將來的功能——熱烈鼓掌和站起來唱起《德意志之歌》。由於會場內外到處都有衝鋒隊和親衛隊守著，這營造一種被包圍的氣氛。於是在這種氣氛下，各黨團休會三小時進行商討。在外面，即這棟建築物的前面，穿著制服的希特勒追隨者開始齊聲大喊：「我們要求通過《授權法》，否則你們等著挨打！」[48]

如今一切取決於中央黨的決定。政府必須獲得他們的支持才能取得能夠修憲的絕大多數。在與其黨魁卡斯博士（Dr. Kaas）協商時，希特勒做了各種保證，但這些保證主要涉及一份協議，最後還承諾寫一封信「作為對中央黨有力支持之回禮」。這封信「將取消國會縱火案法令中有損國民的公民自由和政治自由那些部分」，且信中將宣告，只在特定條件下才會動用《授權法》。此外，胡根貝格和布呂寧在三月二十一日晚間晤談時就已經達成一致的意見，必須獲得政府保證公民和政治自由的附加條款，中央黨才支持通過《授權法》。因此，他們同意，由布呂寧擬定這項提案並由德國國家人民黨的黨團提出。

但在國會休會協商的時候，布呂寧卻被告知，對於這份附加提案，德國國家人民黨黨團裡有嚴肅的反對意見，所以不可能如之前所約定的那樣提出此提案。由於中央黨現在又變得搖擺不定，所以必須重新商議自己的立場。大部分人呼籲採取支持的立場，但少數人，尤其是布呂寧，激烈反對順從對方的要求。他大喊說，寧願光榮地滅亡，也不要悲慘地慢慢被折磨才死。最後，他們決定順從大多數人的觀點。起決定作用的，不僅是中央黨傳統的樂觀主義以及波茨坦之日使人腐敗的效應，而且還包括他們認命的考量，認爲自己的黨無法阻擋此法案通過，再加上有希特勒所答應的那封信，應該會比現在能更有效約束他合法行事才對。

然而，在協商時間結束之後，希特勒的信都還沒送到。在布呂寧的催促之下，卡斯去找希特勒。卡斯回來時帶來的解釋是，那封信已經簽名交給內政部長以轉交給政府，信將會在投票表決時送到。卡斯還補充說：「如果要他相信希特勒的話，應該就是這一次了，因爲希特勒的語氣很有說服力。」

希特勒對抗威爾斯

這時候，社民黨主席威爾斯（Otto Wels）在眾人都沉默時站上講臺，同時在遠處傳來衝鋒隊和親衛隊威脅的喊話。他最後一次公開表達他對民主的信仰，並指出這是他的黨團採取拒絕立場的理由。他指出，在外交政策上，社民黨也一向贊成德國獲得平等的地位，並反對對手嘗試以任何手法誹謗德國的名譽。他解釋說，沒有防衛能力不表示沒有榮譽。無論對外或對內都是如此。選舉已經賦予政府內的政黨大多數席次，因此也給了它根據憲法去執政的機會；只要有這樣的機會，就有伴隨的義務。批評是有益的，壓迫批評達不到任何目的。最後，在結束發言之前，他呼籲人民要有是非觀念並問候被壓迫的人和友人。

這種以適當且相當有尊嚴的形式表達拒絕的做法，使希特勒陷入極爲惱火的狀態。巴本正想辦法阻止他往前，他卻將巴本推到一邊，第二次站上發言臺。他伸長手臂指著之前發言的威爾斯說：「你們來晚了，但你們還是來了！（譯註：席勒的名言，出自其作品《華倫斯坦三部曲》）議員先生，您剛才所提出的美妙理論，現在才告知世界歷史，未免太晚了一點。」在越來越激動的情緒中，他否定與社民黨在外交政策上有任何共同點，指責他們沒有國家榮譽感，沒有是非觀念。這中間他一再被熱烈的掌聲中斷，接著他說：

「您談到壓迫。我相信，在我們當中，沒有多少人不必因爲來自你們這一邊的壓迫而坐牢……您似乎完全忘記了，有很長一段時間，人們把我們的上衣扯下，只因爲他們看這顏色不順眼……我們就是在你們的壓迫之下長大的！

您又說，批評是有益的。的確，愛德國的人當然可以批評我們；但那些崇拜國際的人不能批評我們！議員先生，您對這一點的認識似乎也有點太晚了。當我們還是反對黨時，您應該就在那段時間裡認出批評的益處才對……當時你們禁止，禁止，一再禁止我們的報紙，禁止我們的集會，而且爲時多年！而現在您卻說：批評是有益的！」

這時候，社民黨議員們大聲抗議，國會議長敲響了鐘聲，戈林在逐漸平息的抗議聲中大喊：「不要再談歷史了，現在請注意聽這些話！」接著希特勒說：

「您說：『他們現在要廢除國會，以便能繼續革命。』各位，如果是那樣的話，我們就不必……提出這個法案。如果我們之前獲得上主賜給勇氣的話，我們早就用別的方式跟你們打交道了。

您又說，即使是我們也不能廢除社會民主黨，因爲它第一個清出這裡的座位給平民，給工作的人，而不是給那些男爵和伯爵。在所有的事上，議員先生，您都來得太晚了！爲什麼當初您沒有把這些思想教給你的朋友格熱辛斯基（Albert Grzesinski），和教給你另外的朋友布朗（Otto Braun）和塞弗林（Carl Severing）。他們多年以來一直指責我，說我只是一個油漆匠學徒！好多年，他們就在海報上宣稱這一點（戈林插入大喊說：『總理現在在算帳了！』），最後他們甚至威脅我，要用打狗鞭把我趕出德國。

從現在開始，我們民族社會主義黨將爲德國工人能夠要求和盼望的一切清除障礙。我們民族社會主義黨將成爲他們的代言人。各位，你們不再被需要了！……不要把我們和中產階級混爲一談。你們認爲，你們這顆星可能會再升起！各位，德國這顆星將再升起，而你們這顆星將會殞落……在人民生活中腐朽、老舊和脆弱的一切，將會消逝，而且不會再來。」

用這些露骨的說法，他向「德國國會」呼籲「只是爲了法律的緣故」和出於心理的理由，「請允許我們，即使沒有你們的允許，我們其實原本也可以辦得到。」最後，在結束時，希特勒轉向社民黨議員們大喊說：

「我認爲，你們不會支持這個法案，因爲你們固有的思維無法理解，是什麼樣的目的在推動著我們……我只能對你們說：我也不要你們支持這個法案！德國應該變得自由沒錯，但不是透過你們！」

根據會議紀錄，在這些話之後，「納粹黨員中間和看臺上響起了持久、熱烈的『萬歲』歡呼聲！德國國家人民黨員們也鼓掌。熱烈鼓掌和『萬歲』呼聲一再響起。」[49]事實上，這次答辯是希特勒機敏雄辯應答最有名的例子。但無論如何，我們得知道，威爾斯的講話其實在前一天便已登上報紙而且顯然希特勒也已得知其內容。戈培爾看到「對手落荒而逃」並歡呼說：「從來沒有人像這次這樣被打得趴在地上。」沉醉在大膽粗暴逼退對手的狂喜中，這次談話讓人想起在一九一九年的那次答辯。當時，一位專業的演說家首次大大地打開了希特勒的口才水龍頭之後，使得個性耿直的德萊克斯勒（Anton Drexler）既感到困惑又爲之驚嘆。如今，在這次內閣會議的次日，胡根貝格「以其餘內閣成員之名……爲這次逼走馬克思主義首領威爾斯的出色表現」[50]而表示感謝。

當熱烈的掌聲平息下來之後，其餘政黨的代表們分別站上講臺，一一表示贊同。而卡斯在重新詢問弗里克並得到「鄭重的保證，希特勒的信差已經將信送到他在科羅爾歌劇院裡的辦公室」[51]之後，他才有點尷尬地發言。在短短幾分鐘之內，《授權法》就已經獲得三讀通過。投票結果是四百四十四張贊成票，九十四張反對票，只有社民黨人依然堅持反對。這結果比所需的三分之二多出許多，即使原本應該出席的八十一位共產黨議員和二十六位社民黨議員投反對票的話，這結果還是綽綽有餘，但他們當時因爲被捕、逃亡或生病而無法出席。戈林一宣布投票結果，納粹黨員都衝到前面去。他們高舉手臂歡呼，並開始在政府官員的座位前唱起《霍斯特．威塞爾之歌》〔譯註：*Horst-Wessel-Lied*，根據首行歌詞又稱爲《旗幟高揚》（*Die Fahne hoch*），一九三〇年至一九四五年的納粹黨黨歌，也是一九三三年至一九四五年在《德意志至高無上》（*Deutschland über Alles*）之外的另一首德國國歌〕。當天晚上，已政治一體化的上議院就一致通過這項法案。但希特勒所承諾的那封信卻從未到達中央黨的手裡。[52]

隨著《解救人民與帝國脫離苦難法》（*Gesetz zur Behebung der Not von Volk und Reich*）——這是《授權法》的正式名稱——的通過，國會形同解散，而政府則被賦予無限的行動自由。這一天之所以給人如此陰暗的記憶，不是因爲中間政黨向一位更強大的對手和毫無顧忌的意志投降，而是因爲他們軟弱的姿態使自己變成解散自己的共犯。雖然有些中產階級政治人物指出——而且相當合理——在納粹獲取政權的過程中，所謂的國會縱火案法令就已經爲納粹的獨裁統治開啓了決定性的通道，《授權法》只不過讓它獲得正式的意義而已。但正是那次投票提供他們一個機會，以一個簡單的動作去證明自己的反對，而不是還用法律持續性的假象去粉飾那幾個星期裡發生的革命。如果國會縱火案法令是威瑪共和這個多政黨國家實際上的滅亡的話，那麼《授權法》就是它道德上的滅亡。這份法案無可逆轉地決定了各個政黨自動解散並讓位這個進程，而且這個進程可以回溯到一九三〇年，即大執政聯盟瓦解時。

《授權法》的各種效果

《授權法》結束了獲取政權的第一個階段：它不僅使希特勒不必依賴總統發布緊急命令的權力，還使他不必依賴與保守派的結盟。光是這一點就已經使爲反對這個新政權而籌劃的任何權力鬥爭可能破滅。《人民觀察家報》這麼寫：「這是歷史性的一天。議會制度向新德國投降了。接下來的四年，希特勒可以做任何他認爲需要的事：負面的是這會消滅所有馬克思主義腐敗的力量，正面的是這建立了一個新的全民共同體。偉大的行動要開始了！第三帝國的日子已經來臨！」

事實上，希特勒只花了不到三個月的時間，就用詭計騙過他的合作夥伴，並幾乎將所有的反對力量打垮。爲了準確理解這個過程到底有多快，我們必須知道，在義大利，墨索里尼花了七年的時間，才將大概差不多的權力集中在自己手裡。希特勒堅決的企圖心和他對政治家風格的認識，從一開始就給興登堡留下良好的印象，使得這位總統很快就放下原先的保留態度；如今政府在投票中獲得明顯大勝，這更加強了他這種態度的大轉變。這位冷漠、自私的老人忽視加諸在他昔日衆多選民身上的各種壓迫。他現在終於發現自己又站到正確的陣營裡，反而將希特勒清除掉那些「醜陋、毫無紀律的政黨之胡作非爲」的[53]行動視爲一種貢獻。在希特勒被任命爲總理的兩天之後，魯登道夫就已經在一封信裡，譴責興登堡把國家「交到有史以來最大的煽動者手上」。他寫道：「我鄭重向您預言，這個帶來不幸的男人將使我們的帝國陷入深淵，並帶給我們的民族無法想像的災難。未來的世代將爲了您這個做法而到您的墳墓裡咒罵您。」[54]儘管如此，興登堡似乎顯得很高興，認爲自己「已跳過障礙且如今可以享受長時間的平靜了」。在他自己退出政府事務的過程中，他讓國務祕書邁森納（Otto Meißner）在內閣會議中宣布，由於這項《授權法》，所以各項法律的發布「不需要」總統的參與，而且他很高興得以放下長期以來重壓著他的這份責任。同樣地，原本巴本還要求興登堡要出席總統與總理之間的所有會面，但不久後巴本也因為興登堡親自請求而放棄這個要求，根據興登堡的話，是為了「不要冒犯」[55]希特勒。而且當巴伐利亞的總理赫爾特在總統府裡向興登堡報告關於納粹黨人的各種恐怖和違憲行動時，這位逐漸退出政壇的老人請他自己去找希特勒。[56]

在內閣裡，戈培爾也發現：「如今元首的權威已貫徹到底。投票已不再舉行。元首決定即可。這一切發生得比我們所希望的快了很多。」雖然民族社會主義者的口號和公開宣戰，幾乎都在針對馬克思主義者，但這矛頭也同樣對準德國國家人民黨這個政治夥伴。他們挖空心思想出來要框住和馴服希特勒的制度，只不過如同民間傳說中希望能用蜘蛛網抓住一隻老鷹的做法。在他們短視地熱衷於打壓左派的同時，巴本、胡根貝格以及其黨羽完全忽略，參與消滅左派同時也必定為希特勒創造了消滅他們自己的權力機制。他們似乎沒有能力理解這種結盟所帶來的風險，更遠遠無法想像，當他們和希特勒同桌吃飯時，需要用長柄的湯匙，以便和他保持安全距離。帶著保守派無法看清事實的傲慢，格德勒（譯註：德國君主制保守派政治人物，反納粹，於一九四四年參與謀劃刺殺行動失敗後被處死）保證，他們將逼希特勒退回他對建築的那些古怪想法中，然後自己就可以不受干擾地從事政治。反之，在當時的一次說話中，希特勒重新激起舊有的憤慨，稱其中產階級執政聯盟同志為「幽靈」，並說明：「反動派認為已經用鐵鍊捆住我。只要他們能的話，大可以給我設陷阱。但我們不會等到他們採取行動的時候……我們沒有任何顧忌。我們沒有任何中產階級的疑慮！他們認為我沒有受過教育，是個野蠻人！沒錯！我們是野蠻人。我們想做野蠻人。這是一個光榮的頭銜。我們是即將讓世界變年輕的人。這個世界已經快要完蛋了……。」[57]

然而，拿到對付左派以及右派的根據，還不是《授權法》帶給希特勒的全部勝利。希特勒的策略是，不是作爲掀起革命的篡位者而是套著立法者的外衣——儘管這件外衣有許多破洞和補丁——去獲得無限的權力，這個策略同時也防止因爲使用武力推翻政府而導致法律失序的情況出現。憑著《授權法》，國家官僚系統，包括司法系統——爲希特勒更深遠的企圖而言，這是無可或缺的——都爲希特勒所用：它提供了一個滿足良知和實證主義需求的基礎。大部分政府官員很滿意地注意到這次革命的合法性質，儘管其中有一些過分的做法，卻以有利的方式擺脫掉一九一八年的「流氓印象」：與反民主傳統的立場相比，這更能喚起他們合作的意願。然而，如果還有人想要阻止，不僅使自己陷入針對他個人立即公布的特別法律處分，而且還從現在開始就讓法律的表象對抗自己。

當然，這不再是表象。認爲德國從議會制度毫無中斷、平順地過渡到極權統一的國家這個論點始終存在；但與這個論點相反的是，在將所有情況列入考量之後，我們不得不承認，在合法的革命這個過程裡，革命的成分遠大於合法的成分。而且政權轉移的過程還公開在舞臺上演出，沒有什麼比這更能讓大衆對這件事的本質產生錯覺。但其實，這就是以革命手法奪取政權的行動，而且透過《授權法》去完成。根據其法條要求，《授權法》的效力雖然分別在一九三七年和一九四一年延長一次，之後再度於一九四三年延長，但它仍然是在一種緊急狀態下頒布的一項特別法。

甚至納粹政權強制使用的詞彙亦強調奪取政權過程的革命特質。當然，在一開始的時候，人們對於納粹將奪權行動稱爲「國家復興」還有點疑慮和尷尬。事實上，這個詞燃起了許多人的幻想、對復辟的渴望，以及天真的追隨者獻身的希望。但在頒布《授權法》的講話中，希特勒就已經以「國家革命」的說法代替了「國家復興」。十四天後，戈林在一次講話中也拒絕使用「國家復興」的說法，並以「民族社會主義革命」一詞代替之。[58]

各政黨和團體的瓦解

接下來要做的只是一些附加工作，即將已經到手的權力地位整合爲一。短短幾個星期之內，在各邦內的中央一體化工作就已經結束，也完成了瓦解所有政治團體和組織的工作。共產黨的崩潰幾乎是個無聲的過程。在一種寂靜的恐怖氣氛中，有些共產黨人轉入地下，另一些機會主義者則投奔到納粹陣營裡。在滅掉共產黨之後，納粹轉向對付各個工會。三月那時候，搖擺的立場已致命地顯示出他們的不知所措和弱點，更慘的是，他們還相信可以透過一些安撫動作逃過被滅亡的命運。儘管在全國有越來越多工會領導階級被捕或受欺凌折磨，衝鋒隊侵入全國各地的工會辦公室等事件，工會聯邦主席卻在三月二十日對希特勒表示效忠，並指出工會將純粹盡其社會責任，「無論國家的政權是什麼的性質」。[59]當希特勒將威瑪共和之前沒有實現的一項工人運動要求據爲己用，並宣布五月一日是全國勞動節時，工會領導階層呼籲全國勞工參與遊行。於是，由工會組織的工人和雇員在陌生的旗幟下參與了盛大的節日遊行，心懷憤慨聽著納粹黨幹部的致詞，而且還被迫熱烈鼓掌。他們發現，自己突然站到之前才和自己敵對的陣營裡：沒有任何事情比這種令人困惑的經驗，更能粉碎幾百萬工人的反抗意志。在《工會報》（*Gewerkschaftszeitung*）忠於領導的順服策略，將五月一日稱爲「勝利之日」的同時，在五月二日，衝鋒隊和親衛隊就占領了全德國的工會，以及屬於聯邦的商業機構和工人銀行。其高階幹部遭到逮捕，其中部分還被關進集中營。這眞是很不光彩的滅亡。

社會民主黨的結束也以同樣平淡無奇的方式進行。個別黨員呼籲反抗只引發其他領導幹部麻木的否定，並揭露出一個因其傳統形式而變得僵化的群衆政黨之無力感。自一月三十日開始，社民黨只一味高舉納粹黨在其權力欲之下猛烈摧毀的憲法，並退回自己這個沒沒無聞的主張——社民黨不會踏出違法的第一步。到目前爲止，還有一些按照字面相信馬克思主義的人想在民族社會主義中看出「對方的最後一張牌」，但根據歷史決定論法則，這張牌永遠都不可能壓過老K。所以，當社民黨高層以「準備好就是我們能做的一切」[60]這句策略性口號，當作其不作爲的正當理由時，這種被動的態度也對要求採取作爲的許多下級單位造成嚴重打擊士氣的效果。才五月十日，在沒有任何抵抗的跡象之下，社民黨所有的黨部、報紙、黨產、黨旗，在戈林的命令下全部被沒收。在領導階層之間進行激烈爭辯之後，主張走安撫路線的人終於勝出，打算以順從的策略迫使納粹當局採取溫和的手段。在國會裡，社民黨的黨團也抱著同樣的考量做出決議，盡可能通過希特勒在五月十七日所宣布的大外交政策。他們打算以一個特別立場聲明來表示贊同，然而，對希特勒肆無忌憚毀滅所有對手的意志而言，這樣的做法太過精緻了。在弗里克威脅要殺掉關在集中營的社民黨支持者之後，社民黨決定在國會贊成政府宣布的政策。國會議會結束時，戈林諷刺地往左邊看了一眼，說：「全世界（已經）看到，德意志民族意見統一了，如果這算是它的命運的話」。[61]當社民黨終於在六月二十二日被解散且其國會席次被取消時，基本上，沒有人還期望這個被消磨殆盡和羞辱喪志的政黨還能做出任何抵抗的姿態。

現在所有其餘的政治團體也沉沒在一體化的漩渦中。幾乎每天報紙上都出現某個團體被解散或自我解散的消息。一開始（六月二十一日）是德意志民族格鬥聯盟（**Deutschnationalen**

Kampfringe）和鋼盔聯盟；接著（六月二十二日）是剩下的勞工和雇主組織。然後是德國國家人民黨，作爲「國家復興」的作戰盟友，他們還一直徒然地堅持要繼續存在，而沒有能力看清，爲什麼自己一直以來都是和狗一起捕獵，現在卻必須和兔子一起逃命。接下來是（六月二十八日）國家黨（Staatspartei），（六月二十八日）德意志民族前線（Deutschnatioanlen Front），（七月一日）中央協會（Zentrumsverbände），（七月三日）青年德意志兄弟會（Jungdeutscher Orden），（七月四日）巴伐利亞人民黨（Bayerischen Volkspartei），（七月四日）德意志人民黨（Deutsche Volkspartei）。最後是中央黨本身。此黨因爲同時與納粹進行協商而被這個策略喪失行動力，接著（七月五日）便被迫結束。此外，工業界、商業界、手工藝界和農業界的各個利益團體也被一體化。然而，到處都沒有發生任何抵抗的行動，最多只是一些地方性小事件而已。六月二十七日，在納粹用語中被稱爲「那頭笨手笨腳的老豬」的胡根貝格被迫下臺，他的保守派友人們連一根手指都沒有動。在之前的倫敦世界經濟會議上，他直接提出一些過分的要求，要建立一個殖民帝國和把德國的經濟範圍擴張到烏克蘭境內。雖然他再次嘗試藉此勝過民族社會主義蠱惑人心的手法，但事實上卻只把一個方便的機會交到希特勒手上，讓他以理智保護各民族間的和平爲理由對抗舊德國的擾亂和平行爲。因此，在帝國和普魯士空出了四個部長位置。兩天後，希特勒讓安聯保險（Allianzversicherung）的總經理施密特（Kurt Schmitt，任經濟部長）和達雷（Walter Darré，任糧食與農業部長）遞補之。同時，他讓「元首代理人」赫斯經常出席內閣會議。自從塞爾特（Franz Seldte）在四月跳槽到納粹黨之後，納粹黨和德國國家人民黨之間的比例幾乎反過來（八比五）。由於德國國家人民黨的部長們不再享有自家政黨在背後的支持，他們等於降級到無足輕重的專業人員角色。透過一系列的重要法律將納粹黨宣布爲唯一合法政黨之後，納粹當局在一九三三年七月十四日鞏固了拿到手的所有權力。

國內與威瑪共和告別

這種迅速消滅從左到右派所有的政治勢力，且完全沒有遭遇任何抵抗的情形，是納粹取得政權過程中最引人矚目的現象。如果還有一些什麼東西能顯示出威瑪共和已被毀滅的生命力的話，那就是它的各個機構組織讓自己毫不費力地被征服。連希特勒自己都驚訝無比：「我們從來都不認爲它會如此可悲地崩潰。」他七月初在多特蒙德時如此表示。[62]納粹各種侵入機構和禁止行動，不久之前還可能觸發類似內戰的暴亂，但如今，人們只聳聳肩逆來順受。如果只考慮政治原因，而不把精神和心理原因也一併考量的話，就無法理解那幾個月裡發生的大量投降現象。儘管那幾個星期裡所有違法的暴力行動，使希特勒以歷史作爲辯駁的理由，但布呂寧在波茨坦之日和國會議員隊伍一起走向加尼森教堂時的感受——覺得自己正「被牽進刑場」[63]——反而比他自己所認爲的更接近事實。在同一時間，當代一位敏銳觀察家有這樣的記載：面對著持續不斷打到「事實、自由臉上」的巴掌而毫不反擊，面對著各個政黨和議會秩序被消滅，這種感覺越發強烈，「人們不再怎麼在意所有被廢除的東西」。

事實上，在《授權法》之前的波茨坦之日，以及在它之後各個政治勢力的瓦解，標記出一個轉折點：它代表國內終於對威瑪共和告別。從現在開始，過去的政治秩序不再是一選項，在它的象徵之下根本無法聚集一絲希望或甚至一絲抵抗的意志。在希特勒當上總理時，時代轉變的感覺就已經模模糊糊出現，而且是一種興奮期待的心情，如今這種感覺覆蓋的範圍越來越大，影響到各階層的人們。「三月陣亡者」這個詞裡隱含著的是鄙視的口氣，指的是那段日子裡大量投奔到納粹陣營的倒戈者。即使以尖銳的眼光審視這次權力轉移的合法性，仍看出一些顯得可疑的事，希特勒贏得的不只是煽動家這個嘲諷的頭銜，而是迅速獲得了一個備受尊敬的政治家之合法地位。結盟需求像一種上癮行為一樣，攫住了四周的人，抗拒這股潮流且明顯縮水的少數派越發被孤立起來。面對著「由歷史親自」分派給他們的失敗，他們只好將自己的苦澀不甘、寂寞的噁心藏起來。舊的已經死了。就情況看起來，未來是屬於當權政府的，它不僅獲得更多的支持者和歡呼，突然之間也得到越來越多理由。穆齊爾（譯註：Robert Musil，奧地利作家，戲劇評論家）在一九三三年諷刺地發現，「只剩女僕還給人一種堅定拒絕的印象，雖然她們保持沉默。」但他也清楚認識到，自己沒有任何反抗的選擇，他無法想像透過又回到舊有的狀況或更之前的狀況來取代這個革命所形成的秩序：「這種感覺只不過在表示，民族社會主義享有它的使命和時機，它不是一場紛亂，而是歷史的一個階段。」左派的圖霍爾斯基（譯註：Kurt Tucholsky，德國記者、作家，威瑪共和時期最重要的時政評論家，一再呼籲警惕納粹主義的危害）也有同樣的想法，帶著他特有的大膽作風，他寫道：「你不會對著海洋吹哨子，說它犯規。」【64】

這類的宿命論氣氛，文化上的斷念驅動著民族社會主義的成功不斷向前。勝利所釋放的吸力變成一股巨大的說服力，沒有多少人能夠抵抗它。雖然各種恐怖和不正義行動並沒有逃過大家的視線，但在古老的歐洲矛盾中，「到底要違背良心或違抗本世紀的情勢」（法語：**d'être en mauvais ménage avec la conscience ouavec les affaires du siècle**）；於是，越來越多人加入那些似乎擁有歷史也擁有生意的人的陣營裡。在如此有利的情勢之下，在奪取政權之後，納粹政權接下來要奪得人心。

注釋

【1】「就順其自然吧」，馮．諾伊拉特認爲，他本身也是一位內閣成員；比較 H. Rauschning »Gespräche«, S. 141。

【2】J. Goebbels, »Kaiserhof«, S. 256.

【3】H. Schacht, »Abbrechung mit Hitler«, S.31；這篇號召文本身刊印於 M. Domarus, aaO., S.191ff.。

【4】關於此，比較 Paul Kluke, »Nationalsozialistische Europaideologie«, in: VJHfZ 1955/3, S. 244。Kluke 認爲，希特勒的行爲「只能從終於成功獲得權力這一刻的勝利感來解釋」。此外，Hans Bernd Gisevius, »Adolf Hitler«, S.175 亦持同樣的觀點。關於此次談話雖然沒逐字逐句的記載，但仍有當時在場者的多份報導，而且其中部分報導甚爲詳細的內容可以互補。比如，比較馮．哈姆斯坦當時的第二副官 Horst v. Mellenthin 在 »Zeugenschriftum des IfZ München« No.105, S.1ff 的紀錄，下一段所引用的描述亦出自他的紀錄。此外還有利伯曼將軍在希特勒說話時寫下的筆記，收錄於 Thilo Vogelsang 的紀錄文獻中，見 VJHfZ 1954/2, S. 434f.；以及海軍元帥雷德爾在紐倫堡的供詞，見 IMT XIV, S.28，他鄭重地保證，此談話「完全不」含有「任何戰爭的意圖，好戰的意圖」。但這卻與其他報導內容互相矛盾。雷德爾亦宣稱，希特勒所說的話讓「所有的聆聽者感到滿意」這種說法，也遭受各種不同的駁斥，比如馮．德．布許將軍等人就不贊同。比較 K. v. Hammerstein, »Spähtrupp«, S.64。希特勒曾向勃洛姆堡說過，這次談話是「他最困難的談話之一，因爲他一直在對著一面牆說話」；比較 Hermann Foertsch, »Schuld und Verhängnis«, S.33。

【5】K.D. Bracher 如此認爲，見 »Diktatur«, S. 210。

【6】比較一九四五年四月二十七日，最後記錄的軍情討論，引述於一九六六年一月十日的 »Der

Spiegel«。戈培爾還特別補充，在一九三八年的時候也是這樣，在併吞奧地利時，寧願「當時維也納起來反抗，如此一來我們就可以把所有的東西都砸爛。」此外，見»Tischgespräche«, S.364，366。

【7】M. Domarus, aaO., S. 202f. 和 S. 200。

【8】F. v. Papen, aaO., S. 294.

【9】Erich Gritzbach, »Hermann Göring. Werk und Mensch«, S. 31；另亦比較 C. Horkenbach, aaO., S.66。三十二位警方高級首長中就有二十二位被解職，這個事實讓人看到這些措施的規模之大。「在接下來的幾個月裡，幾百位軍官和幾千位警官也被解職。新力軍被引進來，而且到處都是從親衛隊和衝鋒隊這個大型人力庫中調過來」，戈林自己這麼寫道，見»Aufbau einer Nation«, S. 84。

【10】K. D. Bracher, »Machtergreifung«, S. 73；此外 E. Crankshaw, »Die Gestapo«, S. 351ff.，此處對祕密國家警察的崛起有非常鮮明的描述。關於戈林所說的話，比較»Aufbau einer Nation«, S. 86f.。

【11】一九三三年三月三日在法蘭克福納粹黨部一次集會上的講話，比較 H. Göring, »Reden und Aufsätze«, München 1939, S. 27。

【12】M. Domarus, aaO., S. 208.

【13】J. Goebbels, »Kaiserhof«, S. 256 f..

【14】這次活動的過程及其意義要到紐倫堡大審時才被揭露出來；請分別比較 IMT XXXV, S. 42ff；此外還有 IMT V, S. 177ff.；XII, S. 497ff. 以及 XXXVI, S. 520ff.。

【15】比較 M. Domarus, aaO., S. 214, 207, 209, 211；此外亦比較 N. H. Baynes, aaO. I, S. 252, 238。

【16】J. Goebbels, »Kaiserhof«, S. 254.

【17】同上，S. 86。關於希特勒判斷馬克思主義已革命疲乏，請比較一九二七年初於圖林根領導人圈子會

議上的談話，引述於 H.-A. Jacobsen/W. Jochmann, aaO.，關鍵字 »Anfang1927«, S. 2。關於其他場合裡這類意見以及類似的意見，尤其能從希特勒和戈培爾最努力宣傳的論點中看得到——即德國當時無可避免地面對要共產主義或民族社會主義這種二選一的情況——而且直到今天這種看法仍然有其持續效應。關於接下來刺殺行動的謠言，比較 J. Goebbels, »Kaiserhof«, S. 272。

【18】關於此互相關連，比較 E. Nolte, »Kapitalismus–Marxismus–Faschismus«, in: ›Merkur‹ 1973/2, S. 111ff.。

【19】Fritz Tobias, »Der Reichstagsbrand«。許多直到截稿時刻的公告持相反的意見，因爲根本的調查還沒有接著進行，參考 Edouard Calic 以及他所主持的 »Europäische Komitee zur wissenschaftlichen Erforschung der Ursachen und Folgen des Zweiten Weltkriegs«。此外，比較例如 H. Mommsen, »Der Reichstagsbrand und seine politischen Folgen«, in VJHfZ 1964/4 以及同作者在一九七一年二月二十六日的 »Die Zeit« S. 11 之作品。這個犯罪事件仍然可疑的是，盧貝是否有能力在幾分鐘之內單獨點燃數個有作用的起火點；或者這個犯罪行動的大膽和極其深謀遠慮的做法，與盧貝在同一天所犯的其他三起縱火案之間有什麼關連，因爲這些全部案件都證明其手法相當地笨拙。

【20】比較 IMT IX, S. 481f. 以及 PS-3593。此外，戈林一直到最後都極力駁斥他與縱火案之間有任何關連，並指出——也不是不可信——他根本不需要任何特別的機會去對付共產黨人。「他們已經犯罪累累，其罪行是如此之巨大，使得我根本不需要其他機會就已經決定並打算用我手中能動用的所有權力工具，開始無情地展開消滅這個害蟲的戰爭。相反地，就像我已經在國會縱火案的審判過程中所陳述過的一樣，這次的火災強迫我做出如此匆促的行動，令我感到非常不愉快，因爲它，就像所企圖的那樣，迫使我採取更迅速的行動，並在我做好全面周詳的準備之前就得開始打擊對方。」見 »Aufbau einer Nation «, S. 93f.。

【21】Rudolf Diels, »Lucifer ante portas«, S. 194.

【22】J. Goebbels, » Kaiserhof«, S. 271。關於逮捕行動，比較 C. Horkenbach, aaO., S. 74。

【23】»Amtliche Meldung des Preußischen Pressedinstes«，刊印於 C. Horkenbach, aaO., S. 72。

【24】H. Brüning, aaO., S. 652.

【25】A. Brecht, »Vorspiel zum Schweigen«, S. 125f. 一九三三年二月二十八日之緊急命令的第一條，內容即是：「在沒有另行通知下，德國憲法的一一四、一一五、一一七、一一八、一二三、一二四和一五三條將停止適用。故此，政府有權限制人身自由，言論自由的權利，包含新聞自由和集會自由；有權介入信件、郵件、電報和長途電話；除非另有法律規定，有權發布搜索令，充公或限制個人財產。」

【26】K. D. Bracher, »Machtergreifung«, S. 82 ff. 此外，Bracher 亦合理地指出，NVO 提出「共產黨危及國家的暴力行動」這個輕率的理由最晚到了德國法庭做出判決之後便失效了。NVO 同時仍然站得住理這個事實，允許「民族社會主義國家能正式以一個不合法的國家做出決定」；同上 S. 85。

【27】J. Goebbels, »Kaiserhof«, S. 271 以及一九三三年三月三日的 »Daily Express«；此外，亦比較 Sefton Delmer, »Die Deutschen und ich«, S. 196。關於逮捕人數，比較 M. Brozat, aaO., S.101 f.。

【28】»Völkische Beobachter« vom 6. März 1933；此外，J. Goebbels, »Kaiserhof«, S.273 f.。關於人員傷亡，見 K. Heiden, »Geburt«, S. 116。

【29】J. Goebbels, »Kaiserhof«, S.274.

【30】Martin H. Sommerfeldt, »Ich war dabei«, S. 42；關於接下來戈培爾所說的話，比較其革命日記 S. 275 以及 C. Horkenbach, aaO., S. 98。

【31】一九三三年三月七日的內閣會議，刊印於：»Akten zur Deutschen Auswärtigen Politik 1918-1945«, Serie D (ADAP), S. 114；此外還有納粹黨的帝國新聞處於一九三三年三月五日的官方公告，Schultheß, 1933, S.54f。關於中央黨議員佑斯（Joseph Joos）和戈林之間的電報往來，比較 »Ursachen und Folgen« IX, S.80。

【32】Max Miller, »Eugen Bolz, Staatsmann und Bekenner«, Stuttgart 1951, S. 440。一些有納粹黨人在其政府中任職的小邦裡面，三月中就已被一體化，比如：圖林根、安哈特、利珀、布朗施維克、梅克倫堡、施威林、諾伊斯特雷利茨。

【33】M. Domarus, aaO., S.222.

【34】E. Calic, aaO., S.59。關於前面所說的話，比較 H. Rauschning, »Gespräche«, S. 164。

【35】希特勒於一九三三年三月十日的呼籲，引述於 M. Domarus, aaO., S.219。關於聽到德國國家人民黨副主席之抱怨時，希特勒感到不悅，比較 v. Winterfeld v. 10. 3. 33 in: BAK R 43 II, 1263。關於希特勒寫給巴本的信，此信亦有副本給興登堡和國防部長，見 M. Broszat, aaO., S. 111。此外，從一九三三年一月三十一日至八月二十三日，德國各報紙均報導各種暴力死亡事件：有一百九十六名納粹反對者和二十四位希特勒支持者死亡。在這段時間至三月選舉爲止，總共有五十一位納粹反對者和十八位納粹黨員死亡。

【36】同上，S. 215。

【37】K. D. Bracher, »Die Technik der nationalsozialistiechen Machtergreifung«, in: »Deutschland zwischen Demokratie und Diktatur«, S. 168.

【38】C. Horkenbach, aaO., S. 114.

【39】見 K. D. Bracher, »Machtergreifung«, S. 158。在三月十七日《人民觀察家報》就已經以勝利的姿態預估，透過除掉八十一位共產黨議員，納粹黨便可以憑著超過半數十席而贏得絕對大多數。

【40】J. Goebbels, »Kaiserhof«, S. 284.

【41】C. Horkenbach, aaO., S. 106.

【42】»Tischgespräche«, S. 366.

【43】J. Goebbels, »Kaiserhof«, S. 285 f..

【44】他這樣對 Ewald v. Kleist-Schmenzin 說，而後者則將這番話報導出來，in: ›Politische Studien‹ 10 (1959), H. 106, S.92。f. Meinecke, aaO., S. 25 認爲這個活動有資格被視爲「波茨坦感人喜劇」（Potsdamer Rührkomödie）。

【45】›Berliner Börsenzeitung‹ 一九三三年三月二十二日如此報導，引述於 C. Horkenbach, aaO., S.127。

【46】K. Heiden, »Geburt«, S.147.

【47】此次講話內容刊印於 M. domarus, aaO., S. 229 ff.。

【48】C. Severing, aaO. II, S. 385。關於以下所述，事實上過程相當紛亂的信件事件，比較 H. Brüning, aaO., S. 655 ff., 以及同作者，»Ein Brief« in: ›Deutsche Rundschau‹ 1947, S. 15。

【49】M. Domarus, aaO., S. 242ff.。關於推測，希特勒事前就已經知道威爾斯說話的內容，比較 Friedrich Stampfer, »Erfahrungen und Erkenntnisse«, Köln 1957, S. 268。

【50】BAK 內閣會議紀錄 R 43 I；此外，J. Goebbels, »Kaiserhof«, S. 287。在另一處，戈培爾對希特勒這次的答辯發表意見說：「我們可以感受到，這就好像是貓和老鼠在玩遊戲。那位馬克思主義者被逼到角落裡。他希望能夠逃過一劫，但得到的只是毀滅。」比較 »Der Führer als Redner«, in: »Adolf Hitler«

(Reemtsma-Bilderdienst), S.33。

【51】H. Brüning, »Ein Brief«, S. 19.

【52】事後中央黨多次詢問這封沒有出現的信時，希特勒的回答是，德國國家人民黨人可能會提出抗議並反對公開這封信（但這是原本就協議好的）；然而，在被問到此事時，德國國家人民黨卻否認希特勒的說法，並表示他們反而希望這封信被公開；比較 H. Brüning, aaO., S. 660。

【53】W. Görlitz/H. A. Quint, aaO., S. 372.

【54】引述根據 Ph. W. Fabry, aaO., S. 91；關於接下來的各種線索，顯然是按照其意義描述總統身邊的各種反應，比較 H. Brünning, aaO., S. 650。

【55】F.v. Papen, aaO., S. 295。相反地，稍後希特勒自己說，有一天興登堡突然問他，為什麼他們會面時巴本總是在場：「我希望說話的人是你！」比較 »Tischgespräche«, S. 410。關於邁森納三月十五日在內閣會議時所說的話，比較 IMT XXXI, S. 407；但邁森納提出這個疑慮，「也許在商討一些意義比較重大的法律時，讓國家總統的權力參與進來是否是比較適當的做法」。

【56】這是邁森納於一九三三年三月十日給赫爾特的電報內容，比較 K. D. Bracher, »Diktatur«, S. 228。關於接下來引述戈培爾的話，比較 »Kaiserhof«, S. 302（一九三三年四月二十二日）。

【57】H. Rauschning, »Gespräche«, S. 78 f.。關於格德勒說的話，見 E. Calic, aaO., S. 171。

【58】C. Horkenbach, aaO., S. 168 f.；關於官僚體係在這個階段的角色以及納粹政權的政府官員政策，見 Hans Mommsen, »Beamtentum im Dritten Reich«, Schriftenreihe der VJHfZ Nr.13。

【59】比較 E. Matthias, »Der Untergang der alten Sozialdemokratie 1933«, in VJHfZ 1956/3, S. 272。以下的內容，比較 W. Hoegner, »Die verratene Republik«, S. 360。

【60】這是一九三三年一月三十一日，R. Breitscheid 的報告的題目標題，其中指出，黨內高層嘗試在意識形態上用一種審慎的態度面對未來發展爲自己的被動態度辯駁。此外，亦比較 E. Mathias, aaO., S. 263。

【61】Verhandlungen des Reichstags, Bd. 457, 17. Mai 1933, S. 69.

【62】引述於 A.François-Poncet, aaO., S. 136。

【63】H. Brünning, aaO., S. 657：接下來的引述出自穆齊爾的日記（漢堡，一九五五年），比較 Wilfried Berghahn, »Robert Musil in Selbstzeugnissen und Bilddokumenten«, Hamburg 1963, S.123。

【64】Robert Musil, aaO., S. 125。圖霍爾斯基的話出自一封於一九三三年四月十一日寫給詩人 Walter Hasenclever 的信，比較 K. Tucholsky, GW III, S. 399。

第二章　建立元首之國的過程

「我之所以成爲帝國總理，不是爲了做我十四年來所宣講以外的事。」

阿道夫．希特勒，一九三三年十一月一日

希特勒與權力

奪取政權的過程，沒有因爲任何遲疑、任何策略窘迫而中斷，就從第一個階段過渡到第二個階段。一九三三年夏天，摧毀民主法治和政黨國家的任務才剛告結束，下一個任務便立即展開，即將這個廢墟融合成一個能夠讓極權的元首國家統治的單位。「權力我們已經有了。今天，沒有人能反抗我們。但如今我們必須爲這個國家教育德國人民。一項艱鉅的工程即將開始。」希特勒在七月九日向衝鋒隊解釋將來的任務時這麼說。[1]

因爲希特勒絕對不想只建立一個暴力統治的政權，單單用權力欲無法解釋他的性格和他的動力。而且在研究暴政形式的現代學問中，也難以將他列爲研究的對象。可以確知的是，權力對他而言非常重要，而且是幾乎不受任何限制、不計任何後果使用的權力。但他卻沒有在任何時候對權力感到滿足過。他不停攫取權力、擴張權力、行使權力、到最後耗盡權力，就是很有力的證據，證明他並非只是天生的暴君。他非常執著於自己的使命——保衛歐洲和雅利安種族免於致命的威脅——和「建立一個永久的世界帝國」的目標。對歷史的觀察，尤其是對當代史的觀察，教導他，爲了達到這個目標，不僅需要實質的權力工具，事實上，只有一個大型且「能與俄國革命相比的革命」，才能釋放出與這個目標相稱的浩瀚動能。

民主式凱撒主義

一如往常，他總是就心理和宣傳這方面去思考這項任務。他從來沒有像在這段時間裡一樣感到自己如此依賴群衆過，並且非常關切地追蹤他們的每一個反應。他害怕群衆的反覆無常，不僅因爲他們是民主時代養育出來的產物和代表人物，還因爲他個人有獲得肯定和歡呼的需求。「我不是獨裁者而且也永遠不會成爲一個獨裁者。」他這麼說，還鄙視地補充說：「每一個傻子都可以當獨裁者去統治。」他並指出，雖然他取消了表決這項原則，但他才不會因此而變得自由；具體來說，沒有專橫統治這回事，而只有創造一個「普遍意志」的各種方式。「民族社會主義非常嚴肅對待在議會制度中已變質的民主。」他保證：「我們之所以拋棄過時的機制，正因爲它們已無法再使整個民族國家維持著能結出豐富果實的關係，因爲它已經導致空談廢話、導致無恥的欺騙。」當戈培爾說以下的話時，也持同樣的觀點：他發覺，在政治群衆的時代，不能再「以緊急狀態和晚上九點以後禁止外出來統治」群衆。我們必須給他們一個理想，一個讓他們能發揮想像力和表達忠誠的對象，否則他們就會各走各的路。[2]當時的學術界稱之爲「民主式凱撒主義」（demokratischer Caesarismus）。

與它搭配的是這種政治實踐：不可依靠偶發事件或情緒來掌握國民的心理狀態和動員，更不可由批評者的判斷來決定；相反地，這應該是透過一個嚴密的監視、管制和操控系統，澈底且極權地滲透到所有的社會結構中而得出的結果。其目標是，一方面「一直改造人們，直到他們落入我們手中」，另一方面則讓這個系統覆蓋到每一個社會領域，甚至滲到私人領域裡面：「我們必須發展出各種小單位，個人的所有生活必須在這些小單位中進行。於是，每一個人的每一項活動和每一個需求都由透過黨所代表的集體得到管理。不再有任何個人意志的行爲，不再有屬於個人自己的自由空間……個人幸福的時代已經過去了。」[3]

希特勒對革命的保留態度

然而，希特勒並沒有一下子就貫徹了他全部的統治理念。他的策略智慧中尤其含有一種安全速度意識。在一九三三年匆促的夏天中，他不只一次感到事態可能會超出自己的掌控範圍：「在第一次突襲中成功的革命，比被視爲成功而停止腳步的革命還多。」在那段時間裡，他在一次說話中對失去耐心的追隨者這麼說。[4]跟他的黨羽不同的是，希特勒不受成功狂喜的影響，而能夠隨時將一時的衝動置於獲取更多權力這個目標之下。他極力反對在實際奪得政權之後，仍繼續透過革命將國家占爲己有這種做法。他敏銳的成就感告訴他，要保守一點。因此，納粹黨在等待的這些年裡所發展出來的影子國家，其各個部長職位並沒有立即就進到各個單位裡。在這個階段裡，只有戈培爾和達雷成功地站上重要的職位，即使希姆萊也只部分成功而已。比如，把目標放在外交部長之位的艾弗列．羅森伯格（Alfred Rosenberg）就沒有成功，羅姆也是。

希特勒拒絕將國家當作戰利品一樣交給黨，這主要有兩個考量。一方面，只有透過這種方式才能使國內產生和解的感覺，這對於建立一個團結的強權國家而言極爲重要。在一九三三年夏天，希特勒一再警告其黨羽，要「做好得花上許多年的心理準備，甚至是一段很久的時間」；如果想匆促地用教條主義「到處找碴，看看是否還有任何要進行革命的地方」，就不可能獲得任何結果；理論並不代表什麼，更重要的是要「聰明和謹愼」地行事。[5]另一方面，他能夠審愼地將國家視爲一種工具，以便在權術上牽制黨，雖然他自己就是黨主席。就像他在納粹黨裡一直設立各種彼此敵對的單位並鼓勵他們之間互相競爭，以便保持自己的絕對權威在他們的爭執之上而不允許有任何異議一樣；同樣地，他如今也設立一些國家單位，以使用更混淆、更多元的方式去進行馬基維利式鞏固政權的遊戲。而且隨著時間越長，他設立的單位就越多。

例如，在興登堡死後，單單他自己就有三個，甚至四個行政辦公處供他使用：由蘭馬斯博士（Dr. Lammers）負責的帝國總理府、由鮑勒（Philipp Bouhler）擔任主任的元首個人事務辦公廳、由赫斯負責的黨辦公廳，和由出於艾伯特時代的國務祕書邁森納所負責的總統辦公廳。外交、教育、媒體、藝術、經濟，完全是三或四個互相競爭機構交戰的領域，而且這種互相比誰能幹的小戰爭，一直延續到最底下的階層。直到納粹政權最後的日子裡，它們所發出的吵雜聲仍然迴響個不停。一位涉身其中的主管，偶爾就抱怨過各個單位的職權歸屬和發布命令互相矛盾的問題，甚至在籌辦夏至慶典時也如此。[6]在一九四二年，就有五十八個最高帝國機構以及一大堆國家體制外的權力機構對全國各單位發布各種命令，它們彼此爲爭取領導權而混戰，每個機構都說自己的權限才是有效的。我們多多少少可以說，第三帝國是一個由獨裁當局操縱的無政府狀態。各種部長、委員、專員、部門主管、總督、行政區最高長官等等，以及其刻意保持內容不清的任務，形成一個纏成一團的職能毛線球。唯有希特勒本人憑著如同哈布斯堡的領導理智才能對之一目了然，使之保持平衡並掌控在手上。

在這種混亂的政府單位中，也可以看出爲什麼納粹政權極度與希特勒本人綁在一起的原因。

一直到最後，他們都不知道對意識形態的問題進行鬥爭，而只知如何證明自己獲得好處：就像某次正統之爭一樣，既令人感到憤慨又具有毀滅性。普遍的觀點認為，獨裁體制展示的是決斷力和執行的魄力，但與此觀點最不同的相反看法卻認為，它比較接近一種混亂狀態，這使它不同於任何其他形式的國家組織。所有虛飾的秩序排場只是在嘗試將為了操作權術所造成的混亂隱藏在光鮮亮麗的表面之下。當親衛隊領袖謝倫貝格（Walter Schellenberg）在戰爭中抱怨有令出二門的情形以及各個單位之間毫無意義的敵對競爭時，希特勒以這個生存戰鬥理論斥責他：「必須讓人與人之間有摩擦，摩擦可以生熱，而熱就是一種能量。」但希特勒沒有說出來的是，他所提到的能量是一種被耗損的能量，是一種被權術抵消掉、無法造成任何威脅的力量。這就是他從一九三八年之後就中止了內閣會議的原因，這是必然的，因為在此會議中的合作精神違反這種鬥爭原則。當蘭馬斯偶爾請部門裡的同事晚上一起去喝啤酒時，希特勒連這種行為都禁止。我們可以合理地說，這種領導風格是一種「體制化的達爾文主義」。認為它有更大效率廣為流傳的想法，是所有獨裁政權的「畢生謊言」。[7]

希特勒沒有將國家就這樣當作戰利品交給納粹黨，這件事在他的追隨者圈子中引起了極大的不滿。儘管利用了各式各樣的意識形態去推動群眾，但生活基本所需的影響力是不可忽略的，因為這才是奪取權力的理由。六、七百萬的失業人口形成一股浩瀚的社會能量：對工作的渴望，對戰利品的需求，對生涯的期望都沒有得到滿足。革命的浪潮起初只將一小群幹部推進國會和市議會裡，卻使一大堆公務員失去工作。如今一大票空手而回的人，仍然被過去這些年來的反資本主義氣氛支撐著，擠進了範圍更大、收益更豐富的工商業界：他們是當初想成為各種經理、商會主席、監事會成員，或透過暴力或恐嚇手段就這麼成為股東的老戰士們。他們的掠奪意志不僅蓋過了統一的喧囂，還賦予這些事件鮮明的革命特質。呂德克曾報導那個階段的情況，一位對權力和職位甚爲飢渴的黨幹部在踏進剛接手的辦公室時，興奮地對他大喊：「哈囉，呂德克！太棒了！我現在開始統治囉！」在這個廣大社會階層的另一端，是勞施寧所報導的一位黨員，他因爲害怕再次沒有機會上位而對勞施寧絕望地大喊說：「我不要又到下面去。你也許可以再等一下。你的情況又沒那麼緊急！天哪，沒有工作！你聽聽看！如果再經歷一次，我就要去犯罪了。我要一直待在上面，即使還必須做任何事。我們可不會再高升一次。」[8]

讓革命踩剎車

然而，過渡到獲取權力第二階段的先決條件是控制住這些激進、不受控制的能量。在七月初的三個大型警告性說話中，希特勒努力讓這股巨大的革命動力踩下剎車，就像在三月「衝鋒隊暴動」的時候一樣。他指出，一切都取決於將「革命已釋放出的洪流引導到演化的安全溫床上」，[9]但同時又努力驅動它不斷向前。因爲和毫無節制尋求冒險一樣危險的是情勢僵化，無論是因爲過度畏懼革命，還是因爲一直有大量新成員加入而使得這個有幾百萬成員的黨窒息，自然而然陷入僵死不動的狀態。希特勒一方面叮嚀其黨羽要遵守紀律，同時又擔心他們「變成中產階級」。在三個月之內，有超過一百五十萬新黨員將原本的八十五萬老黨員擠成少數之後，希特勒在一九三三年五月一日命令納粹黨禁止招收新黨員。對外，他讓一些黨員以引人矚目的方式被逐出黨並送進集中營裡，這是之前未經允許便進到商業界和工業界的那批人。[10]但在他周圍的親信圈子裡，他卻爲這種追求利益的行爲辯護，說那是推動革命的元素並稱之爲「刻意的貪腐」。他說，中產階級譴責他，沒有正當理由就審判以前統治者的貪腐行爲，而他自己的人卻把錢裝滿口袋。根據一位在場者的報導，他憤怒地說：「我這樣回答了這些大傻瓜。他們是否能告訴我，在這些黨同志遭受多年非人的待遇並不停戰鬥之後，我能用什麼方式去補償他們合理的願望。我問那些傻瓜，他們是否寧願我將街道交給衝鋒隊。我現在還可以這樣做，我無所謂。如果有幾個星期的眞正流血革命發生，這對人民反而是件好事。但顧慮到他們和他們那中產階級的舒適生活，我沒有這麼做。可是我現在還可以補做！……如果我們要使德國變得偉大，我們有權利爲自己著想。」爲了達到一方面讓革命穩定繼續進行，在節制它的同時又驅動它向前的這個雙重目標，在這個階段裡，希特勒奉行的還是他那個已經屢試不爽的權力心理學原則。要抓住的只是那股已經被釋放出來，且一直不安分的改革意識，因此，要將之加以控制。他解釋說：「只有將群衆從他們的冷漠中扯開來，我才能領導他們。只有變得狂熱的群衆才是可以操控的。對每一個集體而言，冷漠、愚蠢的群衆是最大的危險。」【11】

如今，嘗試喚醒群衆「好把他們變成工具」變成了最優先的任務。已經使用的各種手段，在國會縱火案中挑起人們對共產黨的恐懼，各種大遊行，接待各種團體和募款行動，喚醒人民和國家復興等詞藻，搞元首個人崇拜，簡而言之，這些以極爲巧妙的方式將宣傳技倆和恐怖手段混合在一起，是使整個民族趨向統一的想法和感覺模式之開端。最典型的是，伴隨著成功出現的是長久以來被壓抑的意識形態的執著想法也跟著出現。長久以來幾乎被遺忘的猶太人以一種猛烈的方式再次出現，讓他又想起早年那些艱難的日子。於是猶太人被當作邪惡的原則，當作煽動和轉移注意力的手段，以對抗所有出現的反感情緒。

首次反猶太人行動

早在三月的時候，在衝鋒隊的命令之下就已經出現第一波反猶太人的擾亂行動。然而，這卻在國外引起了激烈的抨擊，戈培爾和施特萊赫甚至催促希特勒，要公開加強壓力使這些批評噤聲。他的黨羽原本建議要舉辦一場盛大的恐怖嘉年華會，把街道交給針對工廠、企業、律師和公務員的各種反猶太活動。雖然希特勒沒有同意這麼做，但還是被說服對猶太人進行一天的抵制活動。四月一日星期六，在所有猶太人商店和辦公室門前站著武裝的衝鋒隊員，要求訪客或顧客不要進去。櫥窗上貼著抵制的標語或辱罵的話：「德國人，不要向猶太人買東西！」或「猶太人滾出去！」但這一次，德國人一向被恥笑的紀律意識卻與納粹當局作對。由於這次行動顯示出這麼多的恣意妄爲和無視法律的行爲，所以它沒有達到所希望的效果。一份來自德國西部對事後氣氛的報導中如此記載，大部分的民眾「傾向於同情猶太人……猶太商店的營業額，尤其在鄉下，根本沒有減少。」[12]由於人們反對這些威脅，於是抵制的方法就沒有再被採用。在一次聽起來很失望的說話中，施特萊赫指出，政府當局在全世界猶太人的面前退縮了。而戈培爾卻打開了一個小縫隙讓他們看到未來的機會。他宣布會有一次新的打擊，這一次，「將滅掉德國境內的猶太人……人們不應懷疑我們的決心。」[13]幾天之後，在短時間內頒布的各種法律措施，以不那麼引人注意的方式，將猶太人擠出公共領域、社會領域，不久也把他們擠出商業的領域。大約一年之後，被撤職的有幾百名猶太老師、大約一萬名醫生、律師和公務員，以及將近兩千名音樂家和從事戲劇相關的工作人員。在認識到這是第一波迫害行動之後，將近六萬人逃到其他歐洲國家，但這些國家大多不太願意收留他們。

再度獲賜統一的命運

納粹當局內用來稱讚自己的詞藻——他們所自誇的「德國統一的奇蹟」——不僅表示不斷將真正的國民與不受歡迎的馬克思主義者和猶太人劃清界線，更加表示要不遺餘力尋求一個令人鼓掌的國家。抵制行動失敗給希特勒上了一課，告訴他大眾離他的仇恨情緒還遠得很。雖然四月一日的行動給眾人帶來的是負面的體驗，但五月一日針對勞工和十月一日針對農民舉行的慶典，給眾人帶來的卻是正面的體驗：

一位外交貴賓，法國大使龐賽如此描述五月一日晚間在柏林滕珀爾霍夫大草坪（Tempelhofer Feld）舉行的閉幕活動：「緊密的遊行隊伍穿過柏林的大街，秩序井然、步伐統一，前面舉著牌子，一些隊伍吹著哨子，一些隊伍演奏管樂，他們就這樣一路遊行到集合的地方。這幅畫面就像《紐倫堡的名歌手》裡各行各業的人遊行的隊伍！在廣大的草坪上，所有的人都站在自己被分派的位置上……在這幅畫面之後，接著是紅色旗幟構成的搖曳旗海。前方的舞臺就像一艘船的船首一樣突起，上面擺滿麥克風，下面的人群洶湧有如波濤：排成一列列的國家防衛軍小隊，之後是一百萬人。在這盛大的聚會裡，衝鋒隊和親衛隊負責保持嚴格的秩序。納粹領導人出現了，一個接著一個，受到群眾熱烈地歡呼。巴伐利亞的農民、礦工、漁夫穿著工作服，奧地利的代表團，來自薩爾區（Saarland）和但澤的代表團登上舞臺。他們是這個帝國的貴賓。所有的人都處於一種美好、歡樂的氣氛裡，所有的人都感到歡樂。沒有任何事讓人覺得是強迫的……。

晚上八點，活動開始了。希特勒出現，筆直地站在他的座車上，一隻手臂伸直，臉部僵硬，有點緊繃。他受到持續很久的歡呼，有力的呼聲從成千上萬個喉嚨大聲吼出。這時候，夜已降臨。探照燈突然亮起，燈與燈之間有很大的距離，使得在藍色光束之間有一些黑暗區域。人海，從各個方向移動的人群走進光帶區域裡；這是一幅獨特的畫面，這些正在呼吸、如波浪般起伏的群眾，人們在探照燈的光芒中看到他們，並在黑暗中猜測他們是誰。

在戈培爾講了幾句引言之後，希特勒站上講臺。這時，所有的探照燈都熄滅，只剩下幾束聚集的光線照在元首身上，使得他就像站在從波浪起伏的群眾當中升起的一艘童話船上一樣。現場就像在教堂裡一樣安靜。這時候，希特勒說話了。」[14]

納粹當局舉辦活動的天才做法，大量穿制服的人們在夜間聚集，利用光束變化和音樂節奏，旌旗搖曳和色彩繽紛的煙火，這一切不僅讓在舞臺上的貴賓留下一種「實在漂亮，這是一次絕妙的慶典」的印象，並發現「第三帝國上方瀰漫著一絲和解的統一氣息」。這種體驗當然也在德國人自己身上造成更持久的效果。當天早上，柏林大街上就已經有一百五十萬名來自各行各業各個階層的人：勞工、公務員、經理、工匠、教授、電影明星、雇員。大家成群結隊遊行。當天晚上，希特勒在致詞中就宣稱，這幅畫面不僅中止了各種階級劃分，還號召了全體人民中所有「用拳頭和頭腦工作的人」。接著他又以一種諷刺文學的語氣說——這是在那段時間裡他常常做的事——「我們願意做事，願意工作，願意像兄弟般和解，彼此競爭，好讓這樣的一天能夠來臨；到時候，我們能站到祂面前，向祂祈求說：主啊，祢看，我們已經改變了，德意志民族不再是那個不名譽、屈辱、撕咬自己、膽小怯懦、信心薄弱的民族。不，主啊，德意志民族又再度強大起來了，無論是它的精神、意志、堅忍度，和承受各種犧牲的能力，都強大起來了。主啊，我們不願離棄祢，現在，請祝福我們的戰鬥。」[15]

就是這種宗教式祈求，呼籲全民統一和儀式性活動的魔力達到其效果，讓許多人又重新獲得原本已經失去的歸屬感和集體同志情操。由於看起來不帶政治色彩，宗教敬拜活動和民間娛樂活動便成爲大多數人的大型共同分母。如果只把一九三三年初的人分成戰勝者和戰敗者的話，無疑就落入了過度簡化知識的陷阱裡，而這正是納粹當局後來掛上的妖魔特徵。相反地，就如同戈洛·曼（譯註：德國知名歷史學家、作家，諾貝爾文學獎得主湯瑪斯·曼的第三個兒子）非常貼切觀察到的一樣，在許多人心裡，戰勝和戰敗這兩種感覺既共存又互相作對，[16]他們同時感到勝利，也覺得戰敗；有凱旋，也有不安，還有害怕和羞恥。但在這樣的日子裡，在被這個宏偉壯觀的群衆慶典麻痺的狀態之下，人們覺得自己被歷史本身感動了。一九一四年八月統一時的那種體驗，這原本已經遠去但又無法忘記的記憶，一下子向他們侵襲過來，讓他們突然覺得自己好像被一股致幻的手足之情發生了轉變。之後，在這個民族的記憶中，這幾個月大家都生活在一種難以言喻的混雜情緒中，無比激動，旗子拿出來！春天已來到，自我蛻變，開始起步走向新的偉大中，卻沒有人能夠給出任何明確的動機。這很可能是希特勒讓人難以分析的一種能力：他可以製造出一種歷史性的高昂情緒，就像許多變節分子已經做過的一樣。在五月一日的致詞內容裡，他既沒有提到創造就業機會的具體計畫，也沒有提到民族社會主義或經濟建設的基本綱領，但仍然散發出一種偉大和歷史重要性的意識。這次活動也伴隨著恐怖行動的心理成分：它賦予這些事件一種極爲嚴肅、關乎命運存亡的特質。即使有許多人從中感到一絲疑慮，但也覺得這只是這個事件附帶的小事，不值一提。

文化界的一體化

所以，這不是個人熱情洋溢，而是大多數人感到關乎命運的強烈情緒。一位當時國內有名的知識分子針對五月節這麼寫：勞動終於擺脫了無產階級的悲慘汙點，不僅成為一種新的集體意識之基礎，還「重新宣示了一部分的人權」。[17]一天之後，對工會展開的突襲行動又暴露出希特勒慣用的雙面手法之另一面。同樣地，在五月十日，納粹當局一方面還在「藝術政治家希特勒」的領導下期待奧古斯都盛世的臨近，另一方面卻同時殘暴地對知識分子公然展示敵意：在衝鋒隊和親衛隊的管樂隊以「熱愛祖國的方式」以及火把遊行的伴隨之下，以所謂火的判決之名的燒書行動大肆展開。在大學城的廣場上，將近二十萬冊「非德意志書籍」被焚毀。到目前為止，獲取權力是一種策略，它一再朝向結合狂喜和壓力手段這個方向前進，帶著一種無趣但又不出錯的結果。正是這樣的結合，使得在議會臨時政府的十二年執政為下面這種感覺鋪平了道路——德國又有人在領導，又開始有慶典了。這正是極權國家所熟悉的，也是納粹當局能夠與之掛鉤的政治風格。

初期用來調整國民心理偶然採取的手段，不久之後就變成一種體制和各種固定的職責。在這個階段裡所進行的各種隱性權力鬥爭中，戈培爾贏得了最大的影響力。他的「國民教育與宣傳部」包含七個實質權限範圍（宣傳、廣播、報紙、電影、戲劇、音樂和繪畫藝術），並以最有效的方式對文化和人文界貫徹納粹當局的全部主張。宣傳部的結構對應著立刻著手成立的帝國文化廳（**Reichskulturkammer**）之結構，此廳也分成七個單位，負責監管藝術界和出版界的全部成員：包括建築師、藝術品交易商、畫家、舞臺布景設計師，還包括燈光師或賣報紙的小販。戈培爾公開對他們宣布，這個新國家要消除他們那種「絕望空虛的感覺」。沒有被納入或被趕出這個文化監視和政治化機構的人，等於被禁止從事此行業。不久，警方跟著無數告密的線索去追蹤被排擠的藝術家之作品，並檢查他們是否有遵守從業禁令。一九三三年十二月，總共有超過一千本書或文集被超過二十一個的單位禁止，而且部分單位屬於彼此競爭的性質；一年之後，被禁的出版品已超過四千件。在關於文化的一次「基本講話」中，戈培爾說，這場革命不會在任何地方停止，最重要的是，「如今取代個人和神化個人的是民族和神化民族。民族位於所有事情的中心……在一個政治無非是國會裡各個政黨叫囂著、爲取繼承權而互相鬥來鬥去的時代裡，藝術家當然有權利聲稱自己不碰政治。但是，在這一刻，政治正在撰寫一齣民族大戲的時代裡，在一個世界被推翻的時代裡，在一個舊有的價值已沉沒而別的價值浮現的時代裡，在這樣的一個時刻裡，藝術家不能說：這與我無關。剛好相反，這與他大大有關。」[18]在擔任納粹帝國宣傳部長的任內，戈培爾同時在全國建立了一個嚴密的系統，包含四十一個帝國宣傳單位；幾年後，這些單位被提升成爲正式的官方機構。

一九三三年初，大規模的廣播電臺人事與實務一體化就已經完成。在德國境內大約三千家報社當中，絕大多數報社，尤其是地方報社，因爲經濟壓力或利用各種國家權力工具所進行的訂閱戰而被迫歇業。有一些則被充公。只有幾家大報社，由於它們的名聲能帶來某些利益而能夠存在或保留部分。例如《法蘭克福報》（*Frankfurter Zeitung*）就一直存在到大戰的時候，但它的運作空間在納粹黨執政的一開始就已經被大大限制住。各種嚴格的指導原則和語言使用規則——大多出自每日帝國新聞發布會——對報紙內容進行政治管控並禁止所有的言論自由，甚至所有字裡行間的弦外之音也不允許出現。同時，戈培爾卻鼓勵他們在形式和風格上多做變化，並致力於透過新聞體裁的多元性，以更活潑的方式去報導或隱瞞國家獨裁壟斷的輿論。根據他的一句口號，新聞，就像文化一樣，應該「在意志上形式單一，但在設計意志的表達形式上要多元」。[19]

如果我們綜觀全局，就會發現，文化界的一體化也是在沒有任何抗議之下完成，連一絲有效的反抗跡象都沒有。只有新教在付出分裂的代價之下，還能對納粹取得政權公開進行反抗，而天主教的主教們在一開始表明反對民族社會主義時，就被攻擊和公開審判。希特勒為了與他們訂立協議而推動談判，又做出各種承諾和假裝讓步，使得天主教會反抗意志的基礎就已經被抽走，即使他們做出遲來的反抗，但因為在策略上考慮太多而效果有限。同時，納粹當局的假基督徒裝腔作勢的手法也對此兩大教派的成員有所影響，而且希特勒還知道經常透過祈求「上主」和談到「天命」來營造他有敬神思想的印象。由於民族社會主義的部分世界觀，從對抗「無神論的馬克思主義」、「自由精神」、「風俗敗壞」，一直到對「墮落的藝術」之判決，對許多信徒而言，這些都是熟悉的話題。這使得民族社會主義五花八門的思想體系中的一部分是基督宗教信念的衍生物，而另一部分則是仇恨情緒和各種意識形態。在基督徒的集體生活裡面，這些都是在一個沒有受到攻擊或統一的環境及現代發展中所逐漸形成的。[20]

知識分子的自我一體化

大學裡面也只有少數人還能維持微弱的意志，堅持自己的主張，但這股意志很快就被屢試不爽的協調行動被平息了，即由下層「自發性」宣布願意支持納粹，緊接著由上層做出行政措施。雖然有少數人拒絕如此做，但納粹當局征服知識分子、教授、藝術家、作家、高校和學術界的步調既迅速又毫不費勁。之前還廣泛流傳一種說法，認為在面對納粹的凌厲攻勢時，高級軍官和大企業的抵抗力是最弱的，但如今學術界的現象卻使人們對這個說法存疑。在納粹掌權的起初幾個月裡，非強迫之下所發出的宣布效忠信函，像雨一般落到這個努力爭取肯定和美名的政府當局頭上。這種行動在三月初就已經開始，五月又有一次，來自各流派的幾百位高校教師公開聲明擁護希特勒和新政權，在一份「德國詩人給全民總理希特勒的忠誠誓言」上，署名的人裡包括賓定（Rudolf G. Binding）、哈爾伯（Max Halbe）、馮・莫洛（Walter v. Molo）、龐頓（Josef Ponten）及馮・舒爾茲（Wilhelm v. Scholz）等。另一份擁護希特勒的文件裡也有多位知名教師的簽名，比如：平德（Wilhelm Pinder）、姚爾布魯赫（譯註：Ernst Ferdinand Sauerbruch，二十世紀最著名且影響力最大的外科醫師之一，胸腔外科手術的先鋒）和海德格（譯註：Martin Heidegger，德國哲學家，在現象學、存在主義、解構主義、詮釋學、後現代主義、政治理論、心理學及神學有舉足輕重的影響）。此外，還有許多個人發出的支持聲明。一直嘲笑戈培爾是「工會的哥德」的霍普特曼（譯註：Gerhart Hauptman，一九一二年諾貝爾文學獎得主）發表了一篇文章，而編輯還爲它添上一個很貼切的標題：「我願意！」。布倫克（譯註：Hans Friedrich Blunck，法學家和作家，納粹時代擔任多個文化政策職位）以這句話表達他的期望：「將謙卑獻給上主，榮耀獻給帝國，婚禮獻給藝術」。在慕尼黑的燒書大會上，文學史學家貝特藍（Ernst Bertram）在他的友人湯瑪斯・曼（譯註：Thomas Mann，一九二九年諾貝爾文學獎得主）的作品被丟到火中時，宣讀了一段「火焰判決」：「拋掉那困惑你們的／唾棄那誘惑你們的／把不是出於純粹意志的／威脅你們的，丟到火裡！」甚至阿多諾（譯註：Theodor W. Adorno，德國社會學家，心理學家、哲學家、音樂家以及作曲家）在馮・席拉赫（譯註：Baldur v. Schirach，納粹黨青年組織希特勒青年團負責人，希特勒青年團的進行曲《前進！前進！吹響嘹亮的號角》歌詞作者）的主題詩歌集裡發現，他將戈培爾所說的「浪漫主義式的現實主義」以「能夠想得到的最強效果」作成歌曲。[21]

在這段期間，單單是起初的那幾個星期裡，就有兩百五十位知名的作者和教師出走德國。另一些人則遭受多方凌辱、被禁從業，或遭到各種行政措施的刁難。具有文化野心的納粹當局發言人不久被迫承認，德國第一個「藝術夏季」提供的是一幅戰場的畫面，而不是一幅種子成熟的畫面。[22]自一九三三年八月起，帝國內政部先後發布被取消公民資格的藝術家、作家和教師的黑名單，其中包括福伊希特萬格（譯註：Lion Feuchtwanger，猶太小說家、劇作家，影響許多當代知名劇作家）、克爾（譯註：Alfred Kerr，猶太人，有影響力的戲劇評論家）、亨利希・曼（譯註：Heinrich Mann，湯瑪斯・曼的哥哥，重要德國作家）、湯瑪斯・曼、彼里維爾（譯註：Theodor Plievier，德國小說家，其著名反戰小說《史達林格勒》（*Stalingrad*）被翻譯成二十六種語言）、西格斯（譯註：Anna Seghers，德國著名女作家，以描述二戰期間道德體驗聞名）和愛因斯坦。留下來的人則淡定地占領了學術界裡一大堆空出來的位置，並尷尬地不去看那些被獵殺和被排擠的人之悲劇。接到要求的人，便出來為納粹當局服務：理查・史特勞斯（Richard Strauss）、福特萬格勒（譯註：Wilhelm Furtwängler，二十世紀著名指揮家，亦是作曲家）、克勞斯（譯註：Werner Krauss，德國知名舞臺劇和電影演員）和格林德根斯（譯註：Gustaf Gründgens，二十世紀最具影響力的知名德國演員之一，舞臺藝術指導）。當然，並非所有的人都是因為軟弱或是機會主義者才這麼做，有些人反而是受到納粹獲得政權的狂喜所感染，被國家復興的高昂情緒所影響，這喚醒了他們想加入隊伍並讓自己接受一體化這股無法抗拒的需求。另一些人的想法是，要加強在「偉大的理想主義全民運動」中的正面力量，以保護那些誠實、原始又經歷久戰的納粹勇士，使他們遲鈍的能量得以昇華，同時使「希特勒以『民族之名』好意所提出但又笨拙的想法」變得更精緻，並以這種方式「讓納粹黨人看到，在他們陰暗的渴望裡眞正隱藏的東西，並盡可能使它變成一個『更好』的民族社會主義」。[23]預防一些不好的事情發生是革命年代裡經常見得到的希望；奇怪的是，它常伴隨著這樣的想法：全國結爲兄弟的偉大場景提供一個獨一無二的機會使「骯髒的政治」提升到精神的層面。知識分子圈子裡的這類錯覺尤其能讓人理解民族社會主義之所以能夠在德國持續下去的原因，雖然懦弱和屈從的人也不少。

但如果我們沒有考慮這個歷史時代轉捩點上人們普遍的感覺，對它的理解就是殘缺不全的。爲何希特勒對作家、教授和知識分子毫不掩飾的反人文精神運動，如此容易獲得成功？這個被問個不停的問題，其答案就是：這個時代本身就具有反人文精神的傾向。這個時代裡普遍瀰漫著一種反理性主義的氣氛，它將人文精神視爲「所有錯覺中最得不出任何結果的一個」並反抗「生命的原始力量」。這預言了理性作主的時代即將結束。在德國，這種氣氛尤其因爲威瑪共和的現實狀況而獲得燃料，因爲其冷靜和情緒荒原似乎在明確肯定理性原則的失敗。甚至謝勒（譯註：Max Scheler，德國哲學家，哲學人類學的主要代表人物）在一九二〇年代末期左右的一份報告裡——雖然與時下流行的貶低人文精神觀點保持距離——他將這個時代的非理性主義運動詮釋爲一種「復原的過程」，「身處這個新世界的人，心中本能有一種系統性的暴動……對抗我們的父輩過度誇大的知識」。[24]整肅人文界的希特勒運動也可以被理解爲這個復原過程中的政治突破：在政治領域中最澈底實現了遁入假宗教、仇恨文明以及「對知識感到噁心」的傾向。民族社會主義正是利用這些傾向對許多知識分子發揮誘人的影響力，因爲這些知識分子被孤立在自己的知識世界裡，而渴望與群衆結爲兄弟，渴望分享他們的活力、他們的糊塗和他們對歷史的影響。除了軟弱和缺乏抵抗力之外，整個歐洲的現象也不過是這種反啓蒙時代的氣氛。民族保守主義作家艾德加・榮格（譯註：Edgar Jung，德國法學家、政治人物和出版商，威瑪共和時期保守革命代表人物）表達他「對一股全民運動的原始手法，對勝利的納粹地方頭目和衝鋒隊領袖的戰鬥力的敬意」，而瓦雷里（譯註：Paul Valéry，法國詩人、作家、哲學家，十二度被提名爲諾貝爾文學獎候選人）則覺得，「納粹如此鄙視人文精神是一件迷人的事」。[25]令人印象最深刻的是詩人貝恩（譯註：Gottfried Benn，德國詩人、醫生、散文家，曾五度被提名爲諾貝爾文學獎候選人）在對流亡國外的克勞斯・曼（譯註：Klaus Mann，作家，湯瑪斯・曼的兒子）這封著名的信裡，將全部的動機列了出來——失望、希望、自我誘惑：

「我個人聲明我完全支持這個新國家，因爲它是我的民族，它正在開拓自己的道路。如果我把自己排除在它之外，我會認識更好的事嗎？才不！我可以嘗試按照我自己的力量引導它去到我想看到它之處，但如果我沒有成功，它依然是我的民族。而民族代表很多東西！我的精神和經濟存在、我的語言、我的生活、我和別人的關係，我腦部的整體總和首先是拜這個民族所賜。我們的祖先出於它，子孫又回到它。由於我在鄉間和羊群一起長大，所以我知道什麼是故鄉。大城市、工業化主義、理性主義，全都是這個時代籠罩在我思想上的陰影，都是這個世紀的力量，是我在自己的生產中所面對的。有些時刻，這個備受折磨的生活沉沒了。除了平原、一望無際、四季變化、土地之外，不再有任何東西，用簡單的話來說，那就是：民族。」[26]

這樣的觀點指出，批評民族社會主義的本質缺乏意識形態以及它對人有特殊的誘惑力，是多麼不精確的說法。因爲與左派的思想系統比較，它能提供的並不多，就只有集體的溫暖：人群、炒熱的歷史、鼓掌歡呼、遊行、舉手喊萬歲。[27]這讓它對於這類的知識分子特別有吸引力——他長久以來一直懷疑自己，而且從關於當代理論所有的爭辯中得到的觀點是，「已經沒辦法用思考去理解事情了」。正是知識分子的這種需求——逃離各種想法、理念和系統，遁入某個單純、不複雜的歸屬感裡——為納粹贏得了許多投奔者。

人們有被歸類的需求

於是，民族社會主義嘗試透過不斷推出各式各樣新式社會遊戲空間，來滿足這股尋求歸屬的渴望：人總是希望能有所歸屬——這是希特勒在年輕的那些日子裡，感到被社會遺棄時獲得的基本領悟之一。如果只在黨的無數單位裡，即那些如今在全國到處瘋狂萌生的各種政治同業工會、各種廳辦公室、聯盟裡，只看到強迫這個元素的話，就是在欺騙自己。要涵蓋到每一個年齡、每一個職位上的每一個人，無論是在休閒或娛樂的時候，並且只有睡覺時才給他們私人的時間，就像萊伊（Robert Ley）偶爾所說的一樣，這是在迎合人們渴望參與社會這種普遍的需求。當希特勒經常後悔地說，他總是要求自己的黨羽犧牲時，並不是在誇張。的確，他再度發現了這個已被丟失的事實——即人們有讓自己被納入某個組織的需求，想要發揮某種功能的需求，並認為為廣大的意識犧牲自己的機會經常比知識分子的自由空間還重要。

希特勒將所有在這一年的年初裡被喚醒的各種動力，轉換成有目標導向的社會能量，這是他最顯著的功績之一。他所使用的那種自我挑戰語氣，使得因為失業、悲慘的生活和飢餓而變得神經麻木的人民又充滿了熱情，並喚醒了一股幾乎狂熱的犧牲意願。沒有人能像他一樣以值得信賴的方式向人們大喊：「活在一個別人託付重任給你的時代，真是一件愉快的事。」他接觸公眾的渴望一直無法被滿足，並享受著前所未有的到處旅行和演講活動，即使基本上沒有發生任何事，但實際上一切都已經轉變。羅姆難以置信且驚嘆地看著希特勒說：「說話，就光是說話，但幾百萬顆心就給了他，真夠神奇的。」[28]

透過一系列的開工儀式，在工地放下第一塊基石和鏟起第一塊泥土，希特勒創造出一種動員意識。他又在幾百個開工儀式致詞裡啓用了各種勞動的說法，使得原本只是納粹執政期間軍隊裡通用的術語，不久便發展成所有的勞動戰役中，最後變成在流水生產線戰役上獲得勝利或在結冰的湖面上取得突破等等的說法。在這類詞藻裡，虛構的戰爭有效地挑起人們犧牲的意願，偶爾還演變成一些荒誕的口號以刺激人們，比如：「德國女人又開始織毛衣了！」[29]

同樣地，各種國家慶典、慶祝活動和遊行，這些手段的目的都在透過直觀鮮明的形象使這個新政權受人歡迎。希特勒的歌劇天分很少如此明顯透過這種能力展現過——他將現代政治家的抽象特徵和相關社會職能轉換成簡單的畫面。當然，在政治上，群衆已失去鬥志，他們的權利被減少或被取消了。但以前的成年身分並沒有帶給他們多少好處，他們只是保留了其中一些被鄙視的記憶。而希特勒不斷把他自己呈現在老百姓面前，貪婪地出現在各種場合裡，製造了一種他在參與國家的印象。在多年的情緒低潮之後，許多人覺得，他們的作爲似乎又有了相關的意義，即使最低賤的活動也被提高到值得獎勵的高度。這種情況的最高峰是，當希特勒說，光榮就是「做這個帝國的掃街市民」時，他的確散布了他想要的那種意識。[30]

即興和衝動

如果我們知道，希特勒本人並不負責任何具體的計畫時，他這種喚起人們採取主動和自信的能力就更加令人讚嘆了。在三月十五日的內閣會議中，他首度承認自己陷入進退兩難的困境，並指出，必須利用各種集會、華麗的場面和忙碌的活動來「將人民的注意力轉移到純粹的政治活動上，因為經濟方面的各種決定還必須延後」。甚至在九月，在為法蘭克福與海德堡之間的高速公路動土儀式上，他不小心透露出這樣的說法：現在的重點在於「透過某項巨大的工程首先讓德國的經濟在某個地方動起來」。[31]勞施寧認為，「希特勒用來奪取權力」的整個具體概念「是他無限的自信，認為事情一定會成功，以及這個原始卻有效的格言：命令下去的事，一定行。也許做得糟糕比做得不太對的機率還大，反正還有一段很長的時間，至於這段期間，我們就繼續看看吧。」

然而，在目前這種情況下，事實證明這個概念是一種魔術工具，因為它克服了普遍瀰漫的低落情緒並確實令人感到很愉快。即使物質方面的改善要到一九三四年才開始感受得到，但在納粹掌權的初期的確產生了一種巨大的「政權獲得鞏固的暗示」。同時，這為希特勒預留了相當大的運作空間，使得他能夠讓自己的各種企圖適應一直變換的各種需求。有人說，他的執政風格是「永遠的即興」。[32]的確如此。即使他如此堅決地堅持黨綱不容更改，但策略家天生的警覺本能仍然使他不輕易做出明確的承諾。為了讓自己可以為所欲為，掌權的起初幾個月裡，他就已經禁止新聞界自行公開引述任何出自《我的奮鬥》的內容。他舉出的理由是，反對黨領導階層的想法可能會與目前政府的想法不一致。甚至引用二十五點黨綱的其中一條都不允許。他說，將來，重要的不是黨綱，而是實際的工作。一篇持民族社會主義觀點的當代文章也發現：「到目前為止，新帝國總理拒絕提出任何計畫的細節，從他的立場來看，這絕對可以理解（柏林民間笑話這麼說：『黨綱的第一點沒有回答。』）」[33]根據這樣的觀察，一位以前的黨幹部認為，希特勒任何時候都沒有一個精確擬定的目標，或甚至連達到目的的策略都沒有。的確，他一向似乎都只有各種願景，以及這種不尋常的能力：能夠對一直變換的情勢一目了然並以暴力迅速攫取其機會。[34]所以，描繪一個模模糊糊的壯觀幻影，籠罩在世界末日以及雅利安種族已面臨黃昏的末世雲霧中，加上用頑固、狡猾和冷血的態度所營造的瞬間事件，這都是他的專門領域——這是一種奇特的組合，既對未來有豐富的想像力又善用策略。但在這兩者之間的範疇，包括有計畫、有耐心運作的政治，歷史的空間，對他而言反而是陌生的事物。

希特勒的權術實用主義

事實上，各種計畫或綱領在他看來都不重要。他把「反動派的」胡根貝格擠出內閣，同時又強迫此刻已是經濟部國務祕書的費德爾（Gottfried Feder）減弱他所提出的「打破利息奴役」這個想法（譯註：費德爾認爲利息是少數擁有雄厚資本者剝削其他人的創意和勞力之邪惡手段，是一些社會問題的萬惡之源。因此「打破利息奴役」這個構想被納入納粹黨的二十五點黨綱中，成爲經濟政策的核心理念），甚至到接近撤銷的程度；這可是他一生中最偉大的構想。在他擔任國家防衛軍小隊長的代理人期間，這個想法靈光一現地出現在他腦海裡，而如今他卻必須放棄它，因爲它被視爲「黨官方所批准的幻想」。[35]在這個時候，許多小店的店主，即納粹黨最初的追隨者，都在根據黨綱第十六點的規定尋找他們可以開店的百貨公司。在七月初，希特勒還讓赫斯解釋說，在百貨公司的問題上，黨的立場「基本上依然維持不變」。但實際上，希特勒此刻就已經完全拋棄了黨綱第十六點，因爲他的目的在於使德國強大，而不是讓小平民變得富有。

許多其他老戰士也經歷類似費德爾那樣的命運，他們覺得自己越來越被視爲意識形態的獨行俠而遭到恥笑和排擠。作爲一個容納所有不滿情緒和仇恨情緒的政黨，納粹黨在剛崛起那段時間裡，吸引了許多小烏托邦主義者。這些人心中抱著某個想法，某種新秩序的理念，並認爲他們的革命意志最能在希特勒這個充滿動能的黨中獲得重視。結果現在眞相呼之欲出，因爲事實顯示，這些構想大多不僅不符合實際情況，還有許多荒唐的限制。而另一些人，由於沒有表現出他們能夠幫助希特勒獲得權力，所以根本引不起他的興趣。「重建階級」、憲法改革和帝國改革、日耳曼權利、托拉斯國有化、土地改革，或國家採購生產工具的法律規定，這些構想只不過是一些個別、沒有共鳴的嘗試而已。而且這些構想的內容還經常互相矛盾，使得其發言人紛紛竭力互相反駁對方。於是希特勒又可以讓所有的事懸而不決，根本不管政府陷入「沒有組織的狀態」這種抱怨。[36]其實，這種狀態反而可以使他的意志不受限制並成爲納粹政權眞正的基本法則。

但即使民族社會主義所釋放出來或帶著的能量，無法利用各種方法去建立新的秩序，但這些能量仍然夠強，足以破壞或推翻舊有的情況。在這個階段，納粹政權就已經暴露出其特有的薄弱建設能力。它只對目的懷著不尋常的自信，去揭露出各種不符合時代結構和沒有正當理由的主張，卻從來都沒有能力用重建的力量去使其毀滅性的天賦合法化。在更大的歷史框架中，它只不過擔起了清理的功能。基本上，它甚至沒有能力在政治上爲自己的權力目的發展出理性、符合目標之形式，即使在實現極權國家這件事上，也沒有超越剛開始的狀況：它比較是一個龐然大物，而不是利維坦，就像諾伊曼所說的，是一個非國家，一個受操控的混亂，而不是一個恐怖主義的強制國家，但仍然是個國家。所有的做法都是爲了迅速爭取一個大概目標的即興演出：即奪得權力這步偉大的棋。它排除所有的外力，占據希特勒全部的想像力，使得其他的事都不算什麼。至於在這之後，如何建立社會和政治結構的秩序並且不靠他個人就能夠長期鞏固，他對這些一點都不感興趣。他只是在憧憬一個千年的帝國，而且只是一種模模糊糊、文學般的想法。於是，第三帝國便發展成一個奇特、不完善、即興的狀態，是根據各種五花八門的藍圖做出的瓦礫堆，用新鋪的地基去掩蓋過去的每一片外牆，但這個新地基又被各種新開始砌的牆面、拆毀再蓋和中斷工程蓋過去。這一切都只在一點上有意義和結果：即希特勒那可怕的掌握權力和運用權力的意志。

所有的決定都以權力爲目標導向，希特勒這種傾向在面對社會化目的時最爲明顯，這是他在街上閒晃那個階段裡的情緒遺物，但偶爾還會鮮活地出現。作爲一個以革命製造恐懼和恐慌情緒的運動領袖，他必須想辦法避免所有使納粹政權往傳統革命概念這個方向移動的事，尤其要避免國有化或開放的計畫經濟。但由於他基本上企圖這麼做，他便以「民族社會主義」這個口號去號召人們在所有層次上與國家進行無條件的合作。由於到最後所有的管轄權都落到他這裡，這又表示，所有私人經濟權利都被取消並假裝它繼續存在。爲了讓國家有權不受任何阻礙地介入私人企業，人們得到的回報是國家規定的和平勞資關係，生產和銷售保證，以及隨著時間進展，可能會有各種大規模擴充國家經濟基礎的希望。對於因爲這個短期目標——爲自己創造一群有自我意識的跟班——而出現的概念，希特勒在自己的親信圈子裡帶著諷刺和機智舉出理由：他解釋說，他根本沒打算像在俄國一樣，殺掉所有的資產階級，相反地，他會以各種可以想得到的方式強迫他們運用自己的能力去重建經濟。可以確定的是，當我們放過他們的生命和財產時，企業家們應該要很高興才對，透過這種方式可以使他們眞正依賴我們。他又說，難道他該只是爲了和那些不斷暗示自己功績的老戰士和過度熱忱的黨同志打一架，而改變這種狀況嗎？擁有生產工具的正式頭銜只是一個附帶問題而已：「如果我將人們歸入一個他們無法脫離的類別裡，這又表示什麼。他們愛擁有多少土地或工廠，都隨他們。最重要的是，國家透過黨支配著他們，無論他們是業主或工人。你們得明白，這一切都不再重要。我們的社會主義影響得更深入。它不僅改變事物的外在秩序，還規定人對國家的關係……這時候，財產和收入又表示什麼。我們需要的是：銀行和工廠的社會化。我們還要將人社會化。」【37】

經濟與社會政策措施

德國能以令人驚訝的速度克服了大量失業的問題，這尤其得歸功於希特勒不帶任何意識形態的實用主義。他毫不懷疑納粹政權的命運和他個人的名聲，很大程度取決於是否能成功改善民眾困苦的生活。他指出：解決這個問題「對於我們的革命是否能成功而言，絕對是關鍵。」【38】由於他長久以來都是利用宣傳的手法在走鋼絲，使得他別無選擇，只能透過克服這個危機來兌現自己的承諾。同時，也只有透過這個方法才能平息老戰士們的不滿，他們已經因爲希特勒許多「背叛革命」的妥協和屈服做法而感到惱怒。

最關鍵的是，希特勒——不同於威瑪時期的任何政治人物——抓準了經濟危機的心理面向。當然，世界經濟又開始逐漸復甦也對他很有幫助。至少比這個轉變發生的速度更重要的是他這個觀點：沮喪、憂鬱和漠不關心，都來自對世界秩序的深度懷疑，因此群眾和經濟都在渴望賦予他們某種意義的刺激。無數對企業友善的表示，以及一直努力將經濟從他初掌權階段的革命混亂中救出來，這一切的目的都是爲了首先製造一種普遍有信心的氣氛。因此，希特勒上臺的起初幾個月裡，大多數的初步措施都不是因爲經濟上的考量而被採用，而是因爲它代表一種有活力的姿態。

希特勒也採用了許多之前的舊計畫，比如施萊謝爾政府所通過的創造就業機會的「立即計畫」（Sofortprogramm）。還有此刻以引人注目的方式開始的其他計畫，同樣來自威瑪時代的存檔，這都是因為那幾年裡限制重重的民主機構，沒有決策能力或灰心喪志的心態而無法執行的計畫。例如，與威瑪政府的名聲一開始就綁在一起的高速公路計畫，就從來沒有開始過。[39]當帝國銀行行長路德（Hans Luther）堅持中央銀行的通貨緊縮政策而拒絕提供大量資金來創造就業機會時，希特勒便強迫他下臺，並——又一次不顧許多追隨者的不滿——以「資本家」和「共濟會高階成員」沙赫特取代之。而沙赫特藉助所謂的「Mefo 債券」，在沒有造成明顯的通貨膨脹之下，提供資金給公共服務業就職機會，而且之後主要是提供資金給武器生產計畫。比他的前任更沒有顧慮而且也更有決心，希特勒透過許多慷慨的措施促進生產。在五月一日的談話中，他就已經用下咒語般的語氣向「全德意志民族」宣布，「每一個個人……每一家企業、每一位屋主、每一位商人、每一個私人公司」都有義務，持續共同努力創造就業機會；而國家將透過一個「巨型的」——這是希特勒最愛用的詞——計畫做同樣的事。他保證說：「我們將清除所有的阻礙因素並盛大地開始這項任務。」[40]國家委辦的住宅建築項目和築路項目、刺激公共投資和私人投資的系統、貸款優惠、減稅和補助措施等等促進了經濟景氣。而在這中間一再說話、口號、說話，這些說話和口號以它們的方式做出貢獻，並賦予希特勒這句諷刺的座右銘出人意料的意義：「大謊言家也是大魔術師」。

希特勒在那幾個星期裡所發展出來的心理刺激手法，包括擴大起初是自願，但之後變成義務的勞動項目。這不僅網羅了大量的年輕失業人口，還直觀地展現出納粹政權重建德國的樂觀態度；在開墾沼澤地、開墾海邊圍起來的新墾區、造林、建造高速公路或管理河床這些事上，可以明顯看到人們互相感染的成就意願和為未來建設的意願。同時，這種組織群眾的方法也達到打破階級藩籬和進行軍事預備訓練的目的。但從一九三五年起，這些自願勞動就變成一種義務。儘管所有這些初步措施和元素一起發揮作用，在一九三四年仍然還有三百萬的失業人口，而且還暴露出缺乏專業工作人員這個事實。兩年之後，全民就業這個目標才告達成。

經濟開始復甦也使得政府能在社會政策上，推出相當大量且有效的活動。由於擔心反動活動出現，納粹當局想辦法貫徹其嚴格的秩序理念，比如，取消罷工權或建立一個國有的統一工會，即「德意志勞工陣線」（Deutsche Arbeitsfont），透過和解地展示他們對勞工的友好態度以粉飾其嚴格的控制措施。於是，大量各式各樣照顧勞工的單位便成立了，提供他們度假之旅、舉辦運動賽事、藝術展、民族舞蹈和各種培訓課程。除了組織人們之外，「力量來自歡樂」（譯註：Kraft durch Freude，納粹宣傳組織，負責舉辦大型休假活動）或「勞動之美」（譯註：Schönheit der Arbeit，納粹宣傳組織，負責裝飾和美化工作環境）這些組織的主要任務，是進行監視和安撫勞工的功能。但一九三五年四月，在某些企業裡發現的選舉結果顯示，在這個時候常常不到百分之三十到百分之四十的員工投票給納粹單位，也就是給新政府。可是我們得知道，一九三三年時，「民族社會主義企業單位組織」（Nationalsozialistische Betriebszellenorganisation, NSBO）平均才獲得百分之四的投票。甚至像羅森伯格（Arthur Rosenberg）這樣的馬克思主義歷史學家也必須承認，民族社會主義實現了民主革命中許多沒有實現的基本條件。長期下來，納粹用各種方式不斷頑固進行的宣傳在勞工身上達到其預想的效果，至少許多勞工「比較不是從失去權利而從重新獲得工作」這個觀點看出現在和過去的不同。【41】

因爲這是第三帝國嚴酷的社會政策最關鍵的先決條件。失去自由和社會自治權、擺出一副施恩的態度、占國民生產總值的分量明顯減少：這一切並不怎麼會激怒工人階層，而且那些意識形態的口號贏得的中產階級市民反而比贏得勞工還多。最關鍵的是，在經過多年的恐懼和沮喪的創傷之後，社會安全又被重建這種感覺。這種感覺勝過了一切。它瓦解了納粹政權初期分布相當廣泛的反抗運動，動員了人們的成就意願，還製造出社會滿足的最根本畫面，這是新掌權者能夠非常有自信證明的事：階級鬥爭不僅是受人唾棄和被禁止的，而且也被大規模地放棄了。畢竟，納粹當局還刻意突顯出，不是一個社會階級統治所有其他人，每一個人都保證可以得到往上爬的機會，所以這顯示出，納粹社會事實上是不分階級的。而殘留的社會距離意識到最後也被政治壓力消除殆盡，因為所有的人，無論是企業家、工人、職員或農夫，都必須屈服於納粹政權的政治壓力之下。

這些措施不僅穿透那成了不毛之地的舊有社會結構，還大大改善了各個階層的物質生活。但在所有這些措施裡，卻看不到一個真正新推出的社會政策草案。希特勒最明顯的特徵是，他只擁有奪取政權的概念：無論是對內或對外，但沒有提出任何新社會的規劃。基本上，他也不想改變它，而只想奪過來握在手裡而已。在一九二五年，他的一位說話對象就已經注意到，「他理想中的德國，是一個將全民像軍隊一樣組織起來的國家」。之後，大約在奪權過程快結束時，他自己說，德國的秩序「從現在開始就是駐紮軍營裡的秩序」。就如同黨是他奪得德國政權的工具一樣，德國現在成了幫助他「推開長期統治世界的小門」的工具。[42]我們可以看到，希特勒的內政措施和外交政策之間有相當緊密的相關性。

內政與外交的相關性

為了動員群眾，他不僅使用可支配的社會能量，還運用民族這個主題的動能。雖然以前的戰勝國最近原則上已經給予德國平等的權利，但事實上，德國仍然只是在他們之下的賤民。尤其是法國，自從希特勒上臺之後就比之前更爲感到不安，並反對實際的平等。而英國只對這樣的矛盾表現出一點疑慮，而且還認爲是被昔日盟友所逼之下才表態的。法國的擔心、英國的疑慮和德國的仇恨情緒，被希特勒在上臺的起初一年半裡用來創作一個傑作，以擾亂整個歐洲的結盟系統，讓德意志人民更緊密地團結並爲自己的生存空間政策開疆闢地。

當時的情況對他的野心企圖而言絕對是不利的。奪權過程所伴隨的恐怖行動，各種暴力行爲和虐待手段，尤其是只因爲某些人屬於某個種族而迫害他們，這都違反了所有以文明手法對付政敵的理念，還製造出一種緊張、不友善的氣氛。而這種氣氛在英國下議院有名的耶穌受難前夕辯論時最爲明顯。英國前任外交部長張伯倫爵士（Sir Austen Chamberlain）說，目前發生在德國的事使繼續修改《凡爾賽條約》變得非常不妥。他指出，納粹政權的手法粗暴、種族自大、實行的是一種靴跟政策。長期以來，「希特勒——這可是戰爭！」[43]這個口號被視爲是狂怒的流亡者在表達他們的歇斯底里，但在這一刻，它似乎有了某種合理的解釋。歐洲各地發生仇視德國人的暴力行爲。華沙政府甚至在巴黎詢問，法國是否願意爲了消滅希特勒政府而發動一場預防戰爭。一九三三年的夏天，在外交政治上，德國幾乎完全是孤立的。

鑑於這種局勢，希特勒首先採取的是安撫的手段，並不再繼續像威瑪政權一樣走要求修改《凡爾賽條約》的政策。雖然他鄙視外交部的人員，還偶爾稱他們爲「威廉大街上的那些聖誕老人」，但他完全沒有更動任何外交部的人事和駐外人員。他曾對一位支持者這麼說，他至少得和這些歐洲強權維持六年的「城堡和平」（譯註：中古時期城堡裡各方透過合約維持的和平），民族社會主義這邊任何揮舞軍刀的動作都是錯的。[44]他提供誠意溝通這項政策的高峰是一九三三年五月十七日的「和平演說」，演說中他抗議不該讓戰勝國和戰敗國之間的差異繼續下去，還威脅，只要德國繼續被拒絕獲得實際的平等地位，德國將退出裁軍會議，或甚至退出國際聯盟。德國這種明顯的退讓態度讓他可以毫不費勁地扮演理智和國際間溝通的維護者這個角色。他使用的方法是，將其他歐洲強權的口號「自決權」和「合乎正義的和平」拿過來使用。國際間普遍對希特勒的溫和態度感到滿意，使得根本沒有人發現他話中的警告意味。世界各國有許多人跟著《泰晤士報》一起發聲，支持希特勒要求平等對待德國這項要求。美國總統羅斯福甚至對希特勒上臺「感到開心」。[45]

這項政策最明顯的成就是一九三三年夏天，英國、法國、德國和義大利之間簽訂的一份四強協定。雖然這份協定從來都沒有獲得國會的批准，但它仍然代表在道德層面上接受新德國進入列強的圈子裡。肯定納粹政權的第一個國際夥伴當然是蘇聯，它現在終於願意延長於一九三一年就已經到期的《柏林條約》。緊接著是梵蒂岡於七月與第三帝國簽署協定。但儘管有這些成就，在秋天的時候，希特勒突然猛力轉變舵的方向，彷彿是出於盲目衝動所做的動作一樣，並以令人眼花瞭亂的幾個步驟爲自己取得關鍵性的地位改善。

操作空間是自一九三二年初就開始在日內瓦召開的裁軍會議。在這會議上，第三帝國由於軍備力量薄弱，所以就持有特別強的道德地位。平等原則強迫其他強權自己裁軍或接受德國增加軍備。在多次的發言和解釋中，希特勒一再強調德國願意裁減軍備，但他的態度越誠實，法國的擔心就越明顯。法國一直深感不安地注意德國境內正在發生的事，並有理由相信必須重視這些情勢發展，而不是相信希德勒看似透明的鄭重聲明，即使持續不斷的不信任並阻撓所有談判協商會使法國陷入尷尬的境況。儘管有各種線索顯示德國壓迫其鄰國，越來越軍事化，軍隊經常行軍、到處懸掛旗幟、各種的制服和閱兵活動，而且使用「衝鋒隊單位」、「旅隊」、「衛隊」等組織用語，或甚至戰鬥歌曲裡的歌詞說全人類都在顫抖或世界屬於德國等等，希特勒仍然成功地使列強改變想法。[46]原則上他們同意給予德國平等待遇，但這附帶著一個四年的考驗期，看看德國是否願意眞誠地與列強溝通並放棄修改《凡爾賽條約》這個企圖。

退出國際聯盟

但希特勒的反應卻是突然變臉。十月十四日，英國外長西蒙爵士（Sir John Simon）介紹了協約國的新理念，並表示他們決定，若有必要將強迫德國在會議桌上接受四年考驗期這個條件。他才說完不久，接著希特勒馬上表示要退出裁軍會議。同時還宣布德國將退出國際聯盟。之後在紐倫堡大審上所揭露他給國家防衛軍的命令，就已經記錄他這時候的決心——萬一遭受制裁，必須以武力反抗。[47]

希特勒藉著這次突發行動，將外交政策掌握在自己手中的做法，使得各方極爲震驚。雖然，這個決定並非像許多人所認爲的，是他自己做出的；事實上，這個決定最主要是在外交部長馮．諾伊拉特大力支持之下所做出的，因爲諾伊拉特主張採取刻意尖銳化的外交政策。但用激昂的姿態和強烈憤怒的語氣做出這一步，顯然是希特勒自己的主意；而且他還用「決裂或恥辱」這種粗暴的表達方式來激化這個選擇。當天晚上，在一次電臺講話中，希特勒首度將他在內政屢試不爽的雙面手法這個策略用到外交上：透過一大堆言語上的退讓來緩和並模糊掉他的辱罵，甚至衷心表達好感，稱法國爲「我們老而光榮的對手」，並譴責那些「想要在我們兩國之間挑起戰爭」的人是「瘋狂的」。

這個策略無疑癱瘓了歐洲列強重建一個敵對陣線的微弱傾向，沒有任何一位主事代表知道該怎麼辦。希特勒鄙視地將威瑪政權長久以來一直忍辱含垢、低聲下氣所維護的那種光榮丟到他們的腳前。這種做法顛覆了他們的世界觀。與會者當中，有些人藉著恭賀別人擺脫了一位令人討厭的對手來掩飾自己的震驚和困窘；另一些人則要求採取軍事行動。在日內瓦會場的走廊上，有些人憤怒地大喊：「這可是戰爭！」但幾乎沒有人認真對待這個意見。可是，在所有的喧鬧中，人們第一次模模糊糊警覺到，這個男人可能會強迫舊歐洲承認自己破產，而這是歐洲沒辦法做到的事；他們也警覺到，對於那原本已傷痕累累、被恐懼、不信任和自私所埋葬的國際聯盟原則，希特勒已經使出致命的一擊。同樣被殺死的還有裁軍的想法。如果希特勒奪得政權的確是對《凡爾賽條約》的和平體制表示宣戰的話[48]——就像人們所發現的一樣，那麼這個宣戰聲明就在十月十四日這一天表達了。可是，沒有人接受這份宣戰。對於日內瓦一直無止無休又沒有結果的交涉談判，各種矛盾和虛偽感到頗為厭煩的情緒，主要出現在英國的媒體上。立場保守的報紙《晨間郵報》（*Morning Post*）宣布，他們不會「為國際聯盟和裁軍會議流任何一滴眼淚」，相反地，他們對於「這類的胡說八道終於停止」感到鬆了一口氣。當一家倫敦電影院所播放的一週新聞報導中出現希特勒的畫面時，觀眾還鼓掌。[49]

希特勒的動機

由於擔心這次突襲策略的成功讓希特勒變得更為驕傲，勞施寧從日內瓦來到柏林的總理府拜訪希特勒。他看到希特勒「心情極為愉快，全身散發出一種急切想要採取行動的傾向」。對於勞施寧的警告，日內瓦那邊都感到憤怒，甚至有人要求採取軍事行動，希特勒鄙夷地擺擺手。他問：「這些人想要戰爭？他們才不會這麼想……那裡聚集的只不過是一群悲哀的烏合之衆。他們根本不會有行動，只會抗議而已。而且他們總是來得太晚……這些人將無法阻擋德國的崛起。」

勞施寧的報導接著這麼寫，有好一會兒，希特勒沉默地來回踱步。他似乎意識到，自從一月三十日以來他第一次踏進一個風險區裡，現在他必須仔細衡量這個風險；也意識到他的強勢作爲可能會使德國突然陷入孤立。勞施寧描述，希特勒根本沒有抬頭看他，只是自言自語地爲自己的決定辯護，並讓人看到他做出這個決策的理由：

「我當時必須這麼做。我們需要的是一種讓所有人都能理解、讓我們獲得自由的大行動。我必須將德國人民從這張由依賴、廢話的錯誤想法所構成、且相當堅韌的網中扯出來，讓行動自由又落回我們手裡。對我而言，這攸關的不是短期的政策。也許目前的情況會變得更艱難。但我因此從德國人民身上贏得的信任可以把這些困難抵消掉。沒有人能夠明白，如果我們繼續辯論、繼續將威瑪那些政黨所做的事繼續做下去的話，會發生什麼事……（人民）要看到結果，要看到這種騙局不再繼續下去。我們需要的不是那些深思熟慮的知識分子認爲有用的事，而是一種擄獲人心的行動……一種表示重新開始的堅定意志。無論這做得是否聰明，但人民只明白這樣的行動，而不明白那些毫無結果的交涉和談判。那永遠都談不出什麼東西來。他們已經受夠了一直被人牽著鼻子走。」【50】

情況很快就顯示出，這樣的想法有多麼正確。因爲希特勒的典型手法又出現了，他將退出國際聯盟的行動與另一步結合在一起，而這遠遠超出了原先的動機：他將自己的決定交給上任後的第一次全民表決，而且是以碩大的宣傳經費打造的全民表決，並將這跟國會重選綁在一起。雖然目前的國會已於三月五日重新選出，卻仍然部分受威瑪時代各種不符合時代的黨派之影響。

一九三三年十一月十二日的全民表決

表決的結果是不容懷疑的。多年來被冷眼對待所醞釀的各種感覺，因爲無數的小衝突德國一直被歧視並被當作戰敗國來對待，這一切都讓人們內心埋著深深的惱火，如今這些感覺有了一個發洩的管道。甚至批評納粹且不久後就發起活躍反抗的那些人，也稱讚希特勒這種展現自我意識的做法，他們甚至爲了報復國際聯盟不斷失敗，而與納粹政府站到同一陣線上，就如同英國大使向倫敦所報導的一樣。由於希特勒利用一個措詞廣泛的問題將在日內瓦所爭執的議題和他自己的全面政策綁在一起，於是，人們無法選擇在贊成退出國際聯盟的同時，又批評他對內的政策。於是，這次全民表決變成鞏固內政過程中，最有效的一步棋。

在十月二十四日於體育宮舉辦的宣傳活動上，希特勒以一場盛大的演講親自主持開幕。全民表決的日期定在十一月十二日，即一九一八年停火日十五週年的隔天。終於又面對一次全民表決的挑戰，希特勒進入一種精神恍惚的週期性發作狀態中：「我以個人的身分聲明，」他向群衆大喊：「無論任何時候，我寧願死掉，也不要簽署任何在我的神聖信念中，對德意志民族而言無法忍受的條約。」接著他請求全國民衆：「如果我在這一點有錯，或人民認爲我無法做到這一點的話……就讓（我）被處死刑。我會平靜地接受！」就像往常一樣，每當他覺得自己被輕視或被踐踏時，就沉醉在煽動人民相信發生在他自己身上的不義之事。在西門子舒克特公司（譯註：Simens-Schuckert-werke，今西門子公司之前身）的工人面前，希特勒穿著靴子、制服長褲和深色便裝大衣，站在巨大的裝配設備前大喊說：「我們很願意參與每一個國際條約，但只以平等的身分。我從來都沒有以私人的身分，擠到一個不想要我或不把我視爲有同等價值的上流社會裡。我根本不需要他們，而德意志民族也有同樣的個性。我們不以擦鞋工或卑賤的身分去參加任何國際會議。不，要嘛有平等的權利，不然國際社會將不再看到我們在任何會議上出現。」

就像早年一樣，又是一場肆無忌憚的「宣傳戰」，「我們要尊重和平等！」在柏林、慕尼黑和法蘭克福，到處大量聚集在戰爭中變成肢體殘障的人，他們被推在輪椅上，手上舉的牌子寫著：「德國的亡者要你那一票！」英國戰爭部長喬治（Lloyd George）的這些話也經常被引用：「正義站在德國這一邊！」和「英國還能容忍這樣的羞辱多久？」[51]一波波的大型遊行、示威抗議、群眾集會又在全國展開。在投票前幾天，全國於同一時間進行兩分鐘的默哀以紀念陣亡的英雄。希特勒直截了當地保證，德國之所以進入這種軍事模式的生活並不是爲了反對法國，「而是爲了展現打倒共產主義所需培養的政治意志……如果其他國家都把自己關在無法摧毀的防禦堡壘後面，建造無限大的飛行隊伍，製造巨大的坦克車，鑄造巨大的大炮，那麼他們就不能說德國是個威脅，因爲在這個四國隊伍裡，德國的民族社會主義黨人手無寸鐵，因此這更顯示出德意志民族共同體需要有效的保護……德國要求安全的權利並不低於其他國家」。[52]這個長時間以來，覺得自己失去地位的民族所有的仇恨情緒以及加強恐嚇的程度，都在這一次表決結果中顯示出來。百分之九十五的投票贊成政府的決定。即使這個結果是人爲操縱，和透過恐怖手段強迫人們投票得來的，它仍然接近大眾的投票傾向。在同時舉行的國會大選中，在四千五百萬有選舉權的人裡面，有三千九百萬人投票給納粹黨的候選人。這一天被當作「德意志成爲一個民族的奇蹟」而大肆狂熱慶祝。[53]與此同時，英國大使菲普斯爵士（Sir Eric Phipps）向其政府報告說：「有一件事可以確定的是，希特勒先生的地位已無比穩固。即使在不贊同民族社會主義的圈子裡也是如此。透過這些選舉，或更多的是透過競選活動裡的演講，他大大提升了自己的聲望。……在之前所有的選戰中，他當然是爲自己的黨作戰的一位鬥士並辱罵對手。但這一次……（德國人）看到的是一位新的總理，一個鐵和血的男人，而他聽起來絕對不是十二個月前，他以一個納粹黨員的身分譴責馬克思主義時的那頭怪獸。」

一連串突襲行動的策略在國內奪得權力時，已經證明運用的很成功。現在，希特勒將它運用到對外上。在大家仍然對德國在日內瓦的決裂行動感到驚愕，對他利用全民表決這個民主原則反過來對抗民主這種狂妄的做法，仍感到明顯憤怒之際，他又已經採取新的主動，以便能夠用同樣粗暴的態度在一個嶄新且對德國有利的層次上進入談判。雖然他在十二月中的一份備忘錄上拒絕裁軍，但仍然表示願意全面對防衛性武器加以限制，只要德國獲得徵召三十萬兵員的權利的話。這是第一個安排得非常穩當的建議，這個建議爲他長年的多項外交成就做好預先準備，一直到戰爭爆發爲止。在英國看來，作爲談判基礎，這個建議勉強可以接受，但法國則斷然拒絕，就像希特勒已一再料到的一樣。當雙方被法國的不信任折磨的情況下，還在那邊費勁地進行長時間拉鋸的討論，到底該妥協到什麼樣的程度時，希特勒就已經利用對手還在爭執且無法達成一致的情況，不受干擾地進一步推動他的企圖。

與波蘭訂條約

大約一個月之後，即一九三四年一月二十六日，希特勒又使出新招——與波蘭簽訂《十年互不侵犯條約》——導致整個局勢又突然改變。爲了能夠理解這種政策大轉彎所造成的震撼，我們必須先了解兩國之間傳統上一直緊繃、帶著各種仇恨情緒且顯然已經被破壞到無望和好的關係。從心理上判斷，讓德國最難接受但又必須以極爲苦澀不甘的心情接受的是《凡爾賽條約》裡的這些條款：失去大塊的領土給新波蘭這個國家，波蘭走廊的建立，東普魯士與帝國分開，但澤自由市的建立。這些主題一直是這兩個民族爭執不休的原因，經常造成各種衝突。而且威瑪共和初期波蘭侵犯邊界且造成權益損失也大傷德國的顏面。一方面是使這個帝國看到自己的無能，另一方面則是德國的領主意識受到其斯拉夫臣民的挑戰。因此，每個人都猜測，希特勒的修正主義首先會用來對付波蘭，因爲作爲法國的盟友，波蘭助長包圍德國的情結。因此，威瑪的外交政策，包括斯特來斯曼（Gustav Stresemann）的政策，一再強硬拒絕保證讓波蘭維持現有領土。

這種反波蘭情緒在傳統的親蘇外交圈子、軍方圈子，甚至老普魯士圈子中甚爲普遍，但如今希特勒完全不理會這些情緒。在另一邊，同樣果決的是波蘭元帥畢蘇斯基（Józef Pilsudski）。由於法國半推半就和緊張的政策，他澈底改變了波蘭的結盟概念，尤其把希望放在這件事上——希特勒是南德人、天主教徒和「哈布斯堡人」，所以他根本不屬於害怕波蘭的那個政治傳統。認爲希特勒是一位按照感覺走的政治人物，受他自己的心情和狂熱主宰的玩偶這種普遍錯誤判斷，很少有像這個例子一樣被那麼直白地反駁掉。希特勒的確分享著德國人仇恨波蘭的情緒，但他的政策卻完全不受此所影響。雖然在東方擴張大政策的概念裡，顯然還有東邊鄰國這種角色存在。但一般認爲，在希特勒的整個大願景理念裡，沒有留給獨立的波蘭這個小國任何地方。還在一九三三年四月的時候，希特勒就已經坦白對龐賽說，沒有人可以過度苛求德國接受目前的東部邊界。大約在同一時間，外交部長馮·諾伊拉特指出，與波蘭達成一致是「既不可能也不願意」的事，「好讓世界對修改德波邊界的興趣不要睡著了」。可是，只要波蘭維持獨立、軍備強大、透過結盟而獲得保障的情況下——這是希特勒假設的出發點，而且也不想改變這個假設——他便可以不帶情緒地利用它給自己帶來好處。在一九三四年一月三十日向國會提出的總結報告上，他說：「德國和波蘭必須互相接受各自的存在事實。因此，將我們之前一千年沒辦法解決，且我們之後一樣不太能解決的狀況，營造成一個可以讓兩國從中謀求盡可能多利益的局勢，反而比較有用。」[54]

希特勒從這份條約中獲得的好處的確非常大。雖然這個條約在國內不太受歡迎，但在國際上，希特勒一再證明了他是一位願意溝通的人，即使是和惡名昭彰的對手。事實上，菲普斯爵士在一份新近送往倫敦的報告裡說，這位德國總理證明了他是一位政治家，因爲他爲了外交政策的理智在某個程度上犧牲了自己的歡迎度。[55]同時，希特勒也成功地破壞了國際聯盟系統的信譽，因爲過去這麼多年來，他們都無法解決德國與波蘭之間充滿衝突和危險的鄰國問題，使得「緊張逐漸……成爲雙方政治遺產負擔的特色」，就像希特勒提出令人信服的指控一樣。而他則只用了短時間的雙邊會談，現在就已經把這個問題從世界上消除掉。

這份條約最後也證實，豎立在德國周圍的障礙是有漏洞的。「沒有波蘭，《凡爾賽條約》所建立的和平裡最強的那根柱子就倒了。」馮．塞克將軍（Hans v. Seekt）曾如此描述威瑪共和的一項外交原則，而且顯然想用軍事行動來消滅這個鄰國。[56]如今希特勒讓人看到，用想像力豐富的政治手段能達到的效果更大。因爲這個條約不僅使德國掙脫了波蘭加法國的兩面威脅，還從集體維護和平這個系統掰下很可觀的一塊，而且是不可修復的一塊。基本上，日內瓦的實驗此刻便已宣告失敗。才第一回嘗試，希特勒就已經把它破壞了。尤其是法國，它原本憑其強權和毫不退讓的立場把威瑪共和的外交政策撞得遍體鱗傷，如今希特勒卻逼它扮演破壞和平的角色。從現在開始，希特勒可以接受任何雙邊談判、結盟和陰謀這種政策，而且這在他的外交政治策略中是不可或缺的；因為他成功的機會就建立於這件事上：他所面對的不是任何團結的陣營，而只是個別孤立的對手。於是，他在內政舞臺上玩得如此精湛的手法又重新開始了。選手們已爭先恐後湧過來。一九三四年二月，第一個報名的是英國掌璽大臣伊登（Anthony Eden）。

希特勒靈活的外交手段

希特勒本人出現時所引起的錯愕感，是他最成功的談判效果。他上臺時根本沒有任何行政經驗，沒有做過議員，不認識任何外交慣例或官方風格，顯然對世界一無所知。曾經，胡根貝格、施萊謝爾、巴本和無數追隨者都如此認為。因此現在，伊登、西蒙、龐賽或墨索里尼也認為，自己遇到的是一位喜怒無常、目光淺短、穿著靴子、有點煽動天分的黨主席。這個男人顯然必須用小鬍子、額前一束捲髮和穿制服所塑造的形象來克服自己不顯眼的外表，穿著平民西裝時的他就像在模仿一個他想要成為的那個角色——在好長一段時間裡，這樣的希特勒是歐洲人嘲笑的優先對象。他們把他描述為某種「穿著普魯士靴子的甘地」或智障的卓別林爬到一個高高的總理寶座上。一位英國觀察家諷刺地寫道：「無論如何，都是最高等級的異國風情」；是那種「『瘋狂的毛拉』（譯註：Mulla，回教國家對老師、先生、學者的敬稱），過著奇怪的私人生活，不抽菸、反對喝酒、不騎馬、不從事打獵運動」。[57]

於是，希特勒在談判對手和訪客心中所引起的訝異反而更大。有許多年，他透過計算政治家的行為——這對他而言很簡單——一再向談判對手展開突襲，並藉此在談判時取得關鍵的心理優勢。伊登對於希特勒「聰明、幾乎優雅的外表」感到相當意外，並訝異地發現他是一位「有自制力和友善的人」，對於所有的反對意見顯得很坦白，而且絕對不是人們所描繪的那個憂鬱的小配角。他事後回顧說，希特勒顯然知道自己在說什麼。而且讓他感到無限意外的是，這位德國總理完全掌握晤談的內容，根本不必向他的專家們詢問任何細節的問題。西蒙爵士事後有一次向馮·諾伊拉特說，在談話中，希特勒顯得「傑出且非常有說服力」，並表示他自己之前對希特勒的印象是完全錯誤的。希特勒的敏捷應對能力也讓人感到相當意外。當英國外交部長影射說，英國人喜歡看到協約得到遵守時，希特勒顯得很驚訝，接著諷刺地說：「可是並非一向都是如此。一八一三年的各項條約都禁止德國擁有軍隊。但我卻不記得，威靈頓在滑鐵盧有向布呂赫（Blücher）說過：『您的軍隊是不合法的，請您離開戰場！』」當希特勒於一九三四年六月在威尼斯和墨索里尼會面時，根據外交圈的一位目擊者描述，他將「尊嚴與友好和坦誠」結合在一起，並讓原本心中充滿懷疑的義大利人留下「強烈的印象」。湯恩比（譯註：Arnold Toynbee，英國歷史學家）在一次去東邊執行對德國的觀察任務時又有驚訝的發現。根據他的報導，希特勒擁有不尋常的邏輯和清晰的思維：希特勒展現出前所未有的機智和果斷，準備充分，甚至經常展現親切和藹的特質。他還展現出「最眞誠坦率」的樣子，比如龐賽就在一次晤談之後也這樣發現。【58】

大量外國訪客也反過來對希特勒的聲望有相當大的影響。就像之前許多德國人都把他視爲一個馬戲團節目來看並感到驚訝一樣，現在越來越多外國訪客競相前來，將圍繞在他周圍的偉大和令人驚嘆的光芒變得更大。他們貪婪地聆聽他所說的話，談關於德意志民族渴望秩序和工作，關於他謀求和平的意願，而且他很喜歡將這一點與他個人在前線的士兵經驗連結在一起，衆人對他敏感的榮譽感表示理解。從這個時候開始，尤其在德國境內，人們普遍趨向於將以前那位狂熱的黨派政治人物和現在這位充滿責任感的現實主義者區分開來。自從皇帝以來，大多數的人又開始覺得，他們第一次可以在沒有覺得自己可憐、擔心或甚至羞恥的情況下認同於自己的國家。

元首崇拜的各種形式

接著，這位元首和救世主人物成爲充滿形而上語氣的響亮宣傳濫用的主題。在五月一日上午的活動中，戈培爾將他介紹希特勒的發言一直拖延到太陽開始破雲而出的時候，讓希特勒在耀眼的陽光中站到群衆面前；這類精心設計、充滿象徵的畫面，賦予元首形象一種帶有超自然的莊嚴神聖特色。接下來，所有的社會階層，甚至到最小的單位都圍繞著這個典型，紛紛使用「領導」（Führer）這個稱呼；校長成了「大學的領導」，企業家成了「公司領導」，此外還有一大堆黨內的領導——在一九三五年有三十萬個，一九三七年已經超過七十萬個，最後到開戰時，連所有附屬單位和下屬單位計算在內，黨內有將近兩百萬個領導。每個人都想辦法把自己歸入以希特勒爲中心，這種令人無法忽視的領導與追隨者關係中。所有這些關係的最高峰是一股假宗教的氣氛，圖林根地區一位欣喜若狂的教會委員甚至保證說：「基督透過希特勒來到我們中間。」[59]一個偉大、孤獨、被揀選的男人，關心人們的疾苦或將人們的疾苦擔到自己身上，其人物和命運成了無數元首故事、元首電影、元首畫作或元首戲劇的內容。尤林格（Richard Euringer）的露天劇場戲碼（譯註：Thingspiel，納粹時期短暫流行的露天劇場多元表演方式）《德意志受難記》（*Deutsche Passion*），在一九三三年夏天上演時獲得極大成功。在劇中，希特勒是一位從死者中復活的不知名士兵，頭上戴著用鐵絲網編成的冠冕。在一個由投機商人、反動分子、知識分子和無產階級所構成的世界當中，他是「十一月國」的代表，因爲他「憐憫其民族」——這讓人一眼就看穿是永遠的基督宗教主題——當憤怒的群衆要把他釘在十字架上時，他用一個奇蹟將他們都趕走並引導這個民族國家「走向武器和工作」，使第三帝國民族共同體內的活人和戰爭中的死人和解，接著從他的傷口「爆發出一束光芒」，他升往天上時說著這句話：「成了！」（譯註：耶穌在十字架上死前說的最後一句話）。最後這一幕，劇本裡的指示是：「天上發出管風琴的聲音。營造嚮往遙遠國度、神聖的氣氛。有節奏地與地上的行軍歌曲和諧地結合在一起。」[60]於是，這類接近文學的節慶戲碼演變成一種流行低俗文化，而且希望從這一刻起和經濟復甦時大撈一筆。街上到處叫賣印有「善良的阿道夫」字樣的鈕扣徽章，存錢筒做成衝鋒隊帽子的形狀，希特勒的照片出現在領帶、手帕、化妝鏡上，納粹的鉤十字符號出現在菸灰缸和傳統大啤酒杯上。而納粹這邊只是警告說，元首的照片被「一群會做生意的『熱心藝術家』利用並褻瀆了。」[61]

儘管有這類的藉口，這種過於熱情的讚美也明顯對希特勒本人造成影響。雖然他只將這些圍繞著他所展開的充滿藝術形式的狂喜視爲一種心理策略手段：「群衆需要一個偶像。」他說。在獲得政權初期，他那「元首教宗」的混合特質原本已退到幕後去，可是現在又更加明顯冒出來。一九三四年二月二十五日，在慕尼黑的國王廣場上，在禮炮的轟隆隆聲之下，赫斯就已經要求將近一百萬名政治領導人物、希特勒青年團和勞動服務的領袖們透過廣播說出這樣的宣誓詞：「希特勒就是德國，德國就是希特勒。發誓效忠希特勒的人，就是發誓效忠德國。」[62]在這種宗教狂熱氣氛的支持下，他覺得自己越來越等於宣傳中的偶像人物，而且還有很多的政治學理論作爲基礎：「元首憲法的嶄新且關鍵之處是，用元首與其追隨者融合成一體的方式，克服用民主區分統治者和被統治者的做法。」所有的私人利益和社會對立狀況都在他任內消失不見。元首擁有結合和解散的權柄，他認識自己的道路、使命和歷史法則。[63]於是，希特勒完全按照這個理念的意涵，在發言中開始以世紀爲單位，現在就已經偶爾指出他與天命有特別的關連。就像他否定了無數老戰士的期望一樣，他也強迫自己的追隨者，比如在但澤市的追隨者，對波蘭的政策做出突然的轉變，要遵守他指示的紀律，不要考慮當地的利益。「在德國的一切都從這個男人開始，也在他身上結束。」他的副官布魯克納這麼寫道。[64]

希特勒越覺得自己的權力穩固，越沒有爭議，他以前那種波西米亞人的風格又再度越明顯浮現出來，冷漠且情緒變化無常。雖然還是遵守著工作的原則，每天早上十點準時到辦公室，晚上滿意地對訪客指出他已經辦理過堆積如山的文件，但他一直都討厭規律工作的約束。他特地指出：「一個天才的想法比一輩子認眞負責的文書工作要有價値得多。」[65]因此，擔任總理帶來的興奮——享受著那些歷史悠久的裝飾、使用俾斯麥用過的桌子和文具——才剛出現不久，總理一職對他的吸引力就已經消失。接著他也開始把這一切丢掉，就像他年輕時丢掉彈鋼琴、丢掉學校、丢掉繪畫一樣，還有遲早都會丢掉的所有東西，到最後甚至連這場政治遊戲也丢掉——唯一沒丢掉的是出於恐懼和野心的那些執著想法。

不久後，他在衆人面前出現時也變回一九二〇年代在施瓦賓的僱傭兵隊長的風格。身後總是跟著一大堆人，五花八門的半吊子藝術家、打手和副官，就像個沙漠駱駝商隊一樣。這時候，他就已經發展出不斷旅行的焦躁不安，就像在逃難一樣往返奔波於這些地點之間：總理府、褐宮、上薩爾茲堡、拜律特、各個舉辦遊行的廣場和群衆集會大廳。當然，這也營造出他無所不在的感覺。例如：一九三三年七月二十六日，他在慕尼黑向四百七十位義大利法西斯年輕代表致詞，下午兩點在柏林參加馮．施洛德將軍的葬禮，到下午五點已經現身於拜律特音樂節劇院裡。七月二十九日，仍然在拜律特，以貴賓的身分出席維尼弗里德．華格納（譯註：Winifred Wagner，音樂家華格納的媳婦）的接待會，隔天還在華格納的墓前獻上花環。下午在司圖加特的德國體操節上致詞，接著前往柏林，然後又在上薩爾茲堡和帝國的納粹地方黨部主任們開會。八月十二日參加在新天鵝堡的華格納音樂節，在致詞中稱自己已完成了路易二世的目標（譯註：路易二世亦是華格納的狂熱支持者和金主）。從這裡又飛往上薩爾茲堡，在那裡停留一星期。八月十八日前往紐倫堡參與即將來到的納粹黨全國大會籌備會。一天之後，到位於波昂附近的巴德戈德斯貝格（Bad Godesberg）與衝鋒隊和親衛隊領袖們開會。根據各方一致的證據顯示，隨著成就感出現，他現在就顯露出前幾年的願望，即一直不斷變換自己的日程。他常常讓自己陷入一種沒有決定的狀況中，爲的是突然釋放出一股爆炸性的精力——尤其對權力的問題上。他常常以看歌劇和看電影來逃避總理一職應該面對的無數煩人日常任務，而且毫不遮掩。每個月，他還將卡爾．邁（譯註：Karl May，德國知名小說家，其作品被翻譯成最多語言的作者之一。其冒險小說內的場景常設定在十九世紀的東方、美國和墨西哥。特別有名的是以印第安人 Winnetou 爲主角的三部曲）將近七十部的作品從頭讀到尾。後來到大戰最高峰時，他說，這些小說打開了他的眼睛，讓他看到世界。正是這種遊手好閒的風格讓斯賓格勒做出這種挖苦的評價：第三帝國是「由討厭工作的人所管理的失業者組織」。[66]例如當希特勒寧願去看冰上歌舞劇也不參加羅森伯格所舉辦的集會時，羅森伯格也表示不滿。前幾年費德爾就已經想派給希特勒一位軍官，負責有秩序地安排希特勒的各種行程，但戈培爾卻以他特有的表達姿態說：「我們……一直想辦法做到的事，在他而言，已成爲一種涵蓋全世界範圍的系統。他的創作方式是眞正的藝術家的那一套，無論他想在哪個領域裡發揮作用。」[67]

上臺第一年的成績

若我們回顧希特勒當上總理的第一年，就會驚訝地發現，他的確成就了許多事。他消滅了威瑪共和，實現了以他個人爲中心的元首國家之關鍵步驟，完成全國中央集權，完成政治上的一體化並將它變成他想要的武器，就像他把每一件事都視爲武器一樣。他讓經濟開始復甦，擺脫了國際聯盟的束縛並贏得其他國家的尊敬。在短短時間之內，一個多元的自由社會，帶著它無數的權力和影響中心，被燒成「純粹、均等、服從的灰燼」，「一個被消滅了所有意見和機構的世界，並以另一個取而代之。」希特勒自己這麼說。[68]所有的反抗勢力已經變成沒有領袖、沒有組織的小團體，四處逃散，不具任何政治分量。雖然這個被戈培爾稱爲「民族重新融化的過程」並非在沒有使用武力的情形下達成，但事實上，在獲取權力的過程中，蠻橫暴力的分量還不算多，所以希特勒的口頭禪是「世界史上最不流血的革命」。不久後，這句話就被視爲納粹政權的基本用語，而且它的確含有相當貼切的核心。但在這段時間裡，集中營的設立、政治囚犯的人數（根據一九三三年七月三十一日的官方資料約有兩萬七千人），或甚至一九三三年六月二十二日公告的「打擊所謂的愛發牢騷者」，即那些只要表示不滿就被視爲「繼續鼓吹馬克思主義的人」而成爲被迫害的對象，這一切都在顯示當局採取了什麼樣的手段去進行民族重新融化。在形成民族共同體這個「奇蹟」中同樣不可忽視的是，過去有很多政黨存在的現象，如今變成只有一個性質獨特的黨以及各個競爭團體之間的利益交換。極權利益集團的各個幹部，各個幫派頭子加上其黨羽，以及黨內的寵臣競相建立自己的勢力範圍；原本的民主式權力鬥爭如今變成了檯面下進行的叢林戰爭，沒有任何規則且不受公眾的監督。的確，所有的制服化和宣傳手法都無法讓人忘記這個民族共同體的幻想與虛構特質，它是一個令人印象深刻的表面，但它並沒有消除各種社會衝突，只不過大多把它遮掩起來而已。納粹掌權初期的一個事件就以荒誕和鮮明的方式清楚揭露出用強迫和矇騙手法所達成的民族和解：所謂「衝鋒隊三三謀殺支隊」惡名昭彰的隊長邁考斯基（Hans Maikowski，外號「紅公雞」），在一九三三年一月三十日夜間，從歷史性的火把遊行回家途中被謀殺了。同一夜被謀殺的還有警官姚立茲（Josef Zauritz）。希特勒命令同時給予兩人國葬的榮譽。以民族共同體之名，這位天主教的左派警官和那位違法亂紀且思想自由派的衝鋒隊長，在不顧教堂負責人的反對之下，沒有舉行多少儀式就停棺在路德教派的主教座堂裡。而昔日的王儲還在他們的棺前獻上花環，爲這強迫得來的和解補上它還缺少的那一塊。[69]

儘管有一些小插曲，奪取權力的第二階段還是進行得比預期的快，基本上毫無阻礙。在尋求合法性時所出現過的混淆視聽把戲，即一再抵制已經完成的措施且同時準備新的步驟，現在又在國家和黨的組織裡面成爲貫徹元首國家的必然步驟。在各個邦裡，黨的地方領導早就取代了原本的最高行政長官擔任該地的總督，他們任命官員，參與內閣會議，並對下行使幾乎無限的職權，而邦的主權則透過法律移交給帝國，帝國的上議院也被解散。邦的司法主權也落到帝國手裡。納粹黨的一種新組織模式將全國分成三十二個行政區，下面又分成鄉鎮，再細分成地方小組、單元和區塊。雖然一九三三年十二月一日頒布的一項法律將黨和國家合一，但實際上，希特勒所行之事是在將黨和國家分開。他將納粹黨總部設在慕尼黑並非沒有策略考量，這清楚顯示出他希望黨遠離政府的事務，不要插手。此外，任命軟弱、聽話、沒有權力基礎的赫斯爲「副元首」也是抱著同一目的。無論如何，在國家面前，納粹黨沒有任何最高的政治權力，所有的統一都集中在希特勒本人身上，而他又緊緊抓著被細分的各種職權。只有在一些事上，黨才偶爾被允許發揮國家的功能並貫徹其極權主張。

幾乎全部有權力的機構都已被征服。興登堡已經不算一回事，就像他的朋友和產業地鄰居歐登博－亞努蕭箇扼所說的那樣，總統「已經不再是我們以前認識的」那個男人了。[70]而且二月二十五日的集體宣誓大會中，黨的領導階層效忠的是希特勒，而不是按照黨國合一法所要求的那樣向興登堡效忠。雖然在某些概念裡，這位老人還代表著正義和傳統的希望，但這段日子以來，他不僅屈服於希特勒，還讓希特勒收買自己。他以自己的道德權威支持納粹黨獲取政權的意願，跟他之前把威瑪共和交給命運決定那種悶悶不樂的謹愼，形成鮮明的對比。在坦能堡之役（der Schlacht von Tannenberg）的紀念日上，他接受了希特勒這位新掌權者送給他的禮物：與他的產業地諾伊迪克（Neudeck）相鄰的蘭格瑙（Langenau）地區以及完全免稅的普魯士森林。爲了回報對方的慷慨，興登堡做出德國軍事史上極爲不尋常的一件事：賦予戈林上尉步兵將軍的榮譽，「以肯定他在戰爭和和平上傑出的貢獻」。

唯一逃過一體化之魔掌的單位是德國防衛軍。於是它便成爲更加沒有耐性又充滿革命野心的衝鋒隊之目標。羅姆曾經說過：「這塊灰色的岩石必須沉到褐色的洪流裡。」[71]他擔心希特勒可能會因爲策略和機會的緣故而放棄革命，這是如今正在兩人之間醞釀衝突的主要原因。從希特勒的角度來看，防衛軍和衝鋒隊是唯一還獨立、憑著他們的自主意識而無法打破的權力因素。他如何利用他們，使他們互相摧毀對方——將革命最忠誠的孩子餵給它當飼料，並將此背叛行動呈現爲對歷史的貢獻——來解決威脅他這位革命領袖存在的問題，又重新揭露出他運用策略的精湛技巧。

就像他生命中一直出現的關鍵情況一樣，在他還在猶豫並說「我們必須讓事態慢慢發展成熟」以反駁對手的催促時：一九三四年初就出現了一些使事態加速發展的力量，並使這兩人分道揚鑣。在一九三四年六月三日，各種不同的利益和推動因素匯集在一起，促成了處死羅姆的命令。

注釋

【1】M. Domarus, aaO., S. 288.

【2】引述於 H. Heiber, »Joseph Goebbels«, S. 149。此外，參考 H. Rauschning, »Gespräche«, S.185 ff.。對於來自民主國家的外國訪客，希特勒很喜歡祭出這張王牌取勝對方：他暗示，大家都知道，他不僅在立法會期中讓人進行表決，而且也讓別人對他的每一項措施進行表決，所以他是一位優秀許多的民主人士；而且他也隨時願意服從國家的每一項新表決；比較 H.-A. Jacobsen, »Nationalsozialistische Außenpolitik«, S. 327。

【3】H. Rauschning, »Gespräche«, S179 ff.。比較 H. Heiber, »Joseph Goebbels«, S. 137。在這個觀點的後面是民族共同體這個閃閃發光的誘人構想，長年以來，它一直是德意志民族沒有得到實現的渴望裡的一個優先話題。這是一個全民得以在其中實現自我的團體，是一種最高且被認爲神祕的社會存在形式，是許多啓蒙文學中的內容。民族社會主義採用它的各種理念，以尖銳的攻擊去反對馬克思主義的階級鬥爭理論和自由多元主義理論。相對於一個被撕裂的國家、社會充滿各種對立和衝突這種圖像，如今出現的是一個發出光芒的相反圖像，這是一個建立在忠誠、紀律、榮譽、教養和奉獻精神之上的國家。這個圖像不僅含有和諧統一這個夢想的願景，還含有強大、使人畏懼的國家這個帶有強烈暗示的構想。希特勒認爲，取代這個不愛和平、變得愚蠢的群衆的是「這個萌生於它的民族共同體，這個有

組織、使人有自我意識的國家」。如今，獲取政權第二階段最重要的任務在於實現這個目標。

【4】七月六日對帝國總督的談話，比較一九三三年七月八日的《人民觀察家報》。

【5】同上。希特勒在整個過程中刻意推動和解的做法，可以從他後來譴責佛朗哥中看得出來，他譴責佛朗哥對待昔日的敵人「就像強盜」一樣：希特勒繼續說：「如果宣布剝奪半個國家的公民權，這不是解決問題的方法。」接著還補充說，他當時得到錯誤的訊息，否則絕不允許這樣的事發生；比較 »Le Testament politique de Hitler«, S. 76 f.。

【6】一九三九年一月十九日，特利爾區域宣傳部主任的記載；比較 F. J. Heyen, aaO., S. 326 f.。

【7】K. D. Bracher, »Diktatur«, S. 258。D. Schoenbaum, aaO., S. 336。此外，Walter Schellenberg, »Memoiren«, S. 98。

【8】H. Rauschning, »Gespräche«, S. 96 以及 K. G. W. Luedecke, aaO., S. 518。

【9】在上述七月六日對帝國總督的談話中，他如此說。

【10】比較 M. Domarus, aaO., S. 285 中所引述的六月二十九日 »Mitteilung der Reichspressestelle der NSDAP«，以及例如：F. J. Heyen, aaO., S. 115。擔心「黨變成中資產階級」出自一九三三年二月號的 ›NS-Monatshefte‹ S. 85，其中一篇文章的一段論戰內容。關於接下來的引述，比較 H. Rauschning, aaO., S. 89 ff.。

【11】同上，S. 198。以下的引述亦出自同一處。

【12】F. J. Heyen, aaO., S. 134，Bad Kreuznach 地方議會的報導。

【13】戈培爾在一九三三年四月一日的廣播談話 »gegen die Greuelhetze des Judentums«，刊印於 »Dokumente der deutschen Politik« I, S. 166 ff.。

【14】A. François-Poncet, aaO., S. 218 ff..

【15】C. Horkenbach, aaO., S. 196.

【16】Golo Mann, »Deutsche Geschichte«, S. 804.

【17】G. Benn, »Anwort an die literaischen Emigranten«, GW IV, S. 245.

【18】C. Horkenbach, aaO., S.207；比較 Hildegard Brenner, »Die Kunstpolitik des Nationalsozialismus«, S. 50。

【19】Walter Hageman, »Publizistik im Dritten Reich«, S.35。關於納粹新聞政策的整體複雜性，比較 Oron J. Hale, »Presse in der Zwangsjacke« 這份資訊和材料豐富的研究。

【20】M. Broszat, aaO., S. 286.

【21】比較 ›Der Diskus‹ 1963/1，»Ein offener Brief«，這其中除了有阿多諾聲明的立場之外，還有以下的內容：「眞正的錯誤是我對局勢判斷錯誤；如果您願意的話，這就是覺得移民這個決定極爲困難的愚人所做出的判斷。我相信，第三帝國無法持久，所以必須留下來拯救還可能拯救的……與這些話相反地，是我一輩子，在希特勒之前和之後，所寫的一切。」這些論點使得阿多諾的擁護聲明更難以理解。文中所提到阿多諾的話，出現於一九三四年六月的 ›Die Musik‹ 月刊裡。關於貝特藍的「火焰判決」，比較 H. Brenner, aaO., S. 188 f.：當湯瑪斯．曼的作品被丟到火裡時，貝特藍示威性地離開現場。另比較，»Deutsche Kultur im Dritten Reich«, hrsg. von Ernst Adolf Dreyer, Berlin, 1934, S. 79。

【22】Bettina Feistel-Rohmeder, »Im Terror des Kunstbolschewismus«, Karlsruhe 1938, S. 187.

【23】K. D. Bracher, »Diktatur«, S. 271.

【24】Max Scheler, »Der Mensch im Weltalter des Ausgleichs«, Berlin 1929, Schriffenreihe der Hochschule für

Politik, S. 45。謝勒指出這個時代的非理性主義潮流的特徵是，布爾什維克主義、法西斯主義、青年運動、舞蹈狂熱症、心理分析、重新重視兒童，以及對原始、神祕的思維感興趣。

【25】Edgar J. Jung, »Neubelebung von Weimar?«, in ›Deutsche Rundschau‹ Juni 1932。關於瓦雷里的話，比較 Thomas Mann, »Nachlese. Prosa 1951-55«, S. 196。

【26】引自 G. Benn 上述的信函，aaO., S. 245f.。

【27】比較 Czeslaw Milosz, »Verführtes Denken«, S. 20。

【28】K. G. W. Luedecke, aaO., S. 443。希特勒說的話引自 M. Domarus, aaO., S. 315。

【29】比較 E. Nolte, »Faschismus«, S. 294 之插圖。

【30】»Mein Kampf«, S. 491.

【31】M. Domarus, aaO., S. 302。關於下面勞施寧的觀點，比較 »Gespräche«, S. 27 f.。

【32】K. D. Bracher, »Diktatur«, S. 253。此外 K. Heiden, »Geburt«, S. 257。

【33】Hans Wendt, »Hitler regiert«, S. 23 f.。此外，Hildegard Springer, »Es sprach Hans Fritsche«, S. 159。關於這一點，二月十日於體育宮的演說中，希特勒說：「如果他們說：請您提供您詳細的計畫，那麼我只能給他們這個答案：對一個政府而言，每一刻都可能有一個含有極少明確內容的計畫。根據你們的經濟情況，你們發揮的作用，你們的腐敗，我們必須從基礎開始重新建立德意志民族，就像你們把它整個基礎都毀掉一樣！這就是我們的計畫！」比較 M. Domarus, aaO., S. 204。

【34】比較 A. Krebs, aaO., S. 148 ff.。

【35】»Mein Kampf«, S. 228ff.，以及H. Rauschning, »Gespräche«, S. 26。關於費德爾的失敗，見 ›Völkische Beobachter‹ vom 28. Juli 1933。關於這個階段的中產階級政策，比如在 K. Heiden, »Geburt«, S. 172

ff.，以及 M. Broszat, aaO., S. 213 就有詳細的描述。

【36】西發利亞地區勞工信託基金負責人 Dr. Klein 寫給國務祕書 Grauzert 的信，引述於 »Ursachen und Folgen« IX, S. 681。

【37】H. Rauschning, »Gespräche«, S. 151, 179f..

【38】Schultheß 1933, S. 168.

【39】IfZ/München MA 151/16。從一九三二年下半年就已經提出的高速公路計畫，因爲一直被吹毛求疵而在各個職權部門之間像皮球一樣被踢來踢去，這特別顯示出政府缺乏對群衆心理的敏感度，而且顯然完全沒有考慮到這類大型計畫的執行會對陷入失業和社會困境而感到沮喪的人們造成的情緒影響。相反地，希特勒立刻看到了這個機會。很有可能，在這個時刻，對他而言這樣的機會比計畫本身的經濟、技術或策略性目標重要得多。

【40】引述於 »Ursachen und Folgen« IX, S. 664。此處亦有關於納粹政權創造就業的政策的其他文件。關於接下來的引述，比較 »Adolf Hitler in Franken«, S. 151。

【41】D. Schoenbaum, aaO., S. 150。此外，Th. Eschenburg, »Dokumentation«, in VJHfZ 1955/3, S. 314 ff.。以及 Historikus, »Der Faschismus als Massenbewegung«, Karlsbad 1934, S. 7。

【42】H. Rauschning, »Gespräche«, S. 126 和 S.165。關於文中提到的引述，比較一九二五年三月二十七日在慕尼黑的奧地利總領事館之報導，收錄於 E. Deuerlein, »Aufstieg«, S.252。

【43】例如在 Otto Strasser 的報紙 ›Die Schwarze Front‹ 上，比較 W. Görlitz/H. A. Quint, aaO., S. 367。關於英國下議院的辯論，見 K. Heiden, »Geburt«, S.209。

【44】希特勒在一九三三年三月十五日對漢堡市長 Krogmann 這麼說，比較 H.-A. Jacobsen,

»Natiionalsozialistische Außenpolitik«, S. 395。此書的 S.25，對於因納粹上臺而引發的人事更動有訊息豐富的材料。例如：根據這裡的資料，在外交人員上「最多只有百分之六因爲政治原因而被撤職」，只有一位外交官，即駐華盛頓大使 v. Prittwitz-Gaffron 因爲政治上的保留態度而辭職。關於希特勒所描述的外交部特質，比較 H. Rauschning, »Gespräche«, S. 250。

【45】關於外國的反應，比較 W. L. Shirer, aaO., S. 207。

【46】關於這一點，比較 G. Meinck, »Hitler und die deutsche Aufrüstung«, S.33 f.。

【47】IMT XXXIV, C-140.

【48】E. Nolte, »Krise«, S. 138.

【49】根據英國記者 Ward Price 在一九三三年十月十八日採訪希特勒的報導。比較一九三三年十月二十日的 ›Völkische Beobachter‹。此外，亦參考 C. Horkenbach, aaO., S. 479。

【50】H. Rauschning, »Gespräche«, S.101 ff..

【51】比較英國大使在一九三三年十一月十五日的報導，見 »Ursachen und Folgen« X, S.56 f.。此外還有 Martin Miemöller 與其他牧師因這件事發給希特勒的電報：「在這個爲民族和祖國的關鍵時刻，我們向我們的元首致意。我們爲這大丈夫的行經和保衛德國榮耀的明確話語表示感謝。以超過二千五百位不屬於德國基督徒信仰運動的新教牧師之名，我們發誓將忠誠地追隨並爲此獻上代禱。」引述根據 Ph. W. Fabry, aaO., S. 123。

【52】關於引述的演講，比較 Domarus, aaO., S.312 ff. 和 S.324。此外，見 Horkenbach, aaO., S. 536 f.。上述英國大使的報導對此情況亦有詳細的描述。

【53】C. Horkenbach, aaO., S. 554.

【54】M. Domarus, aaO., S. 357。關於希特勒對法國大使的話，比較 H.-A. Jacobsen, »Nationalsozialistische Außenpolitik«, S. 331。關於諾伊拉特所說的話，見 Robert Ingrim, »Hitlers glücklichster Tag«, S. 87。在一九二八年十月三十一日的›Völkische Beobachter‹上，一位奧地利的納粹黨員毫無異議地聲明，由於德國往東擴張的企圖，波蘭人必須從目前的區域上消失，並將在波蘭人後面的捷克人推過來或者移民到南美洲去。

【55】»Documents on British Foreign Policy«, 2nd ser. Vol. IV, 一九三四年一月三十日的報告。

【56】Julius Epstein, »Der Seeckt-Plan«, in: ›Der Monat‹, Heft 2. November 1948, S. 42 ff..

【57】湯恩比在一九三七年如此描述，引述於 Martin Gilbert/Richard Gott, »Der gescheiterte Frieden«, S. 54。此外，比較 Karl Lange, »Hitlers unbeachtete Maximen«, S.113 f.。Summer Welles 亦有類似的觀點，美國人的注意力大多放在希特勒的古怪特質以及他的小鬍子很像卓別林的小鬍子上；出處同上 S. 125 f.。

【58】比較 Anthony Eden, »Angesichts der Diktatoren«, S. 87 ff.；A. François-Poncet, aaO., S. 164。還有很多其他的報導，本章部分的引述也在 H.-A. Jacobson, »Nationalsozialistiche Außenpolitik«, S. 369 ff.。和西蒙爵士之間的那次插曲，報導於 I. Kirkpatrick, »Im Inneren Kreis«, S. 34 f.。

【59】此引述乃根據 Ph. W. Fabry, aaO., S. 115。

【60】比較 H. Brenner, aaO., S. 100 ff.。

【61】同上，S.40。此外見 Th. V. Trotha, »Das NS-Schlichtheitsideal«, in: ›NS-Monatshefte‹, 4. Jhg. Heft 35, Februar 1933, S.90。

【62】Rudolf Heß, »Reden«, München 1938, S. 14；關於希特勒說群眾需要崇拜偶像，見 »Tischgespräche«,

S. 478。

【63】「元首權柄……是自由、獨立、唯一和無限的。」Ernst Rudolf Huber 如此描述，見 »Verfassungsrecht«, S. 230。關於之前提到的引述，比較 Ernst Forsthoff, »Der totale Staat«, S. 37。

【64】W. Brückner, »Der Führer in seinem Privatleben«, in: »Adolf Hitler« (Cigaretten-Bilderdienst), S. 36.

【65】O. Dietrich, »Zwölf Jahre«, S.150。在 »Tischgesprächen« (S.322) 中，他指出，對於一個有偉大思想的人，「每天專注工作兩小時就已經足夠」。

【66】比較 Anton M. Koktanek, »Oswald Spengler in seiner Zeit«, S. 458；關於閱讀卡爾．邁作品一事，見 »Libres propos«, S. 306，以及 O. Dietrich, »Zwölf Jahre«, S. 164。

【67】J. Goebbels, »Wer hat die Initiative?«，刊印於 »Das eherne Herz«, S. 380。關於費德爾打算安排一位軍官祕書一事，比較 A. Tyrell, aaO., S. 60。

【68】M. Domarus, aaO., S. 352。此外，K. Heiden, »Geburt«, S. 260。

【69】比較 H. O. Meißner/ H. Wilde, aaO., S. 195。此外參考 Sir Horace Rumbold 在一九三三年二月二十二日的報導，引述於 »Ursachen und Folgen« IX, S.41。

【70】Walter Görlitz, »Hinenburg«, Bonn 1953, S. 412.

【71】比較 H. Krausnick, Beilage »Das Parlament« vom 30. Juni 1954, S.319。

第三章　羅姆事件

「在革命之後，總是有革命家的問題。」

墨索里尼對莫斯利說

（譯註：莫斯利，Sir Oswald Ernald Mosley，英國政治人物，不列顛法西斯聯盟的創始人和領導者）

「沒有人比元首更密切關注他的革命。」

赫斯於一九三四年六月二十五日

希特勒所發展的合法的革命這項策略，雖然以相對沒有暴力和不流血的過程達到奪取政權的目的，而且也避免了每個國家在革命期間所造成的深刻裂痕。然而，它的缺點卻是，舊時代的領導階層透過順服而潛藏在革命底下，並一再不斷質疑新政權，至少理論上如此。他們只是被打倒和短暫地被說服，卻絕對沒有被消滅或失去行動力。在希特勒奪取政權的路上，衝鋒隊爲他殺出了一條路，但同時，希特勒的策略卻利用這個好戰先頭部隊的憤怒來騙走了他們打下來的戰果。這群褐衫禁衛軍冷嘲熱諷且心有不甘地看著那些「反動派」——資本家、將軍們、貴族大地主、保守派政治人物和其他「懦弱的市儈」——登上民族革命的榮譽舞臺，穿著黑色的燕尾服，殷勤地在褐色制服之間來回穿梭。這些人毫不猶豫的變節行爲使得支持革命的人找不到對手。

古板、直腸子又喜歡蠻幹的羅姆，很早就一再在公開場合表達他對奪取政權過程的不滿。早在一九三三年五月，他就已經警告衝鋒隊不要跟這些假朋友混在一起，不要參加這些假慶祝，還提醒他們不要忘了衝鋒隊未完成的目標：「我們已經慶祝夠了。我希望，從現在開始，衝鋒隊和親衛隊要明確停止無止無休的慶祝……你們的任務，即完成民族社會主義革命和建立民族社會主義的帝國，還在眼前。」[1]比遲鈍的羅姆奸詐狡猾又詭計多端的希特勒則認爲，這場革命只是在營造一場假合法的和解過程，所以利用的手段大多是煽動、耗損或欺騙敵人，暴力只是偶爾當作協助恐嚇的手法而已。但在羅姆的概念裡，革命總是與一個暴動的過程連在一起，有閃電的殺戮行動、煙硝瀰漫、突襲舊政權的堡壘；在革命達到流血的高潮時，舊政權與其仇恨的代表人物和剩下的世界一起崩潰，而新的秩序將宣布獲勝。但結果，這些事都沒有發生而使得羅姆深感失望。最後終於導致「長刀之夜」（譯註：Nacht der langen Messer，納粹清洗衝鋒隊的行動）的發生。

在短時間感到不安之後，羅姆努力使衝鋒隊遠離大型的全國融合過程。他向各界強調這些矛盾並稱讚衝鋒隊的特別自我意識：「只有他們將會贏得並獲得純粹的、沒有扭曲的國家主義和社會主義之勝利。」[2]他警告自己的小隊長們，不要在這個新國家裡接受任何職位和榮譽地位。在他的對手戈林、戈培爾、希姆萊和萊伊以及他們無數的跟班透過占領各種掌權的職位來擴大自己的勢力範圍之際，羅姆卻在嘗試走一條相反的路：要貫徹擴張他的衝鋒隊——不久就已經增加到三百五十萬至四百萬成員——來準備建立他的衝鋒隊之國，以便有一天能用革命來推翻目前的新秩序。

於是在這樣的情況下，與政治機構之間原有的矛盾必然再度爆發。好戰革命分子的仇恨情緒，對抗著政治機構裡那些粗脖子中產階級的自私自利。這些中產階級又比穿著緊身制服而喘不過來、在小規模戰爭中爲微薄的薪水奮鬥的好戰革命分子占有優勢。所以，自從希特勒越來越強調要求結束革命的顛覆活動時，衝鋒隊的不滿情緒就更爲高漲。早在一九三三年六月，衝鋒隊到處建立的許多拘留所便開始被拆除，不久後第一批輔助警察組織也被解除職務。羅姆的跟班指出他們所做過的犧牲和參加過的戰役，卻沒有任何效果。於是，他們覺得自己被忽視了，成了失敗的革命中被遺忘的革命者。希特勒越來越常宣稱，奪取政權的任務已告結束，且衝鋒隊的任務已經完成，但羅姆早在一九三三年就對此嗤之以鼻。他聲明，今天要求革命停下來的人就是在背叛革命；在他的衝鋒旗下前進的那些工人、農夫和士兵，將不顧那些被一體化的「市儈和發牢騷的人」，依然完成自己的任務：「無論他們喜不喜歡——我們都繼續進行我們的戰鬥。如果他們終於明白了這到底關於什麼，就跟他們一起戰鬥！如果他們不願意，就不管他們！如果必要，就對抗他們！」[3]

二次革命

這也是「二次革命」這個口號的意義。自從羅姆這麼說之後，這個口號就在衝鋒隊的住處和他們常去的啤酒館廣爲流傳。他們要把一九三三年初奪取政權過程這個阿斗扶起來，而且還要達成圓滿的革命，即達到占領整個國家這個目標，因爲這個阿斗，已經可悲地陷入上千個畏首畏尾和妥協的做法當中，甚至還背叛了革命。「二次革命」這個口號經常被視爲證明褐衫隊裡有一個社會新藍圖的存在，儘管它只是一個大概的藍圖。可是從「神聖的社會主義要得到全部」這個像雲霧般的說法裡，卻從來沒有一個明確定義的概念，而且也沒有人知道該如何描述要用什麼方法去建立衝鋒隊之國。這種社會主義從來都沒有超越一個粗暴、沒有省思的士兵心目中的共產主義，這使得羅姆本身和他身邊因爲同性戀而有社會派系意識的小圈子，對周圍環境發展出更尖銳的敵意。而所謂的衝鋒隊之國，套句俗話來說，基本上只不過是應該解決無數失業衝鋒隊員感到絕望的這個社會問題的一個國家。此外，還有覺得在一場政治大冒險中被騙去進行暴動這種感覺。他們原先利用民族社會主義的運動意識形態這種政治手法，去掩飾自己的虛無主義，但如今卻不願意理解，爲什麼在終於獲得勝利之後，卻要放下冒險、戰鬥和暴動。

衝鋒隊這種沒有目標的革命熱情在廣大群衆心中也引起普遍的疑慮。沒有人知道羅姆要用這股暴力去對付誰，因爲他正在全德國匆促地舉行一系列的遊行、閱軍和盛大的群衆集會，這些做法威脅著人們想起以前的事。他示威性地恢復衝鋒隊裡舊有的軍隊作風，同時又在工業界尋找各種關係和贊助金主。然後在衝鋒隊戰地警察中建立自己的執法部門，這等於是在建立衝鋒隊自己的司法權。雖然衝鋒隊針對虐待、搶劫、偷竊或大肆劫掠等不允許的行爲發布了最嚴厲的處罰，但也公布「謀殺一個衝鋒隊員的罪，負責的衝鋒隊長可以對謀劃此謀殺行動的敵對組織處死十二名成員。」[4]同時，羅姆想辦法在各個邦的行政機構、學術界和出版界裡立足，讓各界認識衝鋒隊的特別主張。他把自己的不滿發洩在不停批評反猶太主義、外交政策、廢除工會、或鎭壓言論自由這些事上。他滿懷怨憤地與戈培爾、戈林、希姆萊和赫斯作對，想用自己的計畫來挑釁他們。羅姆打算用自己人數大大勝出國家防衛軍的褐衫軍將國家防衛軍吸收過來並成立一個納粹民兵，以展現他對將軍們的傳統與特權的嫉妒和敵意。由於對希特勒瞻前顧後的策略深感不滿，他在自己的朋友圈中盡情表達自己的憤怒：

「他罵說：阿道夫很卑鄙。他背叛了我們所有的人。他現在只跟那些反動派在一起。他的老同志們都配不上他了。所以他就跟這些東普魯士將軍們親近。他們現在已成了他的密友……阿道夫完全知道我想要的是什麼。我早就常常跟他說過。絕對不要皇帝軍隊的翻版。我們到底是不是在革命呀？……所以必須要有新的東西出來，你們明白我的意思嗎？一個新的軍種。一種新的組織原則。那些將軍都是老古董，腦子裡生不出什麼新的想法。

可是阿道夫是一個文明人，以前是、現在也是，是一個『藝術家』，一個愛胡說八道的人。他都在想，別再吵啦。最好他今天就去坐在山裡頭，去扮演親愛的上主。而我們卻必須閒置，但其實我們反而才是最想做些事的人……這可是一個千載難逢的機會，可以做出一些新鮮、偉大的事，天知道，我們可以用這些事澈底改革整個世界。可是那個希特勒卻用空話敷衍我。他要讓事情順其自然，還期待以後會有奇蹟從天上掉下來。這就是眞正的阿道夫。他想繼承現成的軍隊。他想讓這個軍隊被那些『專家』修補好。我一聽到這種話就火大。他說，他以後要讓軍隊變成民族社會主義的。但他卻先把軍隊託付給那些東普魯士將軍。這樣以後哪裡會有革命精神！就只剩下一堆固執的老頭，一堆老傢伙，絕對不可能贏得這場新戰爭。別愚弄我了，你們所有這些人。你們就這樣讓我們的運動的整個精神和核心都腐敗了。」[5]

如果所有的線索都沒有錯的話，希特勒從來就沒有認眞考慮過羅姆的想法。衝鋒隊的任務一向是他們爭論的問題。但在獲得政權之後，希特勒仍然認爲衝鋒隊扮演的是政治的功能而不是軍隊的功能，而且他們應該組成巨大的「希特勒突擊隊」，而不是革命軍隊的主力。儘管如此，對外他剛開始還顯出猶豫不決的樣子，顯然希望能夠將羅姆的野心與國家防衛軍的要求在一條中線上結合在一起。毫無疑問，一九二三年的經驗也使希特勒對那些傲慢、僵化、戴著單片眼鏡的「老古董」有強烈的反感。關於這些將軍，希姆萊就曾經聽到希特勒說過：「他們將來會再次對我開槍。」[6]可是爲了能夠成功地結束奪取政權這個過程，軍方的支持是不可或缺的。所有的仇恨情緒都不能讓他忘記啤酒館政變的嚴重教訓，絕對不要再與武裝力量起衝突。他認爲那一次的失敗是因爲自己與軍隊作對的緣故，而之後一九三三年的成功則是因爲得到軍隊的支持或者國家防衛軍保持適當中立的緣故。對他而言，在一九三三年初就已經開始的擴充軍備這件事上，軍隊的專門知識是不可或缺的，這又與他準時開始擴張領土的計畫息息相關。此外，只有一個正規的軍隊才擁有與他的企圖相稱的進攻能力，而羅姆心目中的民兵，嚴格來講，只是一種防衛工具而已。

希特勒和國家防衛軍

此外還加上第一次親自與國家防衛軍高層打交道的經驗顯然削減了希特勒的不信任。他和國防部長馮．勃洛姆堡以及部長辦公室主任馮．萊赫瑙少將（Walter von Reichenau），馬上一拍即合。他們兩人各自出於不同的動機而幾乎無條件地跟著希特勒的路線走。勃洛姆堡是因爲沒有固定的理念，因此對希特勒有目的性說服人的本領沒什麼招架能力，因爲他本人就是在各種理念之間一直變來變去，從民主信念，換到人智學，再換到普魯士社會主義的想法，接著在去過一趟俄國之後，「幾乎沉醉於共產主義」，之後越來越轉向極權主義的想法，到最後熱情地迷上希特勒這位新偶像。勃洛姆堡後來回顧說，在一九三三年，彷彿一夜之間事情就輕而易舉有了著落，這是他從來沒有預料過的：相信、崇拜一個男人並完全支持一個理念。根據一個當時的人說，希特勒一個友好的表示就可以讓勃洛姆堡熱淚盈眶。有時候他甚至認爲，元首的熱情握手就可以立刻把他的感冒治好。[7]相反地，萊赫瑙是一個理智且奉行馬基維利思想的男人。他不會讓衝動影響自己的野心抱負。他不認爲民族社會主義會是一種信念或狂熱，而認爲它是一種群衆運動的意識形態。他可以利用其革命熱情，來促進自己個人的生涯和軍方的權力地位，或有必要時再馴服它。他這個人冷靜、聰明、果決，雖然有一點點輕率的跡象，但他幾乎是受過技術訓練、對社會階層沒有偏見的現代軍官這種類型的完美化身，而且他的沒有偏見甚至延伸到道德範疇裡。在一九三三年二月的一次司令官會議中，他指出，目前國內腐敗的現象只能透過恐怖手段來清除，而軍隊因爲「槍就在腳邊」所以能免於腐敗。這種說法實在太符合希特勒所希望的策略了，使得希特勒不禁自問，爲什麼他得爲了頑固的羅姆而拒絕軍方專業人士提供的效忠？而在親信圈子裡，他也嘲笑「這些骨頭彎曲的衝鋒隊員」，他們妄想著以爲自己是「軍方精英的料子」。[8]

不同於一向用雙面手法去欺騙對手或讓對手互相殘殺的作風，希特勒這一次只讓外界短暫猜測他的企圖。雖然他還一再激勵衝鋒隊保持好戰的積極精神並向他們喊話，比如：「你們一輩子要做的，除了戰鬥就是戰鬥。你們就是出身於戰鬥，所以不要指望今天或明天就會有和平。」[9]希特勒在十二月一日將羅姆召入內閣，或者在新年時給羅姆寫的非常熱情的感謝函，在衝鋒隊裡都被視爲自己的野心所得的收穫。儘管如此，希特勒向國家防衛軍保證，他們是德國唯一的武裝單位，而且在過年時所下的決定，在國家防衛軍重新推行全面徵兵制，就已經將羅姆提出的大規模民兵計畫打得粉碎。由於羅姆相信，這只是希特勒的一種策略，就像往常一樣，私底下希特勒還是跟他意見一致。所以，羅姆猜測或許希特勒是在其對手的慫恿下才跟他作對。因爲已經習慣了以直接的方式克服所有的困難，羅姆做出的反應是大聲辱罵和示威地陳述自己的各種要求。他稱希特勒是一個「懦弱的人」，落入「愚蠢和危險的對象」的手裡，但他羅姆將「救他脫離這個桎梏」。[10]在衝鋒隊開始成立武裝的衛隊時，他發給國防部一份備忘錄，宣稱防衛國家屬於「衝鋒隊的責任範圍」，而軍方則只負責訓練軍隊。羅姆不斷說話和發出各種聲音，直到他逐漸親自布置出這個決定自己命運的場景。早在一月初，即希特勒以熱情的話語感謝羅姆這位衝鋒隊參謀長及好友的貢獻後的幾天，希特勒就已經命令祕密警察負責人狄爾斯蒐集顯示「羅姆先生和他的朋友」以及衝鋒隊恐怖行動有罪的文件。他對狄爾斯說：「這是你曾經做過最重要的事。」[11]

同時國家防衛軍也沒有閒著。羅姆給軍方的備忘錄顯示，所有嘗試合併的努力都失敗了，如今希特勒必須做出決定。二月初，勃洛姆堡以一個示威性的舉動來迎合納粹，他將「雅利安條款」引進國家防衛軍裡，並將納粹黨所謂的權威象徵鉤十字符號變成國家防衛軍的官方象徵。陸軍總司令馮．弗里奇將軍（Werner von Fritsch）對此決定提供的理由是，他們要「藉此給總理對抗衝鋒隊所需的推動力」。[12]

希特勒於一九三四年二月二日的致詞

事實上，希特勒現在覺得自己被逼著做出明確的立場聲明。二月二日在柏林，在對聚集的納粹地方黨部主任致詞時，他就已經反映出當前的疑慮。此外，這次致詞值得注意的還有它具有宣布基本政策的性質。在紀錄中，它的內容是這樣子：

「元首強調……還在宣稱革命尚未結束的那些人是傻子……並繼續說，在這次運動裡，有些人對革命的理解是一種持續的混亂狀態……。

元首指出，目前最緊急的任務是選出一些人，這些人一方面要有能力，另一方面要能夠盲目地貫徹執行政府的各種措施。作爲騎士團，黨必須爲整個德國的未來帶來穩定……第一位元首是命運選出的；第二位元首必須一開始在背後就有一個忠誠、發誓獻身的團體。任何擁有個人權力的人絕不可以被選上！

此外：元首永遠都只有一位……這種內部堅硬又剛強的組織能永遠存在；沒有任何東西可以推翻它。這個運動之內的團體必須十分效忠。我們不允許成員之間有爭鬥；我們絕對不可以讓外界看到團體內有分歧！如果我們自己破壞了這種信任，人民便無法盲目地信任我們。即使有錯誤的決定，其後果也必須透過無條件的團結來抵消掉。某個權威人物絕不可去對付其他人……。

因此，也不必有多餘的討論！在某個領導單位內尚未釐清的問題，絕對不可以公開討論。否則就可能藉此把決定權推給廣大的人民。這就是民主荒誕的笑話，而且也因此錯過了每一位領導人的價值……。

還有，往後我們每次都只進行一場戰鬥。一場完了再下一場。事實上，『敵人越多，光榮越多』這種說法不一定是對的，反而是『敵人越多，蠢事越多』。此外，人民也不能同時進行十二場戰鬥並理解它。因此，我們一向只能給人民一種思想，讓人民只集中思想在一件事上。在目前的外交政策上，我們必須催眠人民讓他們在我們身後支持我們。全國現在必須憑著運動精神、運動員的激情對這次的戰鬥感興趣。只有全民都參與這場戰鬥，他們才會玩輸。如果全

民都不感興趣，輸的是領導。於第一種情況，全民會對敵人感到憤怒；於第二種情況，全民會對元首感到憤怒。」【13】

這次說話的綱領性質一直有效到大戰的時候，而其中實際的步驟也很快就付諸行動。早在二月二十一日，希特勒就已經向英國掌璽大臣伊登透露，他將裁減三分之二的衝鋒隊，並確認剩下的衝鋒隊既不會有武器也不會接受軍事訓練。八天之後，他將國家防衛軍的指揮官、衝鋒隊的領導、親衛隊的領導，包括羅姆和希姆萊，召集到位於本德勒街（Bendlerstraße）的國防部。在這次談話中，他勾勒出國家防衛軍與衝鋒隊之間一份協定的基本特點，即衝鋒隊的任務只限於一些邊緣的軍事功能，主要任務則在於對全民進行政治教育。這次談話獲得軍官們大大贊同，而衝鋒隊領導們則感到錯愕。希特勒還警告這些衝鋒隊高層，在這麼嚴肅的時候不要對他做出任何反抗，甚至威脅他將打擊任何一個擋路的人。

但羅姆卻不顧這樣的警告。雖然他剛開始還控制著自己，甚至還邀請所有在場者參加一場「和解早餐」。但那些將軍一離開，他就讓所有的不滿情緒爆發出來。根據之後的審問得知，他稱希特勒爲一個「傲慢的二等兵」並且極爲坦白地說，他「才不打算遵守這項協定。希特勒是個背信忘義的人而且至少必須去休假。」【14】就像便宜的劇本所要求的那樣——而這件事就是按照這個劇本去發展的——在這件事裡並不缺乏告密者。衝鋒隊上級團領導陸茲（Viktor Lutze）去上薩爾茲堡晉見希特勒，並在幾個小時的晤談中告訴希特勒關於羅姆罵他和誇口的一些骯髒事。

羅姆的挑戰

然而，羅姆的行爲不僅反應出他的反抗和一個男人的驕傲，他還非常有自信地宣稱，自己畢竟還掌握著三十個師的權力。[15]相反地，他非常清楚希特勒提出了一個讓他無法接受的選擇：去教育人民或離開戰場。雖然在言語上套上了選擇題的外衣，但這個要求本身就已經表示要冷藏他。嚴格來講，沒有人能想像，這些被希特勒稱爲「骨頭彎曲的」衝鋒隊員能夠在他宣揚雅利安種族優越感的教育烏托邦裡扮演適合的教育單位。由於深信自己已經陷入沒有出路的情況，羅姆似乎在三月初去找過希特勒並提出「一個小小的解決方案」：將幾千位衝鋒領導納入國家防衛軍裡。他希望透過這種方式至少自己完成了對追隨者們最緊迫的社會義務。可是因爲擔心國家防衛軍會被衝鋒隊滲透，所以興登堡和軍隊領導階層都反對此事。面對著一群被激怒且越發沒有耐心的跟班加上受到自己的虛榮心驅使，羅姆認爲只能又走上叛變這條路。

事實上，一九三四年初，二次革命的口號又開始流行起來。雖然也有政變和叛亂這種說法，卻沒有任何跡象顯示他們有具體的行動計畫。這很符合這群野蠻、喜歡耀武揚威的傢伙的行事方式，因爲他們比較對血腥的用語感到滿足。而羅姆本身則感到很灰心，偶爾還考慮是否要回到玻利維亞去。在與法國大使會面時，他宣稱自己生病了。[16]但實際上他仍然努力突破要孤立他且收得越來越緊的包圍圈，並想辦法與施萊謝爾以及其他反抗希特勒的圈子取得聯繫。他組織了新一波的大型遊行，並企圖不斷用勝利遊行來展示衝鋒隊的力量並沒有被擊碎。同時他還想辦法弄到大量的武器，其中部分是從國外購買的，並對他的單位加強軍事訓練。[17]當然，也不排除他只想藉此讓那些感到失望、被激怒又無所事事的衝鋒隊員有事可做。但這些活動顯然被希特勒和軍方將領們視爲一種挑戰，並讓他們很有理由去擔心這些吹牛分子想要叛亂。

希特勒似乎這時候已經放棄了努力把羅姆引到和平的路上，而轉向用武力來解決問題。四月十七日在柏林體育宮舉行親衛隊春天音樂會上，這是他最後一次與羅姆同時出現在公共場合。根據他自己稍後的聲明，爲了擴大之前對狄爾斯發出的任務，他這時指示所有的黨部單位調查二次革命的各種謠言並找出其源頭。同時保安處（Sicherheitsdienst, SD）開始建立，這顯然與這件事有關，讓希姆萊接管普魯士的蓋世太保也是爲了同一個目的。司法單位追蹤衝鋒隊犯罪行爲的努力首次獲得一些成果顯然也與此脫不了關係。根據事後的審訊得知，達豪（Dachau）集中營的指揮官艾克（Theodor Eicke）同樣在四月接到命令，要擬定一份「不受歡迎人物」的「帝國名單」。[18]

那眞是一場確確實實的圍獵行動，它用各種謠言和陰謀營造出緊張的氣氛開始，使得羅姆絕不懷疑幾乎各界都在想辦法一起推翻他。其中的主要積極參與者有各政治組織的幹部，尤其是戈林和赫斯，他們都嫉妒羅姆這位衝鋒隊參謀長擁有極大的權力基礎並因此是希特勒之外第二個最有權力的人。本質激進的戈培爾原本還支持羅姆，但不久後他也加入這場圍獵行動。還有希姆萊也是，他雖然在親衛隊，但仍然指揮著一個衝鋒隊的下屬單位，所以希望自己能從羅姆倒臺得到一些利益。國家防衛軍領導們雖然也一直在後臺謹愼地操作，但還是能看到他們的手筆。他們利用巧妙的方式發布一些關於羅姆的消息，並希望藉由犧牲自己的一些獨立性而能將希特勒拉到自己這一邊。一九三四年二月，軍官集團就已經自願放棄自己其中一根傳統支柱，即涵蓋各個社會階級這項原則；並宣布，將來決定軍人升遷的關鍵資格不再是「舊有的軍官社會階級出身」，而是「對新國家的認識」。[19]不久之後，國家防衛軍開始對軍隊進行政治教育。同時，勃洛姆堡在希特勒生日時，即四月二十日，發表了一篇熱情洋溢的祝賀文，還把傳統軍團中的慕尼黑軍營更名為「阿道夫・希特勒軍營」。他的企圖，還有特別是萊赫瑙的企圖是，逐漸激化希特勒與羅姆之間的矛盾並讓它變成公開的衝突，讓他們兩人相爭，然後自己最後再做大笑的漁翁。他們還希望希特勒不會看出他們巧妙的手法，因為希特勒若剝奪了羅姆的權力，就等於也剝奪了自己的權力並任由國家防衛軍拿捏。

這種不斷升高的緊張氣氛也影響大衆的感受。全國瀰漫著一股亂哄哄的不安氣息，與此同時出現的是一種獨特的麻木感和消沉情緒。過去一整年裡，希特勒成功地利用各種演說、號召、握手和戲劇構想放出一場又一場漂亮的煙火秀，使人民屏息觀看。如今觀衆和導演似乎都已感到筋疲力竭，暫停一下去思考，使人民第一次有機會去搞清楚自己目前的眞實情況。由於還沒有被宣傳的壓力完全征服和腐化，他們發現了各種強迫和組織化的措施，對已經被搞得失去防禦力的少數族群的迫害，集中營的存在，與教會之間的衝突，毫無思考的財政支出引發出通貨膨脹這隻幽靈，衝鋒隊的恐怖行動和威脅，最後是各界裡更加強烈的不信任感。意識到這些現象使整個氣氛突然發生大轉變，即使戈培爾想辦法用「對抗發牢騷者和愛吹毛求疵批評者運動」來麻木他們都沒有成功。由於一九三四年春天隱隱約約出現的還不是普遍的不滿，當然就沒有喚醒廣泛的反抗意願。儘管如此，仍然讓人清楚感受到一種普遍的懷疑、壓抑、猜忌的感覺，尤其是在所有事上都發現這是一場無可否認的作弊魔術。

圍獵即將開始

這種覺醒的氣氛擴散得越來越大，再一次看看已過去的一九三三年一整年中，雖然那些保守派人士已經被免職並變成無戲可演的小配角，但似乎仍確實感受到目前局勢要求他們要有所作爲。巴本和他志同道合的人長久已來都堅持對希特勒做出一副默默卑躬屈膝的樣子，並一直沉緬於之前打算扮豬吃老虎這個夢想。興登堡六月初要去諾伊迪克度假時，悲觀地對副總理巴本說：「情況不樂觀哪，巴本。你想辦法解決一下。」[20]由於興登堡身體健康明顯越發衰弱而無法積極做出任何有效對策，感到失望的保守派對於復辟君主制這個想法越來越感興趣。雖然在一九三四年一月三十日，希特勒在國會發言中已非常明確拒絕這個構想，但在巴本的催促之下，興登堡此時又願意在自己的遺囑裡加一段，建議恢復君主制。此外，贊成復辟人士也希望，在目前局勢的壓力之下，希特勒遲早都必須同意接受一些他原本不願意做的妥協。

越來越多消息指出興登堡快要去世了，這使得希特勒覺得自己有必要做出迅速的決定已是越發緊迫的事。因爲在他的策略構想裡，順利獲得總統一職，同時讓他穩固地成爲國家防衛軍的最高指揮官，是他獲得全部政權最後的一步。六月四日，他再次與羅姆會面，根據他之後的辯解，目的在於「讓運動和我的衝鋒隊免於這類衝突的恥辱，並在沒有嚴重鬥爭之下消除各種傷害」。在大約五個小時的會談中，他要求羅姆「自願反對這種瘋狂的做法（二次革命）」。但不再像往常一樣，他從無可奈何的羅姆那裡得到的是空泛的保證，因爲羅姆不能亦不願意贊同完全放棄的做法。正當對抗情緒低落的各種宣傳運動更加熱烈之際——不僅對抗衝鋒隊，還更加強對抗舊有的市民階級、貴族、教會這些保守陣營，尤其是對抗君主制——羅姆卻在這節骨眼上要去度假，顯然他對希特勒的打算毫不知情。在一分當日命令中，他向自己的黨羽宣布，他因爲痛風發作而必須去巴特維塞（Bad Wiessee）做水療，並讓所有的人一整個七月都去度假，好讓情勢緩和下來。但這份命令裡也警告「衝鋒隊的敵人」不要有不當的希望，以爲衝鋒隊在休假就不再行動或只會部分行動，並用含糊不清的晦暗表達說要給他們一個「恰當的回答」。但值得注意的是，這份命令裡完全沒有提到希特勒的名字。

與所有事後的鄭重聲明相反的是，希特勒似乎完全不相信羅姆和他的共謀者已準備好採取行動去占領首都，將政府搶過來，並在一個「最血腥的多日衝突」過程中把他自己也消滅掉。因爲十天之後，希特勒還到威尼斯去進行他上臺之後的第一次出國訪問。雖然看起來緊張、心不在焉和情緒不好，當他穿著淺色的雨衣走向身上掛滿勛章的義大利獨裁者時——根據當時在德國流傳的笑話，墨索里尼向他喊：「萬歲，模仿者！」——雙方便開始互相稱讚對方，熱烈開始這段充滿盲目的關係。很快地，希特勒明顯扮演主導的地位，而對方則臣服在他這種「粗暴的友誼」之下。[21]訪問進行得非常順利。但在面對可能發生政變的情況下——而且這場政變只有他能憑著自己的聲望、煽動人心的本領和政治技巧來制止——他還出國，這是另一個證據，顯示至少在這一刻他並不相信羅姆會發動叛變。

巴本在馬堡的演講

這時候，採取行動的是另一個人。由於擔心興登堡一死，將當局政府引上一條溫和路線的最後機會也跟著消失，巴本背後的保守派人士催促他要馬上表態。於是，在六月十七日星期日，當希特勒在格拉（Gera）參加當地納粹黨代表大會時，副總理巴本在馬堡大學（Marburger Universität）舉行一個演講，而講稿是保守派作家艾德加．榮格爲他所撰寫的。他以引人注目的方式批評當局政府的暴力以及民族社會主義革命沒有節制的激進手法，接著又尖銳地批評可恥的拜占庭主義（譯註：在政治新聞學中一個含有貶意的詞，指對眞正的權威阿諛奉承），一體化的做法使一切都變得沒有差別，「極權主義的主張是違反自然的」，以及粗俗的平民貶低了人文工作。接著他說：

「沒有任何一個民族能承受得起底層民眾永遠在起義，如果它想要在歷史上立足的話。群眾運動必須首先結束，然後透過不可受任何影響的司法系統和不可爭議的國家統治權建立一個穩固、團結的社會結構。一直變動無法建設任何事。德國不可以成爲一輛沒有目標的火車……。

政府已得知，在德意志革命這件外衣之下，到處發生的是各種自私自利、沒有品德、不誠實正直、沒有騎士精神和傲慢蠻橫的行爲。政府也注意到，你們給予德意志民族的信任這份豐富的寶藏已受到威脅。如果想要接近人民，想要與人民有親密的關係，就不可以低估人民的智慧，並且必須對人民的信任有所回應，而不是一直對人民進行監控……提升信心和讓人民樂於投入不能透過煽動的手法，尤其不能煽動年輕人，不能透過威脅那些無助的人民來達成，而只能透過與人民進行充滿信任的對話來達成……也不能馬上就將每一句批評的話詮釋爲心懷不軌，把焦急的愛國分子貼上國家敵人的標籤。」[22]

這次演講引起極大的轟動，即使演講的詳細內容沒有流傳出來，因爲戈培爾臨時取消了預定於當晚進行的電臺轉播並禁止報界做任何報導。希特勒本人認爲巴本的行爲顯然是在對他個人發出挑戰並在自己的元首親衛隊面前做出各種粗暴的威脅。他激動地罵「所有這些小矮人」並威脅「他們必定會被我們的共同理念的暴力掃出去，……他們之前原本有力氣阻止民族社會主義崛起的；但他們不可以使已經醒過來的人民又陷入睡眠當中……如果他們只是在發牢騷，我們倒無所謂。但如果他們嘗試，只要他們敢從批評向做僞證走出那麼一小步，就得知道，今天他們面對的不再是一九一八年那個儒弱又腐敗的市民階級，而是全民的拳頭」。[23]當巴本接著提出要辭職時，希特勒提議他們一起去諾伊迪克找興登堡。

事實上，希特勒似乎短暫地對整個局勢失去概觀，不知道自己打算做什麼。毫無疑問，偶爾也有人向他報告總統表示不滿，同樣地，他也知道軍隊高層的疑慮。他很有理由的猜測，這位不動腦筋又常常出言不遜的馮．巴本先生在馬堡的演講揭露出一份祕密的關係，即在他的背後撐腰的是整個沒有耐心的軍方領導、總統和仍然很有影響力的保守派圈子。六月二十一日，希特勒前往諾伊迪克，而且跟兩天前的約定相反的是，他並沒有要求巴本跟他一起去，以藉此向巴本挑釁。但由於他懷疑興登堡與巴本之間有結盟關係，所以此行的目的是破壞掉這層關係並試探興登堡的心情和決策能力，所以他不需要副總理巴本在場。但在他拜訪興登堡之前，已經在諾伊迪克停留好一陣子的帝國新聞處主任馮克（Walther Funk）告訴他興登堡這位元帥的典型軍人反應：「如果巴本不能守紀律，他得自己承受後果。」

興登堡似乎也親自安撫了希特勒，但這整個事件告訴他，沒有時間了。在回程的路上，他退到上薩爾茲堡並待在那裡三天之久，以便通盤思考整個情勢。如果所有的線索都沒有錯的話，他最後就是在這裡做下出擊的決定，而且這時候就已經定下了行動的日期。六月二十六日，回到柏林之後，希特勒馬上命令逮捕艾德加．榮格，而且在巴本又想找他抗議時，他讓人說他不在。當時艾弗列．羅森伯格就和他一起正在總理府花園裡。他面對隔壁的副總理府做出威脅的姿勢並跟羅森伯格說：「沒錯，一切都是出自那裡，我將讓人挖出整個辦公室。」[24]

最後的準備

在這些事發生之前以及發生之際，又發生了另一些事故，使得整個情勢變得更爲緊張。在六月初時，親衛隊和保安處接到了加強監視衝鋒隊的命令，而且也做了一些行動準備。達豪集中營的親衛隊指揮官艾克和元首的一位參謀模擬了在慕尼黑、萊希菲爾德（Lechfeld）、巴特維塞等地方的行動計畫。謠言滿天飛，說羅姆可能與施萊謝爾和史特拉瑟有聯繫。前帝國總理布呂寧接到人偷偷給他的暗示，說他有生命危險，於是他暗中離開德國。施萊謝爾同時也收到許多同樣的警告，雖然他短暫離開柏林，但又馬上回來，還拒絕了之前結識的陸軍上校歐特（Eugen Ott）邀他一起去日本的建議，爲的是「不逃離國家」。[25]在希姆萊、海德里希（Reinhard Heydrich）、戈林和勃洛姆堡之間流傳著一份所謂的帝國名單，上面有一些人的名字，以及他們應被捕或射殺的時間。這是海德里希首次獲得希姆萊的注意且往前擠成他的助手。海德里希和保安處領導貝斯特（Werner Best）對於慕尼黑的衝鋒隊高級團領導施耐德胡伯（August Schneidhuber）有不同的看法，其中一人認爲他「忠誠正直」，另一人卻認爲他和其他人「一樣危險」。而陸茲則問希特勒，是否只清理掉「主謀」的小圈子，還是要清理掉更大的範圍。事後他卻抱怨親衛隊的凶殘，由於一些主觀的報復考量，原本只有七個受害者的名單先是增加到十七個，到最後增加到超過八十個人。[26]六月二十三日，一份疑似羅姆號召衝鋒隊拿起武器的祕密命令，以一種神祕的方式出現在國防部軍情局的桌子上，但事後證明這份命令是假的，因爲它粗心地把羅姆的死敵希姆萊和海德里希也列入通知的名單。差不多同一天，位於西利西亞的衝鋒隊高級團領導海涅斯接到通知說，國家防衛軍已決定對衝鋒隊採取行動，而在布列斯勞的師指揮官馮．克萊斯特將軍（Ewald v. Kleist）接到的消息則描繪出「衝鋒隊正急切準備的畫面」。[27]幾乎每天電臺廣播或在公共群衆集會時都對「二次革命」的代表人物以及保守派反對分子發出各種警告。六月二十一日，戈培爾在柏林體育館的夏至節慶上說：「這類的人只欽佩力量、自我意識和強大。那就給他們！……（他們）將無法阻止本世紀的腳步。我們將跨過他們往前走。」四天後，赫斯在一次廣播中對不信任「革命的偉大策略家」希特勒的「革命選手」喊話：「背叛的人是有禍的！」（譯註：模仿聖經中先知說話的語氣）。六月二十六日，戈林在漢堡的一次集會中拒絕所有的復辟計畫：「我們這些活著的人有希特勒！」他還警告那些他稱爲「反動的利益幫派」的人：「如果有一天他們太過分的話，我就會打擊他們！我們一直在工作，而且從來沒有這麼努力工作過，因爲人民在我們背後支持著我們，給我們信任……那背叛這份信任而犯罪的人，就是在自尋死路。」赫斯再一次以先知的語氣說話：「民族社會主義走下德意志民族的政治舞臺……將導致歐洲混亂。」[28]

彷彿有一隻穩固的手在操縱一樣，如今事態加速往高潮發展。當衝鋒隊員們全部在不知情的情況下去度假時，羅姆和他身邊最親信的跟班住進在巴特維塞的「漢瑟鮑爾旅館」（Hotel Hanselbauer）。六月二十五日，「德國軍官全國協會」（Reichverband der Deutschen Offiziere）取消羅姆最高榮譽會員的資格並將他逐出協會，這等於是把他推出去被清理。一天後，希姆萊通知所有親衛隊和保安處高階領導，「在羅姆的領導下，衝鋒隊即將叛變」，根據他的說法，還有其他反對派團體參與其中。[29]隔天，親衛隊團領導迪特里希（Sepp Dietrich），即希特勒親衛隊的指揮官，來請求陸軍的組織部主任提供額外的武器以執行元首委託的一項祕密任務。爲了強調自己的要求，迪特里希拿出一份疑似由衝鋒隊擬定的「最後名單」，上面就有這位主任的名字。爲了平息越來越多的懷疑，萊赫瑙和希姆萊使出各種矇騙手法、謊言和各種引起驚恐的虛構說法。不久之後，到處都有謠言說，衝鋒隊威脅要「幹掉」所有年紀較大的軍官。[30]

與此同時，國家防衛軍的大部分領導階層都已被告知衝鋒隊即將要進行叛變，又暗示親衛隊是站在軍方這一邊的，所以在需要的時候，軍方要提供武器。貝克中將（Ludwig Beck）六月二十九日的一份命令指示在國防部的所有軍官，隨時準備拿出手槍。同一天，《人民觀察家報》公開了勃洛姆堡的一篇文章——以毫無保留聲明效忠的形式——以國家防衛軍之名授權並懇求希特勒，採取行動對付衝鋒隊。

被牽著鼻子上演的叛變

如今萬事俱備，衝鋒隊被蒙在鼓裡，親衛隊和保安處，加上國家防衛軍在背後，隨時都可以行動。保守派已經被嚇得縮起頭來。病重的老總統行將就木，遠在諾伊迪克。巴本的一些屬下最後嘗試，想辦法潛到興登堡身邊讓他發布戒嚴，卻因興登堡的兒子奧斯卡的害怕和愚蠢而失敗。六月二十八日當天一大早，希特勒離開柏林，按照他事後的解釋，是爲了「向外界表現絕對平靜的印象，以免背叛者有所警覺」。[31]幾小時後，他在埃森以證婚人的身分參加納粹地方黨部主任泰爾波文（Josef Terboven）的婚禮。這時候，他身邊開始有各種匆促的活動，而他自己則心情鬱悶，心不在焉地陷入沉思。傍晚的時候，他打電話給羅姆，命令他將所有衝鋒隊高階領導在六月三十日召集到巴特維塞，因爲衝鋒隊的人居然在萊茵區辱罵外國的外交官，事情不可以再這樣繼續下去。這通電話當中顯然有和解的過程，也許只是因爲希特勒想讓對手以爲自己很安全。因爲根據審訊內容，當羅姆回到巴特維塞用餐時，顯得「非常滿意」。

現在，對幕後的導演而言，就只差能夠配得上他們大規模準備行動的叛變了。可事實上，衝鋒隊一直都沒有動靜，而且部分成員已去度假。保安處幾個星期以來的調查也拿不出任何結果可以作爲對衝鋒隊採取流血行動的正當理由。六月二十九日，當希特勒去巴德戈德斯貝格且戈林命令其柏林分隊保持警戒時，希姆萊卻親自導演了自己構想中所預料但到目前爲止又沒有發生的衝鋒隊「兵變事件」。[32]在匿名的手寫便條紙通知之下，慕尼黑的各個衝鋒隊突然出現在大街上，毫無目標地行軍。雖然他們馬上就被不知所以然的領導們召到定點去集合，但慕尼黑納粹地方黨部主任華格納認爲現在自己可以向希特勒報告所謂的衝鋒隊叛變出現了。當希特勒半夜接到這個消息時，他正在萊茵河畔的德雷森飯店（Hotel Dreesen）參加勞動大隊的大規模歸營號表演，看著對面山坡上六百位勞工手中拿著火把形成鉤十字的隊形。同時希姆萊的通知也進來，說柏林的衝鋒隊計畫在隔天下午突襲占領政府部門所在的市區。「在這種情況下，在我看來就只剩唯一一個決定，」希特勒保證：「只有一次毫無顧忌和血腥的迅速行動也許還能阻止叛亂於萌芽階段……。」

至少可以想像的是，這兩則消息的確讓希特勒擔心羅姆看穿了這個把戲而且此刻正準備反擊。直到今天，我們仍不清楚希特勒對這次欺騙手法參與到什麼程度並被誤導到什麼程度，特別是被希姆萊所誤導，因爲希姆萊一直堅持不懈且肆無忌憚地想辦法清除掉衝鋒隊的高層，好讓自己能往上爬。不管怎麼樣，希特勒都推翻了原本隔天早上才飛往慕尼黑的計畫，而決定立刻啓程前往慕尼黑。清晨四點左右，天剛破曉時，他在戈培爾、奧托·迪特里希和陸茲的陪同下抵達慕尼黑。行動開始，在巴伐利亞邦的內政部，他突然歇斯底里爆發，清算掉衝鋒隊高級團領導施耐德胡伯和團領導威廉·施密特（Wilhelm Schmid），將他們的肩章撕下並命令將他們送到斯達德海姆監獄（Stadelheim），同時被捕的還有前一天晚上召集過來的所謂兵變者。

羅姆被捕

緊接著一個長長的車隊將他載往巴特維塞。他的司機肯普卡（Errich Kempka）這樣描述這個過程：「希特勒手裡拿著鞭子，踏進羅姆的臥室，身後跟著兩位刑警，手中拿著已經打開保險的手槍。他氣喘吁吁地擠出這句話：『羅姆，你被捕了！』羅姆睡眼惺忪地從枕頭舉頭看過來，口中喃喃地說：『萬歲！我的元首。』『你被捕了！』希特勒第二次大聲吼說，接著他轉身走出房間。」[33]同樣的情形也發生在其他在那裡的衝鋒領導身上，只有唯一的一個，即來自西利西亞的海涅斯，當時正和一位同性戀者在床上，因爲感到意外而做出反抗。其他旅行中的衝鋒隊領導都在返回慕尼黑的路上，被希特勒攔截並送往斯達德海姆監獄。總共大約兩百位來自各地的衝鋒隊高層領導被捕。十點左右，戈培爾打電話到柏林並發出「蜂鳥」這個行動口號。緊接著戈林、希姆萊和海德里希也在柏林發出行動命令。在「帝國名單」上的衝鋒隊領導都被逮捕，並送往位於柏林郊外的利特費爾德（Lichterfelde）軍官學校。跟在慕尼黑被捕的同事不一樣的是，他們一排排站在一面牆前面，立即被槍斃。

在這時候，希特勒走進納粹黨位於慕尼黑的總部，在對匆促召集過來的黨羽簡短說話之後，立即開始用宣傳的手法操控這個事件的方向。連續好幾個小時，在這個有強大軍隊保護的建築物內，他發出各種指示、命令和官方解釋，而且在這些話裡面，他以第三人稱稱呼自己。然而，在匆匆忙忙掩蓋事實和渲染的說詞裡，他犯了一個很明顯的錯誤：跟之後的官方版本——這個官方版本以現代語言習慣被多方一直保存到現在——不一樣的是，在許多關於六月三十日事件的公告中，根本沒有提到叛變或羅姆嘗試叛變一事，而只說羅姆犯了「嚴重的過失」、「各種矛盾」、「病態的天性」。即使偶爾有「陰謀」這個詞浮現，大多也只是給人一種出於道德的動機他才介入的印象：「元首發出命令，要毫不留情清除這些腐敗現象。」希特勒用一幅不幸的畫面描繪出自己的打算：「將來他不會再容忍，幾百萬個高尚正直的人，因爲一些天生病態的人而受到影響並丟臉。」[34]

許多衝鋒隊領導顯然到最後都無法理解到底發生了什麼事。他們既沒有計畫什麼叛變，也沒有什麼陰謀。而且到目前爲止，希特勒從來就沒有對他們的道德有過任何意見或批評，例如柏林的衝鋒隊團領導恩斯特（Karl Ernst）。根據希姆萊的報告，恩斯特計畫在當天下午占領政府辦公部門，但其實恩斯特當天人在不萊梅，正要去特內里費島（譯註：Teneriffa，西班牙加那利群島中的最大島，位於近非洲的大西洋中）度蜜月。在快要上船之前，他就被捕了。他還以爲是同事們開的低俗玩笑，所以覺得非常好玩。他被飛機載到柏林去，下飛機後笑著跑向停在旁邊的警車，開玩笑地高舉著手中的手銬給前來接他的親衛隊指揮官看。正在機場前面販售的號外已經報導他的死訊，但恩斯特仍然毫不知情。半個小時後，他死在利特費爾德軍校的一面牆前，到死的時候都還無法相信，口中還喃喃叫著「希特勒萬歲！」

當天傍晚，希特勒飛回柏林。他之前吩咐迪特里希向斯達德海姆監獄要被送去那裡的人的名單，並對打勾的人立即行刑。巴伐利亞邦的司法部長法蘭克——如果他的報告可信的話——的介入成功地減少了死亡人數。[35]而帝國總督馮．艾普將軍嘗試說服希特勒不要使用流血的解決方法，卻沒有成功。羅姆曾經在馮．艾普將軍麾下當過參謀，並以朋友的身分提攜過野心勃勃的煽動家希特勒。很有可能因爲他的求情，使得希特勒再次陷入懷疑並延後殺掉羅姆的決定。

在柏林，在被封鎖的滕珀霍夫機場（Flugplatz Tempelhof）裡，希特勒受到一個盛大代表隊的歡迎。其中一位參與者在這件事之後不久立刻記錄下自己的印象：「指揮官的喊聲響起。一個儀仗隊出現。戈林、希姆萊、克爾納（譯註：Paul Körner，有戈林的「右手」之稱）、弗里克、達呂格和大約二十位警官走向飛機。機門已經打開，希特勒第一個走出來。他的外貌簡直『少見』。褐色襯衫、黑色領帶、深褐色皮外衣、黑色高筒軍靴，所有都是暗沉沉的顏色。此外，他沒有戴帽子、臉色蒼白、被汗水濕透、沒刮鬍子，臉頰看起來既凹陷又腫脹……希特勒沉默地對每一個站在他近處的人握手。在這屏息的寂靜中，只聽到一次接著一次單調的腳跟併攏聲。」【36】

受害者

還在機場的時候，希特勒就很急切且激動地要看被清理掉的名單。根據一位與事者之後的供詞，【37】由於這「難得的機會」，戈林和希姆萊將謀殺行動擴大到超出「羅姆叛變分子」的範圍之外。巴本因爲與興登堡的私人關係而逃過一死，但無視於他是副總理的身分以及所有的抗議，他被軟禁在自己家裡。相反地，他兩個最親信的屬下，私人祕書馮．博澤（Herbert von Bose）和艾德加．榮格都被射殺；另外兩個被逮捕。天主教行動的領導人，克勞斯納（Erich Klausener）在他位於交通部主任的辦公桌上被一個小分隊槍殺。另一個小分隊在一家製藥工廠發現了史特拉瑟的蹤跡，將他捉到蓋世太保位於亞伯特王子街（Prinz-Albrecht-Straße）上的總部，並在地下室射殺他。大約中午的時候，一個謀殺小隊潛入施萊謝爾在諾伊－巴比斯伯格（Neu-Babelsberg）的別墅中，問正坐在書桌前的人他是不是馮．施萊謝爾將軍，但沒有等對方回答他們就開槍了，施萊謝爾的妻子也同時遇害。另外被謀殺的還有前總理的一位同事伯雷多將軍（Ferdinand v. Bredow）以及前總國務委員馮．卡爾（Gustav v. Kahr），希特勒從來都沒有忘記他在一九二三年十一月九日的「背叛行爲」。還有史坦弗神父（譯註：Bernhard Stempfle，耶穌會士和新聞記者），他曾經是《我的奮鬥》的審稿人，但近來與黨越走越遠；工程師巴勒斯德（Otto Ballerstedt），他曾在希特勒在黨內往上爬的路上擋路。最後還有完全與此事無關的音樂評論家威利．施密特博士（Dr. Willi Schmid），因爲被錯當成衝鋒隊團領導威廉．施密特（Wilhem Schmid）而受害。在西利西亞的謀殺行動似乎是最慘烈的，因爲此地親衛隊領導沃什（Udo v. Woyrsch）對其屬下失去控制。許多謀殺都是就地執行，在辦公室、私人住家、大街上，而且執行的方式極其輕忽大意，許多屍體好幾個星期後才在森林裡和河邊被找到。六月三十日這一天，即使羅姆的追隨者做出反猶太人的行爲都是不對的。有三名衝鋒隊員剛好在這天破壞猶太人的墳墓，結果被逐出黨軍並被判一年徒刑。[38]

在同一天的新聞發表會上，戈林誇口他擅自擴大了任務的範圍，但到今天仍然不清楚，希特勒是否對每一個增加的名字表示同意。基本上，這次謀殺行動與他原本嚴格合法的最高策略產生決裂，而且每增加一位受害者，這道裂痕就更加明顯。多年以來他一直在練習各種僞裝的技巧，擺脫之前的野蠻行爲舉止，並謹愼耐心豎立一個虛假的前景，在這前景中他扮演的是一位雖然專制但仍有節制的政治人物。可是如今，就在即將達到獲得全部的權力和職位之際，他卻可能因爲這次摘下面具的行動而把事情搞砸了，並和其他合法革命的主要人物沒有任何掩飾，不做任何退讓之下顯示自己的權力要求。根據某些線索顯示，很有可能是因爲這樣的考量，希特勒才想辦法採取比較溫和的做法，使得受害者的人數，與六月三十日這一天的權謀目標相比，無論如何還算是少的。[39]

希特勒沒有怎麼認眞抗議就同意了擴大謀殺行動，這當然符合他的目的，即盡可能向各方開火以奪走他們打算從這危機中得利的希望。因此才有這些野蠻地讓屍體暴露在野外，並透露出作案者身分的粗糙做法。也因此例外地放棄了所有虛僞的正義。沒有任何司法程序、沒有斟酌罪行的輕重、沒有任何審判，而只有回到古代那種野蠻的大肆殺戮。事後赫斯嘗試用這些話來辯解這種模式：「在關係到德意志民族的存亡之際，不可以只判決個人罪行的輕重。所有這些嚴厲的做法都有其深層意義，到目前爲止，只要士兵發起兵變，不需要問誰有罪誰沒罪，每十個人就有一個被處死。」【40】

這一次希特勒也完全以權力爲目標。當然，當代的論戰大多錯誤地把他描述爲一位嗜血成性的虐待狂，透過偶爾參考那些喪盡天良的文藝復興時期的王侯來美化自己殺人的慾望，【41】顯然其他錯誤想法也是如此，比如把希特勒描繪成內心冷漠，由於情緒無能而能夠冷酷無情地看著多年的同袍、追隨者和好友被清理掉。事實上，這用來形容戈林和希姆萊反而更爲貼切，因爲他們兩人都相當毫無顧忌地進行其謀殺事業。跟他們兩人不一樣，希特勒看起來反而承受相當大的內心壓力。所有在這段時間內遇到他的人都注意到他不尋常的焦慮不安，每一個動作都顯示出他心情起伏激盪。在國會辯解的時候，他提到這是他生命中「最苦澀的決定」。而且如果所有線索都沒有錯的話，在幾個月後他還看到那些死去的人的鬼魂就站在他對面，至少是那些被謀殺的朋友和跟隨者，比如在一九三五年一月三日，當他匆促召集黨內和國家防衛軍高層以戲劇式的方式出場以表示他們團結一致時，在這個籠罩著神祕氣氛的領袖會議上，他就看到那些鬼魂。這次以及許多其他場合顯示，他的神經不像他的道德意識那麼冷酷無情。根據希特勒經常說的座右銘，時時都要比敵人出手得更快更狠，所以六月三十日的打擊行動之所以順利成功，原因在於它是突襲式的行動以及其機制沒有受到任何影響。因此，希特勒在猶豫了一下之後才命令處死第一批六位衝鋒隊領導，以及他一再延後殺死羅姆這件事就更引人注目了。無論是前者或後者，基本上他的行爲都只能從傷感這個動機來解釋。至少在那幾個小時內，回想起他們之間的感情關係都壓下了對權力的理性考量。

然而，七月一日星期天，希特勒就已經克服了前一天的不安並再度牢牢掌握自己的反應。每天大概中午時分他都出現在總理府的歷史性窗戶，窗外聚集著戈培爾召集來的群衆；下午甚至舉辦花園派對，不僅邀請黨內知名人士和內閣成員，還邀請他們的妻子和孩子來參加。很有可能，他想藉這種方式不僅展示他又贏回自己的安全和恢復日常生活，還親自透過最從容不迫的日常生活來掩飾謀殺行動的事實。那些執行任務的小分隊還在幾公里以外的利特費爾德軍校忙碌的時候，他卻愉快地與客人聊天、喝茶，對兒童表現友好的態度，但這一切都是爲了氣喘吁吁地逃離現實。這些場景都有很大的心理作用成分，一個莎士比亞式的負面英雄外貌就這麼被硬擠出來了，而且他還無法勝任邪惡的角色。他顯然在匆促建立這種人爲的虛假表象時發出了殺掉羅姆的命令，而當時羅姆仍一直在斯達德海姆監獄的牢房裡等待著。下午將近六點的時候，在赫斯努力獲得執行死刑的任務但沒有成功之後，[42]艾克和親衛隊的突擊隊領導利珀特（Michael Lippert）來到羅姆的牢房。他們把最新的《人民觀察家報》——上面用最大的標題報導了昨天的事——和一支手槍擺到羅姆面前的桌上，給他十分鐘的時間便到外面等著。由於一直都沒有動靜，一位獄卒被要求把槍拿走。在艾克和利珀特邊開槍邊踏進羅姆的牢房時，羅姆站著激憤地撕開上衣露出胸膛。

這些情況賦予這個謀殺朋友的行動如此令人反感的特質，使人必須得問，希特勒當時是否還有另一種選擇。無論羅姆想要將衝鋒隊之國實現到什麼程度，他實際的目的是一個有世界觀的士兵的最高權利，超出所有用意識形態去修飾的手法。但由於他的自我意識不受外界影響，加上背後又有催迫著他的幾百萬跟班，使得他沒有能力看到，自己的野心把目標定得太高了。因為他不僅必須面對黨的組織以及國家防衛軍不甘的反抗，至少也激起了廣大群衆的消極反抗。即使他相信希特勒仍然對自己保持忠誠，但實際的矛盾使他們兩人決裂只是時間的問題。希特勒的敏銳策略感使他瞬間就明白，羅姆的企圖也威脅到他的地位。在除掉史特拉瑟之後，作為衝鋒隊的參謀長，羅姆是唯一一個能對他保持獨立且能抗拒他，不受他的意志魔力影響的人。羅姆是唯一一個值得認真對待的對手，當初完全答應他的要求而賦予他這麼多的權力，實在是違反了希特勒所有策略的最高原則。當然羅姆並沒有計畫任何叛變。但由於他特別有想法，又加上背後有極大的權力基礎，在希特勒猜疑的眼中，他就代表一個經常存在的潛在威脅。

另一方面，羅姆也不是一個可以就這樣就被撤職或冷藏的人。他不是某個低階領袖，而是一位受人歡迎的將軍級人物，而且嘗試解除羅姆這位衝鋒隊參謀長的權力很有可能會引發叛變，這也是希特勒事後用來辯解這次行動的理由。即使成功清除掉羅姆，他仍然是一個永遠的威脅，因為他有許多關係和有影響力的朋友。甚至司法程序也是不太考慮的做法，一方面是因為在國會縱火案之後，希特勒不太信任司法系統，另一方面是無法忍受讓一位親密而且在表面看來非常果決的朋友有公開自我辯解的機會。正是這份長年的友誼讓羅姆變得如此強大，但也讓希特勒沒有別的辦法。不到三年後，希特勒就已經聲稱，他當初必須「忍痛……摧毀這個男人和他的跟隨者」。在另一個場合，在黨內高階領導的圈子裡他指出，這位有天賦的組織者在納粹黨的崛起和奪權過程中有極重要的分量，所以將來歷史在描寫民族社會主義運動時，將會一直把羅姆當作除他之外的第二人來紀念。[43]

因此根據此黨的法則，就只剩下「大規模的政治謀殺」[44]一途。只要考慮到羅姆不能就這樣放棄自己的位置，因爲他還必須犒賞幾百萬沒有得到滿足的追隨者；只要考慮到這個對手所受制的客觀條件，就不會忽視一九三四年夏天這個流血事件中的悲劇成分——在希特勒的生涯中，悲劇這個詞唯一一次聽起來帶著如此不合適的調調，但這絕對不是偶然。

在國會面前辯解

即使希特勒立即用恢復正常的畫面去遮掩這個事件的意義，國內與國外的後續反應仍然使一九三四年六月三十日成爲納粹在一月三十日獲取政權之後最重要的日子。七月二日戈林就已經命令所有的警察單位「燒毀……與過去兩天來的行動有關的所有檔案」。[45]宣傳部發布一項指示，禁止報紙刊登被謀殺者或「在逃亡途中被射殺者」的訃聞。在七月三日的內閣會議上，希特勒順便讓所有的罪犯受到制裁，因爲他把二十幾條補充性質的法律變成一條來通過，內容只有一點：「一九三四年六月三十日、七月一日和二日鎮壓謀逆和叛國者之行動所執行的措施，均屬於國家緊急自衛行動。」

但希特勒似乎很快就發現，所有的掩飾努力都是白費功夫。有一段時間，他看起來惶惑不安，並且也非常努力想忘掉殺死羅姆和史特拉瑟這件事。否則，他十多天一直保持沉默的行爲幾乎無法解釋，因爲這根本違反了他所有的掌控心理和宣傳規則。七月十三日，他終於向國會進行幾個小時的辯解演說，但此次演說使人注意到他有許多措詞不一致的地方，還有各種解釋漏洞以及他傲慢的姿態，這絕對是他的雄辯能力表現最弱的一次。在拖得很長的前言中，他首先扼要概括了自己的擔憂和功績，接著再用他最可靠的雄辯術，又談起共產黨的危險這個老話題，還預告在往後一百年內要讓共產黨完全消聲匿跡。然後他把所有的罪都推到羅姆身上，因爲羅姆一再向他提出無法接受的提議，還在他周圍縱容並鼓勵貪汙、同性戀和放縱於酒色的行爲。他提到這些毀滅性、使人失根的元素，「使得人失去與一個受管控的人性社會秩序的內在關係」並「變成了革命分子，一直把革命當作革命來崇拜並想讓革命變成一種持久的狀態」。接著希特勒說，可是革命「對我們而言不是一種永久狀態。當一個民族的自然發展被強迫加上暴力和致命的約束時，可以透過一次暴力行動人爲中斷演化，並讓自然發展能夠自由進行下去。僅僅透過定期一再反覆發起叛亂無法……對社會做出有益的發展」。他再次譴責羅姆要建立民族社會主義軍隊這個概念，並暗示他曾給總統的一項承諾而向國家防衛軍保證：「在這個國家裡只有一個武裝單位，即國家防衛軍，只有一個政治意志載體，即民族社會主義黨。」在做出冗長的辯解努力之後，到演說快結束時，希特勒才有主動攻擊的發言：

「對於叛變，人們永遠都是用同鐵一般的法律去打擊它。如果有人責備我，爲什麼我們沒有用正式的審判程序來進行判決，我只能對他說：在這一刻我爲德國的命運負責，因此我就是德意志民族的最高法官！是我發出了槍殺這次叛變行動主犯的命令，而且我繼續發出命令，要燒光……使我們內部中毒的這些毒瘤，直到露出生肉爲止。……這個國家必須知道，它的存在是透過內部秩序和安全得到保障，任何威脅到它的存在的人，不會逃過懲罰！而且它要讓所有人都知道，將來誰舉起手來反抗國家，他的命運絕對是死亡。」

即使在這樣的片段中，我們都還感受到希特勒不尋常的不安，這也反映出社會大衆對六月三十日的事件深感驚恐。他們似乎直覺地意識到，隨著這一天一個新的階段開始了，而且在他們面前的不是冒險，而是危險和恐懼。直到目前為止，人們對納粹當局的本質還抱持著各種幻想和錯覺，認為各種非法和恐怖行動都是革命過程中不可避免，那只是短期的伴隨現象而已，但整體而言還是有秩序的，這些錯覺都可以用許多理由去解釋。但現在他的主張卻陷入政治錯誤的情況裡，把謀殺當作國家政治的手段摧毀了所有可能的良好信念，至少希特勒在他的演說裡完全不掩飾這些惡行而且還宣稱自己擁有「最高法官」的自由，可以不受任何阻礙決定別人的生死。從此以後，不再有任何法律或道德的安全機制，可以對抗希特勒和納粹當局越發激進的意志。而且這次罪行的所有幫凶，從希姆萊和迪特里希到最底層的親衛隊小嘍囉，都得到獎勵或稱讚，並於七月四日在柏林的一場儀式中獲贈一把「光榮匕首」，[46]這更加強調這是一種趨勢。如果想到六月三十日的謀殺行動與之後在東邊軍營的大量謀殺做法，就知道種獎勵不是事後才補充的想法。相反地，一九四三年十月四日希姆萊在他知名的波森（Posen）演講中就親自建立了此兩者之間的關係，並因此而肯定了「罪行的延續性」。無論是納粹政權充滿理想主義熱情和建設的初始階段，或是之後的自我毀滅敗亡時期，大量謀殺的做法都毫無差別。[47]

當然，群眾廣泛的不安感，很快就變成了感到某個程度的鬆了一口氣，因為衝鋒隊亂搞革命的做法，挑起了這麼多混亂無序、蠻橫獨斷和暴民力量的恐懼，終於結束了。人們並不像當局想辦法用來粉飾太平所宣傳的一樣，感到「前所未有的開心」。希特勒還經常批評市民階級說，他們一味追求一個法治國家，而且「每當我們特別將對國家有害的成分變成無害時，比如說打死它」時，這些市民階級就會大聲抗議。雖然私底下拒絕高興，人們仍然理解他這些不假思索的做法。[48]然而，社會大眾會以其他傳統的反革命情緒去詮釋這兩天的謀殺行動。「運動的流氓年代」終於被克服，希特勒身邊有節制、有秩序的力量勝過了民族社會主義的混亂能量。這也支持了這樣的想法：惡名昭彰的殺人犯和尋釁滋事的流氓無賴終於被清理掉。對付羅姆的行動甚至還揭露出希特勒行事技倆的模式，每一擊的出招方式他都製造出一種分裂的想法，讓人憤慨的同時也讓人感謝他，他偏愛以拯救者的身分去犯下各種罪行。被誤導得更嚴重的興登堡發了電報，以表達他「深深的謝意」，這亦同樣發揮了安撫的作用。興登堡對希特勒表示：「您拯救德意志民族脫離嚴重的危險。」興登堡下面這句辯駁的話亦使得希特勒這項權謀決定籠罩上一種宏偉的神話化光芒：「想要造就歷史的人，就必須能夠讓流血事件發生。」[49]

對於消除懷疑和不好的想法，國家防衛軍的反應可能扮演更關鍵的角色。由於他們認爲自己才是這一天的根本勝利者，所以對於清除掉那些「褐色的髒汙」[50]毫不掩飾地表達他們的滿意。七月一日，當謀殺行動仍如火如荼執行中，柏林的警衛中隊在希特勒特別喜歡的《巴登威勒進行曲》（*Badeweiler Marsch*）的節奏下跨正步行軍穿越威廉大街，經過總理府面前。兩天後，勃洛姆堡以內閣的名義恭喜希特勒成功結束「清理行動」。在早些年裡，希特勒都會過度享受每一次的成功並因此而大大抵消了其效果，但這一次他卻趁此機會加強國家防衛軍的勝利感。在對國會演說中，他不僅以所有決心保證防衛軍是國內唯一的武裝單位，甚至還宣布，他將保持「軍方是一個非政治的工具」，他不能「要求」軍官和士兵「每一個人都表態支持我們的運動」。

覺得鬆了一口氣

藉著這次不尋常且之後不再出現的讓步，希特勒感謝軍方在過去最關鍵的幾個小時內，當他的命運被捏在軍方手中的時候，他們依然保持忠誠。在親衛隊殺掉馮．施萊謝爾將軍和他的妻子以及馮．伯雷將軍之後，局勢再一次，而且是最後一次，懸而不決。如果軍方在這一刻堅持進行司法調查，衝鋒隊謀反一說便不攻自破，爲了權謀而以謀殺的方式對付保守派一事，也被揭露出來。如此一來，公民的權利就不會永遠被癱瘓，還很有可能因爲這個事件而更加意識到它的重要。儘管在整個事件的過程依賴它的程度非常低，但堅持自己的立場和忠於道德的做法也可以進到歷史裡，而且還很有可能阻止了下面這件事——戈林在七月十三日的國會上宣布時，沒有受到任何反對就獲得通過——全德意志民族「每一個男人，每一個女人」，都統一在「唯一一句呼喊中：『無論我們的元首做什麼，我們永遠贊同』」。[51]

因爲希特勒就是用他對權力分配的敏銳嗅覺掌握了這一點：如果國家防衛軍讓自己的同志被謀殺，他就突破了獲得無限執政權的障礙，一個能夠欣然接受這種打擊的機構永遠都無法有效對抗他。雖然軍方高層還在歡呼，而且萊赫瑙還沾沾自喜地認爲，要把這件事當作一個黨的內鬥事件來接受，還眞不是件容易的事。[52]但不要讓軍方涉入羅姆事件太多，以免自己必須感謝對方，但又要把對方扯進來到能讓他們自己變得腐敗的程度，這原本就是希特勒的策略構想。根據勃洛姆堡一句令人難忘的話——他們未來的榮譽都取決於他們的「奸詐狡猾」[53]——這些穿制服的政治化半吊子跟希特勒簽訂的是一個「不平等的條約」。而且有人非常貼切地指出，軍方所獲得的成就不是——如同英國歷史學家惠勒—本內特（John. W. Wheeler-Bennett）所聲稱的那樣——獲得「正義復仇女神的權力」，而是政治無能和不懂政治的傲慢。當公共秩序的確受到暴動和陰謀威脅時，國家防衛軍應該有責任介入才對，就像馮．勃洛姆堡之後所說的那樣；而且他們也早就應該能夠阻止這幾天的謀殺行動才對，但事實卻並非如此。他們反而在一旁袖手旁觀，提供武器，最後還慶祝還好自己夠聰明，雖然沒參與卻仍然是勝利者，可是他們卻沒有能力看出，這場勝利有多麼的短命。當謀殺行動進行到最高潮，前國務卿普朗克（Erwin Planck）要求馮．弗里奇將軍介入時，這位軍方將領的理由是他沒接到這樣的命令。普朗克警告他：「將軍先生，如果您袖手旁觀的話，遲早自己也會遭遇相同的命運。」三年半後，馮．弗里奇和勃洛姆堡因爲不名譽事件一起被撤職。控訴他們的根據就是僞造的資料（譯註：戈林和希姆萊指控弗里奇是同性戀），就像在馮．施萊謝爾將軍和馮．伯雷將軍的案子裡一樣。在衝鋒隊裡流傳著這句勝利的話「這是給六月三十日的報復」（法語：Les Institutions périssent par leurs victories. 組織因其勝利而滅亡）。[54]

事態的發展以死板的方式肯定了這句話。雖然六月三十日的行動給予衝鋒隊致命的一擊。他們之前的叛逆、自我意識的特質逐漸被小市民的特質蓋過去；原本的手指虎、「火銃」或「橡皮擦」被募款箱取代。但結果取代衝鋒隊地位的卻不是國家防衛軍。三個星期之後，一九三四年七月二十日，希特勒就利用軍方將領露出的軟弱，「由於他們巨大的貢獻……尤其是在六月三十日的事件中」，他使親衛隊擺脫隸屬於衝鋒隊的地位，將它提升爲一個獨立、直接對他負責的組織；而且還獲許親衛隊，在初始階段，擁有一個師的武器，成了武裝的國家防衛軍之外另一個擁有武器的單位。[55]只有少數人明確看出希特勒這項策略的最內在本質，以及他決定在清理掉衝鋒隊之後就立即扶起一個新的、同樣性質的權力人物，好讓他能不受阻礙地繼續玩鞏固權力的遊戲。其他多多少少與六月三十日有關的參與者都天真地認爲，權力分配的問題在這一天就已經獲得解決。但希特勒鞏固自己的權力的方式卻是永遠都不眞正解決自己周圍的各種權力衝突，而只是把它移到另一個層次上，在已改變的對壘陣勢中用新的人物取而代之並繼續玩下去。

但不僅在策略面，親衛隊在政治面也接管了衝鋒隊的許多功能。他們僅僅放棄獨立的要求，而這是羅姆的黨羽們之前一直如此大聲強調的事。因爲衝鋒隊一直沒辦法盲目地服從，而且在他們的特別自我意識中，也讓人明顯看出他們刻意與他們所鄙視的那群黨內人士保持距離。但親衛隊則跟他們相反，認爲自己是一群絕對忠誠的精英，是民族社會主義理念的守衛、尖兵和先驅者，是一個純粹的工具，只爲執行元首的意志而存在。在這樣的前兆之下，隨著六月三十日事件他們開始向各個方向不斷擴張。在他們強大的陰影下，繼衝鋒隊消失之後，黨也跟著消失。到最後，再也沒有任何可以繞過他們而獲得權力的途徑。

國家防衛軍的反應和親衛隊的崛起

親衛隊的崛起不僅基本上完全決定了第三帝國的歷史和面貌，即使納粹政權滅亡，親衛隊也還沒有結束。此外，它也清楚顯示出，羅姆的理念並非完全不恰當，而且還與希特勒的想法相差無幾。因爲在海德里希提供構想和極力推動且在背後不停發揮作用之下，希姆萊在親衛隊的帝國總部之下建立一個龐大且有許多分支的機構，把它建成一個眞正的國內國。它滲入所有現存的機構中，掏空其政治權力，最後開始解散這些機構。這跟羅姆那沒有耐心的願景並沒什麼兩樣，雖然那只是一個模模糊糊的願景。羅姆那些野心勃勃的屬下只是夢想著建立一個衝鋒隊之國，但如今，親衛隊之國卻已成了現實，至少處於初始階段。羅姆之所以被除掉，是因爲他想用直接採取行動的方式去實現希特勒在親信圈子裡所說的事，「要緩緩、認識目標，一小步一小步」去實現它。【56】

就此看來，六月三十日也表示清除掉希特勒崛起歷史中不可或缺的一種人，他們大多是來自退役軍官的粗俗沙場老兵。剛開始的時候他們是自願軍，之後變成了希特勒的街頭英雄，想辦法將戰爭的體驗帶進平民的現實中。但當達到目標的時候，突然發現自己沒有任務可做了。根據馬基維利一句有名的話，君王在掌權時的夥伴不是奪權時的那批夥伴。而且根據審訊的結果，墨索里尼在威尼斯和希特勒會面時也說過類似的話。隨著衝鋒隊高層被清理之後，奪權過程中有限允許從底層發起革命的做法也同時被中止了。而且一次又一次，不符合時代的產物也結束了：羅姆事件結束了所謂的戰鬥時代。它標記出這個運動從不確定的烏托邦階段轉變到清醒、沒有夢想的警察國家現實。同樣地，羅姆和其跟班喜歡視自己為十九世紀的街頭巷戰士兵，但這個類型如今已被現代革命家的類型所取代，就像親衛隊所呈現的一樣，是一群沒有激情但有功能的顛覆政府者，在各個重要職位和部門小組裡作為極權的經理和執法公務員，進行一場沒有前例可循的革命。因為他們思考的出發點不是街道，而是結構組織，所以他們的火藥埋得也許比有史以來所有的革命都深。

突擊行動的雙重目標

但如果希特勒除了要羅姆死之外沒有其他的企圖的話，羅姆也不必因為沒有耐心而送命。如果到今天我們還認為六月三十日的行動只是與羅姆撕破臉並清除掉衝鋒隊的話，那就表示還一直陷入納粹當局誤導人的語言規則裡。就像在這次行動之前最後幾個星期裡的宣傳攻勢所說的，這次突擊的目標是那些反對或不受管束的人。的確，這一天的經驗使得從那個時候開始，好幾年都不再有任何有分量、有組織的反抗行動出現。這次突擊行動的雙重目標也在希特勒當時的一次說話中看得出來。嚴格而言，他只斥責那些衝鋒隊領袖過於急躁和愚蠢，但對那些「對他活動」且以為能夠欺騙他的保守派，他卻讓自己的仇恨不受制限地爆發出來，而且這股仇恨是由昔日的仇恨情緒所滋養：

「他們都搞錯了，都低估了我。因爲我來自底層，來自『民族的酵母』，因爲我沒有受過教育，因爲我不知道如何做出他們那些麻雀腦袋裡認爲正確的行爲舉止。如果我屬於他們當中的一分子，我早就是一個偉大的人了；而且今天就已經是了。但我不需要他們來肯定我在歷史上的偉大。衝鋒隊的叛變已經毀掉我手中許多張王牌。但我手中還有其他王牌。如果有什麼事發生在我身上的話，我並不缺幫手……。

我把他們的思想腐化了。他們以爲我不敢，以爲我太懦弱。他們認爲我已經被他們的繩索套牢，在那裡掙扎。他們認爲我已經成爲他們的工具。他們在背後嘲笑我，說我已不再擁有任何權力，認爲我丟掉了自己的角色。其實，我早就已經看穿這一切。我用力敲打了他們的手指，讓他們很久以後都還能覺得痛。我在懲罰衝鋒隊時失去的東西，在懲罰這些封建的玩家和職業賭徒，這些僞君子和同謀者時又贏回來。

今天，我一號召人民，他們就跟隨我。我呼籲黨，它就站出來，就像以往一樣團結……放馬過來吧，巴本和胡根貝格先生，我已經準備好進行下一回合了。」[57]

事實上，他所知道而且眞正要表達的是，他跟這些對手不會再有下一回合了。

綜觀所有情勢，希特勒在六月三十日之前所面對的策略任務是要同時解決五個問題：他必須一勞永逸地剝奪羅姆以及不服從的衝鋒隊激進分子骨幹力量的權力；接著是滿足國家防衛軍的各種要求；此外還得消除人民對街頭行動和明顯恐怖行動之疑慮；還要粉碎保守派對付他的計畫；最後，不要讓自己受制於任何一方。他也確實透過一個短短幾天的行動，在造成相對少量犧牲者的情況下，達到所有這些目標。於是，再也沒有任何因素阻礙他要實現自己的主要企圖，這也是獲得政權的最後一步：作爲興登堡的繼任者。

興登堡之死

七月中開始，興登堡的健康情況日益惡化，知情人士每天都預料他會死掉。七月三十一日政府才首次發布有關興登堡的官方消息。儘管隔天的消息聽起來比較樂觀，但希特勒這時就已經完全沒有敬老的態度，率先採取一項行動，向內閣提出一項關於繼承總統的法律——將帝國總統一職與「元首和帝國總理」合而爲一——而且這項法律在興登堡一死就開始生效。這項措施的正式根據是一九三四年一月三十日的一條法律，即授予政府修憲的權力。雖然這項權限衍生自《授權法》，但每一項以此爲根據的法案還必須遵守《授權法》中特別強調的保證，包括總統的保證。但「國家元首法」完全不顧這一點，又一次違反了希特勒尋求合法的這項最高原則，並且也因此突破了阻礙希特勒單獨執政的最後因素。而且他還在這項法律加上巴本的簽名，但巴本當時根本沒有在場，從這一點就可以看出他這件事做得多麼粗心和沒有耐心。

同一天，希特勒前往諾伊迪克探視垂死的興登堡，但興登堡只清醒了非常短暫的時間，最後還稱呼他爲「陛下」。[58]儘管有嚴肅高大的外表，就像一座天生的雕像一像，興登堡任由所有關注自己的目光和傳說生長，且一向只在依賴或倚靠的關係中才感受這些目光和傳說。當他在隔天，即八月二日清晨去世時，政府所發的公告最後一次將他呈現爲一個強大，彷彿是刻到石頭裡的傀儡，既感謝他的名望又斥責他的失敗。這份公告用大量過度豐富的形容詞將他描述爲「德意志民族忠誠的艾克哈特」（譯註：**Ekkehard**，中世紀時領導民族作戰的一位貴族），「遙遠過去的雄偉紀念碑」，其「幾乎無法忽視的貢獻」之最高峰是「一九三三年一月三十日……爲年輕的民族社會主義運動打開了帝國的大門」，使昨日的德國與明日的德國進行「深度和解」並處於和平的狀態，他在戰爭中是「德意志民族的國家傳奇」。[59]

興登堡的死亡並沒有造成任何明顯的分裂，只有一些希望和一些幻想。各方忙著發出各種哀悼詞和追思公告，幾乎沒有注意到政府推出的法律措施，但就是這些準備充分的法律措施使新情勢塵埃落定。政府的一份新命令委託內政部準備舉辦一次全民表決，以便將已被宣布爲「合乎憲法」的總理與總統合一案獲得「德意志民族明確的贊同」。因爲，希特勒非常確信這次表決必定成功，他宣布說，他「心中非常堅信，所有的國家權柄必須來自全民並經由全民莊重的不記名投票肯定」。爲了掩蓋集中於他個人且如今在體制上也合一的絕對權力，他聲明，「偉大的逝世者」不允許他自己利用這個總統的頭銜；因此他希望，「無論是公事內或公事外的交流，要像往常一樣，只要被稱爲元首和總理」。[60]

在興登堡去世同一天，國家防衛軍領導階層，就用書面對希特勒表達超過對這位去世的元帥的無條件忠誠。雖然法律授權三個星期後才開始生效，但這時候，國防部長馮・勃洛姆堡以一個過度熱情機會主義者的行動，只用命令的形式，讓所有常備軍裡的軍官和士兵向這位新的總司令發誓效忠。到目前爲止以「民族和祖國」之名起誓的誓詞被停用，新的誓詞要求所有宣誓者「以上帝」之名起誓絕對服從希特勒個人。在一九三四年夏天所有的期待和充滿自信的幻想都消失許久之後，這次的誓詞後來創造了歷史。首先它鞏固了希特勒的極權元首之國，若沒有武裝單位所呼籲的支持，這個目標不可能實現。不久之後，所有的公務員，包括所有部長，都被要求交出這種個人效忠的誓言，於是「彷彿一部分的君主制」獲得復辟。[61]

興登堡的喪事以所有想像得到的奢華延續好幾天，這不僅給希特勒機會以戲劇性的方式表示對死者的尊敬而舉辦大型的秀——這是納粹當局很喜歡從中獲得情緒效果的手法——同時還允許他展現已升高的權力意識。在八月六日國會舉行的哀悼會上，重點是希特勒在華格納的《諸神的黃昏》音樂中對死者致敬，之後國家防衛軍在臨時國會外第一次列隊通過他們的新總司令面前；但緊接在這個「國家唯一武裝部隊」之後，以同樣的步伐列隊通過的是希特勒親衛隊的一個榮譽值勤隊，同樣戴著鋼盔，其中部分還配有刺刀；然後是戈林的全國警察特別分隊，衝鋒隊的隊伍以及防衛軍以外的各種類似軍方組織的代表。一天之後，興登堡下葬於一九一四年的勝利地點，即東普魯士的坦能堡紀念碑的園子裡。希特勒的致詞稱讚這位死去的總統，即使「這個身體最後的遺跡已消逝」，他的名字將永垂不朽，最後還以這句話結束：「已亡的元帥，現在請進入瓦哈拉（譯註：Walhall，北歐神話中的奧丁神接待戰死者英靈的殿堂）！」[62]

就像延長許久的下葬儀式一樣，定於八月十九日舉行的全民表決亦有同樣的目的。雖然在這一天，希特勒在受英國記者普萊斯（Ward Price）訪問時說，透過這種方式，全國的民眾有機會去肯定或否決他們的領導之政策，他還惡意地加上這句諷刺的話：「我們這些野蠻的德國人是比其他國家更好的民主人士。」[63]事實上，在各種屢試不爽的宣傳手段大聲運作之下，這次的全民表決又是爲了動員非政治的情緒以達到政治的目的。一系列密集的煽動手法排擠掉因爲用東方手法去解決羅姆事件所造成的不安與後續影響，並重新燃起人們目前已疲憊的忠誠感。在國會舉辦的追思會上，希特勒在致詞時已經承諾大衆，會將這件事置於腦後且「如今拋下過去，看向未來」。[64]但反對票數不尋常的高突顯出這個無理要求之困難度，而這位新掌權者的名聲也跟著受損。投票結果離這個極權的統一政權所要求的百分之百贊成票目標甚遠，贊成票只有百分之八十四點六，甚至在柏林的某些轄區，在亞琛（Aachen）或韋森蒙德（Wesenmünde），贊成票不到百分之七十。在漢堡、畢勒費爾德（Bielefeld）、呂貝克、萊比錫和布列斯勞，也有幾乎三分之一的民眾投反對票。這是社會主義和天主教的選民最後一次表達他們的反抗意志。

希特勒對這次表決結果的失望明顯反映在隔天的說話中。這次表決雖然宣布十五年爲權力奮鬥的過程已經結束，因爲「從帝國最高階層，整個行政體系，到最小地方的領導……德意志帝國今天已在納粹黨手中」；但爲獲得「我們忠誠的人民」，希特勒說，這場戰鬥仍然繼續進行，直到「最後一個德國人將帝國的象徵當作一種信仰告白放在心中」。十四天後在紐倫堡議會廳舉行的第六屆納粹黨全國大會的開幕典禮中，希特勒以類似的口吻發表公告，但他之後對所有不滿的人轉爲帶著威脅的語氣。像以往一樣，他讓聲音幾乎跟他一樣的慕尼黑納粹黨地方黨部主任華格納替他念稿，「我們都知道，國家（把領導權）委託給誰！不知道或忘記這一點的人有禍了！在德意志民族裡，革命一直是少有的事。緊張的十九世紀終於在我們這一代結束了。」他最後結論說：「在往後的一千年不再有任何革命。」【65】

新形態的革命

在同一刻，德國境內開始了眞正的革命。一直催促以暴力推翻政府的運動力量已經被清除，而且從現在開始它所造成的動盪不安大多被各種宣傳和監管任務分散了注意力。只要希特勒因爲顧忌到興登堡和國家防衛軍而壓制這股運動力量，就可以從中看出一九三三年春天馴服希特勒的想法迎接它遲來且最後的一次勝利，即使保守派裡的馴服者也跟著滅亡了。但希特勒在紐倫堡情緒高昂地保證，他「今天擁有在德國做任何事的權力」，也伴隨著他想要一切的決心。納粹當局的野蠻面向，一再將原本在背後發揮影響的意識形態和政治動力移到眾人思考的焦點：反猶太主義，失望的德國人對追求霸權主義的興趣或者特別的國家使命感。但滋養和承載民族社會主義的社會動力也扮演強大或甚至更強大的角色。許多中產階級期望希特勒上臺能透過有秩序的改革，打破思想中毒的專制國家結構和社會威權主義的桎梏，因爲這正是一九一八年革命失敗的原因。對這些中產階級而言，希特勒代表德國有機會補做的革命，因爲經過多次嘗試而失敗之後，他們不再信任民主的力量，也絕對不想信任共產主義。

重新以各種方式公開宣告革命已結束，其目的主要是安撫仍然感到不安的大衆。的確，一九三四年秋天，生活明顯又回到有秩序的狀態，而對希特勒本人而言，他也不必改變堅定不移的遠程目標。但在各種口號式的安撫詞藻裡，他也在紐倫堡納粹全國黨大會閉幕典禮的說話中特別警告大家不要有這個錯覺，以爲黨已經喪失革命的動力並放棄了激進的做法，「憑著不變的理論，如鋼鐵般剛硬的組織，靈活且適應力強的策略，像一個騎士團的整體形象」，黨將迎向未來。他在親信圈子裡也說過類似的話：他只是外表上結束革命，如今將革命移到內部。[66]

由於喜歡隱瞞的做法深埋在希特勒的骨子裡——屬於希特勒最矚目的成就之一——使得這場革命的性質並不怎麼明顯。它以不尋常的形式去達成推翻政府的目的，而且認識到這種以暴動進行革命的形式已告終結，這爲他在歷史上推翻政府的大型行動中保有一席之地。一八九五年時恩格爾說，在已鞏固的政權前面，舊型革命者必然處於劣勢。比墨索里尼更有決心的是，希特勒從這個觀點學到一課並賦予革命現代的概念。傳統的革命想法充滿了暴動、起義等畫面，就像羅姆所喜愛的那樣，並爲了自己的完美主義傾向而將事件的所有意識形態和社會面向、執政者更換、財產分配等等都移到幕後去；革命一向就是暴動、騷亂，而且總是發生在街頭。相反地，就希特勒所知，現代的革命並不強行奪走權力，而只是把權力「抓在手裡」，它使用的不是蠻橫的手法，而是利用行政機構去達成。它是一個安靜的過程，就像馬拉帕德（譯註：Curzio Malaparte，義大利作家、製片家、戰場特派記者和外交官）對希特勒的評價總括成這句話一樣：槍聲讓耳朵發疼。

因此，這種現代革命影響更深，而且沒有任何東西得以倖免。它涵蓋所有的政治機構並改變它，打破軍中和官僚體系的階級結構，也打破商業界部分的階級結構，瓦解仍起主導作用的貴族以及舊有的上層社會，使他們腐敗並剝奪他們的權力，並在因其魅力和閉鎖的狹隘度而落後的德國境內建立起社會流動與平等，而這是一個現代化工業社會不可或缺的。我們不能提出反對的意見說，這些現代化只是附帶發生的或甚至違背褐衫革命分子開明的意志。希特勒非常讚賞科技，他對一切促進文明的發展都明顯著迷。而且只要涉及方法，他總是從現代的觀點去思考，尤其是爲了實現自己擴張統治的目的，他需要一個理性、能發揮功能的工業國。

然而，納粹政權著手進行的結構性革命，卻被一種高舉古代傳說和把先祖的遺產當作裝飾品的做法扭曲了。無論以前或現在，在浪漫主義的遮蔽下德國的天空一直是陰暗的。就這方面而言，民族社會主義只不過將十九世紀就已經出現的傾向發揮到極致，即以浪漫主義的內化意識形態去遮掩遠離傳統的粗暴進步。例如：在大多數人一窩蜂嚮往農村生活時，農人的經濟條件明顯惡化。在一九三三至一九三八年之間，離開農村的人數達到統計數字的新高點。同樣地，透過各種工業化計畫（尤其在德國中部以及對戰爭重要的化學工業區），納粹當局一方面促進其都市化的腳步，但同時又發出各種咒罵它的論戰。他們一方面首次將婦女納入工業生產的行列中，但同時又發出各種論調來反對自由主義和馬克思主義將女人男性化的潮流。與納粹號稱尊崇傳統的做法相反，一九三六年初一份「機密報告」裡寫到：「必須澈底破壞與傳統的各種關係。新的，從來未聽過的形式。沒有任何個人權利……。」[67]

為了描述這場革命的兩面性質，它被稱為「雙重革命」：[68]一場以中產階級的規範之名對抗中產階級的秩序，以傳統之名對抗傳統的革命。於是，親切熟悉的浪漫主義裝飾不僅成為冷嘲熱諷的幽靈和假面化妝舞會，還常常嘗試以思想或象徵去抓住那在現實中已澈底消逝、不可挽回的東西。無論如何，跟隨大潮流的群衆，都是如此理解納粹意識形態的田園風格美化手法。在嚴苛經濟和社會現實將德國不斷趕出工業化前的天堂之際，希特勒這個企圖——將東邊失去的領土搶回來——變得越來越強烈。在一九三八年一月向高級軍官的祕密談話中，他就提到政治和社會進步所導致的痛苦和懷舊情緒之間的衝突，只要這些痛苦與那些「被聖化的傳統」起衝突而奪走了人們的忠誠和依附感：「那一向是災難……（當事人）必須一再受苦……人們總是必須放棄寶貴的記憶，許多傳承就因此被忽略。上一個世紀使許多人遭受沉重的傷痛。人們如此輕易談論世界，如此輕易談論，談論那些我們口中所謂當時被趕出去的其他德國人。在當時這是必要的！必須如此……接著是一九一八年並帶來一個新的大型傷痛，那也是必要的，最後我們的革命終於來了，而且它帶來最後的結果，這也是必要的。沒有別的辦法。」[69]

雙面國家——不義之國與田園風格

整體而言，民族社會主義革命的雙重性質特徵很大程度形塑了納粹政權並賦予它雙面的外貌。越來越多受「法西斯主義實驗」吸引的外國訪客蜂擁來到德國，並發現一個和平的德國，火車如往常一般準時，是一個中產階級過著正常生活的國家，法律管理一切，行政體系行事正義，這裡面幾乎沒有什麼不正義的事；但同時那些流亡國外的人卻苦苦控訴，說自己如何的不幸，自己的朋友如何遭受迫害、折磨。以暴力的方式送走衝鋒隊無疑遏止了在法律之外使用暴力的做法，並導入一個趨於穩定的階段，在這段時間內，威權、秩序國家的力量使得極權主義革命的動力踩下剎車。有好一段時間，一切看起來似乎又回到有秩序的狀態，正常規範取代了緊急狀態，而且，就像一九三三年七月一日給巴伐利亞邦總理的一份報告所指出的，每一個人都去逮捕另一個人，每一個人都用達豪集中營來威脅另一個人的時間已經過去了。[70]但一九三四至一九三八年的德國之特徵是，只有少數事情完全像所觀察到的一樣。在這個不義的國家裡的確有田園生活，事實上人們從來沒有像現在一樣去尋找和追求田園生活過。與此同時，流亡外國的人明顯減少，甚至移民出去的猶太人也繼續減少。[71]許多人往內地移居，移進「隱藏內心之處」。在這幾年裡，德國人原本對政治的猜疑，對它的過分要求和煩人的騷擾很少有這麼被肯定和感受過，而且這是很有理由的。

對政治的冷漠和突然爆發的歡呼氣氛同時出現，就這方面來說，一種雙重意識也對應著這「雙面國家」。[72]希特勒一再找到機會使人民狂熱起來，透過外交上的突然變臉和轟動的新聞，大型集會的魔力，世界從未見過的大型建設計畫，或甚至透過一些社會措施。所有這些做法都只為達到一個目的：讓人們不斷運用其想像力，提升自我意識或安撫不動腦筋的要求——希特勒的執政藝術之本質，極大部分建基於知道如何有效挑起人民的情緒。納粹善於製造一些奇特、神經質、甚至是藝術性的通俗節目，在不愉快和異化的階段同時伴隨著突然的高潮。但希特勒掌握人心的力量基礎，是他的個人魅力以及因為成功重建秩序而獲得人們的尊敬。事實上，誰若將過去這些年來各種可怕的情況、騷動不安、一起腐爛、失業與現在的情況比較，誰若將衝鋒隊的蠻橫作風和外交上的屈辱與有權力意識的秩序——而這種秩序如今正以各種軍隊遊行或黨大會的形式展開——這個暗示的相反畫面比較的話，他就很難發現自己的錯誤。此外，納粹當局一開始時也很注意地強調其威權和保守特質，並將自己呈現爲一個治理嚴格、有組織的軍事德國國家人民黨。巴本的「新國家」概念應該也是類似的構想。在各種警察嚴苛管控而沒有自由的情況之下，它又提供各式各樣的浪漫機會，在很大的程度上滿足了尋求冒險、英雄式地獻出自己，以及希特勒所說的運動員激情等渴望，而這是現代的社會福利國家不太給予發展空間的事。

在這些秩序的背後是一種激進的能量在發揮作用，而幾乎沒有任何當代人對這股能量有準確的認識。被嚇壞的中產階級認爲希特勒作爲一種保守、反革命的力量戰勝了羅姆，但事實上並非如此，他根據的是革命的法則，即用更激進的方法去對抗那些只是激進的革命者。「二次革命已在準備，」六月三十日下午，戈林就已經非常準確地宣布：「但這場革命由我們來執行，以對付那些想出這場革命的人。」[73]只要有仔細觀察的人，當時就不可能沒發現，一個有秩序、全民就業、在國際上地位平等的國家，無論任何時候都無法滿足希特勒的野心。雖然在一九三四年十一月，他向一位法國訪客保證，他並不想侵占掠奪，而只想建立一種新的社會秩序，並希望藉此贏得人民的感激和一個永久的紀念碑，而不是以一個贏得多場勝利且享有盛名的統帥身分獲得此尊榮。[74]但這只是一種姿態而已。他內心的動力、他的驅使力，從來就不是來自一個極權的社會福利國家、裡面有著所有他所鄙視的小人物的幸福這個理想圖像，而是來自一個極其誇張、狂妄自大的願景，遠遠超過視野，而且至少持續一千年。

注釋

【1】IfZ München MA-1236 (Verfügung v. 30. Mai 1933).

【2】同上。

【3】E. Röhm, »SA und deutsche Revolution«, in ›NS-Monatshefte‹, 4. Jhg. 1933, S. 251 ff..

【4】Verfügung Ch Nr. 1415/33 v. 31. Juli 1933, 比較 Doc. Centre, 43/I。

【5】H. Rauschning, »Gespräche«, S. 143 f.。關於羅姆的企圖，有兩個不同的說法。其中一種說法是，他要把衝鋒隊組織成一種民兵，與國家防衛軍同時並存。另一種說法是，衝鋒隊是唯一的武裝單位，而國家防衛軍則被衝鋒隊吸收。各種文件和線索都指出，羅姆很可能兩種想法都有，要看他當時說話的對象是誰，而且第一種版本是過渡到第二種版本的方法。

【6】W. Görlitz/H. A. Quint, aaO., S. 440.

【7】R. Diels, aaO., S. 278。關於馮．勃洛姆堡和馮．萊赫瑙的人格特質，亦比較 H. Foertsch, aaO., S. 30 ff.。此外還有 Friedrich Hoßbach, »Zwischen Wehrmacht und Hitler«, S. 76 以及 VJHfZ 1959/4, S. 429 ff.。

【8】H. Rauschning, »Gespräche«, S. 147。關於上述萊赫瑙在司令官會議上所說的話，比較 IfZ Zeugenschriftum Nr. 279 I, S. 19。關於在希特勒的觀點中，國家防衛軍對奪取權力過程成功之意義，比較希特勒在一九三三年九月二十三日的演講，引述於 C. Horkenbach, aaO., S. 413。

【9】希特勒一九三三年五月七日在基爾對衝鋒隊員的發言，比較 Schultheß, aaO., S. 124。在一九三四年三月十九日，他在慕尼黑還對那些老戰士說：「革命必須繼續下去！」比較 M. Domarus, aaO., S. 371。

【10】比較 Gerhard Roßbach, »Mein Weg durch die Zeit«, S. 150。此外，還有在柏林的法國使館武官雷農多

將軍（General Renondeau）於一九三四年四月二十三日之報導，引述於 »Ursachen und Folgen« X, S. 153。關於羅姆其他挑釁的話，比如 R. Diels, aaO., S. 121 就有報導。

【11】R. Diels, aaO., S. 275.

【12】一九三四年二月二日與三日的司令官會議，根據利伯曼將軍的紀錄，見 IfZ München, Blatt 76ff.。之前所提的「雅利安條款」，是一九三三年四月七日關於重建公務員身分的一項法律規定。根據這個條款，所有猶太人，如果在一次大戰之前不是公務員或不能出示曾經於一戰時上前線作戰的證明的話，就必須被排除在公務員之外。

【13】納粹黨的主要檔案，Hoover Institute, Reel 54, Folder 1290。亦比較 H. -A. Jacobsen/W. Jochmann, aaO. 日期爲一九三四年二月二日。

【14】Helmuth Krausnick, »Juden-Verfolgung«, S. 319.

【15】比較祕密警察負責人狄爾斯的供詞，引述於 K. D. Bracher, »Machtergreifung«, S. 942 (Anm.)。

【16】比較 H. Krausnick, aaO., S. 320。此外，Köster 對關於羅姆於一九三四年三月二十三日談話的報導，引述於 ADAP III, S. 263。

【17】比較 W. Sauer in K. D. Bracher, »Machtergreifung«, S. 946。根據 Sauer，在一九三四年夏天對衝鋒隊解除武裝時，總共發現十七萬七千支步槍，六百五十一支重機槍和一千兩百五十支輕機槍。若根據《凡爾賽條約》，這等於是國家防衛軍十個步兵師的裝備。

【18】同上，S. 949 (Anm.)。

【19】比較 Liebmann-Aufzeichnungen, aaO., Blatt 70。

【20】F. v. Papen, aaO., S. 344.

【21】「粗暴的友誼」是描述希特勒和墨索里尼之間的關係的一個作品的名稱，這個詞源自於希特勒於一九四五年的一次說話。

【22】這演講內容節錄刊印於 »Ursachen und Folgen« X, S. 157 ff.。

【23】M. Domarus, aaO., S. 390 f..

【24】A. Rosenberg, »Das politische Tagebuch«, S. 31 (Eintragung v. 28.7.1934).

【25】比較 W. Sauer 的線索，in K. D. Bracher, »Machtergreifung«, S. 923。

【26】同上，S. 954。

【27】比較 H. Krausnick, aaO., S. 321。這件事的幕後導演顯然出錯，使人看到了幕後的情形。因爲馮・克萊斯特和海涅斯會面以進行公開對話。馮・克萊斯特事後發覺，他們在這次對話中共同懷疑，「我們……被第三方挑撥而互相作對——我認爲是希姆萊，我懷疑很多消息都是他發布的。」這是馮・克萊斯特在紐倫堡大審時的供詞，文中引述乃根據 H. Bennecke, »Die Reichswehr und der ›Röhm-Putsch‹«, Wien 1964, S. 85。

【28】比較 »Das Archiv«, Juni 1934, S. 316 ff.。其中有許多其他類似的說法。

【29】H. Krausnick, aaO., S. 321。將羅姆逐出軍官協會是布洛克宣稱的；但他所提到消息來源，即 »Weißbuch« 中卻沒有明確的證據。

【30】W. Sauer in K. D. Bracher, »Machtergreifung«, S. 958.

【31】引述於 »Das Archiv«, Juni 1934 S. 327。在此亦引述了官方對此事件的所有詳細解釋。

【32】讓慕尼黑「兵變」上演的人到底是誰，這個問題到今天都沒有明確的答案。除了希姆萊之外，一些線索指向慕尼黑納粹地方黨部主任華格納，但如果沒有希姆萊的啓發，他不可能採取行動。

【33】肯普卡的報導，刊印於 »Ursachen und Folgen« X, S. 168 ff.。

【34】M. domarus, aaO., S. 399.

【35】H. Frank, aaO., S. 142 f..

【36】H. B. Gisevius, »Adolf Hitler«, S. 291.

【37】Hermann Wild 於一九四九年七月四日的供詞，引述於 H. Mau, »Die zweite Revolution-Der 30. Juni 1943«, in: VJHfZ, Heft 1/1953, S. 134。

【38】F. J. Heyen, aaO., S. 129。這兩天的總受害者人數直到今天都還沒有定論。官方數字是七十七位受害者，但實際上可能差不多雙倍。有些估計指出約有四百至一千人死亡，這絕對是過於誇大。關於這一點，比較 »Amtliche Totenliste vom 30. Juni 1934«, IfZ München, Sign. MA-131, Bl. 103458-64。

【39】比較例如上述出處，Anm. 153，其中提到陸茲的線索。在與事者的其他供詞和報告中，也讓人得到一種印象，戈林、希姆萊和海德里希，才是推動這個事件並使得受害者人數增加的根本力量。關於這一點，A. Rosenberg, »Das politische Tagebuch«, S. 36 就聲稱，希特勒「沒有命令」謀殺史特拉瑟，他只吩咐進行調查，「以便找出有罪的人來算帳」。

【40】引述於 K. Heiden, »Hitler« I., S. 456 f.。

【41】例如，比較 O. Strasser, »Mein Kampf«, S. 98。根據這本書，希特勒特別崇拜切薩雷．波吉亞（譯註：Cesare Borgia，瓦倫提諾公爵，義大利文藝復興時期的軍官，法國國王路易十二的僱傭兵領袖）並偶爾極其享受描繪波吉亞誅殺其僱傭兵隊長的事。他邀請所有僱傭兵隊長來參加一個和解宴，「當他們到達之後，那是各個貴族世家的主人，他們便坐下來慶祝和解之宴——在十二點時，波吉亞站起來宣布，如今所有的衝突都已經過去。這時候，每一位客人後面站著兩位身穿黑衣的男人，將那些僱傭兵

隊長綁在椅子上。然後波吉亞走向一個又一個被綁的人，殺掉他們。」史特拉瑟的描述就此結束。但這類流傳的謠言可信度並不高，最多只能把它當作在特別氣氛影響下所說的故事來聽聽。但完全沒有史特拉瑟描繪希特勒嗜殺成性的價值。

【42】A. Rosenberg, »Das politische Tagebuch«, S. 34 如此描述。根據此出處，希特勒原本不想讓羅姆被槍斃，但可能是赫斯和阿曼（「必須宰掉最肥的那頭豬」）讓他改變主意。

【43】比較 Hermann Mau, »Die ›zweite Revolution‹ - Der 30. Juni 1934«, in: VJHfZ 1953/1, S. 126，以及 Domarus, aaO., S. 424。値得注意的是，在後面那幾年，希特勒在提到殺死羅姆時，從來都不以衝鋒隊道德上犯錯或企圖發動政變爲理由，而一直只提出羅姆的不服從，以及他們在軍隊政策上有歧見爲理由。

【44】W. Sauer, in: K. D. Bracher, »Machtergreifung«, S. 934 f.，Sauer 亦認爲，從這些先決條件來看，除了殺死羅姆之外，希特勒沒有別的選擇。

【45】H. B. Gisevius, »Bis zum bitteren Ende«, S. 270；亦比較 O. Meißner, aaO., S. 370。

【46】比如，迪特里希獲晉升爲親衛隊高級團領導，而希特勒的長年死黨韋伯和毛里斯獲晉升爲上級團領導和旗隊領導，比較 »Das Archiv«, Juli 1934, S. 470。希姆萊獲得的獎賞，是親衛隊獨立出來並同時獲得授權建立親衛隊武裝部隊；比較一九三四年七月五日及一九三四年十月九日的司令官會議，Liebmann-Aufzeichungen pp.101, 110。

【47】比較，K. D. Bracher, »Diktatur«, S. 263。在波森演講時，希姆萊指出這此中的關連：「去執行被命令的職責並將犯錯的同志推到牆邊射殺……（這）雖然讓每一個人感到不寒而慄，但每一個人都清楚知道，下一次接到命令或有必要的時候，他還是會再這麼做。我指的是現在要撤離猶太人，即將猶太民

族連根拔除這件事。」引述於 IMT, 1919-PS, XXIX, S. 145。

【48】»Tischgespräche«, S. 348。此外還有一九三四年七月二日對新聞界的公告，引述於 M. Domarus, aaO, S. 405。

【49】但他多年的親信與前總理馮．施萊謝爾也在這次行動中流血，在他看來似乎沒有保留的價值。比較 Funk zu H. Picker, »Tischgespräche«, S. 405。此外還有 H. Frank, aaO, S.144。

【50】馮．倫德施泰特元帥後來如此表示。比較 Basil Henry Liddell Hart, »Jetzt dürfen sie reden«, Stuttgart/Hamburg 1950, S. 124。

【51】M. Domarus, aaO., S. 425.

【52】H. Mau, »Die ›zweite Revolution‹ - Der 30. Juni 1934«, S. 133.

【53】K. D. Bracher, »Diktatur«, S. 268。馮．勃洛姆堡這句糟糕的話的上下文是，過去普魯士軍官的榮譽在於行事正確，但現在德國軍官的榮譽則在於必須奸詐狡猾。比較 W. Görlitz, »Der deutsche Generalstab«, S. 348。

【54】Peter Bor, »Gespräche mit Halder«, S. 116 f.。在衝鋒隊被禁的時代，Groener 在一封信裡寫到，「將軍們的職責是，不要讓軍隊最後像歐斯底里的女人一樣去親史克格魯伯先生（譯註：指希特勒）的手。」但這個畫面非常貼切地描述了馮．勃洛姆堡對希特勒的態度。比較 Groener 寫給 v. Gleich 的信，刊印於 D. Groener-Geyer, aaO., S. 326。

【55】見上，Anmerkung 181。

【56】H. Rauschning, »Gespräche«, S. 148.

【57】同上，S. 161f.。

【58】Ferdinand Sauerbruch, »Das war mein Leben«, München 1960, S. 520.

【59】引述於 »Dokumente der deutschen Politik« II, S. 32ff.。

【60】希特勒於八月二日給內政部長弗里克關於執行國家元首法律的通知，比較，同上，S. 34f.。

【61】M. Broszat, aaO., S. 273 如此認爲。

【62】M. Domarus, aaO., S. 447f..

【63】同上，S. 433。

【64】同上，S. 436。

【65】同上，S. 448。

【66】H. Rauschning, »Gespräche«, S. 165；此外 ›Völkische Beobachter‹, vom 11. September 1934。

【67】一位義務教育領袖的「機密報告」揭露出納粹政權許多其他極權主義的野心；引述於 F. J. Heyen, aaO., S. 171f.。

【68】D. Schoenbaum, aaO. 如此認爲，他爲上述的情況提供廣泛的材料，尤其見 S. 196 ff. 以及 226 ff.。關於民族社會主義以及第三帝國的整體革命特徵，亦比較 R. Dahrendorf, aaO., S. 431 ff.，以及 H. A. Turner, »Faschismus und Antimodernismus in Deutschland«, in: »Faschimus und Kapitalismus in Deutschland«, S. 157 ff.。

【69】H.-A. Jacosen/W. Jochmann, aaO., 一九三九年一月二十五日的紀錄，S. 9。亦比較一九三七年六月二十七日希特勒在烏茲堡的談話，在歷史上從來沒有任何事比在德國裡的「這個痛苦的過程更聰明、更理智、更謹慎和以更充滿情感的方式完成」；引述於 M. Domarus, aaO., S. 703。

【70】Epp-Material, IfZ MA-1236，引述於 M. Broszat, aaO., S. 258；此外，同上，S. 271 f.。

【71】一九三三年，移民出德國的猶太人有六萬三千四百人；一九三四年爲四萬五千人；一九三五年爲三萬五千人；一九三六年爲三萬四千人；一九三七年爲兩萬五千人；一九三八年爲四萬九千人；一九三九年爲六萬八千人。比較，德國猶太人全國協會之附件，Deutsches Zentralarchiv Potsdam, Rep. 97。

【72】Ernst Fraenkel 在其同名的書中提出這個有名的說法。

【73】»Das Archiv«, Juni 1934, S. 359。

【74】與法國前線戰士協會主席 Jean Goy 會晤時所說的話，比較 M. Domraus, aaO., S. 460 f.。關於這一點，亦比較 E. Nolte, »Faschismus«, S. 170。

第六卷　準備的年分

第一章　贏回的外交

「法國人是怎麼讓自己的國家陷入了意外的情況，這要怎麼說都不夠。輕率的時刻，也就是第一個最好的冒險家就能對他們施行暴力並占有他們的時刻，不會原諒一個國家和一個女人。用同樣的說法無法解開這個謎，得用另一種說法才行。」

卡爾．馬克思

「弱者是可悲的！」

阿道夫．希特勒

如果我們回顧一九三〇年代中期的歷史，不可能不感到困惑，因為當時希特勒居然用他在國內屢試不爽的征服手法，也同樣輕鬆重複使用在外交上並同樣獲得巨大的成功。就像他的論點所說的一樣：「如果要戰勝外部的敵人，必須先消滅內部的敵人。」[1]過去幾個月裡，他對外採取比較消極的態度，明面上只短暫有動作，即退出國際聯盟以及和波蘭簽訂條約。但在暗地裡，他已在這段期間內開始再度擴增軍備，因為他深深領悟到，一個軍備無力的國家，其外交行動自由只能陷在狹隘的區域裡。在這段過渡期間內，如果不違反《凡爾賽條約》，不挑釁強大的鄰國，就無法達成任何事，於是他把所有的賭注都放在一張牌上。就像他剛獲得政權的時候一樣，所有的預測又一次都不看好他，許多觀察家又一次預言他會失去吸引力，會垮臺。但在短短幾個月內，透過一系列外交突襲行動，他排除掉《凡爾賽條約》的全部束縛並獲得企圖擴張領土的出發據點。

因此，在希特勒的這種挑戰之下，歐洲各國的行爲態度就更加令人難以理解了；因爲他以羅姆事件血腥地結束了獲取政權的過程，這已多多少少揭露出這個人的本質和政治手腕。可是，就像在德國境內一樣，引導歐洲各國的既不是道德衰敗、阿諛奉承或策劃陰謀的邪惡心態；他們也不能將自己的讓步歸咎於自己的危機意識被蒙蔽了，就像希特勒對許多人所做的那樣；而且他們有更少原因可以被他欺騙。一九四一年一月，希特勒在一次談話中不悅卻相當理直氣壯地說：「我的計畫就是要廢掉《凡爾賽條約》。今天，他們不能愚蠢到假裝這是我在一九三三或一九三五或一九三七年才發現的計畫。那些先生們應該……去讀一讀我寫過的東西，而且已經寫過一千遍了。現在已經越來越少人說明或寫下他想要的東西，就像我做的一樣。但我已經一再寫了：廢除《凡爾賽條約》！」[2]

至少從一開始，沒有人會弄錯這個目標，即使每一次發言都蓋上一層層厚厚的詞藻面紗，卻仍然讓人感受得到它的存在，每一個行動也以達到它爲目標。由於它幾乎直接違反所有歐洲國家的利益，所以必須有更強烈而且可能不那麼搬得上檯面的動機，才能壓下他們的反抗意志並使希特勒如此輕鬆地獲勝。

希特勒固有的含糊不清本質顯然也在這一次行動中扮演重要的角色，而且也在這時候主宰了他所有的行爲模式，策略上、政治上和意識形態上的構想。有人合理地指出，如果他只是像胡根貝格那樣，因爲篤信民族主義而主張德國平等，主張泛德意志主義的話，或者是一個反共產主義者，一個激進的生存空間預言家，或像施萊謝爾那樣是一個因狂怒而喪失理智的反猶太主義者的話，一定早就引起歐洲各國與文明世界的群起撻伐。然而，他卻是所有這些元素的綜合體，而且還擁有這樣的能力：邊引起恐慌又邊給人希望，「視機會給某一方前進一步或使另一方退後一步，他在不必否定自己的情況下就一一分化對手……這眞是天才的手段。」[3]

爲了不讓人懷疑他個人或他的政策，他利用歐洲崇尚自由主義的保守中產階級之反共基本情緒作爲最重要的工具。雖然法國作家杜博（Charles du Bos）在一九三三年初向一位德國朋友說，德國與西歐之間已形成一道鴻溝，[4]但顯然這只在道德方面，絕對不是心理方面。儘管此兩者之間有各種利益衝突，各種敵對的行爲，歐洲仍保有其共同的情緒，即世紀最大的恐懼，對革命的恐懼，對專制政府的恐懼，對騷亂的公共秩序的恐懼；而希特勒卻在德國境內成功克服了這些問題而廣受好評。雖然在一九三〇年代，共產黨的使命感，已大大失去其威力和它所預想的進攻暴力，但在法國的人民前線實驗、西班牙的內戰或莫斯科的各種審判，都讓人想起曾經一度在歐洲橫行的那隻惡鬼。儘管他們已經失敗，仍然釋放出夠大的能量，大到足以激起昔日的恐懼。憑著他對這些情緒的敏銳嗅覺以及對手搬不上檯面的動機，希特勒利用這種恐懼主題在許多談話中誇大「布爾什維克主義者在幕後操縱地下活動」，他們有「上千個金錢和煽動管道」去「將整個歐洲大陸革命化」。而且還不斷加強使人心理極度恐懼不安的說法，就像他偶爾會使用的一樣：「城市陷入一片火海，人與人之間不再彼此認識，階級之間互相鬥爭，不同身分的人也互相鬥爭，兄弟互相消滅對方。而我們則選擇了走另一條路。」他對湯恩比描述自己的使命：「他之所以來到世上，是爲了在無法避免的對抗布爾什維克主義戰鬥中驅策人類向前。」[5]

希特勒以奇特的方式所描述的異化且退回古代的這個德國，在全歐洲引起許多人的深層疑處，但同時又讓人有一些不敢承認的期望——期望它又擔起這個帝國舊有的角色，在一個「芬里爾（譯註：Fenriswolf，北歐神話中吞噬奧丁神的恐怖巨狼）似乎又在地上到處遊蕩」的時刻裡，作爲「阻擋邪惡」的堡壘或防波堤，就像希特勒自己所說的那樣。[6]儘管希特勒做出各種藐視法律、極端主義和許多「殘暴的行爲」引起短暫的憤怒，但在其他國家，尤其是德國西邊鄰國的各種彎彎曲曲斟酌考慮之下，他們認爲這不太重要，就讓德國人自己去處理他們自己的問題吧。反而在保守的歐洲觀點中，即使希特勒那種令人害怕的統帥特質令他們感到陌生，但那種熟悉感還是比史達林的特質更爲強烈，所以他的這些特質很符合一個保護者和保壘指揮官的面貌：令人感到敬畏，但他的角色應該就只有這樣，不會比這更大了。

這種態度跟曾經和希特勒合作過的那些保守派主事者，從卡爾到巴本所展現的天眞、計算、憑著歷史而狂妄自大等混合反應一模一樣，而且連一直到最細節處都一樣。雖然在背後起作用的是很多私底下的疑慮，當然也有一些人對希特勒這個「流氓」感到眞正的厭惡，但這些感受都不會影響政治。當勞施寧將希特勒的企圖告訴張伯倫時，他拒絕相信。「我們不能只把希特勒單純地視爲《我的奮鬥》的作者。」英國駐柏林大使菲普斯爵士如此描述歐洲強權打算馴服希特勒的構想：「但我們也負擔不起輕視他的後果。如果綁住這個精力充沛的可怕男人呢？這不是很好的主意嗎？綁住他，這意思是用一份條約，上面有他自願且驕傲的簽名？也許如此一來，他甚至可能因爲他那無法預料的腦迴路而感到自己有義務接受……此外，他的簽名將會綁住整個德國，過去從來沒有任何一個德國人有過這樣的約束力。這或許能夠持續很多年，甚至可能到希特勒變老的時候，到時候，他的理智也許已經驅走他的恐懼。」這樣的事件居然重複到連外貌都一模一樣，怪不得希特勒喜歡諷刺地稱在倫敦和巴黎的那些「綏靖主義者」爲「我的胡根貝格」。[7]

無論在國內或國外，正是這種獨裁主義模範的吸引力對希特勒形成有利的因素，並破壞了對手的陣營。他自己稱「民主的危機」是這個時代盛行的現象，而且在某些當代觀察家眼中，「目前的獨裁思想如此有感染力……就像上個世紀的自由思想一樣」。[8]與所有嚇人的伴隨現象相反，被嚴苛管控的德國散發出一種誘人的魅力，尤其在東歐和南歐，並與法國原本壓倒性的影響力對抗。所以，波蘭外交部長貝克（Josef Beck）的辦公室中擺著希特勒和墨索里尼的簽名照，這並不是偶然的事。這兩位似乎才是眞正的「時代精神的腹語表演者」，而不是在巴黎或倫敦的那些中產階級，帶著不符合時代無力感的對手。這個時代的人深信，在社會和政治利益的自由發揮之下，理性總是占下風，暴力才是新的秩序綱領。它的主要代表人物是阿道夫·希特勒，他的成功已在短時間內誘發歐洲的政治氣氛發生轉變並傳達新的標準。

希特勒是這個時代的代表

希特勒一手攪混當時的各種趨勢或情緒並從中得利。他從歐洲反猶太主義中就獲得相當大的利益，尤其是在波蘭、匈牙利、羅馬尼亞或波羅的海國家裡，反猶太主義都有相當多的支持者。反猶太情緒在法國境內也相當普遍。甚至在英國，一九三五年時，法西斯主義團體的領導人就建議，用激進的衛生方式，即「死亡室」（Todeskammer）來消滅掉猶太人這個問題。[9]此外，希特勒也從現有和平秩序的各種矛盾中獲得助力。《凡爾賽條約》首次將道德主題帶入國與國之間的關係中，還有負罪、尊重、平等和自決等主題：這都是希特勒最近以越來越大的力道強調引進棋局的主題。而且，就如同諾爾特（譯註：Ernst Nolte，德國歷史學家和哲學家）精準地觀察到一樣，矛盾的是，他有好長一段時間，作爲美國總統威爾遜那已經蒼白許久的和平原則的最後一位忠實附和者這個身分出現。作爲戰勝國的大債務人這個角色，手中握有一大堆沒有兌現的要求，他主要的目的在於對英國造成持久的影響，因爲他的呼籲不僅引起英國的良心不安，也迎合英國平衡政策的傳統，而英國則因爲看到法國在歐陸過爲強大的影響力而感到不安很久了。所以一再鼓勵希特勒的主要是英方的聲音，《泰晤士報》稱那不賦予德國在歐陸上最強大地位的秩序就是「人爲的」。英國空軍部的一位高階主管在一九三五年初對一位德國對話夥伴說，如果德國宣布它已經違反《凡爾賽條約》擴增空軍規模的話，「不會在英國引起公憤」。[10]無論是哪一方，英國或歐陸、戰勝國或戰敗國、極權主義者或民主人士，都隱隱約約感到這個時代即將面臨重大的改變，而希特勒就是利用這種氣氛。「我們和其他民族都感到自己正處於一個時代變遷的轉捩點。」他趁機這麼說：「不只是我們這些曾經的戰敗國，那些戰勝國內心也深信，某些事情已不對勁，理性似乎已遠離人們……各國民族到處都感受到：必須要有新的秩序出現，尤其在這個有這麼多民族擠在一起的大陸上。但這個新秩序的關鍵字是：理性和邏輯、溝通和互相體諒！認爲能將『凡爾賽』寫在這個新秩序的大門上的那些人就搞錯了。那不是新秩序的基石，而是它的墓碑。」[11]

因此，若將所有因素加在一起，歐洲提供給希特勒許多突襲的機會，就像德國境內一樣。如果只看希特勒和歐洲之間的對立，人們會以爲這是事後補做反抗所造成的錯覺，但其實那是許多一致的感受和利益所造成的結果。湯瑪斯．曼苦澀地爲一小群人發言，這是「充滿折磨、漫長的過程，一再極度否認意識到這個事實，即我們這些移民國內和國外的德國人，已向歐洲效忠並認爲它在道德上站在我們背後支持我們，但其實，我們背後並沒有歐洲的支持」。[12]

英國的各種鼓勵，很適合爲希特勒最大膽的期望提供正當的理由。他依然堅持一九二三年初所發展出來的構想：與英國結盟。而他的外交政策之中心思想仍然是：與英國瓜分世界這個構想。根據這個構想，英國是主宰各個水域的海上強權，而德國則是整個巨大歐亞大陸無可爭議的陸上強權。因此，在他上臺後的起初幾年，在所有外交政策中英國都是考量的重點，而他的行動在海峽另一邊引起的共鳴也讓他無比確定自己走在正確的路上。然而，羅森伯格在一九三三年造訪倫敦時遇到不友善待遇，以及以引人矚目的方式退出國際聯盟，都對這個目的沒有什麼幫助。一九三四年七月奧地利總理陶爾斐斯（Engelbert Dollfuß）被奧地利的納粹黨人謀殺，也使希特勒敏感地退後一步，即使根據情況表面顯示，他對此刺殺行動並不知情。但一如以往，利益總是比所有的道德憤怒都重要，所以希特勒毫不猶豫就放棄了相關涉案者，並宣稱如果刺客逃到德國的話，他會交出他們。接著他撤掉納粹黨駐奧地利的督導哈比特（Theo Habicht）的職務，又將涉及此事件的德國特使黎特博士（Dr. Rieth）召回柏林，並以巴本取代之。巴本仍然擁有前副總理的身分，又是天主教徒及保守派人士。自馬堡大學的演講之後，他又重新扮演對抗中產階級疑慮的保證人這個角色。

各國一致譴責陶爾斐斯被刺殺的反應讓希特勒看到，他必須一步一步來，還必須把對手分開。尤其絕對不可讓道德輕易勝過他的目標。奧地利的納粹黨人嘗試推翻該國政府但又協調不好、匆促行事而失敗，這讓他認識到自己需要比這些行動更多的冷酷、耐心和紀律。此外，他也認識到，自己目前的地位還不夠強大到可以做出巨大的挑戰，所以他最好耐心等待一些挑釁的機會或以不引人注意的方式強迫對方出招，好能用被逼還擊的方式隱藏自己長久以來的企圖。

薩爾區的回歸

這些局勢使得希特勒在短時間之內，就透過一九三五年一月十三日在薩爾區所舉行的公民表決贏得越來越高的聲望。在《凡爾賽條約》中被迫割給法國的薩爾區，以絕大多數贊成票再度回到德國的懷抱。在總數約四十七萬七千票中，只有兩千票要求屬於法國，四萬六千票贊成保持現狀由國際聯盟管轄。儘管投票結果不容懷疑，但希特勒輕易地就把它歸爲他自己的個人成就，三天後在上薩爾茲堡接受美國記者胡斯（Pierre Huss）採訪時，他宣告，《凡爾賽條約》其中一個不義之舉已被清除。[13]幾星期之後，西方強權就已經提供一個藉口給他做出反擊，從現在開始他主要靠這個藉口來操作。

相對於希特勒，歐洲主要強國的策略弱點在於：他們不管如何都要達成這個談判願望。各方都希望以這個建議彼此接近，捆住這個不受馴服的男人或至少把他逼到角落裡。一九三五年初開始，英國和法國就提議要用一個防禦空襲的條約來擴充《羅加諾公約》（Locarnopakt），並向東歐和中歐的其他國家提供類似的公約。可是他們不但沒有認眞考量嘗試這麼做，反而提供希特勒操作的機會。因爲這讓他有機會散布不安全感，透過宣告假聲明而輕易獲得想要的效果並掩飾他堅定往前推動的目標。

在一九三四年，希特勒就已成功與英國簽署擴增空軍的協議。這個策略背後的想法是，只要把英國拖入談判，就等於把《凡爾賽條約》中禁止德國增武的規定視爲不存在。此外，他還假設，會談本身以及會談所散發出的德英親近氣氛，是挑起英法之間彼此不信任的最佳武器。正因爲如此，他並不準備慫恿英國大規模增武。可是這談判卻因陶爾斐斯被謀殺一事而中斷。所以一九三四年底，希特勒又帶著新的提議接洽英國政府。就像每一次失敗之後一樣，他典型的做法是提出更高的要求。到目前爲止他只要求德國空軍是英國空軍規模的一半，但這一次，他順便一提地說，平等是「理所當然」的事。其實最近對他而言，這已不是談判的內容，現在談判的焦點是與英國簽訂一個海軍協定。

希特勒的「王者之思」

這個構想被稱爲希特勒的「王者之思」，[14]雖然有一點誇大，但這當中絕對有一些精明的外交成分。擴增空軍的談判之所以失敗，不僅是因爲陶爾斐斯被謀殺這件事，還因爲英國雖然對此感興趣，卻還不準備與德國簽訂雙邊條約。但擴增艦隊的提議卻正中他們的死穴。即使這時候各國已在推動全面擴增海軍艦隊的談判，剛聽到希特勒的提議時他們還有些猶豫。但從現在起，希特勒的突襲行動卻突破了所有的阻礙和反擊。他提出雙方先談而不必承擔任何義務，這一步使英國這個脆弱的對手很容易就接受了初步的接洽。會談本身提供他很多機會去奉承英國人，說他們對海權所主張的主權並非沒有情感動機，而且他把對手推到幾乎要背叛自己的原則，因爲他們對英國主宰四海這個理念的理解跟集體公約的原則是不一樣的，更何況這些原則還有種種問題。最後，希特勒突然使出一招，使他們既感到錯愕又有點不知所措。

第一個暗示由希特勒的特別全權代表馮・里賓特洛甫（Joachim von Ribbentrop）在一九三四年十一月中於倫敦與掌璽大臣伊登和英國外長西蒙爵士會面時提出。一九三五年初雙方繼續進行接觸。一月二十五日，希特勒「非正式」接見了赫伍德男爵（Lord Allen of Hurtwood），四天後，又「非正式」接見了自由派政治人物洛錫安侯爵（Lord Lothian）。希特勒先是抱怨增武談判進行緩慢，強調德英雙方的利益是平行的，接著指出大英帝國在海上的主宰地位是不容置疑的，最後才首次明確表示他願意和英方簽署協定，且將德國對英國的艦隊比例定爲三十五比一百；相對的，德國應按照其國家傳統獲得更強大的陸軍。在與洛錫安侯爵會談的最後，希特勒給他描繪的是一個大概念的輪廓，他還用了英文來表達：如果他不是德國總理，而是被允許以一位「student of history」的身分說話的話，他會希望在一份德英共同公告中看到最安全的和平保證，將來每一個破壞和平的人將被這兩國揪出來算帳並懲罰。[15]

雙方約好在英國外交部長造訪柏林時再詳談具體細節，日期就定在三月七日。到今天我們都可以從這討論中看出，希特勒的提議帶來的結果，他多麼準確地瞄準了對手的利益和心理：它揭露出英國各種自我安慰的模式，無論面對各種失望，這種典型模式都不爲所動地形塑了英國往後幾年的政策。英國的基本假設是，希特勒急迫的願望，是能夠簽訂一個讓他合法增軍的條約，並使得德國終於有能力與他國結盟：無論在任何情況下，這是都不可以放棄的一張牌。它提供一個機會，使各種軍備競爭結束，將德國的軍備保持在可控制的範圍內，但最後還可以綁住希特勒。而且己方的付出相對而言非常少，基本上不超過《凡爾賽條約》已被遺忘的第五部分，即有關德國軍備的相關條款。雖然法國會害怕德英簽署條約，但它必須學著理解，「英國沒有永遠的朋友，而只有永遠的利益」，就像英國海軍刊物《海軍評論》（*Navel Review*）上所寫的一樣。[16]如果像德國這樣的強權，沒有任何要求就承認英國主宰海權的主張，至少像希特勒提出的這些頗爲適當的條件就很符合英國的利益。如此一來，對法國而言非常重要的凡爾賽時代必定消失，在英國外交部一九三四年三月二十一日的一份備忘錄上這麼說：「如果必須有喪禮的話，最好在希特勒有心情付喪葬費時就趕快辦。」[17]

所有這些動作的根本意義在於，它使各國團結開始決裂，而這份團結是由世界大戰所創造且在《凡爾賽條約》中所強調的。而且人們也注意到希特勒重新證明了他分化對手陣營，並使他們互相作對的能力，並因此既感困惑又敬畏他。更令人驚訝的是他這份能力，在使戰敗國有這種感覺之後，他現在也使戰勝國普遍越來越受不了自己親手在十五年前建立的世界和平秩序。這首度顯示出，在結束威瑪共和那場選舉中所出現的天才做法對外一樣有效，即將一個有問題的情況突顯出它的荒謬與憤世嫉俗這些不正義的面向。雖然有那麼一陣子，他的對手們似乎要形成反抗陣營，但他們只有能力做出空泛的防衛姿態以掩飾自己過於明顯的猶豫不決，可是這根本騙不過希特勒。於是他們就更加讓他獲得毫無阻礙的操作空間。

彷彿是在爲自己的外交部打掩護，英國政府在三月四日發表一份白皮書，批評德國公然違反《凡爾賽條約》，進行大規模增武，該國官方提倡的好戰攻擊精神是造成人們越發感到不安的原因，並從中導出擴增空軍計畫的理由。但希特勒不但沒有因此被嚇阻，反而表示不悅並暗示因爲「著涼了」而取消英國外長西蒙爵士的訪問。同時他聲稱這是對他的不正義之舉並利用此機會做出反擊，三月九日他通知各國政府，德國已於近期擴增空軍的規模。接到這消息後，法國政府宣布延長目前這個生育率低世代的兵役期限，而英國外長則在下議院從容不迫地宣稱，他和伊登先生仍維持原本的企圖去柏林一行。在接下來的周末，希特勒又做出進一步的挑釁行動：他先是舉出這些鄰國的措施，說自從威爾遜總統定下那些和平原則以來，德國一再重新嘗試信任這些鄰國，卻徒然無功，直到最後在各國都大幅增軍的大環境下陷入「既失去尊嚴又無力防衛自己的備受威脅狀況中」，因此，他在三月十六日宣布再度施行全面徵兵制，建立一個能維持和平的軍隊，即三十六個師，共五十五萬兵員。[18]

再度實施全面徵兵制

希特勒將此公告與一個炫麗的軍事慶典結合在一起。在三月十七日，原本的「全民哀悼日」已更名為「英雄紀念日」，他參加完在國家歌劇院裡既莊嚴隆重又華麗的慶典之後，舉行一次盛大的閱兵，而在這次的閱兵裡，新成立的空軍單位就已經參與其中。在老邁的馮．麥肯森（August v. Mackensen）這位皇帝時代唯一存活的元帥身邊，身後跟著高級將領，希特勒沿著菩提樹大道（die Linden）走到舊皇宮的平臺，將榮譽十字勛章別到軍隊標誌和軍旗上，然後在幾十萬人的鼓掌之下檢閱軍隊。雖然再度施行全面徵兵制是在示威性表示反對《凡爾賽條約》，但希特勒不敢將它付諸於全民表決，就像到目前為止所有能與之相比的行動一樣。

更重要的是，《凡爾賽條約》的其他簽署國會對德國公然的違約行為做出什麼反應。但才在不確定幾小時之後，希特勒就發現自己的冒險是值得的。英國政府雖然提出抗議，但在抗議的文件上卻詢問，希特勒是否依然願意接見英國外長。根據一位參與其中的人記載，對德方而言，這意謂著「實實在在的轟動事件」。[19]法國和義大利則打算走更堅決的反對路線，並在四月中位於馬焦雷湖（Iago Maggiore）邊的斯特雷薩（Stresa）舉行英、法、義三方會議。墨索里尼特別要求制止德國繼續如此下去，但英國代表一開始就明確表示，英國不打算制裁這種行為。所以，各方只是在會議中交換意見而已。墨索里尼對這次會議的感觀是，在現實狀況不確定的情況下，磋商是最要不得的逃避方法。[20]

與此同時，西蒙爵士和伊登在三月底抵達柏林，見到充滿自信的希特勒。他耐心且禮貌地聽取英方的建議，卻避開做出任何具體的決定。在漫長地控訴布爾什維克主義分子的陰謀威脅之後，他暗示德國擁有太少生存空間，然後才重新提出一個全球結盟的建議，而之前所提議的海軍協定，則是這個結盟的第一步。當英方以寥寥數語拒絕考慮建立英德之間的特別海軍比例，而且拒絕的理由，主要是不想犧牲掉與法國之間的親密和睦關係時，希特勒陷入了困難的談判境況。有好一會兒，他整個結盟構想，整個偉大的構想似乎要失敗了，但他依然不動聲色。在對方隔天又要談判時，這給了他一個機會利用虛張聲勢的手法嚇唬他們。爲了迎合德國要求的平等權利，西蒙爵士便問德國空軍目前的規模多大。希特勒假裝在猶豫片刻才回答說，德國的空軍規模已和英國的規模相等。這個消息簡直是晴天霹靂，使英方說不出話來。根據一位參與者的報導，有好一會兒，沒有任何人說一句話，英方代表的臉上只有狼狽的驚愕和懷疑，但這就是轉捩點。這時候他們才發現，爲什麼希特勒要把談判拖延到他宣布擴增空軍規模和實施全面徵兵制之後。希特勒知道，只用拉攏的方式無法贏得英國，他只能用壓力和威脅的方式來加重提議的分量。當在結束這一回合的談判之後，希特勒緊接著與戈林、里賓特洛甫和幾位內閣成員到英國大使館享用早餐。使館主人菲普斯爵士讓他的孩子站在迎賓前廳裡，並讓他的小軍隊向希特勒舉起手臂，羞怯地喊出「萬歲！」。[21]

《德英海軍協定》

無論如何，英國人都對這次談判感到印象深刻。四月十六日，國際聯盟委員會譴責德國違反《凡爾賽條約》，緊接著法國與蘇聯簽訂《蘇法互助條約》。這提供他們一個孤立德國的機會，但英國仍然堅守已約定在柏林談判海軍協定的議程日期。如果一切線索都沒有錯的話，希特勒已經看出英方決定性地承認了自己的弱點，並且打算利用這一點。所以，他指示特別代表里賓特洛甫在六月四日於英國外交部的談判開始時提出這項最後通牒式要求：英國必須接受三十五比一百的艦隊比例，這不是德國的建議，而是元首不可動搖的決定；這是談判的先決條件，只有英方接受這一點，雙方才開始談判。西蒙爵士火大地斥責德代表隊主任，接著離開了談判桌，但里賓特洛甫依然粗暴地堅持這個條件。

作爲一個狂妄自大和心胸狹隘的人，希特勒顯然無法理解，在談判一開始就苛求對方同意自己違反《凡爾賽條約》時，對方會有什麼感受。而且這是英方不久前才在自己的白皮書中，在德國實行全面徵兵制時在抗議書中，在斯特雷薩的三國會議上，然後又透過國際聯盟委員會譴責德國的事。根據他接下來的一份報告裡，他使用一個偏愛的詞彙，「斷然」反駁所有的指責，說這是一個「德國歷史性的提議」，稱那些聯盟的持續性是稀有的「永久」，並針對反對意見指出，無論在開始或最後才談最困難的事，結果都會一樣。[22]於是談判代表們在沒有任何結果的情況下不歡而散。

因此，當英國兩天後請求再次會談，並宣布同意接受德國總理的要求，作爲兩國進一步協商艦隊事宜的基礎時，這驚喜就更大了。彷彿希特勒對英國所尋求的特別信任關係已經鋪好路一樣，西蒙爵士以隱祕的同謀姿態說，他們還得等上幾天，「尤其要顧慮法國的情勢，因爲那裡的政府並不如德國和英國一般穩定」。[23]幾天之後，當雙方交出沒有問題的協定內容時，便選定六月十八日簽署此協定，這個日期是有象徵意義的，因爲一百二十年前，這一天正是英國和普魯士在滑鐵盧戰勝法國人的日子。之後希特勒發現，里賓特洛甫以偉大的政治家身分，「比俾斯麥還偉大」，回到德國。希特勒自己則稱這一天是他「生命中最幸福的」[24]日子。

那確實是一個不尋常的成就，而且它給予希特勒此刻能夠希望的一切。英方的辯解一再指出，英國之所以這麼做是爲了大英帝國安全上的需求，而且說這樣做有機會透過妥協來馴服希特勒。但問題是，這樣的需求和模糊的期待，是否能爲英方所做的事提供正當的理由，因爲此舉帶來的後果是，大膽違反《凡爾賽條約》的政策得到支持，西方的團結被澈底破壞，而歐洲的情況則陷入一種運動中，而且沒有人能夠知道這個運動什麼時候會停下來。因此，英德之間的海軍協定被稱爲「時代大紀事」，這是很合理的，「其象徵意義比其實質內容不成比例地大很多」。[25]這次經驗尤其加強希特勒這種想法：用勒索手段簡直可以達到任何目的。這也助長了他透過大盟約來瓜分世界的希望；他誇大地說：「這份協定是一個新時代的開始……他堅信，英國人只會把這次和我們在這個領域上取得一致看法當作尋求許多其他合作的序幕。德英的組合將比任何其他勢力組合都強大。」由於希特勒認爲自己做出歷史壯舉的狂妄態度極爲認眞而不只是一種空泛的姿態而已，所以他讓人在九月初於紐倫堡給他獻上一把查理大帝佩劍的複製品。

然而，英德海軍協定還有另一個後果，而這個後果才眞正決定了歐洲局勢的大轉變。自從希特勒被任命爲總理的兩年半以來，墨索尼里不顧雙方意識形態上的接近，一直執行反對希特勒的政策，並「比大多數西方政治家對民族社會主義的不尋常性質與威脅有更敏銳的感受」。[26]法西斯主義在德國境內的勝利給他個人帶來的滿意度，無法勝過他對這個北方鄰國感到的深深不安，因爲德國所擁有的那種動力、活力和紀律，是他費了很大力氣在自己人民身上努力嘗試而且又遇到很多困難都沒辦法達成的。在威尼斯的會面越發肯定了他對希特勒的猜疑，而且首度喚起了他居於下風的情結。這使得他更加想辦法用各種驕傲的態度、帝王式的行動或引用已消逝的過去來進行補償，最後這些做法反而更加把他推向與希特勒建立災難性的關係。在這次會面之後不久，他在一次講話中就希特勒的種族思想發表意見說：三千年的歷史讓義大利人能「以超然的無所謂看待阿爾卑斯山那一端的某些理論，這是那些人的後代所發展出來的，而他們活在凱撒、維吉爾和奧古斯都還不識字的時代。」根據另一個消息來源，他稱希特勒爲「丑角」，公開譴責他的種族理論是「猶太人的」，並挖苦地表示懷疑，德國人是否能造出「一群純種的牲畜」；「根據最有利的假設……這得需要六百年。」[27]與法國和英國不一樣，他已多次準備好要透過展現軍事實力來面對希特勒的外交突襲行動：「讓德國人剎車的最好方法是徵召一九一一年出生這個世代入伍。」在奧地利總理陶爾斐斯遇刺時，他命令駐紮於義大利北方邊境的幾個師隊發電報給奧地利政府說，他們會給予奧地利捍衛獨立所需的支持，並讓義大利媒體辱罵希特勒和德國人。

阿比西尼亞衝突

現在墨索里尼期待自己做了這麼多好事之後，應該得到一些回報。他的目光落到衣索比亞（譯註：阿比西尼亞是衣索比亞的前身）這個國家身上。自十九世紀末以來，義大利的帝國主義幻想焦點是擴充其殖民地到厄利垂亞（譯註：Eritrea，非洲東北部的國家）和索馬利蘭（譯註：Somaliland，位於非洲之角西北部），他們也曾嘗試這麼做卻以慘敗收場。但這一次，他期待英國和法國應該不會反對他占領衣索比亞才對，因爲他們還需要和義大利合作以對抗德國，而且對英法兩國而言，位於「無人荒地」的阿迪斯阿貝巴嚴格來說並沒有柏林重要。他把法國總理拉瓦爾（Pierre Laval）造訪羅馬時給他的半個承諾，以及英國人在斯特雷薩三國會議時保持沉默這兩件事詮釋爲他們默認的跡象。此外，他也指望，德英簽署海軍協定反而抬高義大利對西方強權，尤其是對法國的價值。

透過蠻橫發起的邊境衝突和綠洲衝突，他營造一種特別不符合時代的殖民戰爭氣氛。法國由於擔心結盟系統又有另一根支柱倒塌，所以給予墨索里尼消極的支持，但墨索里尼卻以他能夠掌握的凱撒式態度拒絕所有調解的嘗試。令人訝異的是，反而是英國出來破壞他的計畫。在四月時，英國還拒絕對希特勒所製造各種不安施以制裁，但在九月卻要求對墨索里尼施以制裁，並示威性宣告要加強英方的地中海艦隊的決心。但法國反對，因為它無法接受為了英國而犧牲掉與義大利的和睦關係，而且英國才剛和德國結盟，它已證明自己是不可靠的盟友。所以，法國拒絕制裁義大利又使英國感到不悅。在義大利境內，憤怒情緒迅速蔓延，甚至有人誇口要對英國發起預防戰（諷刺地稱之為「瘋狂行動」）。簡而言之，長年來的忠誠和意見一致如今已公然決裂。在法國，墨索里尼有影響力的黨羽，尤其是許多知識分子，都公開支持義大利擴張領土的企圖。法國右派重型代表人物莫拉斯（Charles Maurras）甚至揚言要殺死所有要求制裁義大利的國會議員。而且還用這個失敗主義的問題來開玩笑：「為尼格斯（譯註：Négus 衣索比亞皇帝的稱號）而死嗎？」不久後，同樣的問題也針對但澤提出。[28]

如果英國政府願意以所有的決心反對墨索里尼的侵略行動且不害怕戰爭風險的話，它只能給出一個正當理由，特別還要考慮希特勒。然而，英國的決心顯然沒那麼大，因此墨索里尼必須加速侵略行動的腳步。無論如何，他覺得制裁的威脅已對義大利的驕傲和榮耀發出如此嚴重的挑戰，所以他現在可以公開自己的敵意了。一九三五年十月二日，在一個大型群眾集會上他宣布決定對衣索比亞發起戰爭：「我們祖國歷史上的一個偉大時刻已經來到⋯⋯四千萬義大利人團結一致，絕對不讓自己的幸福和成就被奪走！」全義大利超過兩千萬人在各個大街和廣場上高興地聆聽這個宣布。其實，只要關閉蘇伊士運河或禁運石油就可以使裝備豐富的義大利遠征軍隊失去行動力並使其慘敗，這就是四十年前衣索比亞孟尼利克皇帝（Kaiser Menelik）所做的事。墨索里尼之後也承認，這樣的措施對他而言將會是「無法想像的災難」。[29]但英法兩國卻不敢這麼做，其他國家也是。他們只做出一些敷衍的措施，根本沒有什麼效果，反而更加削弱這些民主國家和國際聯盟所剩無幾的名聲。他們的謹慎當然有許多動機。比如，捷克斯洛伐克的總理貝奈斯（Edvard Beneš）特別極力主張施行經濟制裁，就明智地不把往義大利的出口算在經濟制裁之內。

歐洲內部的矛盾與對立給予墨索里尼幾乎無限的行動自由。現代化的義大利軍隊以史無前例的殘暴建立一種慘無人道的新戰爭風格，甚至使用毒氣對付和毀滅一個毫無準備、幾乎無力自衛的對手。而且許多高級軍官，其中包括墨索里尼的兒子布魯諾（Bruno）和維托里奧（Vittorio）帶著無恥的狂妄從戰鬥機投下燃燒彈或利用地面武器對幾百人或千人的群眾開心地進行獵殺，把他們趕到死亡之地。【30】一九三六年五月九日，義大利的獨裁者墨索里尼終於能在威尼斯宮的場臺上對著瘋狂興奮的群眾宣布「帝國又重新出現在天意所定的羅馬山丘上」，而且圓滿達成「戰勝超過五十個國家」。

對墨索里尼提供支助

在阿比西尼亞衝突當中，希特勒原本持守嚴格中立的態度，不僅是因爲他有許多理由抱怨墨索里尼，更因爲墨索里尼的衣索比亞大冒險影響到他的外交基本構想。自從這個構想形成以來，便以和英國及義大利結盟爲基礎。因此，如今開始的矛盾使這兩個可望結盟的最重要夥伴互相對立，並使希特勒面臨一個之前沒有料到的抉擇。【31】

讓人訝異的是，在猶豫良久之後，希特勒決定支持義大利這一邊並提供它各種原料，尤其是煤，雖然他前幾個月前才歡迎德英協定是一個新時代的來臨。讓他做出此決定的絕對不是意識形態的考量，而經濟動機顯然也不扮演決定性的角色，即使經濟可能曾經是重要的考量因素。更重要的原因是，他在這個衝突中看到了將歐洲已結冰的關係擊碎的機會。讓危機升級的管理邏輯主張，協助較弱的對手以對抗較強的對手。所以，在一九三五年夏天，希特勒還兩度對衣索比亞皇帝以最祕密的交易，提供了價值約四百萬馬克的戰爭物資，其中包括三十門防禦坦克車的大炮，目的顯然就是爲了對抗義大利入侵者，而現在他則協助墨索里尼以對抗西方強權。[32]當他不怎麼嚴肅看待英國的承諾時，就更容易做出這個決定了，就像他在一九三七年四月的一次祕密談話中明確表示的一樣，因爲他並不認同英國所主張的這些原則——小國家保持國土完整，維護和平，自決權等。他反而在義大利的帝國主義行動中，看到了政治的法則和邏輯本身在運作。這是他一九三九年八月和九月所犯的同樣嚴重錯誤，因爲他沒有能力理性地把其他國家當作赤裸裸的權力利益來計算。此外，迅速獲得成功帶來的興奮感讓他覺得夠安全，可以讓剛與英國結盟的關係承受某些壓力，只要他能因此贏得到目前爲止無論他如何努力都拒絕他或甚至幾乎與他爲敵的另一個盟友——義大利。

占領萊茵區

然而，希特勒不僅利用阿比西尼亞戰爭打破自己在南方的孤立狀況，甚至還利用顯然已變得非常猶豫不決的西方強權以及癱瘓的國際聯盟，又重新使出一記外交突襲行動：一九三六年三月七日，德國軍隊占領自《羅加諾公約》以來就已經去軍事化的萊茵區。就事件的邏輯看來，它應該是必然的下一步，但照實際情形看來，這一步的來到連希特勒自己都覺得很突然。根據紀錄，他二月中才第一次提出，是否要把原定於一九三七年春天的占領萊茵區行動因應國際情勢提前，[33]顯然他幾天之後就已下了決定，因爲墨索里尼已連續兩次知會他，斯特雷薩精神已死，義大利不會參與任何制裁德國的行動。此外，希特勒這次也在等待一個機會，可以讓他以被不公平對待的重要配角在世人面前出場，控訴別人對他的侮辱。

這一次，《法蘇互助條約》就提供給他一個藉口。這個條約已經在商議好一段時間，但仍未獲得國會批准。它之所以如此適合作爲希特勒出招的出發點，是因爲他一直是法國內部長期持續爭議的對象並引起廣泛的擔憂，而且所引起的擔憂已超出法國境外，甚至英國也甚爲擔憂。爲了掩飾自己的打算，希特勒在二月二十一日接受朱凡內（譯註：Bertrand de Jouvenel，法國哲學家、政治經濟學家）的訪問。訪問中，他表達雙方接近的意願，尤其還與他的書《我的奮鬥》裡的強烈反法情緒拉開距離。他解釋說，當時法國和德國是敵人，可是最近雙方已不再有衝突的理由。當朱凡內問到，爲什麼他的書被視爲一種政治聖經而且以不變的形式一再重新出版時，希特勒回答說，他不是修正這本書的作者，而是一個政治家：「我只修正我的外交政策，即安排與法國溝通……我將把我的修正記錄到歷史這本大書裡！」[34]當這則訪問稿在一星期後，即法國眾議院通過《法蘇互助條約》之後的一天，才在法國《巴黎午報》（*Paris-Midi*）上刊出時，希特勒覺得自己被耍了。三月二日法國大使龐賽來造訪他時，他對龐賽大發脾氣，說他們把他當作傻瓜，用政治陰謀來阻擋這篇訪問稿及時刊出，使得他所有的聲明都在這段時間內失效，所以他將提出新的建議。

三月二日也是國防部長勃洛姆堡下命令準備占領萊茵區的日期。一九三六年三月七日早上，德國軍隊在民眾撒花、鼓掌歡迎之下進入萊茵區。雖然希特勒知道這個行動的風險，但在德軍進入萊茵區的四十八小時內是他一生中「最緊張的一段時間」，他後悔地表示，往後十年都不要再經歷類似的壓力了。因爲國防軍才剛開始擴充，在緊急狀況時，他只有幾個師的兵力可用，卻要對抗法國將近兩百個師的兵力，萬一法國召集其東歐盟友，還要把蘇聯的兵力算進去。一位參與者事後宣稱，希特勒顯然沒有精神崩潰，但在行動開始不久後，樂天派的戰爭部長就已經精神崩潰並激動地建議，他預料法國必定干預，必須馬上撤回所有軍隊。希特勒事後承認：「如果當時法國人進入萊茵區的話，我們就必須承受著侮罵和恥辱撤回軍隊，因爲我們能支配的兵力連做出適當的反抗都絕對不夠。」[35]

儘管希特勒沒有猶豫就接受這個風險，而且他的決心也與越來越鄙視法國的觀點有關。但最後，他還是以屢試不爽的方式確保這次行動會成功。又一次，他把時間定在星期六，因爲他知道西方強權的決策單位在週末無法做出決策。又一次，他把違背條約的行爲，而且這次是雙重違背《凡爾賽條約》和《羅加諾公約》，搭配上正派的承諾行爲並強調結盟的提議，甚至建議，如果德國重回國際聯盟，可以和法國簽訂二十五年互不侵犯條約。又一次，他讓自己的行動透過民主的方式合法化，即將它與一次選舉結合在一起。結果，這次選舉還達到「極權主義的夢想數字」，[36]百分之九十九。他事後承認：「無論在國內或國外都達到最大效果。」他如何刻意將這種突襲式的行動搭配上發言來確保它成功，可以從《餐桌談話》（譯註：*Tischgespräche*，希特勒在元首總部晚餐時的獨白式談話，由其幾位祕書分別記錄）的一次說話中看來出來。他批評墨索里尼對教庭太過溫柔：「如果是我的話，我會大步邁進梵蒂岡並把他們全部揪出來。然後我會說：『抱歉，搞錯了』——但如此一來，他們就會全部都消失了！」這種做法賦予他的策略如此大膽的特色，他將之稱爲「既成事實的時代」。[37]

在用來爲其行動辯解的國會演說裡，希特勒又以精湛的煽動手法列舉德國和歐洲的矛盾、恐懼以及對和平的渴望。他用大量詞藻誇大「共產主義和國際仇恨獨裁所引起的恐懼」，這是法國從非常可怕的東方引入歐洲的危險，並呼籲「將全歐洲民族和國家之間的對立這個問題從不理性、充滿激情這個領域提出來，並置於一個更高理智的冷靜光芒之下」。他又為自己的行動舉出詳細的理由，根據德國的法律觀點，《法蘇互助條約》已被視為違反《羅加諾公約》，因為無可否認，該條約主要針對德國而訂。雖然法國否定這一點，但希特勒的說法並非沒有根據，[38]因為使法國擔心自己的安全而與蘇聯結盟的原因，正是他的嚴格修正主義。無論如何，他舉出的理由和聲明都讓人留下深刻的印象。根據我們如今所知，法國政府雖然短暫考慮了要以軍事行動反擊，卻因為普遍的和平主義氣氛而不敢全面動員。英國又再度難以理解法國的激動，因為根據英國的判斷，德國只是「回到自己的院子裡」。掌璽大臣伊登建議首相伯德溫（Stanley Baldwin），應該對法國的擔心做出回應，至少讓軍方司令取得聯繫，但他得到的回答是：「他們對此沒有興趣。」[39]法國的盟友當中，基本上只有波蘭願意採取軍事行動，卻因法國政府消極的態度而作罷，因此最後反而陷入相當大的尷尬中，而且它無法為自己的介入意願，向柏林提出一個聽起來差不多不可疑的理由。

「世界屬於勇敢的人」

於是所有的事又遵循著之前的危機模式發展。先是希特勒的突襲行動，接著是各種大聲抗議和威脅，然後是各方擔心地協商，最後是各種會議（有或沒有德國出席），直到無休止又沒有結果的交涉將各方已磨損的能量都耗光為止。國際聯盟委員會不安地在倫敦召開緊急特別會議，他們雖然一致譴責德國的違約行為，卻又不停感謝希特勒一再宣布「合作的意願」，彷彿他們自己的表決只是出於荒謬的心情，鼓勵自己與違約者談判一樣。接著國際聯盟委員會發布一項命令，要在萊茵區建立一個二十公里寬的中立區，並要求德國不可在這個區域裡有任何防禦工事。對此，希特勒只扼要地回應，他不會向任何命令低頭，德國的主權不是重建來給他們又設限或消除的。這是西方強權最後一次以消失許久的勝利者語氣說話。顯然，倫敦《泰晤士報》也這麼認爲。作爲新聞界大膽迎合政策的代言人，它在希特勒的行爲中看出這是「一個重建的機會」，就像它的一篇社論標題所說的一樣。

西方強權所有這些反應幾乎就等於在承認他們已不再有能力或不再願意捍衛他們在《凡爾賽條約》中並根據它所建立的和平秩序。早在一年前，當各國對德國再度實行全面徵兵制無力反應時，龐賽就已擔心地發現，希特勒現在一定深信「自己可以做任何事」並能夠「制定歐洲的法律」。[40]在受到本國人民的歡呼以及對手的軟弱和自私的鼓勵之下，他現在走的鋼絲越來越高。在萊茵區又被德軍占回來之後，希特勒進行了穿越萊茵區的勝利之旅。在科隆大教堂前，鐘聲響起揭開序幕之後，希特勒發表了演講，詠唱了《荷蘭感恩禱詞》，最後所有無線電停止使用十五分鐘。在回程的路上，希特勒跟一小群人坐在專門列車上，再次因爲對手的猶豫不決感到鬆了一口氣：「我眞開心！老天爺哪！我眞開心，事情都進行地那麼順利。沒錯，世界屬於勇敢的人。上主幫助他。」當火車夜間行駛經過魯爾區時，經過火燒得通紅的高爐、成堆的礦石和輸送塔時，一股克服自我懷疑的情緒向他橫掃過來，勾起他想聽音樂的興致。他請人播放一張華格納的唱片，並沉思《帕西法爾的序曲》的歌詞：「我從帕西法爾給我自己建立一個宗教。以莊嚴的形式敬拜上主……沒有假裝謙卑……只有穿著英雄長袍的人才能服事上主。」雖然沉緬於幾乎無法理解的成就當中，還在被歡呼麻痺的狀態下，但在這種時刻裡他又落到接近以前的低沉情緒當中，即使身在幸福中他也無法感到從容自在和豁達。這可以從《諸神的黃昏》的喪禮進行曲結束之後他所說的話看得出來：「我第一次聽到它時是在維也納。在歌劇院裡。我還記得，就像今天稍早時一樣。在回家的路上，當我經過一些穿著長袍講猶太德語的人時，我激動得不得了，我必須控制自己走過他們。簡直無法想像有比這更不恰當的對比了。垂死英雄的莊嚴神祕對上這些猶太垃圾！」【41】

實際上，德軍占回萊茵區在一開始的時候並沒有改變歐洲強權的權力關係。但它卻讓希特勒贏得往西邊的行動自由，這是他如今要在東南歐和東歐實現越來越近的目標絕對需要的。因此，在眾人對此行動的情緒波動才剛平息，他就開始沿著德國西部邊界擴建一道堅強的固定防線。接下來，德國轉過頭來，看向東方。

西班牙內戰

往東推進的心理準備包括要讓人們更強烈意識到共產黨的威脅。彷彿是他自己在寫歷史進程一樣，局勢又再度對他非常有利。去年夏天由共產國際（譯註：Kommunistische International，又稱第三國際，一個由共產黨和各種共產主義組織組成的國際聯合組織）新成立的「人民陣線策略」（Volksfronttaktik）於一九三六年二月首次在西班牙獲得極大的成功。不久後它也在法國境內同樣獲得驚人的成功，法國聯合左派在選舉中大勝，且大多席次都落到共產黨手裡，使得其國會席次從原本的十席增加到七十二席。一九三六年六月四日，左派的布魯姆（Léon Blum）組成一個人民陣線政府。六星期後，即七月十七日，在摩洛哥（譯註：西班牙北非殖民地）的軍人叛變引發了西班牙內戰。

在西班牙共和軍向法國人民陣線政府和蘇聯求助之際，叛軍領袖佛朗哥將軍（Francisco

Franco）則向德國和義大利求助。兩位納粹幹部和一位西班牙軍官從摩洛哥的得土安（Tetuan）到柏林去，以便將佛朗哥的信呈交給希特勒和戈林。雖然外交部和戰爭部都拒絕正式接待這個代表團，但赫斯決定帶他們去見希特勒。希特勒當時還在拜律特參加每年一度的華格納歌劇節。七月二十五日晚上，三位代表將信呈上給剛從節慶回來的希特勒。由於仍處於此刻的興奮情緒中，希特勒沒有跟任何相關部長討論就立即決定極力支持佛朗哥。空軍總司令戈林和勃洛姆堡也立刻接到命令。最初，而且也許最重要的措施是，儘速派遣幾架 Ju 52 運輸機給佛朗哥，藉著這些運輸機，佛朗哥得以將他的軍隊送回西班牙本土並建立一個橋頭堡。在接下來的幾年裡，德國提供他的援助包括各種戰爭物質、技術人員、顧問以及有名的「兀鷹軍團」（Legion Condor）之協助。但德國的援助對戰事發展基本上沒有什麼影響，而且比墨索里尼提供的援助少很多。研究此事件的檔案所得出最值得注意的訊息是，[42]希特勒這一次的行動主要又是出於策略考量，這全證明他不帶任何意識形態的理智和冷酷。好幾年下來，他幾乎沒有做出任何能幫助佛朗哥打勝仗的事，而只是讓這場衝突一直持續下去。因爲他一開始就知道，只有危機才能提供他機會。每一個危機情況所要求的，對眞正的利益交代清楚、憤慨的情緒、各種關係破裂和重新找到方向，這些才是眞正提供給政治幻想力突破的機會。因此，透過巧妙的操作——其實是讓這場衝突延長——希特勒從西班牙內戰所獲得的眞正利益，是他將各種混亂引入歐洲已凍結的關係中。

除此之外，所有其他利益都是蒼白的，即使有人認爲這是測試德國空軍和裝甲部隊很好的機會。另一個有點分量的益處最多只是首次對所有敵對的政治體系展現軍力優勢。文明世界對攻擊阿爾梅利亞港（譯註：Hafen von Almeria，德軍原本要轟炸西班牙共和軍停泊於此港的艦隊，卻錯失準頭，炸到市內平民）和轟炸格爾尼卡（譯註：Guernica，德國納粹在此進行了人類歷史上第一次地毯式轟炸）事件發出裁減武器的吶喊，但這當中卻混雜著對於挑戰共產黨之威脅所使用的不人道殘暴手法感到毛骨悚然，並產生變態的尊敬，雖然最後這種殘暴還是被拒絕了。這是希特勒利用啤酒館打群架對群衆施展恐怖的吸引力這個老把戲，只是這次的範圍更大而已。

不久之後，這場戰爭所推動的局勢方向逐漸明朗，而且又是長久以來已經熟悉的路線。的確，反法斯西陣營在西班牙的戰場上創造了傳奇，[43]而被內鬥磨耗的左派陣營，則分裂成許多派系和黨團，最後組成國際縱隊（International Brigades），彷彿爲了最後一場戰鬥再一次證明其古老神話的持續影響力。但左派的權力理論與危險從來都不只是一個傳奇而已，它還以傳奇的身分發揮了它最成功的功能：使對手陣營團結並動員起來。

儘管戰敗，這卻是德義兩國參與西班牙內戰想要達成的效果，讓這兩個法西斯勢力在長久以來分裂之後，先是有點猶豫地互相接近，最後終於團結在一起，並在一九三六年十一月一日在墨索里尼的呼籲下成立了「柏林—羅馬軸」。他們視自己爲一個新而勝利的秩序元素，腐敗的民主國家和仇視人類的左派恐怖體制在一個即將消逝的漩渦中圍繞著這個新元素打轉。於是，一個國際法西斯主義，帶著散發出光芒的權力中心，便從這時候誕生了。同時，二次世界大戰的權力結構分配也首次出現其輪廓。

希特勒與墨索里尼

即使有各種外力推動，這個結盟關係的建立並非沒有遇到任何阻礙和挫折。就像在義大利境內一樣，德國境內也有相當大的保留態度，反對與義大利有親密關係。俾斯麥曾說過，無論是當朋友或敵人，你都不能和這個南方不忠誠的國家搞政治。而他的話在一次世界大戰中就已普遍證明其眞實性。而且大衆輿論認爲，與義大利結盟就像和波蘭結盟一樣不可取。一九三四年十二月，墨索里尼曾對德國駐羅馬大使哈塞爾（Ulrich v. Hassel）說，他發覺，在德國境內，沒有任何戰爭比對義大利開戰更受歡迎。雖然德國人民的情緒還沒到墨索里尼所說的這麼誇張，但大家也不太願意相信齊亞諾的保證。他說，法西斯主義的義大利已放棄執著於尋求自己利益的所有做法，而且不再是「民主國家的妓女」，[44]就像過去一句辱罵的話所說的一樣。

使這份關係緊密連結的主要因素是，希特勒和墨索里尼在威尼斯的初次接觸不良之後，互相發展出來的個人好感。墨索里尼外向好動，理智尚未腐壞，有自發性，慷慨面對現實生活；而希特勒則是嚴肅拘謹。但除了這些不同點之外，兩人有許多相似之處：權力欲、渴望成爲偉人、易怒、愛誇大地冷嘲熱諷、喜歡裝腔作勢。墨索里尼認爲自己是長輩，所以喜歡擺出一副倚老賣老的樣子，認爲義大利的法西斯比德國的納粹有歷史。於是，許多高級納粹幹部開始閱讀馬基維利的作品。希特勒在納粹總部的辦公室裡有一個墨索里尼的沉重半身銅像。一九三六年十月，義大利外交部長到貝希特斯加登（Berchtesgaden）拜訪他時，他還做出景仰墨索里尼的不尋常姿態，稱墨索里尼爲「世界上具代表性的政治家」且「無人能出其左右」。[45]

剛開始時，墨索里尼對希特勒的公開拉攏並非沒有懷疑和保留。不僅是他自己原本對「日耳曼主義」的恐懼告訴他要小心一點，最主要是義大利的利益走的是另一個方向。雖然納粹德國轉移了大家的注意力而使得他贏得了東非的殖民地，但德國卻無法做出任何貢獻幫助他鞏固這個帝國。若要達到此目的，重要的是透過對西方展現正派行爲的政策以鞏固這個新拿到手的殖民地。然而，政治上的考量加上看到希特勒突然迅速在歐洲強大地竄起，使得墨索里尼如今不僅要搞政治，還要創造歷史；要動身出發走向偉大，釋放動能，喚醒信心，滿足「對戰爭的思鄉病」，[46]

就如同許多描述決定命運的強烈情緒的各種詞彙所說的一樣。因此，儘管在他看來，這個德國獨裁者外表既奇怪又陰鬱，墨索里尼卻對他所做的事——大膽，違反所有人一般理智的計算而決然離開國際聯盟，宣布實行徵兵制，一再反抗世界並使歐洲已經擱淺的關係又開始動起來——既感痛苦又印象深刻。這位在威尼斯時笨手笨腳的客人在世人面前所施展的是根本的「法西斯」政治的光芒。由於擔心自己的聲望，墨索里尼於是開始考量要與希特勒親近。

由於希特勒深信，事後在朋友之間一切都好談，因此他利用一個策略——在奧地利的問題上他做出表面讓步的姿態——將最困難的障礙清除掉。一九三六年七月，他與奧地利簽署一份協定，主要內容爲承認奧地利的主權，不干涉奧地利的內政，而交換的條件是，奧地利答應不再禁止「眞正高尚的」納粹黨人擔任政治職務。可以理解的是，墨索里尼將此協定在很大程度上評價爲他個人的成就。如果不是此刻的混亂局勢對他有利的話，他很可能還不太考慮與德國有更親密的關係。所以，同時在七月，國際聯盟撤回他們要制裁義大利這個不太成功的決定，並因此而把衣索比亞交到它的侵略者的手中。國際聯盟這一步也等於在承認自己的失敗。同時墨索里尼刻意加強他投入西班牙的援助，遠遠超過希特勒所提供的援助；這使他成爲具代表性的法西斯勢力。法蘭克九月造訪墨索里尼，表示希特勒邀請他訪問德國，並以最阿諛諂媚的語氣保證義大利對地中海區域的霸權地位，之後又提議雙方應更密切合作。墨索里尼當時的反應雖然還明顯有所保留，但他所展示的顯然只是這個大男人帝王般的慵懶姿態。因爲一個月後，墨索里尼便派遣他的女婿齊亞諾伯爵去德國考察。不久後又派了齊亞內提（譯註：Tullio Cianetti，法西斯大委員會成員，與商會關係密切）和利奇（譯註：Renato Ricci，商務部長），然後是一千個人的先遣部隊。最後，在一九三七年九月，墨索里尼親自前往德國。

墨索里尼訪德之行

爲了接待這位國賓，希特勒發展出納粹當局能使出的所有華麗戲碼。慕尼黑納粹黨部領導華格納保證，大部分的裝飾都是希特勒自己設計的或出於他的啓發。墨索里尼抵達時，一長排羅馬皇帝戴著桂冠的半身像在走道兩旁迎接他，使他這位帝國的新創立者和元首置身於歐洲國家歷史中最顯赫的先輩之列。在他們第一輪會面時，希特勒不僅頒發給他最高的德意志勛章，還有一個黃金的納粹黨象徵符號，就像到目前爲止只有希特勒自己所配戴的那個一樣。在舞臺布景設計師阿倫特（Benno v. Arent）的協助之下，從布蘭登堡門至西端之間設置了一條一公里長的勝利大道，充滿各種裝飾、彩帶、用藝術方式綁在一起的旗幟，加上束棒（譯註：古羅馬是權力和威信的標誌，許多根木棍圍繞著一根斧頭綁在一起）、鉤十字符號和其他的象徵標誌，構成一個醒目搶眼的戲劇場景。發光的白色高塔立於勝利大道的兩旁，上面有兩個政府的象徵符號。在菩提樹大道上有上百根柱子，柱子的頂端立著第三帝國老鷹的金色雕像。在夜間，導演用光束投射出義大利的綠白紅主題和納粹的鉤十字符號。在墨索里尼即將於柏林接受盛大歡迎之前，希特勒跟他告別，可是當墨索里尼的特別列車抵達柏林的邊緣時，希特勒的專車驚喜地出現在旁邊的鐵軌上，兩個車廂並行，陪著墨索里尼的專車走完最後一段鐵軌。接著，希特勒以不太明顯的速度超前。當墨索里尼抵達火車站時，希特勒已經站在那裡向他伸出手，等著跟他握手。接著他與希特勒一起站在敞篷車上徐徐進到柏林，墨索里尼對希特勒如此認眞眞誠給予自己尊敬留下極爲深刻的印象。接著是一場又一場的拜會、遊行、宴會、集會。在梅克倫堡（Mecklenburg）的軍隊練習場上，德軍向他展示最新武器和戰鬥力。在埃森的克虜伯鋼鐵廠向他呈現德國軍工業的績效。九月二十八日晚間，在奧林匹克體育館不遠的五月節草坪（Maifeld）上舉行了「一百一十五萬人的群衆集會」。希特勒對這位貴客發出政治家諂媚的讚美。墨索里尼是「歷史上最寂寞的男人之一，」他大聲喊說：「不是歷史考驗他們，而是他們自己創造歷史。」墨索里尼顯然對自己這幾天所體驗到的華麗和充滿力量的場景深感折服，他用德語發表演說，「光芒四射的眞相」對抗著「日內瓦和莫斯科那些愛騙人的假神」：歐洲明天就會變成法西斯。但他的演講還沒結束，突然來了一場大雷雨，群衆慌張四散，只剩他自己一個人站在那裡。在草坪上，齊亞諾諷刺地表示，「非常美妙的編舞，很感人，也很多雨」。結果墨索里尼必須像隻落湯雞一樣回柏林。這次德國之旅的印象一直令他難忘。

在埃森看到目前爲止嚴格保密的巨型大炮時，他大聲驚嘆：「我眞敬佩你，元首先生！」其實，這也是希特勒對他的感覺。雖然希特勒一般沒有辦法對人有毫不保留的感受，但他對這位義大利獨裁者的態度卻是少有的開放，懷有幾乎天眞的好感，而且即使多年後的失望也沒有使這好感消失。墨索里尼是少數幾個他完全沒有任何小心眼、計算或嫉妒的人之一。重點是，對方和他一樣，從底層平民出身，所以沒有逼他得做出一副拘謹的樣子，就像歐洲幾乎所有的古老市民階級那樣。在威尼斯的初步接觸不良之後，他們互相的理解是突發性的。由於這樣的信任，在議程上希特勒只保留一個小時進行政治磋商。墨索里尼當然有自己的判斷力和政治敏感度，但希特勒所實行的個人外交政策風格、直接和不同勢力協商的方法、用力的握手、大男人的用詞等等都非常符合他強勢本性的胃口。在希特勒的影響下，他逐漸放下這強勢的一面，奇怪的是，他最後也變得沒有抵抗力，降低自己的身分，到最後變得卑微，就像許多人一樣。在他讓自己被阿諛奉承和華麗的作秀場面收買的這一刻，基本上他就已經輸了，而且已經可以預見不到八年後他在洛雷托廣場（譯註：Piazzale Loreto，墨索里尼戰敗後在逃亡路上被抓，當場被處決，之後屍體被拿到此處曝屍供民眾洩憤）的下場。儘管與希特勒在意識形態上有共同點，他亦沒有忽視兩國利益的不同，一個是只得到一點滿足的勢力而另一個是強大對外擴張的勢力。在柏林的演說中，他談到法西斯和個人的道德原則，根據這原則，他找到了一個「能夠和他一起邁步到最後」[47]的朋友；這場演說的核心就已經顯示出，在訪德這幾天的激動印象之下，他就已經從政治領域轉向把自己的命運盲目地與希特勒的命運綁在一起的非政治領域。

於是，希特勒意外地快速實現了他與一方結盟的構想。在現代史上，這是首次兩個國家因為意識形態結成「一個行動團體……這完全違反了列寧的預言，而且不是兩個社會主義國家，還是兩個法西斯國家結盟」。[48]但問題是，在如此明顯以意識形態結盟之後，希特勒是否還能贏得另一位理想夥伴——英國；還是，在自己的先決條件和目標的導引之下，他在此刻便已經走出帶他走向災難的第一步。

重新拉攏英國

在德軍重新進駐萊茵區之後不久，希特勒又重新出發，想辦法拉攏英國到自己這一邊。又一次，他沒有運用外交部——而且此部門很快就只剩下處理外交日常事務的角色，變成一個技術性單位。相反地，他運用派遣特使的權力而將實現此中心目標任務掌握在自己手裡。為了拿到在他的大外交構想中的皇冠——與英國結盟，希特勒再次派遣里賓特洛甫這位具有外交天分的酒商，他是成功簽署了《英德海軍協定》的英國專家兼外交之星。

他的選擇沒有比這更錯誤，也沒有比這更失敗的了。到最後，第三帝國的高層領導人物裡沒有任何一位像里賓特洛甫一樣，受到如此一致的拒絕和壓力。無論敵方或友人，大家不僅失去對他的好感，還否定他所有的實務能力。這位目光淺短的黨羽自一九三五年開始獲得希特勒的寵信和保護，這件事顯示，在這時候希特勒已很大程度只需要工具和尋求完全可以掌控的下屬。對外，里賓特洛甫浮誇、裝腔作勢，但對內他卻幾乎瘋狂地臣服於希特勒之下。他一直努力做出政治家皺著眉頭的樣子，呈現出自一九三三年改變階級而往上爬的小市民類型的縮影，他們將自己的仇恨情緒和愛好災難傾向塑造成歷史上偉大的惡魔。不久，他還親自設計出一套他自己想像中的外交制服，臂章上繡著第三帝國的老鷹象徵站在一個地球上。

透過一個中間人，里賓特洛甫與英國首相伯德溫接洽，並建議他與希特勒親自會面。他們會談的結果將「決定好幾個世代的命運」，而且若能會面成功，這將滿足了德國總理「人生最大的願望」。伯德溫是一個非常優柔寡斷的人，反應遲鈍，喜愛舒適的生活環境。我們從他的親隨得知，中間人花了很大的力氣才中斷了他每晚的紙牌接龍遊戲，並告訴他所計畫的會面已經引起願意保持平衡的所有勢力之熱情和希望。剛開始時伯德溫不太喜歡與此會面計畫相關的錯綜複雜情勢，他對希特勒和歐洲一點都不在乎，就像邱吉爾非常精準地發現一樣，他對歐洲所知不多，而且也不喜歡這所知不多的部分。所以他認爲，如果雙方眞要見面的話，就讓希特勒來吧，他既不喜歡坐飛機也不喜歡坐船，最好不要太麻煩。他還熱情地建議，也許希特勒可以八月來，到時候可以在坎伯蘭（Cumberland）海邊的山上見面，大家可以開心玩到深夜，「喝點馬爾文礦泉水（譯註：Malvern，英國著名礦泉水產地，自十七世紀起便傳此礦泉水有治療功效），再上床睡覺」，報告最後這麼記載。之後雙方考慮在英國岸邊的一艘船上見面。希特勒當時的副官說，希特勒一想到即將與英國首相會面，就「笑得非常開心」。[49]

與日本結盟

最近希特勒又對大結盟構想進行擴充，把日本包括進來。一九三三年初他首次提到，除了英國和義大利之外，日本這個遠東國家也是一個可能的結盟夥伴。儘管這兩個種族有各種不相容之處，但日本就像一個遠東版的德國，落後、講求紀律、感到不滿足，而且還與蘇聯接壤。根據希特勒的新想法，只要英國在東歐和東亞沒有什麼動靜，德國和日本就可以沒有後顧之憂，聯合起來從兩邊夾攻蘇聯，把它打垮。透過這種方式，不僅可以使大英帝國擺脫一個緊急威脅，同時也使現在的秩序，古老的歐洲，擺脫它最討厭的敵人，而德國也因此獲得所需的生存空間。希特勒這兩年來所追求且一直想辦法說服英國的，就是這個橫跨全球的反蘇聯結盟。一九三六年初，他向倫敦德里侯爵（Lord Londonderry）和湯恩比提出這個構想。

直到今天我們都不清楚，希特勒與伯德溫計畫的會面到底爲什麼失敗。根據所有跡象顯示，伊登的極力反對可能是一大原因。根據希特勒身邊的人指出，雖然他對於英國第四度拒絕他接近的嘗試感到「極爲失望」，[50]但他還是不放棄。一九三六年夏天，德國駐倫敦大使馮·赫許（Leopold v. Hoesch）去世，希特勒任命里賓特洛甫爲繼任的駐倫敦大使。他的任務是，向英國提議一個「穩固的聯盟」，而相對的「英國只要讓德國在東邊自由作爲」。根據希特勒之後對英國戰爭部長喬治所說的，這是「最後一次嘗試」讓大英帝國明白德國政策之目的和必要性。[51]

這次嘗試還伴隨著新一波反共產主義的宣傳活動，「人類的老對手和夙敵」，就像希特勒有一次用他特有的神學化詞彙所說的。[52]西班牙內戰提供給他新的論點和畫面，使他的修辭變得更加豐富。他誇張地說：「國家主義的軍官遭到殘暴地大屠殺，國家主義軍官們的妻子被澆上汽油點火，國家主義軍官們的孩子和嬰兒被宰殺，國家主義父母們的孩子和嬰兒被宰殺」，並預言，已成功過渡至人民陣線的法國將面臨同樣恐怖的下場。「於是歐洲將陷入血海與淚水當中。」他又預言：「從遠古時代就已孕育的歐洲文化，在擁有兩千五百年歷史之後，不久即將被有史以來最殘暴的蠻族消滅。」在描述他所鍾愛的末世景象之同時，他自願充當世界的堡壘和庇護所：「即使全世界開始燃燒，這個民族社會主義國家將如白金一般高高聳立於布爾什維克主義的大火中。」[53]

反共產國際協定

儘管這波宣傳持續好幾個月，卻沒有得到預期的效果。英國人的確感受到共產主義的威脅，可是他們的冷漠、理智以及對希特勒的不信任，比對共產主義的恐懼還強。即使如此，一九三六年十一月，在柏林努力之下，德國成功與日本簽署了《反共產國際協定》（譯註：Antikominternpakt，又稱防共協定，納粹德國與大日本帝國在一九三六年簽訂的反對共產國際及蘇聯的協定）。此協定主要內容爲兩國共同採取抵抗共產主義的防衛措施，任何一方都不可與蘇聯簽署任何政治協定，萬一遭到蘇聯挑釁式攻擊時，不可採取能夠使蘇聯更容易動手的措施。整體而言，希特勒希望德日義三角聯盟的地心引力不久可以在拉攏英國時釋放出足夠的壓力。似乎就在這時候，他首次考慮要透過威脅強迫這頑固的島國釋出他往東邊推進的路。若所有線索都沒錯的話，自一九三六年底他便已決定不排除考慮對曠日持久拉攏卻又沒拉攏成功的英國用兵。[54]

從心理上而言，這樣的轉變無疑是因爲過去一連串的成功而使得他信心大增。一九三七年二月二十四日在慕尼黑皇家啤酒館舉行的創黨紀念日上，他大聲疾呼：「我們今天已再度成爲一個世界強國！」他這段時間的所有談話都明顯帶有一種新的挑戰和不耐煩的語氣。一月三十日，在上臺四年之後，他出席國會時呈現令人矚目的成績單，他「以最莊重的態度」從《凡爾賽條約》歧視德國的規定中撤回德國的簽名，接著他嘲諷地說，德國多年以來都在說「和平、與各國溝通的世界語言，結果卻發現，世界各國還是不太聽得懂這個語言。自從我們擁有強大的軍隊之後，世人才再度聽懂我們的語言」。採用羅恩格林（譯註：**Lohengrin**，華格納一齣浪漫主義歌劇中的聖杯騎士）白騎士的形象，這是他非常喜歡且認同的一個形象，他說：「我們以愛好和平者的身分走遍全世界，但是以身披鋼甲手持鐵槍的天使模樣。」[55]現在這個想法也賦予他安全感，使他可以展現不滿的情緒。雖然春天時他藉著對比利時提出保證而重新嘗試與英國接近；但同時他又以無禮粗暴的態度對待英國政府，臨時取消了外交部長諾伊拉特原本要訪問英國的行程。一九三七年五月四日，洛錫安侯爵來拜訪他以進行第二次會談時，他表現出很不愉快的樣子，還強烈批評英國的政治，說他們沒有能力看清共產主義帶來的危險，完全不知道自己的利益為何。在他還是「作者」的時候，他就一直是親英國的。若兩國之間再發生一場戰爭，將表示這兩個強權與歷史告別，這是既無用又具毀滅性的做法。[56]相反地，他提議雙方在明確的利益上互相合作。又一次，他等英國的回應等了半年。當英國沒有做出任何回應時，他重新修改自己的構想。

希特勒的聲望日益增長

雖然希特勒的理想藍圖還缺少一個重要的先決條件，他仍然以驚人的程度實現了自己的企圖：贏得義大利和日本為盟友；使英國立場搖動、聲望受損；揭露法國的弱點。更重要的是，他破壞了集體安全的原則並將各民族的神聖利己主義重建為致勝的政治原則。由於權力分配結構已迅速改變，各個小國顯得特別不安並加速瓦解敵對陣營的步調。在波蘭之後，比利時亦背棄了無力的法國盟友。同樣地，匈牙利、保加利亞和南斯拉夫等國也重新調整方向。隨著希特勒給予《凡爾賽條約》致命的一擊，許多《凡爾賽條約》當初所壓下但並沒有解決的各種衝突因素再度浮現。整個東南歐都開始有動作。自然而然，他們的政治人物欽佩希特勒這個榜樣，因爲他克服了自己國家的無力感，結束了羞辱其驕傲的因素，並給曾經的戰勝國知道什麼叫做害怕。作爲「歐洲的新命運之神」，[57]他如今成爲各國前來政治朝聖之旅的焦點，他的建議和支持變得很有分量。他達到的驚人成就似乎在證明極權政府當局優越的行動力，而相對的，那些自由民主政府則因爲其無休止又沒有結果的交涉、繁文縟節的做法、被神聖化的週末和馬爾文礦泉水而顯得前途無望。在那段時間裡，法國大使龐賽常與外交友人或盟邦的外交人員一起在柏林豪華餐廳霍爾賀（Horcher）共進晚餐。根據他的說法，隨著希特勒每一次的成功，參與飯局的人越來越少，就像巴爾札克有名的小說《驢皮記》（*La Peau de chagrin*）裡的驢皮一樣。[58]

對國內政治的影響

當然，希特勒這些作爲對德國境內的影響深刻很多。尤其是那些數目原本就日益減少的懷疑者和反對者，他們所有懷疑的原因都被清除了。當時在柏林的英國大使館裡任職的柯克派屈克（Ivone Kirkpatrick）寫到，西方國家對希特勒週末行動的猶豫不決，在德國境內獲得了「壓倒性的」效果：「那些勸告他要謹慎一點的德國人被反駁了，希特勒相信他可以成就任何事；此外，現在許多德國人舉起了納粹的旗子，他們之前之所以反對希特勒，是因爲擔心他會把德國帶往災難的下場。」[59]結果，他反而獲得成功、聲望、尊敬。看到那些已經強大的戰勝國一次又一次因爲希特勒的外交突襲行動，感到不知所措，意識仍處於混亂當中的國民終於看到自己能夠揚眉吐氣，並從這當中獲得很大的補償作用，恢復國力之後的一個基本需求得到了滿足。

政府當局在國內獲得的各種成功，又以特別的方式支持著這種需求。不久前，德國仍處於經濟不景氣當中，所有的社會困境、所有的危機、當時的各種弊端加起來，這個國家看起來似乎已沒有出路。如今它突然被當作受人欽佩的榜樣。戈培爾用典型的老王賣瓜的自誇語氣，稱這個如此突然的轉變爲「二十世紀最大的政治奇蹟」。[60]世界各國的代表團前來研究德國的振興經濟措施、消除失業率措施或覆蓋率廣泛的社會服務——改善工作環境、對工廠食堂和住屋提供補助、設置運動場、公園、幼稚園；企業之間的競賽，職業上的競賽或「力量來自歡樂」這個納粹大型休假組織的遊輪船隊和度假中心。綠根島（譯註：Rügen，德國最大島，位於德國東北部）的一個四公里長的大衆旅館的模型——有自己的地鐵系統，可快速接送十萬名旅客——在一九三七年的巴黎世界博覽會上贏得大獎。甚至吹毛求疵的觀察家也對這些成就印象深刻。布爾哈特（譯註：C. J. Burchhardt，瑞士外交官和歷史學家）在寫給希特勒的一封信裡稱讚「勞工服務和帝國高速公路是浮士德式的成就」。[61]

準備擴張

在一九三七年一月三十日的國會大演講中，希特勒宣布，「驚喜的時間」已經結束。他往後的步伐所遵循的邏輯來自他用每一個行動所獲得的據點。就像與波蘭的互不侵犯條約給他向捷克斯洛伐克前進的關鍵鑰匙一樣，與義大利達成一致意見則提供他併吞奧地利的槓桿。透過德國政治人物在波蘭的各種訪問活動，邀請波蘭政治人物拜訪德國，各種友誼鄭重聲明，宣布德國放棄對波蘭領土的權利，希特勒想辦法將波蘭拉得更近。他讓戈林在訪問華沙時表示，德國對波蘭走廊沒有興趣。他自己又對波蘭駐柏林大使利普斯基（Josef Lipski）說，長久以來備受爭議的但澤自由市將與波蘭結合，這一點不會有任何改變。[62]同時，他又加強與義大利的關係。一九三七年十一月初，又在里賓特洛甫的協助之下，他說服義大利加入與日本締結的《反共產國際協定》。美國駐東京大使克魯（Joseph C. Crew）在分析這個「世界政治三角」時認爲，參與其中的勢力「不僅反共產主義，他們的政治和做法同樣在反抗所謂的民主勢力」，他們是一個由一無所有者組成的聯盟，把「推翻現狀」設爲其目標。特別是墨索里尼在簽約儀式前對里賓特洛甫說，他已經厭倦了當奧地利的守衛。這位義大利獨裁者打算爲了這份新友誼放棄現狀，但他似乎沒有預料到，自己這麼做等於是打出了手中的最後一張牌。他認爲：「我們不能強迫奧地利獨立。」[63]

同樣是一九三七年十一月五日，當這場對話在威尼斯宮進行的同時，希特勒在柏林向波蘭大使保證但澤屬於波蘭領土不可分割的一部分。下午四點過後不久，德國防衛軍的高層領導和外交部長出現在總理府。在四小時的祕密談話中，希特勒向他們揭露他的「基本想法」：日耳曼種族面臨威脅，德意志民族存亡的恐懼和需要生存空間等舊有想法，爲解決這些問題，他看到「唯一而且也許是看起來最理想的協助方法」是獲得新的生存空間，建立一個幅員廣大、領土渾然一體的龐大世界帝國。在獲得政權和多年的準備之後，這些想法開啓了擴張的階段，而且帶來令人驚嘆的後果。

注釋

【1】»Mein Kampf«, S.775；類似的話，同上，S.365 f.。

【2】一九四一年一月三十日的講話，見 M. Domarus, aaO., S. 1659。

【3】E. Nolte, »Faschismus«, S. 189f..

【4】H. Graf Keßler, aaO., S.716.

【5】一九三六年九月九日的談話，Domarus, aaO., S. 638；此外，一九三六年九月十日的談話，同上，S.640，以及 H. Frank, aaO., S.209。

【6】一九三四年，全國黨大會上的文化講話，比較一九三四年九月六日的›Völkische Beobachter‹。

【7】H. Rauschning, »Gespräche«, S. 255。關於張伯倫拒絕相信勞施寧的話，比較 W. Churchill, »Der Zweite Weltkrieg«, I, S. 419。菲普斯爵士的話，在他對德國和波蘭簽訂條約所做的報告中，引述於 R. Ingrim, aaO., S.70。

【8】法國作家瓦雷里如此認爲，引述於 I. Silone, aaO., S.36。關於希特勒說「民主的危機」，比較一九三七年四月二十九日在弗格桑軍事訓練中心時，以不同的觀點發表因而值得注意的談話，刊印於 v. Kotze/Krausnick, aaO., S.111 ff.。

【9】Arnold Spencer Leese 如此提議，引述於 E. Nolte, »Krise«, S.332。

【10】英國皇家空軍中校 Archie Bolye 對 Obermüller 中校這麼說，比較羅森伯格在一九三五年三月十五日給希特勒的信，引述於 H. -A. Jacobsen, »Nationalsozialistische Außenpolitik«, S.78。轉述《泰晤士報》的那句話，出於洛錫安侯爵在上議院的一次發言，比較 R. Ingrim, »Von Tallyrand zu Molotov«, Stuttgart 1951, S.153。

【11】一九三六年三月二十二日的講話，引述於 M. Domarus, aaO., S.610。

【12】Th. Mann, »Dieser Friede«, 比較 GW 12, S.783。

【13】引述於 M. Domarus, aaO., S. 473 ff.。

【14】R. Ingrim, aaO., S.107.

【15】A. Kuhn, aaO., S. 159.

【16】比較 R. Ingrim, aaO., S. 140 和 139。關於綏靖政治的動機，亦比較 A. Bullock, aaO., S.336 以及關於此有許多文獻，比如 M. Gilbert/R. Gott, aaO., Sebastian Haffner, »Der Selbstmord des Deutschen Reiches«。此外還有 Gottfried Niedhart, »Großbritannien und die Sowjetunion 1934-1939. Studien zur Britischen Politik der Friedenssicherung zwischen den beiden Weltkriegen«，以及 Bernd-Jürgen Wendt, »Appeasement 1938. Wirtschaftliche Rezession und Mitteleuropa«。最近還有 A. Hillgruber in HZ, 218/1, 1974。

【17】R. Ingrim, aaO., S.143.

【18】M. Domarus, aaO., S. 491ff..

【19】Paul Schmidt, »Statist auf diplomatischer Bühne«, S.292.

【20】引述於 Keith Feiling, »Life of Neville Chamberlain«, S. 256.

【21】P. Schmidt, aaO., S. 301。在他任職於柏林期間，菲普斯爵士改變了他對希特勒的看法。不久之後，他對駐巴黎的美國大使說，他認爲希特勒是「一個狂熱分子，要統治整個歐洲才會感到滿足」。他也對駐柏林的美國大使說，他認爲德國在一九三八年之前不會發起戰事，但「戰爭就是這個國家的目的」，比較 M. Gilbert/R. Gott, aaO., S. 26f.。

【22】比較 R. Ingrim aaO., S. 129 ff. 的描述。此外，P. Schmidt, aaO., S. 315，以及在 Krogmann 日記中的報導，引述於 H. -A. Jacobsen, »Nationalsozialistische Außenpolitik«, S. 415, Anm.。

【23】引述於 R. Ingrim, aaO., S. 133。此外，亦參考 Erich Raeder, »Mein Leben« I, S. 298 ff.。

【24】J. v. Ribbentrop, aaO., S.64.

【25】K. D. Bracher, »Diktaur«, S. 323。以下引述希特勒的話，出於 E. Kordt, »Nicht aus den Akten«, S. 109。關於英方對其綏靖政策之辯解，比較比如 Sir Samuel Hoare 於一九三五年七月十一日於下議院的發言，引述於 W. Churchill, aaO., S. 178。此外，S. Hoare, »Neun bewegte Jahre«, Düsseldorf 1955, S. 127ff.。邱吉爾雖然當時反對政府這項政策，但在事後的表決中又投贊成票，這次表決結果是二百四十七票贊成，四十四票反對。

【26】E. Nolte, »Epoche«, S. 288.

【27】同上，S.288。此外，B. Mussolini, »Opera Omnia« XXVI, Florenz 1951, S. 319，以及 I. Kirkpatrick, »Mussolini«, S. 268。墨索里尼以下引述，同上，S.275。

【28】關於這一點，比較 E. Nolte, »Krise«, S. 162。

【29】比較 P. Schmidt, aaO., S. 342。

【30】E. Nolte, »Krise«, S. 160.

【31】A. Kuhn 的專題論著對希特勒的外交政策有詳細的分析，並首度提出這個衝突。拜他所賜，我們得知此事與以下引述的希特勒於一九三七年四月二十九日的祕密談話之關係。

【32】比較 Manfred Funke 的研究，»Sanktionen und Kanonen. Hitler, Mussolini und der Abessinienkonflikt«, Düsseldorf 1971。

【33】比較 F. Hoßbach, aaO., S.97。他報導，希特勒首度在二月十二日考量提早行動，有一個證據是，在現有的局勢之下相對於其他方畏於做決定，希特勒能夠極快做出決定。關於下面提到墨索里尼的鼓勵，

比較 H. -A. Jacobsen, »Nationalsozialistische Außenpolitik«, S. 418。關於斯特雷薩精神已死一說，指的是當時所有強權一致同意，任何一方單向宣布違反條約時，要用所有適當的方法反對之。

【34】M. Domarus, aaO., S.580.

【35】P. Schmidt, aaO., S. 320。此外 F. Hoßbach, aaO., S. 23 和 S. 98。希特勒有短時間幾乎精神崩潰這種誇張的說法，出於 E. Kordt, »Nicht aus den Akten«, S. 134，但沒有任何其他消息來源支持這種說法。

【36】K. D. Bracher, »Diktatur«, S. 325。在 »Tischgespräche« 中，希特勒承認：「在每一次突襲行動後」他都「舉辦選舉。這在國外和國內都能達到最大的效果」，aaO., S. 169。

【37】H. Hoffmann, aaO., S.82。此外，»Tischgespräche«, S. 155, 169。齊亞諾就同樣的含意談到既定事實的「法西斯原則」：»Cosa fatta capo ha.«（〔義〕事情已成定局）比較 »Tagebücher«, S. 9。

【38】關於這一點，比較 G. Meinck, aaO., S. 145 ff. 的分析。

【39】Lord Avon, »Facing the Dictators«, London 1962, S. 362.

【40】A. François-Poncet, aaO., S.264.

【41】H. Frank, aaO., S.204 f..

【42】比較 ADAP III. 義大利援助的軍力超過五萬人，而德國只提供約六千人，而且中間一直替換。希特勒拒絕公開召募自願者到西班牙，同樣地，德軍的任務基本上沒有公開，而且嚴格保密。

【43】E. Nolte, »Krise«, S. 178.

【44】G. Ciano, »Tagebücher«, S. 46.

【45】G. Ciano, »Diplomatic Papers«, 引述於 A. Bullock, aaO., S. 351。

【46】G. Ciano, »Tagebücher«, S. 13.

【47】引述於 M. Domarus, aaO., S. 738。在此處亦有墨索里尼訪德時的其他發言。

【48】E. Nolte, »Faschismus«, S. 270 f..

【49】F. Wiedemann, aaO., S. 150。關於晚間與伯德溫說話的情節，比較 M. Gilbert/R. Gott, aaO., S. 34。

【50】F. Wiedemann, aaO., S. 150；此外，比較 A. Eden, »Angesichts der Diktatoren«, S. 437。

【51】Th. Jones, »A Diary with Letters 1931-1950«, London 1954, S. 251。關於里賓特洛甫的任務，比較他一九三九年七月五日對保加利亞總理 Kiosseiwanoff 的談話，in: ADAP VI, S. 714。此外，見 C. J. Burchhardt, aaO., S. 285, 295。

【52】一九三六年十一月十三日的演說，引述於 M. Domarus, aaO., S. 643。

【53】一九三七年於全國黨大會的文告；引述於，同上，S. 716。之前的引述，見同上，S. 646。

【54】關於這一點，比較 A. Kuhn, aaO., S. 198 ff.。值得注意的是，剛開始時，軍事計畫大多沒有受到這個新考量的影響。

【55】一九三七年二月二十四日的講話，引述於 v. Kotze/Krausnick, aaO., S. 90, 92；此外，M. Domarus, aaO., S. 667。

【56】比較 James R. M. Butler, »Lord Lothian«, S. 337。

【57】A. Bullock, aaO., S.355.

【58】A. François-Poncet, aaO., S. 188 f..

【59】I. Kirkpatrick, »Im inneren Kreis«, S. 44.

【60】J. Goebbels, »Der Führer als Staatsmann«, in: »Adolf Hitler« (Cigaretten-Bilder-dienst), S. 54 f..

【61】一九三六年五月二十三日的信，BAK R 43II/1945。

【62】Polish White Book, S. 36 ff., 引述於 A. Bullock, aaO., S. 365。

【63】G. Ciano, »Diplomatic Papers«, S. 146。此外 Theo Sommer, »Deutschland und Japan zwischen den Mächten 1935-1940«, S. 90f.，以及 Joseph C. Crew, »Zehn Jahre in Japan«。

第二章　細看一個非人

「那已然超出俗世眾人的他，像雕像一樣站在那裡。」

《人民觀察家報》對希特勒於一九三五年十一月九日出現時的報導

在看這幾年的歷史時，無論在道德或文學要求上都讓歷史學家感到生氣，因爲幾乎所有的報導都只在描述希特勒的成功和勝利。但這幾年正是他發展出不尋常的優勢和勢力的年分，總是在適當的時刻往前推進或展現耐心，利用威脅、拉攏和談判等方式，使得所有對抗他的力量一起萎縮，並將這個時代的所有吸引力、好奇心和恐懼都引到他身上。這種能力又以另一種獨特的能力爲基礎——他以壓倒性的規模去呈現自己的力量和成就，並將這令人印象深刻的表現變成他的亮點而受人歡迎。

斷斷續續的生命發展

這個事實對應著希特勒被奇怪地切成一截一截的人生旅途。他的人生旅途分成如此粗糙的幾個片段，使得要在這些不同階段之間找到連結的元素常常不是那麼容易的事。他五十六年的生命裡，前半的三十年因爲其愚蠢、反社會和不明朗的情況而一再中斷，後半二十年卻像通了電一樣，突然崛起的政治生涯。希特勒的後半段生命也可以分為三個明顯的階段。前十年是準備的年分，釐清自己的意識形態，試驗各種策略；即使在煽動人心方面有許多點子，但基本上，他只是一個激進政治組織裡的邊緣小人物。接著的十年是他成為當代的焦點人物，但在回顧歷史的觀察者眼中，他只是在互相擁擠又歇斯底里歡呼的群衆所構成的唯一一串畫面中移動。在這個階段裡，他感受到了自己是一個童話人物和被揀選的人，並注意到，這些「並非都是人為的」。[1]還有另外的六年則是所有荒謬的錯誤，一次又一次的犯錯、各種罪行、苦苦戰鬥、毀滅的妄想、死亡。

納粹的活動

這又將我們的目光重新引到阿道夫・希特勒這個人身上。他的個人輪廓依然是蒼白的，有時候看起來，他彷彿是由他自己所塑造的國家和社會這個模子所造出來的，而不是因為個人的生長環境所孕育出來的。他在所有華麗的政治場面上為呈現自己所塑造的那座雕像，洩露出的個人本質比他隱藏的還多。

這段成功的時間裡的政治事件伴隨著由大型演藝活動、閱兵、各種啓用儀式、開工儀式、火把遊行、大火堆、集結軍隊等元素，構成一場緊接著一場的煙火秀。有人很早就指出，納粹政權的內政和外交之間有緊密的相關性，但這兩者與宣傳政策之間的相關性顯然更為緊密。各種紀念日、突發事件、國事訪問、慶祝豐收、某個黨羽的喪禮、簽署條約、違反某份條約，一連串各種事件營造出讓人一直情緒激昂的場景，毫無差別地對所有人發出刺激，以發展出影響更大的操控心理藝術。這一切都只為達到這個目標——使人民更緊密地融合在一起並製造普遍的動員意識。

在希特勒的國家裡，這種關連性特別緊密且多彩多姿地連結在一起，緊密到連國家的重心都發生轉移，政治似乎失去了其優先性而淪為華麗戲劇效果的僕人。在規劃未來帝國首都的繁華大街的討論中，為了達到這樣的效果，希特勒甚至想發起一場對自己政權的叛變，他用誇張的語言描述，納粹親衛隊開著裝甲車，像一具巨大、令人無法抵擋的碾壓機，在一百二十公尺寬的大道上緩緩駛向他的宮殿。[2]他的戲劇化本質總是不由自主地一再出現，並誘惑他把政治擺在營造場景之後。從這些審美觀和政治元素的融合中可以清楚看出，希特勒出身於中產階級晚期的波希米亞以及他持續根植於這個環境中的事實。

希特勒的導演天分

甚至民族社會主義的各種活動的風格也是出於這個源頭。從納粹的活動當中可以看出他們受到喜愛華麗、色彩繽紛的天主教會儀式的影響，但更多的是華格納的遺產以及其過度誇張的戲劇禮儀。霍克海默（譯註：Max Horkheimer，德國哲學家，法蘭克福學派的創始人之一）曾經指出，這些華麗奢侈的場面對平民世界的意義——在納粹全國黨大會的華麗歌劇場景中，平民階級的戲劇成分彷彿發揮到極致。從今天的紀錄片中仍然可以看得出，這類活動具有廣泛暗示的效果，而且特別與這個根源有關。「在戰爭爆發之前我在聖彼得堡度過了最美好的俄國芭蕾時間。」韓德森爵士（譯註：Sir Nevile Henderson，英國外交官，一九三七至一九三九年擔任英國駐納粹德國大使）寫到：「但我從來沒有看過哪一場芭蕾舞能與這麼華麗的場面相比。」[3]它揭露出導演對大場面的精準知識以及對小人物心理的認識。從旗海、火把遊行、行軍隊伍、易懂好記的花哨音樂，這一切都散發出一種魔力，使得對無政府狀態感到不安的人難以抗拒。在無與倫比的巨型慶典活動中，即使當中有許多人組成的大型方塊，希特勒都親自檢查每一個細節；每一次出場、每一個步驟都被他評估過，包括旗子或花束的裝飾細節，甚至到來賓的座位席次都不放過。從這當中就可以看得出希特勒多麼重視這些效果。

死亡崇拜的審美觀

第三帝國活動特有的風格讓人看出，希特勒的導演天分在喪禮上才發展出他特有的說服力。生命似乎癱瘓了他的想像力，所有歡慶生命的努力都只不過是一首單調乏味的小農夫民謠，在勞動節花柱下快樂地跳舞，祝福小孩子，或是唱一些傳統的歌曲，頂著粗脖子的幹部哼著民歌並點上一些小燈等等方式。相反地，在喪禮上，他的悲觀氣質卻一再贏得炫目的效果。他第一次有計畫發展出來的藝術性煽動手法之眞正高潮，是這個場面：在慕尼黑的國王廣場或紐倫堡的黨大會廣大的會場上，在憂鬱的背景音樂中，寬闊街道的兩旁擠滿成千上萬的人，而他站在中間，一步一步往前走並向死者致敬。這種場景帶著被政治化的耶穌受難日的魔力，「爲死亡宣告其光榮」，[4]就像人們對華格納的音樂所說的一樣。而希特勒的政治審美觀概念與這種說法非常搭配。

這種光榮死亡的審美觀偏愛將場景設在夜間。不斷點燃火把、柴堆或火圈，根據極權主義製造氣氛的技術員宣稱，雖然這藉口說是在歡慶生命，但事實上是一種貶低生命的可悲做法，因爲它使人聯想到末世，將世界處於烈火中這幅令人顫抖畫面美化，或在預言滅亡，包括他們自己的滅亡。

一九三五年十一月九日，希特勒要以一個擴大的儀式表彰在啤酒館政變中走向統帥堂（Feldherrnhalle）途中喪命的死者。在往後的幾年這成了一種模範儀式。建築師特魯斯特

（Ludwig Troost）在慕尼黑的國王廣場上豎立了兩個古典主義風格的殿堂，當中放著十六具銅棺，銅棺裡裝著第一批「血證人」被挖出來的遺骸。在儀式的前一晚，希特勒在公民啤酒館進行傳統的演說（譯註：一九三三年以後，每年十一月八日，希特勒都在此發表紀念啤酒館政變的演說），而銅棺則置於統帥堂裡，銅棺上面鋪著褐色的布，旁邊還有火盆作爲裝飾。快到午夜時，希特勒站在敞篷車上，緩緩駛過勝利之門，進到在光柱裝飾下半明半暗的路德維希大街（Ludwigstraße），到達音樂廳廣場（Odeonsplatz）。衝鋒隊員和親衛隊員舉著火把沿著街道兩旁站著，組成兩條長長的人牆火線，在他們之後是擁擠的群眾。當希特勒的座車緩緩駛到統帥堂之後，希特勒高舉著一隻手臂走上鋪著紅地毯的階梯。他沉默地在每一具銅棺前停留片刻，進行「無聲的對話」。接著六萬名穿著制服的黨羽舉著無數的旗子，加上整個黨的各個旗隊，在靜默中列隊前行，經過亡者的銅棺。隔天早上，在這個十一月的秋日裡，天剛破曉時，紀念遊行開始。在一九二三年的遊行路線沿途豎立了幾百根裹著深紅色布料的柱子，上面用金色的字母寫出「運動陣亡者」的名字。擴音器一直放著《霍斯特．威塞爾之歌》（Horst-Wessel-Lied）。當遊行隊伍行至一個放祭品的盤子面前，死者的名字被一一叫出。在遊行隊伍的最前面是希特勒和當時的領導幹部，穿著褐衫或歷史性的制服（由「十一月八日／九日局」所製備的灰色風衣和「二十三號」滑雪帽）。在遊行到統帥堂，即當時警方開槍，群眾四處奔跑的地點，他們象徵性的修改了當時的情況——攜帶武器的代表也加入遊行的隊伍，十六門大炮齊射，響徹城市的上空。接著是完全靜默，希特勒在紀念碑前放下一個巨大的花環。在《德意志之歌》莊嚴音樂聲中，他們所有人走過幾千面爲表示致敬而降下的旗子，在「勝利的遊行」中匯合，走向國王廣場。這時，在「最後的呼喚」時，陣亡者的名字最後一次被喊出，隊伍中代表他們的民眾喊

「有」！亡者隨即進入「永恆的守衛」之列。

同樣地，在紐倫堡的黨大會上，焦點也是向死者致敬。不僅如此，轟轟烈烈的死亡這種想法在這維持多日的黨大會裡的每一個儀式、每一次講話和每一次呼籲裡都會出現。希特勒一出現，穿著黑色禮服的親衛隊旗隊就向他敬禮，在鐘聲的伴隨下，他的座車緩緩駛進處處裝飾著納粹旗子和人潮洶湧的城市中。血紅色的旗子以及希特勒在路易浦公園（譯註：Luitpoldhain，離紐倫堡東南十一公里的一個二十一畝大公園，納粹於一九三三至一九三八年在此舉行全國黨大會）裡的榮耀死者之行是最大的特色。兩位隨從站在希特勒的後方，以表示尊敬。在旁邊的水泥地上，超過十萬名衝鋒隊和親衛隊員排成巨大的方陣，希特勒在中間的「元首之路」走向光榮紀念碑。在紀念碑前，旗隊將旗子傾斜，在旗子投下的狹長陰影中，希特勒沉默很久一段時間，臉上顯出悲傷的表情，清楚營造出「元首」一詞的含意：在保持靜默的黨軍當中，「包裹在空虛、無可逾越的凱撒般的孤獨空間中，這孤獨只屬於他和死去的英雄，他們因著信仰他和他的使命而犧牲了自己的生命」。[5]

納粹全國黨大會

為了提升場景的魔力，許多活動都放在傍晚或夜間舉行。在一九三七年的全國黨大會中，希特勒於晚間八點左右走到正列隊邁步的政治高階主管面前，在萊伊向他報告出席人數之後，「原本漆黑的場地突然大亮起來。」在《官方報告》（*Offiziellen Bericht*）裡這麼記載：「一百五十盞巨型探照燈的光柱像流星一樣射往灰黑的夜空。這些光柱在雲層底下形成一個發光的四方形。這是一幅令人窒息的畫面：在微風吹動下，圍繞在場地四周看臺的旗子在炙亮的光線中緩緩搖來搖去……主看臺則沐浴在炫目的強光之中，上面是橡木做成的鉤十字符號發出金色的光芒。左右兩側最後一根柱子頂端的大盤裡燃著熊熊的火焰。」[6]在軍號聲中，希特勒走上主看臺中央一塊凸出的高臺，在對面看臺發出一聲命令之後，超過三十萬幅旗子湧入巨型體育館場地，旗子銀色的尖端和流蘇在強光下閃閃發亮。一如既往，在這個由大量群衆、光束、對稱性和悲劇情感構成的導演大戲中，希特勒自己是第一道祭品。在沉默緬懷亡者之後，對老黨羽說話時，他經常陷入一種激昂的語氣並以不尋常的用詞進行一種神祕的交流，直到探照燈的光束往下射進場地中央，使得旗幟、制服上的裝飾和樂器在強光下發出紅、銀、金的顏色。在一九三七年的全國黨大會上，他大聲喊說：「我一直有這種感覺，只要人還有幸活著，就應該渴望他用來建構其生活的對象。如果我的生命沒有你們的話，會變得怎麼樣！你們找到了我，而且相信我，這賦予你們的生命一個新的意義，一個新的任務！因爲我找到了你們，我的生命和我的奮鬥才有可能進行！」在一年前的全國黨大會上，他也這麼大聲喊說：

「在這個使我們集聚一堂的時候，我們怎麼能不再度感到驚嘆呢！你們聽到了一個男人的聲音，這聲音打到你們心坎裡，喚醒了你們，於是你們便跟隨了這個聲音。多年來，你們一直跟隨著這個聲音，即使沒有看到發出這個聲音的人；你們只聽到這個聲音就跟隨了它。

當我們在這裡齊聚時，這齊聚一堂的美妙就已經充滿在我們所有人心中！你們不是每一個人都能看到我，我也無法看到你們每一個人。但我感受到你們，你們也感受到我！這是對我們民族的信仰，它使我們這些渺小的人變得偉大，使我們這些貧窮的人變得富有，使我們這些搖擺不定、失去勇氣、惶惑不安的人變得勇敢堅強；讓我們看到什麼是錯的，並使我們成爲一個

整體！」【7】

節慶與大型活動

藉著這些像教庭般華麗壯觀的場景，納粹每年的全國黨大會呈現的不僅是納粹年曆中的表面高潮，對希特勒個人而言，也是以無法言喻的方式實現了他年輕時想穿戲服的夢想。每次在紐倫堡舉行全國黨大會的整個星期裡，身邊的人傳來的激動情緒不斷充滿他的內心，並在一股停不下來的演講活動中釋放出來。一般而言，在這八天的活動中他要發表十五至二十次演講，包括各種大綱式的文化講話到大型活動的閉幕演講。而在這當中，根據全國黨大會固定的儀式，一天至少四次，對希特勒青少年、婦女團體、勞動團體或軍人團體講話。幾乎每一年，他都透過爲計畫中的巨型聖殿城市進行各種奠基儀式來滿足他對建築的激情。然後是各種行軍、軍事操練、會議、沉醉在五顏六色的場景中。全國黨大會上的政治決定也賦予這個地點象徵的意義：「帝國國旗法」或「紐倫堡種族隔離法」等法案雖然是匆促推出並在黨大會上通過，但在往後的幾年中，全國黨大會發展成一種極權式民主的全體大會。接著又是各種大型群衆集會、各種旗隊的啓用、展示權力、軍隊齊步走和要求紀律與秩序。最後，整整五個小時之久，幾十萬人分成一波又一波齊步經過希特勒的前面，走到位於聖母聖堂前的中古世紀風格的市集廣場上。而希特勒則僵硬地站在他座車的後座上，手臂水平舉著。在他周圍，一股浪漫興奮的氣氛充滿整座古老的城市，陷入一種「幾乎神祕主義的狂喜、一種神聖的狂熱」中，就像一位外國觀察家所描述的一樣。像這位外國觀察家一樣，在這些日子裡，許多人都放下了自己的批評保留態度，也在這一刻想成爲一個納粹黨人，一位法國外交官這麼承認。【8】

納粹的活動年曆

在納粹年曆中有一些固定大型慶典，這個年曆以一月三十日希特勒上臺執政開始，到十一月九日結束。[9]這中間充滿各種無法忽視的啓用儀式、號召活動、遊行或紀念會。納粹政府特地為此成立一個「節慶、休閒與節日規劃局」，其官方任務是負責提供「在戰鬥時期發展出來的傳統形式基礎上，各種民族社會主義運動慶祝活動，以及舉辦民族社會主義群衆集會結構之範本」，而且還特地出版一本專門雜誌。[10]此外還為各種即時事件而有各種臨時出現的節日。納粹的所有這些活動給世人看到一個假象，即第三帝國給予其人民一個福利國家能提供的最嚴格的幸福，有各種鮮明的特色。這些活動的最高潮是一九三六年的奧林匹克運動會，這是希特勒上臺之前就已經決定交給柏林舉辦的。這是款待世界各地來賓的獨一無二機會，所以納粹知道要把它利用到極致。他們投入所有的物力和心力，以一種充滿和平和商業的美好畫面，來抵消掉匆促增加軍備、決心發動戰爭的納粹帝國這個殘酷形象。在奧運開始之前的幾個星期，所有反猶太的仇恨活動都暫停。比如，納粹的地方宣傳部主任就接到命令，把在屋外牆和籬笆上所有仍看得見的反政府標語都清除乾淨，不准張貼任何含有仇恨內容的諷刺漫畫，還要提醒「每一位屋主都要讓自己的前院處於毫無瑕疵的狀況」。[11]在奧林匹克莊嚴的鐘聲之中，在多位皇家成員、王子、部長和無數位外國貴賓的觀禮之下，希特勒在八月一日主持了奧運的開幕典禮。在一位前奧運馬拉松冠軍，希臘人路易斯（Spyridon Louis）將一根橄欖枝作為「愛與和平的象徵」遞給他時，會場響起合唱團詠唱理查．史特勞斯所作的曲子，一群和平鴿從看臺上空飛過。完全符合希特勒要呈現的一個和好的世界這幅畫面。一些經過看臺的代表隊還舉起手向希特勒致意，其中包括剛剛被挑釁的法國隊，他們事後喜歡將之稱為「奧運的問候禮」當作補做的抗議。[12]在這十四天中，一連串炫麗的活動使來賓們目不暇給，不停讚嘆。戈培爾邀請一千位客人到孔雀島（譯註：Pfaueninsel，柏林西南部哈弗爾河中的一個島嶼）上參加一個義大利之夜。里賓特洛甫則在自己位於達勒姆（譯註：Dahlem，柏林著名的別墅區）的別墅裡款待幾乎同樣多的客人。戈林在歌劇院裡舉行一個舞會，會場以昂貴的絲綢裝飾。而希特勒則接見無數的來賓，他們都利用奧運當藉口來看這個手中掌握著歐洲的命運，或甚至世界的命運的男人。

營造場景的心理

納粹對慶祝活動和大型群衆集會的特別需求，表面上的目的是讓人民的想像力有個目標並統一動員他們的意志；但背後的動機則是揭露出希特勒本人的人格特質和病態心理。這不只表示他沒有能力面對日常生活。馬戲團的天真需求、熱鬧的音樂、響亮的軍號聲、盛大的進場儀式等等，這些無疑都主宰著他。還有他這個引人矚目的偏好：他喜歡將自己的生活看成一連串光鮮亮麗的舞臺演出，他站在屏息觀看的觀衆面前，在場景炫目的強烈燈光下，一再扮演英雄的角色，滔滔不絕地發表慷慨激昂的演說。這還表示，在納粹政府熱衷於舉辦各種節慶和大型活動中，可以滿足他昔日的渴望，透過華麗的裝飾來僞裝現實。用強光投射出的圓形屋頂以象徵有魔力的屏障外牆就是這種渴望最貼切的象徵。此外，史佩爾（譯註：Albert Speer，德國建築師，納粹德國時期的裝備部長）也報導說，正是渴望用面紗去遮掩最平凡無奇的現實給了他這個發明靈感，利用黑暗和強光組合的效果去揭露那些因爲其收入而變得肥胖臃腫的高階政治人物。【13】

此外，對儀式的普遍偏好亦揭露出一種努力營造場景的欲望，嘗試一再展現秩序的勝利以掩蓋被混亂威脅的不安存在。這等於是出於恐懼而召喚神明驅魔的做法；許多眼尖的當代人可以與奮地看出，與原始民族的各種儀式比較，許多行軍隊伍、旗海和大量群衆站成大方塊這種做法，也不完全像乍看之下所設計的那樣。從心理的角度看，這是影響著希特勒早年生活的造形欲望，這種欲望使他一直借助新的角色去找到方向與依靠以面對世界。最初是出身良好家庭的兒子這個角色；接著是遊手好閒的學生，拿著小拐杖、穿著眞皮手套在林茨漫步；各種不同的領導人、天才和被揀選者角色；到最後的華格納式歌劇的結果，他總是一再用這種觀點來看現實世界；他總是以自我暗示的方式利用變裝和借來的存在形式來呈現自己。在一次外交突襲行動上取得成功之後，他誇張且忍不住稱自己爲「歐洲最偉大的演員」時，[14]這不僅展現出他擁有這種能力，也揭露出他有這樣的需求。

而這項需求又是來自希特勒感到恐懼與缺乏安全感等基本動機。雖然他能夠非常精確地表演各種感覺，卻又很尷尬地避免露出這些情緒和感覺。儘管他避免各種突發性動作，但一些不顯眼的細節還是出賣了他，尤其是一直不停到處瞄的雙眼，即使在像座雕像站在那裡不動時，眼睛也一直不安地到處亂看。有時因爲忍不住而笑起來時，他會把手斜舉起來遮住自己的臉。在他跟狗玩耍時，他很討厭有意外情況出現。比如，根據他的一位女祕書的報導，只要他知道有人在看，他就會「粗暴地把狗趕走」。[15]他不斷擔心自己以可笑的樣子出現，或因爲旁邊的人做出失禮行爲而讓他丟臉，無論那是管家或別人。在穿上新的西裝或帽子出現在公共場合之前，他都要先拍照以控制外表的各種效果，之後才敢到公共場合去。他從來不游泳，從來不坐小船（他坐個船又會怎麼樣！）從來不騎馬，他說，他「完全不好這類荒唐的事。閱軍時的經驗就一再告訴我們，這些事多麼容易出錯。」[16]他把生活看成一種不斷在許多觀衆面前進行的遊行。他嘗試勸戈林戒菸最重要的理由是，當自己被做成紀念碑時，可不能讓自己被呈現爲「口中叼著雪茄」的樣子。一九三九年，霍夫曼（Heinrich Hoffmann）從莫斯科帶回一些照片，上面是史達林手中拿著香菸的樣子。在意識到其他人也有同樣的興趣時，他禁止這些照片發表，以免對這位獨裁者的紀念雕像造成不良影響。[17]

出於同樣的理由，他也一直害怕別人會發現他的私生活。特別是他沒有任何私人信件留下來，即使伊娃．布朗（譯註：Eva Braun，希特勒的情婦）也只接到一些小紙條式的通知，而且因為他生性猜疑，從來不用郵局寄這些通知。一直到生命的最後，他在自己身邊許多熟人面前做出對她保持距離的這種鬧劇，也是證明他沒有辦法不擺出姿態的存在。矛盾的是，他留下來的私人信件是一封給官方的信，是一位想逃兵役的二十四歲青年給林茨市政府的答辯。希特勒曾經表示，「從一位政治領導的舊時生活經驗得知：所有能夠用講的，都絕對不可以寫下來，絕不！」這「特別重要」。另一次他又說：「人們已經寫太多東西了，從情書到政治書信。裡面總是有一些能拖累人的東西。」[18]他時時觀察自己，並且從來不說一句未經思索的話，他身邊一位平民的家屬如此說。他只有祕密的渴望、隱藏的感覺和代償物。希特勒情緒化、失控和做出粗暴手勢這個普遍流傳的畫面，正好把規律與例外之間的關係顛倒過來；其實，他是可以想像得到最專注的人，有紀律到幾乎痙攣的程度。

希特勒擁有巨大的說服力

希特勒有名的暴怒常常也是經過思考而自我激發出來的。一位前納粹地方黨部主任曾經描述，在一次突然發作的暴怒過程中，希特勒的口水從嘴角流到下巴。盛怒中的他看起來是如此地無力。然而他一刻都沒有中斷、滔滔不絕且充滿邏輯和知識的論點洩露出這盛怒只是假裝的。[19]

甚至有人猜測，希特勒想刻意藉這種盛怒的表現，製造「令人極為驚嚇而顫抖」的效果，但這無疑太誇張了。無論如何，我們都可以假設，他在這種情況裡並沒有失控，而且是有目的地利用自己的情緒，就像他有目的地利用別人的情緒一樣。大多數情況裡，他先是提出理智、充滿計算的考量，然後再根據情況去操縱並激起自己的情緒，無論是用顫抖的聲音去施展魅力，或用粗暴、毫無顧忌的方式，他都一樣可以贏，而且他還會流淚、懇求或升級到常常被描寫的激動得跳腳的盛怒中，到最後使得說話對象被嚇到，這常常粉碎了對方的反抗意志，他擁有「最可怕的巨大說服力」。此外，他還擁有這種能力——給其他人強烈的暗示。跟他一起喝啤酒的納粹黨內高階領導、各地方黨部主任和老戰士們無疑是「一群怪人和自私自利者」，因此他們對他並不是傳統意義上的臣服；至少一部分的軍官也是如此。儘管如此，希特勒仍然隨意將自己的意志強加在他們身上，而且不僅在他掌權的高潮時刻，在他還是不太被人注意的政治小人物時就已經是如此，以及最後那段日子裡，他這個曾經強大的人只剩下耗盡精力的外殼時亦然。一些外交人員，尤其是結盟國家的外交人員，如此受他吸引使得他們最後似乎反而變成希特勒的親信而不是自己政府的代表。[20]不同於他們長久以來希望他扮演的漫畫丑角，希特勒在與人進行單獨晤談時絕對和主持大型群衆集會時不一樣，他有許多貓捉老鼠的方法使得他在晤談中達到更佳的效果。而在大型集會上，他會使整個氣氛一直維持在興奮激昂的狀況，尤其是他第一次使用麥克風之後便是如此，在他體驗到自己的聲音像金屬回音般被擴大的效果時，他就沉醉其中。

希特勒的演戲天分

有人合理地指出，[21]希特勒以煽動的手法去評估自己的天分的能力，在面對國外的德國少數族群時最爲明顯，他可以看情況苦訴他們遭遇的悲慘命運或完全忘記他們。儘管他的外交構想有這項需求，但在南提洛（譯註：Südtirol，位於義大利東北）、波蘭或巴爾幹半島的德國人根本不理會他。可是，隨著局勢改變，「在國家最忠誠子民身上那些令人無法忍受的不義」行爲使他陷入盛怒。他這些盛怒的表現不僅是演出來的，而且最敏銳的觀察家也看出其中人爲激發的成分。雖然他暗中濫用了憤怒的情緒，但他自己似乎也成爲這種情緒的無力受害者。他引人矚目的移情能力、演戲天分，能夠完全融入一個角色的能力爲他帶來許多成就。在進行對話的過程中，他常常展現各種不同的面向，比如，突然改變臉部表情，原本壓抑的語氣突然轉變成驚人的暴怒，用拳頭捶打桌子或緊張地拍打椅子的扶手，幾分鐘之後，又顯出或一副占上風、或坦誠、或痛苦、或勝利的表情。在擔任總理之前的好幾年，他在熟人圈子裡偶爾會模仿一些人，其中有一次以精湛的方式惡意模仿了魯登道夫的第二任妻子凱姆尼茲（譯註：Mathilde Kemnitz，醫師，德國反猶太種族主義運動代表人物），因爲她曾嘗試「引誘」希特勒「與她結婚」卻沒有成功，「……希勒將這位高貴女人的皮一層層剝下來，神職人員的、哲學的、學術的、情色的和其他的皮，直到只剩下一顆惡毒、刺鼻的洋蔥爲止」。[22]

希特勒與音樂的關係

希特勒誤以爲自己是愛好音樂者；但事實上，對他而言，音樂並不怎麼重要。雖然他看過華格納的歌劇無數次，光是《崔斯坦與伊索德》和《紐倫堡的名歌手》就聽了超過一百次，但他對交響樂或室內樂幾乎完全沒有興趣，卻極其幼稚地偏愛《風流寡婦》和《蝙蝠》等輕歌劇，還看了無數次。他很少聽唱片，即使聽也只是把它當作一種臨時代替品，因爲唱片無法看到場景，有時候他只看那些有英雄出場的場景。他身邊各方的人也強調，在看完歌劇之後，他只詢問關於舞臺技術或導演的問題，從來不問關於音樂詮釋的問題。[23]因爲嚴格而言，在他看來，音樂只不過是一種有效提升戲劇效果的音效工具而已。因此，對他而言，音樂是不可或缺的，但對於沒有音樂的戲劇文學作品他卻一點興趣都沒有。他的一位女祕書發現，在他的藏書室裡，沒有任何一本古典詩作品，即使他去過威瑪很多次，卻從來不去看戲劇，而只去看歌劇。而歌劇的高潮又是《諸神的黃昏》的最後一幕。在拜律特音樂節上，每當演到爾哈拉天宮在烈火中燃燒倒塌的那一幕時，他總會在黑暗的包廂中抓住坐在他旁邊的維尼弗里德．華格納女士的手，感動地親吻她的手背。[24]

這種對戲劇的需求觸動了他的根本。他有一種在舞臺上演出的特別感覺，並需要一些重大行動和國家行動，發出閃光的火花和響亮音樂的驚人效果。所有演員都擁有的一種原始恐懼，擔心自己會使觀衆感到無聊。他也不例外，所以他以馬戲團節目的方式去思考並使出渾身解數，使每一次出場都勝過上一次的效果。他在政治活動方面特有的焦躁不安，給予對手突如其來的一招使對手感到既困惑又喘不過氣來，這些特有的做法，都與他對戲劇效果的需求有關。他對災難和讓世界燃燒感到著迷也是一樣，因爲他在災難和世界大火中看到有機會去實現他所渴望的最高悲觀效果。同樣地，他對戲劇效果的信任勝過所有的意識形態，基本上，他就是一種戲劇的存在，只有在這種虛幻的世界裡，他才能夠對抗現實。缺乏嚴肅的生活態度，喜愛僞善、戲劇情節似的生活，便宜的卑鄙無恥，這些他揮之不去的特質以及鄙視現實的態度，都是出於同一種心態。而鄙視現實反而是他的強處，只要有特別的現實敏銳感再搭配上集中精神的各種方法的話。

將自己的存在神話化

在塑造自己形象的努力中，嘗試將自己的存在神話化是其中一種特別手法。希特勒的一位保守開路先鋒對他的觀察是，他從來沒有忽略自己低微的出身和「成功躍到高處」之間的不平衡關係，[25]就像年輕的時候一樣，他總是從階級去思考。有時候，他會嘗試掩飾自己尷尬的出身，並刻意把自己當成「工人」，有時候甚至是「無產階級」。[26]大多數的時候，他努力用一種神話化的光芒來掩飾自己低下的階級。使命總是給出身最低，最沒有名望的人，這一向是政治上奪權篡位屢試不爽的動機。因此，在他演講的引言段落中，他一再誇大「出身於人民的男人這個神話」，把自己介紹爲「一次世界大戰中的無名前線小兵」，或稱自己爲「天命召喚的男人，沒有名字，沒有錢，沒有影響力，沒有支持者」，或者「來自虛無的孤獨流浪者」。[27]因爲這樣的心態，他喜歡自己身邊出現的那些華麗制服，當他穿著簡單的衣服情緒激昂出現在他們面前時，這種對比效果就更加明顯了。這種在他身上一直出現的簡樸、嚴格、陰鬱、身邊沒有女人和退縮內向的特質，在大眾心目中更符合一個孤獨、偉大、被揀選來承擔重大責任的男人，自我犧牲和充滿神祕的形象。當馮·德克森太太（譯註：Frau v. Dirksen，最後一任德駐英大使馮·德克森的妻子）曾對他說，她常常想到他是這麼孤獨時，希特勒更加強她這種想法：「沒錯，我很孤獨，但孩子們和音樂帶給我安慰。」[28]

這樣的話揭露出他個人和他所扮演的角色一些訊息，完全沒有玩世不恭，而是以莊嚴的感受看待自己。從貝格霍夫望出去，希特勒看到的是位於自己下方的粗獷龐大山體，傳說中腓特烈大帝長眠之處，他曾經回來打敗敵人並帶領受壓迫的人民回家。希特勒感動地發現這個事實，他的私人住處就位於這座山的對面，這是一個意義重大的暗示：「這不是偶然。我從這當中看到一個使命。」每當他想逃離那些「刻薄的」柏林人或「粗魯的」慕尼黑人時，他更常躲到這個地方。他比較喜歡萊茵河怡人舒適的氣氛；在很多年之後，還開心地想起他有一次去科隆時，看到很多人興奮地隨著音樂擺動著身體，「那是我一生中最大的歡迎禮」。[29]由於深信自己爲更高的使命被揀選，當他描述自己的歷史使命時，便固定指出自己背負著這個天命：

「我自己很清楚一個人能做什麼，他的限度在哪裡，但我深信，由於人是上主所創造的，所以應該按照這位全能者的意志生活。上主創造了天下萬民，不是讓他們可以輕率地放棄自己、和別人混雜並毀滅自己……面對著全能者的天命和祂的旨意，個人的本質和行爲是如此的弱小，但在他按照這天命去行事的那一刻，又是如此無法估量的強大！於是所有形塑了世界偉大現象的力量都湧到他身上。」[30]

這種信念爲他的意識形態奠下基礎，並賦予這些想法一種信仰原則的動力，還賦予他無情、堅定和不受動搖的執行意志。這也燃起了崇拜他個人的文化，並提供他純粹偶像崇拜的特色：萊伊將他視爲唯一一個永遠不會犯錯的人，法蘭克稱他像上主一樣孤獨，而一位親衛隊團領導則確定，元首比耶穌還偉大，耶穌只有十二個不忠誠的門徒，而希特勒領導著一大群忠誠人民。只要希特勒冷血地接受這樣的崇拜並只從權術心理上利用這種崇拜天才的說法，就可以贏得極大的能量。相反地，當他不再成功地透過馬基維利式的計算控制自己炙熱的使命意識，而且當他自己射殺了自己的超人想法時，他便開始走下坡了。[31]

沒有社會關係

希特勒沒有社會關係只是以神話化的眼光看自己的另一個面向。他爬得越高，身邊沒有人的空虛範圍就越大。他也非常貫徹地拒絕所有老戰士以及他們惱人的要求靠近他身邊。他沒有任何其他關係，除了導演出來的關係之外，而在這層關係當中，每個人不是臨時演員就是工具，人從來就沒有眞正喚起他的興趣和關心過。他的格言是，人們「無論跟這些小人物怎麼維護關係都不夠」，[32]這樣的說法就已經洩露出這個意圖的做作成分。他對建築的傾向也很典型地只對建設巨型場景感興趣；我們知道，當他看到住宅區的規劃時感到多麼無聊。

只要他在場，就不可能有對話，這也是社交關係貧乏的另一個面向，根據各方不同的線索指出，在這樣的場合裡，不是希特勒說話其他人在聽，或者其他人在聊天，希特勒一個人坐在一旁沉思，漠不關心，將自己對世界封鎖起來，連眼皮抬都不抬一下。根據一位在場者的報導：「用可怕的方式剔牙，或不安地走來走去。他完全不讓別人說話，總是打斷別人，以一種空前的方式從一個主題突然跳到另一個主題，彷彿一直在逃避自己的想法。」[33]他非常沒有能力聆聽別人，甚至連外國政治人物在電臺廣播上的說話都完全不聽。[34]他只知道發呆或獨白。由於他幾乎沒有閱讀的習慣，而且身邊只允許各種唯唯諾諾的人或崇拜他的人，於是他很快就陷入一種越來越嚴重的知識孤立狀態中，一種彷佛完全閉鎖的空間，在這裡面只有他自己和他不斷自言自語的回音——但這就是他所尋求的孤獨。最後，他決定固定採用早年的主題式理念，既不進一步發展也不改變，而只將這些理念變得更爲激化而已。

他不停地說，他的聲音有多麼的醉人，他的思想有多麼自由奔放。勞施寧一九三〇年代初記錄的對話，儘管其中有一些刻意塑造形象的成分，但很大部分保留了他這種自戀的語氣，希特勒似乎對自己激情的長篇獨白，以及有人傾聽他充滿想像地發明各種詞彙和表達方法感到著迷。即使聆聽者的專心度已經明顯下降，在元首總部的談話仍然是他一個人滔滔不絕地說。希特勒認爲，「話語可以建造橋梁通往未曾探索的領域。」[35]當墨索里尼來德國進行國事訪問時，希特勒在餐後對他進行了一個半小時的遊說，完全沒有中斷，儘管對方已經不耐煩地找機會表達意見，他也完全不給對方這個機會。其他的訪客和職員也有同樣的經驗，尤其是在大戰期間，他這種滔滔不絕的說話習慣更加變本加厲，一直延續到深夜。元首總部裡的將軍們一直與睡意搏鬥，覺得自己不得不陷入關於藝術、哲學、種族、科技或歷史等領域的「莊嚴神聖的世界閒聊」，因爲希特勒總是需要聽眾。他們只是臨時演員，功能是讓他想出各種構想和讓自己感到興奮。一位敏銳的觀察家曾注意到，在讓訪客離開時，「他彷彿是一個被打了一針嗎啡的人一樣」。[36]即使偶爾有人成功提出一些反對意見，這反而激發出他更多無邊無際的狂想，完全沒有止境、沒有秩序、沒有結束。

貧乏的人際關係使他孤立於人群之外，但在政治上這反而對他有利，他只知道遊戲裡的人物。沒有人能夠跨過這個距離，即使最親密的人也只是距離他稍微近一點而已。特別的是，他最強烈的感情都是給了幾位死掉的人。在他位於上薩爾茲堡的私人住處裡，掛著他母親的照片和一九三六年去世的司機施雷克（譯註：因腦膜炎病逝，希特勒爲其舉辦國葬）的照片，完全沒有他父親的照片，甚至他的外甥女潔莉．羅包爾活著的時候，顯然也從來沒有像死去之後那麼接近他。「就某方面而言，希特勒簡直不通人情——無法觸及、無法觸摸。」戈培爾的妻子在一九三〇年代初就已經這麼發現。[37]即使處於權力的頂端，是幾百萬人關注的對象，他仍然擁有在維也納或慕尼黑時那個行蹤不明的年輕人之特質，即使最親近的家屬也不知道他的真實情況。有時候他帶著各種傷感的情緒視史佩爾爲自己年輕時的夢想之化身，才華洋溢，是一個被生活寵壞的中產階級，且史佩爾在紐倫堡大審時聲明，「如果希特勒有任何朋友的話，我應該是其中一個。」[38]但他也沒有辦法跨過與希特勒之間的距離，即使他們許多日夜一起做了這麼多計畫，而且他還忘我地對希特勒做出各種巨大的讚美，他也只不過是希特勒偏好使用的一位建築師而已。雖然希特勒曾有一次不尋常地稱讚他爲「天才」，可是除了專業領域之外，希特勒並不信任他。就像希特勒與他之間的關係不帶任何情色成分一樣，希特勒與外甥女潔利和伊娃之間的關係，也同樣不帶任何情色成分。跟潔莉不一樣，伊娃只是他的情婦，因爲這樣的地位，她有許多恐懼、祕密和被羞辱的經驗。她自己就說過，有一天晚餐後，她在慕尼黑的四季大飯店（Hotel Vier Jahreszeiten）中在希特勒旁邊坐了三個小時，而他卻完全不給她任何跟他搭訕的機會，在臨走之前，塞給她「一個裝了錢的信封」。希特勒在霍夫曼的照相館裡認識了她，很可能這是使潔莉自殺的原因之一。潔莉死後一段時間，希特勒才把她當作情婦。伊娃是一個單純的女人，心中只有一些平庸的夢想和想法，主要是愛情、服裝、電影和各種八卦。她一直擔心自己被拋棄，所以也害怕希特勒以自我爲中心的情緒和芝麻綠豆大的事都要管的家庭暴君風格。由於他有支配人的心理需求，他不允許伊娃做日光浴、跳舞和抽菸，「如果我發現伊娃抽菸的話，我會馬上跟她一刀兩斷。」他的醋意非常大，但同時又以病態的方式忽視她。[39]爲了「不要感到完全孤單」，她多次向他表示希望能有「一隻小狗，一定會很棒的」，但希特勒一言不發就走開了。有很長一段時間，他對她的關係是羞辱又貧乏。她所留下的日記內容揭露出她有多麼不快樂。其中一段典型的內容爲：

「我只希望自己能生一場重病，至少八天不再知道他的任何消息。可是爲什麼我不生病？爲什麼我得忍受這一切？眞希望我從來沒有見過他。我很絕望。我現在又再買安眠藥了，這樣我就可以處於昏昏沉沉的狀態中而且不再考慮那麼多。

爲什麼魔鬼不來把我抓走。在魔鬼身邊絕對比在這裡美好。我得在卡爾頓飯店前面等了三個小時，眼睜睜看著他買花給翁德拉（Ondra）並請她吃晚餐。他只爲了某種目的才需要我，沒有別的可能。

當他說喜歡我的時候，他只指當下的那一刻。就像他從來不實現的那些承諾一樣。爲什麼他要這樣折磨我而不馬上結束這一切？」

當希特勒在一九三五年中有三個月之久都沒有讓人給她「任何好消息」時，而且當她得知最近他有一位「女神」（譯註：暗示高大的金髮女人）一直伴在身邊時（他就是喜歡這種身材），她去買了很多安眠藥，並寫一封信，要希特勒給她最後一個消息，即使從第三方那裡得到也好，「天哪，我眞害怕他今天不會給我任何答覆。」這是這段時間最後的日記內容。「我決定吃三十五顆，這次我應該眞的可以『死定』了。希望他至少打個電話來。」

伊娃嘗試自殺過兩次，在一九三二年十一月時就用手槍傷到自己的頸部，第二次是一九三五年五月二十八至二十九日的夜間。希特勒顯然因爲這兩次而感到非常不安，尤其是他還沒忘記自己外甥女潔莉的自殺事件。直到希特勒同父異母的姐姐，即潔莉的母親，在一九三六年離開貝格霍夫，希特勒讓伊娃取代她做管家時，他們之間的關係才不那麼緊張。雖然她仍然是半隱藏和依賴他的狀態，偷偷走側門和旁邊的樓梯。當希特勒把她一個人留下時，她還是湊合地對著希特勒的一張照片來用餐。但他仍然不讓她出現在柏林，只要有客人來訪，希特勒幾乎每次都禁止她離開自己的房間。但她的安全感增加也反過來影響他，不久之後，她就已經被算爲他最親信的圈子裡的一員；在這個圈子面前，他會放下一直扮演偉大男人的行爲舉止，在喝下午茶時會在單人沙發上睡著，晚上去看電影或在壁爐前聊天時外衣的扣子會鬆開。當他比較不拘謹的時候，他粗糙無感的那一面也跟著露出來。他當著自己情婦的面前對史佩爾說：「非常聰明的男人應該娶一個思想簡單和愚蠢的女人。你看，如果我有一個一直指揮我如何工作的女人，那該多慘！休息的時候，我想要的是耳根清靜。」[40]在業餘者所拍的一些影片中，可以看到伊娃和希特勒在貝格霍夫行館前的平臺上，總是處於一種刻意厚臉皮的情緒，但這反而過度誇張，令人難以相信。

關於日常生活，有不同的人如此描述：早上的時候，希特勒打開房門一個小縫，機械式地伸出手去拿放在門邊矮凳上的報紙，然後房門馬上又關起來。希特勒總是把自己關在房間裡。[41]散步、旅行、討論建築計畫、接待訪客、坐汽車出門，這些活動並沒有給一天一個框架，而只是將它切割成許多小部分。儘管希特勒很注重在公衆面前造成一種獨特的風格，但一天裡的各種活動和起伏不定的情緒卻沒有形成一種個人風格。其實，他沒有私人生活。

「奇怪空虛」的夜晚

他的身邊依然圍繞著各種副官、祕書、司機和傳令兵：「他的隨從其中一部分是十八歲至二十歲的青年。」一位觀察家如此描述：「頭髮微捲、長相普通、身材矮胖、動作有點女性化。」他一直喜歡由簡單、沒有任何批判性、沉悶的人構成的環境，這是他年輕時就已習慣的環境。尤其是他們「像他自己一樣……以某種方式被甩出生命軌道」。只要他來到上薩爾斯堡，他就一直以同樣單調的模式和他們度過漫長的夜晚，其中一位參與者對這些夜晚只「記得是一種奇怪的空虛」。[42]一開始總是固定放三到四小時的電影。希特勒最喜歡看有無聊笑話和感人結局的社交喜劇。呂曼（譯註：Heinz Rühmann，德國演員，一九二六至一九三三年間出現在超過一百部電影裡）的「Quax der Bruchpilot」或「Feuerzangbowle」，費德爾（譯註：Weiß Ferdl，德國諧星）的僕人喜劇「Die beiden Seehunde」，弗斯特（Willi Forst）的歌舞劇，但也有許多外國的作品，部分這些作品不允許在電影院公開播放。這些都是希特勒偏愛的節目，都會播放十次或十次以上。看完電影後，所有人拖著疲累和僵硬的身體坐到壁爐前，卻沒有交談。就像在大餐桌上一樣，分得很開的巨型家具妨礙了人與人之間的思想交流。同時希特勒本人又使旁邊的人感到痲痺：一位老同伴很久以前就已經發現，「只有少數人能在他面前感到愉快」。大家就這樣很費勁地熬上一或兩個鐘頭，一再聊一些簡直瑣碎平庸到不行的話題。在這種時候，希特勒不是保持沉默就是瞪著火堆出神，而其他人則因爲又累又尊敬他而沉默下來：「得在熊熊的火焰前一直保持同樣的禮儀，一直沒完沒了地坐在那裡，出席這種聚會需要很大的自制力。」[42]當希特勒在半夜兩點到三點之間和伊娃正式告別並接著自行離開時，其他人才短暫地開心一下，好像被釋放了一樣。在柏林的晚間活動也差不多這樣，只不過聚會的人更多，氣氛比較沒那麼輕鬆。所有想要做出一點改變的嘗試都因爲希特勒的反對而作罷，而希特勒則嘗試在這膚淺空虛的幾個小時裡消除掉日間維持形象的壓力。但與此形成粗糙對比的是極權主義的典型宣傳主題——孤獨明亮的窗前，「每個夜晚直到早上六、七點可以看到燈光從他的窗戶射出」。戈培爾在一次青年慶典的文稿中如此寫道：「在許多夜晚都可能發生這樣的事／我們睡著了，你還醒著憂心國事／因爲許多個夜就這麼消逝／而你卻還在苦思慮事，以便能在天明時／以明亮的雙眼迎著光芒直視。」[44]

建築計畫

一九三五年，希特勒決定將上薩爾茲堡的週末住處，擴建成一個具代表性的官邸，並親自按照正確的比例尺畫出新房子的輪廓、外觀和剖面圖。這些草圖至今仍存在，並讓我們清楚看到希勒執著於一次性得到的想法；他沒有能力從新的觀點去看一個已存在的任務。他的草圖一直保留在原始的構想裡，只做微幅的修改，他的構想常常會失去比例，比如在上薩爾茲堡的房子所設計的一個超出比例甚大的窗戶就是一個例子。之後希特勒還很喜歡向訪客介紹，這是世界上最大的可升降的窗戶。根據歷史學家諾爾特（Ernst Nolte）的分析，「希特勒的幼稚人格特質」使他有一種無法控制的強烈占有慾，什麼東西都想要得到，而且這種慾望既頑固又無法馴服，就像青春期的孩子一樣，在短短時間內看《崔斯坦》這部歌劇三十到四十次，或者要總理府的人半年之內去看《風流寡婦》六次以上。[45]希特勒一輩子都有想破紀錄的狂熱癖好，這種幼稚的特質越來越明顯，無論在看歌劇或設計建築的各種偏好上都可以看得出來，這個男人從來都沒有成功克服自己青少年時期的經驗、夢想、創傷和仇恨情緒。他十六歲的時候就想將林茨博物館二十公尺長的帶狀雕刻加長到一百公尺長，好讓這個城市擁有「歐洲大陸上最長的帶狀雕刻」，一年之後，又提出要在河的上空九十公尺處建一座橋，「這將是世界上獨一無二的」。[46]之後的一些舉動也符合這樣的特質，比如在當上總理之前的賽跑——他喜歡在空曠的鄉間道路上挑戰笨重的美國汽車，以及每當想起他的賓士座車的優越性能時，他就興奮，而且這種興奮感還維持了很多年。世界上最大的可升降窗戶還有其他的兄弟，六公尺長一體成型的大理石桌、最高的圓拱形屋頂、最巨大的觀禮臺、最龐大的凱旋拱門；簡而言之，將各種不同的事物升級到不尋常的巨大比例已變成一種常規。只要他從建築師處得知，自己的設計在尺寸上「打敗」了重要的歷史建築，他就很開心。第三帝國那些狂妄自大風格的建築結合上野心獨裁者幼稚的破紀錄癮頭，這是典型的法老王情結，只透過巨大的建築物來看其個人建立之王權的興衰。希特勒的許多講話中都一再露出這種目的，比如在一九三七年的黨全國大會上：

「由於我們相信這個帝國是永恆的，所以這些建築也應該是永恆的，這意思是……不是為了一九四〇年著想，不是為了二〇〇〇年著想，而是像我們過去先祖們所建造的這些大教堂一樣，未來的幾千年後仍然存在。

如果上主讓今天的詩人和歌者成為戰士，祂將建築大師都給了戰士，好讓他們能為這樣戰鬥獲得成功，並在前所未有、獨一無二偉大藝術的各種紀錄中找到其不朽的證明。這個國家不應該是一個沒有文化的強權，一個沒有美感的力量。」[47]

藉著這些龐大的建築，希特勒想辦法為自己曾經的藝術家夢想找到遲來的滿足感。在這段時間時的另一次談話中，他說，如果一次世界大戰「沒有發生的話……他……可能——也許甚至成為建築師，即使不是德國最頂尖的建築師，也是最頂尖的建築師之一」[48]，但現在他卻成為最頂尖的包工頭。他和幾位找來的建築師一起重新設計多個德國城市的構想，當中有許多龐大巨型建築物和設施，這種令人窒息的過度尺寸，缺乏優雅的美感和仿造古物外形的元素，結合起來讓人有一種硬將空虛壓下去的印象。一九三六年，他擬定將柏林擴建為世界首都的計畫，「只有埃及、巴比倫和羅馬能與之相比」[49]：他計畫在十五年左右，將柏林市區改造成一個帝國規模、唯一具代表性的不朽作品，有著寬闊的大道，閃閃發亮的巨大木柱，主角是一個有圓形屋頂、像大教堂的建築，高將近三百公尺，將是世界上最高的建築，可容納十八萬人。裡面有一隻與建築同高的金色老鷹，室內的元首走廊則用來紀念大日耳曼帝國的各個民族並爲這個即將沉沒於塵埃的世界寫下法律。這個巨型建築透過一條五公里長的繁華主街，連接到一個一百一十七公尺高的凱旋拱門，以象徵建立這個世界帝國過程中所贏得的許多場戰爭。年復一年，希特勒狂熱地追求戰爭的高潮，「到時候，一群吉爾吉斯軍隊會被帶領穿過帝國的首都，以滿足他們對其巨型龐大石頭紀念碑的想像」。[50]一個所謂元首行館的建築計畫也有同樣的規模，這是一個類似堡壘的宮殿，位於柏林的中央，兩百萬平方公尺大，除了希特勒本人的住處和辦公室之外，還包含各種活動大廳、回廊、屋頂花園、噴水池和一個劇院。他的御用建築師事後再看到這些老舊的藍圖草稿時說，這讓他想起了「地密爾（譯註：Cecil B. De Mille，美國電影導演）一部電影裡的古波斯帝國總督的建築」，希特勒藉著這些建築回應時代精神，但其實他似乎與這時代精神離得很遠。如今還可以在莫斯科、巴黎、華盛頓和好萊塢這些地方看到這些石頭證人的背後有一致的想法。

藉著爲德國幾乎所有大城市設計大量的建築計畫，希特勒實現了他作爲藝術政治家的理想。甚至在緊迫的國事中，他仍然找得出時間進行關於大量建築事務的討論。常常晚上睡不著時就畫這些建築輪廓或施工草圖。希特勒也常常穿過所謂的部長花園到總理府後面，去史佩爾的辦公室找他，並和這位年輕的建築師站在一條有探照燈照射的三十公尺長「模型街」前一起幻想各種從來沒有建成的建築。在這些計畫中的建築裡，爲了賦予紐倫堡「未來和永恆的特色」，有一個可以容納四十萬觀衆的大型體育場，它將是歷史上最龐大的建築物，其中有一個碩大的遊行廣場和十六萬個座位的看臺，一條閱軍的大道和多個議會建築物——所有這些結合成一個空間寬闊的殿堂。這個設計在一九三七年的巴黎世界博覽會上獲得大獎。在史佩爾的提示下，希特勒特別注意使用的建材，好讓它將來即使成了廢墟，常青藤爬滿在它坍塌的牆壁時，仍然能讓人看出他的王權之偉大，就像尼羅河邊的金字塔仍然向世人宣示法老王們的權力和光榮一樣。在爲紐倫堡的議會廳奠下第一塊基石時，希特勒說：「如果將來運動有沉默下來的一天，這個證人在幾千年後仍然說話。它聳立在一個有古老橡樹的神聖小樹林當中，人們將對第三帝國所有建築物中最頂尖的建築物發出敬畏的讚嘆。」【51】

希特勒對藝術的認識

然而，建築只是希特勒所偏愛的一個藝術領域，因爲他的特別興趣而突顯出來。從年輕的時候，他就對繪畫和音樂劇特別感興趣，基本上是對所有的藝術領域都感興趣。按照他的觀點，一個時代的藝術地位只是在反映出其政治上的偉大，所以他認爲，自己作爲政治家的成就要從文化創作產出看得出其根本的合法性來。因此，我們要在這樣的意識形態背景之下，去看第三帝國初期關於他自己所說的各種預言，預言「德國藝術前所未有的全盛時期」或一個「雅利安種族的新藝術文藝復興」。因此，當他這個伯里克里斯（譯註：Perikles，雅典黃金時期的領導政治人物，在希波戰爭後的廢墟中重建雅典）夢想化爲烏有，【52】且所有的努力都沒有超過一個好戰的庸俗人物時，希特勒的反應是極爲憤怒。他把自己關起來，與外界隔絕，對自己的狹隘感到驕傲，這都是在進行一種假浪漫主義的黃昏儀式並在緊閉的窗戶後面思考最重要的事——發出蒸氣的泥塊、鋼盔英雄主義、終年積雪而閃閃發亮的山峰，以及因爲這些建築所一再需要動用大量的工人。這種因爲激進的民族防衛態度所導致的文化萎縮，不僅在文學中無法忽視，在繪畫藝術中也一樣，即使每年在慕尼黑舉辦的畫展嘗試透過安排奢華的勝利場景來掩飾文化界普遍的單調乏味也沒有用，而且希特勒還在這些活動中擔任評審。希特勒極端反對並攻擊「十一月藝術」，「沉迷於藝術」的過去，幾乎在他每一次的文化講話中，這都占很大的分量。這清楚顯示出他把藝術和政治的標準視爲同等：所以，他威脅要讓這些「藝術尼安德塔人」被關在醫院或監獄裡，並認爲這些「國際畫家的隨便塗鴉」只不過是「出於怪誕、無恥的狂妄自大之下的畸形產物」，而必須摧毀之。[53]一九三七年所舉辦的「墮落的藝術」展覽便部分實現了這個威脅。

希特勒對藝術的理解也讓人一再看到他早年時那種僵化的現象，而且這個現象影響著他整個思考和想像。在維也納時，作爲一個沒有人際關係的人，他錯過了藝術和知識百花爭鳴的時代，所以從那個時候開始，他的判斷標準一直都沒有改變過。一方面是冰冷古典派的華麗，另一方面是頹廢派的富麗奢華。例如馮．費爾巴哈（Anselm v. Feuerbach）和馬卡特（Hans Makart）是他偏愛的藝術感方向，而且他把這種藝術感與申請學校被拒絕而引發的仇恨情緒結合在一起，並升級成一種標準。除此之外，他還讚賞義大利文藝復興以及巴洛克早期的藝術。放在貝格霍夫行館的許多畫作就是出於這個時代，他特別喜歡提香（譯註：Tizian，即 Tiziano Vecellio，義大利文藝復興後期威尼斯畫派的代表畫家）的門生博爾多內（Paris Bordone）的一幅半裸畫像，以及提也波洛（Giovanni Battista Tiepolo）的一幅巨大的彩色速寫。德國的文藝復興畫家他反而因爲他們不華麗的嚴格畫風而拒絕他們。[54]就像他死板的水彩畫風格，任何時候他都要求精確的工藝。希特勒非常讚賞柯林斯（譯註：Lovis Corinth，德國印象派代表人物，但在中風之後作品偏向表現主義風格）早期的畫作，卻不喜歡看到他後期的作品，即他在老年時以天才畫風創作的畢生鉅作，並且不讓這些作品擺在博物館裡。他特別喜歡各種情緒表露的作品類型，比如格呂茨納（Eduard Grützner）筆下愛喝酒的修士和肥胖的釀酒師。希特勒告訴身邊的人，從年輕的時候他的夢想，就是將來有一天能成功到買得起格呂茨納的一幅眞跡。[55]在他位於慕尼黑攝政王廣場住處裡，後來掛了許多格呂茨納的作品，除了施皮茨韋格（Carl Spitzweg）的小人物田園風光之外，還有倫巴赫（Franz von Lenbach）的一幅俾斯麥畫像，費爾巴赫的一幅公園景色，以及馮．史杜克（Franz v. Stuck）的作品《罪惡》的各種版本。他在一九二五年在一本素描薄的第一頁所畫的「德國國家美術館設計圖」上就有上述畫家的名字，此外還有以下畫家的名字：奧韋貝克（Johann Friedrich Overbeck）、馮．施溫德（Moritz v. Schwind）、馮．馬列斯（Hans v. Marées）、德佛雷格（Franz Defregger）、博克林（Arnold Böcklin）、馮．皮洛提（Karl von Piloty）、萊布爾（Wilhelm Leibl），最後是馮．門釆爾（Adolph v. Menzel），他還爲門釆爾保留了五個以上的展覽室。[56]他很早就開始透過特別委託收購這些藝術家的所有代表作，以確保在他實現自己的目標之後，能夠將這些作品保存在他將來有一天會在林茨建造並親自當館長的博物館裡。

林茨的博物館

就像所有他經手的事情馬上就必然會發展成超大尺度一樣，計畫在林茨建造的美術館，也很快發展成毫無節制的程度。他原本計畫只在那裡蒐集德國十九世紀的代表藝術作品，但在一九三八年去了一趟義大利之後，顯然被義大利各個博物館的豐富內容大感震撼並覺得自己受到挑戰，於是便想在林茨建造一個可以與之相比的作品。在他的幻想裡，它已經是「世界上最大的博物館」。在發動戰爭之初便將它升級，還搭配上一個重新分配歐洲藝術作品所在地的計畫。根據這個計畫，所有出自所謂日耳曼影響區的作品都移到德國境內，尤其是移到林茨，當作一種德國式的羅馬而集中在一起。希特勒發現德勒斯登油畫美術館的館長波瑟博士（Dr. Hans Posse）就是適合執行這個計畫的專業人士。他成立了一個大型專家小組，跟他一起研究歐洲的藝術品交易、收購，或在之後占領的國家內充公所有的著名藝術品，並將它們編成四冊的「元首目錄」。希特勒的鉛筆畫被蒐集在慕尼黑，只要他來到慕尼黑，甚至在大戰期間，他首先會來到元首行館去看那些被選出的作品，遠離現實，迷失在漫長的藝術品聊天中。在一九四三至一九四四年間就爲林茨博物館蒐集到三千件畫作，而且不管所有的戰爭財務重擔，爲此花費了一億五千萬馬克。由於慕尼黑沒有足夠的地方收藏這些畫作，希特勒讓這些作品分別收藏於各個城堡裡，比如高天鵝堡（Hohenschwangau）或新天鵝堡，或藏在修道院和山洞裡。在戰爭結束時，僅僅在阿爾特奧塞（Alt-Aussee），一個十四世紀鹽礦的倉庫裡，就發現六千七百五十五件古老的油畫傑作，此外還有各種速寫、圖像、掛氈、雕像和無數的藝術家具，最後一次表現出一種幼稚的占有欲發展到無法讓人理解的程度。在這些作品裡有達文西的作品以及米開朗基羅的布魯日聖母雕像，魯本斯（Rubens）、林布蘭、維梅爾（Vermeer）等大師的名作，以及范艾克（van Eyck）兄弟的祭壇畫。此外還有馬卡特（Hans Makart）的「佛羅倫斯的瘟疫」（Die Pest in Florenz），這是在希特勒急切的懇求之下墨索里尼給他的禮物。從元首總部地堡發出了炸毀這個倉庫的命令，而且上多瑙的納粹地方黨部主任艾格魯柏（August Eigruber）在面對要處決他的威脅之下又轉達了這個命令，但最後還是沒有執行。[57]

半吊子特質

希特勒的外表總是有一些奇怪的低劣特質，給人一種狹隘和半吊子的印象，即使獲得許多勝利都無法消除這些特質。所有的人格特質加起來都還不能構成他這個人。我們從他身邊的人所獲得的所有報導和回憶，都無法理解他所表現出來的樣貌。他以一種帶著面具的非人形象遊移於他所主宰的毫無爭議的場景中。就像他雖然是歷史上最偉大的演說家之一，卻沒有發明任何一句令人難忘的話一樣，也沒有任何關於他的趣聞軼事。在權力上他完全按照個人的判斷力去行事，如此沒有節制和任意妄爲，完全不像任何其他在專制主義結束之後的政治人物。

就是這種過度強調個人元素的做法，使得一些觀察家稱他爲一個半吊子，一個業餘愛好者。的確如此，只要別人描述這類型的人時，強調的是個人傾向而不是職責，情緒而不是規則和嚴格遵守期限，希特勒上臺執政就意味半吊子闖進了政治圈裡。他早年的生活情況就是充滿這類的特質，這最終也把他帶進政治圈裡。他在行使權力期間，也只是在展現其個人傾向，作爲一種標準。他那不受馴服的特質和激進的手法也是源自其個人傾向和情緒，而且他還憑著這些獲得如此大的成功。一個眞正的「新人類」（homo novus），無論講求經驗或遵守規則都無法阻止他，他完全不知道專業人士會面對什麼樣的阻礙，也完全不怯於想像出新東西來。他總是直覺地下決定，卻完全不知道要執行這麼大型的計畫會碰上什麼實際上的困難——這一向只是小孩子的遊戲或任意的行爲。而且他並沒有意識到自己的大膽妄爲，反而總是以「喜歡做決定的門外漢」[58]干涉所有的事，發表意見，介入並做出別人連想都不敢想的事。對於害怕承認自己犯錯他也是半吊子，而且還一直半吊子地向人演示船的噸位，子彈的口徑和統計上的知識。他在審美上的偏好也顯示出這種半吊子的特質，強調量大就是美，對魔術花招有幼稚的興趣，喜歡突襲行動和製造魔術師般的效果。他也典型地信任突發的想法多於信任仔細思量，信任天才多於信任努力。[59]

就是這種半吊子的特質讓他想透過沒有節制的做法去掩飾一切，而且也是這種半吊子的想法驅使他去設計雄偉紀念碑來讓別人看不出這種特質。以此看來，他也是一個十九世紀的人物，被每一種形式的偉大折服，無論是各種標準或個人方面。偉大使所有的事都合法化，世界只是它的實驗室或一種供它使用的舞臺布景。根據尼采的名言，他確信，一個民族只不過是大自然繞著路來製造出少數幾個重要的男人。「特別傑出的天才，」在看自己時他發現：「完全不容許顧慮一般的人類」，他們有更好的見解，更高的使命，這可以爲任何冷酷無情做法提供正當的理由。而且在他的想法裡，所有個人的總和，遠遠低於追求偉大和歷史盛名的天才之主張，只不過是「星球的細菌」而已。[60]

天才、偉大、盛名、使命和世界大戰等畫面揭露出，希特勒想像中的世界總會含有一個典型元素，他從神話的層面而不是從社會的層面去思考，而且他的現代被古代特質所取代。世界和人類，幾千種利益關係交織在一起，各種情緒傾向和能量在這當中，濃縮成少數幾個根據直覺所理解的強烈對比，有朋友和敵人、好人和壞人、純與不純、貧與富，光芒四射的騎士以粉碎一切的特有形象以及像可憐蟲一樣守護著寶藏的龍。雖然希特勒抗議說，羅森伯格爲他的傑作選了一個「不恰當的標題」：民族社會主義不是用二十世紀的神話去對抗精神，而是「用二十世紀的信仰和知識對抗十九世紀的神話」；[61]但事實上，他比這位黨內哲學家更加認同這種說法。因他的理性一向只停留在方法上，而無法照亮他的各種恐懼和情緒的陰暗角落。在較少的神話前提下，他以有計畫的理智行事。但要同時將他的冷酷無情和迷信、馬基維利主義和迷戀魔法等面向包含進來，才描繪出他這個人的整體現象。

否定過去

這是一種以粗糙的手法揉在一起的前提，源自於各個世代的宣傳小冊子這種破爛，出於祖國的教授和假先知們之手，他們決定性地形塑了傳統德國的歷史形象，用死敵、突破重圍、暗箭傷人、尼布龍根式的忠誠（譯註：無條件、情緒化且帶有潛在災難性的忠誠）等元素把這個形象神話化，又用不是戰勝就是滅亡這種強烈對比選擇變成它的本土意識。雖然民族社會主義並不像義大利或法國的法西斯主義那樣，認識「歷史的誘惑」的現象[62]——這根本屬於法西斯主義思想的基本特徵。希特勒心中沒有任何理想時代可以挑起他的野心，並驅使他去模仿那些英雄，但他知道要對歷史發出負面的批評，這意思是，嘗試用過去的衰弱和分裂這些扭曲的圖像去激發當代人的野心。希特勒從否定過去所獲得的動能之大，等於墨索里尼引用羅馬帝國的光榮所獲得的動能。爲了讓人們具體想起這種情形，只要一再提起像「凡爾賽」或影射威瑪的「體制時代」就夠了。而且戈培爾發布給各宣傳部主任的一份用詞規則中，也要求將一九一八至一九三三年間基本上呈現爲「犯罪的」年代。[63]法國詩人瓦雷里曾注意到，歷史是最危險的產物，它製造出人類大腦的化學物質，它使各民族做夢或受苦，讓他們變成狂妄自大、苦悶、虛榮、令人難以忍受；無論如何，在本世紀的前半頁，被僞造的歷史所挑起的民族仇恨和狂熱情緒，比透過所有種族意識形態、透過嫉妒和擴張意願所挑起的強很多。

希特勒之所以必須採用否定過去這種方法，是因爲他不讚賞任何德意志的歷史時代，他的理想世界是古代；雅典、斯巴達（歷史上最明顯的種族國家）、羅馬帝國。他對凱撒或奧古斯都的親切感比對阿米尼烏斯（譯註：Arminus，羅馬時代著名的日耳曼政治家、軍事家及民族英雄，以在日耳曼戰爭中大敗羅馬帝國聞名）還強。希特勒把他們，而不是那些在日耳曼森林裡沒有文字的居民，列為「歷史上最有啓發性的精神」，他希望能在「他自己也將進入的……奧林帕斯山上」再見到他們。[64]他一再思考那些古老帝國的滅亡：「我常常在想，那些古代世界滅亡的原因是什麼。」他總是直言不諱地嘲笑希姆萊想辦法復興異教徒的化妝舞會，或遠古時代一些牧羊人的信仰，對於所有出土陶器碎片上的傳說和日耳曼人種植藥草的做法，他總是挖苦地說，他對那些東西「一點好感都沒有」，「在我們的祖先還在用石頭做飼料槽和用陶土做杯子的時候，而且我們的古代學者還儲存了一大堆這種破爛，在同一時期，希臘就已經蓋好衛城了。」[65]在另一處，他又說：「那些留在霍斯坦（譯註：Holstein，德國最北部）的日耳曼人，在兩千年後還是土包子……其文化水平沒有比（今天的）毛利人高。」只有往南遷徙的民族在文化上攀上了高峰：「我們的國家以前是一片荒地……如果有人問我們的祖先的事，我們總是得提到希臘。」[66]

除了古代之外，特別是英國最能挑起他的讚賞和野心，因為他們全國團結，有主人意識，而且有在大空間中思考並有結合大空間的能力；它是德國的世界公民、膽怯、狹隘的相反。最後又出現這不由自主偷偷驚嘆的對象，也是莫名恐懼的對象：猶太人。他既驚嘆於他們的自我封閉和純粹的種族，也驚嘆於他們意識到自己是一個被揀選的民族，他們的堅強和聰明。基本上，他視猶太人為負面的超人。在一次餐桌談話，他指出，即使接近純種的日耳曼民族都比不上猶太人；如果把五千個猶太人弄到瑞典去，他們一定在短時間內就占領所有重要的地位。[67]

新人類的構想

從這個理想圖像中，儘管非常不精確而且是拼湊出來的，他建構出「新人類」這個概念，結合了斯巴達的堅強和簡樸、羅馬人的倫理、英國人的主人風範和猶太人的種族道德。從權力欲、獻身精神和狂熱信仰、從迫害和戰爭的霧霾中，一再出現這個種族的千變萬化幻景：「誰若只將民族社會主義理解爲一種政治運動，就對它幾乎一無所知。」希特勒確切地說：「它不只是一種信仰而已；它是創造一種新人類的意志。」[68]

這是他最內心和最嚴肅的想法，它彌補了所有的恐懼和否定，而他的正面構想是：將在這個世界上所有在克林索爾（譯註：華格納歌劇《帕西法爾》中的魔法師）的花園裡浪費掉的雅利安血統再度蒐集起來，並保護這歷史上最寶貴的盤子，以便成爲無懈可擊的人種和世界的主人。所有的權謀計算和所有的挖苦諷刺都是爲了這個願景：新人類。早在一九三三年初，希特勒就已經推動制定首批法律措施，很快地，這些措施擴大成有目的以醫術介入的一份廣泛清單，其中部分的目標是阻止所謂的種族衰落，另一部分則是「使國家重生……透過刻意培育出一種新人類」以達到此目的。一九二九年在紐倫堡的黨大會上，希特勒在閉幕典禮的演說上指出：「如果德國每年有一百萬個小孩出生並將其中七十至八十萬弱小的嬰孩清除掉，最後的結果可能是一種體力的提升。」結果，在納粹當局裡，背後傳話的知識分子抓住這個想法並把它擴充成呼籲「對退化和受汙染的人……發動一場世界大戰」。種族哲學家伯格曼（Ernst Bergmann）宣布，對於「大城市裡的廢人」他「有把握除掉一百萬個」。[69]跟反猶太人措施同時進行的還有許多「確保良好血統」的活動，從特別的婚姻與遺傳健康法律，延伸到結紮手術和安樂死計畫。

還有教育措施作爲優生學的補充。因爲「一個『精神上的種族』比一個種族更堅固，可以更持久」，希特勒如此認爲，並以「精神比肉體更優越」[70]作爲這種說法的理由。一種新式的教育系統，包括國家政治教育機構（Napola），希特勒學校（Adolf-Hitler Schule），軍事訓練中心（譯註：Ordensburg，納粹軍事精英學校，模仿中古修道院城堡蓋成的軍營），以及由羅森伯格所籌辦卻卡在方法上而沒有辦成的高校，所有這些教育機會的目的是，根據種族的觀點對篩選出來的精英進行意識形態的教育，並做多方面的準備。在幾個熟人面前，希特勒有一次自言自語說，這種新人類，在親衛隊裡已得到部分實現，他用獵食性動物和魔鬼的特質去描述他們，「既可怕又殘酷」，連他自己都因爲這個畫面感到害怕。[71]雖然這種詞藻一看就知道是書上抄來的，它所含有的文學成分，比一個極權當局的權力和維護自我利益所允許的還多。因爲這要求的不是魔鬼的特質，而是紀律，不是一無所懼，而是具攻擊性的類型，而且他們的攻擊性是訓練出來的，可以執行任何目的之任務。儘管如此，將文學裡的內容轉變爲現實，是希特勒的特質和令人難以置信的長處。根據這種圖像所培育出來的新人類是未來大日耳曼帝國的精英分子，其可怕之處不是上面所描述的那些面向，而是另一面；這種新人類的特質是高度集中精神的馴服和狹隘的理想主義，他並不是眞的那麼殘酷，而是機械式、不爲外物所動，而且是個完美主義者，在執行任務時大膽，有高度主人意識，即「渴望消滅別人」，就像希特勒在一九四五年二月十三日最後記錄下來的一次獨白裡所說的一樣。[72]

然而，這些畫面只讓人看到一些輪廓。要從已被混雜多次的素材中，提取出雅利安的血統元素和優越，不是那麼快就可以做到的事。希特勒曾指出，「我們都因爲混雜、腐敗的血而久病不癒。」事實上，從這種新人類的出現，就可以很容易看出自己的不純和衰弱。他估計要花很長一段時間。[73]在一九三九年一月的一次講話裡，他說到這是一個持續百年的過程。只有到大部分的德國人民擁有這些特質時，才能利用這些特質去征服和統治世界。但他並不懷疑這個計畫不會成功。在《我的奮鬥》的結論裡，他就已經這麼說：「一個在種族中毒的時代裡就已經去想辦法維護其最好的種族元素的國家，有一天必定成爲世界的主人。」[74]

擔心自己的生命

他自己沒剩多少時間了；擔心種族繼續衰落和意識到人的生命其實很短的念頭，一直催迫著他。雖然他的基本情緒是冷漠無情，但他的生活卻有一種焦躁不安的特質。早在一九二八年七月的一封信裡，他就寫到，他現在三十九歲，「最好的情況是還有不到二十年可以用」來完成「他那艱鉅的任務」。[75]從這個時候開始，擔心自己的生命可能沒有完成使命就消逝，變成更常出現的話題，而且想到自己可能會提前死亡，這個念頭一直不斷折磨著他。「時間緊迫，」在一九三四年二月時他說：「我沒有夠長的時間可活……我必須奠下基礎，在我之後別人可以在這基礎上繼續建設。我將無法看到它完成。」[76]他也害怕遭到刺殺，某個「歹徒，白痴」可能會把他殺掉而阻止他完成自己的使命。

由於這種恐懼情結，他變得對自己過度認眞地擔心。從要求希姆萊不斷擴大監控系統，變成一隻巨大的眼睛盯著全國各地，到一九三〇年代初換成吃素的做法，他想辦法用各種預防措施來維持自己的生命，也就是同時透過警察機關和吃麵粉湯來確保這「艱鉅的任務」，儘管這看起來非常不妥當。他不抽菸，不喝酒，甚至連咖啡或紅茶都避免，只喝淡淡的青草茶。死前那幾年，在他的御用醫生莫瑞爾教授的協助下，他陷入藥物上癮的行爲，一直不斷吃藥或含著一些口含錠。他一直以疑病症的謹愼觀察自己。偶爾發生胃痛，他就視爲這是即將得到癌症的徵兆。一九三二年春天，在進行總統競選活動期間，一位支持者來到漢堡的飯店裡拜訪他時，他邊喝一盤蔬菜湯邊向對方說，他沒有時間可以等了，「連一年的時間都不可以浪費。我必須在最短的時間內獲得政權，好能在我還剩下的生命裡完成這巨大的使命。我必須這麼做！我一定得這麼做！」[77]後面幾年的許多談話以及一些演講裡也有類似的暗示，而在私人圈子裡，他經常說，他

「不再有很多時間」、「他即將要離開」，或者「只剩幾年可以活」。最後這變成一種固定的詞藻。

醫生的診斷沒有多少資訊。雖然希特勒在後面幾年常有胃痛，而且自一九三五年起偶爾抱怨循環不良，但醫生所提出的體檢報告裡沒有診斷出任何病症，所以就只能從心理方面去解釋他焦躁不安的原因，就像許多有特別使命感的歷史人物傳記裡所記載的一樣。所以猜測這是心理疾病也得到以下證據作爲支持，他沒有節制的旅行狂熱，彷彿嘗試不停逃跑一樣；在往後幾年，尤其是在大戰期間，他的失眠變得更加嚴重，使得元首總部裡的日子實際上變成日夜顛倒。他的急躁使得他無法處理規律的事務或費心要做的事。只要他一開始著手某件事，就必須立刻完成。而他大言不慚地說，他幾乎沒有讀完蒐集來的任何一本書，這種說法也變得可信。在白天，他就像被麻醉了一樣，動都不動，就像「在尼羅河的泥巴裡打瞌睡的鱷魚」，然後就突然爆發，開始不斷催促各種事務執行，完全沒有過渡的時間。在一九三七年四月於弗格桑軍事訓練中心（Ordensburg Vogelsang）的一次講話，他提到自己「被搞壞的」神經，並幾乎以哀求的語氣說：「我得讓自己的神經恢復正常……這是一清二楚的事。擔心、擔心、擔心，總是極度擔心，這眞的是很大的負擔。現在我要放下許多事；我的神經必須恢復正常才行。」[78]站在他的新首都模型前面，他眼中含著淚水對史佩爾說：「眞希望我身體健康。」許多看似出於冷血計算而採取的突發式行動，顯然是在表達因爲害怕死亡而感到的焦慮：「我將無法再看到它完成！」根據一位參與者的紀錄，一九三七年十月在對宣傳部主任們的講話裡有這樣的內容：

> 「他說，他，希特勒，根據人的算法不再有很多時間可活。他的家人也都活不長。他的雙

親也都早死。因此，必須儘快解決各種問題（生存空間！），好讓這還能在他活著的時候發生。往後的世代不可能做到這些事。只有他個人才有能力做到這些事。在嚴重的內心掙扎之後，他已經擺脫了還一直出現的兒提時的宗教想法。『我現在覺得自己像剛吃飽了牧草一樣有精神。』（譯註：影射聖經裡詩篇第二十三篇的內容）」[79]

但其實，希特勒之所以一直不斷強調這些緊迫性的確有心理上的原因。許多跡象顯示，自一九三七年末起他便越來越擔心，奪取政權的過程結束會使得革命踩下剎車，於是革命便完全失去其動力並變得寂靜下來。國內局勢緩和，各方輪流做出的和平姿態，慶典一直舉行個不停，簡而言之，他擔心納粹當局一直進行的化妝舞會可能會被人們認眞對待，並因此而「錯過走向最終目標的起跳點」。[80]由於他幾乎對宣傳的力量有無限的信心，他也相信它能把裝飾得充滿藝術感的田園風格舞臺布景變成眞的田園風景。一九三八年十一月十日，在對國內新聞界主編的重要祕密談話裡，他詳細分析了這個矛盾：

「各種局勢逼著我在過去幾十年來幾乎只談和平。只有在繼續強調德國願意維持和平，也企圖維持和平，我才能爲德國人民爭取到一點又一點的自由，並一再賦予它一些武器，作爲走出下一步所需的先決條件。理所當然，十年來所推動的和平宣傳也有它該擔心的一面；因爲它很容易就導致許多人的腦子裡形成這個固定觀念，以爲今天的政府不管在任何情況下都有維持和平的決心和意願。

這不僅可能導致人們對政府的目標判斷錯誤，還會導致德國人民……長期下來充滿失敗主義的想法，這以後可能會，且一定會奪走今天這個政權的成就。

這就是逼得我爲什麼這些年來就只能談和平的原因。從現在開始必須逐漸調整德國人民的心理並讓他們逐漸明白，有些事如果不能用和平的方式達成的話，就必須用武力的方式達成……。

這項工作會需要好幾個月的時間；它會按計畫開始、繼續推動、加強。」【81】

為戰爭做準備

的確，自一九三七年下半年開始，之前被停下來的激進能量又被釋放出來，全國比以前更加投入去執行納粹當局的動武企圖。這時候，親衛隊之國才眞正開始崛起，最明顯的是集中營的數目增加以及加速建立各種武裝親衛隊的軍隊。紅十字會獲得通知，要爲戰爭動員的情況做好準備。希特勒青少年團也接獲指示，預計兵工業將缺乏人手，到時他們必須支援武器的生產。對司法單位、教會和官員的大量攻擊製造一種新的嚇阻效果，而同時希特勒則以前所未有的激烈方式與持懷疑態度的知識分子進行論戰（這些「狂妄、不知羞恥、思想狹隘的傢伙」，「完全沒辦法用來當作民族共同體的磚塊」）並稱讚思想單純的人。一九三七年十一月，新聞界獲得指示，不要公開討論納粹黨所有單位都在投入準備「全面戰爭」的事。【82】

在企業界，準備行動也日益貫徹推動向前。與第三帝國裡的理論——大資本家的利益占有壓倒性的主導地位——相反，大企業其實只是個唯命是從的工具而已，「在政治決策上不再有任何影響，而只不過是它的幫工而已」【83】：如果企業界沒有做到政府所要求的事，「毀掉的不是德國，最多只是幾家企業而已」，希特勒在一九三六年秋天在擬定一份經濟計畫備忘錄裡，就已經這麼表示。由於他一向都只從考慮效率出發，所以在一開始在面對所有實際的問題時，他那沒有學說背景的理智說法都被忽視。如果在意識形態的標誌之下去詮釋納粹政權的經濟政策的話，就會發現，雖然基本上是一種資本主義制度，但其實那上面層層覆蓋著極權主義的命令，而且被一種非典型的方式扭曲了。

在他的備忘錄裡，希特勒首度以總理的身分公開宣布擴張領土的企圖。他舉出要加速執行其計畫的理由是，因爲德國的原料和糧食情況令人擔心，以及德國會變成非常可怕的人口過密的國家，變成每平方公里將住一百四十人的慘況，這種說法變成了他的格言。因此，參考蘇聯的模式，他將以一個四年計畫確保生存空間政策的先決條件得以成立。戈林將被委託執行此計畫，他將不顧任何成本或經濟後果，以強硬的手段強迫各企業實現德國自給自足和增加軍備的各種計畫。在部長會議上，希特勒要求，所有在此備忘錄裡公布的措施都要確實執行，「就好像我們已經處於威脅生命的戰爭當中一樣」。幾個月後，在一次大企業集會上，他聲明，現在已經不是爲了商業目的而生產的問題，最重要的問題是一定要生產——這是一個徹頭徹尾的掠奪式開採計畫，目標放在侵略戰爭，而且只能用侵略戰爭作爲正當的理由。之後在大戰時，希特勒自己這麼說：我們「必須時時牢記，萬一打輸了，就統統都打水漂了」。[84]當沙赫特批評這種方法時，他便與沙赫特決裂，不久便逼沙赫特離開內閣。如今希特勒認爲自己不再有時間了。在備忘錄裡，他指出，經濟方面的增加設備必須「以同樣的速度，以同樣的決心進行，必要時，也要以同樣的不顧任何後果」推動，就像政治和軍方爲戰爭所做的準備一樣。最後幾句他是這樣表達的：「我如今提出以下的任務：第一，德國軍隊必須在四年內可以執行任務。第二，德國的經濟必須在四年內能夠供應戰爭所需。」[85]

關於這段期間的國內氣氛，一份報告提到「某種程度的疲憊和麻木」。[86]過度組織民眾已使部分的人無法忍受，加上納粹當局對教會的政策，汙蔑少數族群，搞種族崇拜，對藝術界與學術界的壓迫等做法，以及官員們的狂妄自大等因素已引起人民疑慮，但人們都只能忍氣吞聲不敢表達憤怒，以免招來不良的後果。大部分的人則想盡辦法逃過納粹當局和不正義的事。上面提到的那份報告還指出，「德國式問候——在黨內同志和政府官員圈子之外幾乎沒有人在使用或只得到隨便的回應，大家仍然使用一般的問候方式」。

即使這類地方報導幾乎無法推論至全面，它仍然讓人看到希特勒急躁的做法並將他的任務定義為：強迫人民脫離一種漠不關心的狀態，並創造一種使擔心、驕傲和受辱的自我意識能夠結合在一起的情況，好讓「人民內心的聲音自己逐漸開始叫著要暴力」。[87]

海登（譯註：Konrad Heiden，德裔美國記者，威瑪共和與納粹時期歷史學家）在這段時間寫到，無論希特勒的前景畫到哪裡，都有戰爭在裡面，所以就這一點，他問，如果這個男人「不把世界瓦解掉」，他是否還能存在？[88]

注釋

【1】M. Domarus, aaO., S. 704.

【2】比較，A. Speer, aaO., S. 173。

【3】引述於 A. Bullock, aaO., S. 380。上面提到霍克海默所說的話，在他的論文 »Egoismus und Freiheitsbewegung« 中。關於納粹借用天主教禮儀的風格，比較 »Tischgespräche«, S. 479。

【4】Th. W. Adorno, aaO., S. 155。這類的死亡崇拜可以在所有法西斯運動中看得到，最具特色的是羅馬尼亞的鐵衛團（Eiserne Garde），值得深入的研究。

【5】Karlheinz Schmeer, »Die Regie des öffenlichen Lebens im Dritten Reich«, S. 113：此處亦對整體黨大會的導演技術有詳細的描述和分析。

【6】»Der Parteitag der Arbeit vom 6. bis 13. September 1937. Offizieller Bericht.« 一九三七年九月十二日的›Niederelbischen Tageblatts‹ 也指出這些夜間活動的逃避現實特質，談到其「默禱時刻」是「由一片光海所保護以對抗外面的黑暗」。

【7】M. Domarus, aaO., S. 641（一九三六年九月十一日的講話），以及 S. 722（一九三七年九月十日的講話）。

【8】比較 Robert Coulondre, »Von Moskau nach Berlin«, S. 473，以及 Paul Stehlin, »Auftrag in Berlin«, S. 56。上面提到的發言出於顧隆德勒的前任，龐賽，他繼續這麼寫：「在那八天裡面，紐倫堡是一個不只有歡樂的城市，一個處於魔法之下的城市，幾乎是一個使人心醉神迷的城市。這些氣氛，加上各種節目的美和慷慨的待客之道，使外國訪客留下深刻的印象。而且納粹政府從來都不忘記邀請他們參加這個每年一度的慶典。它散發出一股沒有多少人能夠抗拒的效果：即使他們回到家，還是感到自己已被誘惑，心已被擄走。」（S. 308）。

【9】在一月三十日之後是（三月中的）英雄紀念日，（四月二十日）元首生日，（五月一日）勞動節，（五月初）母親節，（九月初）全國黨大會，（九月底/十月初）豐收感恩節，最後以十一月九日結束。

【10】比較 K. Schmeer, aaO., S. 30：這本雜誌的名稱是›Die neue Gemeinschaft‹。

【11】漢諾威—布朗施維克南部的納粹地方黨部的宣傳部於一九三六年七月二十一日之指示，引述於

»Ursachen und Folgen« XI, S. 62。比較黑森邦總督於一九三六年四月二十七日之通告，引述於 F. J. Heyen, aaO., S. 145，這份通告指出，不可在公共場所以仇恨的形式執行猶太人不受歡迎這項指示。

【12】比如 P. Stehlin, aaO., S. 53 和 A. François-Poncet, aaO., S. 304。龐賽還甚至爲這（之前或之後都沒有使用的問候禮）提供描述：「舉起的手臂伸直並與肩部成水平高度。」此外，大部分經過看臺的代表隊都用這個手勢敬禮，只有英國隊和日本隊例外，成了衆人矚目的對象。

【13】A. Speer, aaO., S. 71 f..

【14】L. Graf Schwerin v. Krosigk, aaO., S. 220.

【15】比較 A. Zoller, aaO., S. 127。希特勒在笑時做出的緊繃動作以及眼睛到處亂看的行爲，不僅有許多訊息來源都有報導，而且有時也被拍進影片中；比較，例如 »Tischgespräche«, S.227, 243。此外，A. Zoller, aaO., S. 84，此處指出，人們「從來沒有聽過他開懷大笑。當一些好玩的事情或別人的歡樂情緒感染到他時，他最多只發出一聲刺耳的咯咯笑。」此外，比較 G. Benn »Den Traum allein tragen«, Wiesbaden 1966, S. 116 有非常生動的描述。

【16】»Tischgespräche«, S. 433 f.；此外 H. Hoffmann, aaO., S. 196 f.。關於希特勒一直擔心失禮的行爲，比較 A. Zoller, S. 126。有一次墨索里尼讓別人拍他穿泳褲的照片，希特勒得知此事後表示不贊同：「一個眞正偉大的政治家不會做這種事。」

【17】H. Hoffmann, aaO., S. 113 f..

【18】一九三七年四月二十九日，在弗格桑軍事訓練中心對當地政治領導人物的談話：紀錄顯示，希特勒在說上面的第一句話時，還強調地用拳頭敲講桌；比較 H. v. Kotze/H. Krausnick, aaO., S. 154, 156。關於給伊娃．布朗的小紙條，見 A. Zoller, aaO., S. 125 f.。接下來觀察到希特勒從來不會說沒有經過深

思熟慮的話，出自 H. Schacht, »Abrechnung mit Hitler«, S. 32。

【19】A. Krebs, aaO., S. 135；此處亦提到希特勒很可能嘗試刻意造成「令人極爲驚嚇而顫抖」這種猜測。此外，亦比較 A. Speer, aaO., S. 111。

【20】比較 A. Hillgruber, »Staatsmänner« I, S. 23；此外，E. Hanfstaengl, »The Missing Years«. S. 266。

【21】A. Bullock, aaO., S. 376.

【22】比較 A. Krebs, aaO., S. 128 f.。

【23】比較，例如 H. S. Ziegler, aaO., S. 54, 57, 58, 64, 67, 70 etc.。所有該處引述的說話或行爲方式，根據 A. Speer 對本書作者確認，他也曾經以類似的方式聽到過或觀察過。關於希特勒的音樂偏好，進一步比較 J. Goebbels, »Der Führer und die Künste«, in »Adolf Hitler« (Reemtsma-Cigaretten-Bilderdienst), S. 67；O. Dietrich, »Adolf Hitler als künstlerischer Mensch«, in ›NS-Monatshefte‹, 4. Jhg, Heft 43, Okt. 1933, S. 474；此外，O. Dietrich, »Mit Hitler in die Macht«, S. 198。希特勒的女祕書 Fräulein Schröder 也報導，除了華格納的歌劇之外，希特勒對《風流寡婦》和《蝙蝠》印象特別深刻，有時候甚至「虔誠地爲之著迷」，「我還記得，有好長一段時間，他每個晚上一直坐在壁爐旁聽這兩齣輕歌劇的唱片。即使在工作的時候，他會站在窗前，雙手插在口袋中，雙眼無神看著無限的天空，用口哨吹出這些輕歌劇的音樂旋律」。比較 A. Zoller, aaO., S. 58。

【24】A. Speer 的報導，他大多坐在華格納太太的另一邊，在近距離觀察這一幕。

【25】H. Schacht, »Abrechnung mit Hitler«, S. 31.

【26】C. J. Burchhardt, aaO., S. 340.

【27】在一九四二年五月三十日對新進軍官的祕密談話中就有一個典型的例子，刊印於 H. Picker, ,

»Tischgespräche« 的附錄中。

【28】C. J. Burchhardt, aaO., S.153.

【29】»Tischgespräche«, S. .227：關於山下景象對希特勒的象徵意義，出於史佩爾的報導，比較 A. Speer, aaO., S. 100。

【30】M. Domarus, aaO., S. 704（一九三七年六月二十七日在烏茲堡的講話）。

【31】關於這一點，比較 A. Bullock, aaO., S. 386：關於所提到的崇拜，比較 Joachim C. Fest, »Das Gesicht des Dritten Reiches«, S. 76。值得一提的是萊伊提到，他透過希特勒從達爾文主義中再度找到了「上主」：比較 H. Scholtz in: VJHfZ 1967/3, S. 280。

【32】在上述在弗格桑軍事訓練中心的演講中所說的話，比較 H. v. Kotze/H. Krausnick, aaO., S. 157。關於對老戰士們越來越反感，比較，例如 A. Speer, aaO., S. 58。

【33】H. Rauschning 在 »Hitler privat« 那一章裡的內容，但沒有收錄在德文版的 »Gespräche« 中：如今刊印於 Theodor Schieder, »Hermann Rauschnings ›Gespräche mit Hitler‹ als Geschichtsquelle«, S. 80。亦比較 Ward Price, »Frührer und Duce«, S. 14。

【34】在一九三二年，希特勒就已經拒絕聽施萊謝爾在電臺廣播上發表的政府聲明：「我不想讓自己以任何方式受到影響。」比較 H. Hoffmann, aaO., S. 70。

【35】A. Zoller, aaO., S. 45。還有 Th. Schieder, aaO., S. 52，認爲，勞施寧非常精準地捕捉到希特勒自我陶醉的單調說話風格。Groener 將軍曾經更有特色地描述希特勒的說話方式，和希特勒見面之後，他如此描述：「他避開實務的話題，立即馬上又在幻想著歷史的各個世紀。他說話時就像是處於一種恍惚的狀態中，帶著一種已脫離這個世界的眼神，然後各種詞彙、短句、畫面像瀑布一樣湧出，沒有逗

點也沒有句點，直到他完全筋疲力竭爲止！」比較 G. A. Craig, »Groener Papers«, 引述根據 K. Lange, aaO., S. 48。

【36】H. Rauschning, »Gespräche«, S. 162；在另一處（S. 104），勞施寧認爲，希特勒滔滔不絕說話就像一種「身體縱情於酒色」的作用。

【37】K. G. W. Luedecke, aaO., S. 378。關於他母親和司機施雷克的照片是史佩爾所說的。

【38】IMT XVI, S. 476。

【39】A. Zoller, aaO., S. 73。關於伊娃・布朗的全面資訊，比較 Nerin E. Gun 以謠言八卦風格所寫的書，»Eva Braun–Hitler, Leben und Schicksal«。

【40】A. Speer, aaO., S. 106；關於希特勒和伊娃之間的關係，這一處亦有其他線索；此外，同上，S. 144。

【41】Karl Wihelm Krause, »Kammerdiener«, S. 12 f.；此外，比如 A. Speer, aaO., S. 97 ff.；131 ff.。

【42】A. Speer, aaO., S. 107; A. Zollzer, aaO., S. 21 也有類似的報導。上面提到希特勒的隨從人員之特色，來自希特勒的御用醫生 Prof. Brandt，比較 »Tischgespräche«, S. 47，以及 G. Benn，他有一次去 »Kaiserhof« 大飯店拜訪希特勒時，觀察到其隨從都是人員的典型是十八歲至二十歲之青年；比較 G. Benn, »Den Traum allein tragen«, S. 116。

【43】A. Zoller, aaO., S. 21。關於之前引述的觀察，見 K. G. W. Luedecke, aaO., S. 459。關於希特勒喜歡看的電影，要感謝 Reg. –Rat Barhausen/BAK 提供的線索，他是希特勒一九三〇年代時負責張羅電影的人。電影的目錄收錄了大約兩千部不允許在德國公開放映的電影，但可以在 Barkhausen 看得到。另外，比較 H. Hoffmann, aaO., S. 191 還有其他電影片名。

【44】在特利爾的希特勒少女週開幕典禮上的一個節目，引述根據 F. J. Heyen, aaO., S. 230。此外，J.

Goebbels, »Unser Hitler«, 一九三五年四月二十日的廣播談話，引述於 »Adolf Hitler« (Reemtsma-Cigaretten-Bilderdienst), S. 87。

【45】E. Nolte, »Epoche« , S. 358 f.。關於去看《崔斯坦》和《風流寡婦》，比較 »Libres propos«, S. 322，以及 O. Dietrich, »Zwölf Jahre«, S. 165。諾爾特也精確地發現，希特勒也很幼稚地一直提到自己中小學期間充滿仇恨的記憶，彷彿他「從來都沒有脫離青少年時期過，而且他完全缺乏時間的經驗，缺乏時間可以讓人繼續成長、和解並使一些記憶變弱的力量」。

【46】比較 a. Kubizek, aaO., S. 125, 123。

【47】»Offizieller Bericht«, S. 78。關於希特勒只要知道自己的設計勝過歷史性的建築便很開心，參考 A. Speer, aaO., S. 83。

【48】»Tischgespräche«, S. 323.

【49】同上，S. 195。

【50】同上，S. 143：下面關於「古波斯帝國總督的建築」，見 Speer 的回憶，S. 174。

【51】M. Domarus, aaO., S. 527（一九三五年九月十一日的講話）。關於此，比較 A. Speer, aaO, 尤其是第 3-6, 8, 10-13 章有內容豐富的介紹。

【52】這是史佩爾告知對本書作者的：在那之後，希特勒認爲伯里克里斯和他「有一種平行」的關係。比較，同上 S. 466。

【53】這類的詞彙出現在幾乎所有所謂的文化講話中，但也在 »Tischgesprächen« 裡。比較 Dietrich Strothmann 所彙編的 »Nationalistische Literaturpolitik«, S. 302。希特勒喜歡強調德國藝術展對大衆和藝術家的教育意義，「對於什麼都不會的人它是一種眞正的恐怖的惡靈」：»Tischgespräche«, S. 491。

【54】史佩爾的消息，此外他還發現，希特勒之所以不喜歡克拉納赫（Lucas Cranach）之作品的原因是因為，克拉納赫畫中的女性不符合他理想中的豐滿類型；他說，克拉納赫的女人「沒有美感」。

【55】H. Hoffmann, aaO., S. 168 如此說，他是希特勒主要藝術品收購商，也是他在藝術方面最親密的顧問。關於下面提到希特勒位於慕尼黑攝政王廣場住處裡的畫作，同上 S. 175。關於希特勒對柯林斯的作品之看法，比較 »Tischgespräche«, S.379。

【56】關於以下的引述參考 H. Hoffmann, aaO., S. 180。

【57】關於整個事件的脈絡，比較 H. Brenne, aaO.，尤其是 »Der ›Führerauftrag Linz‹« 這一章，S. 154 ff.，這些線索都出於此處。

【58】A. Speer, aaO., S. 244，希特勒是半吊子的說法也是他提出的。

【59】例如，比較 »Tischgespräche«, S.322，在此處，希特勒指出，重要的不是瑣碎的工作，而是能想出「偉大的思想」。

【60】比較 O. Dietrich, »Zwölf Jahre«, S. 168；以及 H. Frank, aaO., S. 133；此外，»Mein Kampf«, S. 501。

【61】»Tischgespräche«, S. 269；關於分辨基督宗教和布爾什維克主義，同上，S. 169。

【62】比較 E. Nolte, »Epoche«, S. 500。

【63】引述於 K. D. Bracher, »Diktatur«, S. 286 f.。關於接著引述瓦雷里的發言，比較 J. L. Talmon, aaO. II, S. 200。

【64】»Tischgespräche«, S. 186；以下的發言，同上，S. 171。

【65】同上，S. 446。

【66】同上，S. 159, 173；此外亦見 A. Speer, aaO., S. 108 ff.。

【67】»Libres propos«, S. 253。在 »Mein Kampf« 中，他還說：「血統純正使猶太人保存得比地球上任何其

他民族都好。正因爲如此它才繼續走上災難的路，直到另一個力量起來反抗它並在暴力的搏鬥中將那些天上衝鋒隊又趕回路西弗那裡。」（S. 751）關於此，亦比較 E. Nolte, »Epoche«, S. 500 f.。

【68】H. Rauschning, »Gespräche«, S. 232；關於此事，比較 Klaus Dörner, »Nationalsozialismus und Lebensvernichtung«, in VJHfZ 1967/2, S. 149。

【69】同上，S. 131。此外 M. Domarus, aaO., S. 717，希特勒在一個黨大會公告裡宣告：「德國所經歷的最大革命是首度有計畫地在國內施行的民族衛生措施，因此也是種族衛生措施。對我們民族的將來而言，這項德國種族政策的結果將比所有其他法律的影響都重要。因爲它創造的是新人。」

【70】希特勒於一九四五年二月十三日的說話，in: »Le Testament politique de Hitler«, S. 85。

【71】H. Rauschning, »Gespräche«, S. 233。亦比較 Horst Überhorst, »Elite für die Diktatur«：此外，Werner Klose, »Generation im Gleichschritt«。

【72】»Le Testament politique de Hitler«, S. 85.

【73】H. Rauschning, »Gespräche«, S. 217.

【74】»Mein Kampf«, S. 782。對軍官們的講話，刊印於 H. -A. Jacobsen/W. Jochmann, aaO., 日期爲一九三九年一月二十五日。

【75】寫給 Artur Dinter 的信，引述於 A. Tyrell, aaO., S. 205；一九三五年初在與英國人 T. P. Conwell-Evans 的一次談話中，希特勒以引人注目的方式假設，他大概活不到六十歲；比較 H. -A. Jacobson, »Nationalsozialistische Außenpolitik«, S. 375/ Anm.。對史佩爾所說的預估壽命也是以此爲基礎，比較 »Erinnergungen«, S. 117 ff.。

【76】H. Rauschning, »Gespräche«, S. 190。以下提到刺殺的事，在希特勒於一九三九年八月二十二日對軍

方司令官們的說話時提到（引述於 H.-A. Jacobson, »1939-1945«, S. 115），也在對波蘭大使利普斯基同一段時間的說話中提到（»Diplomat in Berlin«, New York 1958, S.. 205）。

【77】A. Krebs, aaO., S. 137；關於希特勒的病歷史整體脈絡，比較 W. Maser, »Hitler«, S. 326 ff.。

【78】引述於 v. Kotze/H. Krausnick, aaO., S. 160；以下的引述，比較 A. Speer, aaO., S. 153。

【79】納粹地方黨部宣傳部領導 Waldemar Vogt 的訊息，比較 M. Domarus, aaO., S. 745。

【80】M. Broszat, aaO., S. 432 還有其他重要的線索。

【81】M. Domarus, aaO., S. 974.

【82】Brammer-Material, 比較 H. -A. Jacobson, »Nationalsozialistische Außenpolitik«, S. 435。關於希特勒對知識分子的攻擊，比較一九三七年四月二十九日以及一九三七年五月二十日的演講，刊印於 H. v. Kotze/H. Krausnick, aaO, S. 149 f. 和 241 f.。

【83】E. Notle, »Faschismus«, S. 325 提出的說法。

【84】»Tischgespräche«, S. 142。亦比較希特勒於一九三九年八月二十二日對軍方司令的談話：「我們沒有任何東西可以輸的，只有可以贏的。由於我們面對的限制，我們的經濟情況只能再撐個幾年。戈林可以證實這一點。我們沒有別的選擇，我們必須採取行動。」引述於 IMT XXVI, S. 338。關於戈林的話，比較 IMT XXXVI, Doc. EC-416。

【85】希特勒的備忘錄刊印於 VJHfZ 1955/2, S. 184 ff.。

【86】Bad Kreuznach 邦議會的情況彙報，引用於 F. J. Heyen, aaO., S. 290 f.。在此處亦有其他線索。

【87】一九三八年十一月十日的演說，比較 M. Domarus, aaO., S. 974。

【88】H. Heiden, »Hitler« II, S. 215, 251.

第三章　「最偉大的德國人」

「孩子們，現在每個人都過來親我一下！……這是我一生中最偉大的日子。我將以最偉大的德國人這個身分進到歷史。」

一九三九年三月十五日
希特勒對女祕書們的話

一九三七年十一月五日的祕密會議

在一九三七年十一月五日的祕密會議上，希特勒第一次具體表示他的不耐煩和行動的決心，其中一位與會者，即希特勒的國防軍副官霍斯巴赫上校（Friedrich Hoßbach），記錄下會議的過程。當希特勒在最親信的圈子裡說出他的想法時，不僅部分在場的人大感驚愕，之後在紐倫堡大審浮出水面時也造成很大轟動，因爲這顯示希特勒發動戰爭的決定做得非常倉促。當時與會的有外交部長馮·諾伊拉特、戰爭部長馮·勃洛姆堡，以及軍方高層將領，陸軍的弗里奇、海軍的雷德爾和空軍的戈林。

而且他所闡述的理由，心理上的意義顯然比政治上的意義大。霍斯巴赫的紀錄比較不是記錄希特勒有什麼新的企圖，反而是記錄他如今越來越明確表現出擔心時間不夠的問題。因爲在總理府的這場會議上，在有利局勢的鼓勵之下，希特勒以高昂的音調連續四小時完全沒有中斷對與會人士所說的，與他之前在《我的奮鬥》裡所發展出的概念並沒什麼兩樣，而且自從那時候起，他就已經堅定不移把它當作他所有的步驟和行動的固定目標。唯一不同的只是他說話口氣裡有明顯的急躁，他再次提起這個概念並就目前的政治情勢去考量。在一開始他就請求在座的人將以下的「闡述當作他的遺囑，萬一他不久於人世的話」。[1]

他這樣開始闡述，如果認爲德國的政治目標是確保、維持和增加人口的話，馬上就會遇到「空間的問題」。所有的經濟和社會問題，所有種族面對的威脅都只能靠解決空間不夠的問題來克服，德國的未來完全取決於它。與自由主義的殖民時代裡的強權不一樣，這個問題無法透過侵略海外領地去解決，德國的生存空間在這個大陸上。雖然這種擴張領土做法有極大的風險，就像羅馬世界帝國或大英帝國所顯示的一樣；「無論以前或現在，都沒有任何無主的土地，侵略者總是遇到原本的擁有者。」但他認爲付出如此大的賭注是值得的，因爲獲得的利益也極大，即一個幅員遼闊，領土渾然一體，由一個固定「核心種族」所統治和捍衛的龐大帝國。他指出：「解決德國的問題，就只有使用武力一途。」

他接著說，如果大家已經決定這件事的話，剩下的只是什麼時候和在什麼最有利的情況下發動攻擊。六至八年後的情勢發展只會對德國非常不利。因此，如果他到時「還活著的話，他將無可避免決定最遲在一九四三至一九四五年解決德國生存空間這個問題」。但如果有必要的話，他也決定充分利用更早出現的機會——可能是法國內部出現嚴重危機或者西方強權捲入戰事。無論是哪一種情況，他強調一開始都必須先征服奧地利和捷克斯洛伐克，而且不容懷疑的是，他絕對不會以要求國際聯盟的修正主義或將蘇臺德地區納入德國爲滿足，而是要占領整個捷克斯洛伐克作爲帝國擴張這個目標的出發基礎。他認爲，透過這種做法，德國贏得的不只是十二個師的兵力，還額外獲得養活五至六百萬人的糧食基礎，只要假設「能成功強迫兩百萬人移出捷克，強迫一百萬人移出奧地利」的話。此外，他認爲，英國和法國很有可能「已經私底下放棄捷克了」。例如，很有可能明年在地中海地區就會有一些衝突，讓西方強權有得忙的。如果是這樣，他決定一九三八年就要開始發動攻擊。若從德國的立場出發去考慮這種情況，德國並不希望佛朗哥能快速獲得全面勝利；爲了德國的利益，反而要使地中海的戰事繼續下去。此外還要考慮，是否應該支持墨索里尼繼續擴張領土，以便引起義大利和西方強權之間開戰的理由。如此一來，德國將獲得最保險的機會，可以像「閃電一樣快」開始「突襲捷克」。

這闡述顯然使部分在場的人感到相當震驚。霍斯巴赫在描述會議過程時記載，接下來的討論「有時非常激烈」。[2]諾伊拉特、勃洛姆堡和弗里奇尤其反對希特勒所說的做法，並鄭重警告和西方強權開戰的風險。希特勒之所以召集這些人來，尤其是勃洛姆堡和弗里奇，就爲了向他們表示自己已經沒有耐心了，在會議之前他已經對戈林說，這是爲了「催促他們加速，因爲他似乎對陸軍擴充的進度一點都不滿意」。[3]所以，在討論的過程中他突然意識到衆人的意見原則上幾乎是不一致的。四天後，弗里奇再次要求與希特勒晤談。諾伊拉特事後說他「處於極度震驚」的狀況下，也嘗試和希特勒談話以勸阻他不要發動戰爭。但希特勒卻突然決定離開柏林，又躲回貝希特斯加登去。希特勒感到明顯不悅，並表示在一月中回來之前拒絕接見外交部長。

這些反對者在十一月五日的人事大調動中成了犧牲品，這一點都不是偶然的事。透過這次人事改組，希特勒在短短時間之內便將保守派——尤其是在軍方和外交部裡——的據點全部清除。如果一切線索都沒錯的話，這次的會議終於讓他明白，他的擴張領土計畫要求要有面對風險的意願、強大的神經和一種強盜式的蠻勇，而這絕對無法和這些古板中產階級迂腐的代表人物一起實現。在他看來，他們的理智和不願服從的強硬態度非常討厭，這使得他的反中產階級仇恨情緒更加高漲。他討厭他們的高傲和他們階級意識裡的自負。他常常不把納粹的外交官這類的人視為正規的公務員，而喜歡把他們想像成革命家或間諜，有「連絡關係和偽裝」能力的「娛樂界經理」。所以，在他的理解中，這些將軍就等於是「凶猛的大狗，必須用項圈牽住牠，否則牠可能去攻擊別人」。但諾伊拉特、弗里奇和勃洛姆堡顯然不太符合這種想像，就像他們其中一個屬下所說的，在這個政府當局裡，他們全部都是「恐龍」。[4]

所以一九三七年十一月這場會議的特色是雙方對彼此的幻想破滅。保守派人士，尤其是從來沒有學會跳脫自己的目的和利益範圍去思考的軍方高層，震驚地發覺，希特勒居然對自己所說的話非常認真，彷彿在準備的過去這幾年裡眞正保持沉默的是這些保守分子，他們服從希特勒並為他提供服務，而希特勒則在這些保守派夥伴身上更加證實自己鄙視他們的觀點。如今這些人也顯示出怯懦的矛盾心態；想要德國變得強大，卻不要面對任何風險；想增加軍備，卻不要戰爭；想要民族社會主義體制，卻不要民族社會主義的世界觀。認識到這一點也讓他理解到，過去這幾年裡頑強的保守派努力在外交和軍方保持有限獨立性的原因。但在外交部裡他們卻不太成功，因為希特勒已經透過外交特使的制度部分蓋過他們想要自作主張的努力。但到目前為止，他仍然無法掌握軍官階層極為封閉的社會區塊，雖然有少數成功的案例。在他坦白說出自己的構想之後，勃洛姆堡、弗里奇和諾伊拉特的反對顯示，他現在必須趕快解決這個問題。就像每次他陷入困境時總有意外的幫手出現一樣，如今一連串的事件也提供給他機會，而他也憑著非比尋常的謀略反應天賦立刻捉住它並利用它。三個月後，希特勒做出決定性的高層人事調動，就即將面臨的任務對外交和軍事機構進行人事改組。

勃洛姆堡醜聞與弗里奇危機

從表面上看，一個很簡單的出發點是勃洛姆堡打算再婚，因爲他的第一任妻子已去世好幾年了。然而麻煩的是，他本人也承認，他所看上的格魯恩小姐（Erna Gruhn）「有某段過去」，所以不符合也無法滿足國防軍對軍官結婚的嚴格規定。因此，勃洛姆堡便私底下諮詢同爲軍人的戈林，而戈林則大力鼓勵他結婚，還幫助他用錢打發掉一位情敵，讓對方移民出去。[5]於是勃洛姆堡於一九三八年一月十二日舉行不太公開的婚禮，希特勒和戈林都是證婚人。

幾天後卻有謠言傳出勃洛姆堡的婚姻是門不當戶不對的，因爲女方在警方有前科。不久後就有人提出一份警方的檔案，顯示這位新婚太太曾做過一陣子的妓女，甚至有一次擔任淫照的模特兒而被警方罰過。在度過了一個短短的蜜月之後，勃洛姆堡十二天後回來時，戈林向他坦白說，他不適任軍方將領了，而且軍官集團也看不出有任何理由可以爲他說話，因爲他長久以來一直以天真的熱情對希特勒那麼著迷。兩天之後，即一月二十六日下午，希特勒最後一次接見他作爲告別：「這件事對你我造成的負擔都太大了。」希特勒說：「我沒有辦法再坐在那邊等。我們必須分開。」在簡短討論關於繼任人選時，希特勒不僅排除了一般推測的人選弗里奇，也排除掉對這個位置相當垂涎並嘗試利用一些手段想拿到它的戈林。勃洛姆堡似乎建議希特勒自己擔任這個位置，而希特勒原本也有這個意思。最後希特勒說：「當德國的時刻來臨時，我要看到你在我身邊，到時候過去的一切應該都被抹掉了。」[6]在戈林還在忙著把弗里奇這個對手也淘汰掉的時候，希特勒顯然已做好決定。

因爲這時候，出現了第二份警察檔案，指控弗里奇是同性戀，這份檔案是由戈林和希姆萊共同張羅來的。在一場粗製濫造的演出中，這位對事情一無所知的陸軍元帥和一個被買通的證人當面對質。雖然這項指控不久之後就被證明是沒有根據的，但它已經達到目的，給希特勒一個藉口在一九三八年二月四日進行大規模的人事改組。於是弗里奇也下臺了，希特勒立刻親自接管陸軍最高統帥一職。戰爭部被解散，取而代之的是國防軍最高統帥部，由凱特爾將軍（Wilhelm Keitel）擔任總司令。如果看到約德爾（譯註：Afred Jodl，納粹德國大將，凱特爾的副手）日記上記錄凱特爾被任命的過程，簡直會認爲他是希特勒喜劇演員作風的祕密證人：「下午一點凱特爾從平民被晉升爲領導。這位向凱特爾傾訴他心中的沉重負擔。他將更加孤獨……他對K（編按：指凱特爾）說，我以後就指望你了，你得在我身邊待下去。你是我信任的人和國防軍問題上唯一的顧問。軍方領導的立場一致和團結對我而言是神聖和不可侵犯的。」接著他完全沒有停頓，又用同樣的語氣說：「我將藉由你的協助親自接管軍方的領導權。」馮．弗里奇的繼任者是馮．布勞希奇將軍（Walter v. Brauchitsch）。像凱特爾一樣，他之所以被推薦是因爲順從希特勒和個性軟弱的緣故，而且他還聲明，「願意做一切」希特勒要他做的事。他還特別保證將帶領陸軍更接近民族社會主義。[7]在這一次的人事改組中，還有十六位年紀較大的將領被逼退休，四十四位將領被置換。爲了減輕戈林的失望，希特勒任命他爲元帥。

在完全沒有任何反抗之下，希特勒一下子就將最後一個有分量的權力因素排除掉。那是個相當「枯燥的六月三十日」，他輕蔑地說，現在他知道，所有的將軍都是懦夫。[8]在他知道許多將領的親屬在馮．弗里奇被起復任用之前就已經準備好接任許多空出的職位時，他對軍方的輕視更爲強烈。這個過程同時顯示，軍官集團內部的一致立場已經粉碎；在馮．施萊謝爾和馮．伯雷多被謀殺時，軍官階級的團結已被詬病，如今則不再存在了。馮・弗里奇灰心地讓人爲「以後的歷史記載」記錄下他受到如此「羞辱對待」的憤慨。有一群軍官把這件事情當作策劃陰謀活動的出發點，並想辦法與他取得聯繫，但他拒絕了他們，半年後又再次拒絕支持他們，並說出這句宿命論的話：「這個男人是德國的命運，而這個命運將走上其終點。」[9]

外交部的人事改組

然而，不是只有軍方裡面有人事改組。在同一次內閣會議上，希特勒不僅宣布國防軍高層人事改組，還宣布解除馮・諾伊拉特的外交部長一職，並以里賓特洛甫取代之。同時一些重要的大使職位（羅馬、東京、維也納）也換人。希特勒如何輕鬆地主宰整個國家，可以從他隨便任命人事的各種情況看得出來，其中包括任命馮克（Walter Funk）爲經濟部長。希特勒有一天晚上在歌劇院裡遇到他，並在中間休息時吩咐他接經濟部長一職；希特勒還補充說，戈林將給他進一步的指示。在二月四日的內閣會議上，馮克被介紹爲沙赫特的接班人。這也是納粹政府歷史上最後一次的內閣會議。

併吞奧地利的過程

在整個危機過程中，希特勒擔心其他國家可能會將這些事件視爲祕密權力鬥爭的跡象，並從中看到納粹政府的弱點。他也擔心會有新的矛盾出現，萬一軍事法庭要對弗里奇一案進行調查——而且他還必須支持將軍們這麼做——到時候這些陰謀詭計就會眞相大白，弗里奇就會獲得平反。一位知情者預言說：「如果軍方得知眞相的話，會引發一場革命。」於是希特勒決定用另一個更大規模的危機來掩飾弗里奇危機。早在一月三十一日，約德爾就在他的日記裡寫到：「元首要將聚光燈從國防軍身上移開，讓歐洲一直處於緊張的狀態，透過各地的人事更動以免給人一種軟弱的印象，而是製造權力集中的印象。許士尼格（Kurt Schuschnigg）不應該鼓起勇氣，而是應該發抖。」【10】

這也指出了希特勒如今要操作的危機方向。自從一九三六年七月雙方簽訂條約以來，希特勒就完全沒有做任何改善德奧雙邊關係的事，反而只利用此條約作爲強辭奪理的藉口一再開始新的小衝突。維也納的政府日益擔心地發現這個緊箍圈收得越來越緊了。在強大壓力下所接受的各種條約義務以及羅馬和柏林之間日益緊密的關係大大限制了維也納政府的自由。再加上奧地利境內納粹黨強大的地下運動在德國的資助和鼓勵之下，對政府展開挑戰的活動。他們熱切要求和德國合併的宣傳不僅拿昔日與德國統一的夢想爲理由——因爲在一九一九年奧匈帝國澈底被解體之後德奧就有了統一的可能——而且另一個理由是希特勒原是奧國人，而他個人似乎已預演了德奧合一這個構想。對於這個還活在無法忘記自己從一個強權國家變成一個失去功能的殘存國家而言，納粹的宣傳發揮了作用。支離破碎的奧匈帝國面對著從它分裂出來的各個國家，被多方歧視、變窮，以貶低的地位依附著別人，奧地利的國民不僅覺得屈辱，還越發感到一股要改變現況的需求，而且他們想改變屈辱現狀的感覺非常強烈，強到使他們根本不去問改變以後的現實會是什麼。懷著兩國歷史與種族相關的強烈感覺，他們越發關注彷佛一夜之間就改變且具有強大自我意識的德國，連昔日高傲的戰勝國都日益對它感到敬畏和害怕。

許士尼格與希特勒的會面

許士尼格在陶爾斐斯被謀殺之後，繼任奧國總理並急切地四處尋找協助。一九三七年夏初他曾努力要求英國聲明保護奧地利，但沒有得到任何結果。長時間以來他一直頑強地以禁止和迫害的方法對付納粹黨人反政府的做法如今也跟著減弱。當巴本在一九三八年二月初在一次會面中建議他與希特勒見面時，許士尼格終於不情願地答應了。二月十二日早上他抵達貝希特斯加登，希特勒在貝格霍夫行館的階梯上迎接他。雙方打完招呼之後，他突然滔滔不絕地讚美此行館周邊的優美風景。但希特勒卻不理會這讚美的言詞說：「的確，我的想法都是在這裡決定的。但我們之所以會面並不是爲了談優美的景色和美好的天氣。」接著希特勒激動地說：「奧地利的整個歷史是一直不斷地背叛人民。以前和現在都一樣。這種荒謬的歷史是該結束的時候了。而且，我告訴您，許士尼格先生，我已下了堅定的決心，要結束這一切……我有一個歷史任務，而且也將完成這個任務，因爲天命選定了我去完成它……我已經走過每一個德國人必須走的辛苦路，而且我已在德國的歷史裡做出了一個德國人被注定做出的最大成就……您可不會以爲您可以阻礙我半個小時吧？誰知道呢，也許我一夜之間就已經到了維也納，就像春天的風暴一樣。到時候您將可以親身體驗一些事！」接著希特勒說，他的耐心已被耗盡，奧地利沒有任何盟友，無論是英國、法國或義大利都不會爲奧地利動一根手指頭。他要求奧地利鄭重地承認納粹黨人，並任命他的追隨者賽斯—英夸特（Arthur Seyß-Inquart）爲奧地利的安全暨內政部長，奧國政府要宣布全面特赦，還要使其外交政策和經濟政策與德國的政策一體化。根據許士尼格的說法，當他們要去用餐時，希特勒從一個激動得一直比手劃腳的人瞬間變成一位親切友善的主人。可是在接著的晤談中，希特勒對許士尼格說，由於德國憲法的關係，他無法給奧地利最後的承諾。一說完，希特勒就猛力打開門要求許士尼格出去，並以嚇人的聲音大喊著要凱特爾將軍進來。當凱特爾進來關上門後，問希特勒有什麼吩咐時，他得到的回答是：「沒事！你坐吧！」稍後，許士尼格簽署了更多的要求，但他拒絕邀請希特勒參加晚宴。在巴本的陪同下，他乘車越過邊界回到薩爾斯堡。在整個車程中他一言不發。只有巴本一直在講話：「是的，元首就是會這樣，現在您自己親自體驗到了。可是，下次您來的時候，跟他講話就會變得比較容易了。元首還是非常有魅力的。」【11】下次許士尼格來的時候，是在監視的情況下被帶去集中營。

對奧地利境內的納粹黨人而言，貝希特斯加登的這次晤談，有振奮人心的效果。他們宣布將利用一連串誇大的暴力行動奪取政權，許士尼格組織反抗的所有努力都來得太遲。在最後幾個小時內，許士尼格還嘗試不要讓國家的權力公然崩潰，並在三月八日晚間決定要在接下來的星期天，即三月十三日，舉行公民表決，以便能透過這次公民表決，公然向世界反駁希特勒說他擁有奧地利大多數人民的支持這種說法。然而柏林立刻對他施壓，迫使他放棄這個企圖。在戈林催促之下，希特勒決定必要時將對奧地利採取軍事行動。當里賓特洛甫從倫敦報告說，英國並不打算為《凡爾賽條約》的這個悲慘殘餘物戰鬥時，希特勒就知道，法國也不會對德國併吞奧地利有任何意見。有一段時間，這件事似乎只會在墨索里尼身上引起舊有的過敏反應。因此，三月十日中午，希特勒派遣黑森的菲利普王子（**Prinz Philipp von Hessen**）帶著他寫的一封親筆信去羅馬，在信裡他指出奧地利反對德國的陰謀，鎮壓有民族意識的大多數人民以及威脅要發起內戰。接著他寫到，作為「奧地利的大地之子」，他最後無法再袖手旁觀，於是現在決定要在他的故鄉重建法律和秩序：「元首閣下，如果義大利的命運受到威脅，您也會採取同樣的行動。」他還向墨索里尼保證他堅定的好感，並再次保證奧布倫納山口的德義邊境將維持不變：「這個決定絕對不會有任何動搖，亦不會有任何改變。」[12]在幾個小時亂哄哄的準備之後，午夜一過就有第一道「奧托行動」（Otto Unternehmen）的命令發出：

「我打算，如果以其他方法無法達到目的，即派遣武裝力量進入奧地利，以便在那裡重建合乎憲法的狀況並制止針對親德意志的人民之其他暴力行為。

由我發出整個行動的命令……我們的目標在於，使整個行動在不使用武力的情形下，以一種民眾歡迎的形式和平地進駐奧地利。因此要避免所有挑釁的行為。如果有人反抗，可不顧一切使用武器打擊之……。

在此期間，德國與其他國家的邊境不必採取任何安全措施。」[13]

希特勒的神經崩潰危機

這份文件的自信、簡潔有力的語氣完全掩飾了它在產生時的歇斯底里和猶豫不決的氣氛。希特勒周圍的所有報導都提到在做這個決定時，情況極其混亂，希特勒在其生涯的第一次侵略行動中陷入了方寸大亂的情況。這段時間內有許多過度匆促做出的錯誤決定、暴躁的情緒暴發、毫無意義的電話。在得知許士尼格呼籲三月十二日進行全民表決之後的那幾個小時內，他反反覆覆發出命令又取消命令。所有的情況都顯示，又是「壞掉的神經」，而且並沒有像希特勒所打算的一樣「恢復正常」。他激動地要求軍方領導階層在幾個小時內完成一份行動計畫，貝克將軍以及稍後馮．布勞希奇也都嘗試勸諫他，但他都惱火地拒絕聽從。然後取消進攻的命令，又再度發出進攻的命令，而在這中間則是各種詛咒、威脅和誤解。凱特爾事後提到那簡直是一種「折磨」。[14]

如果不是戈林在關鍵的時刻將主導權攬過來，全世界很可能都知道希特勒在承受巨大壓力的情況下有多麼神經質、感到多麼的不安、情緒有多麼不穩。然而，由於戈林參與了謀劃弗里奇的醜聞，所以他對這次行動和它能蓋過這起醜聞的作用非常感興趣；為此他一直積極催促希特勒採取行動。多年後，希特勒這個神經質的人讚嘆戈林這個冷血和冷漠的人，他幾乎結結巴巴地說：「帝國元帥和我一起度過了許多危機，在危機中都非常冷酷。在戰爭期間，你找不到任何比他更好的顧問了。元帥在危機當中既殘暴又冷酷。我發現，只要涉及屈服敵人和打垮敵人，他就是一個毫無忌憚、像鐵般剛硬的人。所以，你找不到更好的，絕對找不到更好的。他還跟我度過了所有的危機，最嚴重的危機，而且都非常冷酷。每次只要情況變得很糟時，他就變得冷酷無情……。」[15]

隔天，即三月十一日，戈林發出最後通牒，要求許士尼格下臺並任命賽斯—英夸特為新的奧地利總理。在接到柏林的命令之後，當天下午全奧地利的納粹黨人湧上街頭。在維也納，他們闖進總理府，擠在樓梯和走廊上，在各個辦公室中舒服地享受，直到許士尼格傍晚左右在電臺廣播宣布辭職並命令奧地利的軍隊，在德國軍隊進來時不要做任何抵抗。當奧地利總統米克拉斯（Wilhelm Miklas）頑強地拒絕任命賽斯—英夸特為新總理時，戈林對維也納打了許多通電話。其中一次戈林給他的中間人這個特別的通知：

「現在你得注意：最重要的事情是，現在讓賽斯—英夸特授權整個政府，占領所有的廣播電臺……賽斯—英夸特要將下面這封電報發過來我們這邊。你把它寫下來：

『在許士尼格政府解散之後，奧地利臨時政府之職責在於重建奧地利的平靜和秩序。奧地利政府緊迫請求德國政府支援並協助我們完成此任務，以避免流血事件。爲此，奧地利臨時政府懇請德國政府儘快派遣軍隊。』」

在簡短的對話之後，戈林接著對電話的另一頭說：「我們的軍隊今天就會越過邊界……請他儘快發出這封電報……你把這封電報拿給他看，告訴他我們要求——他根本不需要發出這封電報，他只要說同意就可以了。」[16]在納粹黨人還在奧地利全國各地占領政府大樓的時候，晚間八點四十五分，即賽斯—英夸特還不知道自己要發出請求德國援助的這封電報之前，希特勒就已經發布讓軍隊出動的命令。之後賽斯—英夸特懇求希特勒讓德國軍隊停止行動，希特勒拒絕了。將近兩個小時之後，即晚間十點半左右，他一直焦急等著羅馬那邊的消息終於來了。從希特勒興奮的反應就可以看出，菲利普王子的消息解除了多大的緊張：

菲利普王子：「我剛從威尼斯宮回來。元首以非常非常友好的態度接受整個事件。他要向您表達非常眞誠的問候……。」

希特勒：「那麼請你轉告墨索里尼，我永遠都不會忘記他這麼做。」

菲利普王子：「好的。」

希特勒：「無論發生什麼事，都永遠不會、永遠不會、永遠不會……如今奧地利問題已經解決了，我準備好和他有福同享、有難同當，我一切都無所謂了……你可以轉告他，我眞的非常感謝他，我永遠都不會、絕對不會忘記他這麼做。我永遠都不會忘記他這麼做。」

菲利普王子：「好的，我的元首。」

希特勒：「無論發生什麼事，我永遠都不會忘記他這麼做。如果他哪一天陷入任何困難或任

何危險，他絕對可以相信，我會不顧一切代價站在他這一邊，無論發生什麼事，即使全世界都起來反對他。」【17】

希特勒進到林茨

三月十二日下午，在教堂的鐘聲之中，希特勒從他出生地布勞瑙越過德奧邊境，經過許多以鮮花裝飾的小村莊以及擁擠的幾十萬人，四小時之後進到林茨。在林茨的邊界，賽斯—英夸特、馮・霍斯頓瑙斯（譯註：Glaise v. Horstenaus，奧地利納粹黨政治人物，賽斯—英夸特之副總理）和希姆萊已在那裡等著他。希姆萊前一天晚上已來到維也納，以啓動清除奧國境內的「人民背叛者和其他國家敵人」的行動。在林茨市議會的陽臺上，希特勒情緒激動地對著天黑了仍不離去的人群發表簡短的演說，並再次提到他背負著一個特別的天命這個想法：「當天命把我從這個城市召喚出來去成爲帝國的領導時，它一定給了我一個任務，這個任務只能是將我珍貴的故鄉歸還給德意志帝國！我一直相信這個任務，一直爲它祈禱和奮鬥，而我相信，我現在已經完成這個任務！」隔天早上，在萊翁丁，他在父母的墓前放下一個花環。

如果所有線索都沒錯的話，希特勒在這一刻還沒對奧地利的未來做出具體的決定。很有可能，他在等其他國家的最後反應和這個新情勢帶來的各種意外事件、連鎖反應。如此一來，他可以比對手更迅速利用這些機會。然而，從布勞瑙到林茨的途中看到民眾的歡呼、花束和旗幟，統一帶來的所有這些陶醉元素不允許有任何情況和其他選擇出現，他似乎這時候才立刻做出決定。三月十三日晚間，他在林茨的萬齊格大飯店（Hotel Weinziger）簽署「德國與奧地利再度統一法」（Das Gesetz über die Wiedervereinigung Österreichs mit dem Deutschen Reich）。根據一位在場者的報導，希特勒非常感動。久久坐在那裡不動，眼淚從臉龐流下來，最後他說：「的確，正確的政治行動可以避免流血。」[18]

歡呼和暴力橫行

在這一刻以及隔天在教堂的鐘聲和民眾歡呼之中進到維也納的美泉宮（Schloss Schönbrunn）時，希特勒實現了他最早的夢想。終於看到他在其中經歷了種種失敗、侮辱他、貶低他的這兩個城市在他的腳下，在恥辱和敬畏中欽佩他。那些年裡，茫然無緒與無力感的生活，如今都得到補償。當他在維也納的霍夫堡皇宮（Hofburg）向在英雄廣場上幾十萬群眾宣告他生命中「最偉大的重要消息」時，所有的憤慨也在這一刻消失：「作爲德國以及帝國的元首和總理，我向歷史宣布，我的故鄉從現在開始加入德意志帝國。」

一家瑞士報紙寫道，德奧再度統一所上演的各種場景「嘲笑了所有的描述」，[19]即便很難確定是什麼在操縱這些熱鬧喧囂、鮮花、歡呼吶喊、淚水或突發的熱情，毫無疑問的是，德奧合併觸動了這個國家最深的感覺。德意志民族內部多個世代以來的反目成仇、分裂和兄弟互相殘殺的內戰促成了他們渴望統一的需求。對於那些在林茨、維也納或薩爾斯堡在街上好幾個小時的人們，在這一刻，他們對統一的渴望已獲得滿足。正是這樣的感覺使得希特勒被譽爲勝過俾斯麥，完成了俾斯麥的使命，使得「一個民族、一個帝國、一位元首！」不只是一個巧妙的宣傳口號。只有這樣才能說明，不僅教會，甚至像倫納（Karl Renner）這樣支持大德意志的社會主義者，也被德奧再度統一的歡樂感動。[20]希望結束分裂的內政以及擔心這個國家沒有能力生存下去也促成了這股渴望。所有的渴望都建立在這個願望上——願這個強大、統一的帝國再度獲得昔日的光榮，因爲自奧匈帝國解體之後這份光榮已經消失；而在這位奧地利失去的兒子身上，無論他有多麼的不合法、多麼的粗俗，這份光榮似乎又回來了。

在願望獲得實現、這是一個偉大和受到祝福的民族這種整體感覺之下，暴力也跟著悄悄行動。「親衛隊特別機動部隊的四萬名警員加入陸軍行動，第二波是上巴伐利亞邦的骷髏頭小組（譯註：Totenkopfverband，也稱死亡小組，納粹中專門負責滅絕活動的單位）」，國防軍最高統帥部的任務日誌中如此記載。[21]這些單位建立了一個嚴格鎮壓的系統。如果我們認爲希特勒因爲陶醉在德奧統一的喜悅中而放下的所有仇恨情緒的話，那就對他的心理判斷錯誤了。事實上，跟他於一九三三年在德國境內對付對手和所謂的種族敵人的手段不一樣的是，希特勒此刻所發布的既強硬又沒有節制的命令，讓人感受到他仍然無法忘記對這個城市的仇恨。在部分粗野，尤其是從德國回到奧地利的軍團所進行的暴力行動中，可以看到希特勒摻雜德國放任的反猶太人行動裡的那種亞洲元素，在他故鄉的支持者身上和他的情緒上釋放出來。一位親身經歷此事的人如此描述：「大學教授們必須徒手洗刷馬路，留著白鬍子的虔誠猶太人被拖到猶太會堂裡，並對著亂吼亂叫的年輕人鞠躬，跟著他們喊『希特勒萬歲』。他們在街上將無辜的人像兔子一樣抓起來，把他們拖去衝鋒隊的軍營裡逼他們打掃廁所；在許多夜裡恣意想像的所有變態仇恨報復行爲，如今在光天化日之下公開發洩。」[22]許多人在一波波的逃亡潮中離開奧地利，前往非德國勢力範圍的其他歐洲國家，包括褚威格（Stefen Zweig）、佛洛伊德、梅爾林（Walter Mehring）、祖克邁爾（Carl Zuckmayer）。弗里德爾（Egon Friedell）從自家窗戶跳樓自殺。納粹的恐怖首度公開展示在世人面前。

但在外界眼中，這些情況根本沒什麼分量。因爲民衆的歡呼和德國表示他們在遵守威爾遜總統的民族自決原則這種印象太過強烈了。納粹政府在四月十日舉行的第五次、也是最後一次全民表決又習慣性地以百分之九十九的票數獲得同意。西方國家雖然感到不安，但法國正深陷於自己國內沒有前景的困境中，而英國則拒絕給予法國或捷克斯洛伐克任何保證。甚至蘇聯建議各國開會以商討如何阻止希特勒進一步的侵略行動也遭到英國拒絕。英國首相張伯倫和歐洲保守派人士仍然視希特勒為反共產主義堡壘的司令官，必須用寬容的態度去馴服他；而左派則自我安慰地認為，許士尼格只不過是一個曾經開槍射殺工人的教士法西斯政權的代表人物而已，如今該是倒臺的時候了。國際聯盟連一次會議都沒有開成。灰心的國際社會本身連做出憤怒的姿態都已經放棄。褚威格苦悶地寫道，他們的良心「在忘記和原諒之前，只是發了一點牢騷」。[23]

捷克斯洛伐克：一個被判死刑的國家

希特勒只在維也納停留不到二十四小時，我們很難理解，到底是仇恨這個「無憂無慮城市」的情緒還是急躁的個性催促他如此匆忙返回德國。無論如何，他在外交政策第一階段毫不費勁就達成目標，這鼓勵他立刻著手進行下一個目標。在併吞奧地利十四天之後，希特勒便與蘇臺德地區的德國人領袖亨萊因（Konrad Henlein）會面，並表示他已決定在不久的將來解決捷克斯洛伐克這個問題。四星期後，即四月二十一日，他與凱特爾將軍商討一個對捷克斯洛伐克進行軍事侵略的計畫，為了顧及國際輿論他拒絕「在沒有任何機會或正當理由之下進行毫無預警的突襲。」相反地，他比較贊成「因為一個衝突事件而採取閃電行動」，並考慮「在一次仇視德國的示威遊行之後謀殺德國特使」的做法。[24]

就像對付奧地利一樣，希特勒又可以利用凡爾賽體系的內在矛盾。因為捷克斯洛伐克是唯一一個在戰勝國的自我膨脹與跋扈之下集合各種原則而建立的國家，它的成立不太與自決權有關，而是與法國的策略和結盟考量有關。一個又小又有很多種族的國家，作爲大帝國粉碎之後的產物，在它裡面，一個少數民族對抗著其他少數民族組成的大多數，不知所措地面對民族主義的自私自利，但在爭取獨立時又如此重度依賴這樣的民族主義。英相張伯倫輕蔑的表示，這不是一個國家，只是「一些碎片和補丁」而已。雖然這個國家給予其人民的相對高度自由和政治共同決定權，但這仍然不足以凝聚出能在它內部有效發揮作用的向心力。波蘭駐巴黎大使斷然地說，這是一個「被判了死刑的國家」。[25]

根據所有政治法則，隨著德國日益強大，它與捷克斯洛伐克之間的衝突幾乎是無法避免的。自從這個國家成立之後，三百五十萬蘇臺德德國人覺得自己遭受壓迫並認爲嚴重經濟困境的眞正原因比較不是結構的緣故，而是因爲布拉格是一個「外來政權」的緣故。自從亨萊因的蘇臺德黨成爲該國最大政黨以來，希特勒獲得政權以及一九三五年五月的選舉都使他們的自我意識大大增強，德奧統一更引發了大規模的示威遊行，人們高聲喊著「回歸德國！」的口號。在一九三六年時就已經有一個人從蘇臺德區寫了一封匿名信給希特勒，說他仰望希特勒就像在仰望「一位救世主」一樣，而這種歇斯底里的期盼，如今被各種激烈的言詞、挑釁和衝突滋養著。與亨萊因晤談時，希特勒指示他，要對布拉格提出極高的要求，高到「捷克政府無法接受」的程度，並鼓勵他採取挑戰的態度。[26]於是，他就這樣準備了日後他自己假裝屈服並可以強硬介入的理由。

去義大利進行國事訪問

而在這段時間，他就讓事情自然發展。五月初，在一大群部長、將軍和黨幹部的隨同下，他前往義大利進行國事訪問。就像在墨索里尼訪德時他想辦法呈現超越以往的一切一樣，如今墨索里尼也努力勝過希特勒揮霍的程度。羅馬這個永恆的城市到處都裝飾著旗幟、法西斯束棒和納粹的鉤十字符號，沿著鐵軌的屋子都重新油漆，在城外聖保祿大殿（S. Paolo Fuori）附近建了一個特別火車站，墨索里尼和國王在此迎接希特勒。希特勒不悅地發現，根據外交禮儀，墨索里尼必須先站在後面，並由國王埃馬努埃三世（Victor Emmanuel III）以國賓禮接待身爲國家元首的他才對——雖然他鄙視地稱這位國王爲「胡桃鉗國王」，[27]並在一開始就用一些不尊重的動作來貶低對方，比如，比國王先登上國王專用的四輪馬車。希特勒也對義大利官員們的反動和陰暗特質很反感，在很久之後還一直以此作爲他不信任這個軸心國盟友的理由。

相反地，墨索里尼的尊敬和接待卻讓他印象非常深刻。義大利軍隊進行盛大的閱軍陣容並表演了新式的「正步」。在那不勒斯對海軍進行閱軍時，一百艘潛艇同時下潛，幾分鐘後又同時像幽靈般精確地浮起。到處參訪也讓希特勒有足夠的時間去滿足他的審美愛好，好幾年之後，他還一直念念不忘「佛羅倫斯和羅馬的魔力」；他還說，托斯卡尼和溫布利亞是多麼美呀！他認爲，莫斯科、柏林或巴黎的建築結構比例在細節或整體上都不一致，在他眼中都落於下乘了，相反地，只有羅馬「眞正感動了」他。[28]

對希特勒而言，這次訪義之旅在政治上也是一大成功。自從墨索里尼訪德以來，軸心國就面臨相當大的壓力。德國併吞奧地利時喚起了義大利對南提洛的舊有疑慮，如今希特勒可以消除這個疑慮。尤其是他在威尼斯宮國宴上的演說——揭露出他的自信風格和心理直覺——使氣氛大大轉變。甚至齊亞諾在一開始感到氣氛「普遍含有敵意」，現在也驚訝地發覺希特勒透過演說和個人關係贏得義大利人的好感。希特勒甚至說，佛羅倫斯向他「展示了它的心和智慧」。[29]當希特勒在五月十日踏上返回德國的火車時，所有的和諧似乎又重新建立了。墨索里尼用力和他握手，說：「現在沒有任何事情可以將我們分開了。」

在這幾天裡的幾次政治談話中，希特勒聽出了義大利願意放手讓德國處理捷克斯洛伐克的意思。而西方國家也要求布拉格在蘇臺德問題上讓步，並知會希特勒，捷克斯洛伐克的問題是可以解決的，英國駐柏林大使向里賓特洛甫表示，「德國將獲得全線的勝利」。[30]因此，當布拉格政府因爲有些謠言說德國正準備攻擊捷克而在五月二十日發出部分動員令，同時英法兩國明確贊成它這麼做，而且連蘇聯也表示贊成，以顯示其支持的義務時，希特勒就更加感到意外了。五月二十二日星期天，在貝格霍夫匆促召開的會議上，希特勒被迫停下所有的準備行動。他原本打算在一九三八年秋天進攻捷克，但現在似乎所有的時程都亂掉了。當國際媒體大肆報導「五月危機」成功地反駁和貶低德國時，希特勒更爲惱火。就像一九三二年八月的失敗時一樣，他躲在山上的行館好幾天。我們不難相信，如今驅動他的是同樣的報復心、同樣想狂暴毀掉一切的幻想。他後來一直提到這些日子裡「聲望大大受損」，而且一直神經質地擔心自己顯出軟弱的跡象。墨索里尼和英國外長都獲得特別消息說，「透過威脅、施壓、或武力」在希特勒身上都達不到任何效果，「這只會達到相反的效果，並讓他變得更強硬和不屈服」。[31]五月二十八日，希特勒在柏林與軍方和外交部高層開會。他面前擺著一幅地圖，在想到怎麼消滅捷克斯洛伐克時，他顯然還非常憤怒。上一次向軍方發出所謂的「綠色方案」命令時，他還以這樣的句子開頭：「我並不打算在完全沒有任何挑戰下就在近期用軍事行動擊垮捷克斯洛伐克。」但在這次的新版本裡他說的是：「在近期以軍事行動擊垮捷克斯洛伐克是我毫不動搖的決定。」[32]至於時間，他定在十月一日，以表示他倔強的反抗。

開始與捷克衝突

如今希特勒嘗試利用各種機會使矛盾加劇。六月底在靠近捷克斯洛伐克邊境舉行了軍事演習，同時齊格菲防線（譯註：Der Westwall，亦稱 Siegfried-Linie，納粹德國二戰前在西部邊境地區所構築以對抗法國馬其諾防線的築壘體系，全長達六百三十公里）的建構工程也加速進行。亨萊因根據希特勒的指示製造衝突；希特勒則謹慎地喚起捷克斯洛伐克其他鄰國的貪欲，尤其是匈牙利和波蘭；同時西方國家一再重新要求布拉格政府讓步。彷彿一次決定的姿態就已經完全耗光了他們所有的力氣一樣，西方國家又回到之前的妥協立場，綏靖政策在這一刻達到其高峰。儘管他們的動機或高貴情操是可以理解的，但他們仍然因為不認識希特勒的想法，尤其因為不認識中歐的特別問題而大為苦惱。他們對於中歐的各種複雜仇恨情結極為反感，並且覺得自己不可能在他們的倫理、宗教、國家、種族、文化或歷史仇恨情緒這個大迷宮裡找得到出口。在韓德森看來，捷克人只是「該死的捷克人」，羅斯米爾子爵（Lord Rothemere）則在《每日郵報》（*Daily Mail*）發表一篇文章，標題為〈捷克人和我們沒有關係〉。張伯倫概括了所有的基本情緒，說那是一個「遙遠的國家」，「那裡的人們互相爭執著一些我們不知道的問題」。英國政府八月派遣朗西曼子爵（Lord Runciman）到捷克去了解情況，結果只不過是承認他們無所謂的態度。一首童謠貼切地揭露出這個任務的偽裝性質：「我們幹嘛需要聖誕老公公，我們有朗西曼。」[33]

我們必須就上面的背景來看九月七日在《泰晤士報》上建議將蘇臺德地區割讓給德國的一篇文章。在接下來的幾個星期裡，這個危機本身變得越來越尖銳，而希特勒似乎故意躲起來了。這時全世界都在等著他表態，於是他在九月十二日的紐倫堡黨大會閉幕典禮時說話了。我們不排除，許多讓步的跡象使得他在這次說話的語氣特別激烈和具有挑戰的意味，當然也是五月的羞辱產生後續效果，因爲他一直對之難以忘懷，還屢屢在衆人面前提及這件事。他說，那是布拉格政府「卑鄙無恥的騙局」、「恐怖分子的勒索」、以達到「犯罪的目的」。他激動地宣稱，自己是因爲對手堅決的態度才退讓，並再次公開譴責對方如此輕率就準備開戰。接著他說，如今他已得到一個允許他日後立刻回擊的結論：「無論在任何情況，我都不願意再一直袖手旁觀看著在捷克斯洛伐克的德國同胞繼續遭受迫害……在捷克斯洛伐克的德國人既不是沒有防禦能力，他們也沒有被拋棄。人們得認識到這一點。」

這次說話等於對蘇臺德地區發出叛亂的訊號，並造成死傷無數的結果。同時在德國也開始了匆促的軍事行動，進行燈火管制演習，徵用所有汽車。有好一陣子，戰爭似乎已無法避免，但一個突發事件使情況有所轉折。英國首相在九月十三日晚間發一則消息給希特勒，表示他願意不顧一切名聲上的問題和希特勒本人親自會談，地點隨希特勒選。張伯倫寫到：「我建議坐飛機，我明天一早就可以出門。」

張伯倫來到貝希特斯加登

希特勒感到非常得意，雖然這使他那日益沒有節制的製造衝突欲望踩下剎車。他之後說：「我覺得非常意外。」[34]他的不安全感一輩子都使他無法做出寬宏大量的姿態，這次也使得他對這位將近七十歲才第一次坐飛機的客人沒有做出任何讓步；他建議在貝希特斯加登會面。九月十五日下午，當英相張伯倫在坐了七個小時的飛機之後終於到達貝格霍夫時，希特勒只站在階梯的最高一層迎接他。他又把膽怯的凱特爾將軍招來當隨從。當張伯倫要求單獨跟他談時，希特勒雖然答應，但爲了使張伯倫更加勞累，他繞著圈子講了一大堆歐洲的情況、德英之間的關係、他有溝通的意願以及他的成就等等。一向淡泊鎮定的張伯倫無疑看穿了希特勒的把戲和花招。兩天後在向內閣的報告中，他稱希特勒爲，他曾見過的「最普通的小狗」。[35]

最後希特勒終於進入正題，表示由於目前的危機，他要求立即合併蘇臺德地區。當張伯倫用這個問題打斷他時——他是否這樣就滿意了，還是打算擊垮整個捷克——他指出波蘭和匈牙利的要求。希特勒保證，這一切他都不感興趣，現在不是討論用什麼技術去解決問題的時候：「三百個蘇臺德德國人被殺死了，這不能繼續下去，這種情況必須馬上制止。我決定要制止這個情況，我不管是否會引起世界大戰。」張伯倫生氣地說，他實在無法理解，如果希特勒只想說已決定要用武力解決而不是別的方法的話，爲什麼他還得大老遠跑來，這時候希特勒讓步了，他說，他將「今天或明天看看，是否有可以用和平的方法來解決這個問題的可能」；他繼續說，最重要的是「英國現在是否願意同意以民族自決權使蘇臺德地區脫離捷克，而他（元首）必須指出，這種自決權不是由他在一九三八年專門爲捷克斯洛伐克的問題發明出來的，而是在一九一八年就已經出現了，以便爲了根據《凡爾賽條約》做任何修改而建立的道德基礎。」最後雙方同意，張伯倫飛回英國與內閣商討這個問題，而希特勒則保證在這段時間內不採取任何軍事行動。

張伯倫才一離開，希特勒馬上又繼續激化這個危機並繼續備戰事宜。英國首相的退讓使他特別焦慮，因爲這可能會破壞他打算併呑整個「捷克」的計畫。但由於他希望張伯倫可能會因爲自己內閣、法國的反對以及捷克斯洛伐克提出異議而失敗，所以他繼續自己的安排。媒體開始大肆宣傳捷克境內的殘忍暴行，而同時希特勒以「保護蘇臺德的德國人以及在往後暴動和衝突中維持秩序」爲理由，建立了一個蘇臺德德意志自由軍團（Sudetendeutschen Freikorps），並由最近逃到德國的亨萊因領導。他催促匈牙利和波蘭對布拉格政府提出他們想要的地區，同時又挑起斯洛伐克人追求獨立自主，最後爲了設計更大的衝突，讓蘇臺德德意志自由軍團的成員占領埃格爾（Eger）和阿什（Asch）兩個城市。[36]

巴德戈德斯貝格的雙方會談

所以，當張伯倫在九月二十二日在戈德斯貝格（Godesberger）的德雷森大飯店（Hotel Dreesen）裡進行新一輪的會談時告知希特勒，英國、法國和捷克斯洛伐克都同意將蘇臺德地區割讓給德國時，希特勒就更加說不出話來了。爲了使德國不必擔心捷克斯洛伐克可能被利用爲「矛尖」來對付德國，就像希特勒所說的那樣，張伯倫建議中止法國、蘇聯和捷克斯洛伐克三方的盟約，反之，國際社會應該保證捷克的獨立。在聽完這種說法之後，希特勒極爲驚訝，他再一次問，這個提議是否得到布拉格政府的贊同。當張伯倫滿意地給出肯定的答案時，中間有一段尷尬的沉默。接著希特勒平靜地回答：「很抱歉，張伯倫先生，我現在不能再接受這樣的條件。在過去幾天的情勢發展之後，這個解決方法已不再行得通。」[37]

張伯倫極度惱怒，非常生氣。他憤怒地問是什麼情況使得情勢已經改變，希特勒又重新提出匈牙利和波蘭的要求，囉哩囉嗦地說有一些針對捷克人的攻擊，抱怨蘇臺德德國人的困境，直到他最後講到他想救助他們卻遇到阻礙，而一提到這件事他馬上就僵住：「最重要的是，要快速行動。在幾天之內就必須做決定……他必須強調，這個問題最晚到十月一日必須澈底解決。」在三個小時沒有結果的討論後，張伯倫回到萊茵河對岸的彼德斯伯格大飯店（Hotel Petersberg）。當雙方以信件交流意見也沒有任何結果時，張伯倫要求德方將其要求以書面備忘錄的方式提出，於是就宣布他要回英國去。馮．魏查克（Ernst v. Weizsäcker）報導說，在描述這過程時，希特勒

「拍手，好像看到精彩的表演一樣」。在他們沒有秩序且激動的最後談話中，突然傳來捷克斯洛伐洛動員的消息，這更加讓人有災難已臨近的感覺。這時候，希特勒似乎願意做出一點點讓步，而張伯倫則明顯表示放棄，並明確地說，他不要再爲希特勒做中間人了。

的確，在九月二十五日星期天，英國內閣爲了商討希特勒的備忘錄而開會，並拒絕他所提出的新要求。同時，英國通知法國政府，萬一法國捲入與德國的戰爭，英國將提供支援。甚至之前在極大壓力之下才接受希特勒所提出的要求的布拉格政府，如今又再度有自由拒絕希特勒的要求。於是英國和法國開始爲戰爭做準備。

由於未料到對手會不妥協，希特勒現在又開始扮演被激怒者的角色。「再繼續談判下去根本沒有任何意義。」九月二十六日，當威爾遜爵士（Sir Horace Wilson）帶著張伯倫的消息到總理府時，希特勒對著他大吼：「德國人被當成黑鬼一樣對待；連土耳其人們都不敢這樣對待。十月一日他就會讓捷克斯洛伐克到它該到的地方。」[38]接著他給威爾遜一個期限，如果他在戈德斯貝格所提出的備忘錄，到九月二十八日下午兩點都還沒被布拉格政府接受的話，他不會將師隊撤回。在最後幾天裡，他不斷在到底要取得充滿風險的半個成功，還是極度危險的全面勝利之間搖擺不定，這非常符合他激進的個性。他寧願占領布拉格，也不要拿到卡羅維瓦利（譯註：Karlsbad，捷克語爲 Karlovy Vary）和埃格爾當禮物。他在這幾天裡承受的壓力在柏林體育宮著名的演講中爆發，透過這次演講，他更激化這個危機，用這個好不容易歸於平靜的地方誘人的田園風景與之形成強烈對比：

「現在我們面臨最後一個問題，它必須被解決且將被解決！這是我對歐洲提出的最後領土要求，但我不會放棄這個要求，而且必定實現這個要求，因爲這是上主所願的。」

他嘲諷地揭露民族自決原則和多種族國家現實之間的矛盾，而且不放過描述在這危機中自己是被羞辱的悲慘角色，描繪在蘇臺德地區的恐怖，在提到逃難的人數時，將數字和紀錄比眞實數字提高了好幾倍：

「我們看到殘酷的數字：有一天的難民是一萬人，第二天變成兩萬人，一天之後已經到了三萬七千人，又兩天之後增加到四萬一千人，然後是六萬兩千人，接著是七萬八千人，現在已經到了九萬人、十萬七千人、十三萬七千人，而今天則是二十一萬四千人。整個區域的人口都被消滅了，小村莊被燒毀，人們嘗試用手榴彈和瓦斯燻死德國人。可是貝奈斯（Edvard Beneš）卻坐在布拉格裡，並深信：『我不會有事，英國和法國最後都在我背後支持我。』現在，我的同胞們，我相信，是該談脫離的時候了……在十月一日，他必須將這個地區交給我們……現在決定就在他手裡！要和平還是要戰爭！」

他再次鄭重聲明，他對消滅或占領捷克斯洛伐克一點都不感興趣：「我們完全不要任何捷克人！」在演講到最後，他陷入一種過度激動的情緒中如此大喊。然後他舉目望向大廳的天花板，被這個偉大的時刻、群衆的歡呼和自己的情緒高潮所鼓勵，他以一種陷入幻想的狀態結束這次演講：

「現在，作爲我的民族的第一個士兵，我走在它的前面，在我後面，世人得知道，現在走的是一個民族，而且它已和一九一八年的那個民族不一樣了……它將接受我的意志爲它的意志，正如同我看到它的將來和它的命運委託我去採取行動一樣！現在我們要一起強化這個共同意志，就好像我們在戰鬥時所擁有的意志一樣，在我還是以一個簡單的無名士兵的身分出發，去征服一個帝國的時候一樣……因此，我請求我的德意志民族：請站到我後面來，每一個男人，每一個女人……我們已經決定了！貝奈斯先生現在該做出選擇了！」

熱烈的掌聲持續了好幾分鐘，而希特勒則全身被汗水濕透，眼神呆滯地回到自己的座位。這時戈培爾站到講臺上大聲疾呼：「絕對不讓一九一八年十一月的情況再次發生在我們身上。」美國記者夏伊勒（William Shirer）從長廊觀察到，希特勒看向戈培爾，「彷彿這是他整個晚上一直要找的那句話。他跳起來，用右手在空中劃了一個大弧，讓手垂到桌子上，眼中帶著一種我無法忘記的狂熱眼神，用盡全力大喊：『沒錯！』接著全身無力落回椅子上。」[39]在這個晚上，戈培爾發明了這句口號：「元首發命，我們聽命！」在活動結束很久之後，群眾還一直呼喊這句口號。在希特勒離開時，他們開始唱：「那讓鐵生長的上主……」（譯註：Vaterlandslied，《祖國之歌》的第一句，Ernst Moritz Arndt於一八一二年所作的詩）。

隔天中午，仍然沉醉於前一晚的熱烈和歇斯底里氣氛中，希特勒再一次接見威爾遜爵士。他威脅說，如果他的要求被拒絕，他將進攻捷克斯洛伐克。威爾遜回答說，如果法國被迫出兵幫助捷克，英國也會出兵介入。接著希特勒說，他只能肯定這一點：「如果法國和英國都願意出兵，就讓他們這麼做。我完全無所謂。我準備好面對各種可能的情況。今天是星期二，下星期一我們就開戰。」[40]在當天，希特勒還宣布進一步動員的措施。

反戰示威

但在九月二十七日下午他的亢奮又被壓下來了。爲了測試並提升人民對戰爭的興奮感，希特勒命令陸軍第二機動師隊從斯德丁（Stettin）移防到捷克斯洛伐克邊境的途中，穿過柏林市中心東西主軸大道，穿過威廉大道，並經過總理府前。很有可能，他希望透過宣布這個軍事秀可以讓人們跑到街上觀看，並藉此喚起他們心中的攻擊熱情，並在他從總理府陽臺上發出的最後呼籲中形成一股「大叫著要暴力」的氣氛。一位外國觀察家在他的日記中記下了相反的眞實過程：

「我走到威廉大道和菩提樹街的轉角處，期待會看到大量的群眾並體驗到人們向我描述的一九一四年戰爭爆發時的情景，群眾大聲歡呼、少女獻上花束和香吻……但今天，人們很快就消失到地鐵去，還站在那裡的寥寥幾個人則保持著深深的沉默……這是我曾經歷過最特別的反戰集會了。

接著我穿過威廉大道，走到總理府前，希特勒站在陽臺上檢閱經過的軍隊。那裡站著不到兩百個人。希特勒臉色陰沉，顯然非常惱火，不久就轉身進去了，連軍隊都不檢閱。」[41]

這個事件讓人清醒的效果又因爲一連串壞消息而更加強化。消息指出，法國、英國和捷克斯洛伐克繼續爲開戰做準備，而且他們的武力顯然高出德國許多。僅僅是布拉格這一邊就動員了一百萬人，再加上法國的軍隊，人數將等於德國軍隊的三倍。在倫敦，人們開始在挖防空洞，醫院被清空；而在巴黎，大量的人潮離開城市。戰爭似乎已無法避免。當天南斯拉夫、羅馬尼亞和美國還警告地宣布自己支持協約國這一邊。由於再過幾個小時，希特勒自己定下的期限快要到了，在總理府裡，要戰爭或和平的氣氛開始轉變。希特勒在九月二十七日傍晚還口述了一封信給張伯倫，信中充滿了和解的語氣，正式提出保證捷克斯洛伐克將繼續存在，最後還呼籲各方要理智。然而，在這段時間內已經開始的一些活動，似乎剛好在最後一刻使情況出現意外的轉折。

反抗組織的動機與活動

來自各個政治陣營的活躍分子首度聚在一起，形成一小群、但有影響力的反叛團體，並在過去幾年內密集展開了一些活動。他們剛開始的目的是阻止戰爭發生。可是隨著希特勒以激進的手法操縱著局勢往衝突發展時，他們的目的也跟著升級成計畫刺殺他或推翻政府。所有這些團體的驅動力和中間人是軍情局中央部門的歐斯特中校（Hans Oster）。德國軍方的傳統幾乎與政治上的反抗思想沒有任何交集。根據當時義大利駐柏林大使阿托利科（Bernardo Attolico）的觀察，德國人個性中缺乏所有的陰謀特質，比如耐心，對人的本性和心理的認識，僞善的手法和能力〔你想在羅森海姆（Rosenheim）和艾昆能（Eydthuhnen）之間（譯註：即在德國人出現的地方）……找到什麼〕[42]。所以，歐斯特是一個例外。他是由道德、狡猾機智、詭計多端、計算人心和忠於原則這些元素特別混合而成，而且很早對就希特勒和民族社會主義持批評的態度，也嘗試在其同事之間鼓吹這種態度卻沒有成功。直到希特勒日益明顯走向戰爭的做法，尤其是弗里奇醜聞事件，才讓目光淺短、極爲保守且不想改變的軍官集團開始動起來，並在其他陣營中釋放出其力量。現在歐斯特將這些力量拉過來，在軍情局的運作和他的上司海軍上將卡納里斯

（Wilhelm Canaris）的掩護之下，形成一個有許多分支的反抗組織。

他們認爲，一旦這個極權主義政權穩固了，就只能透過內部和外部反對者一起合作才能推翻它，而這樣的考量也主導了他們的策略，促使德國反抗組織的代表人物在一九三八年春天去巴黎或倫敦奔走撒網，但他們所付出的努力都一直落空。一九三八年三月，格德勒到巴黎去，想辦法說服法國政府在捷克斯洛伐克問題上採取不讓步的立場，一個月後，他又再去一次，但每一次得到的都是最沒有保證的答覆。他去倫敦的情況也差不多。他的活動讓英國人以批判的態度看待這個問題以及往後的任務，因爲英國外長的首席外交顧問范宜塔特男爵（Sir Robert Vansittart）在聽到他們想推翻納粹政府時，他震驚地反應說，你說的可是叛國的行爲。[43]

馮．克萊斯特—史曼欽（Ewald v. Kleist-Schmenzin）的經驗也差不多如此。他是一位保守的政治人物，多年前就已經對政局灰心而退隱於自己的產業地，現在卻利用自己與英國的關係，鼓吹英國政府對希特勒擴張領土的企圖做出強硬的反抗。他警告說，希特勒不會滿足於併吞奧地利，根據可靠資訊顯示，他的目的不只是占領捷克斯洛伐克而已，甚至大到企圖統治世界。一九三八年夏天，馮．克萊斯特獨自前往倫敦，總參謀長貝克交給他一個任務：「請你帶給我確實的證據，證明如果捷克斯洛伐克被攻擊的話，英國一定會出兵，這樣我就會結束這個當局政府。」[44]在馮．克萊斯特去倫敦之後的十四天，企業家伯姆—提特巴哈（Hans Böhm-Tettelbach）也背負著同樣的使命去倫敦。他才剛從倫敦回來，在外交部裡一個密謀小組的發動之下透過倫敦大使館參事西奧多．柯特（Theo Kordt）重新獲得一些進展，而這個小組的頭頭是國務祕書馮．魏查克。九月一日，馮．魏查克親自請求但澤市的國際聯盟高級專員布爾克哈特利用他的關係讓英國政府對希特勒使用「明確直白的語言」，最有效會是派遣一位「沒有成見、非外交界的英國人，比如一位拿著馬鞭的將軍」，也許這可以讓希特勒聽對方的話。布爾克哈特說：「當時馮．魏查克以絕望的心情坦白地說，所有的事都取決於這一步了。」[45]同一時間，歐斯特催促西奧多．柯特的弟弟艾立克．柯特（Erick Kordt）——因爲他是外交部長辦公室主任——想辦法讓倫敦做出必定介入的威脅，並在倫敦那裡製造他們才是專業的外交人員，而希特勒則是一個「半吊子又好鬥的獨裁者」的印象；此外還提出許多關於希特勒的企圖的各種情報和警告。然而，這一切都徒勞無功。根據馮．克萊斯特對范宜塔特說，雖然這些密使都「冒著生命危險」來到倫敦，但在綏靖主義者熱衷於讓步、不信任或最平常的不理解之下，他們所有的奔走努力都成了犧牲品。一位英國高級情報官員斥責一位來到倫敦的德國總參謀部官員的提議是「卑鄙無恥」。[46]范宜塔特震驚地說這是一種「叛國的行爲」也顯示，在一個僵化世界的想法裡面，要讓他們理解這些反政府分子的動機是件多麼困難的事。當然，我們不能忽略，有些反政府分子的復辟傾向或修正主義要求勾起了跟他們接洽的英國人之懷疑，覺得他們和希特勒並沒有很大差別。幾乎所有的密使都是替保守派和軍方的危機說話，在這些西方國家眼中這有親近蘇聯的嫌疑，因爲這一向是他們的傳統。所有這些都散發出一絲毫無顧忌的氣息，而且大家還沒忘記《拉柏洛條約》（譯註：**Vertrag von Rapallo，一九二二年德國與蘇聯簽署的條約，互相同意放棄向對方提出的領土和金錢之要求並宣布外交正常化**）帶來的震撼，以及德國國防軍和紅軍長年的合作，到希特勒的時候他才終止了德國與共產黨的友好關係。在這些密謀者所接洽的外國人裡，有些人認爲這反抗運動似乎要復興舊德國的君主——反動力量，復興普魯士容克貴族階級和軍國主義者，這聽起來就好像他們只能二選一——希特勒或普魯士。[47]而且，也不是每個人都願意支持昨日的幽靈，而去反對這位雖然粗俗卻至少堅定傾向西方的獨裁者。當法國總參謀長甘莫林（Maurice Gamelin）

在戲劇性的九月二十六日向張伯倫提到德國反抗運動的企圖時，他得到的簡潔回答是：「誰能向我們保證，德國之後不會變成布爾什維克主義呢？」張伯倫的意思是，希特勒的保證比德國保守派的保證可靠。那是傳統的反東方的強烈情緒，是拿破崙在聖赫勒拿島上所發出的詛咒，而如今法國總理達拉第（Édouard Daladier）擔心地引述：「哥薩克人要統治歐洲了。」[48]

與國外同時平行進行的是國內的反抗活動，從性質上來看大多都來自軍方單位。特別是貝克嘗試透過一系列以更加堅決的語氣所寫的備忘錄，去反對希特勒發動戰爭的決定。最顯著的是一九三八年七月十六日的備忘錄，其中他再次警告可能發生世界大戰的危險，德國人民已一直對戰爭感到倦怠，德國的防禦力大大低於西方國家，而且概括所有的政治、軍事和經濟上的理由並指出，無論在任何情況下德國都無法在這樣「生死攸關」的戰爭中存活，而且還必須面對全世界的挑戰。同時，貝克催促布勞希奇讓高級軍官集團一起行動：以一種「將軍們集體罷工」的方式對抗希特勒，以全體退休來威脅並強迫希特勒停止備戰。[49]

貝克下臺

在貝克堅決地催促之下，布勞希奇最後似乎讓步了。八月四日，他特地為此召集將軍們開會，讓人將貝克的七月備忘錄朗讀出來，並讓亞當將軍（Wilhelm Adam）報告齊格菲防線防禦力不足的情況。最後，所有在場者都感到震驚並幾乎一致贊同貝克的想法，只有萊赫瑙將軍和布施將軍（Ernst Busch）提出一些異議，布勞希奇反而極力贊成貝克。然而，令人意外的是他卻不贊成貝克原本擬定的發言內容，其中最重要的訊息是要求將軍們集體抗議。相反地，他把貝克的備忘錄拿給希特勒看，因此出賣了自己的參謀長。當希特勒在八月十八日於特博格（Jüterbog）

的會議上宣布，他將於下星期以武力解決蘇臺德問題時，貝克宣布下臺。

雖然貝克這種灰心的行爲以及布勞希奇的失敗與德國軍方將領的綁手綁腳特質有關，可是我們不可忽視這種行爲與希特勒進攻式的外交政策取得成功也有密切的關係。貝克之所以下臺是因爲他們想辦法讓西方國家能以更堅決的態度對付希特勒的奔走努力已失敗而感到沮喪。其實，德國反抗組織的反抗意志沒能比英國首相或法國總理的意志堅決多少。

但在貝克的繼任者哈德爾（Franz Halder）之下，密謀者的計畫仍然繼續進行，並沒有中斷。在接任參謀長一職時，哈德爾即對布勞希奇說，他像前任一樣反對希特勒的戰爭計畫，並決定「利用每一個反抗希特勒的機會」。[50]哈德爾並非反對派的一員，而是一位端正、理智的將軍。可是他也以自己特別奇怪的方式討厭希特勒，認爲他是「罪犯」、「精神病患者」或「嗜血如酒」。可是希特勒卻讓他沒有選擇，哈德爾說，他是「被逼反抗」的，並稱這「是一個可怕和非常痛苦的體驗」。他比貝克更冷靜沉著且堅定不移。在歐斯特和沙赫特的積極鼓吹之下以及看著納粹政府又開始了新一輪的協商，他著手將密謀者的想法擴大成一個政變計畫，並且在九月十五日之前就已經完成所有的準備。[51]

政變計畫

這個計畫打算在希特勒宣戰的那一刻，在柏林軍區司令馮．維茨萊本將軍（Erwin v. Witzleben）的領導下，以一種政變的方式將希特勒以及納粹政府的一些高階幹部逮捕起來並交由法庭審判，以向全世界揭發他的激進目的。參與者希望透過這種方式，不僅避免又一次背後插刀的事件發生，還能在對抗希特勒一事上贏得支持，因爲他被籠罩在大德意志統一的光芒之下而享有無法超越的受歡迎度，另外還可以避免爆發內戰的危險。哈德爾認爲，這不能只靠一小群精英的想法和道德，而必須靠全民原則上的贊同。參與密謀的司法官馮．多拿尼（Hans v. Dohnanyi）自一九三三年起就已經爲起訴希特勒蒐集了一些祕密檔案。而且歐斯特還成功使柏林的警察總長馮．海爾多夫伯爵（Wolf-Heinrich Graf von. Helldorf）和副總長馮．舒倫布格伯爵（Fritz-Dietlof Graf v. d. Schulenburg）加入密謀者的圈子裡。此外，他還和以下的人有密切聯繫，其中包括波茨坦、蘭茨貝格、和圖林根的一些司令官；[52]一些有地位的社民黨人，比如羅伊施納（Wilhelm Leuschner）或雷貝爾（Julius Leber）；此外還有柏林大學附屬醫院的精神科主任潘霍華教授（Karl Bonhoeffer）。其中一個政變計畫是，選定潘霍華作爲一個醫生委員會的主席並宣布希特勒是精神病患者。鋼盔聯盟前領袖海因茲（Friedrich Wilhelm Heinz）同時計畫「密謀中的密謀」。他受到馮．維茨萊本將軍的委託招納年輕的軍官、工人和學生，以加強總司令部的衝鋒隊，以便能在關鍵時刻衝入總理府。但海因茲認爲，無論是以司法程序起訴希特勒或把他關到精神病院都是完全不實際的做法。他向歐特勒說，光是希特勒就比馮．維茨萊本將軍和他所有的軍隊加起來都強大。因此，他給自己的人一項祕密指示，不要逮捕希特勒，而是在混戰中立刻將他射殺，以免夜長夢多。[53]

於是一切準備就緒，這次比有始以來的所有反抗行動都準備得更澈底，而且顯然有很大的成功希望。海因茲的衝鋒隊帶著武器和炸彈在他位於柏林的私人總部待命。所有的軍方和警方措施都已啓動，準備以不起衝突的方式接管所有電臺，對全民呼籲的稿也都擬好了。在希特勒發布對捷克斯洛伐克出兵命令的那一刻，哈德爾便立即發出行動的訊號。於是，所有的人都在等。英國在九月二十六日宣布，如果捷克斯洛伐克受到攻擊，英國將站在法國同一邊，這個消息顯示西方國家似乎也採取堅決的立場，而且這是密謀者最希望得到的消息。九月二十七日，他們甚至成功地使還在猶豫的布勞希奇加入行動。當天下午，在希特勒發出第一波準備攻擊的命令並且幾個小時之後又對十九個師發出動員令之後，他們都在等著隔天下午兩點他會發出總動員的命令。在馮·舒倫布格的協助之下，艾立克·柯特已準備好在總理府入口處，使守衛之後的大門維持在一直打開的狀態。維茨萊本的軍隊不耐煩地在柏林東邊位於主要道路的霍恩措倫丹姆大街（Hohenzollerndamm）上的柏林軍區司令部中待命。維茨萊本自己則到軍情局總部去找哈德爾。海因茲的衝鋒隊則在他的營區裡等待訊號。這時候，總參謀部的一位信使卻帶來這個消息說，希特勒在墨索里尼的斡旋之下讓步了並同意到慕尼黑參加一個會議。

政變計畫失敗

這個消息簡直是一個重磅炸彈。所有參與者馬上知道，整個行動計畫的根基就這樣被抽走了。所有的人都陷入了一種不知所措和麻木的狀態中。只有其中一位民間密謀者吉瑟維奧斯（Hans Bernd Gisevius）還滔滔不絕地嘗試說服維茨萊本發出行動的訊號。然而，這個行動原本只建立在希特勒在政治上失敗這個基礎上，現在的轉折使他們沒有任何機會了。因為嚴格來講，這個政變計畫一定會陷入一個困局，因為它過度取決於某種行為，無論是希特勒或是西方國家的行為。雖然這些密謀者並沒有錯估希特勒，但他們的計畫卻流產了，因為他們沒有看出來，英國基本上一直希望透過讓步給希特勒機會「去做個乖寶寶」，就像韓德森所說的。「我們沒辦法對他們坦白，就像他們對我們一樣。」哈利法克斯伯爵（譯註：First Earl of Halifax，英國保守黨政治家，一九三八至一九四〇年任外務大臣，主張向納粹德國施行綏靖政策）遺憾地對在慕尼黑的西奧多·柯特這麼說。[54]

這個打擊的後果不只影響了當下這一刻。當初張伯倫前往貝希特斯加登與希特勒會面的消息就已經使密謀者癱瘓，現在的情況則使整個反抗組織面臨崩潰，而且從此一蹶不振。雖然從這個反抗組織成立之始就一直因爲各種顧忌、要成員發誓的問題和效忠對象有衝突等等而困難重重，而且成員們的過度反省、左思右想、徹夜討論，最後總是因爲受到他們的教養和習慣大大限制而回歸到道德的問題上，將反抗行動視爲叛國的行爲。這條裂痕貫穿了德國反納粹組織的整個歷史，甚至大大限制了軍方的密謀者，使得他們的計畫失去了爲了成功而不可或缺的堅定決心。現在這個組織又因爲以下的想法而受阻：這個男人不僅能應付各種情況，而且還掌握著各種局勢、勝利的原則、幸運和巧合；換句話說，他和歷史是盟友。

在那段日子裡，格德勒寫信給一位美國朋友說，「那一次可能就是希特勒的末日了。」如果這個判斷還有一些疑問沒有解答，那麼下面的預言就的確成眞了：「由於張伯倫先生因爲一個小風險而退縮，他讓一場戰爭變成無法避免。英國和法國的人民如今必須用武器來捍衛自己的自由，除非他們寧願被奴役。」[55]

慕尼黑會議

隔天，即九月二十九日中午大約十二點四十五分，英、法、德、義四國政府就已經開始在慕尼黑開會。希特勒堅持要立即召開會議，因爲他比之前都堅決要在十月一日進軍蘇臺德地區。爲了先和墨索里尼套好話，他到接近德義邊境的庫夫斯坦（Kufstein）去迎接墨索里尼。如果所有線索都沒錯的話，希特勒此刻還猶豫著是否要使會議失敗，以便用強迫的方式獲得全面勝利。他用一張地圖向墨索里尼說明如何向捷克斯洛伐克發動閃電戰，接著又向法國出兵，可是又費了很大力氣才讓自己把這個企圖先往後押。但他毫不猶豫地說：「要不會議在短時間就成功，不然就得用武力解決問題。」[56]

但這一刻根本不需要這麼激烈的二選一做法。西方國家——尤其是英國——的談判目的是讓希特勒相信，他可以不用開戰就可以拿到蘇臺德地區；四國全部早就一致同意這項要求本身，而這場會議只不過是爲了將各方同意的內容正式記錄下來而已。[57]缺乏異議以及臨時召開會議，是使得這次會議的過程不尋常地非正式的原因。在打完招呼之後，希特勒在其他人之前走進位於慕尼黑國王廣場新建的元首行館之會議廳，並讓自己重重地落到一張沙發裡，現場還有其他沙發繞著一張低矮圓桌擺放。他用一個緊張的手勢請其他人入座。希特勒臉色蒼白、情緒激動，在一開始時完全模仿自信的墨索里尼的一舉一動，跟著他說話、微笑或擺出一幅陰沉臉色。張伯倫看起來老了好幾歲，但仍保持著高雅的氣質。達拉第則一言不發、侷促不安。在會議一開始，希特勒就斷然拒絕讓捷克斯洛伐克也參與的要求，理由是強國要跟自己的同類在一起。接著達拉第抱怨「貝奈斯的固執」並造成「在法國境內鼓吹戰爭」[58]的影響，而這特別得到希特勒的關注。此時各國大使和隨從人員陸續進到會議廳裡，並以旁聽者的身分圍著會議桌。一再有人來來去去，會議一再被一些個人交談而中斷。墨索里尼在下午稍早時就提出了一份協議草稿；事實上，這是前一天晚上由戈林、諾伊拉特和魏查克所擬定的，以便在催促開戰的里賓特洛甫之前採取行動。在這份草擬協議的基礎上，《慕尼黑協議》在半夜兩到三點之間就簽署好了。它的內容是，德國在十月一日至十日之間占領蘇臺德地區，細節由四國和捷克斯洛伐克代表所組成的一個委員會處理；英法兩國承諾保證這個變小的國家之獨立完整。所有的與會者似乎在這一刻都感到很滿意，只有龐賽帶著一絲不安用法文說：「這就是法國對待唯一忠於他的盟友的方式。」[59]當官員們還在忙著出具協約書事宜時，與會者猶豫不決地站在一旁。根據一位與會者的報導，達拉第筋疲力竭地深深陷入沙發裡，墨索里尼和張伯倫交談，而希特勒一動都不動站在一旁，雙臂交叉直視正前方。

他的不愉快一直持續到隔天。當張伯倫中午時分到他位於攝政王廣場的私人住宅去找他時，他話很少，這是非常罕有的，並對於提出的商討事情也拖拖拉拉地進行。當希特勒知道，英國首相在穿越慕尼黑途中受到民衆沿途熱烈鼓掌時，他更爲惱火。才兩天前，人民顯然還沒準備好他打算交給他們的「一流任務」，而張伯倫似乎成了這一刻的焦點人物。[60]

希特勒感到不滿

讓他惱火的不僅是嫉妒張伯倫受民衆歡迎，還有人民明顯的厭戰心態。但如果更仔細地觀察，就會發現他的不悅有許多更複雜的因素。毫無疑問，《慕尼黑協議》是他個人的一場勝利，在沒有公開使用任何武力的情況下，希特勒就從占上風的聯盟手中搶下一大片土地，奪走捷克斯洛伐克高度自誇的防禦系統，顯著改善自己的策略地位，贏得新的工業區，並迫使他討厭的貝奈斯總統流亡國外。事實上，「在歐洲歷史上好幾百年來……都沒有在不打仗的情況下發生過如此深刻的改變」。[61]而這正顯出希特勒的成就，因爲他使這些大國在犧牲自己利益的情況下贊同了他。他再次成功地形成了典型的法西斯局面，結合了革命的暴力和已建立的政權，形成一種「歐洲層面的哈布斯堡陣線」。奇怪的是，在簽署《慕尼黑協議》之後，捷克斯洛伐克就中止和蘇聯的盟約關係並禁止共產黨存在。

然而，在希特勒看來，這些勝利的代價太高了。因爲他必須簽署這份協議，雖然這無法長久約束他，但這份束縛已長到完全打亂了他的時程和他的大構想。他原本打算秋天就進軍布拉格，就像他半年前進到維也納一樣。而如今，他覺得自己的時程和作爲占領者的勝利都被騙走了。「張伯倫這傢伙壞了我進軍布拉格的大計」，沙赫特聽到他這麼說。在一九三九年一月，他也搖著頭對匈牙利外長說了類似的話。他說，他原本覺得「捷克被它的朋友們交到我手上」是件不可能的事。在一九四五年二月，有一次在元首地堡中回憶過去時，他把怒氣都發在那些「大資本主義的市儈」身上：「我們應該一九三九年就開戰的。那是我們明確定位它的最後一個機會。但他們處處讓步，像懦夫一樣對我們所有的要求都讓步。這樣一來，主動發起戰爭的確變得很困難。當時在慕尼黑我們錯過了獨一無二的好機會。」[62]在這句話中又隱藏著之前那種傾向，想走到最極端，不顧一切尋求最大危險的想法。《慕尼黑協議》得來太過容易、太順利，無法讓他的心理得到滿足。他厭惡現有的解決方法並覺得，就像他所說的，「想用便宜的代價去贖身這種企圖……是危險的」。[63]這類特有的命運想法一再勝過他那國家主義的理智。正因爲這個原因，自從慕尼黑會議之後，這個想法已根植於他心中：這個倔強的國家雖然在各界歡呼之下以許多隱密的方式反抗他，現在終於透過一個以血腥的方式強調的最大挑戰，無可挽回地跟他綁在一起。

我們必須從這三個背景因素——理智的時間計算、他的心理上需求和神話化的政治理念——去看希特勒如今更加明顯傾向發動戰爭的做法。他事後爲自己辯解的理由是，張伯倫的迎合「就某種意義而言使他猝不及防」。而且從那時候起他開始公開發出鄙視對手的評價，這又更加強化他發動戰爭的傾向。在將軍們面前，他嘲諷地稱對手爲「小蟲」。十一月六日在威瑪演講時，他用「我們以前中產階級政黨界裡拿著雨傘的那些傢伙」來影射張伯倫，並稱馬其諾防線是一個國家的邊牆，用來準備讓自己死亡的。[64]

然而，讓人值得注意的是，希特勒挑戰發動戰爭的意願與實際的軍備比例是矛盾的，這也可以視爲他開始與現實脫節的一個跡象。如果他在一九三八年發起武力衝突，不可能撐得過幾天，在今天這已是毫無爭議的認知。盟軍和德軍專業人士的判斷、各種文件和統計都毫無疑問地指出：「這是絕對不可能的事。」比如約德爾在紐倫堡大審上就這麼說：「用五個能用的陸軍師和七個裝甲師的兵力，在一個其實只是大型建築工地的西邊防線，要對抗法國一百個師的兵力，在軍事上是不可能的事」。[65]因此，西方國家的讓步以及繼續削弱自己的行爲更加讓人無法理解。除了他們實行綏靖政治這個原因之外，他們的行爲就只能從對政治感到灰心這種心理來解釋，就像希特勒之前所做一樣，這是最有說服力的。違背了自己身爲盟友的義務以及歐洲傳統的價值理念——這是希特勒幾乎在每一次講話、每一個法案、每一次行動都以公然的敵意去攻擊的目標。另一個可以解釋他們的行爲是：這是由妥協、勒索和不知所措摻雜混合的情況。奇怪的是西方國家似乎也沒有考慮這麼做的政治後果，尤其是《慕尼黑協議》使他們顏面大失這個後果。結果，英法兩國幾乎信譽全失，之後他們所說的話就像寫在風中一樣。不久之後，東歐各國開始各自與希特勒接洽。蘇聯尤其沒有忘記西方國家把它排除在慕尼黑會議之外這件事。在會議結束四天之後，德國駐莫斯科大使便指出，「史達林……得出了結論」並將重新檢視自己的外交政策。[66]

在這期間，張伯倫和達拉第分別回到自己的首都。結果等著他們的不是憤怒的示威，而是民衆興高采烈的稱讚，彷彿他們「不是出賣了一個小盟邦，而是擊敗了敵人贏得重大勝利一樣」，一位外交部官員如此說。對於這些歡呼的群衆，達拉第沮喪地對他的國務祕書低聲說：「這些白痴！」而張伯倫則比以往更爲天眞和樂觀。抵達倫敦時，他手中揮著一張紙宣布：「我們這個時代的和平。」在回顧這一刻時，我們不難發現當時人們感到大大鬆了一口氣，覺得歐洲又再次團結了，但這種錯覺實在讓人無法恭維。在倫敦，群衆在唐寧街十號前興高采烈地唱著「For He's a Jolly Good Fellow」（他實在是個大好人）。法國《巴黎晚報》（*Paris-Soir*）則說，張伯倫提供「法國大地一個小角落」來釣魚，並認爲「實在無法想像成果更爲豐碩的和平畫面」。[67]當邱吉爾在接下來的下議院辯論中以「我們慘遭全面、大規模的失敗」這句話來開始他的發言時，引起衆人瘋狂的抗議。

德軍進入蘇臺德地區

接著，德國軍隊根據協議於進入蘇臺德地區。十月三日，當希特勒坐在一輛賓士越野車上跨過邊界時，蘇臺德地區的社民黨領導人雅克施（Wenzel Jaksch）逃往倫敦。就像後來幾年的占領行動一樣，隨著軍隊，保安處的行動小組和蓋世太保也跟著進去，以便開始「立刻清理解放地區內所有的馬克思主義民族叛徒和其他國家敵人」。雅克施向英國請求簽證和給予他的朋友各種協助。朗西曼子爵向他保證，倫敦市長一定會爲受迫害者募款，到時他將在這張捐款名單簽上自己的名字。倫敦《泰晤士報》刊登了歡呼的群衆撒著鮮花歡迎德軍進入該地區的照片，但其主編道生（Geoffrey Dawson）卻拒絕公開民衆在德軍面前逃走的那些照片。雅克施沒有獲得簽證。同時波蘭和匈牙利也趁機從這個被遺棄、被截肢的國家占領了相當大的區域。那個秋天的歷史充滿了各種欺騙、自私、軟弱和背叛的行爲。雅克施的朋友們，只要他們往內地逃，不久之後都被布拉格政府交給德國。[68]

動員人民的心理

希特勒對慕尼黑會議結果的不滿自然而然使他更加沒有耐心。在十天之後他就對凱特爾提出一份關於德國兵力的祕密問題清單。十月二十一日，他便指示以武力「解決剩下的捷克」以及「占領梅梅爾領地」（譯註：Memelland，原屬德國，一九二〇年起由國際聯盟管理，一九二三年發生叛亂後被立陶宛占領）；此外，十一月二十四日又補發一項指令，要準備占領但澤。同時他鼓勵斯洛伐克境內的國家主義者，在新的國家內擔起蘇臺德德國人的角色，從內部去瓦解捷克斯洛伐克。

他也從過去這幾天內的失望中獲得了如何對人民加強心理動員的靈感。雖然在德國境內人們感到很高興，希特勒的聲望又再次升到令人頭暈目眩的高度，但他自己也明白，這些高興很大程度是因為能夠避免戰爭而感到鬆一口氣。十一月初，在一個猶太移民射殺了德國駐巴黎大使館的祕書拉特（Ernst von Rath）之後（譯註：十七歲的波蘭裔德國猶太人格林斯潘收到妹妹的明信片，得知在德國的父母被強行驅逐至波蘭邊境的消息之後，去德國駐巴黎大使館要求與大使館的官員對話，拉特負責接見他，結果他槍殺拉特），希特勒趁機進行一次大規模的宣傳行動。他立刻將這起主要出於個人動機的刺殺行動升級為「全世界猶太人發起的攻擊」，而且一如既往地相信這會帶來最高程度的整合效應。政府舉行隆重的喪禮，大肆宣傳，貝多芬的音樂加上言詞煽動的哀悼文甚至進到中小學和企業裡。這是衝鋒隊最後一次以昔日的老角色——即盲目的民憤——出現，雖然他們已經放下這個角色很久了。十一月九日，全德國的猶太教堂被縱火、猶太人的住家被破壞、猶太人的商店遭掠劫，將近一百人遭殺害，約兩萬人被逮捕。親衛隊報紙《黑色集團》（*Das Schwarze Korps*）已經在考慮要「以火和劍」消滅猶太人，以達到「德國境內猶太人確實終於滅亡」的目的。然而，根植於人民心中的中產階級直覺已無法再透過街頭暴力來動員，因爲這些事件反而讓他們想起沒有秩序和法律的那段混亂日子。[69]這又是希特勒越來越明顯與現實脫節的另一個跡象，因爲他相信，自己最強烈的情緒，也應該能對大衆的心理達到最強的效果才對。他那冷酷無情的猶太人妄想症和德國反猶太主義之間的隱晦關係變得越發明顯。特別奇怪的是這個行動只在維也納獲得成功。

一九三八年十一月八日的演講

然而，群衆的倦怠反而只會使他更爲努力。自慕尼黑會議結束後，納粹政府又開始加強宣傳活動，而且不久連希特勒本人也帶著更強的攻擊性參與進來。比如，十月九日在薩爾布魯肯表示惱火，十一月六日在威瑪的演講，十一月八日在慕尼黑的演講，以及一九三八年的大總結報告等等，都是希特勒親自上宣傳火線的活動。在這份報告中，他以一種由驕傲、仇恨、緊張不安和自信的口氣強調「民族體的團結」，又重新攻擊猶太人，並預言猶太人將毀滅歐洲。[70]在同一時間對德國新聞界總編們的祕密談話，其主題也抱著同樣的目的。他要新聞界將和平的誓言和呼籲溝通的策略轉換成一種樂於攻擊的決心，因爲他觀察到這兩個因素已在柏林和慕尼黑產生削弱人民意志的效果。這等於是希特勒發出的心理動員令。希特勒一再強調，他背後必須有「一個信念堅強、團結一致和充滿信心的德意志民族」。同時，他把怒氣都發洩到愛好批評和意見分歧的知識分子身上：

「當我在看我們的知識分子階層時，可惜的是，人們需要他們；否則，有一天，我不知道，也許可以把他們通通消滅掉或類似的做法。但可惜的是，人們需要他們。所以，當我在看這些知識分子階層，並想像他們的行爲，檢視他們的行爲，並與我的行爲，我們的工作相比較時，這讓我幾乎感到害怕。因爲自我從政以來，尤其是自我領導德國以來，我就只有成功。儘管如此，這群人常常以一種令人厭惡、讓人噁心的方式立場搖擺不定。如果我們哪一天失敗的話，會發生什麼事？各位，這是可能發生的。如果眞的發生的話，這群像鳥一樣飛來飛去的傢伙會做出什麼事？……以前，那是我最大的驕傲，因爲我給自己建立了一個在我挫折時仍然固執並狂熱支持著我的黨，尤其是狂熱支持著我。那是我最大的驕傲……我們必須教育所有的人民這麼做。人民必須被教育，培養出絕對、固執、理所當然、有堅定的信念；如此一來，到最後我們必將達成必須達成的任務。只有透過繼續呼籲全民的力量，透過強調一個民族的正面價值，和透過盡可能忽視所謂的負面特質，我們才能做得到，才能達到這個目的。因此，新聞界必須盲目地接受這個原則：領導做的都是對的！……我想說的是，只有這樣，我們才能讓這個民族擺脫掉使它不幸的懷疑。廣大的群眾根本不想因爲懷疑而苦惱。廣大的群眾只有一個唯一的願望：他們能得到很好的領導，他們能夠信任領導階層，領導階層本身沒有爭執，而是團結地出現在他們面前。請你相信我，我非常確實知道，在德意志民族裡，如果我說，讓我們像在十一月九日那樣的日子走上街頭，人民從來沒有這麼開心過，這時候，在我身邊站著我所有的同事，於是人民會說：『這是某某先生，那個是某某先生，還有那是某某先生，那是某某先生。』當人民想到下面這件事時，他們會覺得有很大的安全感：這些人都團結在一起，他們都在追隨元首，而且元首也支持所有這些男人，他們是我們的偶像。也許有些知識分子完全無法理解這件事。但外面這些小人物，他們……就是要這樣！以前的德國歷史裡也是這樣。當上面

的那幾個人團結一致時，人民總是很開心，這也讓下面的人民容易團結一致。」【71】

哈卡在柏林

慕尼黑會議之後的心理動員過程，也包括希特勒使事件加速進展的動力，這使得觀察者有時候想問，是政治變得喘不過氣了，還是政治人物變得喘不過氣了？每一個星期，無論是從內部或外部，對毫無保護的捷克斯洛伐克的壓力一直不斷增強。三月十三日，希特勒催促被召到柏林的斯洛伐克納粹領袖蒂索（Jozef Tiso）要使布拉格倒臺。一天之後，在普雷斯堡（譯註：Preßburg，即今之布拉提斯拉瓦，斯洛伐克共和國的首都和最大城市）的國會前面，由里賓特洛甫轉成斯洛伐克語的獨立宣言被朗讀。同一天晚上，捷克總統哈卡（Emil Hachá）與其外交部長許瓦洛斯基（František Chvalkovský）抵達柏林。哈卡覺得自己陷入一種被勒索情境。希特勒之後把這次的見面當作劣俗的消遣，稱之為「哈卡化」。雖然這兩位貴賓被按照一切外交禮儀接待，但在等了讓人神經幾乎斷掉的時間之後，到半夜一到兩點之間，他們才被允許進到總理府中，而且在這當中他們嘗試得知談判的情況，可是都沒有成功。年邁病弱的哈卡疲憊地穿過新建的總理府裡無數的長廊和廳堂之後，終於看到希特勒。在希特勒碩大的辦公室裡，只有唯一一盞銅製的落地燈在亮著。在陰暗的光線下，希特勒站在他的書桌前等著，在他旁邊是穿著華麗的戈林，和重新受過測試的凱特爾這個幽靈人物。哈卡總統的問候詞揭露出一個被各方遺棄的國家在絕望中的機會主義想法。紀錄如下：

「哈卡總統問候元首並感謝元首接見他。長久以來他一直希望認識元首，而他常常關注並讀到元首的絕佳想法。不久之前，他還是一個沒沒無聞的人。他從來沒有和政治接觸過，他原本只是維也納行政機構裡的一個司法官員，……一九一八年他被召到布拉格，一九二五年被任命爲行政法庭的主席。在這個職位上，他和政治人物，或者，他寧願說「空頭政治人物」，一點關係都沒有……他從來就不是什麼受歡迎的人物。他和馬薩里克總統（譯註：Tomáš Garrigue Masaryk，捷克斯洛伐克首任總統）每年只有在一次法官的晚宴上會碰到一起，與貝奈斯就更少碰面了。有一次與貝奈斯碰見時，他們之間發生了誤會。此外，這整個政府對他而言都很陌生，所以在這大轉變後他立刻問自己，捷克斯洛伐克獨立是否是件好事。這個秋天，領導國家的任務落到他的肩上。他是一個老人……而且他相信，（捷克斯洛伐克的）命運會在元首的手中會得到很好的珍惜。」[72]

當哈卡接著請求讓他的民族擁有自己國家的存在權時，希特勒開始一場冗長的獨白。他多次控訴捷克人明顯的敵意，當今政府在自己國內的無能，貝奈斯的精神仍然存在，並一次又一次譴責這些坐在他面前的男人一直保持沉默，就像被「石化」了一樣，「只能從眼睛……還看出他們還活著」。[73]希特勒接著說，他的耐心已經被耗光了：

「六點整，德國軍隊將從各個方向進入捷克，德國空軍將占領所有機場。有兩種可能的情況。第一種，德軍的進駐演變成戰鬥。那麼德軍將以猛烈的武力擊垮這些反抗。另一種是，德軍的進駐以一種可以接受的方式進行，如此一來，在重新安排捷克斯洛伐克境內的捷克人生活時，元首就比較容易慷慨地給予捷克人自己的生活，自治權，和某種程度的國民自由……。

這就是將哈卡先生請來這裡的原因。這邀請是他能給予捷克人民最後的好意……時間過得很快。六點整德軍將開始進入捷克。他幾乎不好意思說，每一個捷克軍營將會有一個師的德軍過去。這次的軍事行動並不是小型的，而是以最大方的方式啓動。」

當哈卡以沒有起伏的語調問，怎麼樣才可以在四個小時之內讓全捷克人民不要反抗時，希特勒以誇大的語氣說：

「現在已經運轉的軍事機器已無法再停下來。它必須用在布拉格這個工地上。這是一個重大的決定，但他看到兩個民族之間維持長期和平的可能已經減少。如果要做出別的決定，那就是要摧毀捷克斯洛伐克……他的決定是不可逆轉的。大家都知道，元首的決定表示什麼。」

兩點一過不久，在被放離開希特勒的辦公室之後，哈卡和許瓦洛斯基嘗試打電話到布拉格。當戈林向哈卡說，由於時間不夠，德軍會先開始轟炸布拉格，並以赤裸裸的愉快描繪毀滅的畫面時，這位老總統心臟病發作了。在這一刻，所有在場的人都擔心可能出現最糟的情況。其中一位在場者這麼記錄：「明天全世界都在說，他是昨夜在總理府裡被謀殺的。」然而，出於謹慎而一直待命的莫瑞爾醫生立刻幫助這位崩潰的老先生恢復過來。於是布拉格那邊能獲得及時的通知，告訴他們德軍進駐時不要做任何反抗。接近凌晨四點，哈卡簽署了臣服證書，並因此「將捷克人民和國家的命運信任地置於德意志帝國元首的手中」。

拿到布拉格

哈卡一離開辦公室，希特勒就失去平常的姿態。他激動地衝到女祕書們的辦公室，要求她們親他。他大喊說：「孩子們，哈卡已經簽名了。這是我一生中最偉大的日子。我將以最偉大的德國人這個身分進到歷史。」[74]兩個小時後，第一批軍隊跨過邊界，早上九點左右，第一批軍人在下著雪的春日裡進到布拉格。沿路又有一些群衆在歡呼，但那只是少數人，大多數人都避開或沉默站在夾道揮手歡迎的人群後面，眼中充滿無力和憤怒的淚水。當天晚上希特勒就抵達布拉格並在布拉格城堡裡過夜。他沉醉在勝利的喜悅裡說：「捷克斯洛伐克從此不再存在。」那只是兩天的功夫。當英法兩國大使在三月十八日將抗議書遞給柏林政府時，希特勒就已經成立了「波希米亞和摩拉維亞保護國」（譯註：Reichsprotektorat Böhmen und Mähren，納粹德國在捷克斯洛伐克西部建立的傀儡政權）。爲了安撫當地人民，選了溫和派的諾伊拉特擔任領導。接著希特勒在斯洛伐克的保護條約上草草簽名後就回德國去了。這似乎又再次證實了墨索里尼半年前，即在慕尼黑會議之前不久所說的：「民主國家被迫吞下了苦果。」[75]

但拿到布拉格卻帶來一個轉捩點。西方國家感到強烈失望、覺得自己被誤導，自己的耐心被濫用。三月十日的時候，張伯倫還對一些記者說，戰爭的危險已經減少，一個局勢緩和的時代即將開始。但三月十七日，他就在伯明罕表示「從來沒有如此震驚過」，並指出希特勒打破了許多承諾，其中包括占領布拉格這件事。最後他問，「這是一個舊冒險的結束還是一個新冒險的開始？」他當天就將韓德森從柏林召回，且沒有說什麼時候回去。而哈利法克斯伯爵則表示，他很理解希特勒喜歡不流血的勝利，但下一次他將被迫流血。[76]

然而，占領布拉格這個轉捩點只是對西方的政治而言。綏靖主義者以及納粹政府幫手的幫手一再爲自己的立場辯解，認爲希特勒占領布拉格的行動顯示一個大轉變：在這一刻他開始走向不正義之道並激進地擴張他到目前爲止主張的修正主義目標，從現在開始，他的目標不再是民族自決權，而是要建立征服者的名聲。但現在人們知道，如果認爲希特勒的追求和企圖就只有這樣的話，就實在是太不了解他的本質了。其實他很早就已經做了所有原則上的決定，布拉格只不過是一步策略，而伏爾塔瓦河（捷克語：Vltava，又稱莫爾道河，德語：Moldau），也絕對不是他最後一個目標。

無論如何，這次的行動都是一種自己摘下面具的做法。在外交上一直不斷取得勝利的那些日子裡，當時還是上校的約德爾非常狂熱地說：「用這種方式去操作政治，對歐洲而言可是件新鮮事。」[77]事實上，希特勒到目前使用的方法，威脅、諂媚、和平誓言和武力行動的靈活結合，使對手得到一種不尋常的經驗，他們被癱瘓了。西方政治家有很長一段時間看不出希特勒的企圖。哈利法克斯伯爵如此描述自己的不安：「不管希特勒說什麼或做什麼，你都覺得自己像一個嘗試在沼澤裡找路的瞎子一樣，岸上的每個人都在大喊關於下一個危險區的各種資訊。」[78]然而，希特勒占領布拉格的行動消除了所有的不透明度。張伯倫和法國政界首次理解明白胡根貝格的經驗，就像哈利法克斯伯爵所寫的，「這個奇怪的男人」根本無法束縛和馴服——除非使用武力。

在希特勒的生涯中，布拉格代表另一種意義的轉捩點，這是將近十五年來他所犯的第一個嚴重錯誤。就策略上而言，他一向有能力使所有的情況含有多種意義，並藉此粉碎對手的陣營或反抗意志，進而達成目的。但這是他第一次以非常明確的意圖出現。如果到目前爲止他玩的是雙重角色，扮演祕密盟友的對手，或者以捍衛的姿態挑戰某個狀況的話，那麼現在他讓人清楚看出他最內在的本質，完全沒有任何藉口或推託。在慕尼黑，即使不太情願，但他還是再次實現了「法西斯局面」：也就是說，利用一個對手的協助打倒另一個對手，贏得勝利。一九三八年的集體迫害是這個勝利階段裡首次拒絕使用這種策略。之前大家還懷疑他與所有人爲敵，而布拉格事件則消除了這份懷疑。

但他所使用的策略含有這樣的性質：只要第一次犯錯，就會使所有的事無法挽回。希特勒事後承認占領布拉格的做法有災難性的意義。然而，急躁、傲慢自負和範圍太大的計畫使得他別無選擇。在占領布拉格的那一天，他讓戈培爾指示新聞界：「目前先不要使用『大德意志世界帝國』的說法……（並）爲以後保留」。在四月準備過五十歲生日時，他命令里賓特洛甫「邀請許多外國賓客，盡可能包含很多懦弱膽小的平民和民主人士，我將在他們面前對世界上最現代的軍隊進行閱兵。」【79】

注釋

【1】這份文件一直被許多人誤認爲是「會議紀錄」，事實上是霍斯巴赫在一九三七年十一月十日就手上的筆記寫下的，刊印於 IMT XXV, S. 402 ff. (386-PS)。關於細節，比較 Walter Bußmann, »Zur Entstehung und Überlieferung der ›Hoßbach-Niederschrift‹ «, in VJHfZ 1968/4, S. 373 ff.。

【2】F. Hoßbach, aaO., S. 219.

【3】IMT IX, S. 344：戈林的說法在紐倫堡大審上得到雷德爾的肯定：比較 IMT XIV, S. 44 f.。雖然戈林和雷德爾的動機——削弱希特勒的闡述之具體政治意義——降低了他們的證詞之可信度，但希特勒的說法仍然非常吻合他擔心時間不夠這個普遍的印象。

【4】義大利大使阿托里哥與布爾克哈特談話時所說的，aaO., S. 307。亦比較希特勒在»Tischgespräche«, S. 341 中的發言，他說外交部是「各種怪物的混雜地」。關於對將軍們的描述，比較 F. v. Schlabrendorff, aaO., S. 60。關於對外交官們的描述，比較 H. Rauschning, »Gespräche«, S. 426 ff.。

【5】H. Foertsch, aaO., S. 85 f..

【6】Jodl-Tagebuch，IMT XXVIII, S. 357.

【7】同上，S. 358 ff.。布勞希奇爲了上任還接受了一大筆錢好能離婚成功，這使得他的權威因此被削弱。

【8】比較 W. Görlitz/H. A. Quint, aaO., S. 489；將二月四日比爲「枯燥的六月三十日」，出自 A. François-Poncet, aaO., S. 334。

【9】比較 H. Foertsch, aaO., S. 179；此外亦比較 Ulrich von Hassel, »Vom anderen Deutschland«, S. 39。

【10】Jodl-Tagebuch, S. 362；前一句引述，同上，S. 368。

【11】Kurt v. Schuschnigg, »Ein Requiem in Rot-Weiß-Rot«, S. 44；此處亦有許士尼格與希特勒在貝格霍夫會面的細節。雖然他們之間的晤談並不是一字不差地報導，但許士尼格顯然非常貼切地描述了希特勒的語氣和辯論風格。亦比較 W. Görlitz (Hrsg.), »Generalfeldmarschall Keitel«, S. 177。

【12】ADAPI, S. 468 ff..

【13】IMT XXXIV, 102-C.

【14】W. Görlitz, »Keitel«, S. 179.

【15】»Lagebesprechungen«, S. 306 f.（一九四三年七月二十五日的情勢）。

【16】IMT XXXI, 2949-PS, S. 367 f..

【17】同上，S. 368 ff.。

【18】賽斯—英夸特一九四五年九月九日的備忘錄，IMT XXXII, 3254-PS, S. 70。

【19】一九三八年三月十六日的 »Neue Basler Zeitung«，引述於 M. Domarus, aaO., S. 882。

【20】比較 K. D. Bracher, »Diktatur«, S. 338。

【21】IMT XXXII, S. 371, 1780-PS.

【22】Stefan Zweig, aaO., S. 446 f..

【23】同上，S. 448。

【24】IMT XXV, S. 414 ff., 388-PS.

【25】C. J. Burckhardt, aaO., S. 157。關於張伯倫所說的話，比較 Bernd-Jürgen Wendt, »München 1938«, S. 26。

【26】亨萊因與希特勒在一九三八年三月二十八日的晤談紀錄，引述於 M. Freund, »Weltgeschichte der Gegenwart in Dokumenten« I, S. 20 f.；關於給希特勒的匿名信，H. -A. Jacobson, »Nationalsozialistische Außenpolitik«, S. 350。

【27】Eugen Dollmann, »Dolmetscher der Diktatoren«, S. 37.

【28】»Tischgespräche«, S. 134 f..

【29】G. Ciano, »Tagebücher«, S. 158 f.；此外，I. Kirkpatrick, »Mussolini«, S. 331 f.。

【30】韓德森在一九三八年五月二十一日對里賓特洛甫這麼說，ADAP II, Nr. 184。在四月二十二日國務次卿巴特勒也對一位在倫敦的德國代表說類似的話；他認爲，在英國大家都知道，德國將達成它下一個目標（他指的是捷克斯洛伐克問題），ADAP I, Nr. 750。

【31】ADAP VII, Anhang III H；此外 ADAP II, Nr. 415。

【32】IMT XXV, 388-PS, S. 422 und 434.

【33】比較 M. Gilbert/R. Gott, aaO., S. 88；此外，同上，S. 89。關於張伯倫的說法，比較一九三八年九月二十七日他在電臺所說的話，以及一九三八年九月二十八日的《泰晤士報》。差不多同一時間，捷克斯洛伐克駐羅馬大使也對墨索里尼說：「在英國，人們對波西米亞人一無所知。他在倫敦求學時，有一次有人邀請他出席宴會，並在宴會上將一把小提琴塞到他手裡，只因爲他們知道他是捷克人。他們將波西米亞人搞錯爲吉普賽人。」比較 G. Ciano, aaO., s. 248。

【34】比較 L. B. Namier, »Diplomatic Prelude«, London 1948, S. 35。

【35】Duff Cooper, »Das läßt sich nicht vergessen«, S. 291。這次會面的描述注要是根據 P. Schmidt, aaO., S. 395 ff.；此外，此次會面的紀錄以及張伯倫的信均刊印於 M. Freund, aaO., S. 133 ff.。

【36】比較 M. Broszat, »Das Sudetendeutschen Freikorps«, in: VJHfZ 1961/1, S. 30 ff.。

【37】此次會談的紀錄，比較 M. Freund, aaO., S. 172 ff.。

【38】I. Kirkpatricks 的紀錄，引述於 A. Bullock, aaO., S. 463。

【39】比較 W. L. Shirer, »Aufstieg und Fall«, S. 374。希特勒的演講刊印於 M. Domarus, aaO., S. 924 ff.。

【40】I. Kirkpatrick 的紀錄，aaO., S. 462；此外，亦比較 P. Schmidt, aaO., S. 409。

【41】W. L. Shirer, aaO., S. 376。同樣的過程也被許多其他觀察家證實，內容完全一致，例如，比較 P. Schmidt, aaO., S. 410；F. Wiedemann, aaO., S. 176 f.；E. Kordt, »Nicht aus den Akten«, S. 265 ff.。C. J. Burchhardt 在八月底寫信給一位朋友時提到，你簡直無法想像「當人們又談到戰爭時，群衆的驚恐和絕望……我從來都沒有這麼明顯感受過，人民並不爲他們的元首的罪行負責。」AaO, S. 155。

【42】根據 Paul Seybury, »Die Wilhelmstraße«, S. 149。關於歐斯特和這個時期的反抗組織的人物以及其活

動，比較這本基礎的書 Harold C. Deutsch, »Verschwörung gegen den Krieg«。

【43】比較，Peter Hoffmann, »Widerstand, Staatsstreich, Attentat«, S. 79。在巴黎，格德勒與 Pierre Bertaux 和 Alexis Léger 見面，後者是位知名詩人，筆名是 Saint-John Perse，也是法國外交部最高級官員。

【44】同上，S. 83。所謂確實的證據指的是英國公開聲明支持捷克斯洛伐克並展現軍事行動的決心。

【45】C. J. Burchhardt, aaO., S. 182.

【46】根據 David Astor 的批判觀點，英國對德國反抗組織的態度既慢吞吞又不諒解：「一九四四年七月二十日，密謀必須失敗，因爲同盟國並不了解這些訊號。」刊印於 ›Die Zeit‹, vom 18. Juli 1966。關於此，亦比較 George F. Kennan, »Memoirs 1925-1950«, S. 119 f.。

【47】B.-J. Wendt, »München«, S. 72.

【48】達拉第在九月二十七日與美國駐巴黎大使 Bullit 談話時這麼說。張伯倫對甘莫林所說的話是透過告密者洩露出來的，所以嚴格而言不能當眞；但這句話卻很合乎英國當時的政策整體性質的邏輯，比較同上，S. 108 f.。

【49】比較 Wolfgang Foerster, »Generaloberst Ludwig Beck«, S. 125 ff.。同一時間，海軍參謀長，海軍中將 Günther Guse 也在一份備忘錄中表達了類似貝克的想法，比較 P. Hoffmann, aaO., S.104。

【50】Erich Kosthorst, »Die Deutsche Opposition gegen Hitler«, S. 50。關於整件事的脈絡，亦比較 Klaus-Jürgen Müller, »Das Heer und Hitler«, S. 345 ff.。此外，當哈德爾說出上面的話時，布勞希奇突然握住哈德爾的雙手。

【51】關於哈德爾與希特勒的關係，比較 H. Krausnick, »Vorgeschichte und Beginn des militärischen Widerstandes gegen Hitler«, in: »Vollmacht des Gewissens«, München 1956, S. 338，以及 H. B.

Gisevius, »Bis zum bitteren Ende«, S. 348 f.，他的報導特別有分量，因爲他屬於批評哈德爾最激烈的人之一。此外，Gerhard Ritter, »Carl Goerdeler«, S. 184。

【52】他對在波茨坦的二十三師隊司令 General Graf v. Brockdorff-Ahlefeldt，在蘭茨貝格的五十步兵團司令 a. d. Warthe 和 Oberst v. Hase，以及 General Hoepner 和他駐紮在圖林根的師隊約好，萬一在慕尼黑的親衛隊想來柏林增援時，他們就要採取行動。

【53】依情況看，卡納里斯和歐斯特亦被告知此企圖，也贊同此做法——特別是考慮到，只有透過這種方式可以排除到七月二十日有效的宣誓約束這個因素，因爲它占有極大的分量。

【54】Hans Rothfels, »Opposition gegen Hitler«, S. 68；此外 Helmuth K. G. Rönnefarth, »Die Sudetenkrise« I, S. 506。

【55】G. Ritter, aaO., S. 198。在慕尼黑會議之後不久，韓德森也寫了類似的話：「就目前情況看來，透過維持和平，我們拯救了希特勒和他的政府。」K. -J. Müller, aaO., S. 378。另外，希特勒也將這一次的成果擴大，他立刻將許多加入反抗組織的軍官撤職，比如亞當將軍，並因此而抽走了反抗陣營的一些關鍵職位。

【56】G. Ciano, aaO., S. 240.

【57】同上，S. 243。所有伴隨的事件都明確顯示，這次會議的確只爲了將實際同意的內容落實到書面協約中。當然在英法兩國政府眼中，此次會議的另一個目的是給希特勒明確的規定以阻礙他進一步擴張領土。然而奇怪的是，所有的保證聲明都只是以部分簽名的額外協定交出。

【58】G. Ciano, aaO., S. 242。關於會議過程，比較 P. Stehlin, aaO, S. 125 f.；P. Schmidt, aaO., S. 415 ff.，以及 A. François-Poncet, aaO., S. 381 ff.。

【59】G. Ciano, aaO., S. 243.

【60】希特勒在一九三六年四月二十四日，在 Crössinsee 軍事訓練中心落成典禮上這麼說，Hoover-Instit., Folders 1959；此外 P. Schmidt, aaO., S. 417 f.；I. Kirkpatrick, »Im inneren Kreis«, S. 110。

【61】E. Nolte, »Faschismus«, S. 281.

【62】»Le Testament politique de Hitler«, S. 118 f.；關於沙赫特所說的話，比較 IMT XIII, S.4。希特勒在一九三八年九月的說法，在 Helmuch Groscurth 的 »Tagebüchern« 中有類似的紀錄：「他（希特勒）在九月必須退一步而且沒有達到他的目的。他必須在還活著時發動戰爭，以後不會再有一個德國人會獲得如此無限的信任；只有他有能力發動戰爭。戰爭目標：1. 統治歐洲；2.統治世界幾百年。由於其他國家都在增武，戰爭必須儘快發動。」S. 166。

【63】一九三九年五月二十三日對國防軍將領的講話，IMT XXXVII, S. 551。在一九三八年十一月八日慕尼黑啤酒館的傳統紀念日上，希特勒也說了類似的話，而且明確認同克勞塞維茲的話：「我向世界和後代子孫宣布且鄭重聲明，我認爲用錯誤的機智去試圖避免危險是最有害的做法，它會激發恐懼和焦慮。」比較 M.. Domarus, aaO., S. 966。

【64】就上面列出的順序比較一九三九年八月二十二日的講話，M. Domarus, aaO., S. 1234 f.。

【65】IMT XX, S. 397。凱特爾在紐倫堡大審上說，德國的攻擊力甚至連突破捷克斯洛伐克的邊界防禦設施都不夠；IMT X, S. 582。

【66】ADAP Mr. 476, S. 529 f..

【67】比較 M. Gilbert/R. Gott, aaO., S. 144 ff.。

【68】同上，S. 147, 150；關於保安處和蓋世太保進駐的線索出自一九三八年十月十日的 ›Völkische

Beobachter‹。

【69】例如，柏林的英國代辦如此報導，比較 »Dokuments on British Foreign Policy«, 2nd Series III, S. 277。關於 ›Das Schwarze Korps‹ 的引述，比較 K. D. Bracher, »Diktaktur«, S. 399。關於此集體迫害在德國各地引起的共鳴，細節參考 Marlis G. Steinert, »Hitlers Krieg«, S. 75。

【70】M. Domarus, aaO. S. 1058.

【71】這次演講屬於關於希特勒的關鍵文件之一，刊印於 VJHfZ 1958/2, S. 181 ff.。

【72】使館參贊黑沃爾的紀錄，ADAP IV, Nr. 228。

【73】P. Schmidt, aaO., S. 430.

【74】A. Zoller, aaO, S. 84。接下來的引述出於三月十五日的「對德國人民的公告」，這份公告顯然在與哈卡晤談之前就已經寫好了，比較 M. Domarus, aaO., S. 1095。

【75】G. Ciano, aaO., S. 225.

【76】引述於 E. Nolte, »Faschismus«, S. 330。關於張伯倫在伯明罕的發言，比較 »Ursachen und Folgen«，XIII, S. 95 ff.；此外 M. Gilbert/R. Gott, aaO., S. 164。

【77】IMT XXVIII, S. 377 (1780-PS).

【78】比較 B. -J. Wendt, »München«, S. 72。

【79】E. Kordt, »Wahn und Wirklichkeit«, S. 153；關於希特勒事後對占領布拉格行動之批評，比較 »Testament politique de Hitler«, S. 119 f.。關於他在一九三九年三月十六日給新聞界的指示，比較 A. Hillgruber, »Strategie«, S. 15。

第四章　戰爭展開

「我心裡一直有攻擊的想法。」

阿道夫・希特勒

令人値得注意的是，從一九三九年初開始，希特勒就沒辦法讓自己刹車不往前衝。在奪取政權過程中非常可靠的速度感，現在似乎開始要離他而去，讓位給神經衰弱引起的衝動行爲。由於對手的軟弱和立場不一致，他幾乎可以透過讓保守勢力做保證這種策略來實現所有修正主義的要求，甚至他廣大的生存空間理念的一部分也有可能實現，因爲到目前爲止，這些保守派人士特別幫忙。但現在，他放棄這些做法了，因爲得意忘形，因爲他過去一直是個在抗議中成長的政治人物，而如今卻被自己的成功所腐化了，因爲他一向習慣去思考「不可放棄的要求」，也因爲急躁、沒有耐心。納粹政府的宣傳說，元首的天分在於能夠等待；可是現在希特勒不再等下去了。

在占領布拉格一星期後，他就在斯維內明德（譯註：Swinemünde，波蘭西北角面臨波羅的海的一個港口）登上名爲「德國號」（Deutschland）的戰艦，前往梅梅爾。這個位於東普魯士北部邊境的港口在一九二三年的戰後混亂狀況中被立陶宛占領，所以將它歸還德國只是時間上的問題。但爲了賦予這個過程戲劇化的效果和一種勝利的暴力元素，希特勒讓人在三月二十一日告知立陶宛政府，立陶宛的全權特使應於「明天搭乘專機」抵達柏林以簽署移交文書，而他本人——在還不知道立陶宛政府的答覆之下——會在這段時間前往梅梅爾。在里賓特洛甫要求立陶宛代表團「哈卡化」的同時，希特勒在「德國號」上因為暈船而情緒不佳，他在船上不耐煩地發出兩通電報，要知道他是否能以和平的方式進到梅梅爾，或者必須以船上的大炮開路。三月二十三日半夜一點半左右，立陶宛政府同意將梅梅爾交還給德國。中午時分，希特勒抵達梅梅爾，再次享受群眾圍繞歡呼的場景。

對波蘭的提議

兩天前，里賓特洛甫將波蘭大使利普斯基（Josef Lipski）叫來並向他建議雙方對德波關係全面平衡進行協商。他一直強調之前提過的各種要求，主要包括波蘭將但澤自由市歸還德國以及建造一條境外交通要道穿越波蘭走廊。作為回報，他提議將一九三四年的《德波互不侵犯條約》延長二十五年以及對邊界做出正式保證。從他同時極力爭取波蘭加入《反共產國際協定》可以看出上述的提議到底有多認眞，因為里賓特洛甫的所有協商努力，都為達到雙方在「特別反蘇聯傾向」上密切合作之目的。在外交部所擬給波蘭的一張草稿便條上，毫不掩飾地答應波蘭以後可以占領烏克蘭作為互相合作的報酬和分贓品。正因為如此，希特勒在三月二十五日與布勞希奇晤談時完全拒絕以武力解決但澤問題，但認為在「特別有力的政治前提下」以軍事行動對付波蘭是值得考量的。[1]

希特勒對占領或結盟所持的保留態度有一種明顯的無所謂，這背後有一個可以理解的原因。其實他的目的根本不在但澤，但澤只是他用來跟波蘭開始談判的一個藉口而已，並希望能藉此跟波蘭進行交易。他覺得自己提供的條件很大方，因爲他向波蘭承諾的是很豐盛的收穫，而波蘭要做的只是非常微不足道的事。因爲但澤原本就屬於德國，當初《凡爾賽條約》爲順應波蘭的聲望需求才強迫但澤與德國分離，但這種需求在這些年來逐漸失去其分量，所以波蘭無法長期擁有但澤。而且要求建造一條穿越波蘭走廊接通東普魯士的路，也是一個相當合理的嘗試，以處理當初使東普魯士和德國分離的那個公平性有爭議的決定。其實，希特勒眞正想要的和他的政策之最後大目標有關：贏得新的生存空間。

因爲在計畫中，征服東邊這個行動一個不可或缺的先決條件，是與蘇聯擁有共同的邊界。到目前爲止，希特勒看中的蘇俄平原與德國之間，被一個由許多國家形成的帶狀區隔開，這條帶狀區的範圍從波羅的海至黑海，即從波羅的海諸國到羅馬尼亞。在這些國家裡，其中一個或多個國家必須提供德軍穿越的地區，一直通到蘇聯爲止，否則這場仗無法開始打。

理論上，希特勒可以用三種方式達到這個目的：第一，他可以透過結盟贏得這些「在歐洲與蘇聯之間的」國家；第二，他可以親自占領這些國家；第三，他可以讓蘇聯占領這些國家，如此一來蘇聯的邊界就會移過來和德國接壤。接下來的幾個月裡，希特勒這幾種方法都採用了。在無言的西方世界眼中，他在靈活機智與冷酷的態度之間換來換去，這顯示他正處於策略思考的高峰狀態——而這是最後一次。

在占領布拉格之後，西方列強的耐心顯然已面臨嚴苛的測試，因此他決定暫時先不要引起新的衝突而採取第一種做法。他的目的在於找到一個能夠對抗蘇聯的結盟對象，因爲如果眞的與西方列強發生衝突，這會威脅到所有擴張領土的企圖。在他看來，位於歐洲與蘇聯之間的國家當中，波蘭特別適合他的計畫。波蘭是一個獨裁統治國家，有強烈反共產主義、反蘇聯、甚至反猶太人傾向，所以和德國有「結實的共同點」，[2]在這基礎上，在德國主導之下兩國可以建立共同擴張領土的同盟。此外，德波之間原本就有互不侵犯條約來保證彼此的關係，這已經爲希特勒鋪平道路。

因此，里賓特洛甫對波蘭政府的提議，不僅是一個平常的交易，更涉及許多能滿足修正企圖的條件，而這一切將取決於波蘭政府的答覆：對希特勒而言，這個賭注涉及整個生存空間的概念，不多也不少。只有從這個觀點才能完全理解他在這個問題上的堅持和帶來的激進後果。事實上，這對他而言，要不全贏，要嘛全輸。

波蘭的答覆

當然，波蘭對德國的提議極其惱火，因爲這不僅對它到目前爲止所有政策的基礎造成威脅，還使它原本就危險的情況變得更加危險。波蘭認爲，自己到目前爲止之所以能夠安然無恙是因爲德國和蘇聯這兩個大鄰國之間保持著嚴格的平衡狀態，而它們的暫時無力不僅使得波蘭得以在一九一九年立國，還讓波蘭在這兩國付出代價之下大大擴張。如果波蘭在歷史上有學到教訓，不僅要害怕這兩國的友誼也要害怕他們的敵意，那麼在這一刻，這個教訓就比以往都爲重要。因此，德國的提議絕對違反波蘭政策裡這個最基本的原則。

此外，這個極爲危險的情勢所要求的智慧、平衡意識和順服要求，比這個幾百年來覺得自己受到虧待的浪漫民族所能聚起的還多。整體而言，如果要二選一的話，波蘭會稍微傾向德國。然而，這個新德國卻比陷入各種權力鬥爭、清除異己和喋喋不休煽動言論的蘇聯更爲不安寧和貪婪。而頗有心機且爲人圓滑的波蘭外長貝克（Josef Beck）又使情況更加複雜，因爲他用一種鋌而走險的藝人心情想同時用五顆球耍花招。他提出「第三個歐洲」這個野心勃勃的計畫：從波羅的海至達達尼爾海峽之間，在波蘭主導下建立一個中立的政權區塊。他嘗試從希特勒的激進做法爲波蘭本身爭取一些利益。表面上，他操作謹愼的傾德政策，但私底下的目的卻在於「鼓勵德國在方法上犯更多錯誤」，並希望藉此「不僅讓但澤可以無條件併入波蘭領土，還可以併吞更多地方，整個東普魯士、西利西亞、波美拉尼亞（Pommern）……我們的波美拉尼亞」，他越來越常、越公開這麼說。[3]

貝克最後斷然拒絕希特勒的要求，這背後支撐著他的是波蘭偷偷在夢想成爲強國的想法，此外他還挑戰地聲稱要動員邊境區域的幾個師隊。嚴格來說，他根本不認爲德國的要求是不合理的，他自己也承認，但澤對波蘭而言只是一種象徵意義而已。[4]任何讓步都會使波蘭所有政策最根本的企圖大轉彎，無論是他們追求平衡或追求有限霸權的夢想都會受到影響。因此，這個局勢所提供的唯一出路，即以部分贊同的方式爭取時間，也被堵住了。另一方面，貝克和波蘭政府也擔心，答應希特勒的第一個要求之後，後面一定又跟著更多新的要求，所以只有澈底拒絕才能保住自己的立場完整。簡而言之，波蘭又面對自己特有的狀況：別無選擇。

當貝克在三月二十二日拒絕英國的提議，英法波蘇之間簽署一個協商協議時，波蘭的進退兩難更爲明顯，因爲他不願接受任何包含蘇聯的團體，他既然拒絕了與德國結盟以反抗蘇聯，就更不願意與蘇聯結盟以反抗德國。但他沒有看到的是，由於局勢已被希特勒激化，他必須做出選擇，要嘛必須接受德國致命的保護來對抗蘇聯，不然就只能依靠蘇聯的支持來救他擺脫德國的要求。貝克非常明白這一點，而蘇聯也首次在三月二十二日的一份塔斯社公報中確定先前的猜測，若波蘭接受這樣的支持就等於是放棄自己的原則。貝克寧願滅亡，也不要接受昔日東邊壓迫者的保護。從政治上看，他之所以驕傲是因爲他相信德蘇之間的對立本質無法消除這種教條信念。然而，他同時拒絕這兩個鄰國的做法反而建立了使他們彼此接近的先決條件，即使這是他不願意的。於是，戰爭爆發的陣營開始形成。

同時，貝克因爲英國政府的態度而更加有自信。由於仍對希特勒占領布拉格感到惱火，張伯倫在三月決定踏出鋌而走險的一步——因爲一些沒有證實的消息指出德國可能突襲但澤，所以他讓人問華沙政府是否反對英國聲明保證波蘭的安全。貝克的一些敏銳的同事警告他，對於一個處於像波蘭這種情況之下的國家提出這樣的建議是「幼稚、天眞，且不公平的做法，有個像德國這麼強的鄰國，這只會羞辱波蘭與德國之間的關係」。[5]然而貝克卻不顧他們的警告，立刻同意了英國的建議。他事後說，他做這個決定所需的時間，比撣掉一根香煙上的灰所需的時間還短。接著，三月三十一日，張伯倫在下議院發表這個著名的聲明，英國和法國「在任何明確威脅波蘭之獨立的情況下……將有義務立即提供波蘭政府英法兩國能力所及的協助」。[6]

這項支持聲明標記了那個階段裡的政策轉捩點，英國決定，無論何時、何處和在任何事上都無條件反對德國追求擴張領土。這是一個極不尋常又令人敬畏的決定，雖然充滿激情，卻缺乏智慧。這讓人明顯看出，這是一個感到失望的男人所做出的情緒化決定。而且批評這個決定的人很早就指出它固有的問題：他既沒有要求，萬一希特勒攻擊另一個歐洲國家時，波蘭該做什麼的保證，也沒有強迫波蘭與蘇聯進行談判，互相要求對方的支持，因爲得到蘇聯作爲盟友具有關鍵性的意義。反而只把歐洲到底要戰爭或和平的問題交給在華沙那幾個情緒激動的男人，而這些男人前不久還和希特勒一起合作對付捷克斯洛伐克並出賣了波蘭獨立的原則，如今他們正憂心忡忡地引用這項原則。

儘管如此，張伯倫在三月三十一日的聲明卻逼得希特勒必須重新考量。在英國的保證中，希特勒不只看到，心已經不向德國的波蘭擁有全權可隨意使德國捲入任何戰事。更重要的是，如今在他眼中，英國終於已成爲敵人，英國不僅不給他自由東進的路，顯然還決定發起最後的衝突。這也清楚顯示，利用中產階級勢力的大量議會席次去對抗蘇聯已行不通，於是，他的整個構想也受到質疑。如果一切線索沒有錯的話，這個三月的最後一天給了他最後一股推力，使他採取劇烈的大轉折，這是自一九三六年底以來就已在各種不同的發言中出現，卻一再被延後的決定。現在他眞的走向他之前所說的「解決他年輕時想做的事」。[7]他不僅放棄拉攏鄙視他的英國，並且推論出，只要出發往東邊占領新的生存空間，就會一再與英國相遇，所以必須先征服這個島國才行。如果他想避免同時在兩條戰線作戰，必定取決於另一件事的結果：暫時與明天的對手達成協議。波蘭的行爲正好爲他創造了這個機會，與蘇聯結盟變成了可以達到的事。

爲了讓這樣的轉變能發生，並讓歐洲的陣營根據他的策略考量重新組隊，希特勒在接下來幾個月裡的政策是一個獨一無二的大動作。當英國保證波蘭安全的消息傳來時，海軍上將卡納里斯正和希特勒在一起，根據他的轉述，希特勒當場大叫：「我會給這些傢伙熬一鍋魔鬼湯。」[8]隔天在「鐵必制號」戰艦（Tirpitz）於威廉港（Wilhelmshaven）的下水典禮上，他就抓住機會發表談話，反對英國的「封鎖政策」，威脅那些「附和的國家，他們唯一的任務是被用來對抗德國」的，並且宣布中止《德英海軍協定》：

「我之前曾與英國簽訂一份協定，海軍協定。它是基於我們所有人這個熱切願望，即永遠不必和英國開戰。但只有雙方都有這種意願，這個願望才能達成。如果英國不再有這個意願，就等於這份協定的實際前提不存在了。如果是這樣，德國也完全從容接受這件事！我們之所以如此有自信，是因爲我們強大，我們之所以強大，是因爲我們團結一致……那不擁有權力的人，就失去生存的權利。」[9]

在那段時間裡和希特勒有個人接觸的人，都說他對英國極爲暴怒，[10]將英國呈現爲德國最危險的敵人是宣傳部在四月初一份指示的主旨。同時，希特勒中止與波蘭的會談，他讓國務祕書魏查克解釋說，那個提議是獨一無二的，並宣布以後將有新的、未知的要求。彷彿要暗示情勢非常嚴峻一樣，希特勒突然又關注起在波蘭境內的德國人，說自己過去這些年來一直忽略了他們，任由他們與猶太人一起成爲波蘭人的仇恨情緒與沙文主義的狂妄自大所偏愛之受害者。

但這新的局勢使希特勒做出影響最大的決定是四月三日給國防軍的這份名爲「白色方案」（Fall Weiß）的指示：

「按波蘭目前的態度來看必須……進行軍事準備，以便在必要時排除這一邊將來所有可能的威脅。

德國與波蘭之間往後的關係主要在於遵守避免衝突這個原則。如果波蘭改變到目前爲止一直遵行的政策原則而對德國採取威脅的態度，則德國可以不顧目前有效的合約而必須立刻與之算帳。

如此一來，我們的目的便在於擊潰波蘭的防禦力並在東邊建立一個符合保衛國土需求的局勢。最晚在衝突開始時，我方將宣告但澤自由市屬於德國的領土。

由於西方民主國家已成為我們的敵人，因此擴增德國軍備此一大目標維持不變。以防萬一，『白色方案』只是作為準備作戰的補充。」【11】

這份文件的一開始有希特勒的指示，「務必完成準備，以便一九三九年九月一日起隨時可以執行」。

羅斯福的呼籲

雖然從外表看來一切都沒有改變，歐洲卻處於一種緊張的氣氛之中。在德國，宣傳活動將希特勒的攻擊性發言轉換成周而復始的煽動；波蘭和英國境內首次出現稍微激烈的反德國示威遊行。對義大利的驕傲而言，一直不參與歐洲的各種談判和扭打似乎是一種過分的要求，於是墨索里尼也想起來要行動並給義大利的力氣和勇敢一次精打細算的表現。一九三九年四月七日，他讓義大利軍隊占領小小的阿爾巴尼亞，並模仿他羨慕的德國，在當地建立一個保護國。他不久前才在德國聲明，如今他也被迫「得到某些東西」。結果，現在西方列強也對希臘和羅馬尼亞提供安全保證。接下來德國警告各歐洲小國不要落入「英國的誘惑」中以藉此提升緊張的氣氛。這時，已失望而退出世界政局多年的美國再度採取行動。四月十四日，羅斯福總統對希特勒和墨索里尼發出一封信，要求這兩國對三十一個國家提供十年互不侵犯保證，而且信中列出所有這些國家的名稱。墨索里尼一開始還拒絕承認有收到這樣的信，而希特勒則對這意外的挑戰感到非常滿意。羅斯福所列出的國家（包括愛爾蘭、西班牙、土耳其、伊拉克、敘利亞、巴勒斯坦，或波斯）有些既沒有與德國也沒有與義大利接壤，而且也沒有意見衝突過。自從希特勒以演講者的身分出現以來，他一直就是在答辯論戰中發展出最有效的辯論技巧。對於羅斯福這種天眞的呼籲，希特勒要反駁他簡直是輕而易舉的事。他讓德國新聞局宣布，他將在國會裡給出答覆。

一九三九年四月二十八日的演講

希特勒在四月二十八日的演講爲歐洲的危機發展立下一個明確的里程碑：它直接指向戰爭。根據屢試不爽的模式，這次演講充滿了這樣的內容：宣布德國是一個愛好和平的國家，德國是無害的，極力強調自己的無辜，卻對所有眞正的企圖一字不提。希特勒甚至不只一次嘗試推薦自己爲有限適度修改東邊的計畫之代言人，但值得注意的是，這次演講中沒有任何粗暴地將蘇聯妖魔化的攻擊言論。同時他展現了各種冷嘲熱諷、暗示邏輯和說服能力，使得有些觀察家認爲，這在「他所有的演講」中「很有可能是最精彩」的一次。[12]在攻擊英國的同時，他表示對這個島國的讚賞和友好情感；並表示，儘管波蘭讓他感到很失望，可是他仍然願意繼續進行談判。接著他激烈攻擊那些「鼓吹戰爭的國際人士」、「挑釁者」及「和平的敵人」，他們企圖招攬「歐洲民主國家的僱傭兵對付德國」，和對付「凡爾賽的魔術師，他們由於惡毒或漫不經心而在歐洲到處擺了上百桶火藥」。接著，他終於來到演講的最高潮，在國會議員的熱烈鼓掌和爆笑聲中反駁美國的羅斯福總統。

希特勒將羅斯福信裡的要求列爲二十一點，並逐一回覆這些要求。他說，美國總統向他指出世人普遍害怕戰爭，可是自一九一九年以來發生的十四場戰爭，德國一場都沒有參與其中，反而是「西半球」的那些國家都參加了，而總統先生還作爲他們的代言人發言；而且這段時間內的二十六次武力流血介入完全跟德國無關，而美國卻對其中六起事件進行軍事介入。此外，總統先生呼籲要在會議桌上解決所有的問題，可是，當初就是美國最不信任會議的有效性而離開了「有始以來最大的會議」——即國際聯盟——而且各國還一再打破承諾，很長時間將德國排除在這個會議之外。儘管有這些「最苦澀的經驗」，德國在他的政府之下才跟隨美國的榜樣。總統先生也是極力主張裁減軍備，但自從德國毫無武器出現在凡爾賽的會議桌，並「受到羞辱的對待，就好像以前蘇族酋長的情況一樣時」，德國就已經永遠學到裁減軍備荒謬的一課。羅斯福如此關注德國在歐洲的企圖，這使得我們不得不反問，美國對於——比如中美洲或南美洲——的外交政策是帶著什麼樣的目的。總統先生必定認爲這樣的問題是不動腦筋的並叫人參考門羅主義。雖然德國政府也應該這麼做，但德國政府一一詢問了羅斯福所列出的所有國家，他們是否覺得自己受到德國的威脅，答案是「清一色的否定，部分甚至是截然拒絕的」。希特勒接著挖苦地說，然而，「有些上述的國家和民族的答覆無法送到我這裡，因爲他們——比如敘利亞——目前沒有自己的自由，而是被民主國家的軍隊占領，因此喪失了其權利」。儘管如此，只要這些國家自己希望，德國政府還是願意給予他們不侵犯的保證。他繼續說：

「羅斯福總統先生！我很能理解，您的國家幅員廣大、財富充裕，這允許您覺得自己要爲全世界的命運和所有民族的命運負責。我，羅斯福總統先生，卻置身於一個貧乏許多，小許多的格局。我不能覺得自己要爲全世界的命運負責，因爲這個世界並完全不同情我自己民族的悲慘命運。我認爲自己受到天命的召喚，只爲服事我自己的民族並將它從可怕的困境中解救出來……。

我克服了德國境內的混亂狀態，重新建立秩序，大大提升了全國經濟所有領域裡的生產……我成功讓我們所有人都至爲擔心的七百萬惶惑不安的失業人口，重新納入有用的生產事業中……我不僅使德意志民族在政治上統一，還使它增加軍備，而且我一直不斷努力，將那份含有四百四十八條內容的條約一頁又一頁地消除掉，那份條約含有有始以來曾經加諸於任何民族和人類身上的最惡毒的強暴。我使一九一九年從我們手中被奪走的省分又回到祖國的懷抱。我將好幾百萬從我們身邊被奪走、深深不幸的德國人又帶回故鄉。我重建了有一千年統一歷史的德國生存空間。總統先生，我努力在不流血且不讓戰爭的苦難加諸於我自己的民族或其他民族的身上完成這一切。

總統先生，在我二十一年前還是我自己民族的一個無名工人和士兵的身分時，我就憑靠自己的力量做到這一切……而您，總統先生，相對於我的情況而言，您就無限的輕鬆多了。在我一九三三年成爲德國總理時，您已經是美利堅聯邦合衆國的總統。因此，您馬上就已經站到世界上最大和最富裕的國家之一的最頂端……因此，您可以有時間悠閒地透過您所掌握的大規模資源去處理各種全球性的問題。可是，總統先生……我的空間小很多。它只包含我的民族。但我相信，這麼做能有益於我們所有人最關心的事：全人類社會的正義、福祉、進步與和平。」【13】

希特勒的這次演講不僅有雄辯的效果，還導致一個値得注意的政治決定。兩天前，英國已實施全面徵兵制，而作爲回應，希特勒中斷《德英海軍協定》和《德波互不侵犯條約》。儘管這些戲劇性的表象，這項聲明並沒有任何直接的後果——那只是一種姿態而已——但藉著這一步，希特勒也取消了在這類協定中答應以和平的方式解決所有爭議問題的承諾。它最能與西方列強對波蘭的保證或羅斯福的介入相比；這是一種道德上的宣戰。兩方陣營各自聲明其立場。

西方列強與蘇聯

希特勒在四月二十八日發表這場演講，四月三十日，英國駐巴黎大使就詢問法國外交部長博內（Georges Bonnet），「關於希特勒先生詭異地對蘇聯一字不提，總理大人有什麼看法。」事實上，到目前為止只以強大的陰影在外圍存在的蘇聯，在這一刻便開始移到事件的中心。希特勒的保留態度以及西方列強突然對莫斯科開始活動，都是使局勢轉變的因素。於是，一種祕密進行、由各方的不信任、擔心和嫉妒所激起的結盟競賽就這麼開始了，而其結果必須決定到底要戰爭或是和平。

四月十五日，法國便走出第一步棋，向蘇聯提議將雙方於一九三五年簽署的《蘇法互助條約》，適應世界局勢變動進行調整。因為綏靖主義者已讓這個集體安全體系在希特勒美好的騙局中被奪走，如今又努力嘗試重建它，但這只有莫斯科也加入的情況下才能達到遏阻希特勒的效果，才能說服希特勒，武力行動是沒有希望的。可是，從英國也加進談判的那一刻起，談判的所有參與者就開始互相不信任。史達林懷疑西方列強抵抗希特勒的決心，這並非毫無根據，而西方列強這邊，尤其是張伯倫，從來都無法消除根植於中產階級心中對這個世界革命國家的保留態度。此外，蘇聯對此興趣原本就不大，因為西方列強的一項笨拙外交行動已使他們擔起防衛波羅的海到黑海的蘇聯前沿地帶這項義務。

此外，西方列強的談判立場也因為東歐各國不斷嘗試干擾而變得更為困難，因為他們極力反對與蘇聯締結任何盟約並視蘇聯的承諾等於在保證自己的國家必定滅亡。的確，西方外交家很快就認識到，只能透過大片領土、策略上和政治上讓步來贏得蘇聯，而這些跟他們正透過蘇聯的協助以對抗希特勒的東西看起來差不多。如果西方列強的努力是基於保護弱小國家避免於大國的侵略胃口這個原則的話，他們必定陷入一個解不開的進退兩難局面當中。法國外長很貼切地描述這個困境：「由於這個原則，不可能與克里姆林宮簽訂任何條約，因爲這不是克里姆林宮的原則。由於缺乏共同的原則，因此無法在這些原則的基礎上去談判。這時候，只有人類對待彼此的原始行爲——暴力和交換——還有效。利益——希望獲得的好處、想要避免的壞處、想獲得的獵物、不想遭受暴力等等——也可以討價還價。所有這些都可以彼此商量，一步又一步，一個籌碼又一個籌碼……相反地，西方外交所上演的戲碼卻是帶著善意和空想的無力感。」[14]

接下來幾個月的談判過程就是在這種情況之下進行，尤其關於這個始終存在的爭議性問題：蘇聯那邊是否在認眞尋求達成一致，還是只爲讓自己不捲入這已明顯越來越近的戰爭，或甚至推波助瀾，好能事後在已筋疲力竭、遍體鱗傷的歐洲裡，獲得更多機會去推動沒有中斷的革命理念。談判進行地極其緩慢，而且還因爲西方國家一再有新的疑慮而中斷，同時蘇聯卻開始與希特勒進行大膽的雙面手法。在史達林三月十日的演講打出第一次招呼之後，蘇聯就多次接觸德國政府並明確表示他們對雙方關係的新規則感興趣，還表示意識形態上的意見分歧「不必……是阻礙因素」。他們將長年以來的外交部長李維諾夫（Maxim Litvinow）撤換成莫洛托夫（Vyacheslav Molotow），並問柏林這個改變是否能影響德國採取正面的態度；[15]李維諾夫是一個傾向西方的猶太裔蘇俄人，在民族社會主義的論戰中一直扮演「猶太人的平衡石」這個功能。雖然我們不能假設蘇聯高層不知道希特勒一直堅持不變的目的——向東邊發起大戰，犧牲掉蘇聯，征服世界。如果一切線索沒有出錯的話，他們在這一刻已接受希特勒帝國之力量已大大增加這個事實，甚至接受希特勒往東擴張的第一步。關於他們的動機，首先是擔心資本主義和法西斯主義大國，儘管目前是敵對的，但他們很有可能達成一致的意見，將德國的動力轉過頭來對付東邊的共同敵人，即共產黨身上。但自從一戰結束且他們失去西部省分和波羅的海沿岸國家以來，蘇聯就也視自己為「修正主義大國」，[16]因此史達林顯然期待希特勒比較理解蘇聯想奪回這些領土的意願，並比西方那些麻煩政治家以更慷慨的態度對待蘇聯的意願，因為那些人只會顧慮重重，講求各種原則和道德小要求。希特勒的兩個基本動機——恐懼和擴張領土——也是史達林的基本動機。

「與撒旦結盟」

就策略上看來，莫斯科的主動對希特勒而言最有利不過了。當然，反布爾什維克主義一直是他的政治生涯上的大主題。如果恐懼屬於他基本的推動因素，那麼他一再以可怕的暗示畫面描述共產主義革命——已經被誇張提過上千次的，俄國境內的「人類屠宰場」、「焚毀的村莊」、「變得荒無人煙的城市」、損毀的教堂、被強暴的婦女、格別烏的劊子手——他之前還強調過，民族社會主義和共產主義之間存在著「永遠無法克服的滔天距離」。[17]在史達林三月十日發表演講之後，里賓特洛甫就已經贊成親近蘇俄。而與毫無背景的里賓特洛甫不一樣，希特勒由於意識形態上的成見，在談判的這幾個月中一直惶惑不安，立場一再搖擺不定，並多次讓接觸中斷。只有對英國的作為感到深深失望，巨大的戰略益處以及在向波蘭進攻時可以避免兩條戰線同時開戰，最後才讓他放下所有的疑慮。史達林雖然開始與「法西斯主義這個世界害蟲」進行毫無希望的遊戲，但又期待最後能獲得勝利。相反地，希特勒卻因為以下的想法而相當平靜——可以透過以後再跟蘇聯起衝突這個一直不變的企圖來彌補這次的「背叛」，但首先，要創造雙方有共同邊界這個先決條件。這是「與撒旦結盟，以趕走（那隻）魔鬼」，希特勒之後在親信圈子裡這麼說。在八月十一日，即里賓特洛甫前往莫斯科的轟動之旅的前幾天，希特勒還對一位外國訪客以令人幾乎無法理解的坦白說：「我所做的一切都是爲對付俄國。如果西方國家太笨或太盲目到無法理解這一點，我將被迫與俄國人達成一致去攻打西方，並在西方慘敗後再聚集力量對付蘇聯。」[18]儘管各種冷嘲熱諷，儘管毫不顧慮各種策略上的因素，希特勒仍然太過注重意識形態，而無法在不受任何挑戰之下理性地遵循自己原本的企圖。他一直無法忘懷，與莫斯科結盟只是第二佳解決方案。

鋼鐵盟約

彷佛所有的情勢又再度把機會送到他手上，在同一時間，他的地位又進一步改善。由於對戰爭即將來臨的消息感到不安，在五月初，齊亞諾邀請里賓特洛甫到米蘭訪問，並逼迫他至少把開戰時間延後三年，因爲義大利還沒有充分準備好。事實上，里賓特洛甫向他保證，大型的戰爭計畫「在四到五年的和平時期之後」才開始。在他們繼續模糊地交換想法並就某些事達成一致時，墨索里尼突然興起，在沒有通知他們之下就加入會談。多年以來，由於一直有某些晦暗的擔心，他一直不願意將義德兩國關係落實到一個有約束力的具體盟約中。但現在他卻突然讓齊亞諾宣布，德國和義大利可以訂立一個軍事盟約。希特勒認爲這個盟約能削弱西方列強支持波蘭的決心，然而這個盟約對墨索里尼只有災難性的後果。有人合理的指出，如果有德國在後面掩護，墨索里尼可以占領世界願意讓他占領的所有地方，而他的全部興趣應該放在透過與西方列強簽署一個協定去保住掠奪來的領土才對。[19]結果，他現在卻無條件將自己國家的命運與一個更強大、決定開戰的強國綁在一起，並因此將自己的地位下降到附庸的關係，從現在開始他必須與希特勒「一直走到最後」，就像他在柏林時曾經激昂地向希特勒保證的一樣。所謂的《鋼鐵盟約》

（Stahlpakt），其內容規定，當其中一方發生戰爭時，另一方要以軍事行動支援盟友，卻不界定發生戰爭的那一方是侵略者或被侵略者，是進行攻擊或防禦行動，而且要無條件承諾提供軍事援助。當齊亞諾事後才看到這份對德方草稿幾乎一字不改的盟約時，他說：「我從來沒有看過類似這樣的條約。它是實實在在的火藥。」這份盟約在一九三九年五月二十二日於柏林總理府內的盛大儀式之下簽署。「我發現希特勒狀況很好，很開心，不那麼具攻擊性，」義大利外交部長齊亞諾這麼記載：「有一點變老。眼圈比之前更黑一點。他睡得很少。越來越少。」[20]在接到義大利駐柏林使館的這份報告時，墨索里尼似乎並非沒有擔心；因為才八天之後，他就親自給希特勒發出一份備忘錄，再次強調地要求，義大利需要多幾年的和平時期，並建議在這段期間內「透過以下方式讓敵方內部鬆動，即促進反猶太運動，支持……和平主義，促進（阿爾薩斯、布列塔尼、科西嘉、愛爾蘭）尋求自治的努力，加速其風俗習慣的敗壞並慫恿殖民地的各民族起義。」[21]

開戰的預兆

墨索里尼沒有料到，他的擔心確實很有理由。因為在簽署完《鋼鐵盟約》的隔天，希特勒就將陸海空三軍司令叫到他在總理府的辦公室裡，根據主任副官施蒙德中校（Rudolf Schmundt）的紀錄，希特勒向軍方說明他的想法和企圖。他無比精確地預言第一個戰爭階段的發展，一舉占領荷蘭和比利時，接著，與一次世界大戰的戰略不一樣的是，不是先往巴黎突進，而是攻占面對英吉利海峽的各港口，以便能立刻對英國展開轟炸和封鎖，即他演講中的那個主要敵人。他說：

「（德國的）八千萬群眾解決了思想上的問題。但經濟問題也必須解決……要解決這個問題，需要勇氣。不可以透過適應情勢逃避解決問題，絕不可以讓這種做法成爲原則。相反地，我們要讓情勢順應要求。不進攻別的國家或占領別人的財產，就不可能做到這一點……。

但澤不是我們全部的目標。對我們而言，目標是往東邊擴張生存空間並確保糧食供應……在歐洲已看不到別的可能……因此放過波蘭這個問題就不存在了，只剩下決定在第一個適當的機會進攻波蘭。

不要相信可以重複對捷克的做法。這次一定會有戰鬥。任務是孤立波蘭。成功孤立波蘭是決定性的……絕不可同時與西方開戰……。

原則：與波蘭開戰——開始進攻波蘭——只有西方置身於事外，才算是成功。如果這不可能，那麼最好襲擊西方，同時消滅波蘭……。

與英法的戰爭將是攸關存亡的戰爭……我們不讓自己被逼著參戰，但我們也不避開戰爭。」【22】

從這一刻開始，戰爭即將爆發的徵兆日益增加。六月十四日，陸軍第三軍團司令官，布拉斯科維茨將軍（Johannes Blaskowitz）命令其軍隊，要在八月二十日之前結束進攻波蘭的所有準備工作。一星期後，國防軍總司令部提出進攻作戰計畫。兩天後，希特勒又命令，擬定無損占領維斯瓦河（Weichsel）下游各橋梁的詳細作戰計畫。七月二十七日，進攻但澤的計畫出爐，只有日期還沒有確定。

與此同時，已寂靜許久的德國新聞界又開始發動反波蘭的宣傳。宣傳部的一份指示要求，「將恐怖行動放在最上面」。幾天後，戈培爾命令：「波蘭的暴行仍然要用醒目的大字放在頭條。民眾或外國是否相信波蘭的暴行並不重要。最重要的是，德國不可輸掉攻心戰的最後階段。」【23】同時，德國的要求增加到整個波蘭走廊、波森和上西利西亞的一部分。在但澤發生了一個衝鋒隊員被殺的事件，於是這又爲煽動宣傳提供新的材料。波蘭政府的反應越發僵硬、越發沒有分寸，並堅持以一個憤怒大國的冰冷口氣對德國說話。各種跡象顯示，他們開始逐漸接受戰爭已無法避免的想法。波蘭政府示威性地命令但澤市加強海關保護措施，因而使但澤陷入一種危機狀態，這又導致華沙和柏林雙方互相發出言詞尖銳的文書往來。挑釁、警告和最後通牒，一樣接著一樣，白皮書、紅皮書，各種顏色的書都是這樣的內容。而但澤本身，作爲「招致不幸者和海鳥族」開始採取各種客場支持者的做法，利用各種干預行動或誇張的報導使這場危機更爲激化。義大利大使阿托里哥觀察到：「到處的人都想要災難。」八月八日，當德國駐巴黎大使在渡假前向法國外長告別時，兩人都帶著悲觀的心情。「在聽他說的時候，」博內事後寫到：「我就有一種感覺，所有的事都已決定了。當他告別時，我意識到，我不會再看到他。」【24】

三天後，但澤的國際聯盟高級專員布爾克哈特，到上薩爾斯堡進行晤談。希特勒看起來「老很多，頭髮灰白很多」，布爾克哈特之後寫到【25】：「他給人的印象是既害怕又緊張。」他對波蘭的傲慢決定很惱火，認爲這個決定實際上反而使他有機會去控訴、思考並威脅，只要有個最小的衝突事件，他將「毫無警告就把波蘭打個粉身碎骨，之後連一點波蘭的痕跡都不會找得到。我將像閃電一樣用一個機動軍隊的全部力量攻擊它」。當布爾克哈特回應說，這樣的決定將會導致全面大戰的後果時，希特勒激動地說：「大戰就大戰。如果我要打仗的話，寧願今天打也不要明天打。」他只嘲笑英法兩國的軍力強大，他根本「一點都不怕」俄國人，他同樣不怕波蘭總參謀的計畫，因爲它遠遠「超出亞歷山大和拿破崙的遠見」。他再一次嘗試向布爾克哈特推銷他與西方國家保持平衡的想法：

「一直不斷談戰爭是一種愚蠢的做法並使各國失去理智。那麼，問題到底在哪裡？只在於我們需要糧食和木頭。爲了糧食的緣故，我需要東邊的空間，爲了木頭的緣故我需要一個殖民地，只要一個。我們就可以活下去。我們在一九三八年和今年的收成特別好……但總有一天土地會過度使用並像一個形容枯槁的身體一樣罷工。到時候呢？我不能就這樣看著自己的人民挨餓。所以，我該讓兩百萬人上戰場，還是讓更多人餓死？我們都知道餓死是怎麼回事……。

我沒有什麼浪漫的目標。我並不想統治。尤其我對西方更沒有任何企圖，今天沒有，明天也沒有。我也不希望能得到世界上人口最密集的地區。我不尋求任何東西，再說一次，而且也是最後一次：我完全不尋求任何東西。所有別人推到我頭上的想法都是虛構的。但我必須能在東邊放手作爲。」【26】

一天之後，齊亞諾造訪貝格霍夫。他的目的是探聽是否能有機會舉行一個會議，以和平的方式處理即將來臨的衝突。結果他發現希特勒坐在一張桌子前，深深陷入思考軍事的問題當中，他面前擺著一排將軍們的卡片。希特勒說，德國的西邊幾乎是攻不破的，而波蘭幾天之內就會被征服，因爲之後在與西方列強起衝突時，它一定會站到西方那一邊，所以必須事先消滅掉一個對手。無論如何，他都決定在波蘭下一次挑釁時就趁機進攻它，並將日期定在「最晚八月底」，因爲之後在東邊就會下起秋雨，地面對機動部隊而言會太過泥濘。齊亞諾前一天才從里賓特洛甫那裡聽說，德國現在要的既不是但澤也不是波蘭走廊，而是對波蘭開戰，這時候齊亞諾「立刻就明白，自己已經無法再做任何事了。他已經決定要開戰，他一定會開戰。」【27】

很巧的是，在同一天，一個英法軍官委員會開始在莫斯科進行談判。他們在前一天到達蘇聯的首都，以便約定在參謀部討論已經說了好幾個月的結盟之軍事細節。這團人在八月五日便啓程。若坐飛機的話，他們一天之內便可抵達目的地。可是他們卻挑釁地漫不經心地搭乘一艘貨船，之後蘇聯不滿地發現，這艘船以「最高時速十三海里」的速度駛往列寧格勒，接著他們再坐車前往蘇聯的首都。

當這個代表團終於達到莫斯科時，就已經太晚了。希特勒已經比他們先出手。

德蘇談判

六月中時，莫斯科主動重新啓動三個星期前被希特勒中斷的德蘇商務談判。這一次希特勒不再猶豫，因爲他打算用這談判打擊英國和波蘭的士氣。於是，他拾起在莫斯科和在柏林兩地的線頭，繼續織網。七月二十六日晚間，外交部經濟組的一位官員施努和（Julius Schnurre），與兩位蘇聯外交官共進晚餐，並討論雙方政治上接近的可能。當蘇聯代辦阿斯達霍（Georgi Alexandrowitsch Astachow）表示，莫斯科從來都無法明白爲什麼民族社會主義的德國對蘇聯懷有這麼強烈的敵意時，施努和回答說，「我們不認爲蘇聯對我們有威脅……德國的政策針對的是英國」，而且無論如何「進一步平衡雙方的利益」是可以想像的，至少雙方在外交上「從波羅的海直到黑海一整條線以及遠東」都不存在歧異。對蘇聯，英國能提供的「最多只是參與歐戰並面對德國的敵意」，而相反地，德國則可以保證蘇聯能夠享有不受干擾的發展。此外，這位德國外交官最後說，「儘管雙方的世界觀有所不同，但德國、義大利和蘇聯在意識形態上都有一個共同點：對抗西方的資本主義民主國家。」[28]

於是所有的關鍵字都已經說出來了，這些關鍵字如今主宰著三個星期長，且越來越密集進行的德蘇意見交流。跟從現在開始玩拖延戰的蘇聯不同，德國一再以赤裸裸的坦白向前推進。八月十四日，里賓特洛甫終於給駐莫斯科大使馮．舒倫布格伯爵（Graf v. d. Schulenburg）發出一封電報指示，電報中含有界定波羅的海與黑海之間雙方感興趣區域的大方提議。他也指出要共同對抗「資本主義的西方民主國家」，幾乎毫不掩飾地以快速獲得獵物的前景來引誘對方，並提出他不久將出訪莫斯科，以加速此「歷史性的轉折」。由於期待莫斯科將給予肯定的答覆，希特勒當晚心情非常好地在軍事將領面前說，現在「這整齣大戲即將進到尾聲」。[29]

可是莫洛托夫立刻就看出，德國的急躁對他很有利，於是邊利用日期和議事規則來拖延時間，邊打聽德國簽署互不侵犯條約的意願。接著他擬定一份彼此接近的時程表，最後提出一份「特別附加條款」。他還神神祕祕地說，這份附加條款含有「各種外交問題的」規定，事實上所說的是，德蘇兩國準備瓜分波蘭和滅掉波羅的海國家這件事。最後莫洛托夫將里賓特洛甫訪莫斯科的日期定在八月二十六或二十七日，而且即使德方兩次緊張的介入他都不改變主意。「德波關係日益緊張，」里賓特洛甫讓大使向俄方解釋：「元首不希望德蘇澄清雙方關係的努力會因爲德波之間爆發衝突而受到意外的影響。他之所以認爲有必要事先澄清，以便在衝突爆發時仍能考慮到俄方的利益。」由於希特勒擔心這會影響開戰的日期因而放下所有外交上的保留姿態，他這個非傳統的一步終於帶來轉折。在八月二十日晚間他發出一封電報給「莫斯科，史達林先生」，請求蘇聯元首在八月二十二或二十三日就接見里賓特洛甫，這位外交部長擁有「最廣泛的總代表權，可以草擬並簽署互不侵犯條約與附帶條款」。接著希特勒極爲忐忑不安地等待俄方的答覆，緊張到幾乎無法控制自己的情緒。由於他無法成眠，半夜還打電話給戈林說他很擔心，而且對俄方的遲鈍冷漠感到很生氣。自八月中旬以來，他一直不斷推動備戰工作，徵召了二十五萬士兵，聚集戰略物資，讓兩艘戰艦和部分的潛艇能隨時出擊，還指示取消原定於九月第一個星期舉行的全國黨大會——「和平的黨大會」。戰或不戰，他的計畫是成或敗，在這二十四小時內取決於史達林的決定。終於，八月二十一日夜間九點三十五分，他焦急等待的答覆送來了：蘇聯政府「同意里賓特洛甫先生於八月二十三日抵達莫斯科」。

於是事情就這麼決定了。彷彿擺脫了無法忍受的緊張一樣，隔天中午十二點，希特勒召集軍方最高將領到上薩爾斯堡，以便向他們宣布——就像他所說的——將他「不可收回的決定付諸行動」。[30]

與災難賽跑

在這一刻，西方又一次開始違反所有的機率，拼命地與即將來臨的災難賽跑。西方列強雖然仍被蘇聯蒙在鼓裡，但莫斯科和柏林之間熱鬧的動作並沒有逃過他們的注意，至少英國內閣很早就因爲馮．魏查克的提醒而得知德蘇接觸帶著非常遠大的企圖。[31]從現在開始，一切都取決於要立刻結束於莫斯科太晚開始的軍事磋商。

蘇聯負責此次磋商的人是伏羅希洛夫元帥（Kliment Jefremowitsch Woroschilow）。然而，他很快就被一個看起來無法解決的難題卡住了——波蘭頑強的反抗，不願給予紅軍穿越波蘭的權利。在蘇聯談判代表正想破腦筋如何拒絕波蘭的抗議以達到其目的時，西方代表團卻在拖延時間。這時候，波蘭卻完全不顧保證其安全的西方列強而公然坦白地聲明，它絕對不考慮讓蘇聯進到一九二一年才從蘇聯那裡奪過來的區域。德蘇溝通的消息越讓西方列強不安，他們就越催促波蘭讓步。法國外長博內和英國外務大臣哈利法克斯伯爵對波蘭外長貝克描繪黑暗的前景，如果波蘭堅持拒絕，整個結盟體系將會崩潰。可是貝克仍然高傲地拒絕了。八月十九日，貝克表示，波蘭絕對不再允許「人們以某種方式討論外國軍隊使用波蘭的任何一塊領土。這是原則性問題。我們和蘇聯沒有任何軍事協定，我們也不要和他們有任何軍事協定。」即使西方國家隔日再次嘗試說服波蘭，還是沒有成功。在面臨滅亡的時候，波蘭依舊以自我膨脹的頑固堅守著自己的原則。雷茲—希米格維元帥（Rydz-Śmigly）對法國大使的介入給予冷淡的回應：「跟德國人打交道，我們的危險是失去自由。跟俄國人打交道，我們失去的是靈魂。」[32]甚至在八月二十二日晚間，里賓特洛甫即將前往莫斯科這個戲劇性的消息傳來，波蘭依舊不為所動。世界秩序已翻天覆地，波蘭大勢已去，可是該國的政治人物卻認為，里賓特洛甫訪俄只表示希特勒有多麼絕望而已。

由於對事情的進展感到驚愕，法國終於決定不再等華沙的承諾而自己採取行動。八月二十二日晚間，法方的杜孟克將軍（Aimé Doumenc）告知蘇方的伏羅希洛夫元帥，他獲得自己政府授予全權能夠簽訂一份軍事協定，保證紅軍獲得穿越波蘭和羅馬尼亞的權利。當伏羅希洛夫堅持問他是否能提出波蘭和羅馬尼亞同意的證明時，杜孟克只一味推託並一再暗示，他來是為了簽署這份協定。接著，他又緊張地暗示里賓特洛甫即將訪俄，說：「可是時間不等人。」伏羅希洛夫也諷刺地回應：「的確，時間不等人。」[33]結果雙方沒有達成任何結果，不歡而散。

隔天，儘管法國外長再次努力嘗試使貝克改變主意，波蘭還是沒有提出同意書。中午時分，里賓特洛甫抵達莫斯科並幾乎立即就進入克里姆林宮。參與談判者彷彿要給世界上演一齣最不複雜的權極主義外交戲一樣，才第一輪三個小時的談判，雙方就已同意訂立《德蘇互不侵犯條約》（譯註：亦稱《莫斯科條約》）以及界定雙方感興趣區域的邊界。德方事前沒有料到的是，蘇方要求里賓特洛甫發一封電報去徵求希特勒的意見，結果希特勒簡明扼要地回答：「好，同意。」

到這一刻，波蘭才在法國的要求下給出一個拐彎抹角的同意。貝克妥協地表示，杜孟克將軍可以聲明，他已「確定，在共同行動以對抗德國侵略的情況中，不排除波蘭與蘇聯在技術性條件下互相合作的可能，而這些技術性將於稍後擬定。」西方列強滿意地看到波蘭終於讓步。然而，就在希特勒給予蘇聯簡明扼要「好，同意」這個回覆而犧牲掉半個東歐以及芬蘭和比薩拉比亞（譯註：Bessarabien，即今東歐內陸國摩爾多瓦共和國一帶）的同時，「西方列強承諾，波蘭會答應，所要求的區域在特定情況下以有限的方式和有限的時間在波蘭控制下只提供蘇聯作爲行動基礎使用。」[34]於是，與災難的賽跑就這麼失敗了。

《德蘇互不侵犯條約》

就在八月二十三日晚間里賓特洛甫和莫洛托夫就簽署了《德蘇互不侵犯條約》和《祕密附加協議書》。但這份《祕密附加協議書》到紐倫堡大審上德國人爲自己辯解時才公諸於世。[35]此外，雙方同意，「在領土發生政治變動時」，東歐地區從立陶宛北部疆界沿著納雷夫河（Narew）、維斯瓦河和桑河（San）爲德蘇勢力分界。但關於「雙方是否願意讓該國保持獨立以及該國邊界爲何」這個問題卻保持開放。此條約簡明扼要的措辭揭露出其帝國主義的基本特徵，並顯示它與計畫中的戰爭有無可避免的關連。

就這點關連性而言，在紐倫堡大審上蘇聯最後拐彎抹角的辯護也一再失敗。當然，史達林可以爲《德蘇互不侵犯條約》列出許多動機。這份條約爲他爭取了有名的「喘息期間」，將蘇聯的防禦系統往西推進了一大塊，尤其讓他確知，如果希特勒又回過頭來追求原定的目標並進攻蘇聯的話，搖擺不定的西方國家將陷入與德國無可挽回的衝突中。史達林的辯護律師也聲稱，史達林在這個八月二十三日所做的事，與張伯倫一年前於慕尼黑所做的事沒什麼兩樣。史達林此刻出賣波蘭以爭取時間，之前捷克斯洛伐克也因同樣的理由被犧牲。而且所有這些論點都指出，此祕密附加協議將互不侵犯條約變成了侵犯條約。當初無論希特勒做出多少提議，張伯倫都沒有跟他瓜分他感興趣的區域，反而打擊他的大夢想。這使得英國與蘇聯的決裂毫無阻礙，而且蘇聯的領導人顯得比他更爲肆無忌憚。對於這嚴苛的批判，無論蘇聯最後呈現出什麼樣的策略和現實政治的辯駁理由，這份額外的協議是「配不上一個之前還宣稱可以讓人看到歷史進程深層的意識形態運動」；[36]況且這場世界革命從來都沒有被理解爲赤裸裸的擴張統治做法，而是讓人從中看出人類的道德並維護此道德。

特別的是，這一晚在莫斯科的進展幾乎是友好的。里賓特洛甫事後報告，史達林和莫洛托夫非常「友善」，他覺得「與他們相處就好像置身於黨裡的老同志當中」。[37]當話題聊到《反共產國際協定》時——他自己就是發起人——他有點陷入尷尬，但史達林平易近人的態度鼓勵他把這協定斥爲可笑的事。根據一位德方在場者的報導，他解說，那份協定「基本上不是針對蘇聯，而是針對西方的民主國家……史達林先生插進來說……《反共產國際協定》事實上嚇到的是倫敦市和英國的小商人。里賓特洛甫先生表示贊同並開玩笑說，史達林先生肯定沒有像倫敦市和英國的小商人一樣被《反共產國際協定》嚇到。」接著發生的是：

「在談話進行中，史達林先生突然以下面的話爲元首祝酒：『我知道，德國人民有多麼愛他們的元首，因此我想爲他的健康乾一杯。』

莫洛托夫先生又爲了里賓特洛甫先生和舒倫布格大使的健康乾杯。接著莫洛托夫先生向史達林先生舉杯，並指出，是史達林先生透過三月十日的演説使得兩國關係有所轉變，因爲這次演説在德國得到很好的理解。莫洛托夫先生和史達林先生一再爲此互不侵犯條約、德蘇關係進入一個新的時代和德意志人民乾杯……。

在告別時，史達林先生向里賓特洛甫先生聲明，蘇聯非常嚴肅對待這份新條約，他可以鄭重保證，蘇聯不會欺騙其盟友。」[38]

史達林與希特勒

彷彿在雙方杯觥交錯之間，在這一夜的致命親密關係中，兩個親近的政府才向彼此和世界掀開多年來分開敵對兩方的那一道薄紗。事實上，一九三九年八月二十三日一再被視爲一個出發點，它不僅證明此兩國不僅本質上、連方法上也一致，就如同此刻所顯示的一樣，也證明了這兩個男人之間的一致性。史達林對希特勒祝酒的話並不是他常說的話，而且他也有一點死板地守著自己在告別時所給的承諾。儘管有各種預兆和專家的警告，一直到快兩年之後，即一九四一年六月，他都無法相信希特勒居然進攻蘇聯。當時蘇聯載著物資的卡車還從德國軍隊旁邊開過，前往西邊，實現仍有效的商業協定中蘇聯提供物資的義務。這位善於猜疑、詭計多端的蘇聯統治者居然如此輕信希特勒實在讓人吃驚，他之所以欣賞對方是因爲對方和他一樣，都是從社會低層爬到有歷史分量的地位。他尊敬希特勒是當代唯一一個能與他勢均力敵的對手，而且大家都知道，希特勒也經常回報這種感覺。所有的「死敵關係」從來都不影響他們互相欽佩對方的偉大；除去意識形態的因素，歷史賦予他們的地位使得他們各自以自己的方式覺得彼此有關連。羅馬尼亞外長加棻古（Grigore Gafencu）在他的回憶錄中引述了索雷爾（譯註：Albert Sorel，法國歷史學家，曾九次獲得諾貝爾文學獎提名）對波蘭的第一次被瓜分的觀察：「所有使俄國遠離其他強國的因素，使它接近普魯士。像俄國一樣，普魯士是世界大舞臺的暴發戶。它有自己的未來要開拓，而凱薩琳大帝看到，它下定決心以大量物資、大量機會和巨大興趣去做這件事。」[39]這些句子很貼切地描述了當時的情勢，也描述了兩邊的繼承人，他們躁動不安要改變情勢的意志，巨大的夢想，以及他們在世界舞臺上毫無節制變來變去的風格，這使得他們在歷史上一次戲劇性的詭計中聚在一起；兩人的意識形態都摻雜著一種對強權政治的敏銳保留態度。「他不屬於那些不利用歷史某些時刻就讓它過去的人。」希特勒曾經這麼說，而且這句話同樣在講另一方。他們兩人都不理會那些不理解他們的下屬的抗議。《莫斯科條約》使共產黨陷入一個危機，耗盡了他們剩下的鼓動人心的力量。希特勒的追隨者則在八月二十五日早上將幾百個納粹臂章丟到慕尼黑的納粹黨總部欄杆外。[40]

同一天，西方國家的軍事代表團告別了蘇聯的將軍們，離開莫斯科。前一天晚上他們還嘗試用書面的方式要求伏羅希洛夫元帥再次談判，可是沒有得到任何答覆。事後伏羅希洛夫道歉說，他那時候去獵鴨子了。

一九三九年八月二十二日對將軍們講話

就希特勒看來，藉著與蘇聯簽訂了互不侵犯條約，所有迅速癱瘓波蘭的勝利條件都已經滿足了。現在只剩下機械式的操作而已，「就像導火線燒到盡頭」一樣。在剩下的這段時間裡，他擔心的事只是，如何加強不是自己發動戰爭的證明，拒絕所有干擾的調停，以及讓西方國家更進一步遠離波蘭；而在他看來這必定會成功。剩下八天裡所有的積極作爲和最後提議都與這三個目標有關，同時又有許多無望的希望都寄望在這八天裡。

八月二十二日希特勒在上薩爾斯堡講話的內容就完全是這些考量。由於知道《莫斯科條約》已經成功，他心情燦爛的——外面雷雨大作——將目前的局勢呈現給軍方的司令官們，並再次舉出他發動戰爭的決心不可改變的理由。無論是他個人地位、此地位所擁有的無與倫比的權威，以及經濟的情勢都要求他們深入探討：「我們別無選擇，我們必須採取行動。」他說，無論是政治考量或結盟情況都要求迅速做出決定：「在兩至三年內，所有這些有利的局勢都不再存在。沒有人知道我還能活多久。所以最好現在就深入探討這些問題。」在記載此次講話的紀錄中有一份含有這樣的內容。[41]接著他指出，他深信西方國家不會認眞干預並提出其理由：

「對手還在希望，在占領波蘭之後蘇聯會以敵人的身分出現。對手沒有算到我重大的決策力。我們的對手不是小蟲。我在慕尼黑見到他們了。

我深信，史達林絕不會接受英國的提議。蘇聯沒有興趣維持波蘭……由於貿易協定的關係，我們進到政治對話。提出互不侵犯條約。接著是蘇聯提出一個廣泛的建議……如今波蘭落入我希望看到的局面。

我們不必害怕封鎖。東邊提供我們糧食、牲畜、煤、鉛、錫。這是一個很大的目標，要投入很多賭注。我只擔心，在最後一刻有某個愚蠢的傢伙提出調停的計畫。」

在簡單用完餐之後，在第二部分的講話中，希特勒對西方國家的態度表示懷疑：「但也可以出現不一樣的結果。」因此要「以最堅定的決心」面對。「對任何事都毫不退縮……爲存亡而戰鬥。」這種詞藻又讓他回到他那種神話化的情緒裡，把歷史描述爲一種血腥的前景，充滿戰鬥、勝利和滅亡。在前半段的講話中他已經稱「建立大德意志國……是一項偉大的成就」，然後「要想想，它之所以成立是透過政治領導的詐騙而來的」；現在，他保證：

「長久和平的時間會對我們沒有好處……要有男子大丈夫的氣概。不是作爲機器彼此搏鬥，而是作爲人。我們是品質比較好的人。有極優秀的心靈因素。

滅掉波蘭是優先任務。目標在於消滅所有活躍的勢力，而不是達到特定的某條線……。

我將利用宣傳製造發動戰爭的機會，無論它是否可信。事後別人不會問勝利者他是否說了實話。在開啓戰事和打仗的時候，誰有理不重要，重要的是勝利。

不要有同情的心態。行事要殘暴。八千萬人必須獲得其權利。他們的生存必須獲得保障。強者有理。要用最強硬的手法。」

在與將軍們告別時，希特勒說，開戰的命令將稍後發布，可能會在八月二十六日星期六早晨。第二天，哈德爾將軍記錄：「Y（日）＝八月二十六日（星期六）確定——沒有其他命令。」[42]

然而，在這段時間內這個開戰時程又一次被否定。因爲，西方政治的先決條件雖然因爲《莫斯科條約》幾乎全部崩潰，但英國卻一副非常淡定的樣子。波蘭差不多已等於滅亡了，內閣還不加修飾地宣布，最近的事件沒有改變任何事。但軍方備戰行動卻明顯加強。在給希特勒的一封信裡，張伯倫警告他不要懷疑英國反對的決心：「沒有比這更大的錯誤了……據稱，如果英國政府在一九一四年更清楚解釋其立場的話，當時便可以避免那個巨大的災難……英國政府決定，努力使目前的情況不再有這類悲劇的誤解。」英國首相也以相同的語氣在下議院發表聲明。而氣餒的法國則非常費力地維持其決心，並以這個騙人的問題「要為但澤而死嗎？」盡情享受其失敗主義的甜美；跟法國不一樣的是，英國現在一步都不退。對希特勒和對張伯倫而言，但澤都不是最重要的目標。事實上，但澤只是「在一個陌生國家裡的一個遙遠的城市」，就像他在下議院所宣稱的一樣，沒有人必須為它送命。

在德蘇簽訂了互不侵犯條約之後，如果英國有認識到自己的政策完全失敗的話，那就是在這一刻；原本這是他們無論在任何情況都會為之戰鬥，也為之死亡的政策。綏靖政策的理由和基礎是中產階級對共產黨的恐懼。根據英國政治家對角色的理解，希特勒被分派到的任務是作為一個好戰的捍衛者，強迫接受所有不斷出現的要求、挑釁和攻擊；但也就只有這樣而已。藉著與蘇聯達成一致，他等於承認，他不是之前一直假裝的那個革命反對者，不是中產階級秩序的保護者，不是「中產階級世界的弗蘭格爾將軍」（譯註：General Wrangel，波羅的海德國人，率領白衛軍抵抗布爾什維克的俄國將軍）。儘管與史達林簽訂條約是精湛的外交手法，但這仍然犯了一個不顯眼的錯誤：它使希特勒與西方互相操作政治的先決條件失效。這並不是一個無法補救的錯誤，甚至主張綏靖政治最主要的代表——英國——這時以少見的同心協力決定表示反對。

干預

希特勒對英國發表多次的反對意願感到非常惱火。當英國大使韓德森在上薩爾斯堡呈遞英國首相的信給希特勒時，他必須聽希特勒空洞的長篇大論，主要在聲明：他，希特勒，「如今終於正確認識到，英國和德國永遠無法達成一致」。然而，兩天後，即八月二十五日的中午，他再次重複瓜分世界這個「大提議」；德國保證支持不列顛世界大帝國存在，承諾減少軍備，以正式承認德國西邊的邊界交換德國無限制往東發展；就像以往一樣，他將這些堅決的要求與尼祿式的感嘆結合在一起，想證明政治的世界是邪惡的，他說：「他是天生的藝術家，不是政治人物，如果有一天波蘭的問題解決了的話，他決定要過藝術家的生活，而不是製造戰爭者的生活；他不想將德國變成一個大軍營；而且只有被逼時，他才會這麼做。如果有一天波蘭的問題被解決的話，他將退下來。」[43]

但這只是希特勒在嘗試掩飾自己的企圖並誘使英國背棄自己的義務，就跟與戈林交好的瑞典商人達勒魯斯（Birger Dahlerus）多次往返柏林與倫敦之間的任務一樣。對法國總理發出的最後呼籲也是爲了達到同樣的目的。韓德森覺得時間緊急，必須馬上將這些提議往上反應。但他才一離開那個房間，在八月二十五日下午三點零二分，希特勒便召見凱特爾將軍，確認隔天破曉時進攻波蘭的命令。

戰爭延後

但幾小時之後，他又開始猶豫是否開戰也與同樣的策略考量有關。不是他開戰的決心有所動搖，而是因爲當天下午有兩則消息進到總理府使開戰的時間成了問題。一則來自倫敦，清楚顯示希特勒嘗試分化英國和波蘭的努力失敗了。在簡短協商之後，英國對波蘭的臨時支援保證變成了支援協定。希特勒不得不將之視爲這是英方以最明顯的方式拒絕他的大提議，同時這也消除了他所有懷疑英國是否會介入的想法。其中一位在場者看到希特勒在接到這則消息之後「坐在桌前沉思很長一段時間」。[44]

另一則的消息給他的打擊更大，並將他從沉思的狀態拉出來。這則消息來自羅馬，所說的不過是義大利打算偷溜，不顧不久之前才以隆重儀式簽訂的盟約。好幾個星期以來，隨著戰事越來越逼近，墨索里尼處於一種情緒起伏的狀態，一直在興奮與懷疑之間換來換去。齊亞諾在日記裡諷刺地寫到這種反反覆覆的「情緒盪鞦韆」情形：元首有時決定遠離希特勒的戰爭，「但接著他說，榮譽要求他和德國一起出兵。最後他保證，願意獲得克羅埃西亞和達爾馬提亞（Dalmatien）作爲獵物」，兩天後又要「準備和德國分開，但要謹愼爲之」，接著他又「仍然認爲，西方民主國家不太可能出兵，如此一來德國又會輕鬆做了一筆大生意，而他不想把自己排除在這筆大生意之外。此外，他也害怕希特勒的憤怒」。[45]在這種混亂的動機中，墨索里尼還在八月二十五日下午三點半向德國大使保證無條件支援德國。兩個小時後，他又發出一封電報給希特勒聲明這項保證，還把這項保證與一張極爲巨大的物資援助清單綁在一起，大到可以「用來打死一頭牛」，齊亞諾用這個不太成功的比喻表示。[46]墨索里尼提出的理由是，在雙方協議中，戰爭在幾年後才會開打而且目前義大利軍隊還沒爲戰爭準備好。他想用這種方式來逃脫這個二選一的情況：滅亡或背叛。

准確來說，希特勒沒有任何發脾氣的理由。義大利人的確有資格覺得失望，因爲這麼多次被用鄙視的外交禮儀對待，還有希特勒在和蘇聯簽約之後很久才告知義大利這件事，都是典型的鄙視外交手法。只用一些沒有內容的詞藻去應付盟友對資訊的要求，還用敷衍的方式叫他們自己去看報紙上報導的暴行，而完全不提意識形態或推翻所有立場所導致的政治後果。況且在義大利大使來呈遞墨索里尼的信之後，在告別時，希特勒還擺出一副「冰冷的面孔」，而在總理府裡到處回響著「貶低『不忠誠軸心夥伴』的批評」。幾分鐘之後，希特勒撤回出兵的命令。「元首極爲崩潰。」哈德爾在日記裡這麼寫。[47]

情勢似乎又再一次戲劇化地拖延。三天後，根據他身邊的人報導，希特勒在徹夜不眠、極爲疲憊的狀態下帶著一把破嗓子，與黨和軍方高層集會並嘗試爲墨索里尼的行爲辯解。他處於非常陰鬱的情緒中，認爲即將來臨的戰爭會「非常困難，甚至沒有前景」。但他現在已不再放棄這個決定，這些反對的聲音只會更強化他的決心：「只要我還活著，就不會談任何投降。」[48]他將新的出兵日期定在九月一日。

因此，戰前最後幾天的事件帶著一種不眞實的味道，大使們在各個首都之間不斷往返，進行各種活動，熱情地爲和平而努力奔跑。有些歷史觀察家將這一段時間呈現得像一齣十二小時的戲一樣，充滿各種假想的對話，明顯的混亂，偶爾還有點荒唐的加油添醋。法國總理達拉第動人的個人呼籲沒有用。顧隆德勒（譯註：Robert Coulondre，法國駐納粹德國最後一任大使）對希特勒說「這是我作爲人和作爲法國人的心能夠給我的想法」所能說的一切也沒有用。英國擺出介入的姿態也沒有用，這反而只得到希特勒重新的譴責作爲回應，這回應又使得韓德森情緒失控，喊得比希特勒更大聲，希望「不再聽到他或任何其他人講這樣的話……如果他想要打仗，就讓他打」。最後墨索里尼發出一封懇求的信給希特勒，建議他透過協商會議來得到西方的保證，而且「您偉大的創意節奏不會被中斷」，[49]但結果都沒有用。

只有兩個對手似乎知道這情勢已沒有出路：希特勒和貝克。他們腦中就只想到戰爭，前者催促、急躁，堅持他所定的日期；後者則抱著宿命論的態度，疲憊地看到眼前不可被收買的命運。然而，希特勒如此固執地堅持擴大其軍事勢力，使得他根本沒有看到政治上的機會。英國外交官的紀錄指出，倫敦期待著什麼樣的做法，又準備好做出哪些讓步：希特勒只要宣布放棄打仗，他很可能不僅得到但澤和整個波蘭走廊，還得到英國保證歸還其殖民地以及商談兩大帝國平衡的機會。[50]

情勢激化

然而，希特勒不再考慮任何選項，而且這是他第一次沒有能力去思考戰爭以外的目標，也不再一直從政治可能性去考慮戰爭的情勢，而且這種沒有能力思考的情況在接下來的幾年裡越來越頻繁。他雖然採取英國的建議，直接與波蘭談判，卻馬上發給波蘭一份最後通牒，要求波蘭能做全權決定的談判代表在二十四小時內到柏林。這一步棋顯然想逼波蘭投降或落入破壞和平者的角色中，就像當初的捷克斯洛伐克一樣。而且德國爲這次談判開出的要求清單，除了要求歸還但澤之外，還要舉行一系列的全民表決、提出各種賠償、接受國際監督、保證少數族群的權利、建議解除動員等等。其目的除了透過假意讓步來瓦解對手陣營之外，還嘗試藉此贏得世人的好感。哈德爾記錄了八月二十九日下午與希特勒的一次晤談：「元首希望，他在英國、法國和波蘭之間撬開一條裂縫……基本的想法是：假裝抛出一大堆對人口和民主的要求。」接著才是眞正的時程：「八月三十日，波蘭人來柏林；八月三十一日，談判破局；九月一日，動武。」[51]

可是波蘭人卻沒有來柏林。貝克太害怕步上許士尼格和哈卡的後塵了。對於英國和法國的不斷催促，最後連義大利也加入催促他的行列，他的回應只是拼命地拒絕，還說沒什麼好談的。八月三十一日早上，韓德森得到消息，如果波蘭政府到中午十二點還不答應派遣代表的話，希特勒將發出進攻的命令。於是之前在莫斯科與時間賽跑以對抗波蘭不作爲的情形又一次上演。韓德森還努力透過兩位特使讓駐柏林的波蘭大使改變主意。根據其中一位的報導，利普斯基在一個辦公室裡接見了他們，裡面的東西已經部分打包。他「臉色死白」，雙手發抖接過上面列著德國各種要求的那張紙，雙眼呆滯瞪著那張紙，接著非常小聲地說，他無法指出那上面寫的是什麼，他只知道必須堅持到底，即使「一位已被盟友出賣的波蘭人也準備好要戰鬥並獨自喪命」。[52]貝克在中午十二點四十分發給波蘭駐柏林大使的電報所說的也沒什麼兩樣，那是一份不知所措的文件，只有時間點値得注意，因爲在同一時刻，希特勒已在「一號作戰指示」上簽名。稍後，對於義大利大使所提的問題，希特勒回答說，木已成舟。[53]這道指示如此開頭：

「在所有政治機會都耗光之後，爲了以和平的方式排除德國東部邊界令人無法忍受的情況，我決定採取武力的解決方式。

對波蘭的進攻將根據『白色方案』的準備行動進行……進攻日期：一九三九年九月一日，進攻時間：清晨四點四十五分……。

在西方則取決於，將開戰的責任明確交給英國或法國。小範圍的侵入邊境事件首先只在當地做出反擊。但由我們向荷蘭、比利時、盧森堡和瑞士所保證的中立則必須極爲辛苦地遵守……。」

當天晚上九點，所有電臺都報導德國對波蘭提出的建議，但這張清單本身卻根本沒有交給波蘭過。幾乎在同一刻，衝鋒隊的突擊隊大隊領袖瑙約克斯（Alfred Naujocks）僞造波蘭人進攻德國在格萊維茨的電臺的假象，他在電臺播放了一段簡短的聲明，開了幾槍，並將一些特地爲此選出的囚犯屍體留在電臺裡。幾小時之後，九月一日早晨來到時，波蘭西盤半島（Westplatte）的司令官蘇哈斯基少校（Henryk Sucharski）報告：「在四點四十五分『什勒斯維希—霍爾斯坦號』戰艦（Schleswig-Holstein）對西盤半島全面開炮。炮轟仍持續進行中。」同時，沿德波邊境的各軍團從其備戰陣地出發。雙方並沒有發出開戰聲明。第二次世界大戰就這樣開始了。

希特勒的開戰演講

希特勒無疑還希望能夠避免一場大戰。將近十點時，他坐車前往科羅爾歌劇院參加國會。根據當時人們的說法，街道幾乎空無一人，逗留在街上的幾個行人沉默地看著希特勒穿著灰色的軍服坐在車上駛過。他在國會的演講非常簡短，卻特有一種蒼白的嚴肅。他鄭重聲明自己熱愛和平及有「無限的耐心」，再次嘗試喚起對西方的希望，描述對蘇聯的新友誼，尷尬地提到義大利這位盟友，並最後一次又一次控訴波蘭政府：他說，在過去幾天數量激增的邊境衝突之後，波蘭「昨晚首次在我方領土上射殺一般士兵。從今早五點四十五分我方開始還擊！從現在開始將以炸彈回報炸彈！」現在，他只願做帝國的第一名士兵：「我又穿上對我而言最神聖和最珍貴的戰袍。在戰勝後我才會脫下它，或者——我無法再親眼看到這場仗結束。」【54】

希特勒一直希望能將戰場只侷限於波蘭境內，而這個希望之所以能夠維持下去主要是因爲西方國家並沒有因爲德國進攻波蘭而按照其結盟義務立刻對德國宣戰。特別是法國政府對於要做出打仗的決定非常困難，簡直是一種折磨，它一再舉出各種理由推托，參謀部的意見，墨索里尼的重新調停行動，各大城市仍在疏散民衆等等，最後甚至嘗試將戰爭延後幾個小時開始。【55】即使英國的態度比較堅定，但他們還是表達這個決定帶來的巨大負擔。九月一日，張伯倫在國會裡聲明：「一年半前，我在此說出這個懇切的期望，願要求我國接受戰爭這個可怕的決定不要落到我身上。」如今他正想要求德國保證中止對波蘭的攻擊行動並撤回軍隊。這時一位議員插進來問，這是否有設定期限，張伯倫回答說：「如果這道最後警告得到的回答是否定時——我認爲它不太可能有別的回答——便指示大使收回他的護照。在這種情況下，我們準備好了。」

但希特勒沒理會這警告或從中推斷，英國儘管和波蘭有盟約，但仍然將開戰與某些條件綁在一起。因此剛開始他完全不回覆英國九月一日發出的警告。就在英國和法國仍拖延時日地協商雙方一起行動時，德軍猛烈進攻波蘭。如果一切線索都沒錯的話，正是對手的軟弱表現鼓勵希特勒拒絕墨索里尼，因爲九月二日墨索里尼還想說服希特勒這時以會議來解決問題會很有利。「但澤已經是德國的了，」他對希特勒說：「德國手中已有抵押品可以確保得到大部分的要求。此外，德國已經得到『道德上的賠償』了。如果德國接受以會議解決問題，不僅可能達到所有目的，還同時可以避免戰爭。而這場戰爭此刻看起來就已經有擴大且極爲曠日持久的趨勢。」[56]

西方國家的最後通牒

在九月二日深夜，英國終於決定不再與法國一起行動並指示韓德森明天，即星期天早晨九點向德國外交部長遞交一份最後通牒，時限到早上十一點。里賓特洛甫讓他的主任翻譯官施密特博士（Dr. Paul Schmidt）代表他，在施密特將英國的最後通牒送到總理府內的時候，他也馬上記錄下當時的場景。在希特勒辦公室的前廳聚集著內閣成員和許多黨內高層，所以他花了很大力氣才擠了過去。當他進到希特勒的辦公室時，希特勒正坐在書桌前，而里賓特洛甫則在一邊靠窗站著：

「當他們看到我時，兩人都緊張抬頭看。我站在離希特勒辦公桌前稍遠處並將英國政府的最後通牒慢慢翻譯給他聽。我結束的時候，當場一片寂靜。

希特勒像石化了一樣坐在那裡，看著自己前面。他並沒有慌張失措，就像之後人們所聲稱的那樣，也沒有暴跳如雷，就像另一些人假想的那樣，而是完全沉默坐在那裡，在他的位置上，一動也不動。在一會兒之後，但這一會兒對我而言好像是永恆一樣，他轉過來面向里賓特洛甫，後者在窗邊僵硬地站著。『現在呢？』希特勒問他的外交部長，眼中冒著怒火，彷彿想說，里賓特洛甫給他有關英國的反應之訊息是錯誤的。里賓特洛甫小聲地回答：『我猜法國人在下一小時會給我們同樣的最後通牒。』」[57]

當顧隆德勒中午時分出現在德國外交部長面前時，英國已向德國開戰。法國的最後通牒內容和英國差不多，唯一值得注意的不同處是，法國政府彷彿到現在還不敢用「戰爭」這個字眼，而威脅說，如果德國拒絕立刻從波蘭撤軍，法國將「履行對波蘭的條約義務，而德國知道這義務是什麼」。在返回使館的路上，顧隆德勒在自己同事的面前淚崩了。[58]

然而，英國也在適應戰爭現實上有困難。波蘭焦急地等待盟友出兵支援或至少減輕負擔，但它很晚才明白，根本沒有眞正的支援。英國慢吞吞的行動不僅是個性上或軍方準備不足的問題。而是在英國境內，對波蘭的保證從來就沒有獲得很大的支持。這兩國之間沒有任何傳統友誼，波蘭只是一個獨裁政權，只顯出它的極權統治的狹隘度和壓迫人民的做法，而不是權力的戲劇性魔力和蠱惑人心的本事。[59]當一位保守派反對黨人士在九月初敦促一位內閣成員對波蘭提供協助並提到之前討論過的計畫，即以燃燒彈轟炸黑森林時，他得到的回答是：「噢，這可不行，那是私人產業。您接下來可不會要求我們去轟炸魯爾區吧！」法國最後還是履行了對波蘭的義務，到戰事的第十六日才用三十五至三十八個師的兵力開啓攻勢。可是，這個只把目標放在捍衛自己和強調其國家田園風格的國家完全沒有能力去規劃其攻勢。在紐倫堡大審上，約德爾將軍說：「如果我們沒有在一九三九年就崩潰，那是因爲在我們進軍波蘭時，在西邊的法國和英國約一百一十個師的軍力對二十五個師的德軍完全沒有作爲。」[60]

在這樣的情況下，現代化的德軍在唯一一次進攻行動中就已一舉擊潰波蘭軍隊。德軍的完美和運作動能使對手只做出「一種感人的荒謬」反抗行動，有些人事後這麼承認。[61]前所未見、成群結隊的裝甲師勢如破竹，加上機動化步兵部隊的配合，還有所向無敵的空軍，其「斯圖卡」（譯註：Stuka，Ju 87 俯衝轟炸機，爲德文「Sturzkampfflugzeug」的縮寫）以震耳欲聾的笛哨聲音俯衝向攻擊的目標，運作精確的情報和補給系統，這機械式前進的大巨人的整體威能，使波蘭根本沒剩下多少勇氣。貝克確實承認，德國軍隊的目標是「進行有彈性、持久的機動性戰爭，世人將極爲驚訝」。[62]但這場戰役的根本意義在於，它彷彿是二次世界大戰在打一次世界大戰，這種不成比例的軍備在突丘拉森林戰役（譯註：Tucheler Heide，波蘭走廊中一個大森林區）最爲顯著——一個波蘭騎兵部隊高高騎在馬背上，以唐吉訶德式的精神死亡地衝向德國裝甲車。九月五日上午，哈德爾將軍就已經在一次戰局討論會之後說：「敵人已等於被擊垮。」九月六日克拉科夫（Krakau）失陷，九月七日，華沙政府逃到盧布林（Lublin），九月八日德軍先頭部隊已抵達波蘭首都。在這一刻，有組織的反抗勢力就已經崩潰。在九月九日啓動的兩波大型全面攻擊之下，波蘭的軍隊被包圍並逐漸殲滅。八天後，當此戰役幾乎結束時，蘇聯從東邊進入這個已經被征服的國家，並在之前做好了司法和外交全面防護措施以面對入侵波蘭的譴責。九月十八日，德國和蘇聯軍隊會師於布列斯特—立陶夫斯克（Brest-Litowsk），第一場閃電戰已告結束。幾天後，當華沙淪陷時，希特勒下令連續七天中午十二點到一點敲響教堂的鐘聲。

然而，還剩下這個問題，希特勒是否真的對這場迅速軍事行動帶來的勝利感到滿意，或者所有的歡呼和教堂鐘聲都被這種想法蓋過去——其實德國已經輸掉這場仗。無論如何，希特勒發現他的大構想被顚倒過來了；他打錯戰線了，不是往東，從現在開始是往西；在爲時太短的波蘭戰役中他還能這樣說服自己。幾乎二十年來，他所有的思考和策略都是嚴格地朝往東發展的方向，如今他的急躁、得意忘形和取得巨大成就的腐化效果超過了所有理性的考量並終於毀掉「法西斯」局面：如今「在打敗革命分子之前，他就與保守派交戰」。[63]有些人指出，他在這時候就已經認識到這個災難性的錯誤。他身邊的人提到他陷入悲觀的情緒和突然驚嚇的狀態，「他的確很想把頭從繩套拉出來」，[64]在知道要與英國交戰之後不久，他對赫斯說：「我所有的事業如今都毀了。我的書白寫了。」有時候，他將自己比爲不想對抗羅馬的馬丁・路德，其實他也不想和英國開戰。但接著他又用各種偶然得來的知識說服自己，說英國很懦弱，民主腐敗；或他用下面的想法來安撫自己——他提到打一場「假仗」，透過這樣仗，英國政府表面上得充分履行不受歡迎的盟約義務。去年八月時他曾說過，只要波蘭一被解決，「我們就跟西方國家舉行一場盛大的和平會議」。[65]而現在他就把希望放在這件事上。

在這樣的想法之下，波蘭戰役之後以及往後的時間裡，在入侵法國之後，可以再次看到希特勒的姿態在對英國的交戰都只用了一半的力氣，就好像在用折磨人的宣傳去加強戰爭的威脅，所以在英國就出現了「phoney war」（打假仗）這個詞。將近兩年之久，他作戰的其中一個目標都是爲了一再嘗試將失誤掉的局面再糾正回來並重新拾回以前輕易放棄的構想。一九三九年七月二十二日，在戰爭爆發前幾個星期，他還對海軍上將鄧尼茨（Karl Dönitz）說，德國絕對不可以和英國交戰，和英國交戰等於是「日耳曼的末日」。[66]

現在，他就正和英國交戰。

注釋

【1】關於這個事件整體脈絡，比較 M. Freund, »Weltgeschichte der Gegenwart in Dokumenten«, II, S. 58 ff.；此外 »Ursachen und Folgen« XIII, S. 151 ff.。

【2】Sebastian Haffner, »Der Teufelspakt«, 在 S. 92 這麼說，這是一份非常有啓發性、措辭尖銳的研究，它也包含了希特勒的政策中那三個可能性。

【3】C. J. Burckhardt, aaO., S. 157.

【4】一九三九年四月四日，貝克與張伯倫和哈利法克斯晤談時這麼說，引述於 M. Freund, »Weltgeschichte« II, S. 122。

【5】比較同上，S. 97。

【6】同上，S. 101 f.。

【7】希特勒在一九三八年十一月二十四日與南非國防部長 Oswald Pirow 交談時這麼說，ADAP IV, Nr. 271：「他爲了德英溝通奮鬥了一生。他已將這件事寫在他的書《我的奮鬥》裡……可是沒有任何人像他——元首——一向被英國這麼貶低過……當他發現英國不願意時，他最後帶著沉重的心去解決他年輕時想做的事。」

【8】H. B. Gisevius, 的報導，»Bis zum bitteren Ende« II, S. 107。

【9】M. Domarus, aaO., S. 1119 ff..

【10】比如，比較 A. François-Poncet, aaO., S. 397；此外 Grigore Gafencu, »Derniers Jours de l "Europe«, S. 98 ff.。關於接下來的內容，比較 »Ursachen und Folgen« XIII, S. 211 f. 和 214 f.。

【11】IMT XXXIV, S. 380 ff. (120-C).

【12】W. L. Shirer, aaO., S. 438；A. Bullock, aaO., S. 506 也有類似的觀點。

【13】M. Domarus, aaO., S. 1148 ff..

【14】引述於 M. Freund, »Weltgeschichte« II, S. 373 f.。

【15】做報告的使館參事施努和對與蘇聯代辦阿斯達霍於一九三九年五月一日晤談的紀錄，比較 ADAP VI, S. 335。此外，魏查克關於與蘇聯大使 Merekalow 於一九三九年四月十七日晤談的紀錄：同上，Nr. 215。

【16】K. D. Bracher, »Diktatur«, S. 345.

【17】M. Domarus, aaO., s. 509.

【18】C. J. Burckhardt, aaO., S. 348。關於希特勒的猶豫和搖擺不定的態度，比較同上，S. 325 f.；此外，A. Bullock, aaO., S. 518。關於「與撒旦結盟」一說出現於八月二十八日的一次談話中，比較 Halder, KTB I, S. 38。

【19】E. Nolte, »Faschismus«, S. 286.

【20】G. Ciano, aaO., S. 92, 89.

【21】ADAP VI, S. 514 ff..

【22】IMT XXXVII, S.546 ff.。

【23】比較 H. Booms, »Der Ursprung des Zweiten Weltkriegs-Revision oder Expansion?« in: »Geschichte in Wissenschaft und Unterricht«, Juni 1965, S. 349 f.。

【24】M. Freund, »Weltgeschicht« III, S.15：關於阿托里哥的話以及但澤的情勢，比較 C. J. Burckhardt, aaO., S. 305, 318。

【25】英國外交部一位官員對布爾克哈特於一九三九年八月十四日報告之紀錄，aaO., S. 59。

【26】C. J. Burchhard, aaO., S. 341 ff..

【27】G. Ciano, aaO., S. 122。前一天齊亞諾才剛與里賓特洛甫一起，並發現：「開戰的意志是無法動搖的。他拒絕所有能讓德國滿意又能避免戰爭的方案。我深信，即使德國人拿到比他們要求的還多，他們還是會開戰，因爲他們被毀滅的魔鬼附身了。」

【28】ADAP VI, Nr. 729.

【29】Halder, KTB I, S. 11：里賓特洛甫這封非常有名的電報複述於 M. Freund, »Weltgeschichte« III, S. 143 f.。

【30】IMT XXVI (798-PS).

【31】E. v. Weizsäcker, aaO., S. 235.

【32】Georges Bonnet, »Vor der Katastrophe«, S. 255.

【33】引述根據 M. Freund, »Weltgeschichte« III, S. 115。

【34】同上，S. 124，以及 S. 123 有波蘭外長於一九三九年八月二十三日的聲明，S. 165 有里賓特洛甫和希特勒之間的電報往來。

【35】然而，蘇聯法官成功阻止讓這份《祕密附加協議書》作爲證物呈上，因此在紐倫堡大審期間它沒有任

何重要性。

【36】E. Nolte, »Krise«, S. 204.

【37】A. Rosenberg, »Das politische Tagebuch«, S. 82。羅森伯格憤慨的表示，「這簡直是能給予民族社會主義最調皮的侮辱。」

【38】使館參事 Hencke 對一九三九年八月二十四日的紀錄，引述於 M. Freund, »Weltgeschichte« III, S. 166 ff.。

【39】G. Gafencu, aaO., 在此引述根據 M. Freund, »Weltgeschichte« III, S. 174，感謝此書提供的線索。關於希特勒敬佩史達林一事，比較例如 H. Picker, »Tischgespräche« 裡希特勒多次的發言。在一九四五年的省思時，他也表達了對史達林的尊敬，與他對多數對手的形象表示鄙夷形成強烈對比，比較 »Le Testament politique de Hitler«, S. 134, 137。

【40】H. Hoffmann, aaO., S. 103。關於希特勒說不利用歷史某些時刻的話，比較 A. Hillgruber, »Staatsmänner« I, S. 122。

【41】這次講話共有六個版本流傳下來，每個版本強調重點不一樣；比較 Winfried Baumgart 對這些版本的比較、觀察，in: VJHfZ 1968/2, S. 120 ff.。在此引述的版本，見 IMT XXVI., 798-PS(erster Teil) 和 1014-PS(zweiter Teil)。關於此次講話給予在場者的感觀，比較，比如 E. Raeder, aaO., S. 165 ff. 和 Erich v. Manstein, »Verlorene Siege«, 19 f.。

【42】F. Halder, KTB I, S. 27.

【43】引述於 M. Freund, »Weltgeschichte« III, S. 271。

【44】P. Schmidt, aaO., S. 450 f..

【45】G. Ciano, aaO., S. 123 ff.（一九三九年八月十三至十八日）。

【46】同上，S. 131。這是一張包含當時最有價值的軍備材料清單（義大利人要求得到至少其中的六百噸），之後被稱為「莫利比丹清單」（Molybdän-Liste）。此清單引述於 Walther Hofer, »Die Entfesselung des Zweiten Weltkriegs«, S. 256 f.。

【47】F. Halder, KTB I, S. 34；此外 P. Schmidt, aaO., S. 453。

【48】F. Halder, KTB I, S. 38, 40.

【49】墨索里尼於一九三九年八月二十九日對希特勒的信，引述於 M. Freund, »Weltgeschichte« III, S. 328；此外，法國大使顧隆德倫對法國外交部長報告關於他與希特勒晤談，aaO., S. 287，以及韓德森向哈利法克斯的報告，引述於 M. Gilbert/R. Gott, aaO., S. 232。

【50】柯克派屈克、Sir Orme Sargent 和哈利法克斯的紀錄，aaO., S. 320 ff.。

【51】F. Halder, KTB I., S. 42。關於德國的「和平計畫」，比較 ADAP VII, S. 372 ff.；此外，P. Schmidt, aaO., S. 459 f.。

【52】Birger Dahlerus, »Der letzte Versuch«, S. 110；此外還有韓德森對一九三九年八月三十一日的紀錄，引述於 M. Freund, »Weltgeschichte« III, S. 372 f.。

【53】Schmidt 關於希特勒與阿托里哥於一九三九年八月三十一日一次晤談的紀錄，引述於 M. Freund, »Weltgeschichte« III, S. 391；關於「一號作戰指示」，比較 ADAP VII, S. 397 ff.。

【54】M. Domarus, aaO., S. 1312 ff.。關於開戰時刻，希特勒說錯了：因為實際開戰時間是四點四十五分左右，即「一號作戰指示」中所定的。

【55】在與英國協商時，法國希望九月四日才開始作戰行動，而且法國外交部長博內還向哈利法克斯強調，在星期一晚上；比較 M. Freund, »Weltgeschichte« III, S. 412 f.。關於張伯倫接下來在下議院的演說，

比較英國政府的藍皮書，Basel 1939, Nr. 105。

【56】ADAP VII, S. 425.

【57】P. Schmidt, aaO., S. 463 f..

【58】P. Stehlin, aaO, S. 234；此外 ADAP VII, S. 445。W. L. Shirer, »Aufstieg und Fall«, S. 562 指出這個值得注意的相異處。

【59】M. Gilbert/R. Gott, aaO., S. 284 f. 如此認爲；下面提到的事件也是在此處有報導，比較 S. 274。

【60】IMT XV, S. 385 f..

【61】一位波蘭總理事後這麼說，報導於 M. Freund, »Weltgeschichte« III, S. 406。

【62】C. J. Burchhardt, aaO., S. 164.

【63】E. Nolte, »Krise«, S. 205.

【64】C. J. Burchhardt, aaO.., S. 351 如此報導。

【65】E. v. Weizsächer, aaO., S. 258；關於希特勒的不安和自我安慰，也比較 A. Zoller, aaO., S. 156；A. Hillgruber, »Staatsmänner« I, S. 196；此外 F. Halder, KTB I, S. 39。關於說英國軟弱和腐敗的話，文中所引述希特勒的多次講話中都出現過，見一九三七年十一月五日至一九三九年八月二十二日的講話。

【66】Karl Dönitz, »Zehn Jahre und zwanzig Tage«, S. 45.

階段小結：失誤的戰爭

「這時代的星象不利於和平，而是利於戰爭。」

阿道夫・希特勒

二次世界大戰沒有這是誰該負責的問題。雖然偶爾有人嘗試重建當時的情形，但辯護的需求或者打算根據泰勒（譯註：A. J. P. Taylor，二十世紀最著名和最具爭議的英國歷史學家之一，一九一六年發表的《第二次世界大戰的起源》是泰勒最具爭議的一本著作）自己的笑話，在無法找出原因的事上探索其原因這種傾向，都否定掉歷史學家的判斷。希特勒在整個危機過程中的行爲——他刻意挑戰的做法，對激化事態和大災難的渴望——如此明顯主宰他的反應，使得西方國家所有的妥協意願都取決於他的反應。這一切讓到底是誰引發這場大戰的所有問題都失效。就能夠想到的最廣泛意義而言，這場戰爭是希特勒的戰爭；他在過去這些年裡的政策，嚴格而言，甚至他整個生涯，都是以戰爭爲導向；若沒有戰爭，這一切就突然沒有了目標和結果，而希特勒就不是這個希特勒了。

他曾說，戰爭是「政治的最後目的」，[1]沒有任何一句話像這句話一樣，是他的世界觀中不容更改的格言。在這基礎上，他在許多處文告、講話和對話中，一再發展出其思想，他指出，政治是確保一個民族的生存空間；而自古以來，所需的生存空間都只透過戰鬥來占領和守護，因此政治是一種永遠的作戰，而使用武器進行交戰只是其最高形式；希特勒說，其「最強和最典型的特色」不只是政治，而是生命本身；在和平時期人類反而消失，「動物又取代其地位」並堅定不移地遵守自然法則。[2]一九四〇年十二月，他用詩人的語氣鄭重地對保加利亞特使德拉根諾夫（**Pervan Draganoff**）說：「只要地球仍然繞著太陽打轉，只要還有冷和熱，還有生殖能力和無生殖能力，還有風暴和陽光，戰鬥就會一直進行下去，人與人之間和民族與民族之間的戰鬥亦然……如果人類還活在伊甸園裡，他們就會腐敗。人類之所以成爲今日的人類是因爲他們經歷了戰鬥。」在戰爭期間，他在餐桌上說，持續超過二十五年的和平對一個國家是有害的。[3]

在他思想中的神話領域裡，權力欲、對名聲的渴求或認爲革命可以拯救人都不是發展戰爭的理由，希特勒甚至說，爲了取得礦藏資源而打仗是一種「罪行」。只有生存空間這個動機允許人拿起武器。但以純粹的形式而言，戰爭也必須依賴武器，而且它是關乎存亡最有力的原始法則，其中一方勝過另一方，這是一種無法根絕的反覆現象：「戰爭是最自然的事，最日常的事。戰爭永遠都在。戰爭無所不在。沒有開始，沒有和平的結束。戰爭就是生活。戰爭就是所有的搏鬥。戰爭是最原始的狀態。」[4]不顧雙方的友誼、意識形態和當前的盟約關係，他曾在餐桌上說，將來有一天，如果墨索里尼的造林計畫生效的話，也許也必須向義大利開戰。[5]

從這些想法中我們也可以找到爲什麼民族社會主義沒有烏托邦，而只有願景的原因。希特勒稱一個偉大全面的和平秩序只是一件「可笑」的事。[6]即使他的世界帝國夢也不是在一個和諧時代的美景裡達到其高峰，無論德國的勢力會達到什麼程度，它都是充滿各種武器的噪音、暴動和混亂。然而，到某一天，它會達到交戰、流血的極限，這時候這個種族已經變得剛強而且已經不斷篩選出最佳的人種。「我們估計自己的犧牲，斟酌可能成功的規模，然後邁出大步去攻擊。」在他的《第二本書》（*Zeiten Buch*）中，他就已經這樣寫到：「無論這個成功在今天的邊界之後十或一千公里之處就停下來，都無所謂。因爲無論我們的成功在哪裡結束，它將一直是一場新戰鬥的出發點。」這種幾乎顯得悖謬地執著於對戰爭的詞彙與想法重新指出，在社會達爾文主義的出發點之外，希特勒和民族社會主義源自戰爭經歷的程度到底有多大。戰爭經歷不僅影響了他們的仇恨情緒、權力操作方式，也同樣影響了他們的意識形態。希特勒一直不斷重複說，對他而言，世界大戰永遠都沒有結束。奇怪的是，對他以及這整個世代而言，和平似乎是一種掃興的想法，和平不是他們幻想中的對象；相反地，他們的幻想一直都是對戰鬥和敵對著迷。在取得政權過程結束後不久，當國內的所有政治對手都被消除掉之後，戈培爾就已經對一位外國的外交官說：「他常常充滿渴望地回想以前的時候，因爲那時候一再有機會進行攻擊。」希特勒最親信的圈子裡也有一個人提到他有「病態的戰鬥天性」。[7]這種需求是如此之強烈和強勢，它堆疊在所有的因素之上，尤其是希特勒這麼長時間以來展現的政治天分，與之糾纏一起。

即使希特勒的所有思想和謀劃幾乎都只以戰爭爲目標，但他所尋求的戰爭不是一九三九年九月三日隨著西方國家宣戰而開始且荒謬搞錯戰線的這場戰爭。在他擔任總理之前不久，在他還滿腦子都是理智的靈感的時候，他曾對自己周圍的人說，他將不帶任何浪漫情緒與敵國開始這即將來臨的戰爭，而只受他的策略考量之引導，他不玩戰爭遊戲，也不讓別人用陰謀逼他拿起武器：「是我在主導戰爭。我決定適當的攻擊時間點。只有一個最有利的時間點。我將等著它出現。憑著我鐵般的決心。而且我不會錯過它。我會把所有的精力都花在逼著它出現。這是我的任務。如果我能逼著它出現，那麼我就有理由讓這些年輕人去送死。」[8]

這項他給自己的任務，希特勒顯然失敗了。他真的失敗了嗎？問題不應該是爲什麼希特勒自願開始第二次世界大戰；問題只能是，爲什麼他幾乎全盤控制著事態的走向，卻還違反自己所有的計畫而在這個時間點陷入戰爭？

他無疑錯看了英國的態度並且不只一次違反所有的理智去行事。他太常從類似的情況中獲得勝利，而不得不被誘惑去從不可能的可能中看出一種個人的生命法則。這也是他在接下來的幾個月裡所建立的許多無用的希望的更深層原因。首先是希望迅速降服波蘭以逼英國讓步，接著希望蘇聯參與德國這一邊；有一段時間他希望減少對英國的戰事，之後又希望加強轟炸，並期望贏得英國在歐陸上的軍刀可帶來轉折。一九四〇年三月，他對墨索里尼說：「對法國的戰爭將是關鍵……如果法國被解決……（英國）就必須議和。」[9]畢竟，英國並沒有很強烈的動機，它是因爲義大利猶豫不決才參戰的，在他看來，每一個舉出的論點都可以充分使英國退出戰爭。他完全看不出對方有其他的動機，而且他對自己的判斷如此確定，在所謂的Z計畫裡，他將原本打算建造二十九艘潛艇的計畫，極爲粗心大意地減少到只剩兩艘可以下水。

然而，錯看英國參戰的意願無法充分解釋希特勒開戰的決心。他原本就清楚知道自己面臨什麼樣的風險。因爲當他決定進攻波蘭時，英國還在八月二十五日以支援波蘭協定表態，在獲得這個消息時，希特勒還特別取消了進攻的命令。剩下來的幾天裡，沒有任何因素可以讓他假設英國的抵抗意願已經減弱。所以，當他在八月三十一日又重新發出進攻的命令時，一定有一個更強的動機使他做出這個決定。

在他的整體行爲表現裡，最引人注意的是他那頑固、特有、盲目的沒有耐心，他一直急躁地催著開戰。這跟他之前每次做決定時都遲疑拖延，不斷搖擺的特色形成強烈的對比。當戈林在八月最後幾天提醒他不要叫牌叫得過高時，他激烈地回應說，他一輩子一向都是孤注一擲的。[10]雖然對這一次而言這是很貼切的描述，但還是違反希特勒在過去幾年裡一向的猜疑和審慎考慮的政治作風。所以，我們必須更往前回顧，一直回到幾乎在他從政之前的生命階段中，才能找到一九三九年夏天這個如此出人意料、挑釁和鋌而走險的行爲之連結點。

事實上，所有的線索都顯示，希特勒在這幾個月裡似乎放棄了之前一直有效的策略，即政治本身，而這是他過去十五年來玩得如此精湛的遊戲，有時甚至找不到勢均力敵的對手。在這段時間裡，他彷彿對一直要巧妙避開各種困難、各種僞裝藝術和操縱外交傀儡的所有麻煩都感到厭倦了，並再次尋找「一種偉大、所有人都理解、使人獲得自由的做法」。[11]根據觀察，他生命中的一個猛烈轉折點是一九二三年的啤酒館政變事件——具體而言，它標誌了希特勒進入政界的時刻。在這之前，他主要是憑著自己的絕對想法，透過不拐彎抹角的攻擊行動、激進的全贏或全輸觀點出風頭，這是他在啤酒館政變前一天晚上還再度以陰暗的語氣去強調的。「當這場關乎存亡的決定性戰鬥呼喚我們時，我們所有人就只要認識一件事：我們的頭上是天空，我們的腳下是大地，我們的前面是敵人。」到目前爲止，他就只知道正面衝突這種關係，無論是對內或對外。黨主席粗暴的命令語氣很符合演講者攻擊式推進的風格，作爲黨主席，他的命令一向顯示出一種斷然、粗暴的特質。[12]一九二三年十一月九日的失敗讓希特勒澈底認識到政治遊戲的意義和機會、其策略詭計、聯盟和假裝妥協等面向，於是將這位原來喜愛攻擊的政變分子，變成這位審慎思考、善於布局的政治人物。儘管有各種優勢，而且憑著這些優勢他很快就學會了如何掌握自己的角色，他還是無法完全隱藏自己有很多做法其實只是必須假裝著配合的樣子，但他心裡深處的渴望仍然是反對這種拐彎抹角、反對遊戲規則、反對合法性，或甚至反對政治本身。

現在，他又回到早期的狀況，終於決定要撕破依賴的網絡和假裝同意的做法，並贏回政變分子的自由，以便將政治人物標誌爲「向我建議進行調查的那個卑鄙的傢伙」。羅馬尼亞外交部長加棻古在一九三九年四月造訪柏林之後報告說，希特勒的行爲「就像一種大自然的力量」一樣。[13]對於一九二〇年的那位煽動者和叛變者的描述，沒有比這更貼切的了。特別是隨著他決定開戰之後，之前他那種不問政治的二選一說法，要勝利或毀滅、要做世界強權或滅亡——而且這是他一直私底下喜歡的——一再在同一次說話裡多次出現。例如他在一九三九年十一月二十三日對將軍們說：「對妥協懷抱希望是幼稚的，反正不是打贏就是打輸。」接著他說：「即使世人現在討厭我們，我已經帶領德意志民族達到偉大的高度。我現在將這份功業當成賭注。我必須在勝利和滅亡之間做選擇。而我選擇勝利。」幾句話之後，他又說：「這攸關的不是一個單一的問題，而是關乎這個國家的存亡。」[14]抱著退出政治圈的打算，他的用詞和發言越來越退回不理性的層次：「只有那與命運一起戰鬥的人才能擁有有利的天命。」在上面提到的那次說話中他如此說。一位他親信圈子裡的觀察者發現，在八月的最後幾天裡，他越來越明顯有「尼伯龍根式死亡的傾向」。而希特勒自己則以成吉思汗的行爲爲自己辯解，成吉思汗也曾經「獵殺了幾百萬名婦孺」，希特勒還將戰爭定義爲一場「決定命運的戰鬥，無法用任何方式擺脫或用某種狡猾的政治或靈活的策略手法交易掉，而是眞正是（呈現）一種對抗匈奴的戰鬥……在這場戰鬥裡，我們不是還站著就是倒下並死掉；反正就是其中一種。」[15]我們必須在所有這些證據中看到一些徵狀，他現在又回到從政之前的層次——決定事件的不是各種卑鄙的花招，而是歷史，不是各種圓滑的政治藝術，而是命運的步伐。

接下來的幾年顯示，希特勒摒棄政治不是來自過去的情緒，因爲基本上他從來都沒有再回到政治裡。他身邊所有人的努力，包括戈培爾急切地預言不好的後果，里賓特洛甫或羅森伯格的提醒，甚至外國政治人物像墨索里尼、米克洛什（譯註：Horthy Miklós，匈牙利攝政王）和拉瓦爾（譯註：Pierre Laval，法國總理）偶爾的建議，都沒有用。隨著戰事到後期，固定一再發生的是，只剩下與衛星國的領導人會面，而且頻率越來越低。但這些會晤與政治活動無關。希特勒自己都貼切地稱之爲「催眠的活動」。到最後，一九四五年在元首總部，外交部的連絡人黑沃爾大使（Walther Hewel）要求他利用政治主動權的最後機會時，他回答說：「政治？我不再搞政治了。它令我非常作嘔。」【16】

此外，最矛盾的是，他以局勢改變作爲自己的被動之理由，無論是將戰事順利的階段視爲自己工作的時間，或是在挫折期間擔心自己陷入不利的談判處境。「他覺得自己像一隻十字蜘蛛一樣。」在戰爭的第二階段時他這麼說：「蟄伏在那裡，等待在短時間內會有一連串幸運的事出現。」但實際上，他一直把自己對政治的懷疑隱藏在這些比喻之後，在他看來，政治的賭注太少，而出人意料的高潮又太枯燥，而且根本沒有燃燒所需的空氣讓成功轉變成勝利。在大戰期間，有不同的人報導他這種看法，必須「自己切斷可能的撤退路線……這樣就會打得更輕鬆，而且打得更堅決。」【17】如今在他眼中，政治與「可能的撤退路線」沒兩樣。

在放棄政治之後，如今希特勒又回到之前的原則性意識形態立場。他那固定不變的世界觀長期以來隱藏在沒有限度的靈活策略和方法之下，如今又重新出現，而且顯出越來越尖銳的輪廓。戰爭啓動了一個石化的進程，很快就覆蓋了整個人並癱瘓掉他的反應。一九三九年九月一日，即大戰開始的那一天，希特勒所發布的這個沒有格式的命令——給所有患絕症的人「安樂死」——就已發出一個警訊。【18】這個安樂死計畫最能顯示出希特勒的狂躁反猶太主義，這本身就是一種神話化意識的萎縮形式。一九四三年初他向一位外國談話對象說：「猶太人是布爾什維克主義的天然盟友和現今布爾什維克化過程中要被謀殺的知識分子的候選人。因此……（他）認為，必須以越激進的方式對待猶太人就越好。他寧願薩拉米斯海戰（譯註：Seeschlacht von Salamis，公元前四八〇年第二次希波戰爭中決定性的海戰，希臘以少勝多，使古希臘文明不至於滅亡）是一場沒有勝負的戰役，而且他會將身後的所有橋梁都摧毀，因為對猶太人的仇恨本來就很大。在德國……一走上這條路就沒有回頭路可以走了。」[19]他越發覺得自己進入一種最後大戰的心情，並認為，末世來臨時是不看外交人物的情面的。

在尋找驅動這整個進程的具體因素時，希特勒對政治的反感無法提供全部的解釋，雖然這很符合這個人的心理圖表，即一再對所有持久的事感到澈底厭煩。曾經有人假設，希特勒的人格因為某種疾病而分裂，可是卻沒有參考點。所有這些論點的背後所隱藏的，常常是失望的納粹黨員嘗試去區分成功的希特勒和失敗的希特勒之間的差別而已。因為無論這個生命是如何地破碎，它仍然含有這個階段出現的想法和意識形態之全部特徵，並與早年的生活如此緊密糾纏在一起，使得這時候出現的不是分裂，反而是希特勒的本質中無法改變的核心。

當然，造成他沒有耐心的因素很多，對戲劇性激化的需求，成功帶來的快速滿足。他原本是這一切動力的製造者，如今又成了它們的受害者。還有對「走出被動狀態」有「無法抗拒的渴望」，就像哈塞爾在德軍占回萊茵區時所注意到的。最後是害怕時間不夠這個現象。最晚到一九三八年時，這個現象已成了他行動風格裡的一種特色，如今又在衡量局勢之下，認為時間不僅從他身邊溜走，還與他作對。他曾對墨索里尼鄭重地說：「將戰爭延後兩到三年是否對德國比較好」他曾「（嘗試）在許多無眠的夜裡尋找這個問題的答案」，可是又想到這場衝突是無法避免的，加上對手一直變得更強因而決定「在秋天進攻波蘭」。[20]一九三九年九月二十七日，他也親自對布勞希奇和哈德爾說過類似的話，在十四天後所寫的備忘錄裡，他說：「根據情勢判斷……時間有很大機率是西方國家的盟友，而不是我們的盟友。」[21]他一直用新的方式將這個考量合理化，不僅提到他「很幸運，得以親自打這場」，甚至一想到在他之後有另一個人可以開啓這場戰爭時還感到嫉妒。另一次他以鄙視的眼光看著每一個可能的繼任者說，他可「不想，在他死後會出現『愚蠢的戰爭』」。一九三九年十一月二十三日的講話中，他最常提到的動機以概括的形式出現。當時他打算讓司令官們儘快攻打西方國家，在分析局勢之後，他指出：

「我必須以極謙卑的態度指出我這個人就是最後一個因素：無可取代。無論是軍方或民間都沒有任何人可以取代我。（就像一九三九年十一月八日在公民啤酒館那次）嘗試刺殺我的行動可能會重複。我非常信任我的腦力和我的決策力。戰爭一向都只透過毀滅對手來結束。有其他想法的人是不負責任的。時間在爲對手服務。如今的武力比例，對我們而言不會再改善，而只會再惡化。如果武力比例對我們不利時，對手不會以議和收場。我們不可妥協。要對自己嚴苛。我將進攻而不投降。這個帝國的命運就只取決於我。我將據此行事。」[22]

就像他在這類特有自我陶醉的合理化中所清楚顯示的，戰爭初始階段的成功更鼓勵他放棄政治。在進攻波蘭時，他還有一點保留地扮演統帥這個角色，但接下來他卻以越來越大的激情去扮演它。他那種幼稚特質——將以前曾經有過的所有好玩經驗變成不朽——在大戰期間也顯示在毫無節制投入元首總部的地圖桌上看得出來。這給他的神經帶來新的刺激、新的興奮感，但也帶給他新的任務；顯然，在統帥這份職業裡，他不只看到這是對「他的腦力」、剛強和決心的一種最高挑戰，也可以看出他的戲劇天分；這是「極為巨大」、極為嚴肅的導演任務，嚴肅到生死攸關的程度。他認為，只有具有藝術才能的人才有做統帥的天分，這更強調上面的想法。初始階段毫不費力就打勝仗使他越發認為，在獲得雄辯者和政治家的名聲之後，他也能獲得統帥的名聲。當戰爭時間越拉越長，可是這份名聲都還沒出現時，他便開始追在它的後面跑——氣喘吁吁、頑固、伴隨著他的舞臺幻覺效果，一直到滅亡為止。

即興發動的戰爭

雖然希特勒開戰的意願並非強到一定非打不可，並迫使他為了自己的緣故去接受相反的想法；相反地，儘管一直準備不充分，他仍然要發動戰爭。街上壓抑的氣氛以及過去幾個月裡民眾以不同方式示威性拒絕歡呼的行為都是人民缺乏心理動員的證據，可是希特勒因為沒有耐心而沒有做多少事來改善這種情況。自從四月二十八日在國會的演講之後，他就幾乎沒有在群眾前出現過。很有可能，他認為事件的戲劇性已經含有足夠的動員能量。但再度占領萊茵區、併吞奧地利或德軍進駐蘇臺德地區給人們帶來的滿足感，在占領布拉格時就已消耗光了。對於一個如此長時間感到被羞辱的民族的名聲需求而言，但澤自由市或波蘭走廊都不夠眞正重要。儘管波蘭戰役二戰期間的其他戰役都有名，但它沒有一個煽動人心的動機。即使關於德國人被謀殺、遭到酷刑或被強暴等誇大的暴行新聞，或實際上約有七千個受害者，都無法使之產生動機。在戰事一開始的那幾個月裡就經常有許多不滿的情緒。保安處注意到人民在抱怨「沒有充分準備就發動戰爭」。在聖誕節至新年期間，警方首次必須出動去處理感到不滿的人聚眾鬧事。[23]

希特勒之所以決定開戰顯然部分的原因是擔心，如果現在不開打，人民的開戰意願會變得更低落；此外，他的考量還包括，只要還有機會與過去幾年內的動力掛上鉤，就要開戰，雖然這股動力已明顯越來越弱。他之前曾經說過：「避免打仗的人，就絕不會有力量去打仗。」在爲自己所定的開戰時機辯解的最後一次講話裡，（根本不可能有……比一九三九年更幸運的時刻）他詳細解釋，他的決定部分是因爲心理因素的考量，因爲「人們（不能）將熱情和犧牲意願……放在酒瓶上並抱持保守的態度。這曾經在革命的過程中出現過並且會逐漸再度變得蒼白。灰暗的日常和舒適的生活使人們沉迷，使他們又變成市儈。我們透過民族社會主義教育，透過巨大浪潮使我們的人民振奮，這些已經達到的事，不可讓它就這樣消逝」；相反地，戰爭是重新燃起它的機會。[24]

然而，戰爭不僅是心理方面必須自己先創造出領導所不可或缺的部分先決條件。更確切而言，這是希特勒對戰爭的基本理念，並且又顯出他的賭徒本質，這是在別的時候很少看到的。在一九四四年七月初的一次講話中，他公開承認這項原則，他承認，這場戰爭是「在提前支出以後的勞務、以後的工作、以後的原料、以後的糧食基礎，同時也是一項無比巨大的訓練計畫，訓練我們去克服將來也會面對的問題」。[25]

物資先決條件

經濟上和武器技術上的準備比心理上的準備還更爲遠遠不足。雖然德國的宣傳一再重新指出它極爲努力增加軍備，而且全世界都相信這一點以及和納粹政府領導人物所說的話，認爲德國經濟多年以來的主要目的一直是爲戰爭做準備。當戈林獲得任命爲四年計畫的負責人時，他就是這樣誇口的：德國已經處於戰爭當中，只不過還沒開槍而已。[26]但實際情況則完全不是這樣。雖然德國的鋼產量高於其對手；同樣地，其煤儲存量也比對手多，其工業生產力也比對手高很多。可是在希望達到自給自足的努力方面，戰爭中的重要原料對外國的依賴卻非常高，例如：錫有百分之九十靠進口，銅百分之七十，生膠百分之八十，礦物油百分之六十五，鋁土則是百分之九十九。這些在需求上最重要的原料只有一年的安全儲存量，可是銅、生膠和錫的儲存量在一九三九年初就幾乎耗光了。如果沒有蘇聯的大力經濟支援，可能英國一執行經濟封鎖沒多久，德國就垮了，莫洛托夫在與希特勒的一次晤談中親自指出這一點。[27]

軍事裝備方面也差不多如此。在九月一日的國會演說中，希特勒說，他爲軍備支出了九百億馬克，可是這只是他每次提到數字時固定會無限誇大的做法。[28]儘管過去這些年花費了這麼多錢，但德國的軍備只準備到九月一日的戰事而已，沒有爲九月三日之後的戰事準備。陸軍雖然有一百零二個師，但只有一半是可以上戰場的常備軍，而且其訓練水平非常的不足。海軍不僅少於英國艦隊，甚至連法國的艦隊都明顯比不上，連一九三五年的《德英海軍協定》的額度都沒有用到。在西方國家宣戰的消息到達之後不久，海軍元帥雷德爾上將說，「德國艦隊少數幾艘已完工或能參戰，若眞正作戰起來（可能會）沉沒」。[29]只有空軍比較強，擁有三千兩百九十八架飛機，可是彈藥儲存量在波蘭戰役結束時就用掉了一半，若戰事繼續積極進行下去，甚至可能撐不了三到四個星期。在紐倫堡大審上，約德爾將軍就將當時的彈藥儲量比爲「簡直笑話」。甚至其他軍備儲存量也比陸軍總司令部要求的至少四個月存量低很多。如果當初西方國家只用一半的力氣來打，很有可能一九三九年秋天就已經打敗德國，戰爭也早就結束了。專業人士肯定了這種說法。[30]

希特勒無疑看到這樣的困難和風險。在他一九三九年十月九日的「關於在西方作戰」的備忘錄裡，他就詳細講到這一點。在另外特別分開的一段甚至分析了「德國情勢之危險」。他主要擔心的是戰爭會持續較久的時間，而無論在政治、物資或心理方面，他認爲德國的準備都不夠。但他將所有這些弱點歸因於德國的全面狀況，而不是這一次的具體情況，因此「短時間內任何努力基本上都無法改善」。[31]基本上，這意思就等於，在目前情況下德國根本無力打一場世界大戰。

閃電戰的概念

對於這樣的困境，希特勒的反應帶來巨大的轉折，這不僅揭露出他極爲敏銳的洞察力，還揭露出他詭計多端的一面。他的反應是：如果德國無法對敵人進行一場大規模、持久的戰爭，就必須對選出的單一目標進行短暫、時間上隔開、火力集中的攻擊，以便逐步擴張其勢力並且讓軍工業一步一步慢慢擴充，直到德國最後有能力打一場世界大戰爲止——這就是閃電戰的戰略概念。[32]

長久以來，閃電戰只被視爲摧毀敵人的軍事突襲行動之戰略或運作方法而已，但其實它是爲更複雜的情況考量的；它是一種整體作戰的概念，特別考量到德國情況的優缺點並巧妙地與一種新式侵略做法結合在一起。由於它利用不同戰役之間的空檔時間重新增加軍備，德國不僅在備戰方面能超越個別對手，還能對經濟以及大衆的物資負擔保持在相對低的程度。此外，有時候密集的勝利軍號還可以刺激人民的心理，閃電戰也是嘗試牢記世界大戰期間不祥的陳腔濫調——說德國雖然贏了一些戰役卻輸掉整場戰爭，因爲戰爭被一連串打贏的戰役分解得支離破碎了——的做法。但這正是閃電戰構想受人質疑和自我欺騙所在，儘管它非常符合納粹政府的本質以及希特勒的即興、由當下這一刻的靈感來決定事情的風格。可是當對手形成強大的聯合陣營並決定使戰爭持久進行時，閃電戰構想在這一刻就已無可挽回地輸了。

希特勒是如此信任閃電戰的構想，使得他根本沒有爲可能進行持久戰做任何準備。一九三九年夏天，國防軍領導階層建議，「用戰爭模擬遊戲和圖上作戰……澄清」可能全面開戰的情勢時，希特勒不但拒絕，還特別指示讓波蘭的戰事局部化。[33]十月九日的備忘錄是他第一次具體嘗試定義與西方交戰的情況和目標。有人建議將經濟做原則性的調整以配合長期全面作戰的情況，他又再度拒絕。一九四〇年的國民生產總值與去年相比稍微下降，在一九四一/四二年的冬天之前，因爲期望即將對蘇聯進行「閃電戰」，甚至大大降底軍用物資的生產。[34]一次世界大戰的經驗也對此產生影響，他打算盡一切努力避免多年嚴苛控制經濟所造成的壓抑心理效果。

希特勒與德意志世界強權這個構想

一次和二次世界大戰之間的關係不僅可以從不同層次解釋，希特勒自己也一再特別強調這一點。他曾經說，在他之後是停戰，在他面前的卻是「我們一九一八年丟掉的勝利」。一九三九年十一月二十三日的演講中，在提到一次世界大戰時，他說：「今天這齣戲的第二幕將被寫下。」[35]按照這個關連性，希特勒是主張德意志強權這個構想的特別激進代言人。而這個構想可回溯到俾斯麥晚期時，而且在二十世紀初凝聚成具體的戰爭目標。在一九一四至一九一八年初次嘗試失敗之後，在二次世界大戰中又嘗試以新的、更大的決心去實現它。德國歷史上延續將近百年的帝國主義在希特勒身上達到其高潮。[36]

事實上，這個觀點有不少令人信服的理由。光是希特勒與二戰前那段時間的全面關係，他出身於一戰的各種情結、意識形態和防衛反應都讓這個觀點很有分量。因爲即使有各種現代的因素，他還是一個非常不符合時代的現象，屬於過時的十九世紀，而且這顯示於這些方面——他天眞的帝國主義、一切都要巨大的情結、深信這種二選一是無可避免的——要嘛崛起爲世界強權，要嘛滅亡。原則上，維也納時期那位跟隨潮流的年輕市民就已經重複這個典型的基本運動，當時的保守領導階層因爲害怕自己的社會地位受到威脅而遁入擴張領土的構想裡，他只不過擴充了這個構想並使它更爲激進而已。那些人在講戰爭和占領時，承諾可以「恢復昔日境況」——其實只就他們的社會和政治特權而言——和「加強家族統治的秩序和觀念」；[37]而希特勒，一如既往，以延伸的巨大規模去思考戰爭和擴張領土一事，遠遠超出階級利益，而將它視爲國家或甚至種族的生存機會。傳統的社會帝國主義在希特勒特有的想法裡摻雜著生物學家的元素。

無論一戰或二戰，驅使德國成爲世界強權這個願景的基本動機是生存受到威脅或生存空間變得狹窄。以前，至少一九一四年的德國總理馮．貝特曼—霍爾韋格（Theobald v. Bethmann Hollweg）就因此而感到沮喪、聳肩且帶著宿命論的軟弱面對它；而希特勒則是帶著憤恨和激進的想法。當然，此兩人是無法比較的。對貝特曼—霍爾韋格而言，德意志世界帝國這個構想是「一種荒謬、不可思議的想法」。他曾沮喪地說：「如果德國贏的話，它將因其政治上統治而導致知識上滅亡。」[38]雖然希特勒像貝特曼—霍爾韋格一樣被打敗，但他卻一點都不懷疑世界帝國這種構想。霍爾韋格雖然因爲屬於受過教育的市民階級而地位高尚，但仍然像希特勒一樣心中充滿悲觀的幻想和日耳曼調調的滅亡情緒，這都顯示出德國人意識中命運和災難動機之間延伸地極爲悠久的關係；更別提熱衷於世界強權願景導致貝特曼—霍爾韋格在一九一七年下臺。

作為世界強權的目標和動機

但希特勒擴張領土的方向也符合過去的傳統。長久以來，東邊是德國的天然生存空間這種想法就一直存在於德國人的意識形態裡，希特勒的奧匈帝國出身又更加強這種觀點。一八九四年使人麻木的宣傳組織「全德意志組織」（譯註：Alldeutschen Verband，存在於一八九一至一九三九年，當時德國境內最大、最有名的煽動性組織。主旨思想爲擴張領土、泛日耳曼主義、軍武、國家主義、種族主義和反猶太主義等）的一份聲明就將德國的利益引到東邊和東南邊「以確保日耳曼種族完全發展其力量所需的各種生存條件」。在著名的一九一二年十二月八日「戰爭委員會」上，參謀部長馮·毛奇（Helmuth v. Moltke）要求「利用新聞」準備人民「對抗蘇聯的戰爭」。不久，《漢堡新聞社》（*Hamburger Nachtrichtendienst*）順著這個思維要求與東邊進行無可避免的決定性的戰爭，並指出，問題是歐洲到底該屬於日耳曼人或斯拉夫人；而《日耳曼日報》（譯註：*Germania*，存在於一八七一至一九三八年，天主教保守派中央黨之黨報）也贊成此觀點。在戰事爆發幾天後，外交部提出一份在東邊「建立多個緩衝國」的計畫，而且這些緩衝國應該全都在軍事上依賴德國。全德意志組織的主席克拉斯（Heinrich Claß）的一份關於「論德國的戰爭目標」的備忘錄以傳單的形式擴散得更廣。這份傳單要求在東邊有擴張的省分，透過與俄國交換伏爾加區的德國人，將猶太人運送到巴勒斯坦，將波蘭的民族邊界往東移以達到「民族土地重劃」的目標。[39]如果沒有一戰期間各種毫無節制計畫和關於戰爭目標的討論，希特勒的東擴政治理念根本不可能成形，雖然這多多少少受到慕尼黑的俄國移民圈子或他個人喜歡誇大知識的傾向之影響。

同樣地，希特勒的結盟想法並非沒有前例可循。必須讓英國保持中立，以便德國能與奧匈帝國向東邊開戰以占領土地，如果可以的話同時對法國開戰，這種想法在德皇時代的政治裡並不陌生。貝特曼—霍爾韋格在大戰開始之後不久還將此想法表達得更精確，並認爲在西邊進行閃電戰之後與英國結盟一起對付蘇聯是可能的，甚至在大戰快結束時他還宣稱，「只有透過與英國達成一致，（當初）才能避免」此戰爭。【40】這跟希特勒的理想概念一模一樣，而且它的輪廓首次在這些考量中浮現。在威瑪共和時，斯特來斯曼內閣認爲與法國和解是優先任務，而到了希特勒時他也是尋求與英國達成一致的立場並讓英國保持中立。

除了意識形態、空間政策和結盟技巧的相關性之外，德國追求強權政治的延續性也很容易從社會族群找到原因。在德皇時期擬定擴張領土概念並在一九一八年的解體後發展出更強烈的報復情結的，主要是保守派領導階層的代表們。從那時候開始，他們就想辦法重建德國被擊得粉碎的自信心，贏回失去的領土（尤其是波蘭）。在威瑪時期，即使他們最深思熟慮的代表也一直拒絕向東邊給出邊界保證。例如，德國防衛軍一九二六年給外交部的一份備忘錄就非常典型地擬定了德國的外交政策：解放萊茵區和薩爾區，解決波蘭走廊和贏回波蘭的上西利西亞，德國—奧地利合併以及最後解決去軍事化地區【41】——從順序來看，這是希特勒在一九三〇年代的外交政策時程。這群人在這位納粹黨主席身上看到的是那個看起來有能力實現他們修正主義企圖的人，因爲沒有人能像他一樣，不顧任何阻礙，知道利用整合《凡爾賽條約》和國內瀰漫的屈辱感覺作爲動員全國的手段。特別是，在他剛上任總理時，他們甚至鼓勵他採取一條激化的路線：無論在退出裁軍會議、退出國際聯盟或在增武的問題上，內閣裡的保守派成員都催促猶豫的希特勒向前，直到慕尼黑會議時，他們才因爲他魯莽的玩法而不贊成他。

延續性就在這一點結束。因爲修正主義保守派，如馮・諾伊拉特、馮・勃洛姆堡、馮・巴本或馮・魏查克，一致視爲目標的事，在希特勒眼中連一個階段都不算，而只是走出準備的一步而已。他之所以鄙視這些並非全心全意的政治夥件，是因爲他們不想做這個爭議性想法要他們去做的事——奪取統治世界的權力。現在這成了他堅定不移向前的「未來目標」，不是占領新的（或奪回舊的）邊界，而是占領新的空間，一百萬平方公里，一直到烏拉山，甚至烏拉山之外的區域。「我們將在東邊實行我們的法律。我們將向前突進，逐漸朗讀我們的法律，一直到烏拉山爲止。我希望，我們這個世代還能實現這個目標……如此一來，我們就可以永遠爲未來擁有一個健康的精英人種。我們所創造的這些先決條件，將使得被我們所有人——即整個日耳曼民族——所領導、所管轄、所統治的整個歐洲，在許多個世代之後仍然能夠與一再過來侵略的亞洲人進行命運之戰，抵抗他們的入侵。我們不知道這會是什麼時候。當另外一邊人口達到十至十五億人時，我希望，日耳曼民族能夠達到二點五億至三億人，加上其他歐洲民族達到六億至七億的總數，再加上直到烏拉山的前緣地帶，或一百多年後能超過烏拉山，能經受得住抵抗亞洲人的生存之戰。」[42]這種帝國主義在這一點上，打斷了它與德皇時代帝國主義的延續性，而且它在質的方面不同，它對空間的飢渴沒那麼大，因爲在全德意志組織的東進計畫中，是在權力政治上更具體的，而魯登道夫一九一八年的東進計畫中，所顯示的空間飢渴更爲巨大。但更不同的是它擁有一些賦予連結力和推動力的意識形態酵素：精英人種、種族區塊和末世使命的想法。人們大多很久之後才從這句話認識到他這種特殊的異類特質，當時一位保守派以這樣的話描述希特勒：「這個人根本不屬於我們的種族。他身上有一些非常奇怪的特質，一些原本已經滅絕的原始人種的特質。」[43]

希特勒說二戰是一戰的延續並不是許多人所認爲的帝國主義空洞套話，而是他嘗試偷偷溜進這個延續性的說法——雖然他並不想使這個延續性繼續下去，並在將軍們和保持派面前最後一次假裝他是他們未實現的世界強權夢想的代言人，是一九一八年那場丟失、被竊走的勝利的恢復者，現在這場勝利應該屬於他們才對。事實上，他心裡想的不只如此，修正主義只提供他一個理想的連結點。在這種沒有經過辯證的延續性概念的背景之下，人們很容易就看錯了這個現象的特質；希特勒並不是威廉三世。

在《我的奮鬥》裡他就已經寫到，一份黨綱，就如同他所主張的，是「擬定一份反對現在的秩序、甚至反對現在世界觀的宣戰聲明」。[44]一九三九年九月，他開始只用武力進行境外交戰。一次世界大戰，至少部分，已經是各種意識形態和各種統治體制的互相衝突，而二次世界大戰則以無法比擬、更激化、更原則性的方式進行的衝突，一種全球的內戰，所決定的不是將來統治世界的權力，而是統治世界的道德。

在波蘭出乎意料快速的臣服之後，敵對的對手沒有可以爭奪的領土目標，沒有侵略的目標，好一段時間，這個秋天的怪戰（譯註：法語：Drôle de guerre；英語：phoney War，假戰；德語：Sitzkrieg，靜坐戰；指一九三九年九月至一九四○年四月之間，英法雖然因爲德國入侵波蘭而對德宣戰，但雙方實際上只有極輕微的軍事衝突）似乎失去了其戰爭的動機，在這樣的基礎上出現了一絲微小的和平機會。十月五日希特勒前往華沙進行勝利閱兵遊行。隔天，他宣布一則富有意義的「和平呼籲」。幾乎沒有人能料到，這份呼籲所挑起的最後一絲希望有多麼不確定、多麼空洞。因爲才十四天前，史達林就已經向希特勒表示，他不太喜歡讓剩下的波蘭獨立。而希特勒則贊成了蘇聯建議的做法，因爲他最近出現了反對在政治上二選一的傾向。當他們十月四日結束的時候，波蘭就已經重新被它兩個強大鄰國瓜分了，同時也毀掉用政治方法去結束與西方國家之間這場戰爭的可能。對於希特勒的國會演講，一位外國外交官這麼說，他威脅要把和平關到牢裡。[45]

就他的大構想這個框架來看，希特勒的做法絕對是對的。因爲無論他是否可能贏回西方的支持並營造理想的局面，史達林的提議終於爲他創造了和蘇聯接壤這個條件，當初之所以要打波蘭就是爲了達到這個目的。在一九三九年十月十七日，他就已經在一次晚間的談話中要求國防軍最高統帥凱特爾上將，在將來的規劃中要考慮到，把占領的波蘭地區「視爲往前推的前沿地帶，對我們不僅有軍事意義，還可以利用它作爲軍隊通過的路線。爲此，所有的火車站、街道和訊息傳遞管道必須維持狀況良好以便能利用來達成我們的目的。所有能加強波蘭之狀況的手段都必須被排除掉」；但接著，他諷刺地說：「『波蘭的經濟』必須興盛發展。」[46]

無可挽回的戰爭

但在道德層面上，他如今也跨過了使這場戰爭變得無法挽回的界線。在同一次晤談中他要求，禁止所有可能會使「一位波蘭知識分子成爲領導階層」的可能。「在這個國家裡應該維持在一種較低的生活水準；我們只想要那裡的勞動力」。遠遠超出一九一四年的邊界，主要被併入德國的是所謂的瓦爾特蘭地區（Warthelland）和上西利西亞的工業區，其他地區或在法蘭克這位殖民地總督的領導下穩定下來，部分被肆無忌憚地進行德國化，部分則透過奴役戰和毀滅戰臣服。希特勒說，法蘭克必須變得有能力「完成這魔鬼工程！」在九月底時，他就已經委派希姆萊進行暴力的種族「土地重劃」，爲了讓他能毫無阻礙地進行「民族鬥爭」而在一九三九年十月二十五日取消了軍事管理模式。於是衝鋒隊和各警察單位開始其恐怖管理：逮捕、強迫遷徙、驅逐出境、屠殺。一位德國軍官在一封信中震驚地提到「一群謀殺、強盜、掠劫土匪」。而法蘭克則誇口說，現在對德國而言「東邊的時代」開始了，「這是一個以暴力殖民和強迫移民手段來重新規劃的時代」。[47]

在這段加強意識形態化進程的時間，希姆萊爬得越來越高，希特勒曾經稱讚他說，他完全不吝於使用「卑鄙下流的手段」，不僅因此建立了秩序也建立了同謀。[48]除了擴張領土的企圖之外，這種心理考量似乎也是造成納粹政權越來越明目張膽的犯罪行爲的另一個因素，透過一種極大的罪行將全國與當權政府綁在一起，建立所有的船都被燒毀了而必須背水一戰的認識，即希特勒所說的薩拉米斯戰役那種感覺，以及放棄政治操作，這一切都是嘗試割斷所有可能回頭路的做法。自從大戰開始之後，希特勒每一次講話都出現這種發誓般的說法：絕不可讓一九一八年再重複。他必定也感受到馮．李布上將（Ritter v. Leeb）在一九三九年十月三日在日記中所寫的這種現象：「人民情緒極糟，完全沒有任何興奮，屋子前沒掛國旗，所有的人都在等待和平到來。人民覺得這場戰爭是不必要的。」[49]接著立即在東方實施的滅絕政策是使這場戰爭變得不可挽回的手段。

雖然感到往日的興奮刺激，但他已經沒有出路，又落入背水一戰的境況。如今，這場衝突，如同他所說的，「就是得澈底打一仗」。一九四〇年三月二日，美國國務次卿威爾斯（Summer Welles）來拜訪他時，他向威爾斯說：「這不是關於德國是否會被毀滅的問題，」德國將盡最大的努力作戰；但「最糟的情況是，玉石俱焚」。[50]

注釋

【1】一九一九漢堡國家俱樂部（譯註：Hamburger Nationalklub von 1919，納粹的政治組織），引述於 W. Jochmann, »Im Kampf«, S. 83。

【2】一九四二年二月十五日對軍官與軍官候選人說話，引述於 H. v. Kotze/H. Krausnick, aaO., S. 308；此外 »Tischgespräche«, S.248。

【3】»Hitler's Table Talk«, 661；此外 A. Hillgruber, »Staatsmänner« I, S. 388。

【4】H. Rauschning, »Gespräche«, S. 12; »Tischgespräche«, S. 172.

【5】同上，S. 328

【6】A. Hillgruber, »Staatsmänner« I, S. 388.

【7】O. Dietrich, »Zwölf Jahre« 裡這麼說，S.156；關於戈培爾所說的話，比較 I. Kirkpatrick, »Im inneren Kreis«, S. 69。引述 »Zeiten Buch« 的那句話，見該書 S. 77。

【8】H. Rauschning, »Gespräche«, S.16.

【9】A. Hillgruber, »Staatsmänner« I, S.102f.。在同一次談話中希特勒指出，他在一九四〇年秋天才會「全力」投入潛艇，「但他希望，到時候就已經解決掉敵人」，同上 S. 92f.。關於接下來那句話，說英國是因爲義大利猶豫不決的態度才參戰，比較與齊亞諾的談話，aaO., S. 42。

【10】E. v. Weizsäcker, aaO., S. 258。

【11】一九三三年秋天，希特勒在決定脫離國際聯盟時舉出的理由，比較 H. Rauschning, »Gespräche«, S.101f.。

【12】比較，例如一九二二年四月二十六日的公告，引述於 W. Horn, aaO, ,S. 69；S. 67ff. 還有其他例子。之

前的引述出自希特勒於一九二二年十二月十六日對衝鋒隊的呼籲，PND-Bericht Nr. 393, HA 65/1483。

【13】M. Freund, »Weltgeschichte« III, S. 189.

【14】M. Domarus, aaO., S. 1425 f..

【15】一九四四年七月三十一日的一次軍情討論上如此說，比較 »Lagebesprechungen«, S. 587；此外，E. v. Weizsäcker, aaO., S. 258。關於提到成吉思汗，出自一九三九年八月二十二日的致詞，引述於 VJHfZ 1968/2, S. 139。

【16】一位年紀較大的參謀總部軍官之紀錄，刊印於 »Kriegstagebuch des OKW« (KTB/OKW) IV, 2, S. 1704；關於之前提到的希特勒那句話，比較 »Lagebesprechung«, S. 862。

【17】一九四四年三月十六日在克萊斯海姆宮與保加利亞攝政議會之成員晤談時這麼說，引述於 A. Hillgruber, »Staatsmänner« I, S.377。在同一次晤談中，希特勒指出：「只要越不抱持著還有另一種方法可以結束這場戰爭的幻想，就越能以更大的決心打這場仗。」同上，S. .376。

【18】這份命令是以一封信的形式發出，裡面含有這樣的話 ：「現委任帝國領導人 Bouhler 和醫學博士 Brandt，擴充特定醫生的權限，以便可在經由人道主義的考慮，並經對病情狀況最嚴格的審查後，可將安樂死給予無法治癒的病患。——阿道夫．希特勒」比較 IMT XXVI, S. 169；然而，由於教會立即提出抗議，這項安樂死計畫沒有得到全面執行。

【19】一九四三年四月十三日對海軍上將 Antonescu 所說的話，比較 A. Hillgruber, »Staatsmänner« II, S. 232 f.。

【20】一九四〇年三月十八日在布倫納與墨索里尼晤談時說的話，引述於 A. Hillgruber, »Staatsmänner« I, S.90。關於哈塞爾的話，比較 »Vom anderen Deutschland«, S. 27。

【21】刊印於 IMT XXXVII, S. 469 (052-L)；希特勒對布勞希奇和哈德爾說：「一般而言，時間是跟我們作對的，如果我們不廣泛利用它的話。另一邊的經濟能力比較強。（對手）有能力購賣和運輸物資。就軍事觀點看來時間也不替我們服務……出於心理和物質的理由時間在軍事關係上是與我們作對的。」F. Halder KTB I, S. 86 f.。關於此，亦比較希特勒在五年後左右，在突出部戰役之前不久的一次講話，「根本不可能有……比一九三九年更幸運的時刻」，見 »Lagebesprechungen«, S. 717。

【22】IMT XXXVI, S. 332(789-PS)；關於之前提到的發言，比較 A. Hillgruber, »Staatsmänner« I, S. 125, 51, 57。

【23】一九四〇年一月八日，保安處對國內問題的報告，引述於 Heinz Boberach (Hrsg.), »Meldungen aus dem Reich«, S.. 34 f.。

【24】一九四四年十二月十二日對師隊司令官們的講話，比較 »Lagebesprechung«, S. 718 以及 »Hitlers Zweites Buch«, S. 138。在戰爭初期，希特勒努力用各種方法爲自己製造他沒有發起戰爭的不在場證明，以免被人責怪，可是如果將動員的意義也歸爲發動戰爭的一環，就已使人能一眼看穿，因此所有那些努力都自己失效。關於他在八月最後幾天對解決但澤自由市和波蘭走廊問題提出的建議，他事後毫不拐彎抹角地說：「我需要一個不在場證明，尤其在德國人民面前，爲了讓他們看到，我已做了所有的事來維持和平」，比較 P. Schmidt, aaO., S. 469。

【25】刊印於 H. v. Kotze/H. Krausnick, aaO., S. 345。

【26】引述於 Alan S. Milward, »Die deutsche Kriegswirtschaft 1939-1945«, S. 30。

【27】比較 A. Hillgruber, »Strategie«, S. 31 f. 此處也含有關於《莫斯科條約》經濟面向的其他文獻；此外 A. S. Milward, aaO., S. 30。上面提到莫洛托夫的發言是在一九四〇年十一月十三日在柏林與希特勒晤談

時說的，比較 A. Hillgruber, »Staatsmänner« I, S. 307。

【28】根據 »Statistischen Handbuchs des Deutschen Reiches« 在納粹掌權期間，軍備支出金額爲：在一九三三／三四年的財政年度中爲十九億（總支出爲八十一億），一九三四／三五年爲十九億（總支出爲一百零四億），一九三五／三六年爲四十億（總支出爲一百二十八億），一九三六／三七年爲五十八億（總支出爲一百五十八億），一九三七／三八年爲八十二億（總支出爲兩百零一億），最後一九三八／三九年爲一百八十四億（總支出爲三百一十八億）。

【29】R. Bensel, »Die Deutsche Flottenpolitik vom 1933 bis 1939«, Berlin-Frankfurt/M. 1958, S. 68，此外 E. Raeder, aaO., S. 172；以及 A. Hillgruber, »Strategie«, S. 35 ff. 還有其他資料。

【30】比較 IMT XV S. 385f.（約德爾的供詞，以及之前提到的發言；就這件事，約德爾也解釋，「眞正的擴充軍備應該是戰爭期間才執行的」）。此外 H. -A. Jacobsen, »Fall Gelb«, S. 4 ff.；關於彈藥狀況，比較 F. Halder, KTB I, S. 99。一九三九年九月一日時的空軍軍力爲：一千一百八十架轟炸機，七百七十一架戰鬥機，三百三十六架俯衝轟炸機，四百零八架重型戰鬥機，四十架支援陸軍的攻擊機，五百五十二架運輸機，三百七十九架偵察機，以及二百四十架隸屬海軍的戰鬥機。直到一九三九年底爲止，又生產了兩千五百一十八架戰鬥機；一九四〇年爲一萬零三百九十二架；一九四一年爲一萬兩千三百九十二架；一九四二年爲一萬五千四百九十七架；一九四三年爲兩萬四千七百九十五架；一九四四年爲四萬零五百九十三架，甚至在一九四五年還生產了七千五百四十一架。引述根據 A. Hillgruber, »Strategie«, S. 38/Anm.。

【31】IMT XXXVII, S. 468 f. (052-L).

【32】A. S. Milward 首度在所引述的研究 »Die deutsche Kriegswirtschaft« 提出，閃電戰的構想不只是一種純

粹從戰略考量而產生的現代作戰方法而已。關於此，亦比較 »Le Testament politique de Hitler«, S.106 ff.。

【33】比較 KTB/OKW I, S. 150E。

【34】A. S. Milward, aaO., S. 17；此外 A. Hillgruber, »Strategie«, S. 45 有其他線索。

【35】IMT XXVI, S. 350；此外 H. Rauschning, »Gespräche«, S.120。一九四一年十一月八日的一次紀念啤酒館政變說話中，希特勒也說了類似的話：「這是那個古老、永恆的爭執和那個古老、永恆的戰鬥。在一九一八年時它就沒有結束。當時人們把我們的勝利騙走了……但那只是這齣戲的開頭，是第一幕，第二幕和結尾現在將被寫下，這一次我們將之前人們騙走我們的東西補回來。現在一點又一點，一個位置又一個位置地清算並把它收回來。」比較 M. Domarus, aaO., S. 1781。

【36】這是 Fritz Fischer 及其流派——有說出的或沒有說出——的論點，特別比較 F. Fischer, »Griff nach der Weltmacht« 和 »Krieg der Illusionen«; Helmut Böhme, »Deutschlands Weg zur Großmacht«; Klaus Wernecke, »Der Wille zur Weltgeltung«。此外，還有部分激烈爭議的觀點：Egmont Zechlin, »Die Illusion vom begrenzten Krieg«, in ›Die Zeit‹ vom 17. September 1965; Fritz Stern, »Bethmann Hollweg und der Krieg«, in ›Recht und Staat‹, Heft 351/352; Wolfgang J. Mommsen, »Die deutsche Kriegszielpolitik 1914-1918«, in »Juli 1914«, ›Journal of Contemporary History‹ 的德文版，München 1967，以及特別是 Karl Dietrich Erdmann 在 Kurt Riezler, »Tagebücher, Aufsätze, Dokumente« 中的導言，S. 17 ff。

【37】引述根據 W. J. Mommsen, »Die deutsche ›Weltpolitik‹ und der Erste Weltkrieg«, in NPL 1971/4, S. 492：那是出自 Reizler 之日記裡的一段，以謠言的方式報導這個普遍的觀點：Riezler 補充說，

Bethmann Hollweg「對這種胡說八道非常生氣」。關於這一點，亦比較 F. Fischer, »Illusionen«, S. 359 ff.。

【38】K. Riezler, aaO., S. 217 (11. Okt. 1914)：亦比較，同上 S. 285 (16. Juli 1915)，此處指出，貝特曼—霍爾韋格對「統治世界等想法抱持傳統態度且沒有好感」。

【39】Alfred Kruck, »Geschichte des Alldeutschen Verbandes 1890-1939«, S. 85 和 S. 44。關於上面提到馮．毛奇以及兩份報紙的發言，見 Rudolf Augstein, »Deutschlands Fahne auf dem Bosporus«, in ›Der Spiegel‹ 48/1969, S. 94，此外 F. Fischer, »Illusionen«, S. 62 ff.。

【40】引述於 Wolfgang Steglich, »Die Friedenspolitik der Mittelmächte« I, Freiburg i. Br. 1964, S. 418。此外 R. Augstein, aaO, S. 100。在一戰前、中和後，認為英國是德國各種主張的決定性對手這種想法一直存在。格勒納將軍在一九一九年五月十五日在大總部針對局勢進行的報告裡，將一戰視為嘗試「與英國競爭統治世界」的失敗。格勒納繼續說：「如果想要為爭統治世界而戰，必須在很久以前就計畫並準備面對這種毫無顧忌做法的後果。絕對不可搖擺不定並推行和平政治，而必須澈澈底底推行強權政治。但還包括，無論對內或對外要一直不可動搖地堅守我們正站在上面的土地和領土。我們在鞏固自己在歐陸的地位之前就沒有意識地去追求統治世界的目標——當然我只允許在最親信圈子裡這麼說，但帶著某種程度清楚和歷史的眼光去看這件事的人，不可能懷疑這一點。」比較 F. Fischer, »Illusionen«, S. 1。希特勒的目的正是以這種想法為根據。

【41】比較 A. Hillgruber, »Kontinuität und Diskontinuität in der Deutschen Außenpolitik von Bismarck bis Hitler«, Düsseldorf 1969, S. 19。

【42】（一九四三年十月四日）希姆萊在波森省演講時這麼說，這無疑是希特勒的看法，比如出於這段時間

的 »Tischgespräche«，並以濃縮的形式轉述：IMT XXIX, S. 172(1919-PS)。

【43】Otto Hintze 對 Friedrich Meinecke 這麼說，比較 »Die deutsche Katastrophe«, S. 89。

【44】»Mein Kampf«, S. 508。

【45】比較 W. Görlitz/H. A. Quint, aaO, S. 547。

【46】IMT XXVI, S. 378f. (864-PS).

【47】引述根據 Josef Wulf, »Das Dritte Reich und seine Vollstrecker«, Berlin 1961, S. 352 ff.：上面提到德國軍官的那封信，引述於：VJHfZ 1954/3, S. 298 f.。

【48】»Lagebesprechungen«, S. 63 f..

【49】引述根據 H. -A. Jacobsen, »Der Zweite Weltkrieg«, S. 67。

【50】A. Hillgruber, »Staatsmänner« I, S. 76.

第七卷　戰勝者和戰敗者

第一章 統帥

「只有天才才做得出這樣的事！」

凱特爾

「自從去年九月以來，我就把希特勒當作一個死人。」

貝爾納諾斯（Georges Bernanos）

一九三九年十月間，希特勒就開始將他那得勝的師隊移防至西邊並重新布局。就像以往一樣，每當他下了決定之後，就有一股狂熱的行動渴望；無論如何，「靜坐戰」——指接下來幾個月內猶豫不決地等待——這種詞彙一點都不符合他的行為。在西方國家尚未對他十月六日發出的「和平呼籲」做出任何反應之前，他就已經將三軍總司令以及凱特爾和哈德爾召來，給他們看一份軍情備忘錄。這份備忘錄一開始就從歷史角度詳細解釋法國自一六四八年的《西發里亞和約》（Westfälischen Frieden）以來的敵意態度，並將之作為決定立刻進攻西方的理由。他指出，戰爭的目標是「毀滅西方國家的力量和能力，德意志民族再一次……能夠在歐洲繼續發展」。[1]它說，往西方作戰只是已變成無可避免的繞路，以期能在往東開始大侵略行動之前排除掉背後的威脅。他詳細闡述在波蘭使用的機動作戰方式，並建議在西邊的戰役也使用同樣的方式。他表示，最重要的是大量投入裝甲車「使陸軍能夠順利前進並避免像一九一四至一九一八年的靜態作戰」。這個概念應該可以在明年五月和六月帶來決定性成功。

對西方開戰的看法衝突

與同時提出的六號作戰指示一樣，這份備忘錄針對的是心理的層面，目的在於克服高級軍官集團的抵抗情緒。希特勒對在場者強調，「最重要的是要有打敗敵人的意志」。[2]事實上，部分將軍認爲希特勒「將法國人和英國人引到戰場上並將之擊垮」這個目的不但非常錯誤還很危險。反之，他們建議透過採取澈底守勢使這場戰「睡著」。其中一位將軍認爲這是「瘋狂的進攻」。馮．布勞希奇、哈德爾、尤其是軍備局局長湯瑪士將軍（Georg Thomas）以及軍需總長史杜普納格將軍（Otto v. Stülpnagel）都以專業的理由指出，德國原料儲備量非常少，彈藥儲備量已耗竭，冬季進攻的危險，以及對手的強大等因素。他們因政治、軍事以及道德上的疑慮形成新的反抗企圖。約德爾在十月初憂心忡忡地對哈德爾說，軍官們的故意搗亂顯示這是一個「最嚴重的危機」，且希特勒「因爲士兵不服從他而感到很苦惱」。[3]

將軍們越反對，希特勒就越急切催促他們開始西邊的戰事。他原本將時間定在十一月十五至二十日之間，但接著又把時間提前到十一月十二日以強迫軍官們做決定。就像在一九三八年九月時一樣，他們面臨兩個選擇，爲一場他們認爲充滿災難的戰爭做準備或推翻希特勒。像當時一樣，馮．布勞希奇一半願意支持，而在背後運作的是同一批人：歐斯特中校、前一陣子下臺的貝克上將、卡納里斯海軍上將、格德勒、前駐羅馬大使馮．哈塞爾，以及其他人。他們的活動總部是位於措森（Zossen）的總參謀部。十一月初，這些密謀者決定，如果希特勒繼續堅持發出進攻的命令，就要發動政變。馮．布勞希奇宣稱，他願意在十一月五日預定的晤談中最後一次嘗試改變希特勒的想法。這是德國軍團預定從其出發陣地前進荷蘭、比利時和盧森堡的日子。

結果，在柏林總理府進行的晤談變成一場激烈的衝突。希特勒起初似乎還冷靜地聽陸軍元帥馮．布勞希奇以一種「相反備忘錄」所提出的各種想法。對於不良的天氣狀況，他扼要地反駁說，敵人一樣要面對不良的天氣。馮、布勞希奇擔心軍隊訓練水平不足，希特勒反駁說，四個星期後也無法再改變任何事。當馮．布勞希奇最後批評軍隊在波蘭戰役中的態度和沒有紀律的行爲時，希特勒抓住這個他等待的機會大發脾氣。根據哈德爾事後的紀錄，希特勒暴跳如雷，要求看到書面資料，要求知道是哪個單位做出這種事，他們做了什麼事，是否有判了死刑，他將馬上到當地證實；他指出軍隊高層事實上只是不想開戰，因此長久以來一直拖延擴充軍備的進度；現在他要「滅絕措森的精神」。他粗暴地將馮．布勞希奇的報告喊停，結果這位陸軍總司令臉色蒼白不知所措地走出總理府。一位在場者指出：「布勞已完全崩潰。」[4]當天晚上，希特勒還再次明白確認十一月十二日發出進攻的命令。

密謀再次放棄

雖然這已經滿足了推翻希特勒的條件，但密謀者卻沒有採取行動。光是希特勒對「措森的精神」發出的威脅就已經揭露出他們的軟弱和猶豫不決。「一切都太晚了，而且已完全陷入僵局。」歐斯特的一位親信格羅斯庫特中校（Helmuth Groscurth）在日記裡這麼寫。由於害怕洩露消息，哈德爾匆促燒毀所有對他不利的材料並在同一時間將所有正進行的準備喊停。三天後，希特勒在公民啤酒館非常驚險逃過一次刺殺行動，這次顯然是一起個人的行動，但由於擔心蓋世太保會大肆搜捕，所以最後打算推翻希特勒的企圖也被掐熄了。[5]此外，一個偶發事件——在十一月七日進攻命令因為天候狀況不良而延後了——也對密謀者有利並使他們放棄原本的打算。然而，希特勒只答應延後幾天。一直到一九四〇年五月德軍終於向西邊進攻時，進攻命令總共重複發出了二十九次，從這一點可以看出，他是多麼不願意考慮軍官們要求長期推後戰事的建議。十一月後半，所有司令官被召到柏林接受意識形態的情緒煽動。戈林和戈培爾對他們進行鼓舞士氣的講話。到十一月二十三日希特勒才出現在他們面前並在七小時內發表了三次講話，嘗試說服和恐嚇這些軍官。[6]他首先回顧過去幾年的情況並斥責他們缺乏信心，他指出，他「感到極為憤怒」，他「無法忍受別人跟我說，軍隊有問題」，他又威脅地補充說：「在內部進行革命是不可能的，無論有沒有你們。」他說，他立刻進攻西方的決心是不可改變的，並指出有些軍官批評他打算破壞荷蘭和比利時的中立，這些批評是毫無意義的，當我們戰勝時，沒有人會問這一點」，最後又威脅：「我不會因任何事而退縮，誰反對我，我就毀了他。」談話最後以此結束：

「我已決定這樣的過活，好讓我即使必須死的時候，也死得體面。我將消滅敵人。在我身後站著的是德意志民族，他們的士氣只會變得更糟……如果我們成功通過這場仗的考驗——我們必定能通過——我們的時代將走進我們民族的歷史裡。在這場仗裡，我不是活著就是陣亡。如果我的人民戰敗，我不會偷生。對外沒有投降，對內沒有革命。」

一九三九年的軍官危機有深遠的後果。往後希特勒不僅不信任將軍們的忠誠，也不信任他們的專業建議，這相當符合他一直只完全信任自己的感覺這種本質。如今他親自接過統帥這個角色，而且他的急躁也是出於這個原因。反之，對於重新揭露出將軍們，尤其是陸軍總司令的軟弱和遷就，他企圖將整個軍方領導機構降爲只剩下工具的功能。在對丹麥和挪威發動突襲戰役時——他打算透過這場戰役確保奪取瑞典的礦產地並獲得對英國開戰的運作基礎——他就已將陸軍總司令部完全排擠掉；而把計畫交給在國防軍總司令部裡成立的一個特別行動小組，他也藉此在軍方的階級制度中實現了各單位互相敵對競爭的制度，這是他的統治手段的最高原則。一九四〇年四月初他開始了這場風險極高的海戰。這場戰役不但違反了所有傳統海戰的原則且在盟軍參謀眼中，這是幾乎不可思議的戰役。當這場海戰以全面成功結束時，他認爲自己獲得輝煌的肯定。從這一刻開始，他希望不再看到將軍們公開的反對。秋天的軍官危機期間，哈德爾曾問國務祕書魏查克，是否可以用錢買通一位女算命師來影響希特勒，他願意爲此張羅一百萬馬克；而馮．布勞希奇給一位訪客的印象是，他彷彿「已經不行了，變得孤伶伶的」。[7]這描述出軍官們極爲軟弱的一面。

在一九四〇年五月十日清晨，等了許久的西線戰事終於開始了。前一天晚上，歐斯特上校還通知他的朋友——在柏林的荷蘭使館武官薩斯上校（G. J. Sas）——德軍即將進攻西方。可是當清晨傳來槍炮聲和轟炸機的聲音時，盟軍參謀長們還是大吃一驚，因爲他們之前一直相信這是陷阱。英法兩國立刻集結大量軍隊從法國北部過來，最後終於成功在布魯塞爾東邊攔截德軍，阻止他們穿越比利時。然而他們的應戰行動幾乎都沒有遇到德國空軍的阻撓，他們卻對此一點都沒有懷疑。其實這才是他們現在要走進的陷阱。確切而言，他們的毫不懷疑已經把他們的勝利機會奪走。

德國的作戰計畫

德國原本的作戰構想乃參考一戰時的「施里芬計畫」（Schlieffenplan），計畫透過大規模進攻比利時以繞過法國的防線並從東北方進攻法國。德國的將軍們雖然知道這個計畫的問題——它缺乏意外的元素——可能會使得進攻行動比一戰時更早陷入靜態作戰的僵局。此外，此作戰計畫要求投入大量裝甲車到一個被許多河流和運河切割的區域，這必然破壞希特勒的匆促決定，而這個原本是整個作戰計畫的基礎。但他們沒有別的選擇。由陸軍A集團軍參謀馮·曼斯坦將軍（Erich v. Manstein）在一九三九年十月所提出的一份作戰計畫被馮·布勞希奇和哈德爾反駁了。馮·曼斯坦本人甚至被撤掉指揮權。他主張，將德國進攻的主力從右翼移到中間，透過這種方式贏回德國戰略中的意外元素，因爲一般認爲亞爾丁山區（Ardennen）不適合大規模裝甲部隊行動，況且法國軍方在這一段前線的軍力也相對較弱，但這就是「曼斯坦計畫」的理由，如果德國裝甲部隊克服了這些山區和林區，就可以幾乎毫無阻礙直闖法國北部平原，一直抵達海邊，切斷被引到比利時的盟軍之後方，從海岸往回打。

陸軍司令部最初生氣的是這個計畫的出其不意和大膽特質——這正是希特勒目前所著迷的。根據審訊，在得知馮·曼斯坦的計畫時，希特勒自己原本就已經在考慮類似的做法，因此一九四〇年二月中在與馮·曼斯坦將軍晤談之後，他立刻命令馮·曼斯坦重新擬定這個計畫。這應該是最關鍵的決定。

因爲使西線戰事成爲唯一一場驚心動魄大獲全勝之戰役的因素，絕對不是德軍在軍力或裝備技術上占優勢。五月十日盟軍的軍力，數量上比德軍稍強，但其實兩邊實力相當。西方國家有一百三十七個師，加上荷蘭和比利時的三十四個師，德國則有一百三十六個師。盟軍有兩千六百架飛機，而德國比他們多將近一千架。盟軍有大約三千輛戰車或裝甲車，德國這邊有兩千五百八十輛，其中大部分組成一個專門的裝甲師。所以，起決定性作用的是德國的作戰計畫，邱吉爾貼切地將它描述為「鐮刀收割」（Sichelschnitt），[8]並強迫對手「與錯誤的前線對戰」。

德國又在沒有宣戰的情況下就對荷比盧三國展開猛烈的攻勢，一開始就癱瘓了對手的空軍。在德國猛力攻擊之下，「荷蘭要塞」（Festung Holland）在五天內淪陷。派遣受過高度訓練的小型特別傘兵部隊占領前線後方的重要戰略點，在迅速取得成功上扮演關鍵角色——這是希特勒自己提出來的構想。同樣地，當這樣的一個特別部隊利用滑翔機進入位於列日（Lüttich）要塞區裡最重要的埃本—埃美爾要塞（Fort Eben Emael）並占領它之後，比利時防禦系統的中心也跟著崩潰。同時，對手完全沒有預料到德軍迅速穿越盧森堡和亞爾丁山區，迅速突進，在五月十三日裝甲部隊就已經在比利時南部的迪南（Dinant）和法國北部的色當（Sedan）跨越默茲河（Maas）。五月十六日，拉昂（Laon）淪陷。五月二十日，亞眠（Amiens）淪陷。當天夜晚，第一批軍隊已經抵達英吉利海峽岸邊。有時候，先頭部隊突進地如此迅速，後繼部隊甚至與前鋒失去了連絡，使得希特勒，一如往常的猜疑本性，甚至不相信自己贏了。「元首極度緊張，」哈德爾在五月十七日記錄：「他害怕自己的成功，不想冒任何風險，因此最喜歡催促我們。」隔天：「元首非常擔心南翼，令人無法理解。他暴跳如雷，大吼大叫說，他們可能礙事，會壞了整個行動並陷入打輸的危險。」[9]

事實上，這個危險根本不存在。當英國新首相邱吉爾獲知前線的緊急狀況而前往巴黎時，盟軍陸軍總司令甘莫林將軍向邱吉爾承認，他有大量快速部隊已踏進德國所設的陷阱裡。五月十七日在一份當日指令中，他完全一字不差重複了霞飛將軍（Joseph Joffre）於一九一四年第一次「馬恩河戰役」（Marneschlacht）時著名的呼籲，要求士兵死守，寸步不讓。然而盟軍高層仍然沒有成功將其撤退的軍隊集結起來，建立新的戰線並反擊對方。如果五月二十四日古德里安將軍（Heinz Guderian）的裝甲先鋒部隊在敦克爾克（Dünkirchen）以南幾公里處沒有接到這樣的命令——即使沒有和敵人接觸也要守在已贏得的戰線——盟軍早就全面輸了。透過拖延德軍四十八小時，盟軍只剩下一個港口並從此港口逃脫的機會。在大約八天之內，二戰中最冒險的一次臨時動員行動，借助將近九百艘船隻，其中大多是小船，包括漁船、客輪和私人遊艇，將大部分的軍隊，將近三十四萬人撤往英國。

在敦克爾克前「停止前進」的命令（譯註：當時德軍從三方包圍，最近的裝甲部隊只離港口十英里，五月二十四日卻接到希特勒下達停止前進的命令）誰該負責，從那時起就成了廣泛爭論的話題，各方提出不同的看法。有些人認爲，希特勒故意讓大部分英國遠征軍撤退以免堵住一直與英國尋求談判的途徑。可是這樣的想法不僅與他在備忘錄中所定的戰爭目標互相矛盾，也不符合五月二十四日發布《十三號指示》的內容。這份指示一開始就說：「行動的下一個目標是透過我軍北翼密集攻擊以殲滅被包圍在阿圖瓦（Artois）和佛萊明大區（Flanden）的英法比軍隊……同時空軍的任務是擊破被包圍部分內的任何敵對反抗，（並）阻止英國軍隊利用海峽逃脫。」[10]雖然陸軍總司令部激烈反對希特勒這道停止前進的命令，卻受到陸軍A集團軍司令官馮．倫德施泰特（Gerd v. Rundstedt）的贊成，其主要的目的是讓已經連戰十四天而耗損的裝甲部隊有時間在即將開始的法國戰役之前喘一口氣。戈林著名的發言——他將用他的空軍使敦克爾克的港口變成一個火海並擊沉所有附近的船隻——也加強了希特勒這個決定。大約十天前這個城市還毫無反抗力位於古德里安將軍可及的範圍之內，七月四日它終於落入德軍手中。哈德爾簡要地記錄：

「拿下敦克爾克，抵達海邊。（甚至）法國人都走了。」[11]

然而，使德軍成功的不僅是整個優越的行動計畫而已。當德軍接著在海峽岸邊轉向南以形成鉗形攻勢時，他們所遇到的是已經喪失鬥志、殘破不堪的敵人，而且在知道北邊潰敗之後，法軍更爲悲觀。法國司令官所率領的是早就被擊敗的部隊、被炸爛的師隊、被放棄或就地解散的軍人。五月底時，一位英國將軍便說法國的軍隊是「一群暴民」，毫無紀律可言。[12]幾百萬難民在街頭像無頭蒼蠅一樣到處都是，身後拖著小推車，上面高高堆著所有的家當，卻不知道該往哪裡去。而且他們還堵住了自己軍隊的路，使軍隊陷入混亂的人群中，眼睜睜看著自己要被德國裝甲車碾過，又因爲俯衝轟炸機的轟炸和空襲警報聲陷入恐慌。在這種無法形容的混亂中，軍方根本無法組織軍隊來反擊。法國只爲守衛國土而準備，卻沒有爲被滅亡而準備。位於布里阿爾（Briare）的法軍總部對軍隊和外界只有唯一一個電話機，而且從十二點到下午兩點還停止運作，因爲接線小姐這時候去吃午餐。當英國遠征軍總司令布魯克將軍（Alan Brooke）問法國師隊，接下來對於防守「布列塔尼要塞」（Festung Bretagne）有什麼計畫時，新受命的總司令魏剛將軍（Maxime Weygand）只沮喪地聳聳肩說：「我知道，這只是純粹的幻想。」像布蘭查德將軍（Georges Blanchard）一樣，無數的將軍凝視著行軍地圖就像看著一面空白的牆一樣。的確，法國上方的天空似乎要塌下來了。[13]

雖然在德國計畫中並沒預料法國戰役會遇到敵人任何反擊，而且德軍獲得的指示看起來比較像長距離行軍操練而不是上戰場打仗，希特勒仍然對己軍前進速度之快感到意外。六月十四日，德軍已從馬約門（Porte Maillot）進入巴黎並將艾菲爾鐵塔上的三色旗摘下。三天後隆美爾將軍（Erwin Rommel）一天內就前進兩百四十公里。同一天，當古德里安將軍報告他已和裝甲部隊抵達蓬塔利耶（Pontarlier）時，希特勒還發電報去問，這是否搞錯了，他「指的是索恩河畔的蓬泰利耶（Pontailler-sur-Saône）」；可是古德里安回報說：「沒有搞錯。已親自抵達瑞士邊境的蓬塔利耶。」[14]他從此處往東北突進並從背面闖入馬其諾防線。這道防禦牆不僅一直主導著法國的戰略，也主導著整個思想，幾乎毫無反抗便失守。

在這段期間內，德國的勝利已指日可待，這時義大利過來幫忙了。墨索里尼雖然討厭自己的國家擺脫不掉不可靠的名聲——就像他自己所說的，而且又不想讓自己因爲「像劍刃這麼直線的政治」而被遺忘，可是局勢卻不配合他的企圖。他原本決定置身於這場戰爭之外，但在十月看到德國成功入侵波蘭之後，這個決心就開始動搖了。十一月時，他就已經將希特勒可能會贏下這場戰爭的想法視爲「完全無法忍受」。十二月，他還對齊亞諾說，希望「德軍打敗」而且還向荷蘭和比利時洩露德軍進攻的時程。一月初時他發給希特勒一封信，在信裡他自稱「獨裁者的長老」，並自信滿滿地提出自己的建議，嘗試將希特勒的動力往東邊引。[15]

「我已經擁有四十年的政治經驗，沒有人比我更了解，政治是有策略要求的。這也適用於推行革命的政治……因此我了解，您……避免了兩線作戰。因此，蘇聯，不需有任何付出，已在波蘭和波羅的海一帶成了這場戰爭的最大受益者。但我是一個天生的革命家而且從來沒有改變過我的觀點，我告訴您，不可一直爲了某個特定的政治時刻的策略要求而犧牲掉您的革命原則。我堅信，不可讓您已高舉了二十年的反猶太和反布爾什維克的旗幟落下……而且我將盡我必要的義務，我必須補充，您若進一步擴大與莫斯科的關係，這將在義大利境內帶來災難性的效果……。」

可是一九四〇年三月十六日在布倫內羅的會面，希特勒卻沒有費什麼功夫就消除了墨索里尼的不快並重新燃起他對獵物和欽佩希特勒的情結。「我們不可隱瞞，元首對希特勒簡直著迷。」齊亞諾這麼寫：「這種著迷更挑起他自己的本質，催促他行動。」從此墨索里尼參戰的決心更加強烈。他認爲，「雙手交叉在胸前站在那裡看著別人創造歷史」是喪失尊嚴的事。「重點不在於誰會贏。爲了使一個民族偉大，必須讓他上戰爭，可能甚至還要踢他的屁股一腳。我堅持這一點。」[16]從現在開始，帶著盲目的福難同當的想法，墨索里尼不顧國王、工業界、軍隊的反對，甚至不顧法西斯大委員會裡一些非常有影響力的戰友之反對，主張義大利參戰。六月初開戰的命令下來時，巴多格里奧元帥（Pietro Badoglio）向墨索里尼說，他的士兵「連上衣的數目都不夠」時，墨索里尼輕蔑地回答他：「我向你保證，到九月一切都會結束，我需要幾千個人死亡，好讓我能作爲參戰者坐到和平談判桌上。」六月十日，義大利軍隊開始攻擊，可是在法國邊境的芒通（Mentone）就已經卡在那裡。墨索里尼大怒地說：「我缺乏物資。連米開朗基羅都需要大理石才能創作他的雕像。如果他當初只有黏土，他就只會成爲一名陶匠。」[17]一個星期之後，法國總統勒布倫（Albert Lebrun）委託貝當元帥（Philippe Pétain）組新內閣時，事情的進展就已超過他的野心。在第一次官方談判中，貝當就委託西班牙政府向德國總司令提出停戰的要求。

希特勒在靠近法國邊境的比利時小鎮布魯利德貝許（Bruly-de-Pêche）獲得這個消息，他的總部就設於此處。一段影片記錄了他興高采烈的一刻，帶著一種角色意識舉起右腳做出開心跳舞的樣子，還笑著，僵硬地搖了一下頭，手拍在大腿上。在接下來熱情洋溢的讚美中，他首次讓凱特爾將他高舉爲「有始以來最偉大的元帥」。[18]

事實上，德軍的成功是史無前例的。在三個星期內國防軍已經碾過波蘭；在兩個多月內征服了挪威、丹麥、荷蘭、比利時、盧森堡和法國；把英國人趕回自己的島上，對英國艦隊形成有效的挑戰。而且相較之下損失極少，德軍陣亡人數只有西線戰役的兩萬七千人，而對手陣亡人數卻高達十三萬五千人。當然這些戰役的成功不能只歸功於希特勒個人的元帥功績，但也絕不是靠運氣、顧問人員的理智或對手的失敗。在一九三〇年代時法國和其他國家都已經認識到裝甲部隊的重要性，但只有希特勒從中推出結論並讓國防軍擴充十個裝甲師，而且不是沒有遇到反對。他比那些固守流傳下來的成見的將軍們更爲敏銳，看穿了法國的弱點、志氣低落、無力還擊。無論他對馮．曼斯坦的作戰計畫之貢獻多麼輕微，但他立刻認識到其重要性並根據此計畫修改德軍的作戰構想。他所證明的是，至少在這段時間內，對非傳統可能的眼光，而且透過他不受拘束的自學能力，這種眼光變得更爲敏銳。他花很長的時間密集閱讀軍事專門書籍。幾乎整段時間裡，他的床頭櫃上都是各種海軍日誌和軍事科學專門手冊。他對戰爭史和軍事技術細節知識有驚人的記憶，這使他在衆人面前的表現非常出色。他能夠非常有把握的說出船艦的噸位、槍炮的口徑、射程、或強化各種不同武器系統的技術，這經常讓他身邊的人感到既驚訝又困惑。同時他還能用豐富的想像力運用這些知識。由於他對現代武器的使用和可能的效果有透澈的認識，再加上他極能揣測對手的心理，所有這些特質的具體展現是他能非常有把握製造出突襲的效果、能極其精準預估對手而做出對應的策略行動，以及能迅速抓住有利的機會。突襲埃本—埃美爾要塞的想法就是他提出的，以及讓俯衝轟炸機發出刺耳嚇人的鳴笛也是他的想法，[19]或儘管反對許多專家的看法，讓裝甲車裝上長管的大炮。人們將他稱爲「當代知識最豐富和多才多藝的軍事技術專家」，這不是沒有道理的，[20]當然，他也不只是那個「指揮作戰的下士」而已，就像部分德國將軍的高傲辯護律師之後所聲稱的那樣。

然而，只要他還擁有主動權——他還不是這樣的人。轉變時間點還在很後面，即他的軟弱開始抵消掉毫無爭議的強勢，大膽的行動只是一種荒唐的自我高估，他的精力只剩下頑固，他的勇氣只是一種賭徒本性的時候。甚至那些將軍們，尤其是長時間來一直反對希特勒的那部分人，在德軍打敗他們最害怕的敵人法國且獲得輝煌的戰果時，都不得不臣服於他的「天才」，並承認他對局勢的分析勝過這些將軍們自己的判斷，因爲這些分析不僅顧慮到各種軍事因素，還超越了專家們的水平很低的視野。這就是爲何他有幾乎令人無法理解的信心的原因，這股信心在最後幾年又出現，使得他對戰勝的把握估計出現錯誤，不斷用騙人的希望築起新的紙牌屋。對希特勒而言，法國戰役的勝利結束使他原本就已無法控制的自我感覺又重新膨脹起來，使他的使命感獲得在戰場上可以想像得到的最高肯定。

六月二十一日，德法停火談判開始。三天前希特勒前往慕尼黑和墨索里尼會面，以壓下這位義大利盟友獅子大開口的做法。因爲就義大利在戰場上什麼都沒做的表現而言，墨索里尼的要求的確不算少，至少包括尼斯、科西嘉、突尼西亞和吉布地（譯註：Dschibuti，位於非洲東北部亞丁灣西岸，東臨紅海，商船經由蘇伊士運河進入地中海，或經阿拉伯海通往波斯灣、印度洋的要衝曼德海峽等，因此戰略位置十分重要），此外還要求敘利亞、阿爾及利亞境內的軍事基地、義大利占領法國直至隆河、接收法國全部的艦隊；如果可以的話，還要馬爾他以及英國在埃及和蘇丹的權利。然而希特勒這時已在忙著構思戰爭的下一個階段，所以他明確告訴墨索里尼，義大利的野心會使戰勝英國延後。因爲停火協議的形式和條件不只必須對英國的決心造成極大的心理壓力；此外，希特勒還擔心，法國高度現代化的艦隊現在都位於北非和英國的各個港口，萬一這些艦隊脫離他的掌控，很可能會投靠敵人或以法國的名義從殖民地反攻。也許是一絲絲的寬洪大量的心理，反正最後他成功說服墨索里尼暫時放棄這些貪婪的夢想，最後還說服他，讓法國政府接受停火協議具有重大的意義。無論義大利戰勝的好心情因爲停火談判而感到多麼失望，希特勒的表現和論點仍然給他們留下深刻的印象。齊亞諾諷刺地記錄：「在獲得一場像這樣的勝利之後，他今天居然以如此有節制和清晰的觀點說話，實在令人感到意外。雖然我對他並沒有特別的好感，但在這一刻，我的確欽佩他。」【21】

貢比涅森林裡

但希特勒對簽署停火協定儀式的安排就沒有這麼慷慨了。爲了滿足他象徵性羞辱法國的需求，他讓簽署儀式在巴黎東北方的貢比涅森林（Compiègne）舉行，即一九一八年十一月十一日德國代表簽署停火協議的地方。他甚至讓人把當年舉行這個歷史性事件的豪華火車廂特地從博物館運來，放在一九一八年所在的同一個地點上。而傾倒的德國老鷹紀念碑則讓人用一面旗子蓋上。法國的協議草稿是前一晚在布魯利德貝許這個小村莊的教堂裡在燭光下完成的。希特勒還時不時過去詢問翻譯的進度。

而且會面的本身也強調出象徵性的補償。在許多隨從陪同下，希特勒在下午三點過後不久抵達，下車後，他首先踩在位於那片空地中央的大理石上面刻著「德意志帝國犯罪的驕傲」的地方——這一處已經破損了——兩腳張開做出勝利的姿勢，並將雙手放在屁股上，以表示他對此地點的輕蔑。【22】在命令人磨光這個紀念碑之後（譯註：三天後希特勒下令摧毀此簽署地，簽字車廂連同石碑被作爲戰利品運到柏林，一九四五年火車廂被運往圖林根的克拉溫克爾，被黨衛軍摧毀、掩埋；在戰後，被砸碎的石碑被挖出重新拼接，火車廂複製品被安放到原來位置），他上了車廂，坐在一九一八年法國統帥福煦（Ferdinand Foch）坐過的位置。在法國代表隊到達之後，凱特爾將軍朗讀此停火協定的序言，它再次誇大了歷史：說法國打破了鄭重給予的承諾，「德國人民受苦的時間」，它「被剝奪的榮譽和受辱」，將在這裡結束，現在，在同一個地方，「有始以來最大的恥辱」將被消除。在法國呈現協定書之前，希特勒便站起來，伸直手臂打招呼並離開了車廂（譯註：重複當年福煦元帥的動作）。外面，軍樂隊在演奏德國國歌和《霍斯特．威塞爾之歌》。

在一九四〇年六月二十一日的這一天，當他走向停在一個星形山毛櫸林蔭大道邊的座車時，他達到自己人生的巔峰。曾經，在剛開始從政時，他向自己發誓，在修正一九一八年十一月的不義之舉之前，他不會停下來，並因此獲得許多共鳴和支持者；如今他已達到目標。往日的仇恨情緒再一次給予他力量。甚至連德國人自己，無論剛開始時認爲這場戰爭多麼沒有意義，在這看到貢比涅這一幕時，都認爲這象徵超乎政治的正義並內心激動地慶祝「重建的權利」。[23]在這一天，許多懷疑失去其分量或轉變成尊敬和歸順，仇恨變得孤獨；過去這幾年來，人民很少給予國家如此毫無保留的感覺。甚至邁艾克（譯註：Friedrich Meinecke，德國歷史學家，持民族自由主義和反猶太觀點，支持納粹入侵波蘭）也寫到：「我願……改變對許多事的看法，但不是所有的事。」六月下旬，保安處報導德國人民達到前所未有的內部團結，甚至在地下的共產黨對手也幾乎停下他們組織的活動，只有教會還表達「失敗主義」的想法。[24]圍繞在這個事件的慶祝感也顯示在希特勒的行爲上。在六月二十日夜間至二十一日的淩晨，在停火開始生效前不久，希特勒在布魯利德貝許的農舍裡，關了所有的燈，打開窗戶，對著夜空凝視了好幾分鐘。

三天後他前往巴黎。他召集了一些有藝術鑑賞力的人陪同他，包括史佩爾、布勒克（譯註：

Arno Breker，德國建築師和雕塑家）和吉斯勒（譯註：Hermann Giessler，除史佩爾之外，希特勒最中意的建築師）。抵達機場之後，他直接驅車前往巴黎大歌劇院，並以豐富的知識和溢美之詞親自導覽這個建築物。接著他乘車穿越香榭大道，讓車隊停在艾菲爾鐵塔前，又前往傷兵院（Invalidendom）在拿破崙的棺槨前逗留良久，又對協和廣場的壯觀景色感到很開心。接著他前往蒙馬特（Montmartre）並覺得位於那裡的聖心堂（San Coeur）很糟糕。在三小時之後，他就啓程返回德國，但他說「我人生的夢想」已實現。接著他花了好幾天與兩位昔日同袍重遊一戰的戰場[25]並去亞爾薩斯。七月初，在歡呼、鮮花和教堂鐘聲之下他進入柏林，那是他人生中最後一次的勝利遊行，最後一次熱烈掌聲提供的鴉片，這是他之前所需要的，但現在明顯日益減少，這可以從他衰頹的外表更加明顯看得出來。

希特勒原本打算在正式接收法國首都時進行大規模的閱軍遊行，卻被取消了，部分原因是考量到法國人的情緒，部分原因是戈林無法保證英國空軍會不會來襲擊。事實上，希特勒一直對英國的反應沒有把握並密切關注他們的每一步。在德法停火協定中，他在其中加了一個條款作爲對英國的無聲報價。[26]七月初齊亞諾來到柏林重申義大利的要求時，他拒絕了齊亞諾，理由是必須避免會引起海峽另一邊任何反抗意志的事。在外交部已經著手草擬一份和平協議的詳細建議的同時，希特勒也在準備對國會的講話並對未來提出「慷慨的提議」。但他也提到，如果英國拒絕，他亦有決心「對英國人放出一場火和鐵的風暴」。[27]

邱吉爾的時刻

在這段期間，希特勒等待的回答又沒有出現。五月十日，當德國國防軍開始進攻西邊時，英國以張伯倫多年最來激烈的批評者邱吉爾取代他，成爲首相。雖然這位新首相在上任演講中說，「除了熱血、辛勞、淚水和汗水」，他沒有什麼可以給這個國家，[28]但彷彿隨著這個男人的準則、他的言語和他自我主張的意志，那個因爲各種複雜的同意做法而與希特勒糾纏在一起並深陷於失敗主義的歐洲又找到了自己。他賦予這場戰爭一個超越所有政治利益的偉大道德動機，和一個每一個人都能明白的簡單意義。如果相對於他一九三〇年代所有的對手，希特勒是更傑出的政治人物的話，那麼我們必須知道對手的程度在哪裡，才能判斷他們超出了這個程度多少。希特勒不僅認爲邱吉爾是一個對手。對陷入恐慌的歐洲而言，這位德國獨裁者幾乎等於無法戰勝的命運本身；但邱吉爾把又把他降低到一個可以擊敗的力量這種程度。

六月十八日，在法國政府——如同邱吉爾所說的——下了其「憂傷的決定」要投降時，邱吉爾在國會面前強調他有極大的決心，在任何情況下都繼續作戰到底：「如果大英帝國與大英國協成員千年以後仍然存在，人們會說：『這是他們最偉大的時刻。』」接著他急切投入備戰工作和防衛英國以面對可能的入侵。七月三日，希特勒還在等待英國讓步的跡象，邱吉爾已下令對停在瓦赫蘭港（譯註：**Hafen von Oran**，位於阿爾及利亞西北部地中海沿岸）的昔日盟友法國的艦隊開火，以證明他不會妥協。希特勒既驚訝又失望，把預定於七月八日發表的國會演講無限期延後。在戰勝的興奮感中，他原本估計英國人應該會放棄這場無望的戰爭才對，至少他依然不打算去侵犯英國的世界帝國。但邱吉爾再次以示威的姿態表示，不可能有任何談判：

「在這裡，這個強大的避難所，在這個隱藏著人類進步的各種證明之處」，邱吉爾七月十四日在倫敦廣播電臺上說：「在這裡，在被大海和大洋圍繞之處，在我們的艦隊主宰之處……

在這裡我們無畏等待著威脅的衝擊。也許它今天來、也許它下星期來、也許它永遠都不來……可是無論我們的痛苦是否激烈或漫長，或兩者都有，我們絕不妥協，我們絕不允許任何談判；我們也許會饒恕對方，但我們絕不求饒。」[29]

接著希特勒在七月十九日晚上七點於科羅爾歌劇院召開國會，並以好幾個小時的演講回應邱吉爾和英國政府：

「當命運選出了我去遭遇被這些人所毀壞的事時，我幾乎感到很心痛；因爲我並不打算打仗，而只想建立一個有最高文化的新社會國家。每一年，這場戰爭都奪走我這項工作。而這種剝奪的理由是可笑到等於零，最多只能視它爲大自然的政治工廠的產品。邱吉爾先生剛剛又再度宣布他要打仗。當我作爲先知現在說出以下的話時，他……這一次也許應該得例外相信我：

這場戰爭將毀滅一個世界大帝國。但我從來都不打算去毀滅或只是傷害一個世界帝國。只有我內心非常清楚，繼續這場戰爭最後將完全毀滅作戰兩方中的一方。邱吉爾先生也許認爲那是德國。但我知道，那將是英國。」[30]

與大多數人的預期相反，希特勒這次的演講裡沒有偉大的和平提議，而只有一般的「呼籲大家要理智」，這個改變第一次記錄他由於邱吉爾的不願和解而放棄與英國達成和平的打算。爲了不露出任何軟弱的跡象，希特勒將此次露面與一場軍事力量秀結合在一起，即他將戈林提升爲帝國大元帥，又將十二位將軍任命爲陸軍元帥，又宣布許多晉升消息。他的希望到底有多麼渺茫，可以從這個舉動看得出來：在出席國會前三日，他就已經發出了行動代號爲「海獅」的「第十六號指示：關於準備在英國登陸作戰」。

顯然到目前爲止，他對繼續與英國作戰還沒任何想法，因爲這場戰役並不符合他的概念，而且已改變的局勢無法使他改變原則上的想法。由於他被自己的運氣和到目前爲止對手的軟弱寵壞了，所以他信任著自己的天才、運氣，以及他已學會迅速去利用的那些瞬間機會。第十六號指示比較是一種不知所措而惱怒的證據，不含有具體作戰的企圖，因爲一開始的句子就已顯示出這一點：「由於英國即使面對著無望的軍事局勢，仍然不給出任何溝通的意願，我已決定準備一個進攻英國的登陸行動，如果必要，便執行它。」[31]因此，並不排除，希特勒從來都沒有認真考量登陸英國一事，而只把它當作心理戰的武器來使用而已。自一九三九年秋天起，各個軍事單位，尤其是海軍總司令雷德爾海軍上將，一再想辦法使希特勒注意登陸英國行動的各種問題，卻沒有成功。希特勒才同意這個行動不久，他又馬上做出保留的態度並舉出他從來都不接受的各種困難。在啓動「海獅」行動五天後，他就悲觀地談到這個行動的各種困難。他要求四十個陸軍師、解決補給的問題、完全的制空權、在海峽建立一個廣闊的重炮系統，以及大規模的布雷行動，但只爲此預留六個星期的時間：「如果到九月初這些準備還未完成的話，必須考慮別的計畫。」[32]

希特勒的猶豫不僅與他和英國之間受情結主導的關係有關；此外，他對邱吉爾動員反抗的基本想法並不陌生。一個擁有海外遠方根據地的世界強權有各種維護自己的可能，因此即使母國遭到入侵或被占領，都還不算戰敗。比如，英國可以從加拿大把他拉到越來越深的廣大空間中作戰，或最後甚至使他捲入與美國交戰的狀態，而這正是他所擔心的。即使他成功摧毀了大英世界帝國，這對德國根本沒用，而只對「日本、美國和其他國家」有利，就像他在一九四〇年七月十三日在一次討論中所說的一樣。[33]隨著對英國的戰事變得日益激化，他也因此把自己的立場隱藏起來，使得不只情緒上的因素，連政治上的因素也贊成應該尋求英國的支持，而不是去打敗英國。希特勒就是從這樣的考量，尷尬地發展出接下來幾個月的戰略：透過不太損耗物資的攻擊和政治操作逐漸強迫英國求和，以便最後能夠無後顧之憂向東邊進攻。這是他一直堅守的願望，是也長久以來想利用政治途徑達到的理想局面，即使如今已處於開戰的情況，他仍然堅定不移地尋求這個目標。

他打算透過德國潛艇艦隊，特別是透過空戰圍攻英國來實行這個計畫。這個構想的矛盾之處在希特勒只半推半就投入這場戰事中顯示出來，他不顧各個軍事單位的所有努力，不願進行「全面」空戰和海戰。[34]一九四〇年八月十三日（老鷹之日）開始的「英國戰役」已成了英國上空一場傳奇式的空戰，這是針對英國南部各機場和雷達站的第一波大攻擊。但這場戰役卻在九月十六日因爲不良的氣候條件而停止，德國空軍連一個原定的目標都沒有達到而且損傷嚴重；既沒有嚴重損壞英國的工業潛力，亦沒有對民眾產生心理折磨的效果，甚至沒有贏得空戰優勢。雖然雷德爾海軍上將幾天前就已報告海軍艦隊已爲登陸行動做好準備，但希特勒還是將行動「暫時延後」。國防軍最高統帥部十月十二日的一份指示決定，「從現在開始直到明年春天，準備登陸英國只保持作爲對英國施壓的政治和軍事手段」。[35]於是，「海獅行動」被放棄了。

大陸聯盟的構想

與軍事行動搭配的是嘗試以政治途徑，即透過建立一個環繞歐洲的「大陸聯盟」，來迫使英國讓步。然而，實行這個目標的先決條件並不有利。一部分的歐洲已經變成法西斯，另一部分因為對德國有好感或與德國有條約而綁在一起，還有另一部分是被占領或被征服的。而這些打輸的地方又將一種模仿法西斯主義往上推，雖然這種法西斯主義到目前為止沒有什麼支持者，但仍然掌管權力和有凝聚的效果。打勝仗不僅使希特勒成為歐陸上使人敬畏的獨裁者，還擴大了從他和納粹當局身上發出的光芒。他似乎成了權力、此刻的歷史和未來的化身，而法國的戰敗則是證明民主體制的無力和結束的證據。法國元帥貝當在法國戰敗時如此描述人們普遍對民主的反感：這個國家「在道德上已被政治腐化」。[36]八月三十日，維也納仲裁法庭嘗試解決南歐重新爆發的邊界爭執，在其判決中，希特勒以「至高仲裁者」（*supremus arbiter*）的角色出現，各國人民都需要他的建議而且他手中握著地球一部分的命運。

這個歐陸大聯盟要包含整個歐洲，包括蘇聯、西班牙、葡萄牙、法國維琪政府統治的區域。此外，還有多個計畫同時進行，包括攻擊位於歐陸邊緣的英國，啓動地中海地區的戰事，即占領地中海的兩個大門，直布羅陀和蘇伊士運河，以粉碎英國在北非和西亞的帝國主義地位。另一個同時發展的構想是占領歸屬於葡萄牙的維德角群島（Kapverdische Inseln）、加那利群島（Kanarische Inseln）、亞速爾群島（Azore）和馬德拉群島（Madeiras）。與都柏林政府取得聯繫之目的則在於和愛爾蘭訂立盟約並獲得額外的空軍基地以對付英國。

在一九四〇年這個夏天，除了各種軍事可能之外，希特勒面前再次打開了一個碩大的政治前景，法西斯歐洲從來沒有這麼接近過，德國霸權從來沒有這麼伸手可及過。有好一段時間，看起來他似乎抓到了出現在他面前的機會。無論如何，這一年的秋天，希特勒再一次展開相當多的外交活動，就像過去取得政治成就的那些密謀一樣。他多次與西班牙外交部長談判；十月後半前往昂達伊（Hendaye）與佛朗哥會面；接著又在蒙圖瓦爾（Montoire）與貝當和他的副總理拉瓦爾會面。但除了九月二十七日與日本和義大利簽下三方條約之外，所有其他外交努力都沒有任何成果。特別是十一月中莫洛托夫訪柏林時，他原本嘗試說服蘇聯加入這個三方條約，透過將蘇聯的注意力轉移到英國在印度洋統治的區域以爭取蘇聯成爲重新瓜分世界的夥伴；然而他並沒有成功。當然這失敗的原因與希特勒在這段期間內開始輕視政治談判的效果有關，而這種輕視的態度又因爲打勝仗而更加膨漲。根據大多獲得的紀錄，他的談判藝術已經被一種既傲慢又狂妄自大的使命感所取代，他以前的謹愼摸索變成一種笨拙的裝模作樣。他早年都以各種暗示性半眞相來細心編織各種證明理由，但如今談判夥伴遇到的是一個越來越顯出其自我中心的人，只知道要爲自己獲得更大權力這個論點。但無論是這些外交活動或同時進行的軍事計畫（針對直布羅陀的）「菲利克斯」（Felix）行動，或是（預先占領維琪法國的）「阿提拉」（Attila）行動，總是給人一種印象，好像他不太集中精力或只以斷斷續續的興趣投入在這些行動上。有時候他似乎傾向完全避免與英國作戰而只以歐陸大聯盟的空想效果爲滿足。因爲這種方法很可能最能夠防止他更加擔心日益增強的美國可能參戰帶來的危險，這必定危及他一直追求的最終目標，即往東擴張，也將摧毀他所有的努力、犧牲和構想。[37]

擔心美國介入使一九四〇年夏天的所有想法都蒙上一層新的威脅色彩，尤其還加強了希特勒擔心時間不夠的想法。自從法國臣服之後，他的精力大多都消耗在猶豫不決的外交和軍事行動上。自一九四一年初，在失敗的義大利求救之下，德軍從那維克（譯註：Narvik，挪威北部）駐紮到西西里島，連在北非也有，但所有這些活動都缺乏決定性的想法；戰爭走向他不願見到的方向。由於希特勒以錯誤的前線開始作戰而且從來沒有發展出一個全面的計畫，如今戰爭幾乎因爲它他自己的緣故在反撲。在希特勒做完一次全面的局勢報告之後，這段時間陸軍的副官注意到

「元首明顯感到沮喪」；給人的「印象是，他此刻不知道該怎麼繼續往前」。[38]

在秋天時，當這場戰爭可能以這種方式脫離他希望的軌道時，希特勒開始重新集中精神去思考，希望能透過一個構想讓它回到軌道上。他有兩種可能：第一種是對各方做許多讓步以建立一個龐大的勢力聯盟，並在最後一刻讓蘇聯和日本加入，以強迫美國調頭，並將原定的向東擴張計畫延後許多年；第二種可能是在抓到第一個機會就對蘇聯發動閃電戰，征服它，於是他就不是和一個夥伴，而是跟一個臣服者建立這個勢力聯盟。希特勒好幾個月都無法下定決心。一九四〇年夏天，他變得極為沒有耐心，一直急著結束既無意義又麻煩的西線戰事。六月二日，當德軍在進攻敦克爾克時，他就已經表示期待英國現在應該會願意「理智地求和」，好讓他「終於騰出手來」完成他那「偉大和根本的任務：去對付布爾什維克主義」。[39]幾星期後，七月二十一日，他要求馮·布勞希奇在「思想上準備」對付蘇聯作戰；在沉醉於戰勝的興奮的那段日子裡，他甚至考慮一九四〇年秋天就進攻蘇聯，但國防軍最高統帥部和軍方高層參謀的一份備忘錄向他指出這個計畫的不可行性時，他才作罷。從這時開始，他便開始放棄將兩場戰役的時間錯開這個原本的想法，而將西線戰事與往東擴張結合成一次世界大戰的想法。七月三十一日，他向哈德爾提出這個想法的理由：

「英國的希望是蘇聯和美國。如果它對蘇聯的希望消失，對美國的希望也會消失，因為蘇聯退出將使日本在東亞變得無比重要……蘇聯只要對英國說，他不想讓德國變大，英國就會像一個溺水者一樣希望事情在六到八個月內會變得完全不一樣。但如果蘇聯被擊垮的話，那麼英國的最後希望就會被消滅。於是，歐洲和巴爾幹半島的主人就是德國。

結論：在這一次的戰役中蘇聯必須被解決掉。而且是一九四一年春天。」[40]

然而到九月和十一月初，希特勒似乎又開始搖擺不定並傾向於結盟的構想。哈德爾在十一月一日記載：「元首希望將蘇聯納入對抗英國的前線中。」但三天後的另一則紀錄就已提出另一種想法：希特勒認爲：蘇聯仍然「是歐洲的所有問題。（必須）採取一切行動以準備進行大決裂。」[41]一直到十二月，這個想法似乎才找到其結論，而希特勒也似乎做了決定，而這個決定很符合他的本質，他急躁追求的中心思想以及他目前的自我高估：儘快開始進攻蘇聯。羅斯福總統獲選連任以及和莫洛托夫的晤談顯然促進了這個決定的形成。無論如何，在蘇聯外長離開的一天後，他就已經表示，這「不會一直是份理智的婚姻」，並吩咐在東邊尋找適合做元首總部的地點，以及在北、中、南找出三個適合做指揮所的地點並「以最快的速度」建立這些指揮所。[42]十二月十七日，他對約德爾闡述他對這場戰役的行動想法，最後他說：「我們必須在一九四一年就解決所有歐洲大陸的問題，因爲從一九四二年開始美國就可能有能力介入。」[43]

進攻蘇聯的決定

許多人認爲，希特勒在西線戰事還沒有結果之前就已經決定進攻蘇聯是他「盲目」、「莫名其妙」、令人最難以理解的決定之一，但其實他這個決定含有的理性考量和鋌而走險成分比乍看之下還多。希特勒本人指出與此決定相關的種種困難，並將這項進攻命令提高爲他必須做的許多「最困難的決定之一」。一九四五年初，在總理府底下的元首地堡裡向鮑曼（Martin Bormann）口述自己的回憶時，他說：

「在大戰期間，我所做的決定中，沒有比進攻蘇聯這個決定更困難的了。我之前已一再解釋，我們必須不惜一切代價避免雙線作戰。我比所有其他人都深思過拿破崙的俄國經驗，這一點沒有人懷疑。那爲什麼還要對蘇聯作戰，而且爲什麼要在我選的這個時間點？

我們已不抱持任何希望能以勝利結束入侵英國領土這場戰爭。因爲這個國家，由愚蠢的領導者統治，只要在這個大陸上還有一個大強國與這個帝國原則上處於敵對狀況，它就拒絕我們在歐洲的統治地位，拒絕在沒有打勝仗的情況下與我們媾和。如此一來，戰爭會一直持續下去，在英國人之後，會引起美國人更加活躍加入。而美國的潛力之重要性，不斷增加軍備⋯⋯英國海岸就在近處，所有這些因素都告訴我們必須理智行事，不可長時間投入戰事中。因爲時間——又是時間——會越來越跟我們作對。爲了使英國面對它的任務，爲了迫使它接受和平，必須把他們的希望拿掉，我們必須面對這個大陸上與我們旗鼓相當的對手，也就是紅軍。我們沒有選擇，對我們而言，將俄國這顆棋子從歐洲這個棋盤上移走是不可避免的事。但還有第二個理由，也是非常充分的理由，光這個理由本身就已經非常充分：俄國存在的本身就對我們造成威脅這個赤裸裸的事實。如果它有一天攻擊我們，這必定成爲我們的災難。

我們征服俄國的唯一機會是在它之前下手⋯⋯我們絕不可提供紅軍任何地形上的優勢，不可提供我們的高速公路作爲他們機動部隊行軍之用，不可提供我們的鐵路作爲運輸人員和物資之用。如果我們採取主動，就可以在他們的土地上打敗他們，在他們的沼澤和泥地裡——但不是在像我們這樣一個文明國家的土地上作戰。這會給他們一個襲擊歐洲的跳板。

爲什麼要在一九四一年？因爲我們盡可能不得拖延，因爲我們在西邊的敵人正不斷擴大他們的戰鬥力。在這一方面，史達林自己也不是沒有作爲。因此，在這兩個前線，時間都在和我們作對。因此，問題不是：『爲什麼不在一九四一年六月二十二日就打俄國？』而應該是：『爲什麼不更早一點？』……過去這幾個星期裡我有一種強烈的想法，史達林可能會比我先出手。」[44]

與希特勒一九四〇年夏天和秋天裡的各種考量相結合的是這個祕密的希望；透過一個突然、出其不意的脫困行動去扭轉已經陷入僵局和發展錯誤的戰局，並藉此實現偉大的征服構想，就像他生命中的許多困境裡幸運總是眷顧他一樣。在他毫無節制的幻想裡，對俄國的戰事已被魔術棒一揮就解決了所有的難題，變成了一個大轉折，突破困境並達到統治世界這個目的的先決條件。他在一九四一年一月九日對國防軍最高統帥部和陸軍總司令部的高層說，德國將「是無懈可擊的。俄國巨大的空間蘊藏著無法計量的豐富資源。德國必須在經濟上和政治上統治它，但不將它合併進來。如此一來德國便擁有所有的可能，將來也可以對其他大陸開啓戰事，如此一來，德國將不會被任何人擊敗」。[45]他想像，蘇聯的迅速崩潰將對日本發出「往南擴張」的訊號，這件事日本雖然計畫已久，但主要因爲蘇聯在背後是一大威脅而一直延後。而日本往南擴張又將美國拖在太平洋區域並因此遠離歐洲，這使得英國也被迫讓步。他還設想，征服俄國之後，可以透過三個大步遠征的鉗形行動，經由北非、西亞和高加索突進到阿富汗，以期最後能從那裡與這個頑固的大英世界帝國在它的中心——即印度——相遇：根據他的看法，統治世界已近到伸手可及。

這種想法的弱點是無可忽視的。到目前爲止，希特勒一直要求西方戰線的安全作爲進攻蘇聯的先決條件，並將避免雙線作戰視爲德國外交政策的某種基本法則。[46]現在他卻嘗試透過預防戰來獲得這種安全，這等於是投入一場雙線作戰的大冒險，以便搶在雙線作戰之前採取行動。他不僅低估對手，也高估自己的力量。「我們將在三星期內攻進聖彼得堡」，十二月初他對保加利亞特使德拉根諾夫（Pervan Draganoff）保證，蘇聯的軍隊「只不過是個笑話而已」。[47]特別是，他重新出現無法將一個想法緊貼著現實去想到底的情況。當構想的第一步踏出去之後，他總是在某個時間點就離開現實的大地並將他的想法以願景的方式——而不是以理智的方式——想到底。最明顯的是，他雖然期待勝利，但對那之後東邊的情況該如何發展，他這方面的考量卻是非常草率。這是他在入侵波蘭、攻擊法國時所犯的同樣錯誤。即使德軍能成功重新發起一次閃電戰並在入冬之前打到莫斯科或甚至突進至烏拉山，就像他必須說的那樣，這場仗還是沒結束。因爲在莫斯科的後面，烏拉山的後面還有非常廣大的空間可作爲剩餘力量重新集結和組織的基地。爲了維持他打算控制的那條多多少少開放性的邊界，大量的德軍必定被死死綁在那裡，無法脫身。這更鼓勵英國和美國覺得自己非常有希望能贏。但希特勒卻從來都不通盤思考這些具體的可能，而只一味陶醉在「瓦解」和「擊潰」這些詞藻，並以之爲滿足。預定被任命爲中央集團軍司令官的馮．博克元帥（Fedor v. Bock）二月初對希特勒說，雖然打贏紅軍是有可能的事，但也無法想像「如何迫使蘇聯求和」。希特勒不明確地回答他，「在征服了烏克蘭、莫斯科和列寧格勒之後……蘇聯可能會同意解決」。[48]這句話揭露出他的想法有多麼不成熟。

其他戰役

與此同時，他不再接受任何反對的意見，堅定不移地透過各種論點或反駁準備進攻蘇聯。一九四〇年十月，在與貝當會面的當晚，他收到墨索里尼的來信，告知他義大利打算進軍希臘。由於清楚預見到這意料之外的一步將使在巴爾幹半島上的側翼德軍捲入複雜的情況，他不得不改變自己的行程，匆匆安排與墨索里尼在佛羅倫斯會面。但與此同時，在希特勒抵達之前的幾個小時，墨索里尼就已倉促開始行動，以回報之前的多場勝仗，就像他們之前給德國的許多驚喜一樣。可是當這位義大利盟友陷入預期的困難時，希特勒必須派遣德軍去希臘，但這並不阻礙他繼續計畫和發兵往東邊的戰事。當墨索里尼在一九四〇年十二月初在阿爾巴尼亞陷入困境並最後體驗到北非前線崩潰時，他的反應也沒兩樣。他一直以無所謂的態度面對這些失敗，發布所需的命令，一再派遣新的師隊到受威脅的地方，一刻都沒有搞錯他的主要目的。二月二十八日，他被迫從盟邦羅馬尼亞的地區比蘇聯領先到保加利亞，大約一個月後他占領了南斯拉夫，南斯拉夫原本嘗試透過一群政變的軍官脫離德國的影響，結果反而被占領。然而，儘管有這些新的戰事，他仍然密切關注對蘇聯的戰役的準備，只是將這場注定的災難延後了四個星期。四月十七日，他接受南斯拉夫軍隊的投降。六天後，這麼久以來這麼有效抵抗墨索里尼軍隊的希臘也投降。而派遣去北非的軍團在隆美爾將軍的指揮下，十二天之內就收復了被義大利丟掉的整個昔蘭尼加（Cyrenaika）。緊接著，在一九四一年五月二十至二十七日之間，德國傘兵部隊占領了克里特島。在這一刻，英國在地中海東的勢力似乎即將面臨崩潰。雷德爾和海軍將領們加強施壓，要求在一九四一年秋天對英國在近東的基地進行大規模攻擊，這將「比占領倫敦更能給予此帝國致命的一擊」。對手事後公諸於世的考量肯定了這樣的想法。然而，希特勒再一次不願意放棄主導他所有想法的往東擴張構想，他身邊部分的人努力使他改變主意，但都徒勞無功。[49]甚至西邊日益嚴峻的戰局，美國的物資分量越來越多，在空戰之後潛艇戰也可能要面臨打輸的情況，這一切都無法使他停下來。

希特勒無疑看到自己的新戰爭構想有許多缺點，而且也斟酌考量過兩線作戰的風險、拿破崙的經驗，即無法克服的深廣空間、義大利這個盟友的失敗，以及以一種明顯否定閃電戰概念的方式將自己的力量消耗掉。他之所以如此固執不只與他執著於自己的中心思想有關，更多的是他越發清楚意識到，一九四一年的夏初是實現這個想法的最後機會。就像他自己所說的，他落到了彈匣裡只剩一顆子彈的境地，[50]而特別的是，這發子彈的效力彷彿在不斷削弱。因爲他知道，如果這場仗變成消耗戰的話，就贏不了了。這會使德國更加依賴蘇聯提供的物資，最後就只證明了美國的優勢而已。可以設想的是，在他進攻蘇聯想法的背後，還模模糊糊地希望著透過攻擊蘇聯——即將之前的共同敵人再次當作敵人——再度贏回保守勢力的中立，他原本獲得他們的支持但後來卻輸光了。就是這一絲希望使長年欽佩他的赫斯在一九四一年五月十日自己一人飛往英國去進行一項任務，以期能結束這場「錯誤的戰爭」。但對方完全不感興趣，這顯示這個機會也不存在了。於是，希特勒眞的沒有選擇了。他決定在這個時間點開啓東邊的戰事等於是一種鋌而走險的做法，這是唯一一條對他開放的路，卻是一條走往滅亡的路。

自一九四〇年秋天起希特勒在各種場合的說話揭露出他對這個進退兩難的困局到底有多麼清楚。他與外交官、將軍和政治人物們的談話，雖然各有其意義，但其實都在記錄一個持續不斷說服自己的過程。他常常不是降低對手的重要性就是貶低對手，甚或把對手形容爲讓人戰慄的地方，一方面說蘇聯是一個「黏土做的無頭巨人」，另一方面又說它是一個「布爾什維克荒漠」，「簡直恐怖」，是一個「巨大民族和世界觀的風暴，威脅著整個歐洲」，之前和他們簽訂的條約突然變得「非常令人心痛」。[51]但他又說服自己說，他不打兩線戰爭，一九四一年三月三十日他對將軍們說：「現在有一個可以無後顧之憂去攻打俄國的可能；這是個千載難逢的機會。如果我不抓住它，以後我就是德意志民族的罪人！」剛開始時民衆明顯對戰爭沒有興趣，接著「修正主義」戰役已達到使全國人民團結的目的，最後他們連法國戰役都同意，這一切都沒有使他感動。

一份關於全國氣氛的報導所擔心的事，「在部分宣傳中所宣布的德國將來的角色是歐洲的領導國家並且即將合併東邊的區域……大部分的人民幾乎無法接受這些想法」，也不是他擔心的事。[52]

努力說服自己

如今他所有的謀劃都用來投入急迫確認自己所有的決定都符合天命並且有其正當性，而這種越發努力以不理智的方式確保自己的決定的做法最能反映出他不安的心情。用魔法的方式去確定自己行爲的正當性，這種做法常常插入實務談話中。比如一九四一年三月，在比較完德國和美國的軍備之後，他對一位匈牙利外交官說：「在仔細思考他過去的方法和建議後，他深信，天命已使這一切結合在一起；因爲，他原本所追求的目標，如果他以和平的方式達到的話，那只是解決了一半的問題而已，有一天這一定會導致新的衝突。他只有一個特別的願望，那就是我們的對土耳其的關係能更好一點。」[53]

希特勒下最後決定

自一九四〇年夏天起，德國與蘇聯之間有許多外交齟齬，主要的原因是莫斯科毫無忌憚地嘗試確保自己的前緣地區避免陷入日益強大且令人恐懼的德國之魔手。蘇聯不僅併吞了波羅的海國家，也併吞了部分的羅馬尼亞，又在巴爾幹半島對德國努力擴張的影響範圍做出頑強的抵抗。同時英國駐莫斯科大使克里普斯爵士（Sir Stafford Cripps）在一九四一年春天判斷，蘇聯將「以絕對的把握」盡一切努力避免捲入與德交戰；除非希特勒自己決定進攻蘇聯；但他恐怕希特勒不會幫對手這個忙。[54]

結果現在希特勒就眞的這麼做了。儘管這是在各種不利的局勢迫使之下，但他進攻蘇聯的決定還是再次揭露出他做決定行爲的本質；這是最後一個、最嚴重的自殺式決定。他很早就有這種特質，而且這也顯露出他的傾向，即在絕望的情況中再次加倍原本已透支的賭注。然而，引人注意的是他這段期間的計算都是負面的，萬一他輸掉對蘇聯這場戰役，實際上整場仗就輸了；相反地，如果他在東邊打贏，整場仗還不一定算贏，無論他怎麼假裝都沒用。

還有另一方面顯示出希特勒進攻蘇聯的決定會帶來特別的後果。《莫斯科條約》出於他一段「政治」生涯，但他現在已克服了這段政治生涯，當時他出於策略上的動機而對自己的意識形態原則不忠，因此這已成了一個不合時宜的元素。「那個條約從來就沒有誠實過。」希特勒如今對他的一位副官說，「因爲雙方世界觀的鴻溝太深了。」[55]現在最重要的是誠實地勇敢認罪。

一九四一年六月二十一到二十二日的凌晨三點，墨索里尼在睡夢中被叫醒以接收希特勒的一個通知。他心情不好地抱怨：「在晚上，我連自己僕人的睡眠都不會打擾，但德國人卻粗暴地讓我從床上跳起來。」[56]這封信一開始就指出這是「好幾個月之久、種種擔憂之下的斟酌考量」並告知墨索里尼德國即將進攻蘇聯。在這份文件中，希特勒不斷以一種自我中心的態度只講他自己：「自從我終於突破並做出這個決定以來，我又感到內心的自由。在坦白追求目標時，與蘇聯合作雖然確實帶來放鬆，但也常常使我心情沉重；因爲在我看來，這無論如何都違反我全部的出身、我的觀點和我之前的各種義務。如今我很開心可以擺脫這種內心折磨了。」[57]

希特勒的悲觀

感到鬆一口氣還是帶有一些擔心的味道。雖然他身邊的小圈子，尤其是軍方高層，特別感到樂觀。國防軍一九四一年六月十一日關於巴爾幹半島和北非的戰役報告，最後一句話是：「對德國士兵而言，沒有什麼是不可能的。」但根據報導，希特勒自己卻情緒低落、坐立不安。然而，他不是一個會放棄自己人生夢想的人，他和這個夢想之間只有一場爲時幾個星期的戰役而已：到時候，就可以贏得東邊的巨大空間，英國就會低頭，美國就會讓步，全世界就會崇拜他。風險只不過更提高這個目標的煽動性。在進攻蘇聯的前一晚，在周圍都是忙著出兵的氣氛當中，他這麼說：「我覺得自己好像撞開了一道門，它通往一個黑暗、從未有人見過的空間，但我卻不知道門的後面是什麼。」[58]

注釋

【1】IMT XXXVII, S. 466ff. (052-L).

【2】在朗讀其備忘錄之後，希特勒在進行詳細闡述時這麼說；比較 F. Halder, KTB I, S. 102。

【3】同上 S. 98；亦比較 S. 93 ff.。「瘋狂的進攻」是陸軍一個軍團的司令官馮．李布上將所說的，比較 H.-A. Jacobson, »Fall Gelb«, S. 50 f.。關於希特勒的「和平呼籲」，馮．李布認爲：「元首在國會的演講只是德意志民族的一個謊話。關於使戰爭「睡著」的做法，比較約德爾上將在紐倫堡所寫《希特勒是戰略家》的草稿，刊印於 »Kriegstagebuch des OKW« (KTB/OKW) IV, 2, S. .1717。關於這段時間內軍官反抗的整體情況，比較 Harold C. Deutsch, aaO., S. 71 ff.。

【4】H. Groscurth, aaO., S. 224；此外 E. Kosthorst, aaO., S. 96，Halder, KTB 1, S. 120 以及馮．布勞希奇在紐倫堡大審上的供詞，IMT XX, S. 628。

【5】比較 Anton Hoch, »Das Attentat auf Hitler im Münchener Bürgerbräukeller 1939«, in VJHfZ 1969/4, S. 383 ff.。

【6】Heinz Guderian, »Erinnerungen eines Soldaten«, S. 76。接下來引述的演講有多個內容相當一致的轉述版本：在此引述乃根據兩個版本，一個是紐倫堡大審的文件 PS-789(IMT XXVI, S. 327 ff)，另一個則存檔於弗萊堡的軍事檔案中，i. Br. N 104/3：其可能的作者是 H. Groscurth。

【7】H. Groscurth, aaO., S. 233.

【8】Winston S. Churchill, »The Second World War« II, S. 74.

【9】F. Halter, KTB I, S. 302.

【10】H. -A. Jacobsen (Hrsg.), »Dokumente zum Westfeldzug 1940«, Göttignen-Berlin-Frankfurt/M. 1960, S. 121.

【11】F. Halder, KTB I, S. 332：關於戈林所說的話，比較 Bernhard v. Loßberg, »Im Wehrmanchsführungsstab«, S. 80 ff.。關於「停止前進」命令本身的討論，比較 Basil Henry Liddel Hart, »The other Side of the Hill«, S. 185 ff.; 此外 Arthur Bryant, »Kriegswende« 以及 H. -A. Jacobsen/J. Rohwer, »Dünkirchen 1940«, in: »Entscheidungsschlachten des Zweiten Weltkriegs«, S. 7 ff.。

【12】布魯克中將如此說，引述於 A. Bryant, aaO., S. 142。

【13】Jacques Benoist-Méchin 關於 »Frankreichs Tragögie 1949« 的書名就是如此：之前提到布魯克將軍報導的事，同上，S. 116，以及 Raymond Cartier, »Der Zweite Weltkrieg«, S. 175, 168。

【14】R. Cartier, aaO., S. 177.

【15】比較 G. Ciano, aaO., S. 39, 168, 179, 212。關於接下來墨索里尼給希特勒的信，比較 »Hitler e

Mussolini, Lettre i Documenti«, Mailand 1946, S. 35。

【16】G. Ciano, aaO., S. 222, 208。

【17】同上，S. 251。之前所說的話引述於 R. Cartier, aaO., S. 176；亦比較 »Ursachen und Folgen«, XV, S. 150。

【18】A. Zoller, aaO., S. 141.

【19】這是史佩爾親自告訴本書作者的；此外，比較上面提到的約德爾的草稿，in KTB/OKW IV, 2, S. 1718 f.；此外，他也將即時發展出一種七點五公分反裝甲炮歸功於希特勒。

【20】»Lagebesprechung«, S. 30。關於此問題，比較部分有爭議的看法，其中 Peter Bor, aaO., Gert Buchheit, »Hitler, der Feldherr«, H. -A. Jacobsen, »Falll Gelb«, S. 145 ff.，以及最後 Percy Erst Schramm, »Hitler, Oberster Befehlshaber der Wehrmacht, als ›Feldherr‹«, in KTB/OKW I, S. 37 ff.。

【21】G. Ciano, aaO., S. 249。關於義大利的要求，墨索里尼事後描述爲「卑微」的要求，比較 ADAP X, S. 207 f.（德國駐羅馬大使 v. Mackensen 一九四〇年七月十七日的電報）。

【22】比較 W. L. Shirer 在 »Berlin Diary«, S. 331 上的描述。

【23】E. Nolte, »Epoche«, S. 435.

【24】比較 M. G. Steinert, aaO., S. 136 f. 裡有更多線索。此外，F. Meinecke, »Ausgewählter Briefwechsel«, hrsg. von Ludwig Dehio und Peter Classen, Stuttgart 1962, S. 363 f.。關於反抗分子的沮喪情緒，比如 U. v. Hassel 的日記 S. 156 ff.，Oster, Dohnanyi 和 Guttenberg 則提到「心緒極受震撼」；Cart Goerderler 也有類似的表示，v. Kessel 亦「感到極爲灰心並想去念考古」。反抗陣營一位一直保持匿名者表達出反抗陣營中普遍的氣氛：「傾向相信，一個能獲得如此成就的人，上主必定與他同在。」v. Hassel 自

己以這樣的話表達許多保守派反抗者的內心衝突：「在悲劇的重擔之下，人們感到絕望而無法對這樣的成功感到高興。」——關於在布魯利德貝許這個小村莊的描述，比較 A. Speer, aaO., S. 185 f.，然而日期是錯誤的。

【25】比較 Helmuth Greiner, »Die Oberste Wehrmachtsfühung«, S. 110；此外 A. Speer, aaO., S. 186 f., 以及 »Tischgespräche«, S. 134 f.，希特勒說，羅馬給他的印象比巴黎強烈許多，巴黎「在風格上沒有什麼比羅馬競技場或天使堡或梵蒂岡偉大的」，「我在巴黎所看到的，沒有在心中存留，羅馬反而眞正使我感動」。

【26】指的是協定的第八條：「德國政府鄭重向法國政府宣告，德國政府沒有企圖在戰爭中利用法國位於德國控制港口內的戰艦以達到自己的目的。」

【27】G. Ciano, aaO, S. 257；此外 A. Hillgruber, »Staatsmänner« I, S. 150 ff.。關於和平協議的建議，由特使 Dr. Karl Clodius 和大使 Ritter 所草擬，比較 ADAP IX, S. 390 ff. 和 407 ff.。

【28】W. Churchchill, »Reden« I, Zürich 1948, S. 333.

【29】W. Churchchill, »Der zweite Weltkrieg« II, 1, S. 272.

【30】M. Domarus, aaO., S. 1557 f.：之前的那句引述出自邱吉爾七月十四日的演講，比較 »Reden« I, S. 380 f.。

【31】引述於 Walther Hubatsch (Hrsg.), »Hitlers Weisungen«, S. 61 ff.。關於希特勒一直希望英國讓步，比較 A. Hillgruber, »Strategie«, S. 146 ff.。

【32】»Führerkonferenzen in Marine-Angelegenheiten« 一九四〇年七月二十一日的談話，引述於 A. Bullock, aaO., S. 598。七月十九日，在希特勒的國會演講之後，陸軍元帥馮．倫德施泰特就已經對希特勒表

示，面對著剛剛發布的指示，他只視準備登陸行動爲一種心理戰演習：P. E. Schramm 在轉述馮・倫德施泰特的一次發言時這麼報導，比較 ›Frankfurter Allgemeine Zeitung‹ vom 20. Mai 1958。此外，亦比較 Karl Klee, »Das Unternehmen Seelöwe«, S. 244。A. Hillgruber, »Strategie«, S.171 有不同的報導。

【33】F. Halder, KTB II, S. 21.

【34】比較 A. Hillgruber, »Strategie«, S. 157 ff.，尤其是 S. 165。

【35】K. Klee, »Dokumente zum Unternehmen ›Seelöwe‹«, Göttigen-Berlin-Frankfurt/M. 1959, S. 441 f.。關於上面提到雷德爾海軍上將的消息是，只有「達成制空權這個先決條件」才能給海軍登陸的機會，比較 KTB/OWK I, S. 63。

【36】一九四〇年六月對 Sir Edward Spears 這麼說，引述於 »Ursachen und Folgen«, XV, S. 261。一九四〇年十一月二十八日，羅森伯格嘗試在對法國衆議院的一次談話中表達同樣的意思：「法國大革命的後代與偉大德國革命的第一批軍隊互相碰撞。於是……一七八九年這個時代從現在開始結束。它在一場偉大的勝利中……被打倒了，而已經腐敗的它還一直自以爲能在二十世紀繼續主宰歐洲的歷史。」根據 A. Rosenberg, »Gold und Blut«, München 1941, S. 7。

【37】這種擔心從一開始就存在，但因爲羅斯福一九四〇年七月十九日的講話而變得更加嚴重，然而這次講話只是表示宣戰決心的而已；關於這一點，比較德國駐華盛頓大使 Dieckhoff 在一九四〇年七月二十一日的紀錄，in: ADAP X, S. 213 f.；此外 F. Halder, KTB II, S. 30 (22. Juli 1940)：從這一刻開始，這種擔心出現在幾乎所有規劃戰略的談話中，例如比較 E. Raeder, aaO., II, S. 246 f.：此外，KTB/OKW I, S. 88 ff.。關於整體脈絡，亦比較 Saul Friedländer, »Auftakt zum Untergang. Hitler und die Verreinigten Staaten von Amerika«。

【38】希特勒的副官恩格爾一九四〇年十一月四日的日記，引述於 A. Hillgruber, »Strategie«, S. 354/Anm.。

【39】他在 Charleville 的（由馮．倫德施泰特帶領）陸軍 A 集團軍的參謀部時這麼說，比較 K. Klee, »Das Unternehmen ›Seelöwe‹«, S. 189 f.。

【40】F. Halder, KTB II, S. 49：希特勒在一九四一年一月九日與國防軍最高統帥部和陸軍最總司令部的高層說話時也說了非常類似的話，比較 KTB/OKW I, S. 257 ff.。

【41】F. Halder, KTB II, S.165, 158。第一個解決方法並不表示要放棄在東邊的戰爭，只是將其延後而已。

【42】希特勒的副官恩格爾的日記，引述於 A. Hillgruber, »Strategie«, S. 358/Anm.。希特勒於一九四五年初向鮑曼口述的 »Testament politique« 中，希特勒表示，在莫洛托夫離開柏林不久，他就已經下了攻擊蘇聯的最終決定：同上，S. 96。
爲建造指揮所的工作在一九四〇年十月初開始準備，比較 F. Halder, KTB II, S. 121，而且是在 Rastenburg, Spala 和 Pogi。

【43】KTB/OKW I, 996。希特勒到底什麼時候終於決定要進攻蘇聯，這個問題非常具爭議性，除了到目前爲止提到的參考文獻之外，亦特別比較 Gerhard L. Weinberg, »Der deutsche Entschluß zum Angriff auf die Sowjetunion«, in: VJHfZ 1953/2, S. 301 ff.，以及 H. G. Seraphim 和 A. Hillgruber 的互相反駁，同上 1954/2, S. 240 ff.。

【44】»Le Testament politique de Hitler«, S. 93 ff.（從法文翻譯回來）。希特勒接著又舉出德國依賴俄國提供物資這個理由，而史達林隨時可能利用它當作要脅，尤其要顧及到芬蘭、羅馬尼亞、保加利亞和土耳其。接著他繼續說：「作爲歐洲的代言人和保護者，第三帝國絕對不可將這些友好國家放在共產主義的祭壇上作爲祭品。這會使我們顏面盡失，而且我們可能因此而被懲罰。因此，無論從道德或從戰

略角度，這都會是錯誤的決定。」比較，同上 S. 96。希特勒在一九四一年六月十二日對羅馬尼亞國家元首 Antonescu 元帥說話時也舉出類似的理由，比較 A. Hillgruber, »Staatsmänner« I, S. 588 ff.。對蘇聯的戰爭是希特勒「自己的」戰爭，他在一九四〇年七月的說話也表達出這一點，即他必須在結束西邊戰事之前開始東邊的戰事，因爲「他估計在戰勝英國之後的氣氛，使得不太可能指望人民馬上開始對俄國作戰」；比較 B. v. Loßberg, aaO., S. 150。

【45】KTB/OKW I, S. 258；關於此脈絡，也比較 A. Hillgruber, »Strategie«, S.391。

【46】例如，他在一九四一年十一月二十七日對芬蘭外交部長 Rolf Witting 說：「對德國而言有一條法則：那就是無論在任何情況下都避免必須同時向兩邊作戰。」比較 A. Hillgruber, »Staatsmänner« I, S. 639。

【47】國防軍主任副官施蒙德上校對哈德爾上將如此報導，比較 Halder, KTB II, S.203；此外 A. Hillgruber, »Staatsmänner« I, S. 385。

【48】引述根據 A. Hillgruber, »Strategie«, S. 373。在進攻蘇聯不久之後，Hans Fritsche 對在柏林的外國媒體協會發布關於德國的東進理念時說：「到某個時間點，德軍將在東邊停下，這時就會建立一條由我們拉出的邊界，屏蔽著大歐洲……以對抗東邊。很可能小規模的軍事衝突和戰役還持續個八或十年；但這種局面不會改變德國領導人建設歐洲大陸的打算，並按德國的法律管理它。當然，這會是一個『在鐵絲網後面的歐洲』，但這個歐洲將在經濟上、工業上和農業上完全自給自足，而且在軍事方面基本上是攻不破的。」引述根據 Willi A. Boelcke (Hrsg.), »Wollt ihr den totalen Krieg?«, S. 189。

【49】主要是雷德爾、隆美爾、馮．魏查克、德國駐莫斯科大使馮．舒倫布格、以及那裡的使館武官科斯特林將軍。關於進攻近東的主意，比較 A. Bullock, aaO., S. 644。根據 Bullock 的看法，只需將預定用

來進攻蘇聯的不到四分之一軍力就可以給予英國在近東的政權致命的打擊。

【50】一九四一年一月二十日對墨索里尼這麼說，引述於 KTB/OKW I, S. .275。

【51】比較 A. Hillgruber, »Staatsmänner« I, S. 586, 384 f., 352 與此相關的還有 S. 366, 385, 421, 516 等等。關於「黏土做的巨人」的說法，見 KTB/OKW I, S. 258。

【52】這份報導發布於一九四一年八月一日，即蘇聯戰役開始之後，但其實這種氣氛之前就已經很明顯。這份報導刊印於 M. G. Steinert, aaO., S. 207 f.，它還含有下面資訊豐富的內容：「由於如今進攻俄國，根據民眾想法，對之前的波蘭難以解決的問題，現在對住在這些地區和其他地區的人民而言是件令人感到安心和滿足的事……基本上，大德意志帝國是一個由純民族組成的國家（對它而言波希米亞和摩拉維亞已意味異己分子），基本上這在地位已與歐洲國家相等的框架已深植於大眾意識當中。」此外，馮．博克元帥的日記，引述於 A. Hillgruber, »Strategie«, S. 370/Anm.。

【53】A. Hillgruber, »Staatsmänner« I, S. 517.

【54】引述於 A. Hillgruber, »Strategie«, S.440。

【55】希特勒的副官恩格爾的日記，引述於同上，S. 369。

【56】G. Ciano, aaO., S. 340.

【57】ADAP XII, 2, S. 892.

【58】H. B. Gisevius, »Adolf Hitler«, S. 471。關於希特勒在蘇聯戰役開始之前的那幾天裡情緒低落，與軍方高層的樂觀形成明顯的對比，比較，例如 W. Schellenberg, aaO., S. 179 f.。

第二章　第「三次」世界大戰

「當『巴巴羅薩』崛起時，全世界將停止呼吸靜止不動。」

阿道夫・希特勒

以一百五十三個師、六萬輛機動車、三千五百八十輛裝甲車、七千四百八十一門大炮和二千一百一十架飛機，希特勒在一九四一年六月二十二日凌晨三點十五分左右開始進攻蘇聯。這是歷史上規模最大的聯合軍團出現在一個戰場上。除了德國軍隊，還有羅馬尼亞十一個師和十個旅、芬蘭十八個師、匈牙利三個旅和斯洛伐克二點五個師，之後又有義大利三個師和西班牙的「藍色師」加入。按照之前大多數戰役的例子，德國沒有宣戰就開始進攻，而且又是以大量空軍突襲開啓戰事，一下子就將蘇聯約六千架戰鬥機毀了一半。就像在波蘭和西邊的戰役一樣，大量裝甲車像楔子一樣全力開進敵區，接著以迅速的鉗形行動對敵人進行大規模包圍戰。希特勒在過去一再鄭重指出，他並不是計畫對俄國進行「探險之旅」或類似的話，[1]現在他啓程了。

這場戰役的特色

跟在軍隊之後作為第二波的，是特別行動隊以執行希特勒在三月二日就已經擬定的任務，盡可能在作戰區域內根除「猶太—布爾什維克知識分子」。[2]這項命令從一開始就賦予這場戰役超過所有經驗、史無前例的特色。儘管在戰略上這場戰役與整場大戰有關，但從本質和道德上看來，它還是完全新的，彷彿是第三次世界大戰。

無論如何，它都超出「歐洲正常的戰爭」概念，但到目前爲此，此概念的原則主導著戰爭，即使在波蘭戰役中有看到一些嶄新且激進的做法。但親衛隊在波蘭占領區裡的恐怖統治引起當地軍事指揮官反抗的經驗，使得希特勒現在就要在作戰區域內進行以意識形態爲基礎的殲滅戰。因爲這是他的戰爭，是他絕不讓步的戰爭，即使在發生了這麼多的困難、繞路和搞錯前線之後。他毫不留情地打這場仗，沒有一絲絲的著魔，而且越來越忽略所有其他的戰場。他沒有任何戰術上的顧慮，尤其放棄先藉著煽動人心的解放口號支持軍事行動，然後再開始進行奴役和毀滅工程這種做法。剛好相反，他現在只尋求最後解決方案——這也是他持續放棄政治的一個跡象。一九四一年三月三十日在柏林總理府內，他召集了將近兩百五十位各個軍種的高級軍官並用兩個半小時向他們解釋這場即將發生的戰爭的新型特色。哈德爾日記記錄了這樣的內容：

「我們對俄國的任務是：擊敗其軍隊、瓦解其國家……這是兩個互相敵對的世界觀之戰。對布爾什維克主義的毀滅審判，就是反社會的罪行。共產主義對未來是巨大的危險。我們必須放下軍人的同志情誼。共產主義者之前不是同志，以後也不是同志。這是一場殲滅戰。

這場戰鬥必須行動以對抗腐蝕的毒素。這不是戰爭法庭的問題。軍隊的領導人必須知道這攸關著什麼。他們必須在戰鬥中領導……共產黨委員和格別烏的人都是罪犯且必須被當作罪犯對待……這場戰役將與西線的戰役非常不一樣。在東方的嚴酷無情對未來而言都是溫和的。

領導人們必須要求自己犧牲，要克服自己的疑慮。」[3]

然而，即使在場沒有一個人反駁叫他們做幫凶的呼籲，希特勒仍然不信任這些受傳統階級規範綁手綁腳的將軍們，並覺得只叫他們要嚴酷這樣的口號是不夠的。他所有的努力在於消除傳統作戰和派遣特別行動隊之間的差別，並將這些元素納入一場獨一無二的殲滅戰之整體畫面裡，在這裡面每一個參與者都成爲罪犯。在接下來的準備指導原則中，國防軍管理後方的權力被取消並交給特別的政治委員以及親衛隊全國領導希姆萊，帶著安全警察和保安處的四個特別小組，總共三千人在作戰區域內執行「兩個對立的政治體系之間的最後戰鬥所產生」的「特別任務」。一九四一年五月海德里希在普雷茨（Pretzsch）的一次開會中對這些小組長發出的命令是殺掉所有猶太人、所有「亞洲劣等人」、所有共產黨幹部和吉普賽人。[4]同一時間，一份「元首特令」規定，國防軍成員對敵方平民所犯的罪行原則上可免於起訴。另一份法令——即所謂的一九四一年六月六日的「政治委員令」（Kommissarbefehl）——規定，紅軍的政治委員是「野蠻亞洲戰鬥方法的始作俑者……」，若在戰鬥或抵抗中遭抓住，原則上立刻以武器解決掉」，而最後，國防軍最高統帥部在開始進攻前對三百多萬東征士兵公布的一份「指導原則」要求，「毫無顧忌且全力對付布爾什維克主義的煽動分子、解放戰士、破壞分子、猶太人並澈底消滅所有主動或被動的反抗」。[5]另一個反對「斯洛伐克劣等人」的大肆宣傳活動爲這個措施提供補充，它以誇大的手法描述「蒙古侵略歐洲」的事蹟，並將布爾什維克主義定義爲從匈奴大帝和成吉思汗時就動員的亞洲毀滅欲望的當代表現形式。

所有這元素賦予這場東線戰役不尋常的雙重特色。一方面它是與共產黨敵對的世界觀之戰，攻擊裡帶著一些十字軍東征的情緒；另一方面它是一場十九世紀風格的殖民侵略戰爭，針對其中一個傳統歐洲強國，目的在於瓦解它。各種大聲宣傳活動內容所列出的都是各種意識形態的理由，但希特勒本人卻揭露出這場戰爭的眞正目的，因爲在七月中，他在最親密的圈子裡憤怒地駁斥「歐洲對抗布爾什維克主義之戰」這種說法，並清楚指出：「基本上，這最主要的是，要以稱手的方式瓜分這個大蛋糕，好讓我們能第一統治、第二管轄、第三掠奪資源。」然而我們必須先隱藏起這些併吞的企圖。「所有必要的措施——射殺、強迫移民等等——我們還是做，我們還是可以做」。[6]

戰爭中的戰爭

德國國防軍像暴風一樣往前突進，幾乎十四天之內就抵達聶伯河（Dnjepr），一星期後進到斯摩倫斯克（Smolensk）。於此同時，特別行動隊在占領區內開始他們的恐怖統治。他們澈底搜索所有大城小鎭，將所有猶太人、共產黨幹部、知識分子以及所有社會領導階層的潛在成員集中起來並殺掉。其中一位小隊長奧倫多夫（Otto Ohlendorf）在紐倫堡大審上說，他的小隊在第一年裡殺死了九萬個男人、女人和小孩。根據保守估計，俄國西部的猶太人特別悲慘，同一時期裡約有五十萬人遭殺害。[7]希特勒仍然無動於衷地繼續推行這些滅絕行動。他這段時間內的說話內容，除了占領和掠奪資源的努力之外，還一再出現早年的激進思想和深刻的意識形態仇恨心態。七月二十一日他對克羅埃西亞外交部長夸特尼克（Sladko Kvaternick）說：「猶太人是人類的禍害。如果猶太人完全毫無阻礙的話，就像在蘇聯天堂裡一樣，他們會實現自己那些瘋狂的計畫。如此一來，俄國將成爲人類的害蟲溫床……即使只有一個國家容許一個猶太人家庭存在，這

個細菌溫床將進行新的腐蝕。如果整個歐洲都沒有任何猶太人，歐洲各國的團結就不會再受到阻礙。」【8】

儘管突進速度神速，但德國部隊剛開始也只在中段能形成符合蘇聯戰役原本構想的大範圍包圍戰的局面。【9】在其他前線，德國只成功將大量敵人往後推。他們用這種說法來表達這場戰役的特別問題：我們面前沒有敵人，後面沒有補給。儘管如此，到七月十一日爲止有六十萬蘇聯士兵落人德國人手中，其中超過七萬人爲投誠者。希特勒和陸軍司令部都相信紅軍即將崩潰。七月三日，哈德爾就指出：「如果我宣稱蘇聯戰役會在十四天內打贏，這並不是很誇張的說法。」只有那些還靠著廣大的空間進行頑固抵抗的那部分人，還得花德軍好幾星期的時間。幾天後，希特勒親自保證：「他不認爲，在歐洲境內的俄國還能抵抗持續超過六個星期。但俄國人跑到哪裡去了，他不知道。也許跑到烏拉山裡，也許跑到烏拉山的後面。但我們必定追捕他們，而他，元首，將不會畏懼跨越烏拉山……無論史達林逃到哪裡，他都要追捕他。他不相信，到九月中他還必須打仗，六個星期後他就已經相當累了。」【10】七月中時，軍備擴充重點的潛艇和空軍計畫就已經延後，並計畫在十四天後就期待德軍班師回國。當駐莫斯科的最後一任使館武官科斯特林將軍（Ernst August Köstring）在這段時間內來參加元首總部的報告時，希特勒把他拉到一張局勢地圖的面前，用一個手勢指出已占領的地區並對他說：「沒有任何一個傢伙可以讓我再離開這裡。」【11】

希特勒在公告描述戰爭的殘酷畫面所得到的滿足感，很符合他又回到早年毫不掩飾的粗俗。他向西班牙大使艾斯賓諾沙（Eugenio Espinosa）描述東邊的戰爭是純粹的「大屠殺」，敵人有時候排成十二或十三排以接力式地衝過來但只是一直被宰掉，「就像把這些人鉤在一起一樣」，俄國的士兵「部分已麻木，部分嘆息呻吟。那些政治委員是魔鬼（並）……統統被槍斃。」[12]同時他陷入長時間的仇恨人類幻想中。他想像要將莫斯科和列寧格勒的人餓死以製造一種「全民災難」，這災難「不僅奪走他們的布爾什維克主義，也奪走莫斯科人精神的中心」。接著他要將這兩個城市夷為平地，並在莫斯科原址蓋一個大蓄水池，以消滅掉所有的記憶和這個城市曾經的一切。他還未雨綢繆地吩咐，拒絕所有預期的投降，在他最親信的圈子裡，他以這樣的話為自己辯解：「很有可能，有些人會雙手抓著自己的頭並問：元首怎麼可以摧毀像聖彼得堡這樣的城市？就我的本性而言，我屬於完全另一類人。我寧願自己不必做任何事去傷害任何人。但如果我看到雅利安人陷入危險時，我就只有冷酷的想法。」[13]

八月期間，德軍在突破「史達林防線」後終於在所有前線正面地段達成令人印象深刻的包圍戰，同時也讓人清楚看到，過去一個月來的樂觀期待是騙人的。雖然俘虜的數量很大，但敵人源源不斷補上的兵員數量更大。他們比波蘭軍隊或西方強國的軍隊做出更頑強的抵抗，而且在知道希特勒打算進行殲滅戰時，他們的反抗意志比危機剛開始時更加強烈。而且俄國平原的塵土和泥濘對運送物資造成的阻礙比預期的還嚴重。每一次戰勝都將追著打的德軍引到俄國無限大腹地的更深之處。德國的戰爭機器似乎第一次遇到其能力的極限。例如，原本要求軍工業一個月內要生產六百輛裝甲車，但實際只生產出三分之一。這場戰役遠遠超出到目前為止的空間概念，所以步兵摩托車化設備顯然不足。空軍無力同時應付兩線作戰，燃油儲量有時候降到只夠用一個月。在這種情況下，這個問題是至為重要的：該把所有剩下的力量投入那一段前線，以達到最有效且最具決定性的打擊？

陸軍司令部和中央集團軍的司令官們一致要求將所有主力集中攻擊莫斯科。他們預料，敵人必須集結所有能用的兵力參與這場決定性戰役以守住首都的大門，如此一來德軍就可以及時結束這場戰役並使閃電戰的理念獲勝。相反地，希特勒要求攻擊北部以切斷俄國往波羅的海的出口以及大規模往南方突進，以占領烏克蘭的農業和工業生產區及頓涅茨克盆地（Donezbecken），奪取高加索地區的石油。這個計畫是一個典型範例，既顯示出他的傲慢又證明他所處的困境。由於他確定德國一定會打贏，所以就能夠忽略掉首都，而先尋求解決物資過度緊張這個經濟問題。他一再表示：「我的將軍們一點都不懂戰爭經濟。」雙方進行固執的辯論，這再次揭露出希特勒和將軍們的脆弱關係。最後這場辯論被一道指示結束了。這道指示要求中央集團軍將它摩托車化部隊提供出來給北方軍團和南方軍團使用。哈德爾表示「無法忍受」、「簡直前所未聞」，並建議馮．布勞希奇一起辭職；可是這位總司令拒絕了。[14]

接著德軍在基輔大勝，俘虜了約六十六萬五千人和大量的物資。這似乎重新肯定了希特勒的天才，至少這次勝利解決了中段前線會受包圍的威脅並因此打開通往莫斯科的路。事實上，希特勒這時候就已經同意進攻莫斯科；然而，因爲他的勝利鍊到目前都沒有斷過，而且他深信自己很有戰爭運。這兩件事使他盲目地相信自己能夠同時繼續追求往北和往南的目標，尤其是南邊，切斷莫曼斯克（Murmansk）鐵路、占領羅斯托夫（Rostow）這個城市和邁科普（Maikop）的油田，並突進到六百多公里之遠的史達林格勒。這種做法使得他將自己的兵力越來越分散，似乎完全忘記了他一向的基本原則——將全部兵力集中投入一處。在延後了將近兩個月之後，一九四一年十月二日，馮．博克元帥在兵力減少的狀態下終於開始進攻莫斯科。隔天，希特勒在柏林體育宮的一次演講中宣布，「這個敵人已經被擊垮，且永遠都不會再爬起來。」他還將敵人貶損爲「民主主義的零」、「流氓無賴」——這是記錄他唯一一次普通吹噓的文件。[15]

四天後，秋雨開始下。雖然在敵軍占優勢的情況下，德軍在維亞濟馬（Wjasma）和布良斯克（Brjansk）兩場包圍戰中還能發動有希望的攻勢，但整個行動卻因爲變得越來越深的泥沼而陷入癱瘓，補給陷於停頓，燃料尤其不足。越來越多車輛和大炮因爲泥沼而無法前進，停在一處。一直到十一月中大地開始輕微結霜時，原本停頓不前的進攻才能再度開始。投入北邊前線進行包圍的裝甲部隊終於接近卡拉斯拉雅波利亞納（Krasnaja Poljana），來到離首都莫斯科三十公里處。而從西邊進攻的部隊則來到離市中心約五十公里處。這時候，俄國的冬天開始了，氣溫降到零下三十度，有時甚至降到零下五十度。

德國軍隊對於突然降臨的寒冬完全沒有準備。由於希特勒確信這場戰役三到四個月就會結束，所以他又做出背水一戰的招牌姿態，並拒絕給軍隊準備冬裝。當保羅斯將軍（Friedrich Paulus）建議他未雨綢繆要爲冬天採取準備措施時，他糾正保羅斯：「不會有冬季戰役」。[16]在前線幾千名士兵被凍死，車輛和自動化無法運作，戰地醫院裡的傷患也被凍死；不久後，嚴寒造成的損失比戰鬥造成的損失還大。古德里安報告「這裡陷入一片恐慌」，十一月月底他傳來消息說他的部隊已經「不行了」。幾天後，莫斯科附近的德軍在零下三十度最後一次嘗試突破俄國的防線，一些部隊甚至推進到莫斯科的外圍區域，他們能夠用軍用望遠鏡看到克里姆林宮的尖塔和街道上的活動；接著德軍的進攻便停滯不前。

他們完全沒有預料到蘇聯從西伯利亞新調過來的精英師隊對他們展開反攻，結果德軍大敗，損失慘重。有好幾天前線似乎一直在動搖且在俄國的大雪中崩潰。將軍們都呼籲策略性退兵以避免災難，但希特勒一概拒絕，毫不讓步。他擔心的是這些後果——失去武器和器械，無法預料的心理反效果和對有損他不可被征服的個人名聲。簡而言之，他擔心的是被打敗的拿破崙這個畫面，這經常是他傲慢比較的對象。[17]十二月六日，在一份命令中希特勒要求每一位士兵在各自的崗位做出「瘋狂的抵抗」，「不必顧慮在側翼和背後被攻破的敵人」。當古德里安批評這份命令會導致毫無意義的犧牲時，希特勒反問他，將軍是否認爲腓特烈大帝的步兵就樂於死亡。「你太過投入了，」希特勒對他說：「你太過同情士兵們了。你應該和他們保持更大的距離。」直到今天都普遍認爲，在莫斯科前的「停止命令」和希特勒的頑強抵抗意志是使面臨崩潰的前線軍心穩定的原因。然而，軍隊物資的損失，放棄空間的優勢和較短的補給線又抵消掉所有的優勢。[18]此外，這項決定也顯出希特勒越發無法讓自己的意志有彈性地執行。他這麼多年以來一直都是塑造出一種可以成爲偉人紀念碑的風格，現在這個過程顯然在對他的本性進行反擊並賦予他一種對紀念碑病態執著的味道。但無論他在面對這個危機下了什麼決定，無庸置疑的是，在俄國首都的大門前失敗的不僅僅是「巴巴羅薩」這個閃電戰計畫而已，整個作戰計畫都失敗了。

如果一切線索沒錯的話，認識到這一點給予他極大的打擊，這等於是另一記使他的生命失去魔力的重大打擊。在將近連續二十年沒有中斷的成功、取得政治上和軍事上的勝利之後，這是他第一次遭到沉重的打擊。他不顧所有反對意見孤注一擲所做的決定——不計任何代價要守住在莫斯科前的陣地——結果導致蘇聯戰役的轉折點；在第一場敗仗出現時，他自己也清楚知道，這場過於刺激的賭局在所有的先決條件上都潰敗了。在十一月中的時候，當他提到「和平談判」並表示對英國保守的領導階層還懷有一絲希望時，似乎就已經非常沮喪了，就像溺水的人往空中伸手抓一樣。[19]他彷彿完全忘記了自己早就背叛了自己成功的祕密，而且永遠無法再憑靠一位時代敵人的幫助去對抗另一位時代敵人。十天後，當嚴寒開始帶來災難時，他似乎第一次理解到，他要面對的不僅是失敗而已。在戰爭接近尾聲時，約德爾上將在一次軍情討論時指出，他和希特勒在面對俄國嚴冬帶來災難的那個階段時就已經明白，「不可能再有勝利了」。[20]十一月二十七日，軍需總長華格納（Eduard Wagner）到元首總部進行情況報告時，哈德爾以這句話總結這份報告的結果：「我們在人員和物資上都已耗光了。」同一天晚間，在一種厭惡人類的陰暗情緒中——在危機情況中這種情緒常在他身上出現——他對一位外交訪客說：「如果德國人民不再夠堅強，犧牲精神不夠，而無法讓自己的血爲其存在而流的話，它就應該消失並被另一個更強大的國家消滅。」當晚和另一位外國訪客晤談時，希特勒還補充這樣的想法：「他事後不會爲德志意民族流任何一滴眼淚。」[21]

認識到整個作戰計畫失敗也是希特勒在十二月十一日決定對美國宣戰的背後原因，雖然他一直擔心這場戰役。四天前，三百五十架日本飛機從航空母艦出發去偷襲轟炸美國在珍珠港的艦隊和在歐胡島上的機場，出其不意地開始了遠東的攻擊。日本大使大島浩在柏林請求德國站在日本這一邊並立刻參戰；雖然希特勒之前一再催促這個遠東盟友進攻蘇聯或把英國纏在東南亞，同時也明確表達此刻德國不適宜對美國作戰，但他還是立即就答應了日本的要求。他甚至沒有責怪日本人隱瞞自己的偷襲行爲，通常這是他只允許自己做的事。但里賓特洛甫表示反對並指出，按照三個條約的嚴格字面來看，德國絕對沒有義務支持盟友，希特勒也完全不顧他的意見。希特勒對日本以這種引起轟動的突襲行動開啓戰事印象非常深刻，同時也對這種效果感到非常興奮。他對大島浩說：「在聽到日本人的第一次行動時，他簡直開心得不得了。」[22]可是他對美國宣戰這個決定背後比較多是他體認到自己的整體策略構想已失敗這個事實。

對美國宣戰

因爲他只剩下兩個同樣致命的選擇。他可以期待日本和美國達成和解，如此一來等於讓美國總統在太平洋地區無後顧之憂，可以全力對付德國，而且羅斯福好長一段時間一直極力推行的是「一直站在戰爭邊緣」（short of war）的作戰政策。或者他可以加入日本和美國之間的戰爭，而且是在這位遠東盟友顯然不願意站在德國這一邊加入對蘇聯的戰爭之後。按照本性希特勒傾向第二個選擇，即使這個選擇比第一個選擇使他更早捲入公開對美國作戰的境況。他可以對自己說，這場仗原本就無法避免的。但是即使它是無法避免的，立刻開戰仍然帶來一些好處：它可以減輕德國海戰的壓力，到目前爲止德國必須單獨接受美國所有的挑釁。此外，日本偷襲成功的心理效應也來得正是時候，它可以掩蓋德國在俄國的危機。最後，希特勒參戰的決定當然也含有挑戰的心理，他對這場發展方向錯誤的戰役的耐心已經耗盡而且又感到痛苦，因爲這場戰役沒有按照原本的企圖，以一系列閃電戰進行突襲去贏得勝利，反而發展成擴展到全球的決定命運之戰。如果它沒有成爲這樣的一場戰爭的話，它也沒有意義、效果，也沒有任何機會——即一場物資戰和消耗戰，誰有更大的原料儲備量、更高的生產數字和人口數，誰就能贏。

然而，所有這些論點都只有非常弱的說服力，而且無法隱瞞希特勒沒有什麼很大的動機就加入對美國這場戰役。他在回顧時發現，他的理由是多麼的薄弱！在不到兩年多的時間，他就已經輸光一個占優勢、相當有保障的政治地位，並將世界上最大的強國結合成「不自然的盟友」，儘管他們到目前爲止互相是死敵。對美國宣戰這個決定的不自由和被強迫的成分比進攻蘇聯這個決定更大。基本上這根本不是一種決定行爲，而只是因爲突然感到無力所做出的一種姿態，希特勒這次採取主動還算有一點策略意義；但之後就不再有了。

美國參戰立刻顯出同盟國變得緊繃的同時又擴大其努力。在德國開始進攻蘇聯那一天，邱吉爾在廣播中說，他不收回他二十五年來對抗共產主義時所說的話；隨著在東邊開始的駭人場景，「過去的罪惡、愚蠢和悲劇」都消失了。[23]但這時候在他在整體意識上似乎還採取保持距離的態度，這使他與新盟友有點隔閡。但同時美國總統已以面對這一刻和面對敵人所需的極大道德決心，全力以赴。在參戰之前的不久，除了英國之外，他還把蘇聯納入美國供應物資的計畫裡，而現在他更動員了全國的所有潛力。一年之內，他將裝甲車生產量提升到兩萬四千輛，飛機生產量提升到四萬八千架。直到一九四三年，他將美國陸軍人數增加一倍，總數達到七百萬名軍人。在參戰第一年接近年尾時，他就已經將美國軍備生產量增加到等於三個軸心國加起來的量。到一九四四年，甚至又把這個量增加一倍。[24]

在美國的帶動之下，同盟國從現在開始也使彼此的策略達成一致。相對於軸心國從來都沒有能夠發展出一個統一的軍事計畫，同盟國立刻成立的專門委員會和參謀部一刻不停地開了兩百多場會議以使各國的步驟協調一致。他們的會議有一個一致、可定義的目標引導，即擊敗敵人。而德國、義大利和日本都各自爲政，以非常模糊同時又沒有節制的目標各自在不同的地區作戰。世界政治舞臺上這三個一無所有的國家對自己的動力既感到著迷又像被它追趕一樣。根據審訊，一九四一年八月底，當墨索里尼和希特勒一起參觀布列斯特要塞（Festung Brest-Litowsk）的廢墟時，希特勒還一直誇耀他的瓜分世界計畫，在他暫停的一瞬間，墨索里尼趁機以一種溫和的諷刺總括他們這種對廣大空間的飢餓感說，到最後他們這種征服世界的願望就只剩下「月亮而已」。[25]

他們這次的會面只是爲了向同盟國輪廓鮮明的會面示威。因爲十四天前，羅斯福和邱吉爾在紐芬蘭的海灣所謂的《大西洋憲章》中表述了他們的戰爭目標，而現在軸心國則以希特勒提出的口號「歐洲新秩序」或「歐洲團結一致」對抗之。爲了與「整個歐洲對抗布爾什維克主義的十字軍東征」產生連結，他們現在打算復興一種國際主義，但這種國際主義的特色是所有法西斯運動從來都沒有理智透澈思考的內在矛盾。很快地，希特勒放棄政治操作的後果一再出現。好像原則上一直靠玩雙重手法，同時利用恐嚇和承諾來拉攏他國而獲得最大成就的那個人不是他似的，如今對於其他歐洲民族他只知道一種原始的統治關係。一九四二年初他問：「如果我征服一個自由的國家只爲了又給它自由的話，這麼做是爲了什麼？流血的人就有權利行使統治」；而且當「那些吹牛大王認爲團體是靠一起討論形成的……」，他只能大笑，「團體就只能靠武力形成並維持」。[26]甚至之後，在認識到德國一直節節敗退時，他身邊的人建議就夥伴關係的想法放鬆在歐洲各地建立的愚蠢臣服政權，但希特勒果斷拒絕這麼做；最後他說，如果有人一直拿那些小小的「垃圾國家」所謂的榮譽來說服他的話，他會「極爲惱火」，這些國家之所以存在是因爲「一些歐洲國家不知道要達成一致的意見去吞掉他們」；[27]而他則只認識永遠不變、沒有任何藉口的理念——振作起來和堅持到底。

意見不合與領導危機

這不好的發展傾向又在前線被恐慌情緒推高，導致將軍們第一次嚴重意見不合。只要德軍一直成功，所有的歧見都被蓋起來，一再萌生的不信任都被舉杯慶祝勝利的聲音淹沒。可是當情況變得不一樣時，長期壓抑的不滿情緒便以更大的分量浮現。如今希特勒更常干涉各種軍事行動，直接對陸軍軍團和參謀們下達命令，甚至常常直接干預到師級或團級的決定。哈德爾在一九四一年十二月七日記錄，陸軍的總司令「幾乎只等於信差」。[28]十二天後，由於對「停止命令」的爭執，馮．布勞希奇得到如他所願的無情解職令。按照之前所有出現的領導危機的解決模式，希特勒新自接手陸軍總司令一職。這只是更加證明各層級的領導已亂成一團，因爲他等於做自己的兩級下屬：在一九三四年興登堡總統去世時，他接手德國國防軍最高司令官（大多爲象徵性的）職位；一九三八年，國防部長馮．勃洛姆堡下臺時，他又接手國防軍（實際的）司令官一職。如今他以下面的理由作爲他接手陸軍總司令的決定，這理由不僅顯示出他的猜疑，還以更強的意識形態作爲根據。「領導作戰行動這點事每個人都可以做，」他說：「陸軍總司令的職責在於以民族社會主義去培養陸軍。但我不知道有任何陸軍將領能按照我的意思實現這項任務。所以我決定自己親自接手陸軍總司令一職。」[29]

在馮．布勞希奇被撤職的同一天，也被撤職的是陸軍中央集團軍的總司令馮．博克將軍，並以馮．克魯格將軍（Günther von Kluge）取代之，馮．萊赫瑙元帥則取代馮．倫德施泰特成爲南方集團軍的總司令。由於違反「停止命令」，古德里安上將被撤職，霍普納將軍（Erich Hoepner）甚至被趕出國防軍，馮．斯波內克將軍（Hans Graf von Sponeck）被判死刑，而陸軍北方集團軍的總司令李布元帥則自己辭職。還有許多其他將軍和師隊的司令官被撤職。自從一九四一年末起，希特勒便已開始鄙視馮．布勞希奇，現在這又在對高級軍官集團的新判斷中完全顯示出來。「一個自命不凡又懦弱膽小的傢伙……一直用各種藉口和各種不服從的行爲隨便敷衍，完全敗壞了整個東線作戰計畫。」才半年前，在贏得斯摩棱斯克戰役的高漲情緒中，他還說他有「歷史級的元帥，他的軍官集團是獨一無二的」。[30]

一九四二年的頭幾個月裡，各段前線的激烈攻防戰仍繼續進行。戰爭日記一再有這樣的內容出現，「不願看到的發展」、「亂七八糟的事」、「又是猛烈作戰的一天」、「深深挫敗」、「元首大發脾氣」。二月底時，莫斯科又變得離前線一百多公里遠。此刻德軍總共損失超過一百萬人，占東線陸軍百分之三十一點四。[31]一直到開春雪開始融化時，猛烈的戰事才逐漸平息，雙方都已筋疲力竭。希特勒明顯受到這個事件沉重打擊，他在餐桌上向同桌的人承認，這場嚴冬災難使得他有一陣子像癱瘓一樣，沒有人能夠想像這三個月耗掉他多少力氣，使他的神經繃得多緊。當戈培爾來元首總部見他時，希特勒給他「極震驚的印象」；他發現希特勒「老了很多」，而且印象中從來沒見過希特勒「如此嚴肅和如此壓抑」。希特勒抱怨說他常感到暈眩，還說一看到雪就使他心裡痛苦。當他四月底去貝希特斯加登幾天並在那裡意外地看到遲來的下雪時，他匆匆忙忙就離開了。戈培爾說：「那根本是見雪就逃。」[32]

當「造成我們災難的這個冬天」[33]過去，德軍在春天又開始行動時，希特勒的信心又回來了。他還以振奮的心情抱怨他之所以感到很沮喪，是因爲命運只讓他跟二流的敵人打仗。但陸軍參謀總長的日記卻揭露出他的自信和心理是多麼的脆弱。他寫道：「一直出現低估敵方的各種可能性逐漸以荒謬的形式出現，根本無法再談任何嚴肅的工作。對當下的印象做出病態的反應，完全缺乏對領導機制的判斷，他所提出的各種可能就是這所謂『領導』的特色。」[34]一九四二年夏天的作戰計畫給人一種印象，希特勒似乎已經從過去的經驗中學到教訓。他不再將兵力分成三路進攻，而認爲應該將所有主力往南集結，以期「澈底摧毀蘇聯還剩下的軍力並盡可能奪走他們最重要的戰爭經濟來源」。另外還計畫，作戰行動適時停止，準備冬季的營地，必要時按照西邊的齊格菲防線建立一個可以禁得起百年戰爭的東邊防線（Ostwall），「如此一來，我們就不必再特別擔心了」。[35]可是當德軍在一九四二年七月下旬抵達頓河（Don）卻沒有如計畫般對敵人形成大規模包圍戰時，希特勒又屈服在自己的急躁和緊繃的神經之下，結果他又忘記去年夏天所有的教訓。七月二十三日，他命令將攻擊行動分成兩路同時進行，而且兩路之間的距離很遠：B集團軍經過史達林格勒往裏海邊的阿斯特拉罕（Astrachan）突進，A集團軍則負責殲滅停留在羅斯托夫（Rostow）的敵軍，接著抵達黑海東岸，往巴庫（Baku）前進；在開始進攻時占八百公里前線的軍力，到作戰行動的最後必須分散在四千多公里的戰線上，根本無法對敵人作戰，更別提要擊垮對方。

希特勒對己方機會的樂觀判斷很有可能是受到地圖上騙人的畫面所影響。一九四二年夏末，他的勢力達到最大擴張點。從挪威的北角（Nordkap）沿著大西洋岸一直到西班牙邊境都有德軍，在芬蘭，在整個巴爾幹半島和非洲都有德軍的蹤影。而且在北非，雖然根據盟軍的看法隆美爾已經被打敗了，但他卻以少數兵力將英國人逼退到埃及邊界之外，一直退到阿拉曼（El Alamein）。在東邊，德軍在七月底越過邊境進入亞洲，見到奇怪的外國人以他們聽不懂的語言對他們打招呼，在完全沒有樹蔭的平原上和飛揚的沙塵中前進。在南方，八月初德軍抵達邁科普（Maikorp），當地的煉油廠已被摧毀且仍然在燃燒。過去這幾個星期以來的進攻理由就是為了得到這些石油，但在漫長艱苦的作戰之後，希特勒卻幾乎得不到任何東西。八月二十一日，德軍士兵在高加索最高的厄爾布魯士山（Elbrus）升起納粹的鉤十字旗。兩天後，德軍第六軍團抵達史達林格勒旁的伏爾加河。

但這些表象都有誤導人的效果。因為在這三個大陸上迅速擴大的戰事，海軍和空軍都缺少人員、軍備、運輸工具、原料和領導。當希特勒達到最高點時，他早已是一個被打敗的人。各種突如其來的危機和反攻不僅讓希特勒更為僵化頑固，更揭露出這個擴張得太大的強權的不真實特色。

與將軍們起爭執

第一個危機跡象出現在東線戰事上。自一九四二年的夏天攻勢展開以來，希特勒就將他的總部從拉斯滕堡（譯註：Rastenburg，位於東普魯士，即所謂的「狼穴」）移到烏克蘭的文尼察（Winniza）。在這裡，他決定不僅占領高加索地區，還要占領史達林格勒，而且要發動更加激烈的戰事，並在每天的戰局討論中為自己這個決定辯駁；雖然占領位於伏爾加河畔的史達林格勒這時候已幾乎沒有任何意義，最多只是阻斷伏爾加河的交通而已。但如今希特勒在估算時不願聽到任何相反意見。八月二十一日，當哈德爾認為，德軍主力不足以應付兩條如此耗損軍力的前線時，他們之間發生激烈的語言衝突。這位總參謀長表示，作為統帥，希特勒的決定忽略了各種可能的極限並將「夢想當作行動法則」，就像他事後所說的。當他在辯論當中指出，俄國每個月生產一千兩百輛裝甲車時，希特勒極為激動地斥責他說「這麼白痴的胡扯」。[36]

十四天後，當高加索前線的德軍前進停滯時，元首總部又發生新的爭執。這次是原本順從的約德爾，他不僅敢公開大聲為陸軍A集團軍的司令官李斯特元帥辯護，還引用希特勒自己的話以證明李斯特只是遵從接到的指示行事。結果希特勒氣炸了，中斷了談話。九月九日他要求李斯特元帥辭職並在當天晚上自己接手陸軍軍團的司令官一職。由於極為惱火，從現在開始他幾乎不再和元首總部裡的將軍們有任何接觸。他甚至好幾個月拒絕和約德爾握手。他避開軍情室，戰局討論只有少數幾個人在他狹小的小木屋裡舉行，氣氛一直冰冷，而且往後將逐字記錄討論內容。希特勒只在有黑夜或以偷偷的方式才敢走出自己的住處。從此之後他也獨自一人用餐，只有他的牧羊犬陪伴著他，他也很少邀請訪客一起用餐。同樣地，晚間的聚會閒聊也沒有了；隨著它的消失，所有小市民階級的交際活動以及元首總部中聲名狼藉的親密關係也跟著結束。九月底，希特勒最後也撤掉哈德爾的職位。最近這段時間，西線司令部的參謀蔡茨勒將軍（Kurt Zeitzler）的報告引起了他的注意。這些報告的特色是在戰略上有很多想法並且總是保持樂觀的基本態度。他表示，現在他要看到「一個像蔡茨勒的人」在他身邊[37]並將他提升爲陸軍的新總參謀長。

與此同時，雖然遭到日益嚴重的損失，但第六軍團有越來越多部隊抵達史達林格勒的北邊和南邊，建立陣地。所有跡象都顯示，俄國人這一次決定不再避開，而是與德軍正面作戰。德軍拿到史達林的一份命令，在該命令一開始，他以一位憂心的國父的口吻說，從現在開始蘇聯不可再放棄任何國土。每一寸土都必須拼命守住。希特勒彷彿覺得這在向他個人提出挑戰一樣，他不顧蔡茨勒和第六軍團的指揮官保羅斯將軍的反對，要求占領史達林格勒。希特勒在十月二日指出，這個城市已成了一個名聲幽靈，「從心理因素必須急迫」占領它；八天後，他還補充說，必須「奪走共產主義的聖所」。[38]他之前曾說，憑著第六軍團，他可以攻到天上。現在他開始對史達林格勒展開血腥的戰鬥，要占領每一間屋子、每一個住宅區、每一間工廠，這使得雙方都遭受嚴重的損失。這個德軍最強的部隊有時兵員減損到只剩四分之一左右。但全世界都等著史達林格勒失陷的消息。

戰爭的轉捩點

自從去年的嚴冬災難，打敗仗的幽靈在他面前出現之後，希特勒比之前更明顯將所有精力投入蘇聯戰役中，而且更加忽略其他戰場。雖然他喜歡以大規模的範圍思考，以億萬年和大陸爲單位，但比如北非，就對他而言一樣遙遠。無論如何，他一直都沒有準確看到地中海的戰略意義，並一直重新表示，在他看來，一些偉大的思想姿態是多麼的不政治和抽象，多麼的「文學」。由於他反覆無常的興趣，北非軍團因爲缺乏補給和物資儲備而失去攻擊力。不僅如此，潛艇艦隊也因爲希特勒的樂觀戰術而大受影響；直到一九四一年末只剩不到九十艘潛艇可以投入作戰，到一年之後，德軍才能夠派遣超過兩百艘潛艇投入戰鬥，但在德國一系列顯著的勝利之後，敵方動員各種防禦措施的系統開始生效，使得戰爭進入轉捩點。

這時候，空戰方面的場景也開始轉換。一九四一年初，英國內閣通過一份策略性空戰計畫，目的在於對德國的合成燃料工業進行一系列鎖定目標的轟炸，造成一種「下半身麻痺」的效果，以癱瘓德國的整體作戰能力。但這個構想到三年後才執行，如果當初立刻就執行的話，整個戰爭的發展早就不一樣了。[39]在這段時間，主要執行的是另一種構想，即「區域性轟炸」，主要是對平民空襲的恐怖行動。這個新階段在一九四二年三月二十八日由英國皇家空軍對呂貝克進行大規模空襲開始。根據官方報導，這個古老、有著豐富傳統的城市「像火柴一樣」燒起來。作爲回應，希特勒從西西里島召回兩個轟炸機團，總共一百架轟炸機，在接下來的幾個星期內對英國古老城市的觀光景點進行「報復性進攻」，即所謂的「貝德克爾襲擊行動」（譯註：Baedecker-Raids，名稱取自德國貝德克爾旅遊指南系列，上面有詳細的地圖）。這清楚顯示出這段時間以來軍力比例改變的整個規模，因爲英國在一九四二年五月三十至三十一日的凌晨以這場戰爭的第一梯次「一千架轟炸機進攻」回應之。在下半年，美國也加入轟炸德國的行列，從一九四三年開始，盟軍開始「日以繼夜轟炸」（round-the-clock bombing）的攻勢，使德國陷入毫不間斷的空襲中。看到這明顯轉變的局勢，邱吉爾在敦倫市長官邸的一次談話中說：「這還不是結束。連結

束的開始都算不上。但，也許，是開始的結束。」【40】

前線的發展肯定了這句名言。十一月二日，在十天的密集作戰準備之後，蒙哥馬利將軍（Bernard Montgomery）以多倍軍力的優勢突破了德國和義大利軍隊在阿拉曼的防線。緊接著，十一月七日到八日凌晨，英國和美國軍隊在摩洛哥和阿爾及利亞海岸登陸，占領法屬北非地區一直到突尼西亞的邊境。大約十天後，十一月十九日，早上五點，兩個蘇聯陸軍軍團在一場大風雪中在史達林格達首先展開反攻，並在成功突破羅馬尼亞這段的前線之後，將二十八萬士兵、一百輛裝甲車、一千八百門大炮和一萬輛車圍困在伏爾加河和頓河之間。當保羅斯將軍傳來被圍攻的消息時，希特勒命令他，將他的總部移到城市裡並築構刺蝟陣勢：「我堅持要伏爾加！」幾天前，當隆美爾請求撤退時，希特勒發電報給他說：「在你所處的情勢中，除了堅忍沒有別的想法，一步都不可退後，要將每一個還能用的武器、每一個還能戰鬥的人員投入戰鬥中……這不是歷史上第一個意志更強的軍隊戰勝一個更強大的敵人。除了戰勝或死亡，不可讓你的部隊看到別的路。」【41】

一九四二年十一月的三場進攻標記出這場戰爭的轉折點，主動權終於落到敵方手中。彷彿想再一次假裝他有能夠做出統帥級的決定一樣，希特勒在十一月一日命令德軍進入未占領的法國區域。在每年紀念一九二三年啤酒館政變的演講上，他稱讚拿下史達林格勒是一場壓倒性的勝利，彷彿他要公開承認並讓自己被剝奪所有作戰行動的決定自由一樣。同時他採取特別不妥協的態度，而且態度如此強硬，就好像這是因爲所期望的事情失敗而導致的。他大喊說，「我們不會提出任何議和」，與皇帝時代的德國不一樣，現在站在這個國家最高位的男人是一個「只知道戰鬥和只知道一個原則：攻擊、攻擊和再攻擊！」最重要的是，「誰打出最後一記勾拳」。他解釋說：

「在我身上，他們現在面對……一個根本不知道投降這個字的對手！我是個小男孩的時候，就一直有這習慣——當時也會是一種不禮貌的行爲，但整體而言也許還算是一種美德——我說的才算。所以我們所有的敵人都可以相信，以前的德國都在十一點四十五分放下武器——但我原則上總是十二點五分才放下武器！」【42】

「堅忍到底」策略

「堅忍到底！一直到最後一顆子彈！」現在這成了他的新策略，而且這取代之前所有的構想。當非洲軍團已確認戰敗時，抱著憤怒但堅持的意志，他下令一些部隊前往目前已經失守的突尼斯據點，這是他之前一直拒絕隆美爾的事。墨索里尼建議和史達林嘗試溝通，他立刻拒絕了；其他人建議撤回防禦線以縮短東邊的前線，他也同樣拒絕。他想留在北非，守住突尼斯，前進阿爾及利亞，防衛克里特島，保持占領十四個歐洲國家，戰勝蘇聯、英國和美國，並在做這一切的同時——就像他在撤退、逃亡和災難當中所說的——「認清全世界猶太人的整體惡魔危險特質」——現在這些話更常出現在原本的仇恨情緒中。【43】

各種智力衰退的現象伴隨著處處可見的領導技術衰退的過程。在盟軍開始登陸北非的那個晚上，希特勒在慕尼黑發表上面提過的那場演講，接著在一些副官和親信陪同下，前往貝希特斯加登的貝格霍夫行館。凱特爾和約德爾待在貝希特斯加登邊緣的一個建築物裡；國防軍最高統帥部在薩爾斯堡火車站的特別專車裡；而涉及其專門領域的陸軍總參謀長則遠遠在他位於東普魯士安格堡（Angeburg）的馬祖里（Masure）總部裡。接下來的幾天，希特勒也停留在貝希特斯加登。他不但沒有商量和組織防衛措施，反而發展出一種滿足的心理，認爲是他召集了這巨大規模的戰艦（譯註：指海獅行動）。他自我沉醉在各種侵略行動已經失去的機會裡並批評對手深思熟慮的做法。他認爲，如果是他的話，他會在羅馬附近登陸，用這種方式去截斷在北非和義大利南部的軸心國部隊並消滅他們，這會更直接而且造成更大的心理效應。[44]

史達林格勒

與此同時，史達林格勒的包圍圈越來越緊。十一月二十三日晚上，希特勒才回到拉斯滕堡的狼穴。不知道是因爲他低估了情況的嚴重性或者打算透過示威性的從容自在來向自己和周圍的人隱瞞情況的嚴重性。蔡茨勒想跟他討論並指出有些決定已經延誤了，他卻想辦法拒絕蔡茨勒，隔天又用各種藉口敷衍。但這位總參謀長不放棄，並建議他命令第六軍團立刻突圍，他們之間爆發爭執，而且這爭執一直持續到二月一日，即希特勒的堅忍策略慘敗時。半夜兩點左右，蔡茨勒還認爲自己已經說服了希特勒，他給陸軍B集團軍總部的印象是，他希望清晨五點就可以拿到已簽名的突圍命令。事實上，希特勒顯然只假裝讓步，以便開啓接下來幾個星期裡各種意見分歧的討論。他使出各種說服的藝術，長時間平靜地沉默、無邊無際地說一些不相關的話、在另一些地方讓步或高舉各種數字來使人麻木；在做這一切時，希特勒固執地堅持他的決定。他甚至違反自己的本性，嘗試透過第三者表達立場來確保他的決定。名聲已搖搖欲墜的戈林一直待在一旁樂觀地等待有出風頭的機會，這時他要戈林肯定，空軍有能力給被圍困的第六軍團提供補給，[45]在心理上這是很有技巧的一步。在與蔡茨勒爭執時，他把凱特爾和約德爾叫來，以鄭重的表情詢問站在一旁的陸軍總司令部、國防軍最高統帥部和總參謀部這些高階領導的意見：「我要做一個非常困難的決定。在我下這個決定之前，我想聽聽你們的想法。我該放棄史達林格勒嗎？」一如既往，倒霉的凱特爾「以閃亮的眼睛說：『我的元首！不要放棄伏爾加！』」來肯定他。約德爾建議觀望，而只有蔡茨勒再次呼籲要突圍。於是希特勒總括地向蔡茨勒說：「將軍，你看到了，不是只有我一個人有這種看法。這兩位軍官也持有同樣的觀點，而且他們兩人的軍階都比你高。所以，我依然堅持原來的決定。」[46]這給人一種強烈的印象，在這麼多年裡一半且不充分的成功之後，希特勒終於在史達林格勒尋找他最後的決定：不只對抗史達林，不只對抗這場已變得無法忽視的全方位前線的戰爭裡的其他對手，而是對抗命運本身。更加明顯的危機不但沒有嚇倒他，他反而奇怪地對這些危機很有信心。因爲這是他最老的成功祕訣——尋找危機並從克服危機當中贏得新的動力和獲勝信心——自一九二一年夏天的黨內爭執以來這個方法就一再證明它很成功。即使史達林格勒之役不是二戰整體過程中重要軍事轉折點，對希特勒而言它也是重要轉折點：「如果我們放棄這裡——即史達林格勒，我們基本上就放棄了整場戰役的根本意義。」他這麼說。[47]在他的神話化強迫症中，他必定覺得這是一種暗示，他在這個城市遇到了一個象徵強大對手的名字，所以他要在這裡打贏，不然就滅亡。

到一月底時，德軍已經無望獲勝了。可是當保羅斯爲遭受酷寒、傳染病和飢餓折磨且士氣低落的士兵們請求投降時，希特勒回電報給他：「禁止投降。軍隊死守其陣地直到最後一位士兵和最後一顆子彈，以他們英雄的堅忍對建設防禦前線和拯救西方國家做出令人難忘的貢獻。」[48]在義大利大使面前，希特勒將第六軍團比爲在溫泉關戰役的三百個希臘戰士。戈林在一月三十日的講話中也說了類似的話。同時在史達林格勒的廢墟裡，抵抗行動已熄滅，只剩幾個絕望和被炸得破破爛爛士兵還在戰鬥，這「在以後將被稱爲在伏爾加的英雄之役。於是報導會這麼說，如果你來到德國，就看到我們躺在史達林格勒裡，就如同德國的榮譽和戰爭法則所規定的一樣」。

三天之後，即二月二日，最後的一批軍隊投降，前幾天希特勒才將保羅斯晉升爲元帥，同時還將其他一百一十七位軍官都升了一級。下午快三點時，一架在史達林上空高處飛行的德國偵察機還傳來消息說，在史達林「不再觀察到任何作戰活動」。九萬一千名德國士兵被俘虜；其中六千人一年後回到德國。

希特勒對保羅斯非常生氣，認爲他沒有能力面對死亡而提前投降。他將這股怒氣在接下來的元首總部戰情討論中爆發出來：

「他怎麼可以這麼輕易就投降！……這個男人應該舉槍自殺才對，就像古時候的元帥看到自己戰敗時就舉劍自刎一樣。這是理所當然的事。甚至瓦魯斯（譯註：Varus，古羅馬將軍）也知道命令他的奴隸：殺死我！……什麼叫做「活著」？活著的是民族，個人必須死掉。經由個人還活著的是民族。但如果他的職責沒有把他困在這個不幸的城市裡，他怎麼可以害怕可以解脫痛苦的這一刻！呸！保羅斯……將很快就會上廣播說話——你們等著看。賽德利茨（譯註：Walther von Seydlitz，被圍困於史達林時向蘇聯投誠）和施密特（譯註：Arthur Schmidt，被圍困於史達林時是第六軍團的參謀長）一定會上廣播說話。俄國人把他們關到充滿老鼠的地窖裡，才兩天他們就已經受不了了，就馬上什麼都說了……怎麼可以這麼懦弱呢。我眞不明白……我們該拿他們怎麼辦？我個人覺得最心痛，因爲我之前還把他升爲元帥。我要給他最後一次的快樂。這是我在這場戰爭裡最後提升的一位元帥。我們不可以高興得太早……這種事簡直荒謬。

這麼多人必須死掉，結果來了這樣一個人，在最後一刻汙染掉這麼多其他人的英雄氣概。他本來可以擺脫所有的痛苦並保有不朽的榮譽，結果他寧願到莫斯科去。他怎麼還可以有選擇。這已經是很棒的事啦。」【49】

即使不從軍事角度，而從心理角度去看，史達林格勒都是二戰的大轉捩點。無論在蘇聯或在同盟國，這場勝仗都使他們的情緒明顯轉變，使許多之前已失望的人再度燃起希望。而在德國的盟友和其他中立國裡，對希特勒還能占優勢的信心大受打擊。甚至在德國裡，原本對希特勒的領導藝術有信心的人都轉爲批評他。在每日工作會議上，戈培爾指示，利用這次敗仗「加強民衆的心理」。他指出：「關於這些英雄作戰的每一個字將會走進歷史」，並特別要求對國防軍報導的「描述……要幾百年後還能感動人心」。他建議參考凱撒對其士兵的談話、腓特烈大帝在洛伊滕會戰（Schlacht von Leuthen）之前對其將軍們的呼籲，和拿破崙對其近衛軍的呼籲作爲榜樣。在帝國宣傳部的一次特別任務中，他說：「也許我們現在才進到這個巨大決定的腓特烈大帝的時代。科林（Kolin）、霍基爾希（Hochkirch）、庫勒斯道夫（Kunersdorf），這三個名字對腓特烈大帝而言都意味著慘敗，實實在在的災難，其效果比過去幾個星期在東邊前線所發生的一切都更糟。但在科林之後跟著的是洛伊滕，在霍基爾希和庫勒斯道夫之後跟著有列格尼卡（Liegnitz）、有托爾高（Torgau）、有布克斯朵夫（Burkersdorf），最後才是最終的勝利……。」儘管有各種類似的宣傳刺激人心，而且這些話從現在到戰爭結束時一直被重複引用，在一份保安處的報告中卻有這樣的內容：「人民普遍相信，史達林格勒意味著戰爭的轉捩點……脆弱的人民同志傾向於在史達林格勒這個情況看到結束的開始。」【50】

對希特勒本人而言，這場戰役的災難同樣意味著一股新的神話動力。從這時候開始，他的幻想世界裡有更多各種災難和崩塌的場景。羅斯福和邱吉爾一月底在卡薩布蘭卡會議上宣布了要求軸心國「無條件投降」的基本原則，因此等於從他們這一邊把背後所有的橋梁都截斷了，這更加強化希特勒對災難的幻想。一九四三年一整年，希特勒主要還是執行堅守到底的策略，但隨著大戰越來越接近結束，他的策略也越發往壯麗滅亡這個方向發展。

注釋

【1】他這樣對英國大使說，引用於 H. -A. Jacobson, »Nationalsozialistische Außenpolitik«, S. 377。

【2】KTB/OKW I, S. 341.

【3】F. Halder, KTB II, S. 335 ff..

【4】比較 H. Krausnick, »Judenverfolgung«, in: »Anatomie des SS-Staates« II, S. 363 ff. 中有更多資料來源和材料。關於希姆萊的任務，是直接由希特勒下達的命令，且由他本人編輯收錄到一九四一年三月十三日的國防軍最高統帥部指令中，比較 KTB/OKW I, S. 340 ff.；此外 W. Warlimont, »Im Hauptquartier der Wehrmacht«, S. 167 ff.。

【5】比較 Nürnberg-Dok. NOKW-1962，刊印於 H. -A. Jacobsen, »Kommissarbefehl und Massenexekutionen sowjetischer Kriegsgefangener«, in: »Anatomie des SS-Staates« II, S. 223f.；同上，S. 225ff.，也有所謂的「政治委員令」。關於這一點，還有將軍們在紐倫堡大審時的供詞，IMT XX, S. 635, 663；此外還有 IMT XXVI, S. 406ff.，以及 XXXIV, S. 252 ff., 191 ff.。

【6】IMT XXXVIII, S. 86 ff. (221-L)。羅森伯格在一九四一年六月二十日按此思路向「東邊問題最密切的參與者」解釋：「從今天我們對布爾什維克主義進行『十字軍東征』不是只爲了永遠將『可憐的俄國人』從布爾什維克主義中拯救出來，而是爲了推行德國的世界政策並保障德意志帝國的安全。」比較 IMT XXVI, S. 614 (1058-PS)。

【7】Otto Ohlendorf, »Eidesstattliche Aussage«, Nürnberg-Dok. IV, S. 312 ff.；在 H. Krausnick, aaO., S. 367 f. 還有其他資料。

【8】引述於 A. Hillgruber, »Die ›Endlösung‹ und das deutsche Ostimperium«, VJHfZ 1972/2, S. 142。

【9】在一九四〇年十二月五日在闡述蘇聯戰役的行動構想時，希特勒就已經說：「在進攻俄國軍隊時，必須避免一種危險，不可將俄國人往裡推。透過我們的投入，必須將俄國軍隊切成小塊再掐死它。所以必須創造一種開始條件讓我方能夠形成大規模包圍行動。」比較 F. Halder, KTB II, S. 214。關於德軍在開始獲得驚人的成功，這當中有多少成分歸因於對手無視許多警告，缺乏準備和措手不及，比較 A. Hillgruber, »Strategie«, S. 430 ff. 中有許多富有啓發性的線索。

【10】希特勒於一九四一年七月十五日對日本大使大島浩這麼說，引述於 A. Hillgruber, »Staatsmänner« I, S.600 ff.；關於哈德爾前面的發言，比較他的戰爭日記 III, S. 38。

【11】比較 Alexander Dallin, »Deutsche Herrschaft in Rußland«, S. 74；關於將裝備轉移和將德軍從蘇聯移防回來的計畫，比較一九四一年七月十四日的 32b 指令，刊印於 W. Hubatsch, »Hitlers Weisungen«, S. 136 ff., 以及 KTB/OKW I, S. 1022 ff.。

【12】A. Hillgruber, »Staatsmänner« I, S. 622 ff..

【13】»Hitler's Table Talk«, S. 44。關於列寧格勒和莫斯科的命運，比較 F. Halder, KTB III, S. 53：

»Tischgespräche«, S.251；A. Hillgruber, »Staatsmänner« I, S. 643；KTB/OKW I, S. 1021, 1070；A. Zoller, aaO., S. 143。一九四一年十一月八日的說話中，希特勒也指出，列寧格勒不是被占領，而是要被餓死，比較 M. Domarus, aaO., S. 1175。至於如何摧毀每一個城市，海軍戰爭指揮部參謀長 Kurt Fricke 海軍上將於一九四一年九月二十九日有詳細的指示：「我們的目的是對城市進行緊密的包圍，以各種口徑的大炮攻擊它，同時空軍不停轟炸，將它夷爲平地。所有從城市出來請求投降的人一律擊斃，因爲我們無法，也不應該解決餵養這些人口的問題。在這場生存戰裡，我方對維持大城市的人口，即使只是一部分的人口，一點興趣都沒有……。」引述於 »Ursachen und Folgen« XVII, S. 380 ff.。

【14】F. Halder, KTB III, S. 193。希特勒將他的所有論點概括在一九四一年八月二十二日的一份「備忘錄」裡；關於這一點，比較 A. Hillgruber, »Strategie«, S. S. 547 ff.。關於他責怪將軍們一點都不懂戰爭經濟，比較 Henz guderian, aaO., S. 182。

【15】M. Domarus, aaO., S.. 1758 ff.。一星期之後，宣傳部的國務祕書迪特里希在希特勒的命令下對新聞界宣布，東邊戰役的結果已經確定；比較 »Zwölf Jahre«, S. 101 ff.。此外還有 Werner Stephan, »Joseph Goebbels«, S. 226。

【16】Friedrich Paulus, »Ich stehe hier auf Befehl«, S. 49 f..

【17】比較，比較在 A. Hillgruber, »Staatsmänner« I, S. 64, 594, 619, 628 等處不同晤談中的線索。根據哈德爾，在一九四一／四二年的冬天戰役時，Coulaincourt 元帥對一八一二年冬天戰役的回憶錄統統禁賣；比較 A. Dallin, aaO., S. 93。

【18】比較 Rudolf Hoffmann, »Die Schlacht von Moskau 1941«, in H. -A. Jacobsen/J. Rohwer,

»Entscheidungsschlachten des Zweiten Weltkriegs«, S. 181 ff. 相當中肯的評斷；此外 v. Manstein 的批判性評斷，in: »Verlorene Siege«, S. 310 ff.；關於所謂「停止命令」本身，見 KTB/OKW I, S. 1084。關於古德里安與希特勒之間的爭執，見古德里安之回憶錄 »Erinnerungen eines Soldaten«, S. 240 ff.。

【19】F. Halter, KTB III, S. 295；此外，A. Hillgruber, »Strategie«, S. 551 f.。在下一年年初時，希特勒還再一次說，他多麼希望「和英國海軍及空軍作伴進行這場對抗布爾什維克主義的戰爭」，比較 »Tischgespräche«, S. 244。

【20】KTB/OKW IV, 2, S. 1503.

【21】與瑞典外交部長 Scavenius 以及克羅埃西亞外交部長 Lorković 晤談時這麼說，引述於 A. Hillgruber, »Staatsmänner« I, S. 657, 661。

【22】同上，S. 683。

【23】引述根據 Lothar Gruchmann, »Der Zweite Weltkrieg«, S. 141。

【24】關於美國軍備生產量，亦比較 H.-A. Jacobson »1939-1945«, S. 561 ff. 的物資統計資料。

【25】E. Dollmann, aaO, S. 27.

【26】»Tischgespräche«, S.50, 71.

【27】»Lagebesprechungen«, S. 786.

【28】F. Halder, KTB III, S. 332.

【29】P. Bor, aaO, S. 214.

【30】一九四一年七月十五日對日本大使大島浩這麼說，引述於 A. Hillgruber, »Staatsmänner« I, S. 605；關於對馮·布勞希奇的批評，比較 J. Goebbels, »Tagebücher aus den Jahren 1942/43«, S. 132。雖然希特

勒在二月將馮・斯波內克將軍的死刑令轉爲監禁，兩年半後，在一九四四年七月二十日刺殺行動失敗後，蓋世太保出現在革美斯漢要塞（Festung Germesheim），沒有很多複雜手續之下就槍斃了他。

【31】實際數目是一百萬零五千六百三十六人，包括受傷者、陣亡者和失蹤者，但不包括生病者；比較 F. Halder, KTB III, S. 409 中的統計數字。根據 W. L. Shirer, aaO., S. 793，凍死的人數總共有十一萬兩千六百二十七人。

【32】J. Goebbels, »Tagebücher 1942/43«, S. 186；此外，同上，S. 131, 133 和 177。關於希特勒說的話，比較 »Hitler's Table Talk«, S. 221, 339，此外還有 »Tischgespräche«, S.263, 300, 363，希特勒引用中國人的想法說：「把白色看成喪事的顏色是非常天然的感覺。如果這些像『裹屍布』一樣的雪掉下來的話，他才會眞正喜歡阿爾卑斯山。」

【33】H. Guderian, aaO., S. 231.

【34】F. Halder KTB III, S. 489.

【35】J. Goebbels, »Tagebücher 1942/43«, S.133.

【36】F. Halder, »Hitler das Feldherr«, München 1949, S. 50, 52。根據 A. Speer, aaO., S. 252 的報導，德軍登上厄爾布魯士山也是令他極爲惱火的事件之一，他「暴跳如雷一個小時之久」，還特別以偏概全地宣稱，「他整個作戰計畫都被這件事毀了」。

【37】W. Warlimont, aaO., S. 271.

【38】希特勒的副官恩格爾的日記，引述根據 A. Hillgruber 在 KTB/OKW II, 1, S. 67 的引言裡。關於希特勒下面說的話，比較 Heinz Schröter, »Stalingrad...bis zur letzten Patrone«, 作者自己出版，Osnabrück, S. 13。

【39】比較 A. speer, aaO., S. 300。史佩爾有一次親自對本書作者解釋：「根據我如今從英國皇家空軍參謀裡的一位成員得知，當初實現下半身痲痺這個構想遇到許多技術性的阻礙：比如，在夜間無法從遠距離在電子儀器上找到目標，當然還有美國日間轟炸機的護航戰鬥機的行程不夠遠。這使得若沒有護航，不可能在日間轟炸什文福（Schweinfurt）而且必定造成極大損失。這一切要到一九四四年才改變。」此外，德國有三分之一的作戰必須倚賴合成汽油，空軍的燃料都由什文福供應；比較 A. Hillgruber, »Strategie«, S.420。

【40】引述根據 H. -A. Jacobson, »Der Zweite Weltkrieg«, S. 210。

【41】一九四二年十一月三日元首對隆美爾元帥的命令，引述於 H. -A. Jacobsen, aaO., s. 352。

【42】比較 M. Domarus, aaO., S. 1935, 1937 f., 1941。

【43】同上，S. 1937。

【44】A. Speer, aaO., S. 249 f.；此外 W. Warlimont, aaO., S. 284 f.。

【45】剛開始時，第六軍團要求一天七百噸的補給，但接著減少到一天五百噸。事實上，一趟飛行的一天平均載運量是一百零四點七噸；關於這一點，比較 Walter Görlitz 材料豐富的研究 »Die Schlacht um Stalingrad 1942-1943«, in H. -A. Jacobsen/J. Rohwer, »Entscheidungsschlachten«, S. 303 f.。此外，W. Warlimont, aaO., S. 295 ff.，指出，在元首總部裡，關於史達林格勒的爭執並沒有事後各方所描述的那麼激烈，且希特勒因為運用顧左右而言他的策略而相當成功。

【46】蔡茨勒的報導，in: »The fatal decisions«，刊印於 Joachim Wieder, »Stalingrad und die Verantwortung des Soldaten«, S. 307 f.。

【47】W. Warlimont, aaO., S. 296.

【48】H. Schröter, aaO., S. 13：與保羅斯的供詞稍有差別，IMT VII, S. 320。

【49】»Lagebesprechungen«, S. 126 ff..

【50】H. Boberach, aaO., S. 346：此外 W. A. Boelcke, aaO., S. 329，以及 M. G. Steinert, aaO., S. 326 ff.，還有其他的線索。

第三章　失去現實感

「我們必須將新贏得的東邊地區建設成一個伊甸園。」

阿道夫．希特勒

「如果那些主宰大地命運的男人錯估可能的一切時，這是個大災難……他們的頑固，或如果你願意，也可以說他們的天才，使他們的努力得到暫時的成功；但由於他們違反當代人的各種計畫、利益和整個道德存在，所以這股抵抗力量便與他們作對。在一段時間之後，爲他們的受害者而言是一段很長的時間，但就歷史來看卻非常短，他們所作所爲所留下的，只剩下他們所犯的罪行，以及他們所造成的苦難。」

康斯坦（Benjamin Constant）

在元首總部

從蘇聯戰役開始，希特勒便過著一種隱蔽的生活。從一九四三年三月從文尼察回來之後，他的總部，同時也是國防軍的司令部，又回到位於東普魯士的拉斯滕堡後面的一大片森林中。一圈厚厚的圍牆、鐵絲網和地雷保護著散開各處的地堡和建築物所構成的系統，彌漫著一種特有的鬱悶和單調的氣氛。當代觀察家很貼切地將之描述爲修道院和集中營的混合體。狹小簡樸的房和簡單的木製家具，與過去幾年裡那些充滿裝飾的華麗寬闊廳堂、寬廣的視野以及在柏林、慕尼黑或貝希特斯加登所有能夠想像得到的奢華，形成強烈的對比。有時候，希特勒彷彿回到洞穴隱居的狀態。義大利外交部長將元首總部裡的居民比爲穴居人並覺得那裡面的氣氛很壓抑：「你看不到任何一塊有色彩的地方，沒有任何活潑的聲音。前廳裡擠滿了抽菸、吃東西和聊天的人。全是廚房、制服和笨重靴子的味道。」[1]

在戰爭開始的起初幾個月裡，希特勒偶爾還去前線視察，探視戰場、各個參謀總部或戰地醫院。但在第一場敗仗之後，他便開始迴避現實，躲到地圖桌和戰情會議這個抽象的世界裡。從這時候開始，他對戰爭的體驗就只有在紙上劃線和計算各種數字。他也越來越少出現在公共場合，他害怕像之前的大型場面，這場敗仗不僅粉碎了他的聲望，還粉碎了所有設計造型的精力。他才剛走出成爲紀念人物的態度，就幾乎毫無過渡地出現各種未老先衰的跡象：他縮著肩膀疲憊地拖著一隻腳在總部各個場合出現，臉部浮腫，雙眼呆滯無神，左手微微發抖。身體變得明顯衰弱，心情鬱悶。根據他自己的話，他是一個受憂鬱情緒折磨的人，[2]越發深陷於早年的各種情結和仇恨情緒中。希特勒這段時間的外表如此的僵硬和沒有活力，人們認爲他們在見證一個快速發展的還原過程。但在這還原過程中他原來的本質似乎現出原形了。

希特勒在和將軍們意見不合之後開始自我孤立，這種行爲在史達林格勒戰役之後更加明顯。他常常坐在一個地方，陷入深深的沮喪中，或在他的牧羊犬陪同下在總部區域內毫無目的地漫步，不理外面的事。所有的關係都帶著緊繃的拘束：「我們常常站在一起，臉部僵化成面具。」其中一位在場者事後回憶說。戈培爾覺得「元首過著一種如此自我封閉的生活，一種非常不健康的生活，是件悲慘的事。他不再出來呼吸新鮮空氣，不再有任何休閒活動，坐在地堡裡，商量事情和一直反覆思考……元首總部裡的孤獨和那裡的整個工作模式當然對元首造成一種壓抑沮喪的效果」。[3]

事實上，希特勒越因自己所選擇的自我封閉而備受折磨。他抱怨說，他已經無法「再完全獨處」了，不像年輕的時候。他的生活風格已經在戰爭的前幾年被塑造成一種斯巴達模式，如今更加沒有要求了，元首餐桌上的餐飲簡單到令人無法恭維。他只去過拜律特一次看《諸神的黃昏》，在蘇聯戰役進到第二個冬天之後就連音樂都不想聽了。他之後說，自從那時候起，他的職責在於「無論在任何情況下都不可以崩潰，而是在有崩潰之處，一再找到出路和協助的方法，好能用某種方式去修補歷史……我已經和其他世界隔離五年了；我沒有去劇院、沒有聽音樂會、沒有再看過電影。我活著只爲了一個任務，繼續打這場仗，因爲我知道，如果不是有一個鋼鐵的意志坐在大後方，所有的戰鬥都贏不了。」[4]但問題是，是否其狂熱意志已屈服在壓力的主宰之下，使得他對這場戰爭的頑強集中度以及他的意識變得更加狹窄，奪走他所有的內心自由。

他所承受的壓力爆發成一種停不下來的說話欲望，而且比之前還嚴重。他找到女祕書們當他的新聽衆，嘗試用蛋糕和壁爐溫暖的火來爲她們製造一種「舒適愜意的氣氛」，卻沒有成功。偶爾他會把他的副官們、醫生們、鮑曼和其他剛好來訪的熟客拉來當他的聽衆。自從他的睡眠狀況越來越差之後，他獨白式的說話方式就更爲嚴重。到最後，即一九四四年時，他旁邊的人也常常得拼命撐大眼睛一直熬到天快亮時。根據古德里安的報導，接著希特勒會去「小睡一番，最晚到九點，女僕的掃把碰到他臥室的門時就會把他喚醒」。[5]

希特勒的《餐桌談話》

一如既往，他說話的主題是他早年時一直重複並在《餐桌談話》中所報導的各種話題：他年輕時在維也納的那段日子、世界大戰和奮鬥時期（譯註：Kampfzeit 或 Kampfjahre，指一九二三至一九三五年間納粹黨是反對黨時）、歷史、上古時代、飲食、女人、藝術或生存戰鬥。他批評帕盧卡（Gret Palucca）這位女舞蹈家「亂跳一通」，現代藝術是「殘廢的亂畫一通」，指揮家克納佩茨布施（Hans Knappertsbusch）總喜歡用特強音，使得去看歌劇的人被逼著看大吼的歌唱，並「像蝌蚪一樣到處張望」。他還表達自己憎恨「愚蠢的市民階級」、在梵蒂岡「那群豬玀」或「單調乏味的基督宗教天堂」。除了講他各種思想之外，從種族大帝國，到拿著武器的偷獵者，漢尼拔將軍的大象，冰河時期的災難，「凱撒的妻子」或「那群司法官」之外，他還建議各種素食方法，還談到應該有一份受大眾歡迎的星期天報紙，上面「有許多圖片」和愛情小說，「好讓小姑娘們也可以從中受益」。[6]被這滔滔不絕的話轟炸得麻痺的義大利外交部長認為，很有可能，希特勒之所以能夠很高興可以當希特勒，是因為他可以一直說個不停。[7]

各種返回原形的跡象

比他不停的獨白更引人注意的是他的詞彙之粗俗——至少在記錄的談話中——而且明顯又回到自己原本的樣子。不僅是各種想法本身，甚至各種恐懼、強烈渴望和目標，都沒有改變，等於在為以前的自己作證。此外，如今他也放下所有的偽裝和政治家風度，更加回到那個啤酒館煽動家或甚至男生宿舍裡所用的那種氣憤和粗俗詞彙。他帶著滿足感探討游擊隊員或被圍攻的史達林格勒裡吃人的做法，稱羅斯福是一個「精神病的傻子」，說邱吉爾的演說是「一個酒鬼的胡扯」，生氣地將馮·曼斯坦將軍比爲「花花公子策略家」。他稱讚蘇聯體制放棄了「人道主義的愚蠢」，描繪他如何在德國面對一場暴亂「射殺了幾百個包圍他的『人渣』」，而且很喜歡將這句話當作「經常一再重複」的格言：「當一個人死了，他就無法再抵抗了。」[8]

他現出原形的跡象還包括智力狹隘化，這使得他的想法退回到一個地方等級黨部領袖的框架裡。自一九四二年末至一九四三年初，他不再以全球範圍「奪取政權」這個觀點去看待這場戰爭，亦不想將它擴充成一場環球的戰爭。他安慰自己說，甚至在「戰鬥時代」裡，他也是「單獨一個人帶著一小群跟隨者」面對一個巨大的超級強國。戰爭只是「巨大重複」著早年的經驗。在一次餐桌談話紀錄中有這樣的內容：「在午餐……老板指出，這場戰爭忠實複製了奮鬥時期的各種狀況。以前在我們這裡以黨內鬥爭形式所發生的事，現在以國家對外戰鬥的形式出現。」[9]

他偶爾抱怨，歲月奪走了他所有的賭徒和冒險精神，這很符合外表出現的老化進程。[10]在想法上，他也更常活在回憶過去中，一直滔滔不絕談過去的事，並用這些事與自己夜間的獨白辯駁，這明顯就是老年人的懷舊心態。同樣地，在軍事決定上他常常引用第一次世界大戰的經驗，對武器技術的興趣總是一味只限於傳統的武器系統上。他既不懂雷達運作和原子分裂的重要意義，更不知道地對空熱導飛彈或音波導向魚雷的價值，還阻止批量生產第一批 Me 262 噴射機。以老人般的固執，他一再舉出各種牽強的藉口，推翻或更改各種決定，以匆促做出的計算粗暴地反駁身邊的人，或遁入各種心理學的論點。一直到一九四四年初，一份關於英國試驗噴射機的新聞報導節錄終於讓他同意製造 Me 262 噴射機，可是爲了堅持自己部分有理，他違反所有專家的建議，不將這種新型飛機當作戰鬥機以對付飛入德國上空的盟軍轟炸機，而當作快速轟炸機來使用。除了舉出飛行員身體無法承受的理由之外，他還認爲，在空戰中比較快的飛機反而是比較慢的，還舉出種種理由來當論點。與此同時，德國的城市卻在盟軍空襲之下淪爲廢墟，他不僅禁止嘗試將 Me 262 當作戰鬥機使用，最後還禁止進一步討論這個話題。[11]

理所當然的，在所有他涉入的爭執中，不信任感越來越嚴重。他常常越過最近的軍方同事而直接從參謀部獲得資訊，偶爾還甚至派遣他在陸軍的副官恩格爾少校去視察前線的飛機狀況。從戰區回來的軍官，在元首地堡裡被他接見之前不允許和任何人談到軍情，甚至連和總參謀長談也不行。[12]爲顯示他的控制強迫症，希特勒誇口稱讚他的組織，但其實那反而是一個最嚴重的缺點。他說，在東邊戰線，儘管它延伸得很廣，「沒有一個團或一個營不一天三次被元首總部追蹤其狀況的」。正是這種疑心病造成了癱瘓，破壞所有關係並使得這麼多位軍官被撤職的原因，包含陸軍所有的司令官，陸軍所有的參謀長，十八位元帥裡的十一位，將近四十位上將裡的二十一位，以及東邊戰線北中南三路前線幾乎所有的司令官。他的身邊越來越空。只要希特勒在元首總部裡，戈培爾說，他養的母狗小金毛比所有人都靠近他。

心理危機

在史達林格勒戰役之後，希特勒的神經也顯然開始衰弱。到目前爲止，希特勒很少失去鎮定的態度，他認爲，這是大元帥的特質之一。即使在危機重重的情況中，他都一直示威性地保持著從容淡定的態度。但如今這種態度開始變弱了，暴跳如雷的脾氣爆發，揭露出這麼多年來過度緊張所要求的代價。在軍情報告時，他稱參謀部的軍官爲「白痴」、「懦夫」、「騙子」。這星期第一次看到他的古德里安驚訝地發現希特勒的「狂怒」以及無法預測他說的話和決定。[13]現在他也常常出現不尋常的情緒起伏。當鮑曼將自己妻子分娩的消息告訴希特勒時，他的反應是眼睛充滿淚水，他比之前更常提到要退到思考、閱讀、管理博物館這種文化田園的生活。有些人認爲，自一九四二年末，他的整個心理平衡系統已崩潰，只不過他透過極大的努力和自我紀律來隱藏這種現象。雖然後來描述希特勒陷入不斷無法控制的暴怒狀況只是辯護律師們的誇張手法，但元首總部的將軍們早就感受到希特勒陷入心理危機的各種症狀。相反地，保留下來的部分軍情討論紀錄顯示，他顯然以非常大的努力去保持符合他對自己所認識的嚴肅自我形象。即使這對他而言很困難，但大部分時候他都成功做到了。僅僅從元首總部的日程安排就可見一斑，起床之後馬上研究各種新聞，中午時分是大型軍情討論，接著是各種會議、口述書信、接見訪客、工作談話，一直到晚間的軍情討論，而且大多都在深夜舉行——有規律的執行這些義務是一種持續粗暴對待自己的做法，違反根植在他心裡深處渴望不用做事和懶散閒晃的生活之本性。一九四四年十二月，在一次談話中他勾勒出一種透過堅持來確保的天才，而這是他一直想辦法做到的事，雖然偶爾有點偏差。「天才，」他說：「如果沒有不屈不撓的精神和狂熱的剛強作爲堅實的基礎，那只是曇花一現而已。這是在人全部生命中最重要的。那些只有各種點子、想法等等的人，卻沒有堅毅的個性，沒有剛強和不屈不撓的精神，還是無法成就任何事。那只是靠碰運氣的人。運氣好時，他就爬到高處；運氣不好時，他馬上被打下來並立刻放棄所有。但你無法跟這種人造就世界歷史。」[14]

希特勒的健康狀態

由於他嚴格執行義務和陰鬱的心情，元首總部變得像他父親曾經帶他去看的「國家籠子」一樣，根據年少希特勒的觀察，那裡面的人「像猴子一樣擠在一起蹲著吃飯」。他在自己生活中所強迫執行違反自己本性的那些運作機制，不久之後也只能靠人爲的方式去達到。一種由藥物和類似毒品的藥劑構成的組合使他能夠應付這不尋常的要求。直到一九四〇年底，服用這些藥物對他的健康狀況幾乎沒什麼影響。雖然根據里賓特洛甫的報導，在該年夏天一次激烈的辯論中，希特勒跌落到椅子裡並大聲呻吟說，他覺得自己快要暈倒和快要中風了，[15]然而，根據整體的描述，這種景象被歸類爲一半出於歇斯底里、一半刻意假裝的效果。對希特勒而言，這是強迫辯論的一種手段。該年年初和年末的詳細身體檢查結果只診斷出他有輕微的高血壓以及胃腸不適，但這是他一向就有的。[16]

希特勒以疑病症的學究精神記下健康檢查結果裡任何的不正常現象。他經常觀察自己，測量自己的脈搏，查閱醫學書籍和服用「量剛剛好」的藥物，安眠藥丸、可樂藥丸（譯註：Kolatablette，可樂果萃取物做成的藥丸，有促進食欲和提神的效果）、幫助消化的藥劑、感冒藥和各種維他命膠囊，甚至經常給自己吃含有尤加利成分的喉糖，也讓他覺得自己有照顧好自己的健康。如果開給他的藥沒有規定明確的服用時間，他會從早到晚不斷服用它。柏林的皮膚和性病醫生莫瑞爾教授（Theodor Morell）在霍夫曼（譯註：他的淋病就是莫瑞爾治好的）介紹之下成爲希特勒的御用醫生（譯註：從一九三六年開始），他有點庸醫和江湖郎中的特色，幾乎每天都給希特勒打針：磺胺類藥物、腎上腺素、葡萄糖或荷爾蒙，以促進他的新陳代謝，改善腸道菌群，改善神經狀況或恢復體力。戈林諷刺地稱這位醫生是「帝國打針大師」。[17]爲了維持希特勒的體力，莫瑞爾當然必須在更短的間隔使用效果更強的藥，接著又要用鎮定劑壓下被刺激得很興奮的神經，這使得希特勒一直處於一種猛力拉扯的狀態中。這種長期用藥物介入的做法，有時候甚至含有二十八種不同的藥物，其後果到大戰期間才顯示出來。各種使神經緊張的事件、睡眠不足、素食的單調飲食內容以及元首總部地堡世界裡過著像陰間幽靈魂般的生活，這一切更加強化藥劑的效果。一九四一年八月，希特勒開始出現暈眩、噁心、寒顫和下肢水腫等症狀。這很有可能是多年以人爲方式操縱身體的第一波反作用。從這時候起，他更常陷入疲憊不堪的狀態。自從史達林格勒事件開始，他每兩天服用一次抗憂鬱藥物。[18]從此之後，希特勒比以前更加畏光，所以必須戴著一頂特製、有長帽舌的帽子才能走到戶外；同時他也抱怨身體失去平衡感：「我總覺得一直往右邊倒。」[19]

儘管外表明顯的變化，彎腰駝背，頭髮快速變灰白，臉部日益顯出疲憊的樣子，眼球突出，一直到最後他都保持不尋常的工作效率。希特勒很合理地將自己能擁有幾乎不斷的精力歸功於莫瑞爾的努力，然而他卻忽視了這種做法已預先透支自己的健康到什麼樣的程度。同樣屬於希特勒私人醫師的勃蘭特教授（譯註：Karl Brandt，T-4 安樂死行動與屠殺集中營囚犯計畫主持人之一，參與納粹人體實驗）在戰後表示，莫瑞爾的治療方法「等於是將生命精力提前許多年耗光」，並使希特勒「不是每年變老一歲，而是變老四到五歲」。[20]這是他突然提早老化的原因，凋殘的外表以奇怪的方式揭露出他以藥物爲自己創造的迴光返照。

因此，將希特勒的衰敗跡象、心理危機和發作性的情緒爆發等現象歸因於他人格本質發生結構性變化也是錯誤的。相反地，各種過度耗損體力的做法最多只是部分掩蓋、部分增強原本已存在的特質，但絕不可能像有些人所宣稱的那樣，破壞掉到目前爲止完整的人格。[21]關於番木鱉鹼（譯註：Strychnin，一種劇毒的化學物質，一般用來毒殺老鼠等囓齒類動物）的效果之爭辯——莫瑞爾開給希特勒的部分藥物裡就含有番木鱉鹼——也無法完全解釋這一點。希特勒是否罹患帕金森氏症，或者他左臂發抖、彎腰駝背和失去平衡感等症狀由心理原因造成，這些也同樣是無解的問題。由於資料來源不足，對歷史而言這只是次要的問題，或甚至根本不重要，因爲無論他的外表變得如何模糊，在元首總部中帶著像面具般的表情，撐著一根拐杖走來走去的仍然是這個男人。在最後幾年裡賦予其外表如此驚人特質的不是這些改變，而是他重拾早年的執念並實現這些執念所造成的、像僵化般的後果。

他是一個一再需要重新人爲充電的人；就某種程度而言，莫瑞爾的藥品取代了以前的群衆歡呼這個刺激品。自史達林格勒戰役之後，希特勒更加不敢在公共場合出現，基本上就只發表了兩次大型講話。大戰一開始，他就明顯退到幕後去；所有利用其神話化使人入迷的宣傳手法都無法取代往日無所不在的氣氛；納粹當局之前就是利用這些宣傳手法催生出潛在的過餘能量、自發性和犧牲精神並將之據爲己用。如今，這樣的想法已行不通。由於擔心影響到他是一個不可征服的男人這道光環，希特勒很少去巡視已成了廢墟的城市，在導致戰爭轉捩點的那場敗仗之後也很少出現在大衆面前，儘管他可能發覺，這種怯場的做法不但奪走群衆對他的熱情，還以奇怪的對應方式奪走他的能量。「我之所以成爲現在的我，都只因爲你們」，他之前曾向群衆這樣大聲呼喊過；[22]除了權術面向之外，這還表達一種系統性的、幾乎生理上的依賴關係。因爲從他生涯的第一個階段——在慕尼黑啤酒館怯生生的出場——開始，過度使用雄辯術一直陪伴著他，直到既艱苦又精力衰竭的最後兩年，除了爲在各種政治場合中達到種種目的之外，這種做法不只用來喚起外界的力量，也用來復甦自己的力量，也就是一種維持自我運作的手段。在他最後兩場大型講話的其中一場裡，接近尾聲時他有一段引人注目的沉默，但在沉默之前，他舉出前線所發生之事的重要性作爲自己保持沉默的理由：「我現在該講很多什麼話呢？」但事後在親信的圈子裡，他抱怨說，他不敢再在一萬人面前說話了，並認爲他這輩子無法再發表大型的演講了。他作爲演說家的生涯已告結束，這種想法在他看來等同於萬事皆休。[23]

領導缺失

隨著退出公共場合，希特勒根本的領導缺失才顯現出來。從他崛起的那一天起，他一直透過煽動家的魅力和豐富的策略想法來取得優勢；但在大戰的這個階段，他卻必須有能力應付作為領導的其他要求。過去這些年來，他一直靠靈活運用馬基維利式的權術以營造與他個人和統治地位有關的各種權力混亂現象，奉行讓各個單位互相敵對競爭這個原則，以應付國內的各種權力鬥爭和陰謀詭計。但現在，在與一位堅定的對手作戰的時刻，不僅證明這種手法不適用，還顯示出這是納粹政府的致命弱點。因為自己人窩裡鬥消耗掉需要用來對外作戰的能量，最後造成一種幾乎完全無政府的狀態。光是軍事領域中，除了國防軍最高統帥部和陸軍總司令部並列的情況之外，還有戈林的不明確特別地位，希姆萊和親衛隊跨部隊涉入所有事務的管轄權，陸軍師隊裡有各種部隊編制的混亂，包括國民擲彈兵（Volksgrenadier）、支援陸軍的空軍野戰師部隊、武裝親衛隊以及國民突擊隊（Volkssturm）等，各有各的行政程序。除了這些之外，還有德國與盟國軍隊之間的互不信任也破壞他們彼此的關係。同樣混亂的還有在歐洲占領區裡的行政結構，納粹一直不斷發展出新的臣服形式：從直接的併吞，到保護國和總督，還加上各種不同的軍事和民事行政官。很少有人嘗試將所有權力集中在自己手上，最後卻以如此雜亂無章的方式收場。

然而，我們無法確定，希特勒是否的確看到自己這種領導風格帶來的毀滅性效果。合理的秩序、符合目的之結構，甚至不必這麼費勁就可以豎立權威，基本上對他而言都是陌生的；事實上，一直到戰爭最後的那些日子，他一再挑起身邊的人為職位、職權範圍和奇怪的級別問題互相敵對競爭。有些人認為，從這些衝突裡所展現的權力欲和自私可以看出，他信任人的權力欲和自私，勝過信任所有無私利他的態度，因為權力欲和自私在他的世界觀裡是根深蒂固的。這也指出他對專業人士不信任的理由，而且在戰爭當中他也大多不接受他們的合作：沒有商量、沒有符合實際情況的物資或物流計算，而且嘗試以一種不合時宜、既狂妄自大又孤獨的元帥的風格、甚至幾乎仿古的風格去領導這場戰爭——並輸掉它。

在一九四三年間，希特勒的領導缺失特別明顯，當時他對爭戰接下來該如何發展還沒有發展出任何策略上的構想。根據他身邊的人一致的消息，他很不確定、沒有決策力、搖擺不定，戈培爾毫不掩飾地說這是「元首危機」。[24]戈培爾一再催促猶豫不決的希特勒，透過嚴格動員所有儲備人員和物資贏回這場沒有理念的消耗戰之主動權。於是，戈培爾與去年被晉升爲軍備局長的史佩爾，還有萊伊和經濟部長馮克一起打造將行政全面簡化的各種計畫，提出急劇減少特權階級的私人消費，額外增加軍備投入以及一些其他類似的措施——但結果只是發現，納粹地方黨部主任、衝鋒隊和黨領導高層早已失去早年的巨大犧牲奉獻精神，取而代之的是一種寄生蟲的大爺態度。一九四三年二月十八日戈培爾在柏林體育宮的演講在滿滿的追隨者面前提出有名的十個暗示性問題並「在一種瘋狂氣氛的混亂中」——如同他自己所寫的——徵求人們贊同總體戰，主要是因爲預估到有關高層幹部的反對，另一方面也爲了透過對群衆提出激進的呼籲來克服希特勒的猶豫不決。[25]

希特勒不願將總體戰的額外困苦加諸到民衆身上，部分原因是這會令人想起一九一八年十一月革命的震撼經驗，另一部分原因則是他不信任這些懶散和不可靠的人民。這些似乎使他了解到自己的統治地位有多麼脆弱和短暫，同時也顯示出，他的企圖——就像他偶爾所說的——要將這被嚇壞的德意志民族「強迫變成偉大」有多麼艱難。英國就能夠比德國爲了投入戰爭而大大降低個人生活享受，而且軍工業裡的女性勞動力比例也大大增加。[26]

但希特勒對過渡到總體戰的猶豫不決也跟鮑曼的陰謀活動有關，在看到戈培爾和史佩爾採取大膽的做法之後，他預見到自己的地位可能會受到威脅。過去這些年來，透過迎合、努力和不斷策劃各種陰謀，他一直爬到「元首祕書」這個位置，並在這個平淡的職稱之後在納粹政權內建立了最強大的權力地位。他那矮短身材擠在不合身的褐色制服裡，鄉下人土氣的臉上總是一副留心注意、權衡考量和仔細聆聽的樣子，是元首總部中固定的畫面。他總是號稱這是元首的意思來不斷擴大自己範圍不明的職權，這使他擁有全權處理各種事務的權力，並實際上將他提升到「德國的祕密操手」這個地位。[27]而希特勒卻對這位不討人厭的祕書非常滿意，因爲有鮑曼，他可以放下日常行政的沉重負擔。不久後，鮑曼的職權涵蓋到各個領域，對人施予或取消元首的恩惠，褒貶人事或讓某人消失，但在做這一切時，他都沉默地待在幕後，比他最強大的對手更能隨時保持懷疑，隨時更能諂媚迎合。他就著希特勒的訪客名單疑心地監視希特勒與外界的接觸。根據一位觀察者的證詞，他甚至在希特勒身邊築起「一道眞正的中國長城」。[28]

由於他努力掩藏自己，因此也更能輕鬆地藉此滿足希特勒不斷增加的要求。就像這位昔日的男生宿舍住戶幻想自己住在宮殿裡一樣，這位被迫從各個前線退下來的元帥也爲自己建造了一個假想世界，並自我陶醉地住在那裡面。在大戰轉折點出現之後，希特勒拒絕面對現實的傾向更常帶著神經質的特色，他的許多行爲方式都揭露出這個事實，甚至有些令人難忘。比如：他的豪華火車廂裡必定拉上窗簾且盡可能在夜間行駛，就像在逃亡一樣；或者即使大晴天也讓元首總部軍情室的窗戶緊閉或遮起來。最有代表性的是，他每天一早以聽取媒體報導開始，接著他讓人將最新的資訊呈上來，他周圍的人報導說，他把這些事件當作回音來接受，對事實的反應反而不如對其報導的反應激烈。[29]希特勒經常獨白式的說話風格也揭露出他沒有聆聽別人或接受反對意見的能力，而且他對過度誇大的數字有越來越強的需求，即他的數字狂熱，也與此有關。一九四三年底，湯瑪士將軍提出一份研究指出，德國仍然必須嚴肅看待蘇聯潛力所造成的危險，希特勒不僅以輕蔑的語氣貶損這份研究，還立刻禁止往後任何這類的備忘錄出現。[30]同時他拒絕去探視前線或位於前線後面的參謀部，他最後一次在一個陸軍軍團總部逗留的日期是一九四三年九月八日。[31]許多嚴重的錯誤決定都是因爲對現實狀況的不了解而造成的，因爲在軍情地圖上，對各軍團和師隊駐紮地的標誌都沒有註明當地氣候、人員耗竭或心理的狀況，而且在軍情室裡越來越奇怪的氣氛中，也很少能獲得關於武器狀況或補給的實際數據。保留下來的紀錄顯示的是軍方高層迎合希特勒的意願，毫無尊嚴的阿諛諂媚，至少從哈德爾下臺之後這種態度就主宰著開會的氣氛，最後使得所有的軍情討論都成了一種「軍情秀」，元首總部裡的人用這個詞描述爲盟邦政治人物安排的虛假軍情報告。史佩爾嘗試慫恿希特勒與前線的年輕軍官會面並探視被摧毀的城市，但都沒有成功。戈培爾則向他指出邱吉爾許多令人印象深刻的例子，也沒有用。有一次元首列車在開往慕尼黑的途中在沒有拉上窗簾的情況下不小心地停在一列載滿傷兵的列車旁邊，希特勒馬上跳起來命令列車人員立刻拉上窗簾。[32]

屏蔽現實

這種忽視現實的態度在過去幾年的確是他的強項；因爲這種態度使他從沒沒無聞的狀況中大步邁出，也使他獲得一系列政治家的勝利和一部分的軍事成就。但如今，情勢已變得不一樣，過去忽視現實的做法使打敗仗的效果以指數成長。在無法避免地與現實碰撞之後，他往日的抱怨又開始大聲出現，說成爲政治人物違反了他的本心，這灰色的袍子穿起來很沉重，使他遠離以文化使自己變得永恆的計畫。他指出，「很可惜，我們必須爲一個酒鬼（邱吉爾）的緣故打仗，而不是去從事和平的工作，比如藝術」；又說他渴望去柏林的劇院或「冬季花園」（譯註：Wintergarten，柏林一家綜合劇院）「並再度以人的身分出現在人群中」。或者他說自己感到很失望，周圍都是背叛者，說自己一直被將軍們誤導，並更加沒有節制地以一種藐視人的不尋常感傷語氣說：「都只是被騙！」[33]

一位早年的追隨者在一九二〇年代時從類似的觀察中推出這個結論，希特勒需要自我欺騙才能夠有行動。[34]他微弱的決策力和深深的冷漠需要各種建構得很華麗的虛假世界，在這些世界的背景之前，所有的阻礙都微不足道，所有的問題都很普通。圍繞著他外表的誇張特質就是出於這種與現實的不正常關係；不實際的對他而言才是實際的。在對周圍的人說話時，即使在大戰最後階段的疲憊、聲音單調的說話中，只有在談到未來「巨大的任務」，「巨大的計畫」時，他的聲音才有生氣：那才是他眞正的現實。[35]

新秩序

在夜間餐桌談話中所開啓的是一個魔鬼式的簡介，他常常讓他們「從側門窺見天堂」；透過大規模毀滅行動來消滅和改變一個大陸，大範圍的強迫移民行動，同化過程和重新分配已經空下來的空間；刻意摧毀這塊大陸的過去並以史無前例的考量重新建構它。希特勒忠實地按照他的智力在沒有尺寸的比例中行事；在他那永恆的眼睛中，幾百年縮小了，整個世界變小了，地中海就只剩下一灘「鹽水」，就像他曾經所說的一樣。[36]在那之後，天眞的年代就這麼結束，接著是一個新的千年，經由科學和藝術家預言證實的知識。其中心思想是，在純血和劣等血之間的末日搏鬥中拯救世界脫免於它幾百年的陳年痼疾。

他的使命是，用好血創造帝國的基礎，這個帝國是由德國統治的大帝國，包括歐洲的大部分以及亞洲的廣大區域，在百年之內成爲有史以來「最緊密、最龐大的政治集團」。[37]和希姆萊與親衛隊不一樣的是，他沒有任何傾向東方的浪漫主義，他說：「我寧願走路去法蘭德斯（Flandern）」，並抱怨命運強迫他往東邊占領空間。他認爲俄國是「一個可怕的國家……世界的盡頭」；並將這種想法與但丁的地獄畫面結合。「只有理智才要求我們往東邊去。」[38]

這個政治集團是一種激進救世主思想的要塞，由一個在種族上廣泛一體化的主人民族占領和建立，這是希姆萊所強調的「亞特蘭提斯—雅利安—北歐種、有創造力的雅利安人」。[39]這個種族從生存鬥爭、血統崇拜和種族迷霧這個全景中崛起，它的出現是這個已染上致命疾病的世界之希望，它的統治將開啓「眞正的黃金時代」。它所實行的嚴格社會階級有三層：透過戰鬥篩選出來的民族社會主義「上層貴族」；黨內成員中的廣大精英，他們將構成「新的中間階級」；之後是「無名的廣大群衆……僕役的集體，永遠沒有自主權的人」——根據希特勒的說法，他們所有人被召喚來統治「臣服的外族階層……我們大可以稱他們爲現代的奴隸階層」。[40]無論這種藍圖的智力成分有多麼低，它仍然描繪出一個理想秩序的吸引人之處，至少在民族社會主義尖兵的世界觀中很有吸引力。就像共產主義宣傳烏托邦是一個徹底平等的社會一樣，民族社會主義的烏托邦是一個階級徹底分明的社會。只不過歷史上擁有統治權的是一個階級，而民族社會主義則以「自然」擁有統治權的種族取代之。

爲了重建這個殘破的自然秩序，納粹政府提出種類繁多的措施，比如在大戰之前就已在「親衛隊人種與移居部」（譯註：SS-Rasse- und Siedlungshauptamt，親衛隊的核心部門之一，負責調查親衛隊員配偶之種族純正並核准隊員結婚）提出的親衛隊員結婚規定或育種系統。如今這些措施在東邊占領區內以更大規模、更激進的方式進行。希特勒與此新秩序的執行者結合正面和負面的措施併行，一邊篩選出良好的血統，一邊消滅劣等種族。親衛隊一份分布甚廣的宣傳文件中說：「他們將如蚊子一樣滅亡」，從希特勒的獨白發展出一個生物「清理過程」的畫面，就像他所說的，清除掉所有外族的「人渣」接著進行日耳曼化。[41]

刻意隱瞞的「最終解決方案」

就像往常一樣，他在毀滅上發展出更大的能量。一九三九年十月七日，希特勒以一份祕密特令將親衛隊的全國領袖希姆萊任命爲「鞏固德意志民族帝國專員」（Reichskommisar zur Festigung des deutschen Volkstums, RFK），委任他準備對東邊和種族「土地重劃」進行大規模的移居計畫。結果在這個領域內不久就發展出混亂的職權範圍和這個政權製造的意圖，無論這任務在哪裡執行。東邊的占領區從來都只是納粹育種思想的一個實驗場而已，充滿各種一知半解的知識所進行的各種嘗試，新秩序則從來都沒有建立過，所形成的也只不過是一些模模糊糊的混淆輪廓線而已，無它。

但在毀滅人種方面，納粹政權卻發揮了史無前例的動力。光是與這個事件有關的詞彙就已經顯示出，這件事的本質和規定與其行動是一致的。因爲這是「世界史的任務」，是「我們歷史光榮的一頁」，是「最高的考驗」，經由它的追隨者被培養去遵守一種新的英雄主義準則和嚴格對待自己。希姆萊解釋說：「在許多情況下跟著一個中隊去戰鬥輕鬆很多。而跟著一個中隊進到某個地區或去鎮壓一個有深刻文化的反抗民族，去執行死刑，將人們運到別的地方去，把嚎啕大哭的婦女帶走……這些默默必須做的事，這些無聲的工作，必須毫不妥協地去執行，這在某些地方困難許多，非常多。」[42]希姆萊這樣定義自己的任務，這主要涉及「非常清楚解決」猶太人問題，涉及「讓這個民族從地球上消失」這份決心；但由於大部分的德國人還沒有先進的種族意識，親衛隊「爲我們的民族擔起這份工作，（我們）將這份責任擔起來……然後帶著這個祕密進墳墓」。[43]

到今天爲止，我們都不知道希特勒什麼時候決定滅絕猶太人的「最終解決方案」，因爲沒有任何關於這方面的文件存在。顯然，他以前對身邊最親近的追隨者說到「消滅」或「根絕」這些詞的時候，不是只把它理解爲一種隱喻，而是一種實際的毀滅，因爲在他看來，這想法一點都不可怕。戈培爾以欽佩的語氣寫到：「在這件事上，元首也是一個激進解決方法堅定不移的先驅者和代言人。」早在一九三〇年代初，希特勒就已經在親信圈子裡要求發展出一種「滅絕人口的技術」，並明確補充說，他指的是消滅整個民族：「大自然是殘酷的，所以我們也可以殘酷。如果我將德國人的花朵送到即將來臨的戰爭之鋼鐵風暴中，卻對於將要灑出的寶貴德意志血完全不感到一絲絲遺憾的話，那麼我也不應該有權力將一個像害蟲一樣繁殖的劣等民族的幾百萬人消滅掉。」[44]即使一九四一年十二月在庫爾姆霍夫（譯註：Kulmhof，納粹在波蘭境內離羅茲五十公里處所設的滅絕營）附近一個偏僻的古老城堡裡第一次使用毒氣殺死受害者的做法也是回溯到希特勒本人的一戰經驗；在《我的奮鬥》中有一段抱怨說，當時人們沒有「將一萬兩千或一萬五千的希伯來種族墮落者放到毒氣裡」，就像幾十萬在前線的德國士兵一樣。[45]無論如何，不管這個決定是什麼時候做出的，都與戰局變得激烈無關。如果將納粹在東邊進行的大屠殺詮釋爲對戰局進行的不甘，詮釋爲對這象徵宿敵的報復行動的話，這就誤解希特勒的核心企圖了。相反地，這種想法從頭到尾都出現在希特勒的思想裡，而且從其前提來看，這是無法避免的。人種與移居部以及外交部曾經提出一個計畫，將馬達加斯加島建設爲容納約一千五百萬猶太人的大集中居住區；但它在重要的點上與希特勒的企圖相反。因爲，如果猶太人眞的是這場大規模世界疾病的根本帶原者的話，就如同他一再所說和寫的那樣，那麼他的末世思想不可能是爲他們建立一個收容所，而是消滅其生物成分才對。

早在一九三九年底納粹就已經開始將第一批在波蘭的猶太人驅逐到波蘭總督府的猶太人區裡；但希特勒確實做出大量滅絕猶太人的具體決定顯然是在緊湊準備蘇聯戰役的那段時間裡。一九四一年三月三十日的講話，希特勒對一大群高階軍官描述希姆萊在落後地區的「特別任務」，第一次呈現出大規模屠殺計畫的可循線索。兩天後，羅森伯格在與希特勒晤談兩小時之後，在他的日記裡寫下含有震撼餘音的這句話：「我不想把今天這件事寫下來，但我將永遠不會忘記它。」最後，在一九四一年七月三十一日，戈林對保安處主任海德里希下達指示「力求達成猶太問題的最終解決方案」。[46]

從一開始，納粹就刻意隱瞞這件事。一九四二年初無數的火車在歐洲各地將有系統逮捕和集中在一起的猶太人運走，開往未知的目的地。納粹還刻意散播謠言說，他們被運往東邊占領區新建的美麗城市裡。但上面卻一直給謀殺特遣隊各種不同的藉口，將猶太人定義爲反抗運動的成員或傳染病者；甚至擁護民族社會主義世界觀的骨幹成員都無法接受自己的意識形態帶來的後果。希特勒引人注目的保持沉默突顯這個猜測。因爲在那些年裡，從餐桌談話、各種演講、文件或在場者的回憶錄都沒有關於滅絕行動的任何一個具體的線索留下來。[47]沒有人能夠說，希特勒對特遣部隊的報告做出什麼反應，他是否有要求看或已看到影片、照片，或者透過激勵或任何褒貶介入這件事。只要仔細想這件事的人，就會發現他居然對一生中最關注的事，即拯救世界，保持沉默是件更奇怪的事——因爲他一向把自己心裡想的事轉成滔滔不絕的講話並且從來不掩飾自己的激進、粗俗的想法並願意看到最極端的結果。對於是什麼引導他這麼做的動機，我們可以提出各種假設，他一向有隱瞞的嗜好，一點點殘餘的公民道德，把這件事保持抽象並且不透過顯露眞相使其衝動減弱——然而，這個拯救者形象還是使人憤怒的，因爲他將隱藏在心裡的殺人坑裡披上了拯救行爲的外衣。納粹領導高層裡只有希姆萊在一九四二年八月底出席過一次大規模行刑，他幾乎暈過去，接著歇斯底里發作。[48]親衛隊官員最後發明了一些替代用詞，如「移民出去」、「特別處理」、「清理」、「遷移住處」或「自然減少」。把它翻譯成現實，比如像這樣：

「莫尼克和我直接走到坑裡。我們沒有受到任何阻礙。現在我聽到在一個土丘後面傳來短暫連續的槍聲。從卡車下來的人，各種年齡的男人、女人和小孩，必須按照手中拿著馬鞭或打狗鞭的親衛隊員的要求，脫下他們的衣服，並分別將鞋子、外衣、內衣放在指定的地方。我看到一堆鞋子，估計應該有八百至一千雙鞋子，一大堆內衣和外衣。他們安靜地脫衣服，沒有喊叫或哭泣，一家人一家人站在一起，互相親吻告別，等著另個親衛隊員的揮手，他站在坑邊，手中也拿著一根鞭子。在我站在那些坑邊的十五分鐘裡，沒有聽到有任何人請求饒過他們。我觀察到一個大約八口的家庭……一位白髮蒼蒼的老婦人抱著一個一歲大的孩子，對他唱歌，呵癢他。孩子開心地尖叫。那對夫妻眼中含著淚水看著他們。那位父親手中牽著一位大約十歲的男孩。小男孩努力不讓自己的淚水流出來。那位父親用手指向天空，摸摸男孩的頭，似乎在向他解釋什麼事。這時坑邊那位親衛隊員向他的同事喊了句話。他的同事將二十個人分開，叫他們走到土丘的後面。我剛剛提到的這家人也在其中。我還清楚記得，一位黑髮苗條的女孩在經過我身邊時，用手指著自己說：『二十三歲！』我走到土丘後面，站在一個巨大的坑前。人們緊緊擠在一起躺在那裡面，擠到只看到頭。幾乎每一個頭都有血流到肩膀上。部分中槍的人還在動。一些人舉起手並轉頭，以顯示他們還活著……我轉過頭來看射擊者。這個人，一個親衛隊員，坐在坑邊地面的一片薄木板上，雙腳垂到坑裡，大腿上放著一把衝鋒槍，正在抽菸。全身赤裸的人從坑壁挖出的梯級往下走到這個親衛隊員指示他們去的地方，時而因爲腳下的人頭而滑倒。他們躺到死人或被射殺的人身邊，有些人去撫摸還沒死的人，輕聲對他們說話。接著我聽到一連串槍聲。我望向坑裡，看到有些身體還在抽動，或有些頭已安靜靠到他們前面的屍體上。赤裸裸的身體在流血。」[49]

這是現實。透過一系列非常有組織的謀殺工廠，滅絕猶太人的工作逐漸離開民衆的視線，被合理化並換成用毒氣的方式。在貝烏熱茨（Belzec）滅絕營每天的「殺死容量」是一萬五千人，四月在靠烏克蘭邊境的索比堡（Sobibor）滅絕營每天的「殺死容量」是兩萬人。接著是特雷布林卡（Treblinka）和馬伊達內克（Majdanek）滅絕營，每天的「殺死容量」是兩萬五千人。最主要是奧斯威辛（Auschwitz），在紐倫堡大審上，其指揮官賀許（Rodolf Höß）以錯誤的驕傲語氣誇耀說，這是「有始以來最大的人類滅絕設施」；在這裡，從篩選到達者，送進毒氣室，清理屍體，到回收他們留下來的物品，整個過程已經建立成一個環環相扣的流水系統。整個滅絕工作以匆促且越來越快的速度進行，「以免有一天卡在中間」，盧布林的親衛隊和警察領袖格洛博奇尼克（Odilo Globocnik）解釋說。[50]許多目擊者描述了這些順從走進死亡的人：在庫爾姆霍夫有十五萬兩千猶太人，在貝烏熱茨有六十萬，在索比堡有二十五萬，在特雷布林卡有七十萬，馬伊達內克有二十萬，而在奧斯威辛則超過一百萬。此外，槍殺的方式一直繼續。根據帝國保安處總部的估計，遭滅絕的猶太人接近一千一百萬，[51]被謀殺者超過五百萬。

希特勒與其生存空間裡的總督們視東歐爲一個彷彿空曠、沒有過去的地區。他們構想的是，將部分斯洛伐克居民移出，部分滅絕，主要是要把他們當作日耳曼主人階層的奴隸來使用。應該要把幾億人移到東邊的平原去；希特勒說，必須每次移個一百萬，一批批移過去，直到「我們的移民數量遠遠超過當地人的數量爲止」。往後歐洲的移民不可再往美國去，而只能往東邊去，「最晚十年之後，他希望得到這樣的消息，在……東部地區至少有兩千萬德國人生活在那裡」。[52]

希特勒的帝國夢

這個「巨大的蛋糕」要分成四個「總督轄區」（東部、烏克蘭、高加索、莫斯科）。之前一直是納粹黨意識形態主要支持者的羅森柏格（Alfred Rosenberg）在過去幾年一再被忽視和被各單位推來推去，如今被任命爲「東邊占領區部長」又獲得重用，他主張將蘇聯分成幾個政治自治的民族國家，但沒有成功，因爲希特勒已從中看到一種新的、種族上或歷史上合法的國家形式的危險性。希特勒認爲，一切都取決於「避免任何國家組織並將這些民族的成員透過這種方式維持在盡可能低的文化水平」，他還說，他甚至願意給這些民族某種程度的個人自由；因爲所有的自由都使人退步，因爲它否定最高形式的人類組織，即國家。[53]他一再以毫不減退的熱情去描繪自己的帝國白日夢的各種細節：日耳曼主人和斯拉夫奴隸民族如何一起以各種商業活動塡滿東邊巨大的空間，但又以各種能夠想到的方式一目了然地顯示出種族的階級距離。在他眼前形成的德國城市裡有閃閃發亮的總督府，高聳的文化和政府機關建築物，而當地人的住宅區則刻意保持不美觀，絕對「不以任何方式建設或甚至美化」；他認為，甚至黏土牆皮和稻草屋頂也不允許有一樣的外表。他要求使斯拉夫民族保持低落的教育水準，他們最多可以學習看懂交通標誌的意思，帝國首都的名稱和一點點德文，但不可以擁有計算的知識；他還補充說，所以約德爾將軍很有理由沒收了一個看板，因為那看板上用烏克蘭語寫著「一個當地人是否被輕微或嚴重輾過，我們是無所謂的」，以禁止人們進到鐵路路基。[54]他在輕鬆的時刻很喜歡說的一個馬基維利主義式笑話是，對斯拉夫民族我們最好「只教他們一種手語」並利用廣播播放「對他們有益的：無限的音樂……（因為好玩的音樂可以提升工作的樂趣）」。他視所有的健康照護、所有的衛生措施為「簡直荒唐」的事，並建議擴散這種迷信想法——「打疫苗和這類的事都是非常危險的」。當他在一份備忘錄裡發現，人們禁止在占領的東部區域販賣和使用墮胎藥時，他很生氣地說，他將「親自統統槍斃……這些白痴」。相反地，他認為，必須促進「避孕藥的興旺生意」；又開玩笑說：「可是我們必須找猶太人幫助才能使這類的事強迫執行。」[55]

一個連接各地的寬大道路系統（所有文明的開始）將使這塊地變得容易統治，也有助於開採自然資源。希特勒最得意的構想之一是一條通往頓涅茨克盆地（Donezbecken）的四公尺寬的鐵軌，兩層樓高的火車以兩百公里的時速在這鐵軌上來回行駛。主交通幹道的交會點是核心，四周是軍事基地式的城市，裡面駐紮著機動部隊的較大位，周圍三十到四十公里由「一圈美麗的村莊」保護著，村莊裡住著有自衛能力的鄉下居民。希姆萊已經在一九四〇年十一月二十六日的一份備忘錄中發布建設波蘭占領區內鄉村的指導原則，其中鉅細靡遺地規定德國移民的各種社會階級，從鄉村民工到「土生土長領導階層」的代表，還有各鄉鎮的精準建設標準（牆厚……三十八公分以下絕不考慮），此外還要有「綠植」，這不僅能促進德意志民族遺留下來對樹木、樹叢和花朵的喜愛，還必須表達出德意志風格的景色，在村裡種植橡樹和菩提樹跟將「電線……盡可能以不起眼的方式牽到建築物」一樣重要。[56]同樣的浪漫田園風格也計畫在俄國的武裝農兵區域實行，戰鬥力強大的小型移民部隊，在一個敵對的環境中隨時處於一種為生存戰鬥的原始情況並在這種環境中存活下來。

結果很快他們就發現，這空間之大超越所有移民的可能。按照原本的計畫，東部占領區的新住民是來自東南歐國家和海外德國僑民，有功勳的參戰者和親衛隊的親屬。「親衛隊人種與移居部」的主任霍夫曼（Otto Hofmann）說，東邊屬於親衛隊。然而，計畫人員的計算得出新移民的人數不到五百萬人。一九四二年四月二十七日的一份備忘錄這麼說，在極為有利的先決條件之下，「可以預估大約三十年內在這些空間裡有八百萬德國人」。[57]一種對空間的恐懼似乎第一次擴散開來。

為此，納粹提出各種可能的措施以克服這個之前沒有料到的問題。其中包括「再度喚醒德國人民移民東邊的欲望」，允許鄰國裡有價值的種族參與殖民東邊的行動。羅森伯格的一份備忘錄裡不僅考慮讓丹麥人、挪威人和荷蘭人也參與進來，而且「在戰爭以勝利結束之後，也將英國人」包含進來。希特勒保證，他們都會成為「帝國的一分子」，這個過程會像一百年前一些德意志國家聯合成立關稅同盟具有類似的意義。[58]此外，根據羅森伯格一份備忘錄的構想，俄國西部的四千五百萬居民當中，要將三千一百萬驅逐出境或殺死；此外還考慮將互相敵對的教派引進來。希特勒認為，如果這還不夠的話，只要從統治當地的軍事基地城「往這些城市裡丟幾個炸彈，事情就解決了」。[59]

與此同時，他把最大的希望放在奪回好血的各種措施上。希特勒本人將他自己在所謂奮鬥時期裡的活動在不同的場合比爲磁鐵的作用，將「所有金屬的、含鐵的元素」從德意志民族中吸出來。「我們現在擴建新帝國時就必須如此行事。」一九四二年二月初在他在元首總部裡說：「世界上哪裡有日耳曼血統，我們就去那裡將好的拿過來。那剩下的，將無法與日耳曼帝國競爭。」【60】在波蘭就有所謂的種族專員針對許多篩選出來的人檢查他們的「德意志成分」，必要時把他們帶到德國去進行「改族」，而且他們也針對青少年，尤其對青少年執行特別沒有問題。希姆萊在「狼穴」的晚餐餐桌上保證，未來每年將安排一次「符合血統的捕魚列車」行駛在法國境內各處，還建議將抓到的兒童送到德國寄宿學校去，教導他們，他們的法國國藉是偶然得來的並喚起他們的日耳曼血統意識。「因爲我們只要能夠利用的血，並將它納入我們內，或者將它毀滅，各位，你們可能認爲這很殘酷，可是大自然就是殘酷的。」【61】

在這種「擴大血統基礎」的想法裡面也含有之前擔心雅利亞種族會滅絕、第二次「被趕出天堂樂園」的想法，這是希特勒在《我的奮鬥》中所誇大的。【62】他誇口說，如果成功的話，可以得到一個「種族既高又純」的帝國，它將如晶體一般剛硬，無懈可擊。如此一來，更大的力量、勇猛和野蠻的暴力可能發揮其力量，在其他主張理智和人道的假宗教滅亡時，錯亂的自然秩序可能會勝出。作爲「世界史上最凶猛的獵食動物」【63】民族社會主義會將擁有它們，也擁有它們的應許。在這種破碎的現實意識中，他在東邊的「日耳曼血統的種植園」裡看到幾年後就會長出他所渴望的新人種，「眞正天生的主人」，就像他所開心描述的一樣，是「副國王」。【64】

新的婚姻法

同時希特勒支持由希姆萊和鮑曼所提出的新婚姻法的推行。他們所考慮的出發點是，在戰後人口危機會變得更嚴重，因爲將有高達四百萬名女性沒有結婚。希特勒發現，若以師隊來換算的話，這種損失「對我們的民族而言是無法承受的」。爲了讓這些婦女能夠有小孩以及同時讓「高尚、富有特色、身體和心理健康的男人」有更多的繁殖機會，應該實行一種特別的申請和篩選過程，以保證他們有機會「不僅和一個女人，還能夠和另一個女人有固定的婚姻關係」。針對鮑曼在一份備忘錄中所提出的這個構想，希姆萊補充說，比如以「女主人」的地位保證第一位妻子的特權地位，而娶第二個妻子的權利首先配給「戰爭裡獲得高等功勳的人，獲得德志意金十字勛章的人和騎士十字勛章的人」。之後才擴大到「一等鐵十字勛章，金色或銀色近身搏鬥肩章的人」。希特勒說，因爲「偉大的戰士配得上最美的女人……如果德國男人願意當軍人，願意無條件地死亡，那麼他也必須享有無條件去愛的自由。戰鬥和愛是一體的。而那些市儈能得到剩下的就應該偷笑了。」[65]這種想法在親衛隊高層特別還進一步發展，比如要合理利用性能力。如果一對夫妻婚後五年還沒有孩子，國家應該要讓他們離婚，此外「所有三十五歲以下的婦女，無論單身或已婚，只要還沒生四個孩子，就有義務和純種的德國男人生四個孩子。這個男人是已婚或未婚都不重要。每一個已經有四個孩子的家庭必須釋放出這個男人參與此行動。」[66]

移民東邊的構想還包括解決歐洲的國家和種族爭議問題。例如，克里米亞半島（Krim）是移民計畫的優先目標，希特勒解釋說，應該「完全清理」並以希臘的名稱「陶里安」（譯註：Taurien，意即公牛）或「哥特蘭」（譯註：Gotenland，哥特人之地）立即併入帝國轄區之內，往後辛菲各普（Simferopol）應改名爲哥特堡（Gotenburg）而塞瓦斯托波爾（Sewastopol）應改名爲西奧利里希港（Theoderichhafen）。[67]其中一個計畫打算將這個過去歷史上曾被斯基泰人（Skythen）、匈奴人、哥特人、韃靼人占領過的友善半島擴建爲一個「德國大型療養中心」，另一個計畫則考慮將它建設爲控制黑海的「德國直布羅陀」。按計畫，在羅馬尼亞境內的聶斯特（Transnistrien）沿岸可容納十四萬海外德國僑民，兩千名巴勒斯坦德國人也曾經一度在備忘錄和檔案備註中閃現，但在這個新秩序幻想中，主要該主宰這個地區的是南提洛的人民。被提升爲克里米亞總督的納粹地方黨部主任弗勞恩菲爾德（Alfred Frauenfeld）建議將南提洛全部的人都移到克里米亞半島上，希特勒認爲這個提議「不是一般的好」；「他也認爲，克里米亞在氣候和景色方面都非常適合南提洛的人民。此外，與目前在南提洛的移民區相比，克里米亞是一個流奶流蜜的地方。將南提洛人移到克里米亞去在生理和心理方面都不會有特別的困難。他們只需要沿著一條德國的河，即多瑙河，往下游一直走，就已經到了。」[68]弗勞恩菲爾德還打算在利瓦山脈（Jaila-Gebirge）爲克里米亞半島建立一個新的大都會。

民族社會主義的基本矛盾

雖然在一九四二年七月初希特勒發出一道元首指令，疏散克里米亞半島上的俄國人，但所有的新移民計畫都因爲職責範圍和戰爭而陷入混亂。只有位於佩普西湖（Peipusse）和奧涅加湖（Onegasee）之間的英格里亞（Ingrien），由於計畫中這是第一個新移民的地區，所以有執行大規模的移民行動，因爲根據生存空間專家們的看法，這裡保存了相對強的日耳曼民族元素。一九四二年，芬蘭政府被告知，他們可以得回「他們的」英格里亞人；的確，直到一九四四年初，當德國又失去這個地區時，約有六萬五千人移出。這個單一事件全部揭露出新秩序願景的基本特質；因爲它解決了一個不存在的少數族群問題，但又在芬蘭製造一個新的少數族群問題。[69]

然而，希特勒並不只打算往東擴張。雖然一直到大戰期間，他一再鄭重地說，他在西邊沒有占領的目標。但這個說法很快就與他無法將已占領的區域又給出來互相矛盾。他說，沒有人可以責怪他，如果他「堅持這個立場的話：誰有了就是有了！因爲誰若將已經有的又給出去的話，就對自己犯罪，因爲他把自己作爲這個地球上的比較強者所費力奪來的一切又給出去。地球就像一個流動獎盃，因此它總是爭取落到較強者的手中。幾千年來，在這地球上都一直這樣搶來搶去。」[70]

爲了達到「德意志民族的大日耳曼帝國」這個願景，他的意圖很快就超越了要求民族出身或全德意志出身的戰爭目標。這個帝國包含幾乎整個歐洲大陸，成爲一個組織統一、經濟自給自足的極權大帝國，它的各個成員將以不同的形式依賴帝國並幫助帝國實現成爲世界強權這份野心。希特勒在與斯洛伐克總統蒂索（Jozef Tiso）的一次談話中說：「舊歐洲存活下來了」，認爲德國有羅馬的能力，可直接征服拉丁國家；他曾經還提到考慮要消滅歐洲「小破爛國家」。[71]除了美國、大英帝國和由日本建構的大亞洲，在德意志帝國的領導下，歐洲應成爲第四個經濟大帝國，他認爲將來世界就分成這四大帝國。根據他的看法，過去幾百年來，地球上古老的歐洲一直靠占領海外的土地來解決或至少掩蓋其人口過多問題；然而，隨著殖民時代即將結束，唯一出路只剩人口稀疏的東邊。希特勒認爲：「如果用歐洲的方法來管理烏克蘭的話，就能夠從它獲得三倍的產出。我們能用在那裡能夠出產的一切無限供應歐洲。東邊的一切都是無限的：鐵、煤、石油，和一塊可以種植歐洲所需一切的土地：穀類、油料種子、橡膠、棉花，這類以及更多的東西。」[72]

早在一九二八年所謂的《第二本書》裡，希特勒就已經發展出這樣的想法：這個歐洲不是以聯邦的方式結合，而是由一個最強種族的國家使其他國家臣服的形式組成；這種早年的想法越來越明顯影響他對其他被占領和結盟民族的統治風格。偶爾出現的聯邦——法西斯歐洲合作框架提議，比如，像一九四一年四月法國所提出的那樣，都被希特勒認爲是無理的要求，他連答覆都不給。雖然他時常以「種族這個更高的概念」去反駁國家的概念：「它（種族）瓦解了舊的並提供新的結合機會。」他解釋說：「憑著國家的概念，法國使其大革命超出其國界。憑著種族的概念，民族社會主義將使其新秩序革命實行到全世界。」[73]但事實上，他依然是十九世紀的狹隘國家主義者，從來都沒有超過自己早年的執著的想法，反而一直與年輕時的民族自我主張這種情結綁在一起，無法分開。即使在第一場大敗仗之後，提出「軸心國歐洲憲章」作爲策略的考量以對抗對手的《大西洋憲章》，[74]但他仍然固執地堅持自己粗暴的主人種族—國家主義並因爲擔心顯示出任何示弱的跡象而拒絕妥協。在他看來，未來的歐洲只不過是一個透過大規模併吞而擴張的帝國，此帝國乃由併吞一圈迷你國家而來，這是追求自己利益的同時也執行他的歷史使命。在法國戰役之後，他就立刻參與起草一份西部邊界的規定，根據此規定，德意志帝國的領土包含了荷蘭、比利時、盧森堡直到法蘭德斯海岸。他指出：「世界上沒有任何東西可以讓我們……再放棄經由西邊戰役獲得的海峽據點。」從那裡開始新的國界「大約從索姆河（Somme）往東經過巴黎盆地的北邊，沿著香檳省（Champagne）一直到阿戈訥（Argonne），轉向南並一直往前經過勃艮第（Burgund）和法蘭琪—康堤大區（Franche-Comté）一直到萊芒湖（譯註：Genfer See，又稱日內瓦湖）。[75]詳細的評估和德意志化措施應該要從歷史角度爲這併吞行爲找到正當的理由，並計畫將來南錫（Nancy）應改名爲南齊（Nanzig），貝桑松（Besançon）應改名爲比山茲（Bisanz）。

規劃成癮

希特勒也指出，他也「絕對不再給出」挪威，他還打算將特隆赫姆（Drontheim）擴建成一個可容納二十五萬人的城市和軍用港口，並在一九四一年初吩咐史佩爾和海軍高層進行相關的任務。他也打算在法國的大西洋沿岸和西北非沿岸建立類似的軍事基地以保護水道的安全，而鹿特丹則應成爲「日耳曼空間的大海港城市」。[76]他還打算，根據德國工業界的模式和利益來規劃被占領國的經濟，使其薪水和生活費用等於德國的情況，創造就業和生產的問題按歐陸的標準來管理並重新分配市場。新秩序的其中一個思想寫到，不久歐洲之內的邊界不再有意義，「除了阿爾卑斯山這個邊界之外，在這裡北邊的日耳曼帝國與南邊的羅馬帝國」接壤。[77]

這種霸權式的全景是以一個誇大的背景爲基礎，雖然納粹政府自己吹噓這個背景的巨大比例，但連他們自己也爲之感到震撼。帝國的中心點是日耳曼尼亞（Germania）這個世界城市，希特勒認爲只有古代大帝國裡的大都會能夠與之相比，「與古埃及、巴比倫或羅馬相比……倫敦算什麼？巴黎算什麼？」[78]從這個構想出發，一直到挪威的北角和黑海，是一個由駐防地、黨的城堡、藝術殿堂、軍營和瞭望塔所構成的密集系統，在其濃蔭之下，一個天生主人的屬種致力於雅利安血統崇拜和培育新的神人（Gottmensch）。至於其他有「劣等血統」的地區，比如巴伐利亞的森林或亞爾薩斯—洛林，希特勒打算將親衛隊移到那裡去並「透過他們使人民的血液翻新」。[79]遵循著他原本深深根植的傾向，他將這個新歐洲願景與死亡的神話結合在一起。在戰爭結束後，就開始與教會清算，把戴著冠冕穿著華麗服飾的教宗吊死在聖伯多祿廣場，史特拉斯堡的大教堂應該改建爲無名軍人紀念碑，而在帝國的邊境，從大西洋岸的岩石角直到俄羅斯的平原，該建立一排雄偉的亡者城堡。[80]

在這些計畫中所爆發出來的是一種規劃成癮的狂熱，它沒有先決條件，無視所有權利和其他生命的要求，就這樣決定別人的命運，踩爛那些「雜種民族」，將一些族群移居別處或「報廢」——就像上面所提到羅森伯格的一份備忘錄裡所說的。希特勒本人覺得這新秩序的建設是「非常美好」的。[81]因爲所占領的寬廣空間，東邊的碩大平原是他所有願景投射的地方，這些地方將會使人們擺脫被工業奴役，擺脫大城市的種族和道德墮落，並引導人們又回到最原始的狀況，即他們祖先已失去的生活。這類想法一再顯示出民族社會主義的基本矛盾，即知識分子的務實和不理智、「冰冷」和魔法失效、現代化和中世紀等元素結合在一起。在這即將來臨的帝國之柏油世界裡行軍的是一種有世界觀的尖兵，他們的任務是復興「辛布里人的編織藝術」（譯註：辛布里人是日耳曼民族的一支，可能起源於日德蘭半島的北部，西元前一百二十年，在與羅馬帝國發生辛布里之戰後，與條頓人和阿姆布昂人向南遷徙）或種植生膠根（譯註：生膠是製造汽車輪胎的原料，納粹政府爲了擺脫對國外生膠來源的依賴，曾提出自己種植生膠的計畫），並獲得透過戒酒、行軍和健康的飲食可以保證生男孩這種建議。所有統治的理性都被專注於芝麻綠豆等小事的空想家們以令人料想不到的元素所取代，他們以「神聖的嚴肅態度」埋首於燕麥粥、糞坑、多年生黑麥、未開化種族婦女的「屁股有大量脂肪」、長得像蒼蠅的傳染病女巫娜莎芙（Nasav）這類的問題，[82]例如，還發明出「全國親衛隊照料元首狗隻特別專員」和「對抗蚊子和昆蟲低階領導」這類的職位。儘管希特勒自己嘲笑各種牧羊人才相信的事，但他自己卻總是以奇怪的方式執著於這些想法。他傾向於相信天空會掉下來、月亮會塌下來、「大口吞掉各個民族」這些愚蠢的理論，還認爲從唇上小鬍子往下長可以看出捷克人是蒙古人的後裔。[83]

他的大夢想也充滿類似的矛盾，把兩億個有種族意識的人當作主人放到這塊大陸上，透過軍事和科技力量的壟斷保證其統治地位，大規模地規劃，但卻非常節儉，樂於戰鬥和很多孩子，這個民族以商業手法規劃此大陸並使歐洲其他國家保持在低一級的臣服狀況，好讓這些國家「除了好跟壞之外」能夠勉強維持「他們簡單和感到自足的生存」。而他自己則追隨自己的歷史使命，在夏至時繞著篝火跳舞，崇拜大自然的法則、藝術和偉人思想，把「力量來自歡樂」蓋在海峽岸邊小島上、或挪威的峽灣或克里米亞半島上的大眾旅館裡，聽著歡樂的民謠或小歌劇音樂，輕鬆地尋找歷史任務。希特勒鬱悶地提到，他離這個願景有多遠，得花上一百或兩百年才夠，他「像摩西一樣只能從遠處看向預許的福地」。[84]

盟軍反攻和墨索里尼倒臺

一九四三年夏天開始，一連串的敗仗又使他離這個夢想更遠。在庫斯科（Kursk）的大進攻行動失敗後，七月中開始，蘇聯出乎意料地由守勢轉爲攻勢，並憑靠顯然源源不絕的補給擊退拼命防守的德軍。在南段前線，德蘇軍比爲一比七，北部和中部的比例則約爲一比四。此外還有一群游擊隊，他們按照精確的配合計畫支援蘇聯的攻擊；比如光在八月間，就在德國後方破壞了一萬兩千處的鐵軌。八月初，紅軍占領了奧廖爾（Orel），約三星期後打下卡爾可夫（Charkow），九月二十五日收復斯摩棱斯克和頓涅茨克盆地；十月初，紅軍來到基輔外。

在地中海的局勢發展也同樣致命。即使有德方的各種鼓勵和照顧，從一九四三年春天開始義大利就已明顯處於瓦解的邊緣。又疲憊又生病的墨索里尼已越來越失勢，只變成被各方扯線的傀儡，沒有能力表達任何信念。四月中他和希特勒在薩爾斯堡會面，在身邊其他人的施壓之下，向德國公開提出義大利繼續參戰的各種條件，尤其重申與東邊議和的要求，他幾星期前已提過這一點，但都沒有得到回應。結果，他再一次證明自己無法招架希特勒鼓惑人心且滔滔不絕的說話。希特勒總結說，墨索里尼在到達時「像一個被打敗的老頭」，但四天後，在踏上回程時，對方給他的印象是「一個振作起來，樂於行動的人」。[85]

三個月後，一九四三年七月十九日，越發危急的局勢又使這兩個人在義大利北部的費爾特雷（Feltre）會面。因爲這段期間盟軍已占領了突尼斯和比塞大（Bizerta），不聽隆美爾建議將軍力增加到二十五萬的非洲軍團被俘虜，七月中盟軍在西西里島開啓第二戰線，對軸心國「打擊其軟弱的下肢」。墨索里尼此次的目的在於要求希特勒放義大利離開結盟，並向希特勒表明，如果義大利離開戰場，這也對德國有利，因爲如此一來德軍就可集中軍力防衛阿爾卑斯山防禦線。但希特勒又再次不接受任何商量。相反地，在他的將軍們面前，希特勒使出渾身解數說服墨索里尼要堅忍到底。希特勒用德文講了三個小時，完全不用在場的翻譯官，對著臉色蒼白和心不在焉的墨索里尼講話。在這過程當中，羅馬遭到第一次大規模轟炸這個被大大誇大的消息傳來，墨索里尼對此消息的關注比希特勒世俗的觀點還大。只有一個可能，繼續戰鬥並勝利或滅亡，希特勒每一句話都用不同的方式周而復始表達唯一一個思想。「如果有人告訴我，我們可以把這項任務交給後代，那麼我的回答是：這不可能。沒有人能夠說，接下來的世代是否是一個巨人的世代。德國用了三十年來恢復；而羅馬一直都沒有再崛起。這就是歷史的語言。」[86]

但墨索里尼只是保持沉默。他一輩子都無法抵擋歷史的呼喚發出的魔力。但現在，這股魔力和自我主張的意願都無法幫助他消除沮喪的情緒。甚至在回到羅馬之後的幾天裡，他一直處於消極的狀態，即使他自己和所有人都感受到，他倒臺的時候不遠了。雖然他得知密謀者打算解除他的權力，並以有名望的法西斯黨人以三人執政的方式取代他；但他仍然沒有阻止法西斯大委員會在七月二十四日夜間至二十五日凌晨的聚會。他的一個隨從在最後一刻建議他打擊這個陰謀，但他請求對方保持沉默。他沉默並訝異地一直關注這場對他自己的十個小時長的激烈審判。隔天晚上，他就被捕了。沒有人對他伸出援手。在這麼多高潮和戲劇激情之後，他和法西斯主義無聲地消失在大眾面前。被任命的新首相巴多格里奧（Pietro Badoglio）解散了法西斯黨並解除其幹部的各種職位。

雖然希特勒心理已經有數，但對墨索里尼的倒臺仍深感震驚。這位義大利獨裁者是他唯一感到有某種程度親密的政治家。其實，更讓他感到不安的是這件事對群眾造成的政治後果，尤其義大利明顯「與德國相似」。根據政治警察的消息，齊亞諾多年前就以「同存同亡」描述兩國命運的相同處。[87]特別的是希特勒拒絕發表談話，但他採取了廣泛的措施以阻止暴動發生。接著，他匆促且非常草率地發展出一個計畫，目的是解救墨索里尼（「橡樹」行動）、以軍事占領義大利（「黑色」行動）以及逮捕巴多格里奧和國王，並重建法西斯政權（「學生」行動）。七月二十五日在晚間的軍情討論會上，約德爾建議他先等等精確的消息來了再說，他駁斥約德爾：

「有一件事是不必懷疑的：他們必定會會背叛，他們會宣稱將繼續參戰；這是非常清楚的。但這是一種背叛的行爲；因爲他們不會繼續……那傢伙（巴多格里奧）馬上就宣布：他們會繼續作戰，一切都不會改變——他們得這麼做，因爲這就是一種背叛的行爲。但我們這邊也會繼續玩同樣的遊戲，一切都準備好，好能以閃電的方式奪走這些壞蛋所擁有的，趕走所有賤民。我明天將派一個人下去，給第三十裝甲師的指揮官這個命令，叫他帶著一支特種部隊立刻駛進羅馬，馬上將政府裡所有的人，還有國王，這一夥人統統抓起來，尤其要馬上抓住王儲，逮住這群社會垃圾，尤其要逮住巴多格里奧和整群混蛋。然後你就會看到，他們已經軟弱到骨頭裡了，然後兩到三天後又會有一次推翻政府的行動。」【88】

當夜稍晚時，他在重新安排往義大利的部隊並準備提供額外的兵力時，希特勒覺得他也想占領梵蒂岡。他指出：「那裡面有所有的外交官」，並以下面的話將所有的理由推到一邊：「我才不管。那整群人都在那裡，我們把整群豬玀都抓出來……」反正事後還是可以道歉。但接著他又放棄這種想法。無論如何，他還是將在義大利境內的德軍加強到在幾個小時內將數量比德軍多幾倍的義大利軍隊打敗並在全國占領了所有的關鍵據點，稍後，巴多格里奧就已與盟軍達成停火的協議。

在被捕之後，有好幾天墨索里尼一直被移到不同的地方，之後才被一位德國指揮官從大薩索山（Gran Sasso）的一家山上旅館中救出來。他無所謂地讓自己又被復位；因爲他明白，自己唯一能改變的只是被關的環境而已。到十月，他就必須將的里雅斯特（Triest）、伊斯特里亞半島（Istrien）、南提洛、特里安（Trient）和盧比安納（德文：Laibach，義大利文：Ljubljana）割讓給德國，他木然地讓這一切發生。基本上他只有一個願望，回到他的故鄉羅曼尼亞（Romagna）。他已經在想著怎麼結束自己。在他被關起來的時候，一位女粉絲向他要簽名，他在一張照片上寫：「墨索里尼已死。」【89】

希特勒變得更為堅決

這些事情不但沒有使希特勒的決心變弱，反而使他變得更爲堅定。他所遇到的人性弱點、動搖的態度和背叛行爲不僅更強化了他的疏離感，還給他那種大悲劇氣氛的意識，而他一直將這種意識與歷史排名聯想在一起。就如同以前在崛起的那些年裡，他總是從自己的危機中得到最強的信心一樣，現在隨著這些打擊，他對自己的信心也日益增加，從不幸中獲得自己的力量和找到各種理由屬於他基本的悲觀感受。他對將軍們說：「到目前爲止，對我們而言，情況越困難，就表示結局越好。」[90]他對周圍的人——即抱持懷疑的軍官和變得不安的黨幹部——的影響之所以依然部分有效，無疑是因爲命運的打擊賦予他更大的說服力。目擊者們描述，自一九四三年秋天起，他拖著沉重的腳步在元首總部陰暗的地堡中移動，身邊環繞著一道沉默和藐視人類的牆。不只一個人有這種強烈的印象：這是一個「逐漸熄滅的人」。[91]但所有人都強調他仍然擁有煽動人心的力量，儘管這和他的外在表現極爲相反。他們認爲在災難中，他的精力反而成倍增加，這一直是個奇怪的現象。這種判斷可能受到樂觀主義、知識分子的腐敗影響，以及某些人需要爲自己找個正當的理由。

現在他還能舉出的論點，相較之下是相當弱的。他喜歡提到奮鬥時期並將它描述爲意志和堅強戰勝一切的一則寓言，接著又提到他將用「神奇武器」報復盟軍對德國進行空襲的恐怖行動，然後又提出各種理由認爲對手「不自然的結盟」即將反目成仇。特別引人注意的是，他不願意考慮與其中一方或另一方分別進行議和的可能。一九四二年十二月，蘇聯透過其斯德哥爾摩的代表釋出消息說，他們願意與希特勒進行特別的和平談判，一九四三年夏天又一次提出。由於越來越擔心西方國家執行的是使蘇聯和德國陷入消耗戰的政策，蘇聯在一九四三年九月以非常小心具體的形式提出其議和條件：他們提出重建一九四一年的德蘇國界，不干預備受爭議的海權問題以及擴大兩國的經濟關係，還指出他們的副外交部長，即昔日的駐柏林大使捷卡諾佐夫（Wladimir

Dekanosow）將於九月十二至十六日停留在斯德哥爾摩以期雙方能進行想法交流。然而希特勒拒絕所有的談判。他認爲蘇聯的嘗試接觸只是一種策略，事實上，到今天爲止我們都不清楚，莫斯科對這件事到底有多認眞。只有希特勒一直狂熱並執著地堅持著他的想法，而這想法又以之前所做的決定爲基礎。外交部長里賓特洛甫贊同蘇聯的議和試探行動，但希特勒卻聳聳肩對他說：「你知道嗎？里賓特洛甫，如果我今天和蘇聯議和，我明天又會再這麼做——我往後就沒有別的選擇了。」里賓特洛甫認爲，希特勒很有可能已不再明白政治的意義和可能，對他而言就只剩下「勝利或滅亡」，他說得很有理。希特勒在九月中對戈培爾說，對政治接觸而言，這個時點「極爲不恰當」；只有在一場決定性的勝仗之後，他才能進行有希望的談判。[92]

然而，到目前爲止的決定性勝仗只喚起使他渴望更具決定性的勝仗。但這時候已不再有轉機了，因爲就像約德爾所說的，戰神在這時候早已離開德軍，到對方陣營去了。一九三八年在規劃那些偉大的建案的時候，史佩爾開了一個帳戶以支出世界首都日耳曼尼亞的巨大建築工程的經費。但在一九四三年底，他沒有告知希特勒就默默地解除了這個帳戶。[93]

注釋

【1】G. Ciano, aaO., S. 500；此外 J. Goebbels, »Tagebücher 1942/43«, S. 126 以及 A. Speer, aaO., S. 315。

【2】H. Frank, aaO., S. 413.

【3】J. Goebbels, »Tagebücher 1942/43«, S. 241；關於之前的觀察，見 A. Speer, aaO., S. 263。

【4】»Lagebesprechungen«, S. 615 f..

【5】H. Guderian, aaO., S. 401；關於他想辦法製造「舒適愜意的氣氛」，見 A. Speer, aaO., S. 309。

【6】這些話依提到的順序在 »Tischgespräche«, S.210, 212, 303, 348, 171, 181。

【7】G. Ciano, aaO., S. 501.

【8】比較，按提到的順序在 »Tischgespräche«, S. 355, 351, 361, 468, 258 以及 A. Zoller, aaO., S. 174。關於對馮．曼斯坦的批評，比較 ›Der Spiegel‹, 1968/21, S. 31。

【9】»Tischgespräche«, S. 456。這場戰爭與所謂戰鬥時間的相似處在已提到過的一九四二年八月的談話中首次出現，而且多次出現，比較 M. Domarus, aaO., S. 1935, 1936, 1937, 1941, 1943；此外，同上，S. 2085 以及 »Tischgespräche«, S. 364 等等。

【10】比較，比如 »Tischgespräche«, S. 338。

【11】A. Speer, aaO., S. 372 ff..

【12】H. Picker, in: »Tischgespräche«, S.130, 132。關於希特勒接下來所說的話，比較，同上，S. 337。

【13】比較 A. Speer, aaO., S. 318；Guderian, aaO., S. 402；此外 P. E. Schramm, »Tischgespräche« 的引言，aaO., S. 255。

【14】»Lagebesprechungen«, S. 779 f., 亦比較 H. Picker, in »Tischgespräche«, S. 128, 130；此外 A. Speer, aaO., S. 255。

【15】里賓特洛甫對紐倫堡法庭的精神科醫師 Douglas M. Kelley 如此說，引述根據 Hans-Dietrich Röhrs, »Die Zerstörung einer Persönlichkeit«, S. 53 f.。

【16】關於這一點，比較 W. Maser, »Hitler«, S. 332 f. 有詳細的線索。

【17】A. Speer, aaO., S. 119。此外，比較 K. W. Krause, aaO., S. 56 ff. 的描寫，這份描寫獲得許多其他目擊

證人的證實。

【18】Morell-Protokoll，引述於 W. Maser, aaO., S. 339：這指的是 Prostacrinum 這種藥，一種精囊和前列腺的粹取物。關於莫瑞爾和他使用的治療方法，比較 H. R. Trevor-Roper, »Hitlers letzte Tage«, S. 86 ff.。

【19】一九四五年六月十二日，Dr. Erwin Giesing 醫師的報導，引述根據 W. Maser, aaO., S. 429。

【20】他對史佩爾所負責的部門的一位前員工，Hans Kehrl 如此說，引述於 H. Picker, »Tischgespräche«, S.108 f.。戈林也有同樣的看法，他在一九四三年說，自從大戰開始，希特勒看起來好像變老了十五歲；比較 A. Bullock, aaO., S. 720。

【21】H. D. Röhrs, aaO., S. 121 就有這種非常錯誤的觀點。關於希特勒是否罹患帕金森氏症的其中一種或只有一種所謂的帕金森氏症候群，比較同上，尤其是 S. 43ff. 和 S. 101 f.；此外，Johann Recktenwald, »Woran hat Adolf Hitler gelitten?« 這份研究的作者假設，帕金森氏症候群是腦炎造成的，以及 W. Maser, aaO., S. 326 ff. 和 A. Bullock, aaO., S. 720。關於希特勒到底確實罹患什麼疾病，這個問題很有可能是無解的，因爲從來沒有針對特定問題去進行任何檢查過。由於資料非常不充足，所以無法爲各種不同的診斷提供理由或反駁之。因爲帕金森氏症，比如帕金森氏症候群，其主要症狀是手發抖或腳發抖，但許多其他疾病都能造成這種症狀。

【22】一九三六年一月三十日在柏林遊樂園對三萬個衝鋒隊員說，引述於 M. Domarus, aaO., S. 570；關於能量交換類似的線索，比如，同上，S. 609, 612, 643。

【23】比較 »Lagebesprechungen«, S. 608 以及之前提到的一九四二年十一月八日的演講，M. Domarus, aaO., S. 1944。

【24】A. Speer, aaO., S. 271.

【25】關於這場演講的動機和背景有各種詮釋。部分原因與三個多星期前同盟國在卡薩布蘭卡將要求提高到「無條件投降」有關（比較 Werner Stephan, »Joseph Goebbels«, S. 256 f.）；部分原因也是戈培爾這位宣傳部長嘗試提高自己個人的地位，趁著希特勒精簡人事且戈林名聲滑落的同時想辦法躋身為納粹的第二把交椅；關於這一點，比較 Rudolf Semler, »Goebbels-the man next to Hitler«, S. 68 f.，此外 Roger Manvell/Heinrich Fraenkel, »Goebbels«, S. 275 ff.，H. Heiber, »Joseph Goebbels«, S. 328 ff. 以及 Günter Moltmann 中肯的概括，»Goebbels' Rede zum totalen Krieg«, in: VJHfZ 1964/1, S. 13 ff.。關於戈培爾、史佩爾、萊伊、馮克的快速晉升，亦比較 A. Speer, aaO., S. 266 f.。

【26】比如，在大戰期間，英國境內的私人住家傭人數量降到原本的三分之一，而在德國境內反而上升，比較 A. Speer, aaO., S. 234, 548 f.。在大戰期間，在德國軍工業工作的女性增加幅度非常微小，一九三九年七月三十一日的兩百六十二萬增加到一九四三年七月三十日的兩百八十萬零八千人，一年之後又降到兩百六十七萬八千人；比較 USSBS, »The Effects of Strategic Bombing on the German Economy«。此外，一九四三年一月二十六日的經濟會議的機密報導，BAK 115/1942；亦比較 BAK NS 19/1963。關於希特勒之前所說的話，比較 H. Rauschning, »Gespräche«, S. 22。

【27】A. Zoller, aaO., S. 43.

【28】同上，S. 223。

【29】比較 A. Speer, aaO., S. 311。

【30】同上，S. 315 f.。

【31】該次是探視（馮．曼斯坦所指揮的）南方集團軍。在這一前，這一年裡希特勒還有兩次探視前線參謀部：二月十七日探視南方集團軍和三月十三日探視（馮．克魯格指揮的）中央集團軍。在一九四四年

六月十九日原本還計畫去探視侵略前線，即隆美爾在拉羅什吉永城堡（Schloß Roche-Guyon）的參謀部，但卻臨時取消了；關於此，比較 Hans Speidel, »Invasion 1944«, S. 112 ff.。

【32】A. Speer, aaO., S. 259, 312, 308.

【33】»Lagebesprechungen«, S. 535；此外 »Tischgespräche«, S. 196 以及 J. Goebbels, »Tagebücher 1942/43«, S. 336。

【34】A. Krebs, aaO., S. 124 ff..

【35】比較 H. v. Kotze/H. Krausnick, aaO., S. 331 以及此演講的逐字稿，同上，S. 335 ff.。

【36】比較 A. Hillgruber, »Staatsmänner« I, S.647；此外 H. Picker in: »Tischgespräche«, S. 127。

【37】»Tischgespräche«, S. 356.

【38】同上，S. 174；此外 A. Hillgruber, »Staatsmänner« II, S. 130。希特勒在跟墨索里尼談他在波蘭的經驗時，就曾說過，他有時候「問自己，是否該回頭，就這樣放下這個前途渺茫的國家和它前途渺茫的人們不管」；比較 A. Hillgruber, »Staatsmänner« I, S. 95。

【39】H. Heiber (Hrsg.) »Reichsführer!...Briefe an und von Himmler«, S. 201.

【40】H. Rauschning, »Gespräche«, S.45 f.。關於「黃金時代」，比較 Gottfried Grießmayr, »Das völkische Ideal«（以草稿的形式刊印）, S. 160。

【41】»Tischgespräche«, S. 387；之前提到的引述出於希姆萊一本標題爲《劣等人》（»Der Untermensch«）的反猶太宣傳手冊，且刊印了四百萬份。

【42】H. Buchheim, »Befehl und Gehorsam«, in »Anatomie des SS-Staates« I, S. 338 f..

【43】同上，S. 329。

【44】H. Rauschning, »Gespräche«, S.129。關於戈培爾所說的話，比較他的一九四二／四三年的日記，尤其是一九四二年三月二十七日。

【45】»Mein Kampf«, S. 772.

【46】IMT XXVI, S. 266（710-PS）。羅森伯格所說的話，引述根據 M. W. Kempner, »Eichmann und Komplicen«, S. 97。關於最終解決方案的具體決定，比較 H. Krausnick, »Judenverfolgung«, in »Anatomie des SS-Staates« II, s. 360 ff.。「最終解決方案」一詞在同一段時間在帝國保安全總部一九四一年五月二十日的一份命令中第一次出現，比較 IMT NG-3104。

【47】除了上面提到羅森伯格暗示以及戈培爾在日記裡有一個類似的晦暗表達之外，就只有一九四二年十一月八日希特勒在演說中提到，威脅要「滅絕」猶太人；他還不開心地補充說，人們偶爾「嘲笑他是先知」。可是「以前嘲笑過的人，今天無數人不再笑得出來，而現在還在笑的，也許過一段時間後就不再笑了」；比較 M. Domarus, aaO., S. 1937。關於滅絕行動，亦見鮑曼對納粹地方黨部主任的指示：「在公開處理猶太人問題時，必須避免對未來的整體解決方案進行任何討論。」比較 BAK NS b/vol. 344。

【48】比較親衛隊最上級團領袖 Erich v. d. Bach-Zelewski 的報導，ND, NO-2653。

【49】工程師 Hermann Friedrich 對大規模射殺猶太人情景的部分供詞，描述的是一九四二年十月五日親衛隊和烏克蘭民兵在（烏克蘭的）杜布諾（Dubno）射殺了大約五千猶太人，比較 IMT XXXI, S. 446ff. (2992-PS)。

【50】引述根據 H. Krausnick , aaO., S. 417 f.。

【51】引述根據 K. D. Bracher, »Diktatur«, S. 463。關於在東邊大型滅絕營裡遭殺害的猶太人數目，比較 H.

Höhne, aaO., S. 349。關於赫斯所說的話，出自他對自己生命的報告，»Kommandant in Ausschwitz«, Stuttgart 1958, 1961, S. 120，這當中還提到，爲了達到一次奇怪扭曲的績效野心，光是奧斯威辛就一次收容三百萬名受害者。

【52】»Tischgespräche«, S. 330; »Hitler's Table Talk«, S. 426.

【53】同上，S. 270：他還特別補充這句話：「如果我人讓人擁有個人自由，他們的行爲舉止就會像猴子一樣。」

【54】前面所提到的線索和引述，見»Tischgespräche«, S. 143, 270, 469 f.。

【55】»Tischgespräche«, S. 469, 190, 271 f.。按照這個思路，親衛隊全國領導在一九四二年四月二十七日一份關於東邊整體計畫的備忘錄就計畫，將東部地區裡的助產士培訓成「墮落員」：比較 H. Heiber, »Der Generalplan Ost«, in: VJHfZ 1958/3, S. 292。

【56】»Ursachen und Folgen« XIV, S. 154 ff..

【57】比較在 VJHfZ 1958/3, S. 299 的文件。關於霍夫曼所說的話，見 ND, NO-4113。

【58】IMT XXVI, S. 550 (1017-PS)。此外 VJHfZ 1958/3, S. 298。

【59】»Tischgespräche«, S. 143。關於建立教派，比較 H. Heiber, »Reichsführer!..«, S. 273 f.。希特勒說：「如果每一個村莊裡有自己的教派，我們只能樂見其成，因爲這樣俄國區域內的分裂元素只會變得更多」，引述於 A. Dallin, aaO., S. 486。所提到的備忘錄刊印於 VJHfZ 1958/3, S. 281 ff.。

【60】»Tischgespräche«, S.174, 475.

【61】IMT XXXVII, S. 517：此外 »Tischgespräche«, S. 253。

【62】»Mein Kampf«, S. 421.

【63】»Libres propos«, p. 93：此外 »Tischgespräche«, S. 253。

【64】同上，S. 137。

【65】同上 S. 288 以及 A. Zoller, aaO., S. 105。

【66】親衛隊的 Ernst Kaltenbrunner 這麼說，他所引用的是在親衛隊高層領導裡的同樣想法：比較 IMT XXXII, S. 297 (3462-PS)。關於與此相關的想法，比較鮑曼次一九四四年一月二十九日的備忘錄，引述於 H. -A./Jacobsen/W. Jochmann, aaO., 在上述的日期。

【67】»Hitler's Table Talk«, S. 110, 621。此外，比較一九四一年十二月十四日羅森伯格與希特勒的晤談之附註，in: IMT XXVII, S. 272 (1518-PS)。「Taurien」這個名字是按照羅森伯格的願望，但希特勒偏好「Gotenland」這個名字。

【68】»Tischgespräche«, S. 429 f.：亦比較，同上，S. 336 以及希姆萊和弗勞恩菲爾德之間接下來的書信往來，刊印於 ND, NO-2417。

【69】A. Dallin, aaO., S. 293.

【70】»Tischgespräche«, S. 320。「流動獎盃」這個比喻也出現在其他地方，比如，希特勒在一九三三年一月三十日的夜間自言自語過程中，比較 W. Görlitz/H. A. Quint, aaO., S. 367。

【71】衝鋒隊高階隊長陸茲一九四三年五月車禍身亡，納粹爲他舉行盛大的喪禮後，希特勒在總理府對全國各地方黨部主任說話，比較 J. Goebbels, »Tagebücher 1942/43«, S. 324。關於對蒂索所說的話，比較 A. Hillgruber, »Staatsmänner« I, S. 186：將德國比爲羅馬之前的處理，見比如 »Hitlers Zweites Buch«, S. 129 ff.。關於整體脈絡的基本，Paul Kluke, »Nationalsozialistische Europaidealogie«, in: VJHfZ 1955/3, S. 240 ff.。

【72】A. Hillgruber, »Staatsmänner« I, S. 655 f..

【73】H. Rauschning, »Gespräche«, S. 218f.。關於之前提到法國所提出的提議，比較 Eberhard Jäckel, »Frankreich in Hitlers Europas«, S. 159，此外 P. Kluke, aaO., S. 263 f. 還有其他的線索。

【74】L. Gruchmann, aaO., S. 213 f..

【75】這是國務祕書 Wilhelm Stuckart 提出的草案，比較一九四五年九月二十五日對 Stuckart 的同事 H. Globke 之審訊紀錄，RF-602, IMT IV, S. 472 ff.；此外，還有 ND, NG-3572, NG-3455 以及一九四〇年六月十九日在戈林的總部的貪婪掠奪的談話檔案的附錄，刊印於 IMT XXVII, S. 29 ff. (1155-PS)。根據 E. Kordt, »Nicht aus den Akten«, S. 393，法國的加萊（Calais）和布洛涅（Boulogne）應該留在德國手裡當作軍事基地。關於希特勒所說在海峽沿岸的位置，比較 »Tischgespräche«, S. 366。關於下面提到的備忘錄，比較 P. Kluke, aaO., S. 256/Anm.。

【76】這是賽斯－英夸特的一個建議，比較 »Ursachen und Folgen« XV, S. 435；此外 A. Hillgruber, »Staatsmänner« I, S. 239 以及 A. Speer, aaO., S. 196。

【77】Max Clauß, »Tatsache Europa«, 在標題爲 ›Das Reich‹ 這份雜誌裡，這是不久前才創辦的雜誌，它典型的標題否定掉所有歐洲的想法；引述於 P. Pluke, aaO., S. 252。關於經濟霸權，比較 »Ursachen und Folgen« XV, S. 501 ff. 的文件，這些文件因爲個別德國企業的無度利益帝國主義而值得注意。早在一九四〇年六月，上面提到的，在戈林的帝國元帥總部裡的談話就已經解釋：「必須以最激烈的手法拒絕德國企業界現在就接受占領區裡的工廠。暫時不可允許德國工業界進到占領區」：IMT XXVII, S. 30 (1155-PS)。

【78】»Tischgespräche«, S. 195.

【79】同上，S. 344；亦比較同上，S. 463。

【80】在 Wilhelm Kreis 教授的主持之下，自一九四〇年開始，一個「設計德國戰士墓地的總建設委員會」就開始工作。關於其建案內容：「在大西洋岸的岩石上將豎起偉大的建築，面向西方，作爲解放這片大陸脫離不列顛的附屬關係和歐洲在其心愛的德意志民族的領導下合一的永久紀念碑。這位在溫泉關的士兵墓地，其嚴格高貴的美也同時象徵著德國繼承古希臘文化的精神。在東邊平原將豎立的巨大高聳塔式建築將象徵透過日耳曼秩序力量有紀律的強國馴服了東邊草原的混亂暴力——周圍環繞著德國戰爭世代的墓地，德國的血，在過去兩千年來德國的血已常常拯救西方文化世界免於來自亞洲內部毀滅式洪流的侵襲」，引述於 H. Brenner, aaO., S. 128 f.。

【81】»Tischgespräche«, S. 146；關於羅森柏格的備忘錄，比較已多次提到的文獻 »Der Generalplan Ost«, in: VJHfZ 1958/3, S. 295。

【82】這些例子出於之前提到過的希姆萊的信函集 »Reichsführer!...«，並按照引述的順序出於 S. 194, 221 f., 251, 145, 95。亦比較 H. Heibers 於此信函集的前言，特別是 S. 22f.。

【83】A. Zoller, aaO., S. 73，以及 »Libres propos«, S. 123，和 »Mein Kampf«, S. 723。關於希特勒的牧羊人知道，見 »Tischgespräche«, S. 166. 和 S. 333。

【84】»Tischgespräche«, S. 186；關於之前的引述，比較 P. Kluke, aaO., S. 269。

【85】J. Goebbels, »Tagebücher 1942/43«, S. 319.

【86】»Hitler e Mussolini«, s. 165 f. 引述根據 A. Bullock, aaO., S. 718 f.。P. Schmidt, aaO., S.567 報導，希特勒把墨索里尼「狠狠痛斥了一頓」。由於羅馬遭到空襲，墨索里尼「非常激動，在回羅馬的路上就急切要求我給他看談話紀錄。我們被告知的是，他當時根本沒有在聽」。

【87】G. Ciano, aaO., S. 33；此外 H. Boberach, aaO., S. 424。

【88】»Lagebesprechungen«, S. 315；接下來提到的話也在此處，S. 329。

【89】引述於 E. Nolte, »Epoche«, S. 299。

【90】»Lagebesprechungen«, S. 231（一九四三年五月二十日）。

【91】A. Speer, aaO., S. 314.

【92】J. Goebbels, aaO., S. 392 ff.。關於希特勒對里賓特洛甫所說的話，比較，»Zwischen London und Moskau«, S. 265，關於里賓特洛甫所說的話，見 D. Ehlers, aaO., S. 113。

【93】同上，S. 155。約德爾所說的話指的是一九四二年底的情況，比較 KTB OKW IV, 2, S. 1721。

第八卷　滅亡

第一章 抵抗運動

「殺掉！」

一九四二年底，在被問到該如何處理希特勒時，馮．史陶芬堡（Claus Schenk v. Stauffenberg）這麼說

一九四四年初，盟軍以全力襲擊「歐洲要塞」（Festung Europa）並逼得希特勒在各個前線都得採取守勢。在南方，盟軍部隊進到義大利中部。他們擁有的先進科技，尤其是定位系統，使他們能夠進行幾乎全面空戰並逼得德方暫停潛艇戰。同時，在東邊，蘇聯猛烈進攻一九四一年德軍獲得第一場大勝的各個戰場。面對每個方向都搖搖欲墜且即將崩潰的防線，希特勒只一直重複堅守到最後一人這句陳腔濫調，因此再次顯示他的元帥天分就只限於進攻上。過度匆促的撤退使得他沒辦法實現留給敵方「一片完全燒焦的土地」這個企圖。[1]但整個區域本身就是一個陰森鬼域般的現場。「一〇〇五特遣隊」（Kommandos 1005）的成員獲得的命令是，找出過去將近三年統治中納粹所造成的無數萬人塚，將屍體取出並抹去所有大屠殺的痕跡。他們沉默地生起巨大的火堆，上面架著浸滿油的生銹鐵架以焚燒屍體。從焚化場升起巨大的黑色煙柱。納粹政權背棄了自己的願景並將它減縮到只剩下執念而已。[2]

歐洲的反抗運動

自從人們看出希特勒巨大的權力開始疲弱之後，歐洲各地開始發起反納粹運動。這股運動主要集中在各地的共產黨，但也有由軍官集團、天主教會或知識分子團體所發起的。在一些國家內，比如南斯拉夫、波蘭或法國，反抗組織幾乎都是軍人團體，他們組成「家鄉軍」（Heimatarmee）或「內地武裝部隊」（Innere Streitkräfte），對占領該地的德軍展開滿懷怨恨的血戰。對於越來越多刺殺和抵制行動，德軍採取的報復手段是殺死全部人質。若一個崗哨有一名德軍死掉，就殺死當地二十至三十人來報復。親衛隊的「帝國」師隊（Das Reich）在法國奧拉杜爾（Oradour-sur-Glane）這個小村殺死沒有參與反抗的六百位村民作爲報復，標記出這種毫不留情小戰役的高潮。狄托（譯註：Josip Broz Tito，南斯拉夫游擊隊領袖）在內雷特瓦河（Neretva）有名的突擊行動或一九四四年夏天的華沙起義（譯註：Warschauer Aufstand，二戰期間發生在歐洲的最大規模反抗運動，五萬名波蘭家鄉軍以游擊戰對抗兩萬五千名德軍）都成爲歐洲戰爭式反抗行動中的傳奇。

同時，在德國境內反抗勢力再度出現。過去幾年內，他們先是因爲希特勒在外交方面、接著又因他在軍事方面的成功而失敗。德軍占領法國時，他們的鬥志跌到最低點。自從納粹政權一開始這些懷疑分子就一直存在，只不過在歡呼喝彩和情緒激昂中被壓了下來，但如今扭轉的戰局讓所有這些懷疑分子再度浮出水面。自從史達林格勒戰役以及一九四三/四四冬天德軍再度戰敗之後，德國境內短暫瀰漫著一種混雜著恐懼、厭煩和冷漠的少有情緒，這給予反抗陣營一股新的動力並有希望能獲得共鳴。在早年的多次失望之後，由於擔心這次快速接近的戰敗將再一次且永遠奪走他們的行動機會，他們採取行動的決心變得更加強烈。但這種想法同時也經常受到指責，因爲德國的反抗運動是在已看到納粹政權必然崩潰之後才決定採取行動，這種機會主義做法是一些國家主義者在絕望中精打細算的行動，他們想拯救的是這個國家的權力，而不是道德。

德國境內反抗勢力的困境

觀察家們並沒有忽略反抗陣營在一九四四年初面對的困境。才不久前，蓋世太保才搜捕反納粹陣營的「中央辦公室」，即歐斯特中校的辦公處，逮捕了他們最重要的成員，卡納里斯將軍則被冷藏，貝克將軍之前就因爲重病而無法行動。墨索里尼倒臺讓希特勒大爲提高警覺，更加重了他的疑心。如今他越發使自己的行程嚴格保密，他的隨從都得到指示，即使面對像戈林或希姆萊等最高領導人物，也不可透露他的行程。只要他還沒出現在公衆之前，他大多會臨時改變行程，通常是六分鐘之前。甚至在元首總部裡，他也一直戴著蓋到耳朵的沉重防彈帽。在九月十日的電臺廣播上，他針對在義大利發生的事發表談話，當中就暗示著他要他的「元帥、海軍上將和將軍們的忠誠」，宣稱要在德國軍官集團中「找出叛徒，跟在義大利一樣」，以打擊反抗陣營的希望。[3]

德國境內的活躍反政府分子所面對的困境是一種由各種動機、限制和弱點所形成的情況，既糾纏不清又困難複雜。問題重重的傳統和教育原則當然是其中重要的因素，這是構成這起衝突的背景因素。在歐洲各地的抵抗運動主要是爲了國家或道德的因素，但在德國這些因素卻互相糾結在一起，而且對某些人而言這是無法解開的。許多早期的反抗分子，尤其是軍中的反抗陣營，雖然已密謀多年，卻一直無法克服自己心中的障礙，而一直覺得自己所謀劃的是叛國的行爲，又是一種從背後捅一刀的行爲，而且還違背了自己所傳承的價值。跟歐洲各地的抵抗運動不一樣的是，他們在這解放行動之後最先面對的不是自由，而是失敗或向一位凶惡的對手投降。只有一種驕傲的道德才能打消掉他們心中的衝突，讓他們即使憎恨希特勒並對其所犯下所有的罪行感到震驚之際，還不忘記史達林所犯下的罪行，「紅色恐怖」或種族大清洗的暴行，甚至不忘記卡廷（譯註：Katyn，指蘇聯於一九四〇年在波蘭卡廷進行的大規模屠殺，據估計遇害人數約兩萬兩千人）的受難者。

這種顧慮也使他們的討論變得沒完沒了，而今天我們只能從歷史的觀點部分理解到其嚴肅的程度。在反抗陣營中，有些人認爲必須以發誓來約束成員，成員要面對打破誓言的後果，要有服從的義務，而且最重要的是要參與刺殺行動，這是反抗運動不可或缺而且唯一能帶來效果的做法；但另一些人卻認爲道德和正直不可有任何缺陷，[4]且一直到最後都拒絕刺殺的做法。但無論是哪一方，在德國境內他們都是被孤立的，而且知情人數不斷增加之下，他們一直都有可能被納粹政府龐大的監視機構發現或被告密的危險。此外，他們的計畫受到每天發生的事影響，這也大大限制了他們的行動自由，就像希特勒打勝仗大大減弱了國內政變的機會，他打敗仗也阻斷了反抗陣營對外，即與盟軍的聯繫機會，可是盟軍的協助對他們而言又是不可或缺的。

在這種情況下，德國反抗組織的歷史是一段矛盾、困惑和沒有良心不安的歷史。雖然根據一些資料來源這個猜測很接近，即推動反抗運動的一大部分懷疑者都被灌輸了一種把事情問題化的狂熱，在沒有出路的情況下，滿腦子都想急迫用行動尋求解脫的想法；另一些疑慮，尤其對一部分較高階軍官而言，則是用來掩飾自己的道德癱瘓。但即使把這些做法都算在內，所有外在跡象和行動都是在表達深感絕望的一種方式。其原因顯然比較不是因爲面對一個如此暴虐的政權而無法作爲的表面感覺，而是因爲這些人內心的無力感，他們看出自己的價值觀不但限制著他們，而且已經不符合時代，但又不想放棄這些價值觀。特別是像貝克、哈德爾、馮．維茨萊本或卡納里斯，儘管他們非常厭惡希特勒，卻在幾千起反抗事件之後才決定採取行動，而且在一九三八年秋天第一次失敗之後就不再有任何動作。反納粹陣營把能量耗光在爭辯各種贊成和反對理由上，一直到許多沒有偏見的年輕軍官加入之後才賦予它新的能量。他們其中一人，馮．革斯朵夫（Rudolf-Christoph v. Gersdorff）在一則記載中突顯了這樣的對比，並描述了他在一次談話中要求馮．曼斯坦元帥加入反希特勒密謀陣營時，這位元帥一直逃避，結果雙方陷入沉默。在想了一會兒之後，馮．曼斯坦問：「你們居然想打死他！」結果他得到這樣的簡潔答案：「沒錯，元帥大人，就像打死一隻瘋狗一樣！」[5]

各種嘗試刺殺行動

自一九四三年春天起，一再發生各種嘗試刺殺希特勒的行動，但所有的嘗試都以失敗告終。有一次是因爲技術問題而失敗，接著是希特勒對危險有敏銳的感覺，或者突然出現一些出乎意料且無法理解的事。一九四三年三月中，希特勒訪視陸軍中央集團軍總部時，馮．特雷斯寇（Hennig v. Tresckow）和馮．史拉伯忍朵夫（Fabian v. Schlabrendorff）在希特勒的飛機上所放的兩枚炸彈沒有爆炸。八天後，馮．革斯朵夫打算在希特勒視察柏林的武器庫時，將自己與希特勒和一群納粹政府高層一起炸死，結果也沒成功，因爲希特勒突然將行程縮短了十分鐘，使得定時炸彈還沒來得及引爆。史迪夫上校（Helmut Stieff）計畫在元首總部的軍情討論會上引爆一枚炸彈，卻因爲爆炸裝置提前爆炸而失敗。爲了彌補馮．革斯朵夫的失敗，一位年輕的步兵上尉，馮．德．布許（Axel v. d. Bussche）向密謀者宣布，自己願意在希特勒來看新制服展示時，親自跳向前抱住希特勒並引爆炸彈，結果在展示的前一天，盟軍的一次轟炸將所有的新制服都炸毀了。當馮·德·布許在十二月以重新製好的新制服出現時，希特勒突然決定去貝希特斯加登。這不僅破壞了這個計畫，也破壞了另一個預定於十二月二十六日執行的刺殺計畫，陸軍總組織部（Allgemeines Heeresamt）的一位上校馮·史陶芬堡第一次出場，他打算將一個定時炸彈放在公事包裡帶進元首總部。由於馮·德·布許不久前受傷，所以另一位年輕軍官馮·克萊斯特向密謀者自告奮勇，但由於不可知的原因，希特勒沒有出席定於二月十一日的新制服展示會上。騎兵上尉馮·布萊騰布赫（Eberhard v. Breitenbuch）打算在希特勒來貝格霍夫參加晤談時射殺他，但也沒有成功，因爲親衛隊一直監視著他，不讓他進到大廳裡，可能是根據希特勒的命令。[6]還有許多其他刺殺計畫也以類似的結局收場。

西方國家的保留態度

密謀者嘗試透過外交來確保自己的行動，並希望在政變成功後能獲得西方國家某種程度的承諾，但這個嘗試也同樣失敗，他們一直透過各種管道努力與西方國家取得聯繫，卻都沒有成功。雖然同盟國政治家的保守態度是可以理解的，他們不想在勝利終於唾手可得之際綁住自己的雙手，另外還擔心招致蘇聯的譴責。同時我們還必須理解，他們在得知自己勝利在望的愉快心情中，沒有能力看出德國密謀者糾結於政治層面和道德層面的衝突。就羅斯福和邱吉爾以及他們的一些顧問而言，他們的反德國仇恨情緒反而增強，如今這股情緒是針對這群反納粹分子，他們雖然向盟軍提出將來會建立新秩序，但其實只是代表著昔日舊勢力的「軍國主義者」、「普魯士容克」、「總參謀部」。

讓西方國家更生氣的是，一九四三年間希姆萊居然有一段時間出現在反抗勢力的邊緣。在對希特勒病態的狂妄和執拗感到不安以及在他的一些跟隨者的催促之下，希姆萊弄來一份健康證明，顯然要將希特勒的整體健康狀態描述爲有病的——雖然希姆萊原先對此一直搖擺不定，但最後還是同意了；同時保安處的國際事務組主任謝倫貝格將透過西班牙、瑞典和不同的美國中間人，去探測在沒有希特勒並反對希特勒的情況下達成議和的可能性。[7]這些行動與一些保守派密謀者的努力不謀而合，他們打算使納粹政府裡的關鍵人物互相內鬥，並將反抗運動的勢力擴大到親衛隊、警方和蓋世太保等單位。一九四三年八月二十六日，普魯士財政部長波皮茲（Johannes Popitz）和希姆萊碰面，這次會面讓反抗陣營得知，納粹領導高層到底有多麼不安。但幾乎同時，各方的牽線斷掉。在外國方面，英國以能夠想像的堅決特別反對提前達成議和的一切努力。而在德國境內，反抗陣營的主導人物本身陷入激烈的爭執。雖然波皮茲和反抗勢力的一些贊成者打算，在他們所計畫的政變成功之後透過陰謀騙過親衛隊並及時讓國家回到法治狀態。但這種缺乏理性的做法又一次喚醒一九三三年春天舊保守派希望馴服對手這種妄想，而且爲達到目的而暫時與納粹政權中惡名昭彰的人物結盟，這種做法破壞了反抗運動的整個意義和道德基礎。在陸軍中央集團軍總部的一次激烈爭辯中，一些年輕軍官生氣地對卡納里斯海軍上將說，如果他還打算與希姆萊取得聯繫，他們將拒絕與他合作。[8]

抵抗勢力的各種動機與團體

這類意見分歧以及反抗勢力內部的各種嘈雜的聲音都一致指出，他們不是一個「組織」，而且嚴格而言，他們的概念組成就含有許多不明確的成分。事實上，他們是由許多個因爲實務上或個人反對立場的小團體以鬆散的形式集結在一起，只有對納粹政府的敵意使他們聯合起來。其中有三個主要的團體。第一個是根據馮．毛奇所在西利西亞產業地所命名的克萊稍團體（Kreisauer Kreis），他們是一群輕微強調基督宗教以及社會主義改革想法的朋友所組成的討論會，以平民有限的可能鼓勵衆人推翻希特勒。馮．毛奇在被關在獄中的最後一封信中，對於能以死刑證明自己的精神力量而以幾乎幸福的語氣寫到：「我們之所以被處絞刑，是因爲我們一起思考了。」[9]接下來是以前萊比錫市長格德勒和退休的總參謀長貝克爲中心的一群具有國家意識的保守派知名人士；他們對希特勒的政治之致命效果一點針對的想法都沒有，仍然主張大德意志帝國在歐洲扮演主導的地位。這使得他們的想法甚至眞正成爲另一種版本的希特勒帝國擴張主義而備受爭議；至於他們本身，由於傾向於國家權威至上，結果成了威瑪的反民主反對黨之延續。馮．毛奇簡要地稱他們爲「格德勒那群廢物」。[10]最後是由馮．史陶芬堡、馮．特雷斯寇或奧爾布里希特（Friedrich Olbricht）等年輕軍官組成的反抗團體，他們幾乎沒有什麼固定的意識形態，大多與左派尋求關連。比如，與貝克和格德勒不一樣的是，在政變一事上，他們不是尋求與西方合作，而是打算與蘇聯合作。從名字上看，顯然大多是古老普魯士貴族出身，此外還有一些神職人員、教授、高階政府官員。整體看來，現在開始使他們急迫採取行動的，比較是出於原來的保守或自由派立場所形成的反抗團體，即使當中有一些社會民主黨成員——左派仍一直處於受迫害的後果當中，由於他們本身的意識形態所造成的成見，他們認爲和這些軍官結盟是「與魔鬼結盟」。[11]令人注意的是，在這麼多參與者中完全沒有威瑪的國家代表人物，顯然這樣的人在反抗陣營中根本無法存活。此外也沒有中產階級或企業界的成員。前者堅持著小人物的愚忠，不涉入個人之外的事物；而後者則執著於德國企業和權力政治利益的聯盟，他們一直都堅定地呼籲企業與國家共存亡。雖然這讓經濟特別有績效，但同時也使國家與企業糾纏不清，最後也導致他們一直同行到紐倫堡大審的被告席上。最後，抵抗陣營中也幾乎沒有工人階級，他們雖然有反抗的意願，但比歷史要求他們扮演的大對手角色還差得很遠。基本上，他們根本沒有採取實際的方法做出眞正的抵抗，反而只是舉行一系列的示威遊行，其效果既無聲又沒有計畫。這是自一九三三年的失敗之後就被嚇得不敢動彈的無產階級角色，他們對權力的所有夢想都已沉沒。[12]他們都受恐嚇、被戰事搞得筋疲力竭、神經衰弱。而能夠被稱爲反抗運動的，是一股「來自上面」的反抗運動。

這股反抗運動跟其他各方都沒有聯繫。二月時，馮·毛奇被捕，克萊稍團體被解散，之後軍情局被挖出（譯註：卡納里斯被撤職）。接下來的每一天，密謀者都必須擔心自己被揭發。格德勒和貝克最後嘗試與越來越少的時間賽跑，最後決定在一九四四年初向美國提議，密謀者願意在成功推翻希特勒後打開西邊的前線，讓盟軍傘兵部隊能夠降落德國境內；可是，又一次沒有得到任何回應。[13]因此，就只剩下最後一條路，從各種策略和政治考量去解決推翻這個政權的問題並將它完全放在道德論點的層次上。一些密謀者傾向於認爲，他們不能且不允許掌權者逃過自己滅亡的命運；現在納粹掌權者必須自己走完這條路。

馮·史陶芬堡

克服各種障礙、重新打散各種疑慮、不遺餘力使各方連結、贏得新的共謀者的，主要是馮·史陶芬堡，他不顧盟軍一直要求「無條件投降」，不顧重新一次被背後捅一刀的風險，不顧精打細算的機會主義者之譴責，而努力推動刺殺行動和政變。他出身於德國南部的古老貴族，和約克（Yorck）與格乃森瑙（Gneisenau）家族有親戚關係，年輕時與以喬治（譯註：Stefan George，德國象徵主義詩人，將但丁和莎士比亞等作品翻譯成德文）爲中心的圈子很親近。雖然傳說在一九三三年一月三十日，在班貝格，他坐在興高采烈群衆之首席上，他以贊同的態度關注納粹政府的革命方法以及希特勒早年的成就。但一九三八年的猶太人大屠殺事件第一次讓這位優秀的參謀部軍官首次感到懷疑，接著在大戰期間，主要是因爲納粹政權在東邊的占領政策和猶太人政策使他成爲納粹德國的主要反對者。當時他三十六歲，在北非戰場失去了右手手掌、左手的三根手指和一隻眼睛。他賦予這個因爲無數想法而陷入停滯的事業一個有組織的基礎，對於這麼多軍官所糾結的價值觀衝突這種無法解決的混亂情況，他以幾乎革命性的堅決取代之。「我們直接進入正題，」在與一位新加入的密謀者的一次談話中，他說：「我以自己能動用的所有資源進行叛國。」[14]

時間非常緊逼。一九四四年春天，密謀者成功說服隆美爾加入他們，他不僅是位元帥，而且還是一位受衆人愛戴的軍官。差不多同一時間，希姆萊對卡納里斯說，他從可靠的管道得知，軍隊裡正在計畫起義，他會在適當的時間出手。此外，他們每天都在估計盟軍即將大反攻，這必定摧毀密謀者所有的附帶政治企圖並給予受傳統束縛的年老軍官們一個新的藉口。當雷貝爾（Julius Leber）和賴希韋因（Adolf Reichwein）嘗試透過與以葉夫寇（Anton Saefkow）爲中心的共產黨團體取得聯繫，以擴大反抗陣營的網絡而遭蓋世太保逮捕時，這迫使反抗陣營做出決定。

甚至史陶芬堡在這時候也似乎短暫地遲疑了一下。不僅如此，史陶芬堡舉出特雷斯冠一則揭露出密謀者最內在動力的消息說，先不要考慮是否能成功，不要再等下去了：「行刺行動必須進行，而且以各種可能的方式。如果不成功的話，仍然可以在柏林進行談判。因爲這不再關係到實際的目標，而關係到德國的反抗運動必須在世人和歷史面前敢於做出決定性的一擊。所有其他事都無所謂。」[15]

盟軍大反攻

一九四四年六月六日夜間，盟軍反攻部隊從英格蘭南部各個港口開始行動。五千艘船向諾曼第沿岸駛來，同時英國和美國傘兵部隊從飛機降落到各個預定降落地帶。半夜三點，在離岸幾公里遠之處，第一批登陸艇被放到水裡並接著在波濤洶湧的惡劣海象裡離開運輸艦的陰影。三小時後，當這批部隊在破曉時分接近海灘時，上千架飛機在諾曼第上空預定的區域內對德軍陣地展開密集的轟炸。同時整個登陸區也被戰艦的重炮火力覆蓋。在一些地方，即科唐坦半島（Cotentin-Halbinsel）底部和奧恩河（Orne）入海口，登陸行動出乎意料地只遇到很少德軍的抵抗。只有在中段，即維耶維爾（Vierville）一帶，美軍遇到剛好因爲一次操練而獲得警報的一個德國師隊，雙方陷入激烈交火（「奧馬哈海灘之役」（Omaha-Beach））。一份報告說，防守的德軍對著「人肉地毯」開火，整個沙灘到處都是起火的裝甲車和船隻，以及死掉的人和受傷的人。[16]到當天傍晚，美軍占領了兩個較小的灘頭陣地，英軍和加拿大軍占領了一片約三百平方公里的海灘。特別是盟軍在登陸區的兵力已占上風。

德軍無法成功抵擋盟軍進攻，這重新揭露出他們在物資和軍隊方面的短缺。元首總部對盟軍進攻的時間和地點沒有得到任何參考點。由於德國空軍處於弱勢，他們沒有及時發現在英格蘭南部集結的船隻和軍隊。軍情局雖然準確預測到盟軍登陸的日期，卻沒有受到重視。[17]西邊戰線總司令馮·倫德施泰特元帥在五月三十日才告知希特勒，沒有觀察到任何盟軍登陸的跡象，而負責監督海岸線防衛的隆美爾則在六月五日離開自己的總部，前往貝希特斯加登去晉見希特勒。此外，軍方高層均堅信，敵人進攻應該會發生在英吉利海峽最狹窄處，即加萊海峽（Pas de Calais），因此將軍隊主力集結在此處。相反地，希特勒按照他特有的「直覺」認爲，諾曼第也是一個適合登陸的不差地點，但他最後還是遵從軍事專家們的判斷，至少這一點似乎受到對手不同機構的肯定。

但更値得注意的是，盟軍反攻所揭露出德方領導混亂的情況。關於如何以最符合目的方式對盟軍登陸行動進行防衛，將軍們的意見極爲分歧，而希特勒卻沒有成功使這些意見統合成一致的概念，顯示德軍領導階層之混亂，[18]而且職責歸屬的情況更爲混亂。結果，最後在不明確的妥協之下所做出的決定使所有行動癱瘓。[19]六月六日，在貝希特斯加登到處都是各個軍事單位的領導，但他們沒有一個可以不靠別人而自己獨立運作，整個上午只有各個單位之間的電話連絡，特別爭執關於授權動用西邊四個後備師這個問題——而希特勒則在整夜漫長、空洞的談話之後，到將近天亮時才去休息，所以沒有人想叫他起床。這導致下午稍早時才能進行第一次軍情討論，可是希特勒卻要求與會人員到一個小時左右車程遠的克萊斯海姆宮去，因爲他今天與匈牙利的總理斯多艾（Döme Sztójay）約好在那裡見面。到達之後，他臉上的表情使人無法看出，他是否覺得盟軍的行動只是佯攻還是他本人嘗試讓身邊的人產生錯覺，他走到地圖桌邊，用方言說：「來，開始吧！」。幾分鐘後，當他得知這條新開啓的戰線之最新情況時，他走到上面的「演示室」去。[20]到下午將近五點時，他最後才下令「要在六月六日當晚將敵人消滅在橋頭堡上」。

在盟軍進攻的整個開始階段，希特勒一直處於一種夢遊和遠離現實的輕鬆自在狀態。過去幾個月裡，他一再指出，西邊的戰局將決定這場大戰的勝敗：「如果我們無法擊退敵人的進攻，我們就輸了這場仗。」現在他卻認爲自己是不可能犯錯的，不願承認盟軍的進攻是眞的在進攻，所以將大部分的軍隊集中在塞納河（Seine）和須耳德河（Schelde）之間，結果他們在這裡等著沒有出現的盟軍，因爲敵方的戰術詭計騙倒了他（譯註：「堅忍行動」，Operation Fortitude，盟軍假裝做出即將攻擊加萊的姿態，以防止德軍將大量兵力部署在諾曼第）。同時希特勒把手伸到下層，干涉軍官的命令，做出不符合前線情況的決定。六月十七日，他終於對一直不耐煩催促他的馮．倫德施泰特和隆美爾讓步，在盟軍進攻前線的後方進行討論。

這次討論在「二號狼穴」，即蘇瓦松（Soissons）北邊的馬爾吉瓦（Margival）的元首總部舉行，這是一九四〇年爲進攻英國時所設置的。希特勒「看起來臉色蒼白，似乎整夜沒睡」，隆美爾的參謀史拜德爾將軍（Hans Speidel）寫道：「他緊張地玩弄自己的眼鏡和手指間夾著的各種顏色鉛筆。他自己一個人彎腰駝背坐在一張凳子上，其他元帥們站著。他昔日煽動人心的力量似乎不見了。在簡短冰冷的招呼之後，他以提高和不悅的聲音說，他對盟軍登陸成功感到非常不悅，並怪罪當地的指揮官們。」隆美爾指出敵方人數超出己方很多，並請求將科唐坦半島上受威脅的德軍撤出，將在加萊海峽的後備部隊移過來，但這些統統都被希特勒拒絕。相反地，他以越來越強調的語氣談到「復仇武器」（譯註：V-Waffen，納粹德國爲報復盟軍轟炸發展的火箭和炮彈）有「決定勝負的效果」，承諾會有「大量的渦輪戰鬥機」從天上趕走敵人並迫使英國下跪。當隆美爾嘗試轉向政治話題，指出目前情勢嚴峻並迫切要求結束戰爭時，希特勒馬上打斷他的話說：「你不要管戰爭如何發展下去，該管你的盟軍進攻前線。」[21]

這次會面的意見分歧又比之前更爲明顯，這又使希特勒原本就對軍官集團的不信任變得更爲強烈。特別在他到達之前，親衛隊封鎖了整個地方，希特勒和馮．倫德施泰特與隆美爾在吃大雜燴燉菜時，還讓人先試吃了他才開始吃。在整個用餐時間，兩名親衛隊員一直守在他椅子旁邊。在離開前，將軍們嘗試說服希特勒在隆美爾的總部聽取一些前線指揮官的簡報。希特勒很不情願地答應在六月十九日前往。可是在馮．倫德施泰特與隆美爾一離開馬爾吉瓦之後，希特勒馬上啓程返回貝希特斯加登。【22】

大約十天後，盟軍藉助「人工港口」把將近一百萬軍人和五億噸物資登陸成功，全部解決了希特勒原本斷定他們會面臨的補給問題。但即使在這一刻，馮．倫德施泰特與隆美爾兩位元帥在造訪貝希特斯加登時，仍然無法使希特勒讓步並獲得最低程度的行動決定自由。希特勒以冰冷的態度聽取他們的想法，忽視他們請求在更小的圈子進行討論；他反而將馮．倫德施泰特撤職，並以陸軍元帥馮．克魯格取代之。馮．克魯格一出現就清楚顯示，希特勒身邊的現實畫面有多麼騙人、多麼扭曲。馮．克魯格以客人的身分在貝格霍夫度過了十四天，雖然他立場搖擺不定，但至少對希特勒的態度是批評的，在這段時間內，他認爲西線戰事的領導太軟弱，想法太悲觀。一到達盟軍進攻的前線，他就責備隆美爾說，隆美爾過於誇大盟軍的物資優勢並任性地不聽從希特勒的命令。隆美爾對這位新總司令的「貝希特斯加登風格」極爲憤怒，要求對方用自己的眼睛去看眞實情況。不出所料，在視察前線兩天後，馮．克魯格頭腦清醒地回來了。七月十五日，隆美爾透過馮．克魯格發給希特勒一封電報：「這一邊倒的戰爭已趨於結束」，並接著加上這項要求：「我請求您務必立刻對這局勢做出判斷並採取行動。」隆美爾對史拜德爾說：「如果他（希特勒）不做的話，我們必須採取行動。」【23】

決定採取行動

現在同樣決定採取行動的還有馮．史陶芬堡，在蘇聯不久前開始的夏天攻勢的猛攻之下，整個東邊戰線似乎要崩潰了。一個有利的情況也對他的企圖很有幫助——六月二十日馮．史陶芬堡被任命爲後備軍總司令弗洛姆上將（Friedrich Fromm）的參謀，因此將來有機會參與元首總部的軍情討論。七月一日上任時，他對弗洛姆說，他必須誠實地告知弗洛姆，他正在計畫發起政變。弗洛姆沉默地聽他講，之後要求這位新參謀開始工作。【24】

七月六日和十一日，馮．史陶芬堡被召到貝格霍夫的元首總部去參與討論。在這麼多次失敗之後，他現在決定親自執行刺殺行動並領導政變。這兩次他身上都帶著一包炸藥並安排了立刻回柏林的飛機。然而兩次都必須放棄，因爲他原本打算同時殺掉戈林和希姆萊，可是他們兩人都沒有進到討論室。七月十五日他又再嘗試一次，可是又失敗了，因爲馮．史陶芬堡在開始討論軍情之前沒有時間去啓動引線。七月十一日和七月十五日這兩次，原本打算占領柏林的軍隊都處於警戒狀況，但兩次都必須取消成命並清除所有可能引起懷疑的時刻。

在最後一次嘗試的兩天後，即七月十七日，密謀者得知格德勒即將被捕。但跟雷貝爾、賴希韋因、馮．毛奇或潘霍華等人不一樣，他們不知道格德勒在蓋世太保的審問下能保持沉默多久。馮．史陶芬堡認爲這是催促他們採取行動的最後一股動力，他認爲，現在已經沒有回頭路了。同一天，隆美爾在盟軍一次低飛攻擊中受重傷，這使得他計畫中的一個關鍵人物缺席，於是他決定不再等下去；因爲原本的計畫是與這位連盟軍都尊敬的元帥說好，他在西邊戰線停火，將軍隊撤出占領區，回來柏林支持政變。馮．史陶芬堡說，現在不管情況如何他都會採取行動，還補充說，這將是他最後一次嘗試。【25】

幾天前，元首總部又從貝希特斯加登移到狼穴。車隊已準備好要出發，所有同行的人都已上車，希特勒再一次轉身走回貝格霍夫。他進到客廳，在大窗前站了好一會兒，接著以不確定的腳步慢慢穿過客廳。在費爾巴哈的《娜娜》這幅畫前停留片刻。他向一位站在旁邊的人暗示，他也許不會再回來了。【26】

馮·史陶芬堡報名了七月二十日去狼穴做簡報。

七二〇刺殺行動

這一天的刺殺行動與其戲劇性經過常常被人描述。軍情討論被意外地移到一個營房裡，使炸彈能造成的殺傷力大大降低。馮·史陶芬堡在隔壁的建築物裡不小心用一把鉗子引發了定時炸彈的信管而遲到。接著他將炸彈放在一張沉重的地圖桌下方，就在希特勒的附近，之後馬上離開，所以他們尋找他。炸彈爆炸時，希特勒整個人幾乎趴在桌上，手撐著下巴，在聽著豪辛格將軍（Adolf Heusinger）在地圖上的軍情簡報。馮·史陶芬堡站在準備好的車子旁等待，從遠方看到軍營冒出大量黑煙、木頭和紙張滿天飛，許多人從軍營中衝出來之後，他便立刻逃走。他篤定地認爲，希特勒已經死了；但他飛往柏林的途中浪費了許多寶貴的時間。

希特勒和所有在場的人都感受到這場爆炸是「地獄衝出來的火焰」和震耳欲聾的聲響。當他從正在起火和冒煙的瓦礫堆中抬頭時，臉部被燻黑，後腦部分輕微燒焦，凱特爾衝進來大喊：「元首在哪裡？」接著凱特爾趕緊過來扶他離開那個房間。希特勒的褲子被撕裂成許多長條的碎布，垂掛在他身上，他全身到處都是灰塵，卻只受了輕傷。右手手肘有一處輕微挫傷，左手手背有幾處輕微的表皮擦傷，雖然兩邊耳膜都被震破，但他的聽力只短暫受到影響。最嚴重的是腿部的傷，有許多木刺刺進腿部；然而，他同時驚訝地發現，左腿的顫抖減輕許多。在軍情室的二十四個人裡，只有四個人嚴重受傷。在炸彈爆炸當時，希特勒本人因為趴在木桌上而有沉重的木桌擋住。他雖然非常生氣，但同時也奇怪地鬆了一口氣。他一再得意地跟周圍的人說，他早就知道有人在密謀要殺他，現在他終於可以揭露這群叛徒。他一直把撕裂的褲子和背後裂開一個四方的洞的外衣當作戰利品到處向人展示。[27]

他之所以感到鬆一口氣最主要是因為「奇蹟式地逃過一劫」的運氣。他似乎非常感謝這起背叛事件，這反而讓他的使命感變得更加強烈。當天下午，墨索里尼按原定的行程來到狼穴看他，他還將這種想法告訴對方。他們兩人一起去看一片狼籍的軍情室時，希特勒說：「當我現在再一次回想這一切時，我發現……我就是不會發生任何事，尤其這不是我第一次以奇蹟的方式逃過死亡……今天從死亡威脅中逃過一劫之後，我更加堅信，現在我注定要將我們共同的偉大事業帶向美好的結局！」墨索里尼顯然感到非常驚奇，他補充說：「這是天意！」[28]

但在下午時，長時間以來被馴服的神經卻激動地爆發了。下午五點左右，當希特勒與其訪客到達元首地堡時，在那裡遇到戈林、馮・里賓特洛甫、鄧尼茨、凱特爾和約德爾。談話的內容又重新集中在希特勒逃過一劫這件事上，但很快地就轉變成這些人越來越激烈的互相指責。鄧尼茨指控陸軍是叛徒，戈林附和他；可是鄧尼茨也攻擊空軍，說他們效率低落。接著戈林攻擊馮・里賓特洛甫失敗的外交政策並以元帥的指揮棒威脅他——如果所獲得的報導無誤的話。當戈林沒有用貴族頭銜來叫馮・里賓特洛甫的名字時，後者生氣地指出，他是外交部長，而且名字叫做馮・里賓特洛甫。有好長一段時間，希特勒遠遠坐在一邊，在沙發上陷入自己的沉思中，無視身邊的一切，眼睛直瞪著前方，口中含著莫瑞爾醫生開給他的藥丸。根據報導說，直到這些吵架的人提到羅姆事件時，他才跳起來，開始不受控制地大發脾氣。他說，他以前對這些背叛者所給予的懲罰絕對無法與現在他將要使出的報復手段相比；他將把這些有罪的人，連同他們的妻子和孩子一起根除，不放過任何一個阻擋天命的人。在他大吼大叫，一個人進行獨白，嚷著要報復、血債和根除密謀分子時，親衛隊的服務員在沙發之間穿梭，爲在坐的人奉上茶飲。

政變失敗

在柏林的情況進展也被許多人描述過，帶著各種高潮迭起、危機和腐敗。「女武神行動」（Operation Walküre）因不知名的原因延後啓動，切斷元首總部的通訊沒有成功，雷莫（Otto Ernst Remer）與希特勒通電話，希特勒問：「雷莫少校，您能聽到我的聲音嗎？」（譯註：雷莫原本奉命前往逮捕戈培爾，卻被戈培爾說服並告訴他希特勒沒死，雷莫要求證據，於是戈培爾打電話到元首總部讓雷莫直接和希特勒說話），以及弗洛姆被捕。與此同時，馮．史陶芬堡不斷催促這出乎意料緩慢的機制採取行動。接著馮．維茨萊本將軍盛怒地出現在本德勒大樓（譯註：Bendlerstraße，指位於柏林本德勒街的一棟大樓，陸軍總司令、海軍總司令和軍情局都在此處，也是反抗陣營的運作基地）批評他們的做法。晚上九點左右，廣播電臺宣布希特勒將於晚上向全國人民講話。這時，密謀者開始不知所措。接著柏林市的指揮官馮．哈澤（Paul v. Hase）被捕。馮．史陶芬堡仍然積極地推動事情進展，但他所說的話似乎是對著空氣裡說一樣，沒有任何反應；當他晚間再度出現在本德勒大樓時，眼罩已取下，垂頭喪氣地經過各個房間。這時弗洛姆戲劇性地又回到現場，並使這個原本被寄予極大希望但形同癱瘓的機制突然又再度運作起來。最後有許多人被逮捕，貝克好幾次嘗試自殺都沒有成功。匆促安排的死刑在該棟建築物庭院裡的沙堆上，在幾輛開過來的車輛之大燈照射之下舉行。最後弗洛姆還大聲喊元首「萬歲！」半夜一點左右，希特勒的聲音出現在所有德國廣播電臺上：

「各位德國同胞們！我不知道到目前爲止有多少個刺殺行動針對我而計畫並執行。我今天之所以對你們說話，有兩個原因：第一，讓你們聽到我的聲音並知道我本人沒有受傷，一切安好。第二，讓你們進一步知道一起罪行，它正在德國歷史上尋找其同類。

有一小群野心勃勃、喪盡天良同時又不怕犯法的愚蠢軍官設計了一起陰謀，想消滅我並同時消滅我的參謀，也就是整個國防軍高層領導。馮·史陶芬堡上校所放置的炸彈，在離我右邊兩公尺的地方爆炸了。造成我多位忠實的同事嚴重受傷，其中一位已死亡。我本人完全沒有受傷，除了一些表皮擦傷、挫傷或燒傷之外。我把這當作是對我的天命的一種肯定，並繼續進行我的畢生志業，就如同我到目前爲止所做的一樣……。

這群篡權者相當小。它跟德國國防軍，尤其跟陸軍沒有關係……這一次我們將進行清算，就如同我們身爲民族社會主義黨人一向所習慣的那樣。」[29]

當天夜間又有一波更大的逮捕潮針對所有叛國者，無論他們是否跟這次失敗的政變有關。一個月之後，第二波逮捕潮（「雷陣雨行動」〔Gewitteraktion〕）再一次逮捕了幾千名疑似反納粹分子，大多是以前各個政黨的成員。[30]好幾個月之久，一直到納粹政權崩潰的那一天，一個專門成立的「七二〇特別委員會」——這裡面約有四百名公務員獲得升職——追蹤每一個線索，從一次又一次成功逮捕某人的新消息中，呈現出反抗運動的範圍之廣。使人崩潰的壓力、酷刑和恐嚇不久就帶出一個運作多年、基本只講理論卻沒有行動能力的反納粹運動的各種證據，各種信件和日記，其內容尤其一直帶著一種自言自語的特色。從馮・特雷斯寇的例子可以看出迫害者使用的手法。七月二十一日他就已經在前線舉槍自盡，同時國防軍還把他當作一位傑出的將領表揚他。可是，當他參與政變的消息被確認之後，他的屍體被牽連的家屬從家族墳墓中拉出來，送到柏林去，在審訊其他頑強否認參與政變的友人時當作恐嚇的手段。[31]

反應過度

與納粹政權一向不動感情、幾乎冷漠的行刑方式極爲不一樣的是，這次所展開的是引人矚目的殘酷手法，這是希特勒一再重複的關鍵字。即使在還能控制自己反應的那段時間內，對於每一次遇到被拒絕、每一個抵抗行動，他就一直證明自己有一種以過度的方式去報復的明顯欲望。比如，在波蘭執行的滅絕政策比較不是原本就預備好用來處理東邊民族的構想，而是對他們的一種即時報復，因爲他原本打算招攬他們當作實現他的生存空間這個構想的盟友，以發起對抗蘇聯的大起義行動，結果卻沒有成功。一九四一年開春，當南斯拉夫透過一次軍官政變脫離被迫加入的三國盟約時，希特勒極爲憤怒，結果他命令對這個國家毫無防禦力的首都進行連續整整三天的低空轟炸，名爲「懲罰行動」。如今，在這次刺殺行動的幾天之後，在一次軍情討論會上，他說：「事情必須有個了結。這樣不行。必須將這群曾經在歷史中穿上戰袍裡最卑鄙的傢伙，這群逃過昔日命運的社會垃圾趕走，把他們驅除掉。」關於用符合司法的方式處理這次政變，他說：

「這次我要把審判程序縮短。這些犯罪分子不可以在戰爭法庭上受審，因爲他們的支持者坐在那裡面並拖延審判。他們要被逐出國防軍並送到人民法庭去。他們不應該得到一顆光榮的子彈，而是要像卑鄙的叛國者一樣被吊死！還要先有一個榮譽法庭把他們逐出國防軍，如此一來他們就要以平民的身分受審，而且不會玷汙國防軍的名聲。他們的審判必須閃電進行，絕對不可以讓他們有許多說話的機會。在宣布判決的兩小時之內就要執行死刑！他們必須馬上被吊死，絕不饒恕。最重要的是，不可給他們有很長的說話時間。但弗萊斯勒（譯註：Roland Freisler，納粹法官）一定會這麼做的。這是我們的維辛斯基（Wyshinski）。」[32]

於是事情就這樣進行了。一個「榮譽法庭」就這樣組成了，馮・倫德施泰特元帥爲主席，凱特爾元帥爲副主席，其他成員還包括古德里安、施羅特（Walter Schroth）、史別特（Karl-Wilhelm Specht）、克里貝爾（Karl Kriebel）、布格朵夫（Wilhelm Burgdorf）、邁澤（Ernst Maisel）等將軍，八月四日，在沒有對當事人進行聽證的情況之下就將二十二位軍官以恥辱之名逐出國防軍，其中有一位元帥和八位將軍。自從審訊開始以來，希特勒每天都收到所有結果的詳細報告，此外還有各種關於逮捕和行刑的報告，他都「貪婪地大口吞下」這些消息。他還在元首總部接見人民法庭的主席弗萊斯勒和負責行刑的劊子手，並堅持不可讓受審判者接受任何神職人員的安慰，不可給予他們任何形式的輕鬆。「我要他們被吊死，像被宰的牲畜一樣被吊起來」，他指示說。[33]

八月八日，在普勒岑湖監獄（Plötzensee），第一批八位密謀者被處死刑。他們穿著囚衣和木鞋，一個個進到陰暗死刑室，這裡只有兩個小窗戶可以讓些許光線透進來。他們經過絞刑臺，被帶到一排鐵勾前面，鐵勾從固定天花板的一根軌道垂掛下來。劊子手將他們的手銬取下，將繩套套到他們的脖子上，將他們的衣服脫到臀部。接著把他們吊起來，讓他們在繩套落下來，在他們逐漸窒息時，將他們的褲子脫下來。根據紀錄，一般的執刑時間持續二十秒，但一份命令卻要求延長他們的死亡時間。在每一次行刑之後，劊子手和他的助手都拿起放在死刑室桌上的烈酒來喝。這次的行刑過程有拍成影片，當天晚上，希特勒欣賞這些影片，直到受刑者最後一下抽動爲止。[34]

這種過度反應不僅呈現在迫害的強度上，也顯示在其寬度上。密謀者只要意識形態上有沾到邊，其家族就要遭到連株。在政變失敗兩星期後，一九四四年八月三日在波森對納粹地方黨部主任全國會議上說話時，希姆萊說：

「接著我們將引進一種絕對家族連株的做法。我們已經開始執行了而且……沒有人可以跑來對我們說：你們所做的事是布爾什維克主義的。不，請不要怪我，這一點都不是布爾什維克主義，而是非常古老的傳統，我們的祖先就已經使用過的。你只要去念一些日耳曼傳說就知道。當他們宣布一個家族被剝奪權利或這個家族裡有血仇時，那麼他們堅持的復仇是沒有尺度的。當一個家族被宣布剝奪權利並被驅逐時，他們就說：這個男人背叛了我們，他的血是不好的，裡面含有叛徒的血，必須被根除。如果是兩個家族之間有血仇，那麼整個家族會被消滅。史陶芬堡伯爵的家族將會被滅絕，一個都不會剩。」[35]

根據這個原則，史陶芬堡的兄弟所有能找得到的家庭成員，直到一個三歲大的小孩，還有其一位遠親的五十八歲父親都被逮捕。格德勒、馮·特雷斯寇、馮·賽得立茲（v. Seydlitz）、馮·倫朵夫（Heinrich v. Lehndorff）、馮·史萬能菲爾德（Schwerin v. Schwanenfeld）、馮·瓦籐堡（Yorck v. Wartenburg）、馮·毛奇、歐斯特、雷貝爾、馮·克萊斯特、馮·哈夫頓（Werner v. Haeften）以及許多人的家人都落入同樣的命運。隆美爾元帥則遭到威脅，如果他自己不自殺，家族也會遭到連株。當布格多夫將軍和邁澤將希特勒的這項要求轉達給他時，還帶給他一小瓶毒藥。半小時後，他們將他的屍體送到烏爾姆（Ulm）的醫院並禁止進行任何驗屍。布格多夫對主治醫生說：「不要碰屍體。這一切都是柏林那邊已經規定的。」死刑一直持續到一九四五年四月爲止。

密謀分子的道德意識與弱點

於是，七月二十日政變行動的痕跡就這樣消失在刑房和停屍間裡。導致它失敗的衆多原因裡，首先一再被舉出的是參與這個行動的成員的內心障礙，太多的思考習慣和太深的省思傳統。作爲軍官去密謀叛變，而且跟他們合作的老古董是來自一個最受出身和行爲規範這類意識形態限制的社會階層。密謀者的中堅分子絕望地認識到這個問題，因此，「女武神行動」所採用的是一種虛構的「合法政變」，以掩飾軍官集團以發誓來制約成員和他們心中的兵變情結。其中一位主要人物霍普納將軍，在七月二十日當天才接過後備部隊的司令一職，收到一張他所請求的書面命令，明確肯定他接管指揮權的合法性。[36]這類笨拙的做法使這場政變帶上特別不靈活、道德上極爲嚴肅、且嚴肅到幾乎滑稽的特色。在回顧事件經過時，許多事件和細節都含有馮·弗里奇上將那令人難忘的唐吉訶德式做法。自從他在一九三八年因希姆萊參與的陰謀被撤職之後，就一直想要求和這位親衛隊全國領導進行決鬥。這是舊世界的老古董遇上一群沒有成見的革命家，且他們的代表人物是一群不讓自己被腐化，而幾乎只做出既遲鈍和古怪執拗反應的人。比如，格德勒就絕對反對刺殺的構想，並認爲他能夠透過談話使希特勒頓悟和回頭；而史陶芬堡和其他密謀者則打算在國家重建法治狀態之後自願接受法庭審判。[37]

在政變失敗後，大多數人也呈現出拖拖拉拉的遲鈍行爲。他們完全沒有行動，就在那裡等著被追捕，沒有能力逃跑和躲起來。本德勒大樓的其中一位主導人物克勞辛上尉（Friedrich Karl Klausing）打算自首，他所給出的理由是：「不逃跑——堅持住。」史雕策（譯註：Theodor Stelzer，政治人物，克萊稍團體成員之一）甚至還從挪威回來。在被捕之前，費爾基伯將軍（Fritz Erich Fellgiebel）還拒絕別人遞給他的一支手槍，說，不應該這麼做。[38]所有這些行爲方式，最具有代表性的舊式行爲特色顯示在格德勒這種下定決心的做法上：他背起背包，拿起健行用的枴杖去逃命。在審訊中，一些參與政變者首先做證的是反抗運動的嚴肅性和決心，而不是爲自己辯駁；另一些人則因爲道德的緣故而無法撒謊，卻無視他們驕傲的證詞可能會被調查官員利用而造成別人陷入危險。因此，「七二〇特別委員會」的一位主任宣布：「這些理想主義者的大丈夫立場馬上讓我們對情況獲得一些了解。」[39]

這次政變的整個過程中沒有動用武力，連一槍都沒有開，因而必然錯失一些成功的機會，也與密謀者的基本道德意識有關。考慮利用軍隊命令這個途徑的理由是：軍方應該被命令，而不是被射殺。其中一位共謀者吉瑟維奧斯（Hans Bern Gisevius）提出的這個問題是很合理的，那些親衛隊領袖和忠於希特勒的指揮官們在一開始就在本德勒大樓裡攔下政變分子時，爲什麼只把他們逮捕收監，而不是「當場就地槍決」，好讓人們相信這是一場爆炸性的政變並賦予它一種極具挑戰性的特色。[40]這顯示，七二〇政變只是一場軍官政變，因爲他們缺乏執行開槍、逮捕和占領的成員。在那段日子的各種報告中，一再看到一小群隨時為特別行動待命的司令官。甚至本德勒大樓在當天晚上連一群守衛都沒有，連葉格爾上校（Friedrich Gustav Jäger）向馮．哈澤將軍要一個突擊隊來逮捕戈培爾都要不到。這整個行動本身基本上就沒有任何戰鬥力，即使是最高層的軍官大多都是參謀這類知識分子，而不是雷莫這樣的騎兵。貝克嘗試自殺兩次都沒有成功就是一個象徵，最後一次顯示密謀者沒有行動力這個不幸的弱點。

最後，這次政變行動沒有得到民眾的支持。七月二十日當晚，希特勒在送墨索里尼走到元首總部的火車站時，他在一群建築工人身邊停下來說：「從一開始我就知道不是你們。我一直深信，我的敵人是名字前面有『馮』、自稱為貴族的那群人。」[41]他一直以挑戰的方式去相信這群簡單的人是安全的，彷彿他現在還知道他們的願望、行為方式和限度似的。事實上，剛開始時，民眾以一種幾乎機械式的反應將這場政變視為一種政治犯罪，並以一種無所謂和防衛的心理去面對它。之所以有這種反應是因為整個國家目前還沒出現明顯的內鬨，而希特勒的聲望仍高居不下；他仍然擁有影響人心的力量，即使現在的動機已經不太一樣了。民眾對他的心理已不再是昔日的敬佩，而是一種遲鈍、彼此牽連的宿命論感。他們之所以有這種感覺，一方面是因為盟軍的宣傳，另一方面則是因為紅軍的逼近以及蓋世太保、各種密探和親衛隊的恐嚇所造成的壓力。在這一切感覺之上則是一股模模糊糊的希望，希望這個男人應該有辦法面對這些不幸事件，就像以往經常發生的那樣。刺殺行動失敗以及政變行動結束得太快，使民眾不必面對密謀者想讓他們直面的關鍵問題，因為這個問題將向他們揭露納粹當局的道德是應受譴責的，在集中營裡所發生的一切，希特勒的窮兵黷武和滅絕種族的做法。格德勒深信，若民眾知道這些事，將引起公憤和人民起義。[42]但這個問題卻沒有被提出。

消失無蹤的反抗運動

於是，七二〇政變事實上只是少數幾個人的決定和行爲。然而，密謀者的社會組成特色使得它不只是一場政變的結束；那是一個有豐富傳統的階層之結束，因爲組織反抗陣營的核心分子正是普魯士的貴族階層，他們「也許是德國在新時代所孕育出來唯一有統治能力和組成國家的最強一股力量」，而且只有他們擁有「一個統治階級所需要的，這是德國上層貴族或中產階級，甚至德國工人階級以前和現在都沒有的：團結、風骨、統治的意志、行動力、自信、自律、道德。」[43]希特勒無疑使他們腐化了，剝奪了他們的權力，並揭露出他們許多寄生蟲的特性。但他現在才消滅掉他們。隨著這些掛著許多有名望家族頭銜的人消失，舊德國也跟著退場。雖然他們的名望早就衰落，但在他們抱著機會主義和短視的做法與希特勒合作時，這份名望也被賭輸了，而且我們還必須承認一件事——決定結束昔日結盟的也是他們。希特勒毫無節制的復仇反應又顯示，他從來沒有放下對舊世界的仇恨情緒，這股仇恨情緒一直影響著他與中產階級之間含糊不清的關係。他說：「我一直很後悔沒有把我的軍官集團清洗乾淨，就像史達林所做的一樣。」[44]就這層意義看來，七二〇政變以及接著它之後發生的事，爲民族社會主義革命劃下了句點。

很少有一個社會階層像它一樣，以這麼令人印象深刻和勝利的方式成功「走出歷史」；[45]就整體來看，他們只爲了自己的緣故而做出犧牲。雖然驅使他們的是「神聖德國」這種想法，即史陶芬堡在行刑指揮官面前再次充滿激情所高喊的，但在那背後一向是這種信念：作爲一個階級去行動，作爲一個階級受到一種特別的道德要求之約束；這賦予他們反抗的權利並使謀殺暴君成爲他們的義務。當被問到，爲一個成功機率如此渺茫的行動，他的動力從哪裡來時，史迪夫將軍這麼說：「我們在淨化自己。」[46]

他們所有的動機都出於這種意識。爲了它的緣故，所有的指責——叛國、違背誓言或背後捅一刀——都不重要。在死之前，馮．特雷斯寇對他的朋友說：「現在全世界必定會攻擊我們、辱罵我們，但我依然堅定地深信，我們做得對。」[47]事實上，在這個戰爭階段裡，納粹和盟軍宣傳都一致地更常懷疑並批評這些密謀者，雙方都一致認同納粹政權是整體不可分割的理論，元首與人民的身分認同——甚至在戰爭結束之後，透過占領軍的行政機構禁止發行關於德國抵抗運動的出版品。各方對密謀者所表示的不情願尊敬仍然保留了當時這種不愉快的情況，而且他們的理念和價值觀都沒有進到現代裡面。他們幾乎沒有留下任何痕跡，歷史的偶發事件以奇怪的方式突顯了他們的退場，受刑者的屍體被交給柏林大學的解剖學院，但由於解剖學院的院長的好友是密謀者的一員，所以他沒有碰這些屍體，反而將他們焚化，埋到附近一個小村的墳場裡。可是一次盟軍轟炸炸毀了大部分的骨灰罈。[48]

全體總動員

七二〇事件再次給予納粹政權一股更爲激化的動力，如果它曾經接近極權統治這個概念的話，那就是在最後這幾個月裡，它所造成的受害者和毀壞程度比之前發生的戰爭之總合還大。在刺殺行動當日，希特勒就將親衛隊的全國領袖希姆萊任命爲後備部隊的司令官並因此賦予他國防軍其中一個關鍵地位，當作刻意羞辱軍官集團的舉動。五天後，在他不斷請求下，戈培爾也被任命爲「總體戰任務帝國全權代表」（Reichsbevollmächtige für den totalen Kriegseinsatz）。在「人民要它！」的口號之下，立刻發布所有的行動限制、封鎖和停止運作的命令。幾乎所有的劇院和綜合劇場都停止營業，所有學院、家政學校、商業學校都被關起來，所有的人都禁止去渡假，五十歲以下的婦女都有勞動義務，還有許多其他的政策。八月二十四日，他宣布全體總動員開始，所有十五至六十歲還能用的男性都被徵召組成「國民突擊隊」。戈培爾認爲：「希特勒需要在屁股有顆炸彈才能明白原因。」[49]

同時，武器產量達到前所未有的新高。雖然德軍撤退和盟軍不斷轟炸經常造成新的問題，但史佩爾還是一再靠著各種創意和精力充沛的即興想法解決問題。一九四三年的炮彈產量從兩萬七千顆提高至四萬顆；裝甲車的產量從兩萬輛增加到兩萬七千輛；飛機的產量從兩萬五千架增加至將近三萬八千架。但這只是一種以最極端、毫無顧忌的方式將所有儲備力量爲最後一戰所準備的增產，既無法長時間持續，亦無法保持平衡或甚至重複。因此，這反而只會加速德軍的崩潰，尤其盟軍現在也開始有系統地對德國的煉油廠進行攻擊，這是他們之前曾經規劃但又放棄執行的計畫。結果，德國飛機用汽油在一九四四年五月的產量仍有十五萬六千噸，到六月立即降到五萬兩千噸，到九月時降到一萬噸，最後到一九四五年二月時只剩一千噸。[50]

於是，繼續作戰的能力開始進入一個死循環：德軍撤退和盟軍轟炸導致原料嚴重損失；這又導致武器產量降低，於是可投入戰事的武器量也跟著減少，使得德軍一再失去占領區，這又使得對手的空軍起飛基地節節逼近德國本土。從這時候開始，沒有任何一個作戰行動的決策能夠脫離武器技術的考量，每一次軍情討論都涉及原料儲量、運輸困難、物資不足等問題。從一九四四年秋天起，炸藥必須摻入百分之二十的鹽；機場上停著可以使用的戰鬥機，可是油箱是空的。同一時間，從一份備忘錄中，史佩爾得出這樣的結論：「就加工業的儲備量和加工時間看來……依靠鉻的各種生產，這意思是整個武器的生產，將於一九四六年一月一日用盡。」[51]

戰場又回到德國本土

與此同時，蘇聯軍隊穿過已被擊潰的中段前線，推進到維斯瓦河。由於希特勒的堅守策略，他們得以一再切斷德軍部隊，進行圍剿。在有些軍情討論會上，德國將領突然就失去了整個師隊，他們消失得完全無影無蹤，而且沒有再出現。七月底，自盟軍開始在西線戰事機動作戰以來，西邊的戰局也有類似的發展，接下來是一連串的突破戰役和包圍戰役。這是之前希特勒使用得很成功的作戰方式，但現在他越來越無法提出任何解決方法。新任命爲掛名的總參謀長古德里安，建議用機動防守的方式，希特勒不但拒絕他所有的提議，反而一再發展出新的進攻計畫，彷彿在壓力之下他就只執著於自己的進攻構想。而且這些計畫詳細到吩咐當地的指揮官該推進到哪些地點、村莊、橋梁、街道。[52]雖然德軍仍有超過九百萬名軍人，卻分布在半個地球上，從斯堪地那維亞半島到巴爾幹半島。希特勒的企圖是搶回失去的著名據點並保障日益漸減少的原料基地，然而這卻大大限制了德軍的作戰自由度。八月，羅馬尼亞及其油田都落到紅軍手裡，九月輪到保加利亞，同時德軍在巴爾幹半島上的陣地幾乎沒有抵抗就被攻破，接著被戰爭耗光精力的芬蘭也退出戰局。差不多同一時間，英軍登陸希臘並占領雅典。到八月底，盟軍也占領了法國北部，擄獲大量物資、武器以及一大堆俘虜。九月初，盟軍部隊抵達莫澤河（Mosel），一個星期後，即九月十一日，美國偵察隊首度跨過德國西部邊境。雖然之後蘇聯攻入東普魯士再次被擊退，但現在這是無庸置疑的事——戰事又回到德國本土。

儘管如此，希特勒還是沒有想到放棄，還以激烈的手法對付德軍內部首度出現瓦解的現象，比如，九月初時透過希姆萊威脅所有投敵者的家族。憑著七二〇事件再次受肯定的「使命」之力量，他賭盟軍會分裂、賭會出現一個意外的轉折。在元首總部裡的一次軍情討論會中，他說：

「他們正因爲腐敗而動搖。」在這次討論會中，他明確表達了他有堅定不移的決心，無論在任何情況下都要繼續打下去：

「我大可以說：就我們今年在東方所經歷過的危機而言，沒有人能想像有比這更大的危機了。當陸軍元帥莫德爾（Water Model）來的時候，中央集團軍實際上就只是一個洞而已。當時洞比戰線還多，接著終於戰線比洞還多……我們將繼續打下去，如果需要的話，甚至在萊茵河。這完全無所謂。無論在任何情況下，我們將繼續打這場仗，直到像腓特烈大帝所說的，其中一個該死的對手累到打不下去爲止，直到我們得到一份能確保德國接下來五十年或一百年生活的和平爲止。最主要的是，我們不可再一次讓我們的榮譽蒙羞，就像一九一八年所發生的一樣……如果我的生命（在七月二十日）就已經結束的話，對我個人而言——我可以說——只是擺脫了所有煩惱、失眠的夜晚和嚴重的精神負擔。那只是幾分之一秒的時間，人就解脫一切並得到安息和永遠的和平。可是我仍然活著，爲此我非常感謝天命。」【53】

健康急遽惡化

由於長期過度緊張，如今希特勒的身體似乎比之前以更激烈和更不耐煩的方式做出反應。在七月二十日之後，希特勒比以前更少離開地堡，由於害怕被感染和被刺殺，連呼吸新鮮空氣都避免。醫生們都敦促他離開空氣混濁和帶著使人沮喪氣氛的狹窄空間，他卻不聽從；反而一直帶著失望和苦悶的心情，把自己埋到更深的地堡世界裡。八月時，他開始抱怨頭一直痛個不停，九月得了黃疸，同時也被牙痛折磨。九月中，在更大盟軍部隊進到德國本土後，他因心臟病發作而病倒。根據得到的報導，他冷漠地躺在自己的行軍床上，聲音微微顫抖，有時候，似乎所有的求生意志都離開了他。暈眩、盜汗和胃痛輪流發作，這一切與一起嚴重感染有關，而且必須對聲帶動手術，就像一九三五年秋天時已經發生的那樣，因而使人更加懷疑這些疾病都是歇斯底里造成的。十月一日，在醫生對他動手術時，他短暫失去意識。[54]在這之後，各種病症開始逐漸減弱，只是四肢顫抖的現象比之前更嚴重；他也經常覺得身體失去平衡。有一次，他終於在被說服之下出去散步——而這是很少有的——他突然身體倒向一邊，好像有一隻怪手扯著他一樣。可以想像的是，身體意外好轉反而迫使他要做一些重要的決定，在戰爭接近尾聲階段中，這是他現在必須面臨的決定。

最後的抉擇

就戰略而言，現在他只剩一個選擇：他可以重拾以前作爲對抗共產黨的堡壘這種意識形態，將所有剩餘的兵力集中到東邊以加強被拉得很長的防禦線，或者再一次邁開大步去打西邊。這是自一九四三年以來就一再出現的軍事問題：在東邊或西邊會比較有機會——無論其理由是多麼薄弱和沒有根據。一九四四年初，在一次電臺廣播說話中，希特勒再次嘗試提出德國是拯救歐洲免於「布爾什維克主義混亂」的救星這個主張，他的使命與希臘和羅馬的使命可以相比，並指出只有德國和蘇聯之間的生死決戰時，這場戰爭才獲得更高的意義；這場戰爭是在抵抗威脅著整個西歐和美洲的新一波匈奴入侵。如果蘇聯贏的話，「十年之後這最古老的文化大陸將失去其生命的本質特色，對我們而言已變得如此珍貴的畫面，這是一個超過兩千年的靈感和物質發展出來的畫面，將消失無蹤……這個文化承載著的民族、它的代表……如果沒有被一槍解決，將躺在西伯利亞的某個森林或沼澤裡腐爛」。[55]而現在，才幾個月之後，他就決定要進攻西邊，即使知道這將使已經面對沉重壓力的東邊戰線之兵力大大減弱。

這個決定經常被視為最後一次地揭開眞相大動作——一位沒有節操又憤世嫉俗的人揭露出自己的眞面目。的確，他以一個虛無主義革命分子所披著的幾乎所有面紗都被撕破了，並顯露出勞施寧看到他的樣子：一個不知有任何理念、任何原則、任何目標的男人，而只利用各種理念、原則和目標作為集中權力和激發行動的手段。毫無疑問，現在他所面臨的困境將他本質裡的一些成分顯露出來，他背叛自己的理念和信念並鄙視原則。因此，進攻西邊這項決定使得原本就已經變得甚為薄弱的「對抗布爾什維克主義之戰」口號更蒙上一層陰影。嚴格而言，這個決定比《莫斯科條約》的妥協性更高，當時希特勒還可以用迂迴和策略操作等理由為這個條約辯駁；現在不再有任何迂迴了。

同時，進攻西邊這個決定卻沒有消除掉希特勒一輩子的執念，且無數的證據都證明這種執念帶著一些偏執和妄想的性質。仔細一點觀察亦能清楚發現他這個決定所帶來的後果。除了執拗和絕望的成分之外，當然是他對西方國家無法消除的仇恨，因為他們粉碎了他偉大的計畫，此外，在尾聲階段的激進氣氛中，他很可能覺得自己與史達林，那個「天才的傢伙」——就像他經常所說的——更為親近，他必須對這個男人「絕對尊敬」。[56]但整體而言，一般人認為在他即將滅亡、在其權力和生命即將結束時，希特勒已不會精打細算；但其實這個決定裡所含有的精打細算考量成分，卻比一般人認為的還大。

首先希特勒認為，自己可以從對史達林的讚賞中反推出他的行為。據他所知，偉大的人都具有不屈不撓的個性，他們既不會動搖也不會讓步，那是中產階級政治家才會做的事。所以，重新對東邊發起一波進攻很有可能會延後戰爭的結束，但肯定對結束戰爭幫助不大。相反地，進攻西邊看起來反而是合適的做法，因爲他相信，這可以給脆弱的美國人和英國人意外的一擊，如此一來，他就可以奪回主動權並贏得一點時間，也許這還可以達到原本所希望的——分裂英美聯盟的效果。就這樣看來，這次進攻是孤注一擲給予西方盟軍最後一次聯手的機會。最主要的是，只有在西邊才有可能進攻。這個考量已經決定了幾乎所有的事，在西邊他可以再次推進，再次在進攻中發揮他屢試不爽的元帥天分。而東邊無限延伸的戰線以及其空間廣袤的大後方，在他還有全副精力的時候都還迷路了，現在更沒有多少可以操作軍事行動的出發據點或目標。相反地，西邊的進攻可以由齊格菲防線的各個要塞系統出發，距離較短，燃料消耗也較少。此外，希特勒也認爲，部署在東邊的部隊無論如何都會做出強烈的抵抗；在東邊，他害怕面對盟友，而在西邊，他預料對手會越來越悲觀。這時，宣傳專家利用美國財政部長小摩根索（Henry Morgenthau Jr.）提出分割德國的計畫（譯註：指的是「摩根索計畫」，Morgenthau Plan，即將德國分爲南、北德，德國主要重工業區由盟軍占領或割讓給鄰國）作爲宣傳，以引起德軍的恐懼。這些宣傳雖然有一些效果，卻沒有達到預期的驚嚇程度。所以，這場進攻要賦予西邊戰事堅決和不可和解的特質，就像東邊的戰事已經擁有的特質一樣。

在進攻開始前幾天，即十二月十一和十二日，希特勒讓西邊前線的軍隊指揮官分爲兩批召到馮．倫德施泰特元帥的總部。在他們的武器和公事包都被拿走之後，他們被載著走了半個小時彎彎曲曲的路，直到車隊停在一長排掩體設施的入口前停下，這就是被稱爲「鷹巢」（Adlerhorst）的元首總部，離巴特瑙海姆（Bad Nauheim）不遠。他們被帶著經過一群由親衛隊員組成的人牆，到希特勒面前。其中一位在場者貼切地描述：「一個彎腰駝背的人，臉色蒼白，臉部腫脹，窩在椅子上，雙手顫抖，並想辦法隱藏抖得相當劇烈的左臂。」在椅子後面站著兩名荷槍實彈的貼身保鏢，另一位在場者事後說：「我們所有人連拿手帕的動作都不敢做。」[57]在兩小時的談話裡，希特勒一邊爲自己的決定辯解一邊激勵他們，並告知他們「秋霧行動」（Operation Herbstnebel）計畫。進攻計畫穿過亞爾丁山區（Ardennen）往盟軍最重要的補給港安特衛普（Antwerpen）推進，接著殲滅此地以北的所有敵軍。希特勒承認，這個計畫是一場「冒險」，而且看起來「兵力與其狀況在某個程度上不相稱」，但如今這個風險對他發出挑戰，他最後一次讓自己被孤注一擲這種想法誘惑。他讚揚進攻策略的好處，尤其是目前整個戰局都處於守勢的狀態之下。他吩咐軍官們，要「讓敵人清楚知道，無論他做什麼，都不會打算投降，絕不，絕不」，接著又重新提到他越來越強的希望：

> 「在世界史上，從來沒有任何聯盟像我們的對手一樣，是由帶著如此異質元素，追求著如此完全不同目標的成員組成……這些國家的目標現在已經日復一日離彼此越來越遠。我想說的是，那像隻蜘蛛一樣坐在網裡追蹤這種情勢發展的人，就會看到他們之間的對立一小時比一小時強。如果這時候再加上一記非常沉重的打擊，這以人爲因素去維持的共同前線在一記重大的雷擊之下必定突然崩潰，這是每一刻都可能發生的……但其先決條件總是，無論在任何情況下，這場戰役都不可以導致德國衰弱……。
>
> 各位，如今我已決定犧牲另一邊前線——而這原本是不必要的——來爲這邊創造再度進攻的先決條件。」[58]

六天之後，十二月十六日，這是一個雲層很低的日子，所以盟軍空軍受到限制，這場寬達一百二十公里的進攻戰役開始了（譯註：Ardennenoffensive，史稱「第二次亞爾丁戰役」或「突出部之役」）。希特勒將幾個戰鬥力強的師隊從東邊戰線抽調過來，並透過無線電通訊誤導敵軍。為了避免引人注意，還用馬隻來拉一些沉重的設備。低空飛行的戰鬥機的噪音必定蓋過了預備作戰區域發出的響聲，使德軍的攻擊確實達到出其不意的效果並取得許多突破。但才幾天之後情況就明朗顯示，不必美國頑強的抵抗，光是德方耗光補給就已經判了這場戰役必敗的命運。一群裝甲部隊在一個美軍補給站之前兩公里就停了下來，而那個補給站裡有將近一千五百萬公升的汽油；同時另一個部隊在迪南（Dinant）附近的山脊上等著燃料和援軍，以便能下山推進到幾公里外的默茲河（Maas），可是燃料和援軍都沒有出現。聖誕節之前，天氣突然好轉，深藍色的天空上再度出現成群的盟軍飛機，在幾天之內，一萬五千次的飛行任務中摧毀了德軍的補給線。十二月二十八日，希特勒再次召集各個師隊的指揮官到他的總部進行祕密集會：

「我一輩子從來都不認識投降這個字，而且我是從一無所有努力往上打拼的男人之一。所以，對我而言，我們目前所處的情況並不是什麼新鮮事。我以前遇過的是另一種情況，但比這還糟糕很多。我只說這件事，好讓你們知道，為什麼我能抱持著這種狂熱的態度去追求自己的目標，為什麼沒有事情可以讓我變得軟弱。我可以被各種擔心煩惱折磨，也可以因為擔心這些煩惱而身體健康變差：但這一切一點都不會改變我要繼續戰鬥的決心……。」[59]

與此同時，在東邊的紅軍正準備在更寬的前線大舉進攻。一月九日，古德里安再次晉見希特勒，以說服他相信東邊戰線正面臨危險。但希特勒卻不耐煩地反駁古德里安，且只想如何規劃和操作自己的進攻，他還生氣地爲這終於又贏回來的機會辯解，所有反對此事的警告都被他斥責爲「完全白痴」，並要求根據古德里安的訊息把陸軍總司令部裡負責東邊戰線的軍情室主任「馬上送到瘋人院」去。希特勒指出，東邊從來沒有像目前一樣享有這麼多補給過，對這句話，古德里安回答他：「東邊戰線是一個紙牌屋。只要有一處被突破，就會整個坍塌。」【60】

在德軍於第二次亞爾丁戰役中兩次嘗試向南推進，卻都損失慘重並被逼回出發據點。一月十二日，蘇聯軍隊在科涅夫元帥（Iwan Stepanowitsch Konjew）的帶領下從巴拉諾夫（Baranow）橋頭堡出發，第一波進攻就已輕鬆突破德軍防線。一天後，朱可夫元帥（Georgi Konstantinowitsch Schukows）已在波蘭首都跨過維斯瓦河兩岸。同時在更北之處，兩個部隊分別突進到東普魯士和但澤灣。於是，在波羅的海和喀爾巴阡山脈的整個前線開始動起來了，這是一部巨大的戰爭機器，蘇德軍力比例懸殊，步兵爲十一比一，裝甲車爲七比一，大炮爲二十比一。這部巨大的機器像雪崩一樣滾過已被輾碎的抵抗的德軍。才一月底，德軍就丟了西利西亞，紅軍已抵達奧得河（Oder），離柏林只有一百五十公里。有些夜晚，柏林城內的居民已經可以聽到重炮轟擊的隆隆聲。

一九四五年一月三十日，在被任命爲德國總理的十二年後，希特勒在廣播電臺發表最後一次說話。他再次舉出「來自亞洲內陸的海嘯」並以奇怪的疲憊且缺乏說服力的話語呼籲每一個人要有抵抗的精神。他最後說：「無論目前的危機有多麼嚴重，透過我們不屈不撓的意志、我們的犧牲意願和我們的能力，最後必定能夠克服。我們也必定能撐過這次困難。」【61】

同一天，史佩爾將一分備忘錄交給希特勒，讓他知道，這場戰爭已無可挽回的輸了。

注釋

【1】希姆萊引用希特勒的話這麼說：在一九四三年九月七日給較高階親衛隊暨警察領袖 Prützmann 的一封信裡說，必須做到「不留下任何一個人、一隻牲畜、一公擔穀物、一條鐵軌；沒有任何屋子還完整、沒有任何礦場不是破壞到需要很多年才能修復的狀態，沒有任何一口井沒被下毒。敵人只能眞正面對一個完全燒焦和毀掉的國家……你要盡你可盡的一切人事」。引述根據 H. Heiber, »Reichführer!...«, S. 233。

【2】比較 Reinhard Henkys, »Die nationalsozialistischen Gewaltverbrechen«, S. 124。

【3】M. Domarus, aaO., s. 2038.

【4】馮・毛奇以及他的克萊稍團體裡大多數的友人都是如此。比如 Goerge F. Kennan 就對馮・毛奇有這樣的判斷：「一個偉大的、道德的人物，同時也是一個有廣泛啓發性想法的人，在二戰的敵對兩方中沒有其他人像他一樣。」比較 G. F. Kennan, aaO., S. 121。

【5】比較 D. Ehlers, aaO., S. 92。

【6】關於一九四三至一九四四年間各種刺殺希特勒的嘗試，比較 P. Hoffmann, aaO., S. 309 ff. 詳細的研究；此外 D. Ehlers, aaO., S. 126 ff.; Eberhard Zeller, »Geist der Freiheit«, S. 221 ff.; F. v. Schlabrendorff, aaO., S. 88 ff.。沒有完全釐清的是史迪夫願意親自執行刺殺行動的原因，比較 P. Hoffmann, aaO., S. 776 所列的線索。

【7】比較 W. Schellenberg, aaO., S. 279 ff.；關於希姆萊弄到的健康證明，比較 Felix Kersten, »Totenkopf und Treue«, S. 209 ff.。Kersten 認爲，根據這份顯然沒有做過眞正健康檢查就出具的健康報告內容，希特勒應該去精神療養院，而不是元首總部。關於親衛隊「反抗運動」的錯綜複雜整體情況、其動機

與採取的各種行動，比較 H. Höhne, aaO., S. 448ff.。

【8】F. v. Schlabrendorff, aaO., S. 91.

【9】引述於 D. Ehlers, aaO., S. 102：一般普遍的誤解認爲，克萊稍團體就只是思考，甚至對於自己不屑於行動感到驕傲，這是 A. Bullock, aaO., S. 739 第一次提出的看法。關於這一點，特別比較 Ger van Roon, »Neuordnung im Widerstand«，這份研究以豐富的證明資料有效反駁了上面的觀點。

【10】比較 D. Ehlers, aaO., S. 93；關於反對德意志民族密謀者的原則性理由，比較，例如 Hannah Arendt, »Eichmann in Jerusalem«, S. 134 f.。

【11】Gustav Dahrendorf 的一份報告這麼說，引述於 D. Ehlers, aaO., S. 93：Hermann Maaß 也供出，社會主義分子認爲他們與將軍們和保守派的合作只是暫時的；在政變成功之後他們便儘快將政權奪過來。

【12】克萊稍團體內的耶穌會神父 Alfred Delp 所發起一份對工人階級的問卷調查得到的結果並不理想，v. Trotts 也提到工人階級裡廣泛的消極態度；比較 Hans Mommsen, »Gesellschaftsbild und Verfassungspläne des deutschen Widerstands« in: Walter Schmitthenner/Hans Buchheim (Hrsg.), »Der deutsche Widerstand gegen Hitler«, S. 75。一九四二年一份社會民主黨的問卷調查得出這樣的結果：「我們將不帶群衆走上街頭」；比較 Emil Henk, »Die Tragödie des 20. Juli 1944«, Heidelberg 1946, S. 21 ff. 以及 Allen Welsh Dulles, »Verschwörung in Deutschland«, S. 138。關於左派反抗運動的整體情形，特別比較 Günther Weisenborn, »Der lautlose Aufstand«。此外，在德國開始進攻蘇聯之後，德國境內也有値得一提的極左派反抗運動。他們主要以 Harro Schulze-Boysen 中尉和高級行政專員 Arvid Harnach 爲主所組成的「紅色小樂隊」（Rote Kapelle），他們部分的工作是爲蘇聯提供情報。一九四二年八月，約有一百位與此行動相關的人被逮捕，其中大部分不久即被處死。另一個以葉夫寇

爲中心的團體則在一九四四年七月初被挖出，並在史陶芬堡決定加速行動時扮演一角，後文將有報導。

【13】A. W. Dulles, aaO., S. 171；此外，比較 George K. A. Bell, »Die Ökumene und die innerdeutsche Opposition«, in VJHfZ 1957/4, S. 374。

【14】D. Ehlers, aaO., S. 143。關於史陶芬堡的生平，比較 Christian Müller, »Oberst i. G. Stauffenberg«。此外，一九三三年十二月四日，當喬治在瑞士羅加諾附近的小鎮米努肖（Minusio）去世時，在他床前的是史陶芬堡和他的兩位弟兄以及喬治的其他朋友。

【15】F. v. Schlabrendorff, aaO., S. 138.

【16】比較 R.. Cartier, aaO., II, S. 753。

【17】比較 W. Warlimont, aaO., S. 452 f.。希特勒認爲軍情局所提供的準確日期是企圖誤導他的證據，比較 A. Speer, aaO., S. 364。

【18】比較 Albert Norman, »Die Invasion in der Normandie«, in: H. -A. Jacobsen/J. Rohwer, »Entscheidungsschlachten des Zweiten Weltkrieg«, S. 419 ff.。最主要是在於這個問題，比如隆美爾認爲，是否能夠儘快動用可動用的後備軍隊，在海岸附近將敵軍攔截下來並逼回海上，或應該給優先執行倫德施泰特的觀點，即運用集中準備的後備軍隊「從後手」摧毀橋頭堡；此外還有一些其他選擇方案。

【19】關於這一點，比較 W. Warlimont, aaO., S. 455，指出關於在西邊待命的四個後備師隊之職責有各種意見分歧。

【20】同上，S. 457。

【21】H. Speidel, aaO., S. 113 ff.。值得注意的是，在討論會的幾小時之前希特勒才向兩位元帥溝通這一點

以及該在什麼地方舉行。

【22】有人指出，希特勒之所以突然離開，是因爲在倫德施泰特與隆美爾離開後不久，一枚偏離目標的 V1 飛彈落到元首總部的區域內。事實上，這被視爲希特勒利用來逃避直面將軍們的藉口，否則一枚不小心落到馬爾吉瓦的火箭爲什麼會危及到遠在 Roche-Guyon 的會面，關於此事件的本身，比較 H. Speidel, aaO., S. 119。

【23】同上，S. 155 ff.。

【24】P. Hoffmann, aaO., S. 445.

【25】同上，S. 462 f.。

【26】v. Below 男爵夫人告訴本書作者。

【27】A. Zoller, aaO., S. 184。希特勒要求，將這些衣服「送到貝格霍夫給布朗小姐，並告訴她要細心保存」。

【28】P. Schmidt, aaO., S. 582.

【29】M. Domarus, aaO., S. 2127 f..

【30】「雷陣雨行動」於一九四四年八月二十二日「突如其來」開始並逮捕了昔日各政黨約五千名國會議員和幹部，其中包括，比如艾德諾（譯註：Konrad Ardenauer，天主教中央黨員，戰後於一九四九至一九六三年間任西德總理）和舒馬赫（譯註：Kurt Schumacher，戰後德國民主的創始人之一，一九四六至一九五二年間任社會民主黨主席）；比較，Walter Hammer, »Die Gewitteraktion vom 22. 8. 1944«, in: »Freiheit und Recht«, 1959/8-9, S. 15 ff.。

【31】比較 E. Zeller, aaO., S. 455；關於其他酷刑方法，比較 P. Hoffmann, aaO., S. 620 ff.。

【32】W. Scheidt, »Gespräche mit Hitler«, 引述根據 E. Zeller, aaO., S. 538；此外 »Lagebesprechungen«, S. 588。

【33】引述於 D. Ehlers,aaO., S. 113；此外 E. Zeller, aaO., S. 461。

【34】John W. Wheeler-Bennett 根據詢問目擊者這麼描述，比較 »Die Nemesis der Macht«, S. 705；此外 P. Hoffmann, aaO., S. 628 f.。此外還有，A. Speer, aaO., S. 404。這第一批的八位受害者是馮．維茨萊本元帥、霍普納將軍、馮．哈澤將軍、博納迪斯中校（Robert Bernardis）、克勞辛上尉、瓦籐堡中尉、哈根中尉。之後部分的行刑改成用斬首的方式。只有少數人根據軍事管制法被槍斃，其中一位是弗洛姆上將。

【35】這次講話刊印於 VJHfZ 1953/4, S. 357ff.，引文 S. 384 f.。

【36】比較一九四四年八月七日與八日，人民法庭審理過程之速記紀錄，刊印於 IMT XXXIII, S, 403 f. (3881-PS)。

【37】比較 D. Ehlers, aaO., S. 123；此外 P. Hoffmann, aaO., S. 437。關於馮．弗里奇要求決鬥一事，見 H. Foertsch, aaO., S. 134，引用馮．倫德施泰特的話，是他說服馮．弗里奇放棄這個打算。

【38】P. Hoffmann, aaO., S. 611, 438 f.；關於克勞辛中尉一事，比較 D. Ehlers, aaO., S. 31 f.。

【39】審訊評估單位主任 Dr. Georg Kiesel 這麼說，他還補充說：「他們雖想辦法掩護自己的同志，但對一位經驗豐富的刑警而言，這是小事一件，只是把積木一塊塊砌在一起而已。」引述於 P. Hoffmann, aaO., S. 607。所謂的 Kaltenbrunner-Bericht 也多多少少證明了同樣的事，這份報告以 »Spiegelbild einer Verschwörung« 的標題出版。根據格德勒的傳記作家 Gerhard Ritter 發現，他的供詞裡顯示他希能幫助讓眞相大白，因爲他答應了自己要讓希特勒了解反抗運動涉及範圍之廣和成員之多元，並藉此

使希特勒回頭：比較 G. Ritter, aaO., S. 442 ff.。

【40】所指的是親衛隊上級領袖 Humbert Pifrader 以及 v. Kortzfleisch 將軍，即柏林—布蘭登堡／第三軍區的司令官。弗洛姆上將也只是被捕，在他以榮譽保證之後被釋放回自己的官邸，他最後從官邸逃出，並有機會去逮捕密謀者。

【41】M. Domarus, aaO., S. 2127.

【42】關於這種複雜的情況，比較 D. Ehlers, aaO., S. 182，他以這個「假設語氣問題」中看出國家是根本的罪人。此外，不是所有的密謀者都認同格德勒的樂觀想法。例如：在與 Ernst Jünger 說話時，Caesar v. Hofacker 就說，希特勒必須「被炸死才對。只要我們不阻止這傢伙捉住麥克風，他五分鐘之內又使群衆神魂顚倒」。對於這番話，Jünger 的回答顯然顧慮到希特勒的煽動群衆力量已減少：「你還必須很會講話。如果你沒有這種能力，即使透過刺殺也不會讓你這種能力增加。」這些話指出，一般認爲密謀者是由道德推動以及他們不想在煽動人心方面和希特勒競爭，其實是判斷錯誤。比較 Ernst Jüger, »Werke« III (»Strahlungen«), Stuttgart 1962, S. 251。由於擔心希特勒的聲望仍非常有影響力，政變分子很久以來都一直計畫讓刺殺行動看起來像一場意外來掩飾它。

【43】S. Haffner 在探討 K. v. Hammerstein, »Spähtrupp« 這本書所說的話，in: Zeitschrift »Konkret«, 1964/2。

【44】Adolf Heusinger, »Befehl im Widerstreit«, S. 367.

【45】比較 Wolf Jobst Siedler, »Behauptungen«, S. 11。

【46】引述於 H. Rothfels, aaO., S. 79。

【47】F. v. Schlabrendorff, aaO., S. 154。關於下面提到之後占領行政機關禁止關於反抗運動的書籍一事，比較 Hans Rothfels, »Werden die Historiker dem 20. Juli gerechtet?«, in: ›Die Zeit‹ vom 18, Juli, 1966。

【48】E. Zeller, aaO., S. 539 是這麼報導的。解剖學院的主任是 Dr. H. Stieve，這條線索是根據他的供詞。但相反地，Walter Hammer 卻宣稱，在這些骨灰罈根據希特勒的指示交給了司法部長 Thierack，「讓他週末回到他的產業地 Kreis Teltow 時，以不引人注目的方式埋到某個森林空地並讓它們消失」（同上）。由於被處死刑的人數很大（將近兩百人），所以很有可能這兩種情況都有。此外，七月二十日被弗洛姆當場槍決的五位密謀者，即馮．史陶芬堡、馮．哈夫頓、奧爾布里希特、馮．昆海姆（Merz v. Quirnheim）和貝克，幾天後希姆萊將他們的屍體從墳墓挖出來，燒成灰；這些骨灰被扔掉。

【49】引述於 A. Bullock, aaO., S. 760。

【50】比較 H. -A. Jacobsen, »1939-1945«, S. 561 ff. 的物資統計。

【51】A. Speer, aaO., S. 414 f..

【52】比如，馮．克魯格的參謀，布魯門特里將軍（Günther Blumentritt）就報導了希特勒這類干涉作戰的做法，八月初，當美軍在阿夫朗什（Avranche）附近建立了一個「走廊」之後，希特勒命令德軍進行阻斷攻擊。「我們遵守這個詳細規劃的計畫。他決定我們該把哪個師隊該派遣到哪裡……攻擊該發生的路段都精準標示出來，甚至軍隊該前進到哪些街道和村莊。這整個計畫是在柏林利用各種地圖所擬定出來的。在法國的將軍們根本沒有被諮詢意見」。

【53】»Lagebesprechung«, S. .615, 620 (31. Aug. 1944)。

【54】關於細節和資料來源，W. Maser, »Hitler«, S. 344 ff.。

【55】一月三十日的電臺廣播談話，引述於 M. Domarus, aaO, S. 2083。

【56】»Tischgespräche«, S. 468；亦比較，同上，S. 376。

【57】拜爾萊恩將軍（Fritz Byerlein）這麼說，引述於 R. Cartier, aaO., S. 918。關於希特勒的描述出於曼托

非爾將軍（Hasso von Manteuffel），引述根據 W. L. Shirer, »Aufstieg und Fall«, S. 997。

【58】»Lagebesprechungen«, S. 721 ff.。關於亞爾丁戰役的歷史，亦比較這份研究 Hermann Jung, »Die Ardennenoffensive 1944/45. Ein Beispiel fur die Kriegführung Hitlers«, Göttingen-Zürich-Frankfurt/M. 1971；此外，還有出於一位重要參與者之觀點的這份報告：Hasso v. Manteuffel, »Die Schlacht in den Ardennen 1944-1945«, in H. -A. Jacobsen/J. Rohwer, aaO., S. 527 ff.。

【59】同上，S. 740。

【60】H. Guderian, aaO., S. 350 f.。關於希特勒命令要馬上送進瘋人院的將軍，指的是蓋倫將軍（Reinhard Gehlen）。

【61】M. Domarus, aaO., S. 2198.

第二章 諸神的黃昏

「簡單來說是這樣，對於那沒有人繼承他的屋子的人而言，最好的方式是將屋子和那裡面的一切燒毀——就像把它放在一堆很厲害的木柴上一樣。」

阿道夫·希特勒

在接到蘇聯開始大進攻的消息之後，希特勒於一月十六日回到總理府。這棟龐大的灰色建築物曾經被預選爲新首都一棟建築的基地，如今卻埋在瓦礫堆、炮彈坑和廢墟的中間。炸彈損毀了許多大樓的側翼，炸掉了斑岩和大理石，空洞的窗戶被用木板釘著。只有希特勒的住處和辦公室所在的那一部分完全沒有毀損，甚至這一側的所有窗戶幾乎全都處於完好的狀態。然而，不停不休的空襲不久就迫使希特勒必須經常躲到位於總理府院子底下八公尺深的地堡裡去。過一段時間之後，他決定完全搬到那裡面去住。退回洞穴裡反而符合他越來越強烈的本質：恐懼、不信任和拒絕面對現實。他在地面上的房間裡還吃過幾頓飯，但這裡的窗簾一直是拉上的。[1]外面的世界一片混亂，各個前線相繼崩潰，城市都到起火，無數的難民流離失所。

但在這一切事情當中，似乎有一股操縱的能量在運作，不只要這個帝國結束，還要它滅亡。沒在他的政治生涯開始時，希特勒就一再高舉他所偏愛的這種說法——不得到世界霸權就滅亡。沒有任何事情允許這種結局出現，他所指的滅亡不如他如今面對的情況這麼具體，即爭奪世界霸權的野心已告失敗。事實上，一種沒有戲劇化的平淡結局都可能否定掉他到目前為止生命中深深著迷的歌劇大效果。早在一九三〇年代初，他就已經在幻想即將開打的戰爭並說，如果我們沒打贏，「我們自己就該滅亡，而且還要拉著半個世界跟我們一起滅亡」。[2]

喚醒他打算製造災難的因素不僅是想要製造劇戲性的效果，也不只是他的執拗和絕望；更多的是希特勒認為在這當中有最極端的存活機會。對歷史的研究教導他，只有大規模滅亡才會釋放出製造神話的力量，可以名留青史。因此，他把剩餘的所有力量都放在設計自己滅亡的場景上。一月底時，這時已升到少將的雷莫問希特勒，為什麼他在承認戰爭即將失敗還要繼續打下去時，希特勒陰鬱地回答他說：「從完全失敗中會長出新事物的種子。」一星期後，他也對鮑曼講了類似的話：「絕望的戰爭將保有其永恆的價值，會被當作典範。人們會想起列奧尼達一世（Leonidas）和他那三百個斯巴達士兵。讓自己像羊兒一樣被宰殺不符合我們的風格。人們也許可以滅絕我們，但不能把我們牽到屠宰場。」[3]

壯觀滅亡的策略

在戰爭尾聲的整個階段裡，這個企圖賦予希特勒的行為一種怨憤的結果，壯觀滅亡的策略尤其成了他最後作戰構想的關鍵詞。早在一九四四年秋天，當盟軍突進到德國邊境時，希特勒就已經下令在德國境內也要實行「焦土」政策，要求軍隊只留給敵人一個文明荒漠。原本看起來只是一種軍事行動的考量，不久即發展成一種沒有任何目的、幾乎抽象的破壞狂熱。不僅工業和供應補給的工廠，而是維持生命的所有設置都要統統被摧毀，儲存食物的倉庫、排水系統、電力的中繼站、長距離電纜、傳輸電杆、通訊中心、電路圖、替換零件倉庫、所有戶籍登記機關的資料以及銀行帳戶資料。甚至還計畫摧毀沒有被盟軍炸毀的紀念碑和藝術品，也包括所有的歷史性建築物、城堡、教堂、劇院和歌劇院。希特勒的破壞狂本性，他的野蠻症候群，在薄薄一層的小市民文化底下一直活生生地存在，如今則完全顯露出來。戈培爾這時候又回到他開始時的激進態度，因此在這幾個星期內與希特勒比之前都更親近。在最後階段的軍情討論會上，有一次他們兩人一致認同地抱怨，可惜他們沒有發揮出經典風格的革命，無論在奪取政權或併吞奧地利時都缺少了反抗勢力，這是「美中不足」的地方。戈培爾激動地說，否則「（我們）早就毀壞一切」；而希特勒也對許多讓步感到遺憾：「事後我們才後悔，那時候我們怎麼這麼善良。」[4]

根據哈德爾的一份報告，早在大戰開始之初，他就已經按照這種思路完全不顧將軍們的反對，堅持要空襲和炮擊已準備好要投降的華沙，並對破壞造成的美感畫面非常興奮。像世界末日般陰暗的天空，一百萬噸炸彈，建築物的瓦礫到處亂飛，陷入恐慌的人們和整個城市滅亡。[5] 在蘇聯戰役的時候，他就非常急迫地期待莫斯科和列寧格勒的滅亡。同樣地，在一九四四年夏天，他也急迫地期待倫敦和巴黎的滅亡。之後，他又自得其樂地描繪，如果空襲曼哈頓像峽谷般的街道會造成什麼毀壞的效果，可是他卻沒有成功達成這些期望和願景。[6] 現在他終於可以再次跟著自己的原始破壞狂情緒走，而且是幾乎沒有任何限制的。這種情緒不僅毫不費勁地跟這項特別滅亡策略結合在一起，也跟對舊世界的革命仇恨結合在一起。這一切特別使得結束階段的各種口號帶著一種狂喜的語氣迎接滅亡的歡呼，這種歡呼與各種憤怒吼聲同時響起，就好像在用一種用極端的手法來揭露自己的眞面目一樣。「在我們被炸爛的那些城市裡，瓦礫堆下是十九世紀中產階級所謂的成就的最終埋身之處。」戈培爾以幾乎狂熱的語氣說：「與那些文化紀念碑一起倒塌的是阻礙我們實現革命使命的各種障礙。現在，由於一切都已埋在瓦礫堆裡，我們被迫要重建歐洲。在過去，私有財產制強迫我們中產階級要節制一點。現在，炸彈不但沒有殺死所有的歐洲人，反而磨亮了關著他們的監獄的圍牆……敵人企圖摧毀歐洲的未來，卻只成功毀掉它的過去，因此，所有古老和破舊的一切都已消失了。」[7]

希特勒的外表

希特勒所隱身的地堡一直延伸到總理府的花園底下，直到一個圓形水泥塔爲止，這同時也是緊急出口。上層有十二個房間，即所謂的「地堡前廳」（Vorbunker），容納一部分的工作人員、希特勒的素食廚房和一些雜務室。一個螺旋梯通往位於更深處的元首地堡，這裡共有二十個房間，中間有寬大的走廊。一道門通往右翼，會走到鮑曼、戈培爾、親衛隊隊醫史頓普費格醫生（Dr. Ludwig Stumpfeger）的房間以及一些辦公室。左翼是一排六個房間，是希特勒居住的地方。在走廊的盡頭之後的幾公尺是大會議室。白天的時候，希特勒大多待在自己的住處，裡面除了一幅腓特烈大帝的畫像，剩下的空間就只擺得下一張小書桌，一張狹窄的沙發，一張餐桌和三張單人沙發椅。[8]這個狹小的房間裡既沒有窗戶也沒有任何裝飾，瀰漫著一種壓抑的氣氛，許多訪客都抱怨這一點。然而，這個由水泥、寂靜和電燈所構成的最後容身處的確非常貼地表達出希特勒的一些固有本質，他的存在是孤立和人爲的成分。

在那幾個星期裡，所有證人對希特勒的描述都很一致，尤其是他佝僂的身體、臉色灰暗、說話的聲音越來越小。原本充滿煽動性的眼睛，如今只剩下衰竭和疲憊的眼神。他的外表越來越邋遢，彷彿這麼多年在意造型的壓力如今要付出其代價。他的外套常常被食物殘渣弄髒，下垂的老人嘴邊經常沾著蛋糕屑；在軍情討論會上，只要他用左手拿眼鏡，眼鏡就一直不斷撞到桌面，發出輕微的咯咯聲。有時候他就像被人當場捉到做壞事一樣，馬上把它放到一邊去。只有意志還一直使他繼續運作。特別讓他感到痛苦的是四肢的顫抖，因爲這違反了他認爲一個鐵的意志可以控制一切的看法。一位參謀官描寫了他的印象：

「他的身體是一幅可怕的畫面。他費勁又困難地將自己從住處拖到地堡的討論室裡，身體向前傾，腳在後面。他沒有平衡感。如果他在短途中（二十至三十公尺）被攔下來，就必須坐在牆邊爲此特地準備的長凳上或緊抓著一位講話的對象……他雙眼布滿血絲；即使所有要拿給他看的文件都要用特別的『元首打字機』以三倍大的字體打出來，他還是需要戴上眼鏡才能看得清楚。他的嘴角經常有口水滴出來……。」[9]

睡眠時間的延後使得他過著日夜顛倒的生活。最後的軍情討論大多到早上六點才結束。希特勒完全無力地躺在沙發上，等著女祕書們上班，以給她們接下來這一天的各種指示。她們一踏進房間裡，他就艱難地站起來，「雙腳哆嗦，雙手顫抖」，其中一位女祕書之後如此描述：「他站在我們面前一會兒，接著又無力躺回沙發上，他的男僕將他的雙腳抬到沙發上。他冷漠地躺在那裡，滿腦子就只想著……：巧克力和蛋糕。他對蛋糕的飢渴程度簡直是病態的。以前他最多只吃三塊蛋糕，但現在他要把盤子堆得高高的……他幾乎沒有說任何話。」[10]

情緒劇烈起伏

即使身體狀況急遽惡化，希特勒現在仍然不放手，緊抓著各種戰爭行動的領導權。一種由執拗、不信任、使命感和意志組成的激情一再驅使著他。一位自一九四四年十月初就沒有見過他的醫生在一九四五年二月中見到他時，對於希特勒的身體狀況感到震驚，尤其發現他的記憶嚴重衰退，精神無法集中，經常恍神。可以預見的是他的反應也越來越少。二月初，當古德里安違反希特勒的意思，提出在東邊建立一個防守陣地的計畫時，希特勒一言不發，只瞪著地圖看，接著他慢慢站起來，搖搖晃晃走了幾步之後，雙眼失神站定，最後才向與會者簡短地告別就離開了。沒有人能判斷這類的行爲有多少演戲的成分在裡面。幾天之後，當古德里安再次違反他的意思時，他卻脾氣大爆發：「我面前站著一個全身發抖的人，兩邊臉頰泛紅，高舉著拳頭，因爲生氣而失控，完全不知所措。在情緒爆發之後，希特勒在地毯邊緣走來走去，接著又緊緊貼著我面前站著，又開始對我發出下一輪指責。他大聲吼叫，雙眼突出，額頭的血管鼓起。」[11]

每個星期都發生這樣的情緒劇烈起伏現象。多年來跟他親近的人，他就這樣突然放掉，也突然拉一些其他人到身邊。當長年以來一直陪同在希特勒身邊的勃蘭特醫生和他的同事馮．哈塞巴赫醫生（v. Hasselbach）一起嘗試減少莫瑞爾對希特勒的影響並幫助希特勒戒掉毒癮時，希特勒立即將他撤職，不久後還判他死刑。古德里安、里賓特洛甫、戈林和許多其他人都同樣被粗暴地疏遠。他又回到悶聲坐在那裡沉思的狀態，這是年輕時經常做的事。他心不在焉地坐在沙發上，把他養的母狗小金毛所生下的最小一隻小狗放在大腿上，他把這隻小狗取名爲「狼」並親自照顧牠。只有在肯定自己沒有犯錯並指責別人不應該對他不忠時，他才回到現實。每一次戰事遇到阻礙，每一次的撤退，他都認爲是一種背叛行爲。他有時候抱怨說，人性太邪惡了，「實在不值得再活下去」。[12]

他之前就有用沒有品味的話去折磨身邊的人，以平衡自己的厭世感，而現在這種傾向再次更為明顯。例如，在女性的面前，他會說「口紅是用巴黎水溝裡的水做的」，或在吃飯時，對不是素食者的客人提到莫瑞爾給他抽血：「我會用我多餘的血讓人製成香腸給你們，作為加菜。為什麼不呢？你們不是很愛吃肉嗎？」他的一位女祕書說，有一天他像往常一樣，講了一大推遭到背叛的話之後，對自己死之後的情形感到很沮喪：「如果我有個三長兩短，德國就沒有元首了；因為我沒有任何繼承人。第一個瘋掉了（赫斯），第二個失去民心（戈林），而第三個被黨裡的人拒絕（希姆萊）……而且還是一個完全不懂藝術的人。」[13]

同時，希特勒也一再有能力讓自己擺脫憂鬱的情緒。他常常利用一些偶發事件、某位他重視的軍隊領導的名字或一些微不足道的小事來刺激自己。從最後那段時間的軍情討論紀錄可以看出，他怎麼抓著一個字或一條線索，扭曲它，吹噓它，最後從那上面燃起一股覺得自己必勝的興奮情緒。[14]有時他也事先組織自己的幻想。自一九四四年秋天以來，他就用有作戰經驗的戰場老兵組成許多所謂「國民擲彈兵」的師隊（Volksgrenadier-Disivion），但同時又命令不要解散傳統類型師隊打敗仗之後的殘軍，而是繼續運作並讓他們逐漸「流血致死」，因為他認為，打敗仗對士氣的打擊效果是無法克服的。[15]這個命令使得在兵員損失越多時，他卻同時幻想能夠大大增加軍隊的人數。於是，在地堡的不現實世界裡，處理所謂的「幽靈師隊」就成了常見的畫面，希特勒常用這些師隊去部署進攻行動、包圍行動，最後還用他們來部署決定性的戰鬥，但這些作戰行動從來都沒有發生過。

權威沒有受損

即使現在，他身邊的人仍然幾乎不違反他的意思，一直跟著他走進由自我欺騙、扭曲現實和瘋狂所編造得越發透明的精心謊言中。他佝僂著發抖的上身，坐在地圖桌前，用手草率地移過桌上的地圖。只要遠處有一枚炸彈落下，天花板的燈開始閃爍，他慌張不安地看著直挺挺站在他面前的軍官們一動都不動的表情，大叫說：「就在附近了！」[16]但即使他身體變得非常衰弱，衰弱到幾乎像隻幽靈一樣，他仍然保有一些煽動力。當然，最近他身邊的人開始有一些瓦解的現象，各種雜亂無章、不守紀律和違反規定的行爲，員工私下洩露訊息等等。當希特勒進到大會議室裡時，在場的人很少站起來，他們繼續聊天，很少有停下來的。但這些都是可以取消的疏忽行爲，消不掉的是他身邊彌漫著一股宮庭社會的不現實氛圍，如今在地下室遠離現實的環境裡，這股氛圍變得更爲強烈。其中一位參與軍情討論會的人描述：「由於奴性屈從、緊張、撒謊的影響之下，人們不僅心靈幾乎被壓垮，還感到身體上的不適。在那裡，除了恐懼之外，沒有任何事是眞的。」[17]儘管如此，希特勒仍然能夠將他的信心感染身邊的人並喚起人們荒謬的希望。儘管他有各種錯誤、謊言和謬論，一直到生命的最後一刻，直到他既沒有權力去褒貶任何人，他的意志無法再強迫任何人的那一刻爲止，他的權威依然完全不受任何爭議。有時候，他似乎能夠用難以想像的方式使所有來到他身邊的人失去現實感。三月中，納粹地方黨部主任弗斯特（Albert Forster）絕望地出現在地堡，一千一百輛俄國裝甲車來到但澤市外，而國防軍只有四輛老虎戰車（Tigerpanzer）。在前廳等著的時候，他表示，他已下定決心要完全坦白向希特勒呈現「極爲險惡的現實情況並逼他做出明確的決定」。可是在短短的談話之後，他出來時「完全變了一個人」。他說，元首答應給他「新的師隊」，他將拯救但澤，「沒有什麼好懷疑的」。[18]

這些事件也可以反推出，在希特勒周圍的忠實是多麼的人工而且必須一直靠他個人做出承諾來維持。這也指出爲什麼他的過度猜疑在後幾個月裡變得更加病態，而且以荒謬的方式表達。在突出部之役以前，他就已經以不尋常的措施加強原本就已經很嚴格的保密規定，在準備出擊階段還要求所有軍隊指揮官簽訂書面保密義務書。一九四五年一月一日，在集結最後補給之下出任務的空軍成爲這股不信任的犧牲品，大約由八百架戰鬥機組成的大進攻在這一天出其不意地以低空攻擊盟軍在法國北部、比利時和荷蘭的所有機場〔「地板行動」（Unternehmen Bodenplatz）〕，在短短幾小時內就使敵方幾乎上千架飛機失去戰鬥力，而德軍只損失了約一百架飛機。但在返回德國的時候，由於過度誇張的保密規定，超過兩百架飛機被己方的高射炮擊中。一月中失去華沙時，希特勒命令人舉著衝鋒槍逮捕負責的相關軍官，並使現任總參謀長接受卡爾滕布倫納（譯註：Ernst Kaltenbrunner，親衛隊上級集團領袖）和蓋世太保首領穆勒（Heinrich Müller）一個小時的審訊。[19]

在他不信任下屬的同時，他又經常去找昔日的老戰友，彷佛想再一次確認曾經的魯莽、激進和信任等經驗。將納粹各地黨部主任任命爲「帝國國防專員」（Reichsverteidigungskommissar）就是一種召喚老同志的舉動。現在他又想起已經退到幕後約十五年的艾瑟（譯註：Hermann Esser，納粹黨報《人民觀察家報》的編輯，希特勒早年的副手）。在二月二十四日，即宣告黨綱二十五週年紀念日上，希特勒讓他在慕尼黑宣讀一份公告，而希特勒本人則在柏林接見一個黨內高幹代表團。在致詞時，他嘗試呼籲在場者遵守日耳曼英雄戰到最後一人這個理念。他環顧在場的人說：「即使我的手顫抖，即使我的頭顫抖——我的心將永不顫抖。」[20]

戰事進到結束階段

兩天後，蘇聯軍隊進到波羅的海邊的後波美拉尼亞（Hinterpommer），發出即將占領德國的訊號。在西邊，盟軍在三月初從阿亨（Aachen）到法爾茨（Pfalz）輾過整條齊格菲防線，三月六日占領了科隆並在雷馬根（Remagen）的萊茵河右岸建立一個橋頭堡。接著蘇聯又對匈牙利展開大規模攻擊並將迪特里希的親衛隊精英部隊打得竄逃。幾乎同一時間，在南斯拉夫，狄托的游擊隊也開始反攻，而西線的盟軍也跨過萊茵河占領了多個據點，一直推進到德國內地；戰爭已進到結束的階段。

對於前線的崩潰，希特勒的反應是重新發出堅守到底的命令、大發雷霆和流動的臨時軍事法庭。他第三次將馮．倫德施泰特撤職，將迪特里希的部隊臂章和繡在上面的師隊名稱扯下，三月二十八日又將總參謀長古德里安撤職並命令他立刻去休假六個星期。根據保留下來的軍情紀錄顯示，他已經對全局失去概觀並將時間浪費在無用的爭執、譴責和回憶上。他不停緊張地干涉軍事行動，這反而使得情勢更爲惡化。例如，在三月底他命令將一個約有二十二輛驅逐戰車（Jagdpanzer）的後備部隊派遣往皮爾馬森斯（Pirmasens）附近；接著在收到莫澤河狀況危急的消息之後，他將這個部隊派往「特利爾附近」，然後又更改命令叫它前往「科布倫茲（Koblenz）的方向」。他一直根據不同的軍情消息更改命令，到最後沒有人知道這個裝甲部隊到哪裡去了。【21】

尼祿命令

現在，滅亡策略進到實行的階段。當然，這並不是一種冷靜計畫的自我毀滅系統，而是一種伴隨著缺乏考慮、勃然大怒和號啕大哭的連鎖反應；這顆心的確在顫抖。幾乎在每一刻的後面都可以感受到一種到處製造災難的想法。爲了營造一種絕不可和解的氣氛，在二月的時候希特勒就已經指示宣傳部，盡可能對同盟國的政治家進行抨擊和人身攻擊，「使得他們沒有任何機會向德意志民族提出任何提議」。[22]在這種背景之下，在橋都斷掉的時候，他現在面對戰鬥。三月十九日後他發布一系列的命令（「尼祿命令」（Nero-Befehl））：「摧毀……能讓敵人立即或在可見的將來能夠利用以繼續作戰的所有軍用交通、通訊、工業、補給設施以及德國境內的所有有價實物。」接著，在魯爾區開始準備破壞所有的礦井和採礦設施，將裝有水泥塊的船隻沉到河道使之無法使用，將人民疏散到德國內地，到圖林根和易北河中游一帶。而棄置的城市，則如同杜塞多夫（Düsseldorf）的納粹地方黨部主任所呼籲的，放一把火燒掉。另有一道所謂的「旗子命令」（Flaggenbefehl），命令將掛白旗屋子裡的所有男性就地槍決。三月底一道發給各個上級司令官的指示要求「對已開始移動的敵人……以最狂熱的方式展開戰鬥。目前無法對民眾有任何顧慮」。[23]與此形成奇怪對比的是，有好一段時間已經展開的努力搶救從歐洲各地所蒐集而來的藝術寶藏或希特勒重複製作的林茨市的模型，這是最後一次徒然召喚「美麗國家」這個已消逝的夢想。

隨著結局將近，神話化的傾向又開始出現。向各個方向占侵的德國被塑造成孤獨英雄的形象，再一次動員深深烙印在德國人意識中的傾向，把鄙視生命理想化、把戰場浪漫化、把慘死光榮化。希特勒在各地所建構並命令軍人極力維持的要塞和環形防禦陣，象徵著那些已失去的陣地，這些陣地整體而言又象徵著德國，這種想法從一開始就在希特勒和他那些法西斯跟隨者的悲觀世界有一股特別黑暗的吸引力。華格納式的主題，日耳曼式的虛無主義和一些滅亡的浪漫主義以華麗花哨和歌劇的方式融入其中：「我只要一件事：結束，結束！」一九四五年四月初，鮑曼從總理府發出的最後一封信讓他的妻子想到「艾策爾國王的大廳裡老尼布龍根人」的滅亡，這顯示這位勤奮的祕書也接收了其上司的想法。[24]對戈培爾而言，當烏茲堡、德勒斯登和波茨坦被夷為平地時，是這些黑暗災難裡的大日子，因為這種沒有意義的野蠻行為不僅證實了希特勒的預測——在這場戰爭裡民主黨人絕對不是輸家，因為他們必須背叛自己的原則——盟軍的空襲還與他們自己的毀滅企圖合作。在二月二十四日，希特勒甚至宣稱，他感到很遺憾，到目前為止在上薩爾斯堡的貝格霍夫行館一直都逃過炸彈的轟擊。不久之後，三百一十八架四引擎的蘭開斯特轟炸機就在這裡展開攻擊。根據一位目擊者的報導，在短短時間內，那裡就變成一片「月球表面」的景象。[25]

如果有人以為希特勒想逃過他自己如此極力推動的滅亡行動的話，這種想法就完全錯誤了。剛好相反，對他而言，在戰敗的最後這幾星期和幾天中，他反而有一種複雜的滿足感；絕望的自殺欲陪伴了他一輩子，讓他願意走向那些最大的風險，如今這股欲望終於達到其目標。他再一次背水一戰，可是現在所有的東西都已經輸光了，沒有東西可以再讓他把賭注加倍。在最後的這一刻，可能是一種手淫的興奮元素讓這個「大口吞噬蛋糕的人形廢墟」——一位地堡裡的工作人員這樣形容最後這幾個星期裡的希特勒——凝聚起極大的意志力。[26]

史佩爾的反抗行動

然而，滅亡決策在這一刻卻遇到出其不意的反抗。過去一直醉心於建築的史佩爾，一半是希特勒的友人又是親信的他，早就從一九四四年秋天開始引用他作為軍備部部長的權威，在占領國以及德國的邊境地區反抗希特勒所命令的破壞行動。雖然在這麼做時他並非沒有內疚，但最近與希特勒之間的疏遠無法淹沒他對希特勒的感激，給予他個人的賞識、慷慨地給予他發展藝術長才的機會、獲得影響力、名聲和權力。但接到破壞所有工業設施這份命令時，他那帶有務實和浪漫特色的責任感卻比個人忠誠感還強烈。他嘗試用許多份備忘錄去說服希特勒，在軍事方面，這場戰爭已經無望了，他還以實際的情況分析去揭露元首總部這個洞窟系統裡的假象，但這一切作為只不過讓情緒起伏的希特勒嫌棄他。二月的時候，在「絕望」中，他還草擬了一個計畫，打算將毒氣引進地堡的通風系統，殺死裡面所有的人。可是在最後一分鐘，因為要灌泥漿改建通風井而放棄執行這個計畫，因此也再次讓希特勒逃過一次刺殺行動。三月十六日，史佩爾再度呈上一份備忘錄，預言「德國經濟必然崩潰」已是即將發生的事並提醒領導的職責是「在戰敗時保護一個民族使之免於英雄式的滅亡」，於是兩人終於大吵起來。希特勒滿腦子都是陰暗的災難想法，向史佩爾提出自己的滅亡構想，這不僅是一種華麗的退場，而是自我毀滅式地屈服於自然法則的原始力量之下。史佩爾將這次對話的關鍵內容轉述於之後給希特勒的一封信裡：

「在那天晚上的闡述中……您讓我明白即將發生的事——如果我沒有誤解的話：如果這場仗輸了，整個民族也跟著輸了。這種命運是無法改變的。沒有必要去顧慮這個民族繼續以最原始的方式存活的基礎。相反地，自己毀滅一切是更好的做法。因為這個民族已證明自己是比較軟弱的，於是未來便只屬於更強大的東邊民族。反正這場仗結束後剩下來的就只有劣等的人；優秀的都陣亡了。

聽到這些話之後我深感震撼。當我一天後接到毀滅一切的命令，不久後立後又讀到嚴格的清除命令時，我才看到執行此意圖的第一步。」[27]

雖然毀滅各種設施的命令同時也剝奪了史佩爾的權力並使他所有的命令都失效，他還是去到靠近前線的地區，說服當地的官員這些命令是毫無意義的，讓他們把炸藥沉到水裡，爲重要民生物資工廠的負責人弄到一些衝鋒槍，以抵抗被派遣來的爆破特遣隊。在直面希特勒時，他堅持這場仗已經打輸了，希特勒要求他去渡假時，他拒絕了。接著在戲劇化的一幕裡，希特勒要求史佩爾保證這場仗沒有打輸，當史佩爾依然不讓步時，希特勒要求他對勝利有信心，最後還幾乎以懇求的語氣將要求減少到要史佩爾宣布希望戰爭「能成功繼續打下去」而已。「如果你至少能夠希望，我們沒有輸掉！」希特勒要求史佩爾：「你總得這樣希望吧！……這樣我就已經滿足了。」可是史佩爾仍然保持沉默。希特勒粗魯地給他二十四小時考慮的時間就離開了，最後史佩爾用一張宣告個人忠誠的書面證明才逃過被威脅面對的後果。希特勒非常感動，甚至還將剝奪掉的一些權力又還給史佩爾。[28]

與此同時，希特勒最後一次離開地堡去視察奧得河前線。他坐在一輛福斯汽車裡，駛過弗萊恩瓦德城堡（Schloss Freienwalde），第九軍團的將軍和參謀們在那裡等著他。他們看到一個衰老、佝僂的男人，頭髮灰白、臉頰塌陷，偶爾費力擠出一個自信的微笑。他在地圖桌前對周圍站著的軍官們保證，俄軍進攻柏林的攻勢必定被破；每一天，每一個小時都很寶貴，以完成能夠帶來轉折的可怕武器，這就是他召集他們的目的。其中一位軍官覺得，希特勒看起來像個從墳墓裡爬出來的人。[29]

在東邊，蘇聯的推進的確受阻了一些時間，但如今西邊的前線卻垮掉了。四月一日，莫德爾元帥在魯爾區的軍隊被圍剿，四月十一日美軍就已經抵達易北河。兩天前柯尼斯堡（Königsberg）就已失守。同時，俄軍已在奧得河邊準備對柏林發動攻勢。

尋求最後一絲希望

在這沒有希望的日子裡，根據戈培爾的描述，他給希特勒朗讀卡萊爾（Thomas Carlyle）所寫的《腓特烈大帝的歷史》以安慰這位意志消沉的元首，而且所選的那一章是描述這位國王在一七六一／六二年冬天所面對的困境：

「這位偉大的國王已看到沒有任何出路，不知道該怎麼辦。他所有的將軍和臣子都確信他已經失敗了，敵人進到被打敗的普魯士已是指日可待的事。在他面前的未來只有一片灰暗，在寫給他的部長芬肯斯坦伯爵（Graf Finckenstein）的最後一封信裡，他給自己定下一個期限：如果到二月十五日情況還沒有轉折，他就放棄，他就會服毒自盡——卡萊爾寫道：『勇敢的國王，再等一下下，你的苦難日子將會過去，你幸運的太陽已在雲朵的後面，不久即將露臉。』結果在二月十二日，女沙皇死了，布蘭登堡家族的奇蹟出現了。戈培爾說，元首眼中含著淚水。」[30]

羅斯福之死

臨近尾聲時，在現實之外去尋求徵兆和希望的傾向感染了所有的人，而且這不限於文學作品的範圍，再一次揭露出民族社會主義在現代底下所隱藏的不理智。四月初，萊伊興奮地成為「死光」發明人的代言人；在美軍已逼近阿爾卑斯山附近的地區，切斷什勒斯維希—霍爾斯坦的連絡以及維也納失守之後，戈培爾從兩次占星中得出的訊息是，兩顆行星的會合，在相位上升和轉換中，四月後半將有希望出現大轉折。結果這項預測居然實現了。四月十三日，當戈培爾在視察前線回到柏林，在猛烈空襲之下藉助火光跑上宣傳部的階梯時，他接到消息說，美國總統羅斯福去世了。一位同時經歷此事的人描述說，「他欣喜若狂」並讓人立即接通元首地堡的電話。「我的元首，恭喜您！」他對著電話大喊：「星象已指出，四月後半將爲我們帶來轉折。今天是四月十三日星期五。這就是轉折點。」[31]在地堡裡，這時候希特勒已將各個部長、將軍和幹部召集在一起，這是過去幾個月裡他必須一直接見以對他們進行「催眠」的所有懷疑者和信心薄弱者。他以老人容易興奮的情緒，手中高舉著這份消息對他們說：「看吧！你們之前都不願相信……。」[32]天命似乎再一次向他展現其可靠性，在這最後一次驚心動魄的干預中再次證明他生命中有許多奇蹟似的運氣。接下來的好幾個小時之內，元首地堡內是一股熱鬧的高昂情緒，混雜著鬆一口氣、感謝、信心、幾乎再次確定己方必勝的感覺。然而這些感覺並不長久。根據史佩爾的回憶，稍後「希特勒無力跌坐在他的沙發椅上，彷彿既獲得自由又精神恍惚；可是他看起來還是很無望」。

在這一天，一位在一九三三年就已經被內閣遺忘的保守派部長甚至覺得，「歷史天使的翅膀快速穿梭在這個房間內」；[33]幾乎沒有多少人如此貼切描述了這種在所有層面都出現的遠離現實感。可是，羅斯福的死亡對戰事的進行沒有任何影響。三天之後，蘇聯以兩百五十萬名士兵、四萬一千六百門大炮、六千兩百五十輛戰車和七千五百六十架飛機，開始向柏林進攻。

四月二十日是希特勒的五十六歲生日，納粹政府領導階層最後一次聚在一起，包括：戈林、戈培爾、希姆萊、鮑曼、史佩爾、萊伊、里賓特洛甫，以及國防軍高層。幾天前，希特勒的情人伊娃·布朗出其不意地來到元首地堡；每個人都知道，她的到來表示什麼。地堡裡充斥著一股刻意營造的樂觀氣氛；在接受衆人祝賀之際，希特勒嘗試再次加強這種氣氛。他只做了簡短的致詞，對其他人表示稱讚和鼓勵，彼此交換了一些回憶。在總理府花園裡，他最後一次在攝影師和攝影機前接見了一些在蘇聯快速逼近中參與戰鬥的希特勒青少年。他撫摸他們的臉頰，還給他們別上勛章。幾乎同一時間，與一九四四年七月二十日政變相關的最後一批死刑犯被吊死。

希特勒原本打算在這一天離開柏林去上薩爾斯堡，並從「阿爾卑斯山的要塞」裡，在充滿傳奇的群山圍繞之下，繼續指揮作戰。部分的人員已事先出發，可是在生日前一晚，他又開始猶豫，主要是戈培爾極力敦促他在柏林的城門前面對決定生死之役，在必要時在柏林的瓦礫堆中尋求最後結局，這才配得上他的過去、他昔日的誓言和他的歷史地位。戈培爾認爲，在柏林才能夠再次達到「道德上的世界成就」。與此同時，所有其他人都強烈要求他放棄柏林，利用還剩下的狹窄南北走廊逃命，因爲在幾天、甚至幾小時之內柏林就會被包圍了。但希特勒依然猶豫不決，而他只同意建立南北特遣隊，主要是擔心萬一敵人在進攻過程中將德國切成兩半。他表示：「我怎能在逃往安全地方的同時指揮軍隊在柏林進行這場生死決戰呢！」最後他宣布，把決定交給命運。[34]

當天晚上，許多人開始逃離柏林。希姆萊、里賓特洛甫、史佩爾以及空軍幾乎所有的高層領導加入長長的卡車隊伍，這些車在白天時就已爲出發準備好了。戈林臉色蒼白、滿身大汗來向希特勒告別，說「在南德有重要的任務」。可是希特勒瞪著這個仍然身形魁梧的男人，就好像看著空氣一樣。[35]有些人認爲，他在這一刻就發現了自己身邊這些人的軟弱和抱著機會主義的精打細算，而他對他們的鄙視也使他在這一刻預先做出決定了。

崩潰的領導

無論如何，希特勒命令軍隊利用所有可用的力量大舉進攻，以擊退逼近到柏林邊緣的蘇聯軍隊。每一個士兵、每一輛戰車、每一架飛機都要投入戰鬥中；若有任何人自作主張，則必須面對最嚴重的後果。他將攻擊行動的指揮權交給親衛隊上級團領袖史坦納（Felix Steiner），可是他自己卻決定部隊該前進到哪裡，決定他們的出發據點，在殲滅戰開始時，還組織一些早就不存在的師隊。一位在場者事後懷疑，和古德里安不一樣的是，新的總參謀長克雷布斯將軍（Hans Krebs）並沒有告知希特勒合乎事實的訊息，而只是讓他玩著遠離現實的「戰爭遊戲」，這不僅顧慮到他的妄想，也顧慮到其他在場者的神經。[36]空軍參謀寇勒（Karl Koller）的紀錄讓人對那段日子裡的領導混亂狀況一目了然：

「四月二十一日。希特勒一大早打電話來。『你知道柏林已處於盟軍的火力之下嗎？而且是市中心。』『不。』『你沒聽到？』『沒！我在韋爾德動物園（譯註：寇勒服役的空軍基地）。』

希特勒：『城內對盟軍的遠距炮火非常擔心。那應該是有大口徑重炮列車炮（譯註：一種架設在鐵軌上的大型炮車）的炮兵中隊。俄國人可能占領了奧得河上的一座鐵路橋。空軍應該立刻解決這件事，對抗這個中隊。』

我：『敵人沒有占領奧得河上的任何鐵路橋。也許他們擄獲一個德國重炮中隊並把它調過頭來。也許是俄國陸軍的中程大炮，用這種大炮敵人就已經可以轟到市中心來。』接下來冗長地辯論，到底敵人是否占領了奧得河上的鐵路橋，還是俄國陸軍的大炮能射到柏林市中心……。

不久後希特勒又親自打電話來。他要柏林南方正出行動的飛機的確實數目。我回答說，由於與軍隊之間的通訊連絡不再運作良好，所以無法立刻取得這類資訊。每天早上和晚上會自動有消息進來就已經很不錯了；結果他對此非常憤怒。

之後他又再打電話來並指責，昨天飛機引擎沒有運出來到布拉格去。我解釋說，由於各個機場一直處於敵軍飛機火力之下，所以我方的飛機……無法起飛。希特勒罵道：『那根本不再需要什麼飛機引擎了，空軍是多餘的了……。』

希特勒生氣當中提到企業家賀希林（Hermann Röchling）的一封信，大叫：『這寫的是什麼！我受夠了！得把整個空軍馬上吊死才行！』

晚上八點三十分和九點整，他又打電話來。『帝國元帥在卡林霍爾（譯註：Karinhall，戈林的鄉間住處，在柏林東北邊）那裡養了一隊私兵。馬上把它解散掉……並立刻將它收編到親衛隊上級團領袖史坦納之下』，談話就此中斷了。我正在考慮這是什麼意思時，希特勒又打電話來。『將空軍每一個可用的士兵調到柏林和沿岸地區，從斯塞新（Stettin）到漢堡並對柏林東北邊進行我命令的攻擊……。』當我問他，要進攻哪裡時，卻沒有回答；他已經掛掉了……。

我嘗試打了很多電話來搞清楚狀況。於是我從康拉德將軍（Rudolf Konrad）的參謀弗萊岡少校（Major Freigang）處得知，他聽說，親衛隊上級團領袖史坦納將從埃伯斯瓦爾德（Eberswalde）開始往南進攻。可是到目前爲止應該只有史坦納和一位申瓦爾德（Schönwalde）的軍官抵達。陸軍部分不知道誰負責進攻。

我晚上十點三十分才接通到元首地堡的電話，找到克雷布斯將軍，在談話中我請求……計畫進攻行動的精確資料，希特勒突然插進來說話。電話中響起他生氣的聲音：『你還在懷疑我的命令嗎？我認爲我已經交代得夠清楚了……。』十一點五十分，希特勒又打電話來。他要問空軍對史坦納主導的進攻有什麼措施。我就向他報告了。同時我強調，這是一個沒經歷過戰鬥的部隊，既沒有受過陸地作戰的訓練也沒有相稱的裝備，而且還沒有重型武器。結果他對我做了

一個關於軍情的小簡報……。」【37】

我們必須認識這個背景才能理解史坦納的進攻行動根本是虛構的，而希特勒卻對這次進攻抱著極大的希望。希特勒對寇勒說：「你等著瞧，俄國人將在柏林門前遭到他們歷史上最嚴重的敗仗、最血腥的敗仗。」接下來的整個上午，他一直等著這次進攻行動的最新消息，卻感到越來越絕望；下午三點，在軍情討論會開始時，史坦納還沒有任何消息進來。但現在情況逐漸明朗，前一天的命令讓前線打開得如此混亂、範圍如此寬廣，使得紅軍這時候已突破柏林外圍的防守圈並且能夠用他們的戰車前端壓進柏林。史坦納的進攻行動從來都沒有發生過。

一九四五年四月二十二日的會議

結果在軍情討論時希特勒爆發了，這使得四月二十二日這一天的會議變得令人難忘。在簡短的沉默之後，彷彿仍處於無邊失望的恍惚當中，希特勒開始暴跳如雷。他廣泛地指控全世界都是懦夫、卑鄙無恥、不忠不信。他過去這幾個月來已變得只剩下耳語的聲音再度像昔日般有力。外面的走道和樓梯間擠滿了被噪音吸引過來的地堡工作人員，他在房間裡大聲咆哮，他被背叛了。他詛咒軍隊，又指控他們腐敗、軟弱、撒謊。他多年來身邊一直圍繞著背叛者和失敗者。他在說話時揮動著拳頭，眼淚從兩頰流下來，就像他生命中那些失去魔力的大型災難時一樣，被歇斯底里推到最高的各種期望一下子統統崩潰了。他說，現在都結束了，他現在無法再繼續下去了，就只剩死亡而已；他將在這個城市裡等著死亡來臨；誰想往南邊去，就去；他自己將在柏林死守。當希特勒停下來時，站在他周圍的人才開始回過神來；他們或抗議或請求，希特勒統統拒絕，說他不會再讓自己繼續被拖下去，他當初從來就不應該離開「狼穴」的。希姆萊和鄧尼茨打電話來說服他都沒有用，他也不要聽里賓特洛甫的電話。相反地，他一再說，他將留在柏林並死在總理府的階梯上，並且深受這幅既具戲劇性又褻瀆的畫面所吸引，根據目擊證人所言，他前前後後一再重複這句話十幾二十次。在決定親自接過防守柏林的任務並用無線電發布了這個消息而使它變得不可更改之後，他就解散了會議。那是晚間八點。所有人都感到震驚和筋疲力竭。[38]

接著，在希特勒的私人住所裡，小圈子裡的爭執再度開始。首先希特勒叫戈培爾過來並提議讓他的家人也住進元首地堡裡。接著他開始找出所有的個人文件，像以往一樣，每當他做了決定之後，就毫不猶豫採取行動。他命令人把這些文件燒掉，同時要求凱特爾和約德爾前往貝希特斯加登；他們請求希特勒給他們行動的命令，希特勒拒絕了。他們再度提出異議，希特勒強調說：「我絕不離開柏林——絕不！」有那麼一會兒，他們兩個分別考慮是否該用暴力的方式綁架希特勒離開地堡，並帶到「阿爾卑斯山的那個要塞」裡，結果發現這行不通。接著凱特爾前往柏林西南方六十公里處，位於林區裡的「老地獄」（Alte Hölle），溫克將軍（Walther Wenck）的部隊的總部還在那裡，在最後幾天裡，他們再度被寄予厚望。而在幾個小時之後的一份報告裡，約德爾指出先前的談話內容：

「希特勒……決定了留在柏林，在那裡指揮防守並在最後一刻舉槍自盡。他說，由於身體的緣故他無法作戰，他個人也不會作戰，因為他不會有任何危險，也許只是受傷並落入敵人手裡。我們所有人都極力嘗試說服他不要這麼做，並建議將西邊的部隊調到東邊去作戰。關於這一點，他說，一切都已經失控了，他已經沒辦法了，帝國元帥戈林還可以。有人提出，沒有士

兵願意和帝國元帥併肩作戰，希特勒說：『什麼叫做作戰？已經不再有任何作戰了。』」【39】

他似乎終於屈服了。他那不可馴服的使命感從一開始伴隨著他，只偶爾被隱藏，卻從沒有動搖過的使命感，顯然已向灰心低頭。「他已失去了信心。」布朗將她對這個變化的印象寫給一位女性朋友。當晚只有親衛隊上級團領袖貝格（Gottlob Berger）在談話中再次提到人民「這麼忠誠、堅忍這麼久」時，希特勒又開始像下午那樣激動，「臉脹得紫紅」，大喊騙子、背叛。【40】但之後在與他的副官蕭伯（Julius Schaub）、兩位女祕書、速記員以及許多其他在他身邊的人告別時，他又顯得很從容自在。隔天，當史佩爾「心中充滿矛盾感」再次飛來已被包圍、到處起火的柏林以便向希特勒告別時，他也顯得相當不自在，提到自己即將來臨的結束就像是解脫一樣：「我感到很輕鬆。」甚至在史佩爾向他承認已經好幾個月違反他的命令時，希特勒仍然很平靜，而且似乎對史佩爾的內心自由感到很欽佩。【41】

可是下一場情緒暴發已在醞釀中。在他生命最後的幾個小時裡，情緒一直明顯突然起伏不定，一下子興高采烈，接著馬上陷入深深的憂鬱。很有可能，這些劇烈的情緒起伏反映出長時間以來濫用莫瑞爾開給他的精神病藥物，最後終於造成神經崩潰的效果。雖然這天晚上，當莫瑞爾來與他告別時，他說：「已經沒有任何毒品可以幫助我了。」【42】可是在莫瑞爾走之後，他又繼續吃莫瑞爾開的藥。整體看來，顯然他這時所保持的冷靜並非靠理智所支撐。與他屈服於命運非常不同的是，即使在灰心放棄時，他的語氣也帶著一絲鄙視的成分；他只能被消滅，卻不能被背叛。最後幾次軍情討論，速記員的紀錄顯示，他除了幻覺式的興奮之外，同時也感到沮喪和鄙視：

「我絕不懷疑，戰役已達到高潮。如果這是眞的，那麼在舊金山的盟軍就會產生分歧——一定會產生——如此一來，只有我在任何一處給予布爾什維克這個巨人一記打擊，就會出現轉折。這樣其他人也許就會相信，能夠阻止布爾什維克巨人的只有一個，那就是我和這個黨和今天的德國。

如果命運的決定不是這樣，那麼我就會被當作一個名譽盡失的逃亡者，從歷史的地板上消失。如果我在上薩爾斯堡自殺而不是留在這裡陣亡的話，就會被千人所指，罵我是懦夫——我可不想讓人說：您作爲元首……。

只要我的確有在領導，我就是元首。而要領導，我不能躲在某座山裡……只防守我的貝格霍夫，我不是爲此來到世上。」

接著他很得意地提到敵人的損失，「消耗了敵人很大一部分的力量」並在柏林裡進行巷戰而「被迫流血致死」。「今天我可以睡得安穩一點。」接著他說：「只有一輛俄國戰車停在我睡覺的小房間前，我才會想醒來。」接著他抱怨，他一死也會失去所有的記憶，但接著他聳聳肩，站起來：「什麼叫做所有的記憶。有時候，人還是得放下所有的胡說八道。」[43]

戈林的「背叛」

從這時候開始，情況就一直是這樣。四月二十三日晚間，戈林從貝希特斯加登發電報來詢問希特勒，既然希特勒決定留在柏林，這個決定是否將啓動一九四一年六月二十九日的法律，即帝國元帥將成爲他的繼位者。雖然希特勒很平靜面對這封以忠誠的口吻所寫的電報，但戈林的老對手鮑曼卻將戈林這種行爲呈現爲一種政變的做法，並對希特勒吹耳邊風而導致他們兩人之間的大決裂。於是希特勒指責戈林懶惰和失敗，譴責他以自己爲榜樣「造成國家裡的腐敗」，稱他爲嗎啡上癮者，最後透過鮑曼接通的無線電通訊，撤消戈林的所有職位和權力。接著他筋疲力竭、帶著隱隱一絲得意的表情，又回到他無所謂的狀態並鄙視地說：「我隨便啦！戈林大可主持投降的談判。如果戰敗的話，誰來做這件事反正都一樣。」【44】

他現在沒有任何剩餘的精力了。以前他一直長時間躲在各種僞裝的後面，可是如今無力感、恐懼感，和自憐自艾使他立刻表達自己的感覺，不再容許所有可憐的僞裝。他感到絕望的部分原因也因爲，他一輩子都需要且尋求扮演各種角色；現在他找不到任何角色了，因爲他已經沒有足夠的力氣去扮演比如他所欽佩的腓特烈大帝——但跟他不一樣的是，腓特烈並沒有從失敗中尋求可憐的效果——和他一直想扮演的華格納歌劇裡的那些英雄角色。他在種種不情願的努力、情緒爆發和許多目擊者描述的毫無節制的啜泣中所表達的茫然思緒，只因爲他已陷入失去角色的這種困境。

在四月二十六日晚間，這種情況又再一次顯示出來。希特勒任命馮·格萊姆上將（Ritter v. Greim）接替戈林爲空軍總司令時，格萊姆和女飛行員漢娜·瑞奇（Hanna Reitsch）一起飛到被包圍的柏林，因爲希特勒堅持親自執行委任儀式。根據瑞奇的描述，當希特勒提到戈林的「最後通牒」時，他眼中含著淚水，臉色像死人一樣蒼白，說：「現在什麼都沒有了」，接著又說：「我什麼倒霉事都躲不掉。再也沒有忠誠、沒有榮譽了；既躲不過失望，也躲不過背叛——現在還得面對這件事。一切都完了。他們把所有不義的事都加諸在我身上了。」但他還有一個希望，雖然非常渺茫，他在不停的自言自語中把這股渺茫的希望變成幻覺般的確定。半夜時他把瑞奇叫來，告訴她，他所經歷和所奮鬥的一切現在看起來都已經完了——溫克的軍隊雖然已經很近了，但如果他們無法突破外圍的包圍圈並給柏林解危的話，就統統完了。希特勒給她一小瓶毒藥：「但親愛的漢娜，我還一直抱持希望。溫克將軍的軍隊從南邊過來。他必定能將俄國人趕得遠遠的，好能拯救我們的民族。」【45】

同一天夜間，蘇聯的第一枚手榴彈擊中了總理府一處，倒塌的牆壁使地堡震動不已。在一些地方，敵人已來到將近一公里外。

隔天，親衛隊團領袖費格萊因（Herrmann Fegelein），即希姆萊在元首總部的代表，在穿著便服的情況下被逮捕，於是在地堡內希特勒又開始指控人們不斷背叛他。現在每一個人他都不信任。布朗喊說：「可憐、可憐的阿道夫，所有的人都拋棄了你，所有的人都背叛了你！」【46】費格萊因之前娶了布朗的妹妹，所以他們之間有姻親的關係。除了她本人之外，基本上就只有戈培爾和鮑曼沒有被懷疑。他們組成了「最後的方陣」，這是戈培爾多年前就已經在他的莊嚴滅亡結局中所大肆吹噓的。希特勒越讓自己陷入憂鬱和鄙視人的情緒中，他就越把這少數幾個人拉到身邊來。自從回到總理府以來，他晚間大部分都和他們一起度過，偶爾萊伊也會被拉進來。各種徵兆顯示他們在祕密進行某些事，很快這引起地堡裡其他人的好奇。【47】

地堡裡的回顧

多年以後人們才得知，希特勒從三月初到四月中在和這些人相聚時，是在進行某種總回顧，等於在給自己的一生做某種結算。在一系列冗長的獨白中，他再次檢視自己一生所走的路，他的政治先決條件和目標，以及各種機會和犯錯。他的想法是一如既往的繞來繞去，而且沒有秩序。

但整體而言，含有他一生的基本紀錄的這些紙張再次讓人感受到他原有的思考力，雖然現在已經消失許多；當然還有他原有的執念。

他從德英聯盟這個構想澈底失敗這一點開始思考。他認為，早在一九四一年就應該把這場沒有意義、錯誤的戰爭結束掉，主要是因為英國「在倫敦的上空證明了它的抵抗意志」，此外「在北非給義大利吃了恥辱的敗仗也該記在它的頭上」。如果當初結束戰爭，美國就會再次被擋住，無法插手歐洲的事務，法國和義大利這些由軟弱所轉變而來的假世界強權將被迫放棄他們「不符合時代的偉人政治」，同時使德國可能「和伊斯蘭建立冒險的友誼政策」。英國一向是他的偉大計畫中的核心元素，英國可以「對帝國非常有利」，反而能保護德國的後面，讓他能夠全心投入自己真正的使命，「我的畢生志業以及民族社會主義形成之原因：滅絕布爾什維克主義。」【48】

在研究使這個構想失敗的原因時，他又遇上那個很早就一再擋著他的路的老敵人，而他卻錯估了對方的勢力。按照他如今的回顧，這是他後果最嚴重的錯誤：「我低估了猶太人對邱吉爾底下那些英國人的影響」；在這次總清算裡他的反猶太攻擊是無止境的，並一再，而且是每一頁，都中斷回顧的內容。在其中一次攻擊中，他抱怨說：「如果命運當初賜給這個又老化、頭惱又僵化的英國一個新的彼得，而不是這個嗜酒和猶太化的半美國人的話，那該有多好！」出於同樣的原因，他也厭惡這些他拉攏失敗的高傲島國居民，而且這時候英國人已成了他另一個敵人，他毫不掩飾地表示，如果在不久的將來，英國被歷史淘汰出局並按照生命的法則滅亡的話，他該有多得意：「英國民族必定會在這個該死的島上餓死或得肺炎死掉。」【49】

他再次強調，對蘇聯的戰爭不是任意專橫的考量，而是本來的主要目標。當然失敗的風險一直存在；可是他覺得，如果放棄的話，反而比打敗仗更糟糕，幾乎就等於是背叛的行為：「我們會因爲發起戰爭而被審判，所以我們的煩惱只能是選一個最有利的時候開戰。一旦在我們投入之後，我們就永遠都不可以放棄了，這同時是理所當然的事。」

至於開戰的時機，希特勒反而顯得非常不確定。他花了好幾個晚上從各個戰術和策略面向去闡述並爲之辯駁。這種努力顯示，他看出自己犯了最嚴重的錯誤，而且他也把這錯誤比爲一個沒有出路的情況：

「這場戰爭的災難是，它一方面對德國而言開始得太早，另一方面卻開始得有點太晚。從軍事觀點考量，我們希望它早一年開始。我應該在一九三八年就採取主動的，而不是到一九三九年才讓他們逼我，因爲那時無論如何都已無法避免了。但自從英國人和法國人在慕尼黑接受了我所有的要求之後，我就別無選擇了。

就此看來，這場戰爭就來得有點太晚了。可是就我們準備士氣方面來看，它又來得太早。我當時沒有時間根據我自己的政策去形塑人們。我得需要二十年才能培養出一批成熟的精英，他們等於從吃母奶當中就吸收民族社會主義的想法。德國最大的問題是它從來都沒有足夠的時間，局勢總在催促著我們。如果我們缺乏時間，問題主要在於我們缺乏空間。俄國人有他們無限大的平原，他們可以很奢侈地享受不必被催促的情況。時間爲他們工作，卻跟我們作對。

更慘的是我必須在一段簡短的時間內結束人間的生命……在別人有永遠的時間之時，我只有可憐的短短幾年。別人都知道他們將有繼承者，那些繼承者會精確地在他們放下工作的地方再度繼續，用同一把犁去耕同一道犁溝。我問自己，在我這些最可能的繼任者裡面，是否能找到一個人接過我手中遞出的火把。

我的另一個災難是我所服務的是一個有悲慘過去的民族，像德意志人民如此的不穩定、如此的反覆無常，以非常罕見的冷靜從一個極端情況落入另一個裡……。」【50】

這是限制住他的先決條件，也是他不得不接受的局勢與物質上的基本阻礙。但他也犯了不少錯誤，做出一些災難性沒頭沒腦的事，也做出了一些不是因爲利益考量、沒有必要的讓步。這是極有啓發性的，因爲如今在回顧和檢討當中，他否定了自己人生中少數幾個一直完好無損的人際關係並將它歸爲自己的錯誤：

「當我不帶任何感情因素去看這些事件時，我必須承認，我對義大利及其元首堅定不移的友誼算是我的錯誤之一。事實上，我們可以說，義大利這個盟友對敵人比對我們自己有用。而且他們最後還導致我們輸掉戰爭——勝利原本應該屬於我們的……。

這個義大利盟友處處掣肘我們。例如，它妨礙我們在北非實行革命性的政策……，因爲我們的伊斯蘭朋友突然視我們爲他們的壓迫者的自願或非自願的幫凶。他們對山努西（譯註：Senussi，一個位於利比亞伊斯蘭政治—宗教教團，一戰時以游擊戰對抗在利比亞的義大利殖民，一九二二年墨索里尼模仿羅馬帝國「重新收復」利比亞）所採取的野蠻報復措施的記憶還很薄弱。此外，義大利元首那句可笑的名言，要被視爲「伊斯蘭之劍」，今天或戰前都是個笑話。這個頭銜原本屬於穆罕默德或歐瑪爾（譯註：Umar ibn al-Chattb，簡稱 Omar，先知穆罕默德最著名的擁護者和戰友之一）這樣的偉大征服者，可是墨索里尼卻付錢或恐嚇一些可悲流氓，讓他們給他冠上這樣的頭銜。原本可以有個機會對伊斯蘭推行一項偉大的政策的，可是機會已經錯失了——就像許多已經錯失的事一樣，都是因爲我們對這位義大利盟友保持忠誠的緣故……。

從軍事上來看這並沒有好多少。義大利參戰馬上給我們的敵人創造了第一場勝利，使得邱吉爾能夠給他的國人灌注新的勇氣，給予全世界的親英派新的希望。雖然義大利人已顯示他們無能守住阿比西尼亞和昔蘭尼加（譯註：Cyrenaika，利比亞東部一個地區），但他們居然厚顏無恥到完全不問過我們，也不告知我們，就一頭栽進對希臘完全沒有意義的戰爭……這逼得我們違反自己所有的計畫，不得不干預巴爾幹半島，這又導致我們延後開始對蘇聯的戰役而造成災難的後果……我們原本應該在一九四一年五月十五日就進攻俄國……並在冬天之前就結束這場戰役的。如果當初有這樣做，一切都會變得不一樣了！由於我無法忘記在「併吞」奧地利時義大利元首的態度，所以出於感激我才一直不批評、不判斷義大利。相反地，我一直努力把它當作勢均力敵的盟友。可惜的是，生命法則顯示，將不是勢均力敵的人當作勢均力敵的人來對待就是一個錯誤……我很後悔當初沒有遵從自己的理智，因爲它規定我要粗暴地對待義大利的友誼。」[51]

整體而言，在他眼中，在他離勝利這麼近之後，讓他失敗的最主要原因是他太溫和、缺乏鐵石心腸。在這份最後的紀錄中他亦顯出自己特有的、不易混淆的激進特質。只有在一點上，他對自己的絕對主張很公正：「我可是光明正大地對付猶太人，我在開戰前有給了他們最後的警告……。」[52]此外，他還後悔當初沒有毫無顧忌地將德國境內的保守派統統解決掉，在西班牙沒有支持共產黨，而支持了弗朗哥、貴族和教會，或在法國錯過了將工人階級從「化石的中產階級」手中解救出來。他當初應該煽動各地被殖民的民族起義，鼓吹被壓迫者和被剝削的國家覺醒，埃及人、伊拉克人、整個近東，好讓他們歡呼德國的勝利，而且還必須唆使他們去起義。現在德國之所以滅亡不是因爲他的攻擊性和行事無度，而是因爲他沒有激進的能力，因爲他受道德的拘束。他沮喪地說：「想想看我們那些機會！」特雷弗－羅珀（譯註：Hugh R. Trevor-Roper，英國歷史學家、辯論家和散文家）指出，希特勒在這些自言自語中「以值得注意的清晰度」表達出他爭取世界霸權思想裡那些機會和失敗所根據的原則。他意識到，歐洲可以讓一個歐陸國家統治，這個國家控制俄國的西部，汲取亞洲的資源，並同時藉由將自己的政治革命與社會解放的口號結合，而讓自己成爲被殖民民族的開路先鋒。他也知道，他跟蘇聯所爭的不過是這個機會。而這場戰爭之所以被決定，是因爲他沒有澈底用革命戰爭的方式去作戰。相反地，他和迂腐的外交官與老派軍官合作，又因爲與墨索里尼的友情而受到阻礙，無論是前者或後者他都無法擺脫。他當初不夠激進，他展現出太多中產階級的多愁善感，中產階級的不堅定態度，他自己也被腐化了——這就是他檢討的結果：「生命不寬恕弱者！」【53】

希姆萊也背叛

決定結束生命是在四月二十八至二十九日的夜裡。將近十點，希特勒正與馮・格萊姆說話時被他的僕人林格（Heinz Linge）打斷。林格遞給他一個路透社的消息，親衛隊全國領袖希姆萊正與瑞典貝爾納多特伯爵（Lennart Bernadotte）接觸，以便協商在西邊的投降事宜。

這則消息帶來的震撼比過去這幾個星期以來的情緒起伏都大。希特勒一向認爲戈林是一個機會主義者，而且也很腐敗，因此戈林的背叛只不過是可預料的失望而已。但相反地，希姆萊一向把忠誠當作格言，而且一直聲稱自己是不可被收買的，所以他的行爲表示一種原則的崩潰。對希特勒而言，這是可以想像得到的最嚴重打擊。「他像瘋了一樣暴跳如雷。」瑞奇描述接下來的情況：「他的臉變得紫紅色而且扭曲到幾乎無法辨認。」[54]與之前所發生的情緒爆發不同的是，這一次才短短時間他就沒有力氣了，接著他與戈培爾和鮑曼關起門來進行討論。

又一次，因爲一個人的決定，所有其他人都受到牽連。爲了滿足他的報復欲，希特勒首先讓費格萊因接受短暫的嚴格審訊，因爲他認爲費格萊因和希姆萊是一夥的，之後讓親隨特遣隊的守衛在總理府的花園裡將費格萊因槍斃。接著希特勒去找格萊姆，命令他想辦法離開柏林去逮捕希姆萊。所有的反對意見他都置之不理。「我的元首繼任者不可以是一個叛徒。」他說：「你們要想辦法不讓他當得成。」[55]接著他轉身去處理他個人的事務。

地堡裡的婚禮

他以最匆促的方式讓人布置小會議室以舉行結婚儀式。在國民衝鋒隊裡服役的一位名叫華格納（Walter Wagner）的納粹地方黨部主任被叫來主持元首和伊娃的婚禮，戈培爾和鮑曼是證婚人。由於情況特殊，雙方都同意進行可以立刻舉行的戰時婚禮。他們兩人宣稱，自己都是純雅利安人出身而且沒有任何遺傳病。根據紀錄，他們的申請都獲得批准，婚禮公告「經過審核並發現符合一切規定」。根據紀錄，接著華格納轉向他們：

「在此我將進行莊重的結婚儀式。在上述證人的面前……我詢問您，我的元首阿道夫．希特勒是否願意與伊娃．布朗小姐締結婚約。若願意，請以「是」回答。

現在我詢問您，伊娃．布朗小姐，是否願意與我的元首阿道夫．希特勒締結婚約。若願意，請以「是」回答。

如今婚配的雙方已宣布願意締結婚約，我宣布這個婚約是合法的。」

接著雙方簽署結婚證書，新娘由於非常激動而簽下了自己的未婚少女的名字，接著她把剛寫下的B劃掉，簽下「伊娃．希特勒，原名布朗」。接著所有的人去到希特勒的私人住所，在那裡，希特勒的女祕書們、女素食廚師曼茲亞莉女士（Constanze Manzialy），以及一些副官聚集在那裡喝酒並感傷地回憶以前的時光。

似乎從這一刻開始，事情與其走向便完全脫離了希特勒的掌控。但這種猜測是很接近的，他原本打算以更華麗、更災難、更激情、更有風格和更嚇人的方式結束最後一幕。但現在所發生的卻是罕見的、不知所措的即興決定，彷彿他從來沒有考慮過以一種無可挽回的結局去紀念到目前爲止自己生命中許多奇蹟似的轉折點。彷彿在害怕自己以通姦的身分進入死亡似的，匆匆結婚並一起自殺這個突然出現的可怕念頭帶來的是一種平庸的退場，並顯示他最後有多麼放棄而且已經沒有力氣去製造任何效果，即使在他眼中，夫妻一起死亡讓人想起舉華格納歌劇的相似之處並賦予這個過程一種悲劇式失敗而和好的特色。但仍然與他的名字有關的是，那是一種去神話化的結局。

他之前一直將自己的生命理解爲一種角色扮演，很有可能他現在也放棄了做自己生命的導演。因爲儘管所有附帶的情況，除了各種觀點之外，這場婚禮還有一個值得注意的休止符效果。它不僅是對——希特勒發現，除了他的牧羊犬小金毛之外——唯一一個一直對他忠誠的人表示感謝的舉動；這還表示一種絕對退場的舉動。他之前一直說，作爲元首，他不可以結婚，他對元首一詞所聯想到的神話理念是不具任何人的特性的；而現在他放下的只不過是這個主張，因此有人合理的猜測，他根本不相信民族社會主義能繼續存在。的確，他曾經對他的訪客說，這個理念已經完了而且永遠都不會再復甦。[56]接著他離開衆人，走到隔壁的一間房間去口述他的遺囑。

希特勒的兩份遺囑

他口述了一份政治遺囑和一份私人遺囑。他的政治遺囑的主要內容是激烈攻擊猶太人，鄭重聲明自己的無辜並呼籲衆人要有抵抗的精神：「幾百年將會過去，但從我們的城市和藝術紀念碑的瓦礫堆中將一再重新生出對造成這最後結局的民族的仇恨，我們這一切都是他們造成的，全世界的猶太民族和它的幫手！」二十五年過去了，他以前所未有的方式崛起，獲得前所未聞的勝利，也經歷了各種絕望的境況和崩潰，可是，就像他年輕時的朋友庫別茲克在一九三八年時再見到他時所發現的一樣，他只是變老了，但還是原來的他。一直到措詞的層面，這份政治遺囑的意識形態部分應該是出自他政治生涯的第一份證明，即一九一九年寫給格姆利希（Adolf Gemlich）的信（譯註：此信乃希特勒回應對方以澄清猶太人的問題，被視爲希特勒第一份含有反猶太思想的文字紀錄）或其中一位年輕的地方煽動家。希特勒身上的特徵，即早年的麻木狀態和被拒絕的經驗等現象，又在這份遺囑中找到最後的額外佐證。他在單獨隔開的一段將戈林和希姆萊逐出黨外並撤掉他們所有的職位。任命鄧尼茲海軍上將繼任他爲帝國總統、戰爭部部長和國防軍的最高司令，顯然以此托付鄧尼茲在他死後繼續作戰的任務，直到滅亡爲止；他在遺囑中指出，因爲海軍遵守榮譽的理念且不知道什麼叫做投降。同時他指定了戈培爾作爲新政府之首。這份遺囑完全不含有任何領悟、親密關係、寬宏大量的成分，甚至不含任何一個字以表達那一刻的激情。最後它以這句話結束：「我有義務領導這個國家與所有追隨者嚴格遵守種族法並絕不留情地對抗世界萬民的茶毒者——全世界的猶太民族。」【57】

希特勒的私人遺囑基本上短很多。政治遺囑宣稱在面對歷史時的主張，而在私人遺囑裡，這位來自萊翁丁的稅務局公務員的兒子說，在所有偽裝的後面，他仍然是他自己：

「由於在奮鬥的那些年裡，我認爲自己沒有餘力爲婚姻負責，因此如今在結束這個地上的生命時，我決定娶這位女士爲妻子，她長年以來都維持著忠實的友情並出於自由意志來到這個幾乎被包圍的城市裡，以便與我共享命運。她自願以我的配偶這個身分與我一起走進死亡。這將補償我在爲我的民族服務時因爲工作而奪走我倆的一切。

我所擁有的一切——只要還有價值的話——歸屬於黨。如果黨已不存在，則歸屬於國家；如果連國家都被毀滅了，那麼就不必我再做出進一步的決定了。

我在過去這些年裡所蒐集的藝術作品從來都不是爲了私人的目的，而是爲了在我的故鄉，多瑙河旁的林茨這個城市裡建造一間美術館而蒐集的。我衷心地希望這個遺願能夠達成。我任命我最忠實的黨同志鮑曼爲我遺囑的執行者。他被授權做出最終且法律上有效的決定。他有權將全部有個人紀念價值或爲維持一個小市民生活必須的一切交給我的兄弟姐妹，還有特別是我妻子的母親，和他的確知道的，我所有忠誠的男女同事，首先是我的老祕書，女祕書們，溫特太太（Frau Winter）等人，他們多年以來一直透過他們的工作支持我。

我本人和我的妻子，爲了避免罷黜或投降的恥辱，選擇死亡。我們的願望是立刻在我過去十二年來每日爲我的民族服務工作之處被焚化。」

這兩份遺囑在四月二十九日凌晨四點被簽署。總共複製了三份，並在日間經由不同的途徑送出地堡，到達不同的機構。其中一位送信人是希特勒的空軍副官馮·貝樓上校（Nicolaus v. Below）上校，他將一份抄本送到陸軍元帥凱特爾那裡。這是希特勒最後發出的消息，最後以這些話結束：

「人民和國防軍在這場漫長和艱苦的戰鬥中付出他們的所有和最後擁有的一切。這是極大的犧牲。但我的信任卻被許多人濫用了。在整個戰爭過程中，不忠和背叛將抵抗力量淹沒了。因此我沒有獲得領導我的人民走向勝利的機會。陸軍的參謀和一次世界大戰的參謀無法可比。它的表現遠遠落後於那些正在作戰的前線……。

德意志民族在這場戰爭中所付出的努力與犧牲是如此之大，所以我無法相信這一切都白費了功夫。爲德意志民族贏得東邊的空間必須繼續是往後的目標。」[58]

墨索里尼之死

在最後幾星期裡，希特勒好幾次表示，他擔心自己會被當作「莫斯科動物園的展示品」或在一齣「猶太人設計的戲劇」裡當作主角出場。[59]四月二十九日，關於墨索里尼的下場這則消息傳來時，他的擔心變得更加強烈。兩天前，墨索里尼與他的情婦貝塔奇（Clara Petacci）在科莫湖（Comer See）旁的一個小村裡被游擊隊捉到，沒有拖得很長的繁文縟節之下就被槍決了。他們的屍體被運到米蘭，倒吊在洛雷托廣場（Piazzale Loreto）的一個加油站，憤怒大喊的群衆毆打他們的屍體，還對屍體吐口水和丟石頭。

在知道這件事之後，希特勒開始設計自己的結局。他要求多位隨從，其中包括他的僕人林格、他的司機肯普卡和他的飛行員包爾（Hans Baur）想辦法不讓他的遺體落到敵人手裡。他所採取的準備措施就好像在最後一次展示他一輩子隱藏自己的努力一樣。希特勒現在準備的幾乎無聊死法與墨索里尼的結局有極大的差別。墨索里尼當初還要求剩下的黨羽一起到瓦爾泰利納（譯註：Veltlin，義大利語：Valtellina）並「臉上曬著太陽死掉」。[60]

希特勒還擔心所準備的毒藥沒辦法很快見效，無法有效造成死亡。因此他命令在他的牧羊犬身上測試這種藥的效果。在半夜時分，小金毛被引誘到地堡的廁所裡，希特勒的養狗員托爾瑙（Feldwebel Tornow）將狗的嘴巴用力打開，醫護人員裡的哈瑟教授（Werner Haase）用一把鉗子將藥瓶放到狗的嘴裡並用鉗子把瓶子壓碎。不久後，希特勒進到那個房間裡，毫無表情地看著那具屍體好一會兒。接著他請兩個鄰接地堡裡的人到會議室裡進行告別。他心不在焉，沉默地和排成一排的人握手；有些人對他說一些話，但他完全沒說一句話，只是無聲地動了一下嘴唇。半夜三點過後不久，他發一封電報給鄧尼茲，指控他沒有採取足夠的軍事行動，彷彿在用一衰老的姿態再一次要求「儘快並無所顧慮地對付所有叛徒」。

但這只是再一次嘗試將即將來臨的結局再次延後而已，爲了贏得幾個小時以便知道答案是什麼，和再次建立最後一件虛構的事。目前所面對的決定顯然是他生命中「最困難的決定」中最最困難的，但他之前多次將它視爲小事一件。將近中午時，他按照往常舉行軍情討論會。他木然地接受各個消息，蘇聯軍隊這時已占領了柏林動物園一帶，波茨坦廣場以及總理府附近，在福斯街

（Voßstraße）的地鐵站一帶。接著他命令人準備兩百公升的汽油。下午兩點，在女祕書和女廚師的陪同下吃了午餐；在這一刻，兩位蘇聯下士冒著德方的火力在位於附近的國會之圓形屋頂上升起了紅旗。吃完午餐後，希特勒將最親近的下屬召集過來，其中包括戈培爾、鮑曼、布格多夫將軍、克雷布斯將軍，以及他的女祕書克麗斯蒂安太太（Gerda Christian）和榮格太太（Gertraud Junge），還有一些傳令兵。他與妻子一一和這些人握手，接著沉默、佝僂地消失在他房間的門後。這個生命一直很大程度受導演手法的影響並意圖製造耀眼的效果，如今似乎只能以一種無聊的結局結束，因爲在這一刻——如果我們能相信在場者的報告的話——人們開始在總理府的員工餐廳裡跳舞，似乎想以這種方式用力解除這幾個星期以來的精神緊張。甚至一直重複的急切想法——元首正在死掉——都無法使他們停下來。[61]那是一九四五年四月三十日，接近下午三點半。

一九四五年四月三十日下午三點半

接下來發生的事無法再解釋清楚。根據地堡中大部分存活的人的供詞，就只響起一聲槍響。不久後，親衛隊警衛隊的隊長拉滕胡伯（Johann Rattenhuber）進到房間裡。希特勒倒在沙發上，臉上沾滿了血，在他的旁邊是他的妻子，大腿上有一把沒有用過的手槍；她用服毒的方式自殺了。關於這一點，蘇聯作者們大多認爲希特勒也是服毒自盡的。然而，互相矛盾的證據加強這種猜測——這是蘇聯出於政治動機而提出的自殺理論假設，他們一方面否認在找到的頭顱遺骸上有任何開槍的痕跡；另一方面他們又嘗試找出，希特勒爲了保險到底委託身邊的哪一個人給他「慈悲的一槍」。希特勒還在世時，他們就一再嘗試透過貶低他來否定他，如今這些說法就像之前的回音一樣，彷彿他們的思想拒絕承認這個道德上應受譴責的人還有能力和力量似的。就像以前人們對他的鐵十字勳章、他在政治上、戰術上以及後來的政治家天分有所爭議一樣，如今人們也爭議他是否有勇氣給自己一槍，因爲這是比較困難的死法。[62]

拉滕胡伯命令其他人將屍體移到院子裡。在那裡，他們將準備好的汽油澆到屍體上並召集其他人來進行哀悼。其他人才剛來到，蘇聯軍隊的一陣火力猛攻把他們逼回地堡的入口。希特勒的親衛隊副官君舍（Otto Günsche）將一團著火的破布丟到兩個屍體上，當竄起的火焰裹著屍體的時候，所有的人筆直站著高舉手臂致敬。守衛當中的一位成員半個小時後回到舉行儀式的地點，發現希特勒已經「無法再辨認了，因爲他已經燒得很焦了」；當他晚上八點再次去該處時，根據他的說法「一些碎片已經飄在風中」。根據君舍的報告，在晚上快十一點時，他們將幾乎完全燒毀的殘骸推到一張帳蓬布上，「放進地堡入口前的一個彈坑裡，在上面蓋上土並用一根木樁壓實。」[63]在一張誇張的照片上，這是希特勒生涯開始時喜歡做的事，他讓自己被譽爲一個願意果決走向滅亡的男人，「寧願做一個死掉的阿基里斯也不要做一隻活著的狗空」。[64]他對自己的死亡一直受類似偏激的想法所影響。他還規劃以後在多瑙河畔的林茨將蓋一間巨大的屋子，屋子有一個鐘樓，而他死後就埋在鐘樓底下的地下墓穴裡。[65]現在他的遺體卻埋在一個被土壓實的彈坑裡，在瓦礫堆、斷垣殘壁、水泥車和滿地垃圾的中間。

可是這還不是故事的最後。兩天後，在戈培爾嘗試暗示蘇聯在「五月一日的共同節慶」交涉投降卻沒有成功之後，他便自殺；鮑曼與地堡裡的其他人員逃了出來，蘇聯的軍隊占領了空無一人的地堡並立刻開始尋找希特勒的遺骸。一九四五年五月八日，一份對一個嚴重燒成碳的男性身體的驗屍報告得出結果說，他們找到「疑似希特勒的屍體」。但不久後其他官方公告卻否定這種說法；接著蘇聯又說，他們從牙齒鑑定出這的確是希特勒，但這個說法又遭到質疑；有人聲稱，英國官方將他藏在英國占領區內。在一九四五年七月底的波茨坦會議上，史達林鄭重地聲明，他們絕對沒有找到希特勒的屍體，希特勒躲在西班牙或南美洲。[66]最後蘇聯成功把這個問題包裝上極爲陰暗的祕密，使得各種關於希特勒結局的離奇版本到處流傳。有些人認爲，他在柏林動物園被一位德國軍官射殺；另一些人猜測他乘坐潛艇逃到遙遠的小島上；又有些人說，他住在一家西班牙的隱修院裡或在一個南美洲的牧場上。希特勒在世時，他的成功有很大一部分是拜不同對手所賜；現在又有一個對手出現，使他有好長一段時間能享有半神話式的死後生命，彷彿在將那個時代所有的錯誤做一個遲來的呈現一樣。

無論這過程多麼不成功，它仍然是一個象徵。它再一次強調地指出，希特勒的出現，他崛起和勝利的條件，其先決條件遠遠超出狹隘的德國情況。雖然每個國家都要自己爲自己的歷史負責。但只有一種回到這個時代的災難且缺乏見解的認識，才將他稱爲單一一個國家的人，並拒絕承認，在他身上聚集了強大的時代趨勢，而且二十世紀的前半段都處於這個趨勢的符號之下。

所以，希特勒不僅毀了德國，還毀了老舊的歐洲與其各種國家主義、矛盾衝突、宿敵關係和不正直的道德要求，還用它的光芒和偉大安排了一個結局。很有可能，當他說歐洲會「存活」時，他搞錯了。[67]要毀滅它，只需要他那獨一無二的激進、他的各種願景、他的使命狂熱，緊接著，一股前所未有的能量爆發，就已經夠了。當然，在最後，若沒有歐洲的協助，他不可能毀了歐洲。

注釋

【1】A. Zoller, aaO., S. 203.

【2】H. Rauschning, »Gespräche«, S. 115.

【3】»Le Testament politique de Hilter«, S. 67：之前那句引述是根據雷莫對本書作者所說的話。在談話中，雷莫提醒希特勒，幾個星期前的突出部之役被視爲大戰的最後機會：如果失敗，整場大戰將會全輸。

【4】»Lagebesprechung« vom 27. April 1945，刊印於 »Der Spiegel« 1966/3, S. 42：關於摧毀一切的計畫，見 A. Speer, aaO., S. 412。

【5】引述於 H. R. Trever-Roper, »Hitlers letzte Tage«, S. 96。

【6】比較 A. Speer, aaO., S. 433。一九四四年七月二十日，希特勒對墨索里尼說，他已經「下定決心」，用 V-2 火箭「將倫敦夷爲平地。要一直發射到整個城市都摧毀爲止。」比較 A. Hillgruber, »Staatsmänner« II, S. 470 f.。一九四四年八月二十三日，在盟軍即將要解放巴黎之前，希特勒下令要守衛巴黎或將它變成瓦礫和灰土，但馮·柯爾提茲將軍（Dietrich von Choltitz）沒有執行這個命令：關於這一點，比較這份報告 Larry Collins/Dominique Lapierre, »Brennt Paris?«, Bern-München-Wien 1964：這個命令轉述於 H. -A. Jacobsen, »1939-1945«, S. 587 f.。

【7】戈培爾這麼說，引述於 H. R. Trevor-Roper, »Hitlers letzte Tage«, S. 80。

【8】比較 A. Zoller, aaO., S. 1033 的示意圖以及 S. 149 ff. 的描述。右翼中段的房間住戶多次更換，例如戈培爾住的房間之前是莫瑞爾醫生住的，史頓普費格醫生的急救室之前曾是希特勒的男僕林格住的房間。

【9】刊印於 KTB/OKW IV, 2, S. 1071 f.：亦比較，比如 Gerhard Boldt, »Die letzten Tage«, S. 15 的描述。

【10】A. Zoller, aaO., S. 150.

【11】H. Guderian, aaO., S. 376；此外 G. Boldt, aaO., S. 26 f.。上面所提到那位醫生指的是 Dr. Erwin Giesing，比較 W. Maser, »Hitler«, S. 350 f. 的報導。

【12】A. Zoller, aaO., S. 230。這份報告繼續寫道：「他偶爾抬起頭來，看著掛在他書桌前的腓特烈大帝的肖像，並重複他的話：『自從我認識人之後，我就只愛狗。』」

【13】同上，S. 204, 232。

【14】一個典型的例子是一九四五年一月二十七日中午的軍情討論會，光是提到著名的裝甲師「大德國」（Großdeutschland）將被派到東普魯士的一個重要據點時，希特勒的情緒就明顯高昂起來，雖然古德里安指出，這個師隊缺乏為了執行改編組織所需的汽油；比較 »Lagebesprechung«, S. 839。

【15】A. Speer, aaO., S. 408.

【16】A. Zoller, aaO., S. 152.

【17】比較 KTB/OKW IV, 2, S. 1700。

【18】A. Zoller, aaO., S. 29 f.。在一月的一次軍情討論會上，希特勒在考慮「現在是否要製造新的手榴彈」（»Lagebesprechung«, S. 867），當 Karl Wolff 將軍在四月十八日來拜訪他時，希特勒還擬定他「接下來的時間的計畫」，比較 E. Dollmann, aaO., S. 235。

【19】H. Guderian, aaO., S. 360.

【20】引述於 W. Görlitz/H. A. Quint, aaO., S. 616；亦比較 M. Domarus, aaO., S. 2202 ff.。

【21】比較 G. Boldt, aaO., S. 38；關於撤職古德里安一事，比較 H. Guderian, »Erinnerungen«, S. 386 ff.。

【22】A. Speer, aaO., S. 433.

【23】所提到的「旗子命令」刊印於 H. -A. Jacobsen, »1939-1945«, S. 591 f.：此外 A. Speer, aaO., S. 586, 451。所謂的「尼祿命令」轉述於，例如，KTB/OKW IV, 2, S. 1580 f.。

【24】»The Bormann Letters«, hrsg. von H. R. Trevor-Roper, S. 198。

【25】貝希特斯加登的保安處領袖 Karl Hermann Frank 的報導，比較 Karl Koller, »Der letzte Monat«, S. 48 ff.。關於希特勒所說民主人士背叛自己的話，見 A. Hillgruber, »Staatsmänner« I, S. 463。

【26】A. Zoller, aaO., S. 150.

【27】史佩爾寫希特勒的信，引述於 KTB/OKW IV, 2, S. 1581 ff.。

【28】A. Speer, aaO., S. 456 ff..

【29】比較 W. Görlitz/H. A. Quint, aaO., S. 618。

【30】Graf Schwerin v. Krosigk 沒有公開的日記，引述於 H. R. Trevor-Roper, »Hitlers letzte Tage«, S. 116。Trevor-Roper 特地指出，腓特烈所指的部長是 Schwerin v. Krosigk，但其實應該是 Graf d'Argenson 才對。

【31】宣傳部其中一位女祕書 Frau Haberzettel 的供詞，比較 H. R. Trevor-Roper, »Hitlers letzte Tage«, S.118 的描述。

【32】A. Speer, aaO., S. 467：接下來對希特勒的描述亦出於此。

【33】Schwerin v. Krosigk 的日記，aaO., S. 117。

【34】A. Speer, aaO., S. 477：戈培爾的態度有許多人證實，此處所引述的話出於一九四五年四月二十三日的軍情討論會上，比較 »Der Spiegel«, aaO., S. 34。

【35】同上，S. 477。

【36】同上，S. 463。

【37】K. Koller, aaO., S. 19 ff..

【38】這過程的目擊者特別包括了：凱特爾、約德爾、General Christian, Oberst v. Freytag-Loringhoven, Lorenz, Oberst v. Below 和鮑曼的女祕書 Fräulein Krüger。這裡的敘述主要是根據 H. R. Trevor-Roper 的描述，他將上述證人的供詞做了交叉比對，再將一致的部分濃縮，比較 »Hitlers letzte Tage«, S. 131 f.；此外，還有 Gerhard Herrgesell，其中一位速記員的供詞，in: KTB/OKW IV, 2, S. 1696 f.。

【39】這是寇勒所記錄的報告，K. Koller, aaO., S. 31。亦比較 W. Görlitz, »Keitel«, s. 346 ff.，關於綁架希特勒的想法，同上 S. 352。

【40】引述於 H. R. Trevor-Roper, »Hitlers letzte Tage«, S. 138；關於布朗於四月二十二日的信，比較 N. E. Gun, aaO.,（沒有頁碼）的插圖。

【41】A. Speer, aaO., S. 483；可是，亦比較，同上 S. 488。

【42】引述於 H. R. Trevor-Roper, »Hitlers letzte Tage«, S.139。

【43】刊印於 »Der Spiegel«, aaO., S. 42（一九四五年四月二十五日的軍情討論）。

【44】比較 A. Speer, aaO., S. 486。

【45】比較瑞奇的報導 in N. B. 3734-PS：溫克的軍隊由三個慘敗的師隊組成，此時位於柏林西南方約六十公里處。細節請見 Franz Kurowski, »Armee Wenck«。

【46】瑞奇在上述的報導中這麼說。

【47】比較 A. Speer, aaO., S. 433 f.。關於上面提到戈培爾所說的話，比較 H, Heiber, »Joseph Goebbels«, S. 398。

【48】»Le Testament politique de Hilter«, S. 61 (4. Feb. 1945)。由於到目前爲此無法取得原始的文件，這只是從法文翻譯過來的內容。因此，這些話在語言和思想上都有簡明的風格，基本上與希特勒的風格不符。此外還必須考慮到，這無疑是修改過的手稿，在此所引述的又再次顯示，這是由冗長、片段和繞來繞去的內容所濃縮出來的。另外，史佩爾還向作者表示，戈培爾在寫下希特勒口述的話時已進行大幅修改，所以整體而言，這口述紀錄讓人聯想到的不是希特勒的風格，而是戈培爾的風格。

【49】同上，S. 57 ff. (4. Feb. 1945)。

【50】同上，S. 87 ff.; 120 ff. (14. und 25. Feb. 1945)；希特勒在一九四三年三月五日的一次軍情討論會上說了極爲類似的話，比較 »Lagebesprechung«, S. 171；在 H. Rauschning, »Gespräche«, S. 115 已經有類似的說法。

【51】同上，S. 101 ff. (17. Feb. 1945)。事實上，對東邊的戰役只延後了幾個星期，而且這個決定不是只因爲墨索里尼進攻希臘所導致；還有天氣的問題、其他聯合軍團行軍所需的時間等等也是影響的因素；比較弗萊堡軍事史研究局的研究檔案：»Hat das britische Eingreifen in Griechenland den deutschen Angriff auf Rußland verzögert oder nicht?« 此外，A. Hillgruber, »Strategie«, S. 506。此外，希特勒自己偶爾表達另一種說法，至少對墨索里尼說過，比較 E. Nolte, »Epoche«, S. 586 的線索。

【52】»Le Testament politique de Hitler«, S. 78.

【53】同上，S. 108 (17. Feb. 1945)。關於特雷弗—羅珀的線索，見 S. 46 f.。此外，希特勒的判斷以令人震驚的方式與法國作家拉．羅雪勒（譯註：Drieu la Rochelle，法國小說家，一九三〇年代法國法西斯代表人物，在德國占領期間是知名的合作主義者，巴黎一九四四年被盟軍解放時自殺）的一個看法雷同，早在一九四四年底，在自殺之前不久，他指出德國失敗的原因如下：「德國政治崩潰的原因不在

於它行事無度，而在於它缺乏堅決度。德國的革命在所有方面都沒有驅動得夠遠……德國的革命對經濟和國家防衛軍的老人都太過小心謹慎，對老官僚制度太過仁慈。七月二十日就揭露出這雙重的錯誤。希特勒應該以所有激烈的手段對付叛國的左派，但也要以絕不留情的手段對付叛國的右派才對。由於他沒有這麼做或做得不夠，在戰爭的過程中，一些無法彌補的後果一再出現而造成災難。在所有歐洲的被占領國裡，都顯示德國的政策受到以前的作戰方式和過時的外交手法的所有成見妨礙而無法展開：它沒有能夠利用這個偉大使命賦予它的新事物及寬廣度；它顯得沒有能力將舊風格的征服戰轉變爲一場革命戰爭。它以爲可以透過將戰爭的激烈程度壓到最低就可以贏得歐洲的意見——結果它卻必須眼看著這意見如何反過來與它作對，因爲它沒有給予歐洲任何新鮮或強迫性的東西。」引述於 E. Nolte, »Faschismus«, S. 380。

【54】N. B. 3734-PS.

【55】同上。

【56】比較 H. R. Trevor-Roper, »Hitlers letzte Tage«, S. 173。

【57】希特勒的政治遺囑與私人遺囑都出現在 N. B. 3569-PS。以戈培爾爲首的帝國政府還有以下的預定人選：鮑曼爲黨部長；賽斯—英夸特爲外交部長；漢克（Carl Hanke）爲親衛隊全國領袖；吉斯勒（Paul Giesler，上巴伐利亞邦的納粹地方黨部主任）爲內政部長；姚爾（Karl Saur）爲軍備部長；舍爾納（Ferdinand Schörner）爲陸軍總司令；萊伊、馮克和科洛希克則保留原職。

【58】原始文件已被銷毀，這是馮．貝樓重建的內容，就如同在 H. R. Trevor-Roper, »Hitlers letzte Tage«, S.188 所提供的一樣。

【59】比較 Lew Besymenski, »Der Tod des Adolf Hitler«, S. 92；此外 H. R. Trevor-Roper, »Hitlers letzte

Tage«, S.189。

【60】引述於 E. Nolte, »Epoche«, S. 306。

【61】H. R. Trevor-Roper, »Hitlers letzte Tage«, S.190 f..

【62】蘇聯委員會的驗屍報告，第十二號檔案，指稱在死者——他們猜測是希特勒——的口腔中找到被壓破的毒藥膠囊的殘餘物；可是這份報告沒有提到明顯的苦杏仁味，而這是其他含有氰化物的屍體上都有的。德國在場參與者也反駁，就屍體燃燒的程度來看，不可能還能找得到任何殘骸；比較 W. Maser, »Hitler«, S. 432 f.。另一種不排除的假設是，希特勒在咬破毒藥膠囊的同時扣下板機，而這個假設也因爲希特勒擔心自殺失敗而獲得額外的支持。Besymenski 嘗試，藉助「知名蘇聯法醫」的線索去排除這種可能，但他的嘗試光從形式上而言就沒有說服力；比較 aaO., S. 91 f.。關於前面提到希特勒身邊各位證人的供詞，比較 H. R. Trevor-Roper, »Hitlers letzte Tage«, S. 35 f.。

【63】君舍的供詞，引述於 W. Maser, »Hitler«, S. 432。之前引述的話出自守衛 Hermann Karnau，比較詳細的引述 in: J. C. Fest, aaO., S. 431。

【64】»Völkischer Beobachter« v. 8/9. April 1923.

【65】史佩爾本人告訴本書作者。希特勒喜歡用的另一位建築師 Hermann Giessler，偶爾否定希特勒希望埋在計畫於多瑙河畔的林茨要建造的屋子的鐘樓的說法；只有希特勒的母親才該埋在那裡。可是史佩爾卻絕對記得，希特勒有說過，他希望被埋在林茨的這個地方。

【66】L. Besymenski 認爲蘇聯故弄玄虛的動機是，他們原本不願公開這些驗屍報告，以免「有人以這位『透過奇蹟而獲救的元首』的角色出現」；此外，他們也希望排除任何的錯誤。對於提到的第一個論點，這種保持沉默的做法反而有激勵的效果，而且事實上也發揮了激勵的效果，因此我們不必進一步

探討：第二個論點也不太有說服力，因爲刑事鑑定專家的可信度在過去這些年來無法增加；比較 L. Besymenski, aaO., s. 86。關於各種不同的謠言，比較 H. R. Trevor-Roper, »Hitlers letzte Tage«, S. 5 f.，這一處也有詳細描述他嘗試推動與蘇聯澄清和合作，卻沒有成功。

【67】 A. Hillgruber, »Staatsmänner« I, S. 187.

最後總結：沒有存活的能力

「有一次，一個男人對我說：『如果你這麼做的話，德國六個星期就完了。』我說：『你懂什麼？』『德國就會崩潰。』『你懂什麼？』『德國就此停止了』我回答他：『德意志民族曾經歷過對羅馬人的戰爭活下來。德意志民族曾經歷過民族大遷徙活下來。德意志民族曾經歷過中世紀的早期和晚期的大型戰爭活下來。德意志民族曾經歷過新時代的宗教戰爭活下來。德意志民族曾經歷過三十年戰爭活下來。德意志民族之後又經歷過拿破崙戰爭、解放戰爭，它甚至經歷過一場世界大戰，活下來，甚至革命——它必定也能經歷過我活下去！』」

阿道夫．希特勒，一九三八年

隨著希特勒的死亡和德國投降，民族社會主義幾乎沒有任何過渡時期，彷彿從這一刻到下一刻就消失無蹤，彷彿它只是自己曾經製造的一種運動、一種喝醉或吸毒後的恍惚狀態、一種災難。無獨有偶，一九四五年春天的各種報導裡一再出現這樣的說法，「咒語」被打破了或「惡鬼」被驅走了，從魔法界借來的這些詞藻使納粹政權特有的不眞實特性以及它令人毫無防備的結束一覽無遺。希特勒的宣傳專家一再吹噓他們有無法攻克的阿爾卑斯山要塞、抵抗堡壘和越來越多的狼人部隊，還預言在這場戰之後還有一場——可是這些都沒有出現。這再一次讓人清楚看到，民族社會主義和法西斯主義骨子裡多麼依賴他們的優勢、狂妄和勝利，但本質上卻對失敗的一刻毫無招架能力。有人合理的指出，在二戰期間的戰敗國裡，德國是唯一一個沒有發起抵抗運動的國家。[1]

這種沒有堅持的情況也特別在納粹政府主要領導人和幹部的行爲上明顯可見。尤其在紐倫堡大審以及後續的審判中，除了少數例外之外，絕大多數的人都努力從意識形態上讓自己與發生的事件拉開距離，否認剛剛還帶著末世意義的罪行並減少其威力，使得到最後，所有的一切——暴力、戰爭、種族殺戮——都掛上了一種既可怕又愚蠢的誤解。這所造成的印象是：民族社會主義不是跨越整個時代的現象，而只是出於唯一一個感到不安又征服成癮的民族對權力的飢渴和仇恨情緒；因爲如果它深深著根於這個時代而且是這個時代的基本運動的話，打敗仗不可能一下子就消滅了它並能夠如此突然地將它擠出了沒有記憶的那一夜。

儘管如此，在僅僅十二年內他就讓世界變了一個樣子，光憑單獨一個人的權力欲幾乎無法爲如此龐大的進程提供充分的理由，這是顯而易見的事。只有這個單獨的人是各種情緒、恐懼或利益的整合人物，並有從遠處來的強大能量驅使他向前時，這樣的事情才有可能發生。希特勒的角色和意義與圍繞著他的各種勢力的關係再次暗示，那是一股巨大、沒有秩序的潛力，充滿了攻擊性、恐懼、犧牲的意願和自私自利；它原本就已經在那裡，但需要透過一個發號施令的人出現才能把它喚醒、解開它的綑綁並利用它。拜他的出現所賜，這股潛力獲得推動力和合法性，與他一起歡慶他巨大的勝利，也與他一起走向滅亡。

希特勒的思考沒有前提

但希特勒不僅是這麼多時代潮流的整合人物，他還賦予這些方向、延伸度和激進度。對他有利的是，他的思考是沒有前提的，並將一切——各種原則、對手、結盟夥伴、各個國家、各種構想——既冷酷又狂熱地置於他的惡魔目的之下。他的極端也符合他與各個勢力所保持的內心距離。庫別茲克早就指出他這位朋友的傾向是「短短時間內推翻幾千年」。[2]即使不建議過度誇張這種回憶詞彙的意義，但這字裡行間仍可能讓人明白希特勒在那段時間裡以沒有前提的幼稚方式去對待世界的行為，就像這句話所表示的一樣。他自己說，他「以一種非同尋常的、冰冷的、不帶任何偏見的態度面對一切」，[3]這句話說出的是同一個眞相。與他年輕時所聲稱的話相反的是，許多線索指出，他從來就沒有明白過歷史是什麼，而只把歷史當作一個對全部有野心的人開放的名人堂。但對於已發生的事之意義和公理，他卻一無所知。儘管他身邊圍繞著衰敗、疲弱的氣氛，他仍然是一個「新人類」（homo novus）。於是憑著一股抽象的、表面的無憂無慮，他去實現自己的企圖。在其他政治家都考慮現存各股勢力之間的關係這個現實時，他卻假設所有的平面都是空的；就像他完全不考慮柏林現有的一切就狂妄地重新設計它一樣，他也要從零開始重新規劃歐洲和全世界。他不僅來自一無所有，也從一無所有的觀點去思考。他就是這樣改變了多年來經由戰爭和權力轉移而固定的歐洲地圖，毀滅一些帝國，輔助新的國家崛起，引起革命，終結殖民時代；最後，他使人類的經驗地平線極其擴張、延伸。藉著修改叔本華的一句話來說——他用自己的方式去崇拜他——他教給世人一些他們永遠都不會忘記的事。

他以時代精神的強烈潮流去回應各種動機，在這些動機主導之下，是一種不容推卸的強烈感覺——對一種毀滅進程的恐懼。在過去幾百年內，無數的國家和民族成為這個毀滅進程的犧牲品，現在，在歷史的這個十字路口上，它才發出一股無所不在的、威脅人類生存的力量。一張來自新總理府的照片顯示，希特勒的書桌上有一本大開本的古書，書名爲《拯救世界》（*Die Rettung der Welt*）。[4]在他生命中的各種路標也讓人明顯看出，他一直努力尋求扮演拯救者的角色。那不只是他的使命和「巨大任務」，而且在這個充滿導演想法的生命中，也與那些偉大的典範人物相連，使他想起自己早年最喜歡的歌劇《羅恩格林》[5]以及某些解救人的英雄和白色騎士的神話。

希特勒與歐洲的自我主張

在他看來，拯救歐洲的想法與歐洲的自我主張是密不可分的。除了歐洲之外，地球上就沒有任何其他地區了，沒有任何高級文化；所有其他大陸都只是地理名詞、奴役和剝削的空間，是沒有歷史的空地：獅子來了（拉丁文：hic sunt leones）。因此，希特勒的出現也是最後一次誇張地表達歐洲這個主張，做自己的主人並藉此永遠留在歷史上。在他的世界觀裡，歐洲最終扮演的角色就像他早年認識的德意志文化一樣，是受到威脅、幾乎遺失的最高價值。他能敏銳感受到這個大陸所承受來自各方的消滅壓力，以及它的本質所面臨來自內部及外部的危險。來自亞洲人、非洲人和美洲人這些「劣等種族」的威脅，他們增加的程度令人無法忽視，覆蓋了整個地球，令地球幾乎窒息；以及來自歐洲本身的威脅，歐洲的傳統、它的歷史以及它的偉人所拒絕的民主意識形態。

雖然他自己是民主時代的一個人物，但他只代表了民主中反自由的那個版本，其特色是透過公民投票去操縱民意和強調領導人物的魅力。在從未克服的一九一八年十一月革命經驗中他認識到民主和無政府狀態之間的黑暗關聯，混亂的狀態和法律的專橫才是眞正人民做主的根本、眞實不僞的表達方式。希特勒的崛起也暗示這是最後一次拼命地嘗試將舊的歐洲保留在他所熟悉的偉大之種種條件裡。希特勒的出現還包含這些矛盾的現象，他藉助滅亡的想法去維護風格、秩序和權威，以對抗即將來臨的民主時代，以及它所帶來的爲民衆說話的權利、鼓勵平民追求平等、解放被奴役者、國家與種族認同的瓦解。但他也爲長時間以來被堵住的抗議發聲，抗議大資本家卑鄙的自私，抗議中產階級意識形態和追求物質腐化人心的混合效果。他看到這塊大陸受到猛烈的雙重攻擊，一方面是被「沒有靈魂」的美國資本主義，另一方面是被「沒有人性」的俄國布爾什維克主義所異化和吞噬。有人將他的賭注定義爲「死亡戰鬥」，這是很合理的。[6]

在擴大到全球的層次上，人們輕易地能從這些想法裡再度認出法西斯主義早期追隨者的典型情況，在普遍的恐慌情緒這個背景之下，中產階級大衆發現自己一方面被各種工會和倉庫，另一方面被共產黨和不知名的大企業慢慢壓迫。就此看來，希特勒的出現也被理解爲嘗試成爲當時兩股統治勢力——左派與右派、東方與西方——之間的第三種立場。這也賦予他的出現一種雙面的特色，所有將他貼上「保守」、「反動」、「資本主義」或「小市民」標籤的明確定位都無法理解他。由於他站在各種立場之間，他對每一方都有一種篡奪的根本元素，可是他將這些統統整合成一個自己特有的、不可混淆的現象。隨著他上臺執政，一次世界大戰之後威爾遜與列寧之間針對德國所開啓的衝突結束了，[7]——前者嘗試爭取德國實行議會民主和國際和平的理念，而後者則嘗試爭取德國支持世界革命的事業。在十二年之後，這場衝突又重新開始，並用類似所羅門王的方式分割這個國家而結束。

希特勒所追求的第三種立場雖然應該涵蓋整個歐洲大陸，但其能量核心卻在德國。納粹帝國當前的使命在於，刺激已疲憊的歐洲並將它當作德國追求統治世界的力量倉庫。希特勒想補回德國在帝國主義時代的發展並作爲歷史的遲來者贏得可以想像得到的最高獎品，透過在東方大肆擴張其政治勢力以確保對歐洲的優勢統治地位，再透過歐洲統治世界。他認爲在已被瓜分的地球上，很快就不再有任何機會占領一個帝國，也的確如此。所以他所思考的選擇都很粗暴，他認爲德國已注定要建立一個世界帝國或者「作爲第二個荷蘭和第二個瑞士……存在」，要不然甚至「必須在這個地球上消失或作爲一個奴隸民族去服務其他民族」。[8]他的企圖可能會使德國的各種力量和機會承受過重的壓力而陷入無望的境地，這種考量似乎一點都不會讓他眞的感到不安。相反地，他認爲重點在於「（去）強迫這個對其命運猶豫不決的民族走上讓自己成爲偉大的這條路」。關於這可能帶來德國滅亡的風險，在大戰期間，即他的說話風格又經常退回到早年的用語時，只能從他那裡誘出這句話：「一切都在酒瓶裡。」（譯註：意指都在掌握中）[9]

因此，希特勒的國家主義也不是明確的，而且經常毫不猶豫地不顧國家的福祉。無論如何，他夠激烈到在所有方面點燃反抗的情緒。因爲，儘管希特勒所表達的只是一個時代和一個地區的部分反抗情緒，儘管他的救世主口號影響的範圍遠超出自己的邊界，使得德國因爲自己的緣故受人尊敬或甚至被人羨慕，[10]可是他從來沒有成功地賦予自己的防禦計畫超出一個狹隘和冷硬的國家這種面貌。一九四五年春天，在地堡裡檢討過去時，他把自己比爲「歐洲最後的機會」，並嘗試爲自己用武力對付歐洲這件事辯駁：「它不能靠魅力和說服力來占領。你必須強暴它，才能得到它。」[11]可是希特勒也不是歐洲的機會，無論是方法上，幻覺上或戰略計算上，他從來都沒有超越自己的限度，把自己當作另一種政治上的選擇眞正進到遊戲中。最晚到大戰期間，當這攸關到嘗試賦予蘇聯戰役一種歐洲風格時——其實這種嘗試並非完全無望——他才顯露出自己從一開始就是一個發誓與「國際主義」爲敵的人；一個出身於歐洲內陸深處省分的人，一直執著於對抗一個已沉沒的時代。

希特勒的無政府主義特色

於是，這讓我們再一次看到希特勒奇怪地出現在矛盾的時間點。儘管抱持各種防衛歐洲的基本態度，他早就被視爲一個先進、現代的時代人物。與圍繞在他身邊的未來意願相對的是大多數當代人不難辨認的意識和無政府狀態的本質，這也是他對當代的主要感受。被視爲現代且時代精神的是在一九二〇或一九三〇年代多彩多姿的科技發展和集體秩序概念、雄偉碩大的比例、好戰的態度、群衆的驕傲和明星的光環。這正是民族社會主義能成功的原因之一，因爲希特勒將所有這些元素以富有創意的方式爲自己所用。偉大人物的發號司令姿態也是其中一個成分，希特勒崛起的時間與成功都帶有凱撒趨勢的特徵，這種趨勢一直涵蓋到蘇聯在史達林身上搞的極權主義式元首崇拜，甚至還反映在羅斯福的特有專制風格中。在這樣的背景之下，希特勒直言不諱承認自己原則上與這些統治人物強烈不同，這顯得他就像新時代的一個記號，他主張斯賓格勒所預告的群衆時代裡那些民衆領袖所挑起的激情與顫抖。它所獲得的特別強調，比它那些回到過去、帶有文化悲觀主義鄉愁的特色更多，這就是希姆萊、達雷（Walther Darré）以及許多親衛隊領導階層所炫耀的。

事實上他非常厭惡未來，在元首總部的一次晚餐上他說，他很高興自己只需要經歷科技時代的開始，往後的世代將不再知道「世界以前曾經多麼美好」。[12]儘管有各種先進意識的姿態，他骨子裡還是那過時的本質，著根於十九世紀的畫面、準則和推動力，這也是爲什麼他認爲除了古典的古代之外，十九世紀是人類歷史上最重要的時代。甚至他的結局，無論看起來多平庸、戲劇效果多麼失敗，仍然反映出這個時代的這兩個面向，這也是他所讚賞且再次呈現的，它那熱鬧喧囂的輝煌——就像他以一齣滅亡的戲表達諸神的黃昏的各主題，以及它那廢品的特色——即他像一個來自戴傳統高帽時代的失敗賭徒一樣，在剛結婚的情婦身邊，躺在地堡的沙發上死掉的時候。這是一個結局，藉著這個結局，他脫離了時代並再次揭露出他本質中的過時根本。

在這個背後原因之下，他生命中經常出現的僵化現象才獲得其眞正的意義，他要牢牢抓住在他求學時期世界所呈現給他的這個獨一無二的瞬間。與墨索里尼、莫拉斯或甚至希姆萊等一般法西斯人物不一樣，他認爲自己不是被歷史誘惑，而是被自己的教育經驗、他青少年時因快樂和恐懼引起的顫抖所誘惑。因此，他所企圖達到的拯救任務應該在偉大的十九世紀之旗幟下完成。希特勒的整體世界觀，他對生存戰鬥、種族和空間的狂熱，一直到生命的最後，他都從不懷疑地崇拜他年輕時所知道的那些偶像和偉大人物，尤其是偉大的男人；但到最後這一切只顯示那是歷史在反映出他的意願，尤其在一九四五年荒謬地希望羅斯福死去的時候——這些和其他事情都標示出他的執念的範圍之廣。同樣地，許多想法上的困難也把他固定在這個世紀的水平線上，在他的演講裡一直不斷出現這個的嚇人的數字——每平方公里住一百四十個人，他一直用這個數字去爲自己的生存空間主張辯駁，這表示他沒有能力去想出眞正現代的解決方法，即占領國內的生存空間，進而揭露出他的現代主義只是一種姿態而已，至少部分如此。整體而言，在他眼中，正跨過原子時代門檻的世界跟以前他透過卡爾．邁的小說打開眼界所看到的世界沒什麼兩樣，他在一九四二年二月還以感激的語調宣稱這一點。[13]

甚至他對偉人的理解也是以連環圖畫或老舊的冒險故事爲導向。在他的世界觀裡經常出現的元素是，他不僅要自己偉大，還要在表現出一個藝術家在類型、風格和氣質上的偉大。當他在演講中宣稱「天才的獨裁者」時，[14]他顯然在想著藝術家有統治的權利。他對偉人的想法特別以腓特烈大帝和華格納爲例——兩個跨足藝術和政治領域的人——並定義他們是「英雄人物」，卻嚴重譴責自己早年的對手馮．卡爾，說他「不是英雄人物」。[15]基本上，他把偉人視爲一種做成雕像，優先以紀念碑呈現的類型，不需要嘗試做什麼麻煩的詮釋以理解其心理變態的特質。在這種想法裡，既含有天眞、孩子氣的成分，也含有緊繃、強迫的成分。他所學會的做一個意志堅強的人這種態度，就是受這種想法的影響。我們還記得，在那背後隱藏著多少的冷漠、猶豫不決和神經質的軟弱，希特勒一再需要一些藝術的刺激才能有能量做出偉大的姿態，就好像使電鍍的肌肉能夠進行機械式抽動一樣。同樣人爲和強迫的是他那不顧道德標準的做法，他只是用一種不可馴服、行爲殘暴的主人本質之冷酷態度去掩飾自己內心強烈的報復欲。儘管他喜歡操作權術的自由，他並非沒有受到道德的干預，只是把它溺愛成一隻「噴火的妖怪」。[16]冰冷的本質加上腸胃不適，要將自己呈現爲這樣的人歸入十九世紀的體制並不難。神經質的崩潰加上超人風範，從這當中也可以看出希特勒與中產階級晚期之間的關連，這是戈比諾、華格納和尼采的時代。

然而正是這種關連指出他的破碎不堪和疏離特質，有人合理地稱希特勒爲一個「失根的人」（Détaché）。[17]儘管他有各種文化小市民的傾向，他仍然沒有眞正屬於這個世界，至少他從來都沒有著根得夠深以分享其限度。因此，他的防衛感充滿了仇恨情緒；他保衛這個世界，直到毀滅它爲止。

德國的革命現象

然而，令人驚訝的是，這個顯而易見受已消逝的十九世紀影響的人，將德國以及他的動力所能達到世界大部分之處推進二十世紀裡。希特勒在歷史上的地位比較接近那些大革命家，而不是那些阻礙世界進步的保守派掌權者。他的驅動力無疑出自這個企圖——阻擋摩登現代的開始，並藉由一次大規模修正世界歷史以回到所有歧途和錯誤發展發生之前的那個出發點，就像他自己所說的，他作爲革命家出發去對抗革命。[18]可是爲了進行其拯救事業，他必須動員力量和投入意願，於是這反而大大加速了解放的進程。但他上臺執政時過度操作權威、風格和秩序，反而降低了這些元素的約束力，結果導致他一直拼命用許多力氣去抵抗的民主意識形態更加成功。他厭惡革命，但事實上他自己卻已成爲德國革命的現象。

最晚在一九一八年，德國已於一種急遽轉變的進程中。但這個進程只是半推半就且猶豫不決地前進。直到希特勒出現，才賦予這個進程激進的特色，使它變成眞正具有革命的性質，導致這個因爲某些威權主義而使得社會結構僵化並停滯的國家發生深刻的改變。現在，在極權的元首國家的各種主張之下，受人尊崇的機制被推翻，人們被扯離傳統的約束，特權被取消，所有不是衍生自希特勒或受他保護的權威都被打破。同時他還成功地減少了伴隨著與過去決裂而出現的恐懼感與失根感或將這些情緒轉換成對社會有益的能量，因爲他懂得用可信的方式在群衆面前把自己呈現爲全方位的替代權威。他尤其消除對革命帶來的未來恐懼感中最容易抓得住的表現形式——馬克思主義的左派。

暴力無疑扮演了某種角色。但從一開始，他從來就不只信任粗暴的方式。希特勒更大的成就是拿自己的意識形態去和世界革命神話、和無產階級的力量乃由歷史決定這種說法互相競爭。

柴特金（譯註：Clara Zetkin，德國馬克思主義者，「第二國際」的創始人之一，國際婦女運動的先驅人物）認爲，追隨法西斯主義的人是各個階層裡感到失望的人，「所有階級裡最勤奮、最強、最有決心、最大膽的元素」，[19]沒有任何人比希特勒更成功地將所有這些人結合成一種新式、有戰鬥力的群衆運動。即使它並不長久，但有那麼令人驚愕的一刻，「希特勒吃掉馬克思！」——這是戈培爾爲拯救「紅色」柏林而戰鬥所提出的口號——這個口號證明它並不如它當初所說那樣的大膽。在一九三〇年代裡，有好一段時間，意識形態的主動權從莫斯科轉到柏林。所有階層都彼此和解，這個烏托邦比一個階層獨裁地統治所有其他階層的烏托邦，獲得如此明顯的優勢，使得希特勒能夠將一大部分可怕的無產階級拉到自己的陣營裡，將來自各個階級、意識和存在陣營裡的分子融合成一個五花八門的追隨者群。就這一點來看，他的確做到他所主張的「粉碎馬克思主義的人」；至少他揭露出馬克思主義是脆弱的，這個對手絕對無法將歷史法則據爲己有。無論如何，它都不是正在消逝的資本主義在絕望中走出的最後一步，就如同某些使人盲目的意識形態所推託的藉口一樣。

因此，作爲德國社會革命的人物，希特勒是一個模稜兩可的現象，許多人都注意到他有「雙面特質」，這種特質從來沒有在這方面這麼明顯過。因爲我們不能說，這場已成爲他的事業的革命彷彿違反了他的本意；因爲「革新」、將國家和社會轉變成一個在沒有衝突、在軍事上團結的「民族共同體」這些革命思想仍然一直盛行。希特勒也有改革的意志、目標和意願，要把不同的成分結合在一起。誰若將他與威瑪時期的政治人物互相比較，比如胡根貝格、布呂寧、巴本、伯萊賽德（Rudolf Breitscheid），當然還有共產黨的領導人泰爾曼（Ernst Thälmann），必定不得不稱他爲一個現代的現象。此外，民族社會主義革命的各種伴隨現象，沉悶的激進、衝動、似乎沒有原則的貪婪，都毫無困難地找到理由稱其革命之發起者和操縱者是一位革命家；因爲從近處看，他們的所有暴力改變過程都看起來像一場「可悲又血腥的詐騙」。[20]很有可能，我們也不可以將希特勒的統治看成一種獨立的現象，而要視爲在大跨度的社會革命中某種採取恐怖手段的雅各賓階段（譯註：Jacobin，雅各賓黨，俗稱雅各賓俱樂部或雅各賓派，法國大革命發展期間政治上最有名和最有影響力的俱樂部，實行教條主義和暴力鎮壓），這場社會革命將德國推進二十世紀中而且到今天都還沒結束。

然而，各種懷疑的聲浪仍然此起彼伏，懷疑這場革命是否比事後所詮釋的思想所顯示的更爲隨機、盲目和沒有目標；這些改變是否只是根據希特勒的專橫和不設任何前提的做法，而不是基於長期的考量，而他也缺乏將德國根據其社會、歷史和心理特質來呈現它的想像力；他在高舉過去光芒四射的畫面時，是否只意指一種空泛的傳統主義，以幫助他掩飾隱藏在這些民間傳說仿製品背後的對未來的恐懼。

這種懷疑與民族社會主義傾向於用意識形態將自己裝扮成最高的「保守派」這種做法有關；問題是，他是否因此只像那些掩耳盜鈴的巴黎公社成員。他無論如何都不打算去做的是復辟工業時代之前的特權國家；而且所有的僞裝都無法掩蓋的是，與他的主張——要恢復德國的過去、它的尊嚴、它的田園魔力、它的貴族——相反的是，他反而用激進的暴力將德國推到現代裡，並一勞永逸地切斷它所有返回權威國家的過去的路，因爲它經歷過所有的社會變遷而保留了德意志的特質。矛盾的是，隨著他，德國境內的十九世紀才告結束。無論希特勒顯得多麼的無政府主義，他比所有德國境內的政治對手都具有現代的特質或對現代的決心更強。保守派反抗陣營之悲劇在於，它在道德上的領悟比政治上的領悟大很多，在它身上，那個與其過時的浪漫主義深深糾纏不清的威權德國跟現代進行一場沒有前途的戰鬥。[21]相對於他所有的對手，甚至是社會民主黨人，希特勒的優勢在於，他對改變的必要性有更敏銳和更堅決的理解。只要他拒絕現代的世界，改變依然在現代的旗幟下發生，於是他可以藉此讓自己的情緒披上時代精神的特色。他也感受到作爲革命家所必須陷入的矛盾當中，例如，他一方面讚揚社會民主黨人在一九一八年革除了君主制，但另一方面又提到每一個社會變遷都會造成的「沉重痛苦」。[22]最後，所有不願將他稱爲一個革命家的做法都與革命思想在意識上與進步思想密切相關這一事實有關。然而，希特勒的掌權也對詞彙的含意造成某些影響，其後果之一是革命這個詞失去了它長期以來所高舉的道德主張。

改變的德國人對政治的關係

但民族社會主義的革命不僅席捲了過時的社會結構並粉碎它，亦帶來各種深刻的心理效應，很有可能這是它導致許多後果的原因，它澈底改變了德國人對政治的整體關係。從本書的許多內容都可以看出，德國的政治環境變得多麼疏離並以個人偏好、美德與目標爲導向，這部分跟希特勒的成功有關。但本書中的其他部分亦讓人明顯看出人民的缺席，他們只偶爾、好像在遠遠的地方，作爲被動的元素、作爲工具或舞臺背景出現。這反映出德國人對政治的傳統態度，而納粹就是巧妙地利用了這種心理。因爲整體而言，這些被限於遊行、舉手致敬或鼓掌的人民並不因爲希特勒而覺得自己被排除在政治之外，反而覺得自己擺脫了政治的束縛。第三帝國、民族共同體、元首的地位、命運或偉大等價值之所以獲得廣大的支持，是因爲它所顯示的是拒絕政治、拒絕政黨和議會、拒絕妥協的各種花招。很少有任何事情能像希特勒的傾向一樣獲得人們自發的接受或理解，他的思考模式是英雄式而不是政治式的，是從悲劇出發而不是爲社會考量，並以令人無法招架的神話式代替品取代了全民福祉的地位。有人說，華格納為不懂音樂的人創作音樂；[23]同樣地，我們可以補充說：希特勒為不懂政治的人操作政治。

希特勒以兩種方式消除了德國人對政治的疏離感，首先他透過極權式動員不斷將人們強拉到公共領域中。這大多以各種震耳欲聾的群眾節慶的方式執行，並消耗掉所有對政治的興趣，即便如此，他也無法防止因此而形成的一種新的體驗——人民首次澈底與自己的私人世界疏離。雖然納粹政府所允許或要求的只是參與儀式的形式，可是這仍然改變了人們的意識。經由社會革命帶有破壞性質的活動，原本熟悉的德國境況逐漸崩潰，同時崩潰的還有個人存在滿足的整個領域，包括他的夢想、背棄世界的幸福以及對帶有政治本質的政治之渴望。

德國人的私人生活結束

另一方面，希特勒帶給全國在政治和道德災難上的震驚也有改變人們意識的效果；奧斯威辛等於是德國人私人生活和自閉症式忘記自己這些做法的失敗。的確，大部分的德國人對滅絕營裡的做法一無所知，而且比國際社會上所知的更為不清楚，雖然自一九四一年起，國際社會就已經一再警告世人注意德國的大屠殺行動。[24]另一方面，這也從前面提到過的希姆萊所說的那句話得到佐證，他認為德國的民眾在政治上還不夠成熟到能夠理解滅絕措施，因此親衛隊必須「帶著這個祕密走進墳墓」。從一開始人們就認為只有國家必須為政治負責，若沒有這個傳統，無法想像人們對盛行的謠言完全沒有反應這種做法。

一九四五年以後德國人的排擠傾向也出於這個原因。因為打敗希特勒也表示打敗了他們的生活形式，告別個人的世界和長期以來代表他們的文化類型。直到一個更年輕的世代出現，才完成與過去的決裂，切斷與過去的藕斷絲連，可以不帶任何仇恨情緒、不帶任何偏見去回憶過去。矛盾的是，他們反而因此在某個程度上結束了希特勒的革命。他們以德國不習慣的程度從政治、社會和務實的觀點去思考；除了一些吵吵鬧鬧的浪漫派邊緣團體之外，他們統統拒絕知識分子的激進情懷，拒絕對偉大理論的反社會激情，丟掉這麼長時間以來都是德國思想特有的成分——系統、深度，以及對現實的鄙視。他們理智地爭辯，實事求是，並——按照布萊希特（Bertolt Brecht）的名言來說——的確不再談關於樹木的事。[25]他們高度集中於當下，不談一個過去從未存在過的帝國，也不談想像中的未來。這個國家首度與現實和平相處。但同時，德國思想也因此失去了它的一些身分認同，而按照經驗行事，願意保持平衡，並爲全民福祉設想。斯弗查（譯註：Carlo Sforza，義大利外交官，反法西斯主義政治人物）在希特勒上臺之前不久所說的「德國的斯芬克斯」[26]放棄了自己的祕密；於是，世界變得更美好了。

法西斯趨勢仍然持續

同時在德國境內，在其他地方也是，法西斯或與之相關的趨勢仍然存在，尤其是一些心理上的前提，即使他們與民族社會主義沒有明顯的關連或甚至不尋常地出現在左派的旗幟之下；同樣地，同時也出現一些相伴的社會和經濟條件。至少一些意識形態先決條件留存下來了，比如兩次世界大戰之間的國家主義、對大國感到不安或恐慌的反共產主義心理。作爲從穩定、有約束力的秩序的過渡時間進到現代社會沒有保障的未來之反應，只要適應危機仍然持續，就必須採取一些方法去消除對法西斯有利的因素。人們仍然沒有把握如何以最有效的方式去面對它。因爲民族社會主義經驗不僅促成，還長時間阻礙了對危機原因進行理智的分析。滅絕營所投下的巨大陰影蒙蔽了人們的認識，使他們不知道這個現象與以下事情相關的程度到底有多大——決定時代的需求或人們一般的需求，與對未來的恐懼、反抗的動機、改變普通人的情緒、渴望回到過去的覺醒，好讓所有的事能夠變得完全不一樣並重建一種最原始的狀態。

人們一直長時間排擠了這個事件的這些面向。道德上的憤怒使人們沒有認識到，構成希特勒的追隨者群，給他歡呼和做出野蠻行爲的是人，而不是妖怪。之後在六〇年代世界各地動盪不安的情勢中也一再出現一些描述法西斯現象出現之前的元素：反文明的情緒，熱切渴望一時衝動、迷醉和直觀生動的畫面，年輕人的激憤或將暴力藝術化。但在關於弱者和被壓迫者這個問題上，這些現象與之前的運動的相似度就此結束，而且法西斯主義對這個問題沒有答案。[27]當希特勒稱自己爲「人類的最大解放者」時，他特別指的是「解救個人脫離虛無這種理論」。[28]但在過去，法西斯的表徵從來就不是以一種純粹、涵蓋所有元素的形式出現，所以它很有可能包裝上新的玩法而繼續存在，這種想法也很有用。

潛在的威脅

只要這種法西斯主義在這個時代的危機感裡生根，它就一直潛入，而且要到這個時代本身結束，它才會跟著結束。由於它很大的程度上是一種反應和絕望的防衛反射，建立它存在的本質的一些先決條件就眞的只是先決條件而已；這意思是，法西斯運動需要傑出的領導人，而且這項需求比所有其他政治流派都強。這位領導聚集仇恨的情緒，描繪敵人，將沮喪轉變成爲迷醉的興奮，並使弱者意識到自己的力量。從自己的心理危機中獲得寬闊的視野，這算是希特勒最值得注意的成就之一；沒有人能像他一樣在兩次大戰之間如此透支各種意識形態和動能。但隨著他的結束，所有的一切也必然跟著崩潰；被極度激發、捆綁和刻意誘發的情緒又回到了放鬆、混亂的原始狀態。

沒有存活的能力

這種沒有存活的能力在所有層次都很具體。無論希特勒如何強調他的任務具有超人的面向，無論他如何炫耀他的使命並將自己呈現爲天命的工具，在他的時代過去之後，他無法再宣稱自己的主張。由於他沒有能夠散布未來世界的可能畫面、沒有希望、沒有鼓勵人的目標，因此他的思想也沒有遺留下來。他一直只將各種想法當作工具使用，他所遺留下來的是已消耗和被戳穿西洋鏡的想法。這位偉大煽動家連一句話、一個使人耳熟能詳的詞藻都沒有留下來；同樣地，他的願望是成爲有史以來最大的建築業主，卻沒有任何一棟建築物進到現代裡；甚至連大手筆規劃的廢墟都沒有留存下來。證明他的出現所製造的心靈暴力的所有文件，所留下來的只不過是這個印象——這個聲音給當代製造的比較是尷尬，而不是著迷的感覺。這再一次清楚顯示，在所謂奪得政權之後不久，納粹黨內激進熱誠者的這種想法是多麼大的浪漫誤解：「死掉的希特勒……比活著的希特勒對運動更有用處。」所以他必須在某個時間消失在傳說的黑暗中，而且他的屍體不可被找到，好讓他「在相信他的群衆心中成爲一個奧祕」。[29]最晚到大戰轉折點時人們體驗到，他們不能沒有希特勒的催化力量，而且再次肯定，若沒有這位偉大「元首」鮮明的呈現，所有的一切——意志、目標、凝聚力——就立刻坍塌。希特勒沒有任何祕密超出他存在的當下。那些他所召來跟隨他並欽佩他的人，他們所追隨的從來都不是一個願景，而是一股力量；在回顧中，這個生命似乎是散發出唯一一次極大的能量。它的效果極爲猛烈，它所帶來震驚前所未有；但除此之外，沒有多少回憶。

注釋

【1】H. R. Trevor-Roper, »Hitlers letzte Tage«, S. 74 f..

【2】A. Kubizek, aaO., S. 100.

【3】H. Rauschning, »Gespräche«, S. 212.

【4】作者擁有的照片。

【5】A. Kubizek, aaO., S. 233 f..

【6】E. Nolte, »Epoche«, S. 507.

【7】比較 »Ursachen und Folgen« IV, S. XXXIX。

【8】»Hitlers Zweites Buch«, S. 174 以及 »Mein Kampf«, S. 732。關於這一點，比較 »Le Testament politique de Hitler«, S. 62 f. (4. Feb. 1945)：「德國沒有選擇……我們不能以一種假獨立爲滿足。對瑞典或瑞士，這可能就夠了，因爲他們隨時願意讓自己被空泛的承諾敷衍了事，前提是，只要他們的口袋裝得滿滿的就可以了。威瑪共和不再有要求。但第三帝國卻不能以這麼卑微的要求爲滿足。我們注定要發起戰爭。」

【9】»Tischgespräche«, S. 273；此外 H. Rauschning, »Gespräche«, S. 105。

【10】最有名的，而且特別在辯護德國文獻中一再被引述的，是邱吉爾的態度轉變，in »Great Contemporaries«, New York 1937, S. 226：「你可以唾棄希特勒的體制但仍然欽佩他愛國的表現。如果

我國戰敗的話，我希望，我們也能找到一個值得欽佩的先驅，他一再給我們勇氣並帶領我們回到在各國中的地位。」但亦比較 Lloyd George 在造訪上薩爾斯堡之後所說的這句話，當他女兒在貝希特斯加登的旅館前諷刺地用「希特勒萬歲！」跟他打招呼時，他說：「沒錯，希特勒萬歲，我也這麼說，因爲他的確是一個偉大的人。」見 P. Schmidt, aaO., S. 340。

【11】»Le Testament politique de Hitler«, S. 139 (26. Feb. 1945).

【12】»Tischgespräche«, S. 489.

【13】»Libres propos«, S. 306：擔心德國人口過密，他在演講中經常舉出每平方公里住一百四十個人這一點，比較，比如大戰開始時的演講 M. Domaus, aaO., S. 1177 (28. April 1939); IMT XLI, S 25 (22. Aug. 1939); M. Domarus, aaO., S. 1422 (23. Nov. 1939); S. 1456 (30. Jan. 1940) 等。特別是希特勒在一開始就拒絕國內殖民的做法，比較，比如 »Mein Kampf«, S. 145 ff.。

【14】比較，希特勒在 »Vaterland oder Kolonie« 演講中的關鍵字，刊印於 W. Maser, »Zeugnisse«, S. 341。

【15】H. H. Hofmann, aaO., S. 254：此外 »Adolf Hitler in Franken«, S. 26。

【16】H. Rauschning, »Gespräche«, S. 212.

【17】E. Nolte, »Epoche«, S. 409.

【18】一九二四年二月二十六日在慕尼黑的人民法庭上，希特勒這麼說，比較 E. Boepple, aaO., S. 110。

【19】比較，Konferenz der Erweiterten Exekutive der kommunistischen Internationale, Moskau, 12-13. Juni 1923 之會議紀錄，引述於 E. Nolte, »Theorien«, S. 92：這次演講之所以特別有趣是因爲它超越所有之後盛行的左派陰謀理論，而將法西斯主義嚴肅視爲對社會主義感到失望的大眾的臨時收容所。

【20】F. Nietsche, Werke I, S. 1258.

【21】關於這一點，特別比較 Ralf Dahrendorf, »Gesellschaft und Demokratie in Deutschland«, S. 431 ff. 人們從來都無法不帶著矛盾的感受想起保守派的反抗陣營。在一九三四年六月三十日至一九四四年七月二十日之間，德國的舊制度喪失了它的領導階層，之後又在失去的東部地區以及在東德失去了相當大部分的經濟與社會基礎，而且在許多公開的貪汙與不當作爲的檔案中，還破壞了人們對他們記憶中的正直。它的退場有許多後果。它不可避免地意味著減少、變窮；還使得聯邦德國內的保守立場一直缺席。但它也使德國省下許多好戰分子的矛盾，因而亦省下導致威瑪共和結束的許多緊急狀態。

【22】一九三九年一月二十五日的演講，引述於 H. -A. Jacobsen/W. Jochmann, aaO., S. 9，上述日期之處。關於德國社會民主黨的話，比較 »Libres propos«, S. 36。爲了避免從傳統道德觀點看事情的特有詞彙，美國社會學將「現代化」一詞引進討論中。根據此觀念，在義大利或德國的法西斯體制便顯得是排擠傳統社會結構的進程的一些階段而已。於是在許多情況下便沒有恰當地考慮，這可能只是一種詮釋觀點，而不能只就法西斯主義對工業化、城市化和合理化的態度去定義它。然而目前仍未出現任何詳細和使人滿意的研究。比較 David Apter, »The Politics of Modernization«, Chicago 1965；H. A. Turner, »Faschimus und Antimodernismus«, in: »Faschismus und Kapitalismus in Deutschland«, S. 157 ff., 此處還有其他文獻資料。

【23】Th. W. Adorno, aaO., S. 28.

【24】一開始是 »New York Post« 於一九四一年十二月二十日有一篇著名的文章報導，有上千名華沙的猶太人被毒氣所殺。

【25】B. Brecht, »Gedichte« IV, S. 143。這句話出於 »An die Nachgeborenen« 這首詩，其上下文是：「Was sind das für Zeiten, wo / Ein Gespräch über Bäume fast ein Verbrechen ist / Weil es ein Schweigen über so viele Untaten einschließt!」（這到底是什麼樣的時代／連談論樹木都幾乎是一種犯罪行爲／因爲這當中對如此多的罪行保持沉默！）

【26】Carlo Sforza, »Europäische Diktaturen«, S. 131.

【27】比較 E. Nolte, »Theorien«, S. 71。

【28】H. Rauschning, »Gespräche«, S. 212.

【29】同上，S. 150, 262, 264。

風雲人物 009

希特勒（下）

Hitler: Eine Biographie

作　　者　約阿希姆・費斯特（Joachim Fest）
譯　　者　鄭玉英
發 行 人　楊榮川
總 經 理　楊士清
總 編 輯　楊秀麗
副總編輯　劉靜芬
責任編輯　林佳瑩、黃麗玟
封面設計　姚孝慈
封面繪像　莊河源
出 版 者　五南圖書出版股份有限公司
地　　址　106台北市大安區和平東路二段339號4樓
電　　話　(02)2705-5066
傳　　真　(02)2706-6100
劃撥帳號　01068953
戶　　名　五南圖書出版股份有限公司
網　　址　https://www.wunan.com.tw
電子郵件　wunan@wunan.com.tw
法律顧問　林勝安律師事務所 林勝安律師
出版日期　2021年 12 月 初版一刷
定　　價　新臺幣680元

國家圖書館出版品預行編目資料

希特勒／約阿希姆・費斯特(Joachim Fest)著；鄭玉英譯 -- 初版. -- 臺北市：五南圖書出版股份有限公司, 2021.12
冊； 公分. --（風雲人物；9）
譯自：Hitler: Eine Biographie
ISBN 978-626-317-271-5（下冊：平裝）

1.希特勒(Hitler, Adolf, 1889-1945)　2.傳記

784.38　　110016713